安徽省高等学校省级规划教材
普通高校经济管理类应用型本科系列教材

市场营销学教程
第 2 版

主　编　雷思友　何叶荣
副主编　冯一纲　李秋霞
　　　　沈　慧　张承先
编　委（按姓氏笔画排序）
　　　　冯一纲　李秋霞　何叶荣
　　　　沙　丹　沈　慧　张承先
　　　　金　锐　袁　媛　雷思友

中国科学技术大学出版社

内容简介

本书定位于应用型本科高校市场营销学课程教材,在参考国内外著名市场营销学著作的同时,充分结合本科、专科教学的实际,详细介绍了市场营销概述、市场营销环境、消费者市场、组织市场购买行为、市场调查与预测、市场细分与目标市场、市场竞争分析、产品策略、价格策略、渠道策略、促销策略等15章内容。在编写形式上穿插资料链接、课堂讨论、案例思考、练习题、应用训练等内容,启发学生思考,拓展学生营销视野,强化学生的市场营销综合素质,使学生了解更多营销方面的新概念和新思想,以培养市场营销专业高级实用人才。

本书在编写过程中,力求体系完整、内容精练、语言流畅、深入浅出,可作为高等院校经管类专业教材,也可作为有关专业人员的培训教材和自学用书。

图书在版编目(CIP)数据

市场营销学教程/雷思友,何叶荣主编. —2版. —合肥:中国科学技术大学出版社,2021.5

ISBN 978-7-312-05048-0

Ⅰ. 市⋯ Ⅱ. ①雷⋯ ②何⋯ Ⅲ. 市场营销学—高等学校—教材 Ⅳ. F713.50

中国版本图书馆 CIP 数据核字(2020)第143153号

市场营销学教程
SHICHANG YINGXIAO XUE JIAOCHENG

出版	中国科学技术大学出版社 安徽省合肥市金寨路96号,230026 http://press.ustc.edu.cn https://zgkxjsdxcbs.tmall.com
印刷	安徽省瑞隆印务有限公司
发行	中国科学技术大学出版社
经销	全国新华书店
开本	787 mm×1092 mm 1/16
印张	28
字数	717千
版次	2015年3月第1版 2021年5月第2版
印次	2021年5月第3次印刷
定价	65.00元

前　言

　　从市场营销的视角来看，要达到营销目的，取得营销成功，市场营销人员必须时刻关注市场营销环境的动态变化，进行市场调查并预测未来需求，进行市场细分并确定目标市场顾客的需求，并以此来设计符合目标顾客所需求的产品营销组合。本书亦是按此思路来编写的。

　　本书是安徽省高等学校"十三五"省级规划教材，是为应用型本科高校经济管理类专业编写的。根据培养市场营销应用型人才的需要和作者多年"市场营销学"课程教学工作体会，在编写本教材时，特别注意了以下几个方面：

　　第一，明确各章学习目标。为了使学生把握各章的重要知识点、难点，提高学生的学习效率，在各章开篇都明确了该章的学习目的与要求。

　　第二，注重激发学生的学习兴趣。兴趣是学习最好的老师，因此，在编写时各章都以"导入案例"开篇，通过生动有趣、富有启迪智慧的案例，激发学生学习该章知识的浓厚兴趣。

　　第三，合理编排各章内容。全书按照市场营销学知识结构体系编排各章节顺序，各章正文详细阐述该章基本原理和基本方法等；"本章小结"起到画龙点睛、提纲挈领的作用，使学生通过学习既见"森林"又见"树木"。

　　第四，拓展营销视野。在讲述过程中，各章节穿插了大量的"课堂讨论"和"资料链接"，便于学生了解营销新理念、新动向，拓展营销视野，提高学生的综合素质。

　　第五，检验学生学习效果。各章后都设计了"练习题""思考案例""应用训练"，目的是了解学生对该章内容的掌握情况，检验学生对所学知识是否融会贯通、学以致用，特别是"应用训练"不仅能增强学生的动手能力，还能激发学生的学习兴趣。

　　本书主要介绍市场营销的基本原理和方法，对国内外的理论和实践体系进行了仔细对比，实用、宜读和有趣是本书的主要特色。全书共15章：市场营销概述，市场营销环境，消费者市场，组织市场购买行为，市场调查与预测，市场细分与目标市场，市场竞争分析，产品策略，价格策略，渠道策略，促销策略，市场营销计划、组织与控制，服务营销，国际市场营销，市场营销新发展。本书体系完整、内容丰富,可作为应用型人才培养的高等院校管理类专业本科、函授、高职及相关专业学生的教材,亦可作为企业营销管理人员的培训教材。

本书由雷思友、何叶荣担任主编,雷思友制订编写大纲,并负责总纂定稿。编写成员如下:安徽理工大学雷思友(第二章、第四章、第六章、第九章)、安徽建筑大学何叶荣(第十一章、第十二章)、太原理工大学李秋霞(第十四章)、淮北师范大学冯一纲(第十章、第十三章)、淮南师范学院袁媛(第三章)、皖西学院张承先(第七章)、安徽文达信息工程学院金锐(第八章)、安徽工商职业学院沙丹(第一章)、合肥职业技术学院沈慧(第五章、第十五章)。

本书在编写过程中,借鉴了国内外营销学研究者大量的最新研究成果,特别选编了一些经典案例,但未能一一说明出处,在此,谨向市场营销学界的学者、专家、同仁及有关作者致以诚挚的感谢。

由于市场营销学是一门发展较快的学科,并且编者水平有限,书中难免有不尽如人意之处,敬请有关专家、读者批评指正。

编　者

2020 年 11 月

目 录

前言 ·· (ⅰ)

第一章　市场营销概述 ·· (1)
　　第一节　市场营销学的产生与发展 ·· (2)
　　第二节　市场营销学的研究对象和内容 ··· (7)
　　第三节　市场和市场营销 ·· (9)
　　第四节　市场营销管理哲学 ··· (15)
　　第五节　让渡价值与顾客满意度 ·· (22)
　　第六节　市场营销管理的实质——需求管理 ······································ (26)

第二章　市场营销环境 ·· (34)
　　第一节　市场营销环境概述 ··· (35)
　　第二节　宏观营销环境 ··· (37)
　　第三节　微观营销环境 ··· (50)
　　第四节　市场营销环境的分析方法与对策 ··· (53)

第三章　消费者市场 ··· (62)
　　第一节　消费者市场概述 ·· (63)
　　第二节　影响消费者购买行为的因素 ·· (66)
　　第三节　消费者购买决策过程 ··· (78)

第四章　组织市场购买行为 ·· (87)
　　第一节　生产者市场及购买行为 ·· (89)
　　第二节　中间商市场及购买者行为 ··· (98)
　　第三节　非营利组织与政府市场及购买行为 ······································ (103)

第五章　市场调查与预测 ··· (112)
　　第一节　市场调查 ··· (113)
　　第二节　市场预测 ··· (119)

第六章　市场细分与目标市场 ··· (133)
　　第一节　市场细分 ··· (134)
　　第二节　目标市场选择 ··· (145)
　　第三节　市场定位 ··· (153)

第七章　市场竞争分析 ·· (165)

第一节　竞争者分析 ··· (166)
　　第二节　市场领导者与挑战者战略 ································· (175)
　　第三节　市场跟随者与补缺者战略 ································· (181)

第八章　产品策略 ··· (189)
　　第一节　产品与产品组合 ·· (189)
　　第二节　产品生命周期理论 ·· (197)
　　第三节　新产品开发 ··· (203)
　　第四节　品牌与包装策略 ·· (211)

第九章　价格策略 ··· (224)
　　第一节　定价概述 ·· (224)
　　第二节　影响定价的因素 ·· (231)
　　第三节　定价方法与策略 ·· (241)

第十章　渠道策略 ··· (262)
　　第一节　分销渠道概述 ··· (263)
　　第二节　批发商和零售商 ·· (270)
　　第三节　分销渠道设计与选择 ······································ (277)
　　第四节　分销渠道管理 ··· (281)

第十一章　促销策略 ·· (289)
　　第一节　促销与促销组合 ·· (290)
　　第二节　人员推销策略 ··· (294)
　　第三节　广告策略 ·· (300)
　　第四节　营业推广策略 ··· (306)
　　第五节　公共关系策略 ··· (311)

第十二章　市场营销计划、组织与控制 ······························ (318)
　　第一节　市场营销计划 ··· (319)
　　第二节　市场营销组织 ··· (323)
　　第三节　市场营销实施 ··· (329)
　　第四节　市场营销控制 ··· (332)

第十三章　服务营销 ·· (344)
　　第一节　服务营销概述 ··· (345)
　　第二节　服务质量管理 ··· (352)
　　第三节　服务有形展示 ··· (359)
　　第四节　服务营销组合策略 ·· (363)

第十四章　国际市场营销 ··· (375)
　　第一节　国际市场营销概述 ·· (377)
　　第二节　国际市场营销环境 ·· (384)

第三节　国际市场的进入方式 …………………………………………………（395）

第十五章　市场营销新发展 ……………………………………………………（405）
　第一节　绿色营销 …………………………………………………………（405）
　第二节　整合营销 …………………………………………………………（412）
　第三节　关系营销 …………………………………………………………（415）
　第四节　网络营销 …………………………………………………………（418）
　第五节　体验营销 …………………………………………………………（424）
　第六节　碎片化营销 ………………………………………………………（427）

参考文献 ……………………………………………………………………（436）

第一章 市场营销概述

了解市场营销理论的产生背景及市场营销学的形成与发展;掌握市场营销学的研究对象及内容;掌握市场、市场营销的内涵及其相关概念;理解营销哲学的演变,了解营销观念的演变,掌握现阶段和未来的营销观念;理解顾客让渡价值的内涵,了解让渡价值的形成;认识到市场营销管理的实质,了解各种需求管理。

鞋业公司在非洲

在美国有一家鞋业制造公司,为了扩大市场,公司总经理便派一名财务经理趁出差之余到非洲一个孤岛上调查市场。那名财务经理到达这个孤岛后,发现当地的人们都没有穿鞋子的习惯,回到宾馆,马上发电报告诉总经理:"这里的居民从不穿鞋,此地无市场。"

总经理接到电报后,思索良久,又派遣一名销售经理去实地调查。当这名销售经理一见到当地人们赤足,没穿任何鞋子的时候,他心中兴奋万分,一回到宾馆,马上发电报告总经理:"此岛居民无鞋穿,市场潜力巨大,快发一百万双鞋子过来。"

鞋业公司总经理为弄清情况,再派他的市场营销副总经理去解决这个问题。两星期后,市场营销副总经理发电报说:"这里的人不穿鞋,但是他们的脚大多有脚疾,穿鞋对他们的脚会有好处的。他们的脚比较大,所以我们必须重新设计我们的鞋子,而且我们必须在教育懂得穿鞋有益方面花一大笔钱,在开始之前还必须得到部落首领的同意。这里的人没有什么钱,但是他们有我从未吃过的最甜的菠萝。我估计鞋的潜在销售时间在3年以上,因而我们的一切费用包括推销菠萝给一家欧洲连锁超级市场的费用都将得到补偿。总算起来,我们可以赚得投资款30%的利润。我认为,我们应该毫不迟疑地去干。"

讨论:

(1) 以上三位到市场考察的人员,面对相同的市场状况"这里的人不穿鞋",却有不同的说法?谁是对的?谁是错的?

(2) 三位不同考察人员的不同观点,分别是基于什么样的市场思维?

在市场经济条件下,要求企业要认真地研究市场,深入地学习、研究市场营销理论和方法,并将其运用于企业的经营管理中,以最小的人力、物力、财力,获取最大的经济效益和社会效益。自20世纪70年代以来,我国引进的市场营销理论,是对近百年来西方工商企业市场营销实践经验的概括和总结,学习和掌握市场营销的基本理论和方法,对提高我国企业经营管理水平,具有十分重要的意义。

第一节 市场营销学的产生与发展

市场营销理论于20世纪初诞生于美国,它是美国社会经济环境发展变化的产物。

一、市场营销学产生的历史背景

19世纪末20世纪初,美国的社会经济环境发生了深刻变化,开始从自由资本主义向垄断资本主义过渡。工业生产飞速发展,劳动生产率大大提高,专业化程度日益加强,人口急剧增长,个人收入不断提高,使原来以供小于求为特征的"卖方市场"发生了巨大变化。同时,人们对市场的态度开始发生变化。这些变化在很大程度上促进了营销思想的产生和市场营销理论的发展。

(一)市场规模迅速扩大

美国为开发西部而迅速进行的铁路建设,有力地促进了钢铁工业的发展和国内市场的扩大。到20世纪初,美国国内市场扩大到了历史上前所未有的程度。在1860～1890年期间,美国人口从3140万人急剧增加到9190万人。在19世纪60年代,美国21%的人口居住在城市,而到1900年,有40%的人口居住在城市,1920年为51%。人均收入方面,1859年为134美元,到1914年则为285美元。外延性市场的扩大,意味着买卖双方不再像过去那样相互了解、彼此熟悉了。扩大的市场给大规模生产带来了机会,同时也引进了新的竞争因素,信息、促销等变得越来越重要。

(二)工业生产急剧发展

19世纪末,科学技术的进步,标准产品、零部件和机械工具的发展,食品储存手段的现代化,电灯、自动织布机的应用等,促使美国的农业经济迅速地向工业经济转化。以家庭为单位的作坊式生产日益向工厂生产转化,大量的资本被投入到扩大再生产中,政府也提供各种优惠政策刺激工业生产。大规模的生产使得市场上的商品日益增多,从而使市场供给超过了市场需求,"卖方市场"开始向"买方市场"转化。随着生产的发展,大量新产品涌入市场,传统的销售方式已满足不了企业销售人员的要求,他们渴求能有新的学科或理论来对此做出解释,以更有效地指导其经济生活实践。

(三)分销系统发生变化

20世纪初,中间商的作用和社会地位开始有所变化。在这个时期,直接出售家庭手工业品和农产品的趋势日益明显。例如,在1869年,71%的工农业产品通过零售商出售,其余部分则由生产者直接卖给买主。而到1909年,通过零售商出售的产品所占的比重上升为80%。中间商执行了以往他们没有执行的职能,他们的人数增加了,相互之间明确了分工,并且出现了百货商店等销售机构。新的分销体制的出现,迫切需要一种新的理论问世。

市场营销思想最初的产生是自发的,是人们在解决各种市场问题的过程中综合了美国历年来关于销售的各种经验以及有关市场流通方面的知识而逐渐形成的。直到20世纪30年代,人们才开始从科学的角度来解释这门学科。

二、市场营销学的形成与发展

市场营销活动产生开始于 2000 多年前的易货贸易,但市场营销学理论的产生不过一百年时间而已。在 1900 年之前,由于市场总体总是处于供不应求的状态,企业经营中心自然放在了生产领域,如何提高产量(包括工厂规模和生产效率)是早期的工厂主考虑的首要问题。1900 年之后,社会产品逐渐由供不应求过渡到供大于求状态,企业开始意识到产品生产之后的活动的重要性,营销问题成了理论研究和企业实践的重要课题。

1902 年,密歇根大学的爱德华·琼斯老师为其学生开设"美国分销管理产业"课程,标志着市场营销理论研究正式开始。在此后长达一百年的时间里,学者和企业家们从来没有停止探讨和研究这个课题,在营销理论上取得了丰硕的研究成果,并在企业界得到了很好的应用。

市场营销理论的发展大致经历了四个阶段(图 1.1),下面分别展开讲述。

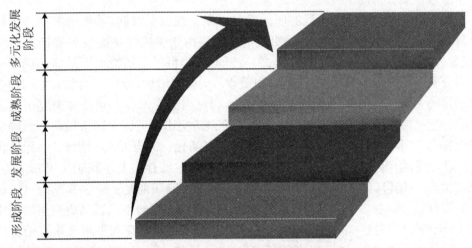

图 1.1　市场营销理论的发展阶段

(一)市场营销理论的形成阶段(1900~1920 年)

起源于英国的第一次工业革命,带来了生产力水平的大幅提升,生产效率迅速提高,西方资本主义进入迅速发展时期。美国西部开发运动和铁路向全国各地的延伸,使美国国内市场急剧扩大,加之市场竞争日趋激烈,促使企业日益重视广告、分销活动。专业化广告代理商在全美国日渐活跃,发挥着相当重要的市场营销职能。连锁商店、邮购商店的产生与发展,给市场营销带来了薄利多销的新观念。在此期间,出现了几位被当代视为市场营销研究先驱的人物,其中最著名的有阿克·肖、拉尔夫·斯达·巴特勒和韦尔德。

1902 年密歇根大学的爱德华·琼斯老师开设的课程"美国分销管理产业",是最早涉及营销理论的课程,随后,美国各高等院校开始陆续开设相关课程。最初在美国几所大学开设的有关市场营销的课程,较多地称为"分销学",而不是"市场营销学"。在美国早期的教学研究活动中,还没有人使用"市场营销"这一术语,而用得最广泛的是"贸易""商业""分销"等。在 1900~1910 年间,观念发生了变化。尽管"分销学"的研究是分别在美国几个不同的地方进行的,而且学者们相互之间联系很少,但他们几乎同时感觉到需要有一个新名称来称呼他们所讲授的课程,于是便出现了"市场营销"这个名词。所以,这一时期可称为市场营销理论的萌芽时期。

这一阶段的主要研究成果有：

(1) 爱德华·D.琼斯,1902年在密歇根大学开设"美国分销管理产业"课程。

(2) 詹姆斯·E.海杰蒂,1905年在俄亥俄大学开设"产品销售学"课程。

(3) 拉尔夫·斯达·巴特勒,1910年,开设"市场营销方法"课程,首先使用marketing。

(4) 弗莱德·克拉克,1918年,编写"市场营销原理"讲义,于1922年成书。

(5) L.S.邓肯,1919年,出版《商业研究》,1920年,出版《市场营销问题与方法》。

这个阶段,营销理论研究的主要特征包括三个方面:一是市场营销理论大多是以生产观念为导向的,其依据仍然是以供给为中心的传统经济学;二是这些研究在经济学家所持的生产观念和市场营销学家所持的消费观念之间架起了一座桥梁;三是这些研究主要局限于流通领域。

(二) 市场营销理论的发展阶段(1921～1955年)

这个阶段主要分为两个时期。

一是从1921年至1945年阶段的职能研究时期。在这个时期,美国消费经济结构在第一次世界大战以后的十几年间发生了明显的变化。由于美国经济的发展和国际地位的提高,国民收入迅速增加,生活水平显著提高,一跃而成为世界上消费水平最高的国家。但是美国国内分配不均的现象日趋严重,尽管国民收入大幅度增加,但广大消费者中间却蕴藏着大量未满足的需求。美国消费经济结构的变化,再度引起学术界和企业界研究市场营销理论的热潮。这一时期的研究以市场营销职能研究最为突出。美国全国市场营销教师协会定义委员会在1934年提出,市场营销职能包括:① 商品化;② 购买;③ 销售;④ 标准化和分级;⑤ 风险管理;⑥ 集中;⑦ 融资;⑧ 运输以及管理;⑨ 储存。上述职能又可归纳为三类:① 交换职能——销售(创造需求)和收集(购买);② 物流职能——运输和储存;③ 辅助职能——融资、风险承担、市场信息沟通和标准化等。这一时期的市场营销研究主要集中在职能研究上,但对于销售这一职能的解释却是耐人寻味的。克拉克和韦尔德认为销售就是寻找买主。亚历山大则提出,销售应该更富有主动性,目的是说服现有顾客和潜在顾客购买。1942年,克拉克又提出,销售是创造需求。从销售定义的演变中,我们可以窥见市场营销观念的雏形。

二是1946年至1955年阶段的形成和巩固时期。第二次世界大战以后,社会主义国家纷纷诞生,殖民地国家相继独立,导致资本主义世界市场相对狭小,而战时膨胀起来的生产力又急需寻找新的出路,使市场竞争日趋激烈。为适应这种情况的变化,市场营销学者除了继续从经济学中吸取养料外,还开始转向社会科学的其他领域寻觅灵感。此时,职能研究仍占重要地位。1952年,有两部重要著作问世:一部是由范利、格雷瑟和柯克斯合著的《美国经济中的市场营销》;一部是由梅纳德和贝克曼合著的《市场营销原理》。《美国经济中的市场营销》反映了经济学对市场营销思想的影响,详细论述了市场营销如何进行资源配置,如何影响个人收入的分配,以及哪些因素会影响人们的需求和购买等等。作者认为,市场营销能够平衡供给和需求,并把市场营销当作一种分配稀缺资源的指导力量。他们依然把职能研究视为市场营销学的核心内容,提出市场营销职能应包括:购买、销售、定价以及地区内或地区间交换。梅纳德和贝克曼在《市场营销原理》中,把市场营销定义为"影响商品交换或商品所有权转移以及为商品物流服务的一切必要的企业活动"。他们提出了研究市场营销的五种方法:① 产品研究法,即按产品类别向纵深方向对市场营销活动进行分析。② 机构研究法,即对参与市场活动的各个机构进行研究,如批发机构、零售机构等。③ 历史研究法,即从历史发展的角度分析市场营销职能及其执行职能的机构,寻找其产生、发展和消亡的原因。④ 成本研究法,即从成本对价格的影响出发,研究成本对市场营销活动以及顾客购买行为的影响。⑤ 职能研究法,即从市场营销职能的角度,来比较各类中间商在各种产品的市场营销活动中所执行的职能,以便于实现各种机构的最佳组合。他们还指出,从20世纪初以来,市场营销学已从描述性方法过渡到分析性方法。定义是十分重要的,市场营销学所包含的各个要素若无正确定义,便无法进行研究。市场营销原理则是对一般规律的阐述。人们在研究各种事实的因果关系时发现了某种规律,这些规律在特定条件下就会起作用。当市场营销原理组合在一起时,便构成了市场营销理论。由此可见,市场营销理论在这一时期开始形成。市场营销已被明确为是满足人类需要的行为,市场营销调查也在现实经济生活中受到了越来越广泛的重视,甚至连市场营销的社会效益也开始受到人们的重视。

(三) 市场营销理论的成熟阶段(1956～1980年)

这个阶段也可以分为两个时期。

一是1956年至1965年阶段的管理导向时期。在此期间,美国国内生产和生活方式发生了巨大变化,市场营销理论研究也开始迈向一个新的里程,即市场营销管理导向阶段。其间对市场营销思想做出卓越贡献的代表人物有奥德孙(Wroe Alderson)、霍华德(John A. Howard)和麦卡锡(Eugene J. McCarthy)。奥德孙在其《市场营销活动和经理行动》(1957年)一书中提出了"职能主义"。他解释说,职能主义是一种科学哲学,它从寻找某种行动机制出发,并力图解释这种机制是如何运转的。他指出,职能主义是发展市场营销理论最有效的途径,每一机构在市场营销活动中都有其独特职能,其存在的关键就在于能比其他机构更有效地提供某种服务。市场营销的效能就在于促进有利于双方的买卖。因此,奥德孙提出,经理必须认识市场中供需多样的事实,利用本企业的优势,寻找机会,达成交易。

霍华德在《市场营销管理:分析和决策》一书中提出从市场营销管理的角度论述市场营销理论和应用。当时,以"管理"为题的论文、专著屡见不鲜,但在"管理"之前冠以"市场营销"尚属首创。该书有四个主要特点:① 管理决策导向;② 运用分析方法;③ 强调经营经验;④ 引进了行为科学理论。霍华德指出,市场营销管理的实质是企业"对于动态环境的创造性适应"。市场营销经理的任务就是运用这些手段来实现最佳的环境适应。企业要在动态环境里生存和发展,就必须根据形势的变化采取相应的政策措施。

麦卡锡在其《基础市场营销》一书中描述了研究市场营销的三种方法:商品研究法、机构研究法和职能研究法。此外,他还对美国市场营销协会定义委员会1960年给市场营销所下的定义进行了修正,进而提出自己的定义:"市场营销就是指将商品和服务从生产者转移到消费者或用户所进行的企业活动,以满足顾客需要和实现企业的各种目标。"麦卡锡强调说:"不是生产,而是市场营销决定了应该生产什么产品,制定什么价格,在什么地方以及如何出售产品或做广告。"麦卡锡在市场营销管理理论方面提出了新的见解。他首先把消费者看作是一个特定的群体,称为目标市场。一方面考虑企业的各种外部环境,另一方面制定市场营销组合策略,通过策略的实施、适应环境、满足目标市场的需要,来实现企业的目标。

从上面的分析可以看出,霍华德只是从企业环境和市场营销策略两者的关系来讨论市场营销管理问题,强调企业必须适应外部条件。而麦卡锡则提出了以消费者为中心,全面考虑企业内外部条件,以促成企业各项目标实现的市场营销管理体制。

二是1966年至1980年阶段的协同和发展时期。经过前几个阶段的历程,市场营销学逐渐从经济学中独立出来,又吸收了行为科学、管理科学,以及心理学、社会学等学科的若干理论,并将其统合。在此期间,市场营销理论进一步成熟,市场营销概念和原理的运用日益普及。乔治·道宁(George S. Downing)和菲利普·科特勒(Philip Kotler)等学者为市场营销理论的发展做出了突出贡献。

道宁的主要贡献,就在于他首次提出了系统研究法。他在《基础市场营销:系统研究法》(1971年)一书中提出,市场营销是企业活动的总体系统,通过定价、促销、分销活动,并通过各种渠道把产品和服务供应给现实顾客和潜在顾客。道宁力图阐明企业为什么以及如何在其所选择的市场上经常不断地修正自己的行动,以增强适应性。他说:"作为一个系统,它有一个人为的控制机制。这个机制将对各种破坏力量做出反击,以维持本系统与其外部环境的平衡。"企业作为一个系统,它同时存在于一个由市场、资源和各种社会组织等组成的大系统之中,它将受到大系统的影响和制约,同时又反作用于大系统。而从企业系统内部看,它又是一个由若干相对独立而又以一定方式相互联系的部门所组成的有机整体。这些部门在企业这个系统中就叫作子系统。因此,市场营销是一个过程。在此过程中,企业不断地观察市场,发现和评估各种变化因素,然后作为投入反馈到企业,作为企业制定新战略和行动计划的基础。运用新的或修正过的行动来消除阻碍目标实现的因素,并观察、评价顾客和竞争者对此做出的反应,然后再作为投入反馈到企业,企业决策部门再次形成新的战略修正方案。道宁强调说,市场营销并非仅仅是某种职能,它是一个贯穿始终的过程。

菲利普·科特勒是当代市场营销学界最有影响的学者之一。他所著的《市场营销管理》一书在1967年出版后,成为美国管理学院最受欢迎的教材,并译成十几国文字,受到各国管理学界和企业界的高度重视。科特勒提出,市场营销管理就是通过创造、建立和保持与目标市场之间的有益交换和联系,以实现组织的各种目标而进行的分析、计划、执行和控制过程。其管理体系包括:① 分析市场营销机会;② 确定市场营销战略;③ 制定市场营销战术;④ 组织市场营销活动;⑤ 执行和控制市场营销努力。他还指出,市场营销是与市场有关的人类活动,市场营销理论既适用于营利组织,也适用于非营利组织。这一观点,扩大了市场营销学的研究和应用领域。

(四) 市场营销理论多元化发展阶段(1981年至今)

在此期间,市场营销领域又出现了大量丰富的新概念,使得市场营销这门学科出现了变形和分化的趋势,其应用范围也在不断地扩展。

1981年,莱维·辛格和菲利普·科特勒对"市场营销战"这一概念以及军事理论在市场营销战中的应用进行了研究,几年后,列斯和特罗出版了《市场营销战》一书。1981年,瑞典经济学院的克里斯琴·格罗路斯发表了论述"内部市场营销"的论文,科特勒也提出要在企业内部创造一种市场营销文化,即使企业市场营销化的观点。1983年,西奥多·莱维特对"全球市场营销"问题进行了研究,提出过于强调对各个当地市场的适应性,将导致生产、分销和广告方面规模经济的损失,从而使成本增加。因此,他呼吁多国公司向全世界提供一种统一的产品,并采用统一的沟通手段。1985年,巴巴拉·本德·杰克逊提出了"关系市场营销""协商推销"等新观点。1986年,科特勒提出了"大市场营销"这一概念,提出了企业如何打进被保护市场的问题。在此期间,"直接市场营销"也是一个引人注目的新问题,其实质是以数据资料为基础的市场营销,由于事先获得大量信息和电视通讯技术的发展才使直接市场营销成为可能。

进入 20 世纪 90 年代后,关于市场营销、市场营销网络、政治市场营销、市场营销决策支持系统、市场营销专家系统等新的理论与实践问题开始引起学术界和企业界的关注。

三、市场营销在中国的传播

中国市场营销主要是引进西方理论,因此这里主要说的是这些理论在中国的传播。这种传播经历了从初步引进后的认知时期,到盲目效仿、盲目跟进的实践时期,再到痛苦回顾、理性反思的探索时期的演变过程,体现出低层次性"土生土长"、由点到面、逐步扩大应用范围和领域的特点。市场营销的概念进入中国的时间不长,国内的学者、业内人士为其在中国社会的扎根、发展付出了极大的努力,取得了丰硕的成果。但是,中国特有的政治制度及市场环境,使得其在成长的过程中多了些特殊的经历。市场营销在中国的传播和应用大体经历了三个阶段,即短缺型市场营销阶段、投机型市场营销阶段及接轨型市场营销阶段。

(1) 第一阶段(1976~1989 年),即短缺型市场营销阶段。改革开放后,中国经济的发展渐渐步入了正轨。生产力的快速发展以及前期社会因素所造成的社会破坏,使得社会资源严重的短缺,从全社会来看,大到工业生产线,小到碗筷针线,似乎样样缺乏、样样都需要。想买产品,除了有钱,有时甚至还得找关系、走后门。

(2) 第二阶段(1989~1998 年)。中国进一步加快了改革开放的步伐,出台了许多新政策,提出了许多新思想,尤其是邓小平南方谈话,对中国社会的思想影响更是翻天覆地,"一切向前看""步子再快一点"成为社会的口号。一时间中国大地到处在开发、到处在建设,许多新事物进入百姓生活,如股票、期货、房地产、开发区等。

(3) 第三阶段(1998 年至今),即接轨型市场营销阶段。进入 1998 年,许多行业明显感到亚洲"金融风暴"造成的经济萧条,消费乏力、通货紧缩,有的企业甚至从此退出市场。经济全球化日趋明显,企业的经营环境,除了考虑国内环境外,国际环境也得考虑了,加入世贸后,这更是必然的。我们看到:家电企业开始走出国门投资经营,赢得新的生存空间;汽车行业考虑保护期结束后如何保持相应的竞争优势;钢铁企业为了控制成本而主动参与国际矿石价格谈判;国际油价的波动曲线成了许多企业的成本曲线等。新的环境要求企业必须采取与之相应的对策,遵循相应的规则,才能在竞争中获得安全的生存空间。在新的形势下,中国市场营销的最大特点与最大任务就是与国际市场接轨。

中国市场营销经过这些年的发展后,已经显示出强大的活力,今后它将在全球经济一体化的促进下更加健康快速地成长,让中国企业挑战强者,最终赢得国际市场竞争的全面胜利。

第二节 市场营销学的研究对象和内容

市场营销学是一门适应现代市场经济发展需要,建立在经济学、心理学、社会学、统计学、数学、管理学基础之上的综合性边缘学科。它具有理论性、经验性、实践性、综合性等特点。正因为它有自身的特点,所以它有自己的研究对象和内容。

一、市场营销学的研究对象

西方的市场营销学家和企业家,曾经从不同的角度对市场营销学的研究对象做过不同的表述。这些不同的论述说明了在不同的时期人们对于市场营销学的认识的发展过程。

市场营销学研究对象的早期认识可称之为狭义的认识,以1931年美国市场营销协会定义委员会对市场营销学所下的定义:市场营销是引导商品或劳务从生产者到达消费者或使用者手中的一切企业经营活动。十分明显,这一定义是把市场营销学看成是一门研究在流通领域内商品交换和分配的科学。

现代市场学对于研究对象的认识可以称为广义的认识。它是随着现代市场营销学内容体系的发展而逐渐形成的。它所要研究的对象却丰富得多,主要是探讨在生产领域、流通领域和消费领域运用一整套开发原理、方法、手段、策略,不断设计开发生产出适合消费者需要的产品,通过细分市场、拓展市场,提高产品市场占有率,达到实现营销目标的目的。美国的罗里尔教授指出:现代市场营销学"研究全部的商业活动,亦即商品和劳务从生产者到最终消费者的运动过程。它包括提供原材料、半成品、产成品,以及为消费者对这些商品感到满意而必需的一切劳务上。"美国的麦克纳尔教授进一步指出:市场营销是创造和传递新的生活标准给社会。上述的表述和论断虽各有差异,但表明所研究的对象已经大大地突破了原来的商品流通领域,而向前延伸到了生产领域和产前的各种活动,又向后延伸到了消费领域。也就是说,市场营销学的研究对象包括了从研究消费者的需求开始,到如何保证消费者的需求得到真正的和全部的满足为止的全部过程。

综上所述,我们把市场营销学的研究对象定义为:"以消费者需求为中心的市场营销关系、市场营销规律及市场营销策略"。具体地说,研究如何在满足消费者利益的基础上,适应和刺激消费者的需求,并有计划地组织企业的整体营销活动,提供满足消费者需求的商品和服务,并从中使企业获得最大限度的利润。它强调企业整体活动必须以消费者需求为中心,这是企业能否生存和发展的关键。从市场营销学的观点看,满足消费者需求和满足企业获取最大利润的要求之间是相互满足的交换关系,而消费者需求的满足又是这种交换关系的最根本基础。

二、市场营销学研究的内容

市场营销学的研究内容是由其研究对象决定的。它的研究范围非常广泛,包含的内容也极其丰富,有的是从宏观方面进行研究,有的是从微观方面进行研究,概括起来主要有如下内容:

(1) 市场营销基本原理研究。包括市场与市场营销、现代市场营销观念、目标市场与市场营销组合、市场营销环境分析等。主要研究市场营销学的基本理论问题。

(2) 市场研究。主要研究消费者购买行为、生产者购买行为等。

(3) 市场调查。主要研究市场营销调查的程序和方法。

(4) 市场营销预测与决策研究。主要研究市场营销预测与决策的原理与方法。

(5) 营销组合策略研究。主要研究产品策略、价格策略、分销渠道策略、促进销售策略等,简称4P策略研究。

(6) 营销组织与控制研究。主要研究市场营销组织的结构、市场营销计划执行过程的反馈、调整和修正等。

(7) 服务市场营销研究。主要研究服务的性质、特点及其营销策略等。

(8) 国际市场营销研究。主要研究国际市场营销中的环境与产品、价格、分销渠道、促进销售策略等。

综上所述,市场营销学的研究内容是市场、消费者、营销组织和营销策略。

第三节 市场和市场营销

在市场经济条件下,企业的生产经营活动始终离不开市场,市场不仅是企业生产经营活动的起点和终点,而且是企业经营成败的关键。因此,正确认识市场是企业市场营销活动的关键。

一、市场

市场是生产力在一定发展阶段的产物,属商品经济的范畴。市场随着商品经济发展而发展,可以说,哪里有商品生产和商品交换哪里就有市场存在。

(一) 市场的概念

在市场营销学产生近百年的历史中,人们已给市场下了多种定义。也就是说,在不同的历史时期,人们对市场的概念赋予了不同的内涵。

1. 市场是商品交换的场所

这是从地理的角度对市场进行理解的。这种理解是把市场当作人们互相交换物品和劳务的场所。它是人们对市场的最早认识,也是最通俗的定义。同时,作为交易场所也是市场最早的、最一般的形态,如百货商店、农贸市场、超级市场等。这种概念至今仍被人们广泛接受和使用。原始社会末期,各部落中出现了剩余产品,人为了更好地满足各自的生活需要,于是在部落的边缘地带便产生物物交换。由此,地理概念的市场便应运而生了,并随着商品交换的频繁和丰富而逐渐发展起来。在现代,作为商品交换的场所的市场已不局限于地理概念,现代科技的发展和应用,使商品交换变得更加方便、迅速,许多交换已不能准确确定其地理位置,如"网上购物",同时商品的内容也远不是物质产品所能涵盖的。所以市场是商品交换的场所这一概念已具有了现代的意义,范畴更广。

2. 市场是商品需求的总和

这是从企业的角度来理解市场的。企业界人士以"市场"一词泛指各类顾客群,即消费者。当某人说某产品很有市场时,说明此时他就是从这个角度来理解市场的,表明该产品的现实买主和潜在买主很多。从这个概念出发,市场是由人口、购买力和购买欲望三个要素构成的。这三个要素和市场的关系可以用下面的关系式来表示:

$$市场 = 人口 \times 购买力 \times 购买欲望$$

其中,人口是一个广义的概念,是组成市场的基本要素。哪里有人哪里就有衣、食、住、行及其他各种需要,哪里就有市场。人口的数量,决定了企业市场的规模。同时,那里的人口要有一定的购买力。购买力是组成现实市场的物质基础,它与人口数量共同作用,显示一个企业某种产品的市场规模。在人均购买力一定的条件下,潜在消费者数量越多,就意味着该产品的市场规模越大,反之,则小;在潜在消费者数量一定的条件下,人均购买力水平越高,企业产品的市场规模越大,反之,则小。判断一个企业某种产品市场规模大小,不仅要看其所面对的潜在消费者的数量,而且要看潜在消费者购买力的高低。最后,对于一个企业来说,某产品的市场是否存在,主要看潜在消费者是否有购买欲望。购买欲望是人们为满足自身的某种需要而产生的购买商品的一种动机、冲动和驱使力,它支配着人们的购买行为。无购买欲望的人口数量不能构成企业的市场。因此说,购买欲望是购买力得以实现的必不可少的条件。所以从企业角度来看,市场是某种商品需求的总和,是以人口、购买力、购买欲望三要素相互制约为条件,共同组成的。

3. 市场是一种经济调节机制和运行方式

这是从商品供求关系的角度对市场进行理解的。在商品经济中,市场是调节人们经济活动的制约机制。商品生产者在市场上能否卖出商品,卖出商品的价格如何,决定着商品生产者的命运,而这种状况取决于市场上的供求关系。所以,企业必须根据市场上供求关系的变化所形成的价格信号,安排自己的生产经营活动。商品经济就是在这种市场机制的作用下运行的。不过,在商品经济发展的不同阶段,市场机制的作用程度和作用范围是不相同的。

4. 市场是商品流通领域,是商品交换关系总和

这是从社会整体角度对市场进行理解的。企业的商品生产是为满足他人需要进行的生产,也是只有依赖他人才能进行生产,从而使得商品生产者之间具有密切的经济联系。这种经济联系只有通过市场才能实现,这就形成了商品流通领域。离开市场,企业既得不到自己所需要的生产要素,也无法使自己产品的价值得以实现。企业间的全部经济关系都在市场上体现出来,企业的生产经营活动都只能在整体市场上进行,都只是整体市场交换关系的一部分,市场是商品交换关系的总和,是商品经济条件下各种经济关系的集结点。

上述四种定义是从四个不同角度来理解市场的,对企业营销活动有重要的指导作用(图1.2)。企业的营销活动离不开市场,前三者对企业的营销活动有微观指导作用,后一种具有客观指导作用。企业在进行市场营销决策时,不仅要研究本企业某种产品所销售的地区,目标消费者的数量、购买力及购买欲望,供求关系,而且还要面对整体市场,把握本企业的营销活动与整体市场的关系。现代市场营销学主要是从卖方的立场来研究市场的,所以把市场定义为某种商品需求的总和,由人口、购买力、购买欲望所构成。

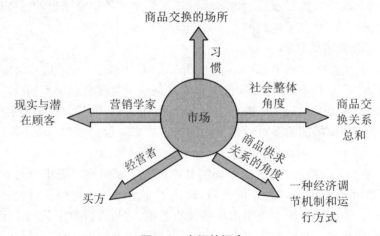

图 1.2　市场的概念

（二）市场的功能

市场的功能，就是指市场在商品经济运行中的作用。早在 200 多年前，古典经济学家亚当·斯密就已看到了市场的功能作用。他把市场功能比喻成一只"看不见的手"，在这只手的指引下，商品生产者们自发地朝着一个共同的方向和目标，通过等价交换的原则，通过价格体系的作用和人们对自身利益的无限追求，实现社会福利的最大化，从而不断促进商品经济的迅猛发展。市场的具体功能是：

（1）价值实现功能。商品生产是为交换而进行的生产，作为商品的任何产品都必须进入市场，接受市场的检验。商品只有在市场上卖出去，转化为货币，才能完成它的"惊险的跳跃"，使商品的内在价值得到实现。正如马克思所说："每一种商品都只能在流通过程中实现它的价值；它是否实现它的价值，在多大程度上实现它的价值，取决于当时市场的状况。"所以，市场是商品价值得以实现的场所，市场状况决定着价值实现的程度。而价值实现问题则是商品经济运行的根本问题。

（2）经济联系功能。商品经济是社会分工的产物。在商品经济条件下，尤其是在发达商品经济条件下，社会分工越来越细，生产专业化程度日益提高，整个国民经济成为由众多的经济部门、行业、企业互相联系构成的有机整体。这些部门、行业、企业之间的有机联系，只能依赖于市场。市场是商品经济尤其是发达商品经济条件下，生产与消费、宏观与微观、企业与企业经济活动的基本纽带。

（3）利益协调功能。市场是交换关系的总和，因而是各种类型的社会成员经济利益的集结点和实现地。商品生产者、经营者和消费者都要通过市场活动实现各自的经济利益，并由市场通过价格机制对买卖双方的经济利益进行调节，从而协调着社会生活。

（4）信息传导功能。市场信息特别是市场供求关系和市场价格情况，在现代社会已经成为生产者、经营者乃至消费者的一种无形的重要资源和财富。迅速掌握和很好利用市场信息，既有利于生产经营者正确认识市场形势，把握市场风云变幻，做出科学的生产经营决策，根据社会需要来安排生产，从而使社会经济各部门能够合乎比例地发展，也有利于消费者做出正确的购买决策，以少量的货币支出获得较多的满足自己消费需要的使用价值，提高消费效益。可见，市场通过信息传导而对生产和消费产生影响，进而对整个经济活动发挥着指示器作用。

（5）优劣评判功能。在商品经济条件下，一切商品生产者、经营者都是市场大舞台上的演员，他们凭借各自的人才、经济、技术实力参与市场竞争，由市场来判定谁优谁劣，并由市场执行优胜劣汰的原则。市场评判是一种最公开、最公正、最准确的评判。

（三）市场类型及其特点

市场是一个由不同部分组成的有机整体。随着商品交换关系的发展，市场的结构越来越复杂。为了更好地研究市场，我们有必要对市场类型进行划分。按照市场的地理范围，我们可以将市场分为国内市场、国际市场；按照市场经济的对象，我们可将市场分为商品市场、服务市场、技术市场、劳动力市场、信息市场及资金市场等；按照市场的购买者购买商品目的的不同，我们可以将市场分为消费者市场和组织者市场，组织者市场又可分为产业市场、中间商市场和政府市场。由于市场营销学研究重点是消费者的需求和购买行为，因此，我们仅就三种主要市场类型，即消费者市场、服务市场、产业市场进行分析研究，以便掌握其特点，为市场营销决策奠定基础。

1. 消费者市场及其特点

所谓消费者市场是指为了个人或家庭生活消费而购买商品或劳务的市场,是产业市场及整个经济活动为之服务的最终市场。由于具有所有市场的基本特性,因而它是市场营销理论研究的主要对象,并为其他市场的研究奠定基础。

与产业市场相比较,消费者市场的特点如下:

(1) 消费者市场人数众多。
(2) 消费者的购买属于小型多次购买。
(3) 消费者购买属于非专家购买。
(4) 消费者购买随机性较大。
(5) 消费者购买流动性较大。
(6) 消费者购买属于非盈利性购买。

根据消费者市场的以上特点,企业在经营活动中要有针对性地开展营销工作,把握消费者需求的变化,引导消费者合理消费。如根据多次购买的特点,企业经营要以高质量的服务鼓励消费者再次购买;根据非专家购买的特点,消费者在购买时极易受促销宣传的影响,因此,企业应重视促销手段的合理运用。总之,企业要制定适当的营销战略和运用各种营销手段,激发消费者的购买兴趣,满足消费者的需要,不断扩大商品的销售。

2. 产业市场及其特点

所谓产业市场是指工业企业为创造产品或提供劳务而购买生产资料或生产要素的市场。产业市场是整体市场的中间环节,其购买者不是为最终使用而购买,是非最终使用者市场。

与消费者市场相比较,产业市场的特点如下:

(1) 产业市场上购买者数量相对较少。
(2) 产业市场上购买者购买数量较大。
(3) 产业市场需求属于引申需求。
(4) 产业市场需求缺乏弹性。
(5) 产业市场需求波动性大。
(6) 产业市场购买属于专业人员购买。
(7) 产业市场的购买属于直接购买。
(8) 产业市场购买决策参与者较多。

针对产业市场的上述特点,以产业市场为目标市场的企业就要有针对性地开展营销工作,以满足产业市场的需要。如根据引申需求的特点,生产企业可以通过刺激最终消费者对某种产品的需求来间接刺激产业用户对本企业产品的需求;根据缺乏弹性的特点,生产企业就要以稳定的价格、高质量的产品、良好的服务等来满足企业用户对本企业产品的需求。

3. 服务市场及其特点

服务是一方向另一方提供的活动或利益,并不产生任何所有权的变化。服务是无形的、不可分割的、可变的和即时的。所谓服务市场,是流通领域中劳务行为的总和,是劳务商品所有现实或潜在买主的集合。它是社会整体市场的组成部分。

服务市场提供的商品是服务,而服务是一种特殊的商品,它与实体商品市场相比,具有如下特点:

(1) 服务市场的服务是无形的。

(2) 服务市场的服务具有不可分割性。
(3) 服务市场的服务具有高度的可变性。
(4) 服务市场的服务具有即时性。

针对服务市场具有的上述特点，以服务市场为目标市场的企业就要有的放矢地开展营销工作，以满足服务市场上的消费者需求。如根据服务的不可分割性，可知服务市场无分销过程，所以企业只能采取直销方式；根据服务的无形性，可知服务受服务人员个人素质影响较大，所以企业要培养具有较高的专业技能、较强的人际沟通能力、良好的服务态度等高素质的服务人员。

综上所述，各类市场具有不同的特点，企业在开展营销活动时，必须采取不同营销措施，以更好地满足不同消费者的需要。

二、市场营销

市场营销译自英文 marketing 一词，它包含了两种含义：第一种是指企业的具体活动或行为，这时应该称之为市场营销或市场经营；第二种是指研究企业的市场营销活动或行为的学科，可以称作市场营销学、市场学、营销学等。在我国，对 Marketing 的译法很多，如销售学、市场营销学、市场学等，现在，基本上使用"市场营销学"的名称。

（一）市场营销的定义

市场营销是与市场紧密相关的概念，它与市场既相互关联又相互区别。

市场营销的定义是市场营销学的核心概念，迄今为止，人们从各种不同的角度为其下了近百种定义，如 1960 年美国市场营销协会（American Marketing Arrogation，AMA）定义委员会曾经对市场营销做过专门的定义，其表述为："市场营销是把产品或劳务从生产者引导到消费者或用户的一切企业活动。"这一定义现在看来有些片面，因为它把市场营销仅仅看作是商品生产出来以后的一种企业活动。而实际上，市场营销活动在产品生产之前已经开始了，即企业首先应该在了解消费者的需求基础上才能从事生产活动，否则，其一切活动可能是无效的活动。

目前，市场营销的定义可表述如下：市场营销就是与市场有关的人类活动，即以满足人类各种需要和欲望为目的，通过市场变潜在交换为现实交换的活动。

【资料链接】

关于市场营销的其他定义

江亘松在《你的营销行不行》中解释营销的变动性，将英文的"marketing"作了下面的定义："什么是营销？"就字面意思来说，"营销"的英文是"marketing"，若把 marketing 这个字拆成 market（市场）与 ing（英文的现在进行时表示方法）这两个部分，那营销的意义就是"市场的现在进行时"。

菲利普·科特勒于 1984 年对市场营销又下了定义：市场营销是指企业的这种职能：认识目前未满足的需要和欲望，估量和确定需求量大小，选择和决定企业能最好地为其服务的目标市场，并决定适当的产品、劳务和计划（或方案），以便为目标市场服务。

> 麦卡锡于1960年也对微观市场营销下了定义:市场营销是企业经营活动的职责,它将产品及劳务从生产者直接引向消费者或使用者以便满足顾客需求及实现公司利润,同时也是一种社会经济活动过程,其目的在于满足社会或人类需要,实现社会目标。这一定义虽比美国市场营销协会的定义前进了一步,指出了满足顾客需求及实现企业赢利成为公司的经营目标,但这两种定义都说明,市场营销活动是在产品生产活动结束时开始的,中间经过一系列经营销售活动,当商品转到用户手中就结束了,因而把企业营销活动仅局限于流通领域的狭窄范围,而不是视为企业整个经营销售的全过程,即包括市场营销调查、产品开发、定价、分销广告、宣传报道、销售促进、人员推销、售后服务等。
>
> 而格隆罗斯给的定义强调了营销的目的:营销是在一种利益之上,通过相互交换和承诺,建立、维持、巩固与消费者及其他参与者的关系,实现各方的目的。

(二) 正确理解市场营销应注意的问题

正确领会和理解现代市场营销的含义,需要注意以下三点:

1. 市场营销与市场的含义不同

市场营销是以市场为出发点的活动,但与市场具有不同的含义,同时两者也有不同的历史。市场产生于原始社会末期的物物交换,已有几千年的历史。市场营销活动于17世纪出现于日本。当时三井家族创办了世界上第一家百货商店,提出并实行了"当顾客采购员"及"保证满意,否则原款送还"等市场营销政策,市场营销由此产生。

2. 市场营销的含义不是固定不变的

市场营销概念是从企业的市场营销活动和实践中概括出来的。同时它随着企业的市场营销活动和实践的发展而发展。在19世纪末20世纪初,资本主义世界出现"生产过剩"的经济危机,美国一些大公司开始设置市场营销机构,其主要活动是广告、销售促进和产品推销。那时市场营销与销售促进和推销是同义词。而在现代,销售促进和推销都只是市场营销中促销的一种手段,并不是全部。现代市场营销活动具有更广泛的含义,包括产前调查、生产中的质量控制、生产后的产品销售及售后服务等一系列活动。

3. 市场营销的核心观念是交换

企业的一切市场营销活动都与市场、商品交换有关,都是为了实现现实的交换和潜在的交换。也就是说,企业在调查研究和了解目标消费者需要的基础上,千方百计地满足消费者的需要,实现潜在的交换。

(三) 市场营销所涉及的有关概念

前面已述及市场营销的定义,它涉及下列概念:需要、欲望、需求、产品、效用、交换和交易、市场营销者。现分述如下:

(1) 需要。需要是指未得到某些基本满足的感受状态。人为了生存需要食物、衣物、房屋、安全感、尊重和其他一些东西。这些需要存在于人本身的生理需要和自身状态之中,绝不是市场营销者所能凭空创造的。

(2) 欲望。欲望指向特定对象的需要,即消费者深层次的需求。不同背景下的消费者欲望不同,比如中国人需求食物则欲求大米饭,法国人需求食物则欲求面包,美国人需求食物则欲求汉堡包。人的欲望受社会因素及机构因素,诸如职业、团体、家庭、教会等影响。因而,欲望会随着社会条件的变化而变化。市场营销者能够影响消费者的欲望,如建议消费者购买某种产品。

（3）需求。需求是指有支付能力和愿意购买某种物品的欲求。可见，消费者的欲求在有购买力作后盾时就变成为需求。许多人想购买奥迪牌轿车，但只有具有支付能力的人才能购买。因此，市场营销者不仅要了解有多少消费者欲求其产品，还要了解他们是否有能力购买。

（4）产品。产品泛指商品和劳务。我们把任何可以满足需要和欲望的东西都称为产品。人们用产品和服务来满足自己的需要和欲望。人们通常用产品和服务来区分实体物品和无形物品。实体产品的重要性不仅在于拥有它们，更在于使用它们来满足我们的欲望。我们要汽车并不是为了看，而是为了得到它所能提供的交通服务。所以，实体产品实际上是向我们传送服务的工具。

企业如果只重视有形产品，而忽视这些产品所提供的服务，就会使企业陷入困境。市场营销人员的工作不仅包括描述其产品的物理特征，还包括销售产品深层的利益和所能提供的服务。否则企业将患"市场营销近视症"，即在市场营销管理中缺乏远见，只看见自己企业的产品质量好，看不见市场需要在变化，最终将会使企业经营陷入困境。

（5）效用。效用是指产品满足人们需求的能力。当人们对一组能够满足某一特定需要的产品进行选择时，通常以产品的效用和价值为标准。价值是凝结在商品中的人类的一般劳动，价值量的大小取决于生产商品的社会必要劳动时间。一种商品满足人们需求的能力的大小取决于人的自我感受力，来自人的主观评价。消费者在选择商品来满足个人某种需求时，他将考虑到商品的价值和效用。此外，还要考虑商品的使用费用。

（6）交换和交易。交换是指通过提供某种东西作为回报，从别人那里取得所需物的行为。在满足人类的需要和欲望的多种方式中，交换是先于市场营销的前提性概念。交易是交换的基本单元，是由双方间的价值交换所构成的行为。

（7）市场营销者。市场营销者是指从他人处寻求资源并愿意以某种有价物品进行交换的人。市场营销者可以是买方，也可以是卖方。当买卖双方都表现积极时，可称双方均为市场营销者，这种情况被称作相互市场营销。

第四节　市场营销管理哲学

企业的市场营销管理，是在特定指导思想或经营观念指导下进行的。所谓市场营销管理哲学，亦称企业营销观念，是指企业在进行市场营销管理过程中，在处理企业、消费者和社会三者利益方面所持的态度、思想和观念。简言之，企业营销观念就是指企业经营活动的指导思想。市场营销管理哲学随着商品经济的发展、市场状况的变化而变化。研究这种变化过程，是市场营销理论的一个重要内容。

一、生产观念（19世纪末）

这是一种古老的营销思想。在资本主义工业化初期阶段，资本主义经济和生产技术相对落后，生产效率不高，企业一般只生产单一产品，许多商品供不应求，生产导向观念开始产生。这表明，当时的社会经济正处于卖方市场，即生产者左右市场，生产企业是市场的主导，不存在产品销售问题。

生产观念认为消费者喜欢那些随处可买到的价格低廉的产品，企业应致力于提高劳动生产率,扩大生产量,降低成本,以进一步拓展市场。例如美国的汽车大王亨利·福特曾傲慢地宣称"不管消费者需要什么颜色的汽车,我们的汽车就是黑色的。"福特汽车公司开发的T型车,省去了一切多余的功能,完全是单一车型,清一色的黑色,后来又采用流水线生产,生产效率大大提高,成本大大降低,价格也随之降低。1910年,每辆车950美元,1924年降低到了每辆290美元,创造了同一车型累计销售1500万辆的世界纪录。福特公司几乎挤垮了所有的竞争对手,成为美国的最大的汽车公司。生产观念适用于卖方市场,在20世纪20年代以前奉行该观念的企业都取得了较好的经济效益。我国在改革开放前及改革开放初期,市场也属于卖方市场,企业的营销观念也一直由生产观念所左右。显然,生产观念的存在以产品供不应求、不愁无销路为条件,以大批量、少品种、低成本的生产更能适应消费者需求为前提。因此,市场销售提不到企业的日程上来。

【资料链接】

德州仪器公司的生产观念

德州仪器公司是达拉斯的一家电子公司,它在美国率先奉行"扩大生产,降低价格"的观念。该观念是福特公司在20世纪初开发汽车市场时首创的。福特公司将其全部精力都用于改进大规模汽车生产、降低成本上,使大多数美国人都能享用汽车。德州仪器公司也尽其全力扩大生产量,改进技术,以降低成本,然后利用它的成本优势降低售价,扩大市场规模。它不断追求市场的领先地位,并且常常如愿以偿。对于德州仪器公司而言,其所做的事就只意味着一件事:为购买者降低价格。

这种经营观念也是许多日本企业的关键战略。

二、产品观念(20世纪初)

产品观念也是一种较早的企业经营观念。产品观念认为,消费者最喜欢高质量、多功能和具有某种特色的产品,企业应致力于生产高值产品,并不断加以改进。它产生于市场产品供不应求的"卖方市场"形势下。最容易滋生产品观念的场合,莫过于当企业发明一项新产品时。此时,企业最容易出现"市场营销近视"情况,即不适当地把注意力放在产品上,而不是放在市场需要上,在市场营销管理中缺乏远见,只看到自己的产品质量好,看不到市场需求在变化,致使企业经营陷入困境。

产品观念是从生产观念中派生出来的又一种陈旧的经营观念。产品观念认为,只要产品质量上乘,具有其他产品所无法比拟的优点与特征,就会受到消费者的欢迎。在这种观念的指导下,企业往往把注意力集中在产品的精心制作上,致力于生产高值产品,并不断加以改进。它产生于市场产品供不应求的"卖方市场"形势下。

产品观念最终容易导致企业患上"营销近现症"。所谓"营销近视症"就是不适当地把注意力放在产品上,而不是放在市场消费者需求上,在市场营销管理中缺乏远见,只看到自己的产品质量好,看不到市场需求在变化,致使企业经营陷入困境,导致企业丧失市场,产品失去竞争力。

以上两种观念虽略有不同,但本质上没有差别,都是以生产为中心,其企业营销活动过程也基本相同。

【资料链接】

美国钟表公司的产品观

美国某钟表公司自1869年创立到20世纪50年代,一直被公认为是美国较好的钟表制造商之一。该公司在市场营销管理中强调生产优质产品,并通过由著名珠宝商店、大百货公司等构成的市场营销网络分销产品。1958年之前,公司销售额始终呈上升趋势。但此后其销售额和市场占有率开始下降。造成这种状况的主要原因是市场形势发生了变化:这一时期的许多消费者对名贵手表已经不感兴趣,而趋于购买那些经济、方便且新颖的手表;而且,许多制造商迎合消费者需要,已经开始生产低档产品,并通过廉价商店、超级市场等大众分销渠道积极推销,从而夺得了该钟表公司的大部分市场份额。该钟表公司竟没有注意到市场形势的变化,依然迷恋于生产精美的传统样式手表,仍旧借助传统渠道销售,认为自己的产品质量好,顾客必然会找上门。结果,企业经营遭受重大挫折。

三、推销观念(20世纪20年代末~40年代末)

随着科学技术的进步,管理水平和生产力的提高,产品的数量与品种也开始逐渐增加,市场上某些商品供过于求,企业间的竞争日益激烈。特别是1929年爆发的资本主义世界范围内的经济危机,使许多企业破产、倒闭。现实使许多企业家认识到,即使有物美价廉的商品,也未必能卖得出去;要在日益激烈的市场竞争中求得生存和发展,就必须重视市场营销工作,加强产品的推销工作。在这种情况下,推销观念应运而生。

推销观念认为消费者是被动的,他们通常反应迟钝且抵制购买,如果对消费者置之不理,他们不会大量购买本企业的商品,因而企业必须进行大量的推销和促销努力,采取一套行之有效的推销和促销办法来刺激消费者大量购买。

推销观念是在卖方市场向买方市场过渡时期产生的以推销产品为中心的观念。推销观念的产生,促进了现代促销手段的发展,也使市场营销理论有了新的发展。

推销观念以产后推销为中心,大力促销,它仍然只把市场作为生产过程的终点,实质上仍然是一种以生产为中心的市场营销管理哲学。但是企业从生产观念到推销观念的转变是一个进步,它客观上提高了销售在经营中的地位。

人们将生产观念、产品观念、推销观念称为传统市场营销观念。

【资料链接】

雪佛莱和奥兹莫比尔的买一送一

美国的雪佛莱和奥兹莫比尔汽车厂的生意面临巨大的难题。它积压了一批1986年生产的"托罗纳多"牌轿车,由于未能及时脱手,导致资金不能回笼。仓租利息负担沉重,使工厂面临要倒闭的局面。

该厂的总裁对本厂的经营和生产进行了反思,总结出自己企业经营失败的原因是推销方式不灵活,他针对全企业存在的问题,对竞争者及其他商品的推销术进行了认真的比较,最后设计了一种大胆的推销方式"买一送一"。决定在全国主要报刊刊登特别广告:谁买一辆"托罗纳多"牌轿车,就可以免费获得一辆"南方"牌轿车。

买一送一的做法由来已久。但一般的做法是免费赠送一些小额的商品。如买录像机,送一盒录像带等,这种施以顾客一点小恩惠的推销方式开始还起到很大的促销作用,但后来慢慢不大起作用了。在美国这个社会,商业广告充斥每个角落,报纸、书刊、电视、电台、橱窗、路边、房顶等地五花八门的广告比比皆是。推销商品方法之多,范围之广,已使人有点视而不见、麻木不仁了。

雪佛莱和奥兹莫比尔汽车以买一辆汽车赠送一辆汽车的超群出众的方法,一鸣惊人,使许多对广告习以为常的人也刮目相看,并相互转告。许多人看了广告以后,不辞远途而来看个究竟。该厂的经销部原来是门可罗雀,一下子变得门庭若市了。

一些无人问津的积压轿车果真以15000美元一辆被人买走,该厂也——兑现广告的承诺;凡是购买一辆"托罗纳多"牌轿车者,则免费获得一辆崭新的"南方"牌轿车。如买主不要赠送的轿车,可给4000美元的回扣。

雪佛莱和奥兹莫比尔汽车厂实施的这一招,虽然致使每辆轿车少收入约5000美元,但却使积压的轿车一售而空。事实上,这些轿车如果积压一年卖不出去,每辆轿车损失的利息和仓租、保养费也接近这个数了。

更应该看到,这一举动给工厂带来了源源不断的生意,它不但使"托罗纳多"牌轿车提高了知名度,增加了市场占有率,同时也推出了一个新牌子——南方牌。这种低档轿车开始以"赠品"作为托罗纳多牌轿车的陪嫁,随着赠送的增多,它慢慢也有名气了,吸引许多低收入阶层的人前来购买。

四、市场营销观念(20世纪50年代~70年代)

第二次世界大战结束后,资本主义的生产力有了迅速的发展,新的产业不断出现。美国等发达资本主义国家的市场已经变成名副其实的买方市场了。同时,资本主义国家推行"高物价、高工资、高消费"的三高政策,促使消费者的需求和愿望也不断地变化。在这种市场形势下,市场营销管理哲学从推销观念演变为市场营销观念,这标志着现代营销管理哲学的诞生。

市场营销观念认为,实现企业各项目标的关键,在于正确确定目标市场的需要和欲望,并且比竞争者更有效地传送目标市场所期望的商品或劳务,进而比竞争者更有效地满足目标市场的需要和欲望。其本质是以消费者需求和欲望为导向的哲学。

市场营销观念产生后,市场营销过程和职能也发生了变化。企业在经营生产过程中,要先进行市场调查和分析,发现、判断消费者的需求和愿望,把得到的市场信息传到设计部门,进行产品设计。然后,先进行小批量生产,经过市场检验,为消费者接受以后,再进行成批生产。最后,运用各种适当的促销方式和分销渠道送到消费者手中(图1.3)。

市场营销观念的诞生,在市场营销研究中被视为企业经营思想的一次重大飞跃,故被称作市场营销的一次革命。

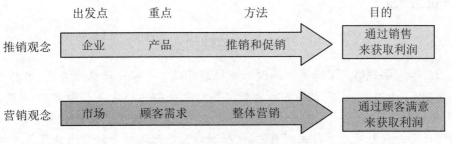

图1.3 推销观念与营销观念的区别

【资料链接】

比恩公司的顾客满意

美国的比恩公司是世界上非常成功的邮购商之一,它专门从事供应中下层的服装和日常用品。比恩公司仔细把它的外部和内部营销计划结合起来,它对顾客提供以下服务:

所有的产品保证在各方面给予100%的满意。向该公司购买的任何东西如果证实不好,随时可以退回,只要顾客愿意,他们可以替换商品或退回顾客购买商品花的钱,或将退款计入顾客的信用卡的贷方。

他们不希望顾客从比恩公司购买的任何东西是不完全满意的。

为激励员工很好地为顾客服务,在公司办公室周围贴上醒目的标语:"什么是顾客?顾客是本办公室的最重要的人——不论是亲临或邮购。""不是顾客依靠我们……而是我们依靠顾客。"

五、社会营销观念(20世纪70年代至今)

进入20世纪70年代后,工业化过程所带来的副作用对社会产生了很大的冲击。土壤贫瘠化的加速,世界沙漠地的扩大,化学农药的大量使用对农业产生的反作用,海平面上升,原子能发电带来的放射性废弃物对环境的污染以及世界动物、植物种类的减少等,都是世界各国所面临着的严峻问题。现代社会的消费者通过商品的消费,虽然取得了较高的生活水平,但是人们为此而付出的代价也相当高。即消费者在获得产品的各种效用的同时,往往不知不觉地被迫接受了产品带来的反效用。如消费者使用汽车获得了快捷、舒适的效用,但是也接受了汽车排出的废气、噪声等反效用。这就是工业化社会所引起的剧烈矛盾冲突。正是在这种背景下,社会营销观念被提了出来。

社会营销观念是以社会利益为中心的营销观念。这种观念强调在满足消费者需要和创造利润的同时,还必须注意到公众的利益。即:企业在进行营销活动过程中,要充分有效地利用人力资源、地球资源,在满足消费者的需求,取得合理利润的同时,保护环境,减少公害,维持一个健康、和谐的社会环境以不断提高人类的生活质量。社会营销观念要求企业的营销活动的目的不仅是使利润最大化,而且要使企业负担起社会责任,即企业的营销活动要考虑取得良好的社会价值和社会效益。

【资料链接】

罗迪克美容院的业务

在1976年,安妮塔·罗迪克在英国的布赖顿开设了一家化妆品专卖店,名为美容院,现在发展到41个国家,共有700多家分店。美容院每年的销售成长率在60%至100%,在1991年达到1.96亿美元,税前利润3400万美元。她的公司只生产和销售天然配料为基础的化妆品并且包装是可回收利用的,该配料以植物为基础并经常来自发展中国家,以帮助他们的经济发展,所有产品的配方均非采用动物试验。她公司每年将一定比例的利润捐给动物保护组织、无家可归者、保护雨林组织和其他社会事业。公司的社会观念,使许多顾客乐于光顾她的店,她的雇员和专营者还献身于社会事业。罗迪克曾经这样评价道:我认为最重要的是,我们的业务不仅是头发和皮肤的保养,而且还应包括社会、环境和除化妆品以外的更广大的外部世界。

【资料链接】

不同市场营销哲学的内容与特征见表1.1。

表1.1 不同市场营销哲学的内容与特征

营销观念演变	内容	典型特征
生产观念 (19世纪末)	企业以生产为中心来组织企业的生产经营活动	能生产什么,就卖什么
产品观念 (20世纪初)	企业努力提高产品质量,做到物美价廉,产品无需大力推销	有什么产品就卖什么
推销观念 (20世纪30年代)	市场竞争加剧,企业必须重视加强产品的推销工作以诱导消费者购买产品	卖什么,就设法让人们买什么
市场营销观念 (20世纪50年代)	企业以市场需要为中心来组织企业的营销活动	生产能卖出去的产品
社会营销观念 (20世纪70年代)	企业营销活动要满足消费者利益,让企业获取利润,还要符合社会长远利益	经营符合消费者、企业、社会三者利益的产品

近些年来,一些市场营销学者又提出了一些新观念(表1.2),用以修正或补充市场营销观念。

(1) 生态营销观念。该观念认为,任何一个企业都如同生物有机体一样,要同其生存环境相适应、相协调,生产既能满足消费者需要,又是企业擅长的产品。它是一种将市场需求同企业优势相结合的市场营销管理哲学,是针对个别企业片面奉行市场营销观念,忽视本身实力组织生产,造成资源浪费而提出来的,是对市场营销观念的一种补充。这是值得我国企业重视的观念。在买方市场情况下,企业为求生存和发展,最易片面理解市场营销观念。

(2) 大市场营销观念。该观念认为,一个企业不应该只是消极地顺从、适应外部环境和市场需求,而应借助于政治力量和公共关系,积极主动地改变和影响外部环境和市场需求,以使产品打入目标市场。是对市场营销观念应用范围的扩展和修正。

(3) 整体营销观念。该观念认为,从长远利益出发,企业的市场营销活动应囊括构成其内、外部环境的所有重要行为者,包括供应商、分销者、最终消费者、政府、同盟者、竞争者、传媒等。它是对市场营销观念的再次强调和完善,使企业营销活动重视长远利益。

(4) 顾客让渡价值观念。顾客让渡价值是指顾客价值与整体顾客成本之间的差额部分。整体顾客价值是指顾客从给定产品服务中所期望得到的所有利益,它包括产品价值、服务价值、人员价值、形象价值等。整体顾客成本是指为购买某一产品所耗费的时间、精力、体力以及所支付的货币资金等,包括货币成本、时间成本、精神成本、体力成本等。顾客让渡价值是企业在进行市场营销活动中需要研究的一个重要因素,企业要想在竞争中获胜,就必须提供比竞争对手具有更大的顾客让渡价值的产品。顾客让渡价值观念是对市场营销观念的进一步完善和补充,更适应竞争激烈的市场环境。

(5) 绿色市场营销观念。该观念是一种环境保护意识与市场营销观念相结合而形成的市场营销管理哲学。它认为,企业在开展市场营销活动的同时,应努力减少生产经营对生态环境的破坏和影响。实质是强调企业要把经济效益同环境效益结合起来,尽量保持人与环境的和谐,不断改善人类的生存环境。

绿色市场营销观念是在可持续发展理论指导下,针对日益严重的环境问题而提出的新的市场营销观念,它要求企业尽可能地采用符合环保标准的生产技术、原材料、制造工艺,生产符合环境保护要求的产品,使用对自然环境无危害的包装材料。目前,世界上许多著名公司纷纷采取有效措施,开展绿色市场营销。我国企业也开始对绿色市场营销引起重视,如生产无磷洗衣粉、无氟电冰箱、采用绿色产品标志等。绿色营销仍然是以市场需求为基础,在强调企业效益的同时,重视社会效益和环境效益,它也是对市场营销观念的一种补充和完善。可以预言,绿色市场营销将成为 21 世纪市场营销的指导思想,会得到越来越多企业的重视。

表 1.2 市场营销新理念

种 类	内 容
生态营销观念	强调企业在开展市场营销时把市场需求与企业自身优势有机结合起来,企业要与生存环境相适应、相协调,减少资源浪费
大市场营销观念	为了成功地进入特定市场,在策略上协调地使用经济的、心理的、政治的和公共关系手段,获得各方面合作与支持。
整体营销观念	从长远利益出发,企业的市场营销活动应囊括构成其内、外部环境的所有重要行为者
顾客让渡价值观念	企业要想在竞争中获胜,就必须提供比竞争对手具有更大的顾客让渡价值的产品
绿色市场营销观念	绿色营销仍然是以市场需求为基础的,在强调企业效益的同时,重视社会效益和环境效益

综上所述,企业市场营销管理哲学的演变提示人们,以市场营销观念替代以往的旧观念

是商品经济发展的必然结果。现代市场营销管理哲学是以市场营销观念为核心,由一系列新观念所组成的,主要内容可以概括为顾客导向、扬长避短、注重社会效益和整体营销。

第五节　让渡价值与顾客满意度

一、顾客让渡价值的概念

顾客让渡价值是企业转移的、顾客感受得到的实际价值。它的一般表现为顾客购买总价值与顾客购买总成本之间的差额。顾客让渡价值是菲利普·科特勒在《营销管理》一书中提出来的,他认为,"顾客让渡价值"是指顾客总价值与顾客总成本之间的差额。

顾客让渡价值概念的提出为企业经营方向提供了一种全面的分析思路。

首先,企业要让自己的商品能为顾客接受,必须全方位、全过程、全纵深地改善生产管理和经营。企业经营绩效的提高不是行为的结果,而是多种行为的函数。以往我们强调的营销只是侧重于产品、价格、分销、促销等一些具体的经营性的要素,而让渡价值却认为顾客价值的实现不仅包含了物质的因素,还包含了非物质因素;不仅需要有经营的改善,而且还必须在管理上适应市场的变化。

其次,企业在生产经营中创造良好的整体顾客价值只是企业取得竞争优势、成功经营的前提,一个企业不仅要着力创造价值,还必须关注消费者在购买商品和服务中所倾注的全部成本。由于顾客在购买商品和服务时,总希望把有关成本,包括货币、时间、精力和精神降到最低限度,而同时又希望从中获得更多实际利益。因此,企业还必须通过降低生产与销售成本,减少顾客购买商品的时间、精力与精神耗费从而降低货币非货币成本。

显然,充分认识顾客让渡价值的涵义,对于指导企业如何在市场经营中全面设计与评价自己产品的价值,使顾客获得最大程度的满意,进而提高企业竞争力具有重要意义。

二、顾客让渡价值的内涵

顾客总价值是指顾客购买某一产品与服务所期望获得的一组利益,它包括产品价值、服务价值、人员价值和形象价值等。

顾客总成本是指顾客为购买某一产品所耗费的时间、精神、体力以及所支付的货币资金等。因此,顾客总成本包括货币成本、时间成本、精神成本和体力成本等。由于顾客在购买产品时,总希望把有关成本包括货币、时间、精神和体力等降到最低限度,而同时又希望从中获得更多的实际利益,以使自己的需要得到最大限度的满足。因此,顾客在选购产品时,往往从价值与成本两个方面进行比较分析,从中选择出价值最高、成本最低,即"顾客让渡价值"最大的产品作为优先选购的对象。企业为在竞争中战胜对手,吸引更多的潜在顾客,就必须向顾客提供比竞争对手具有更多"顾客让渡价值"的产品。这样,才能使自己的产品为消费者所注意,进而购买本企业的产品。为此,企业可从两个方面改进自己的工作:一是通过改进产品、服务、人员与形象,提高产品的总价值;二是通过降低生产与销售成本,减少顾客购买产品的时间、精神与体力的耗费,从而降低货币与非货币成本。

将顾客让渡价值表示为函数的形式:

$$CDV = TCV - TCC$$

总顾客价值函数：
$$TCV=F(X_1,X_2,X_3,\cdots,X_n)$$
总顾客成本函数：
$$TCC=F(Y_1,Y_2,Y_3,\cdots,Y_n)$$
顾客让渡价值函数又可以表示为
$$CDV=F(X_1,X_2,X_3,\cdots,X_n;Y_1,Y_2,Y_3,\cdots,Y_n)$$

以上各式中，CDV（Customer Delivered Value）表示顾客让渡价值；TCV（Total Customer Value）表示总顾客价值；TCC（Total Customer Cost）表示总顾客成本；$X_1,X_2,X_3,\cdots$表示影响总顾客价值的各种变量；$Y_1,Y_2,Y_3,\cdots$表示影响总顾客成本的各种变量。

影响顾客让渡价值的因素（$X_1,X_2,X_3,\cdots;Y_1,Y_2,Y_3,\cdots$）很多，如企业的营销组合策略、企业所处的市场环境、科技水平的进步乃至顾客的行为、意识等等，它们之间的关系以及作用机制也非常复杂。

三、顾客让渡价值的特点

顾客让渡价值的特点如下：

（1）顾客让渡价值具有潜在性。在不同的环境因素下，客户追求不同层次需要的满足，其性质与程度都会随着时间与环境而变化，企业必须通过营销策划来争取将客户潜在的市场价值转化为企业的现实收益。

（2）顾客让渡价值是独立于企业的。客户价值实质上是客户为满足其需求而进行消费所体现出的市场价值，而满足客户需求的方式与具体的产品形态是多种多样的。也就是说，客户价值的市场存在尽管对企业具有重要意义，但与具体的企业却没有必然联系。

（3）顾客让渡价值受多因素的影响。客户价值受到客户收入水平、客户对自身需求的认知程度和客户的个人素质等因素影响，这些都是在企业进行营销策划所需要考虑的。客户价值实际上更多是来自客户自身的感受。

（4）顾客让渡价值与时间长短成正比关系。注意：这里的时间是指客户可能具有的客户关系生命周期。举例来说，拿企业的两位客户做比较，一位是年近花甲的富翁，另一位是年轻的职业白领，前者可能购买力更强但客户关系生命周期可能比后者少很多，因此其客户价值也远远不及后者。

四、正确理解顾客让渡价值

应从以下四个方面正确理解顾客让渡价值：

1. 顾客让渡价值决定顾客购买行为

理性的顾客能够判断哪些产品将提供最高价值，并做出对自己有利的选择。在一定的搜寻成本、有限的知识、灵活性和收入等因素的限定下，顾客是价值最大化追求者，他们形成一种价值期望，并根据它做出行动反应。然后，他们会了解产品是否符合他们的期望价值，这将影响他们的满意程度和再购买的可能性。顾客将从那些他们认为提供最高顾客让渡价值的公司购买商品。

2. 顾客让渡价值是市场营销活动的核心

营销导向的最终目的是实现企业利益的最大化，其区别于其他企业经营导向的本质特征在于：营销强调通过满足顾客需求来实现企业的利益的最大化。而如何才能满足顾客需求呢？满足顾客需求的最佳办法是向顾客提供高的顾客让渡价值。市场营销强调以顾客需求为中心展开整个企业的经营活动，所有营销组合策略的制定均应围绕着顾客需求这个中心。具体而言，围绕着顾客需求，实际上就是要使每一个因素都有能成为顾客让渡价值增加的驱动因素。企业采用任何一个营销组合策略，包括产品策略、渠道策略、促销策略和价格策略等，如果不能起到直接或间接增加顾客让渡价值的作用，则都是不成功的。广而言之，企业内部的各项活动的开展，也应围绕增加顾客让渡价值，形成价值优势这一中心展开。建立和强化顾客让渡价值优势，是营销导向的本质要求，是营销观念的真正体现。

3. 顾客让渡价值需要企业与顾客共同创造

尽管企业在顾客让渡价值的创造过程中处于主导地位，但企业为顾客所带来的顾客让渡价值并不一定完全由企业单独创造。在顾客以特定方式参与到企业的生产经营过程之中后，顾客能得到的利益大小除了取决于企业所提供的产品与服务的质量等因素外，还取决于顾客的配合程度。

4. 顾客让渡价值与 4C 理论

对顾客让渡价值的考察，必须从顾客角度出发。企业为顾客所带来的潜在利益带有一定的客观性，但这种具有一定客观性的潜在利益的实现程度却取决于顾客的评价。鉴于此，劳特朋提出了有别于传统 4P 理论（product，price，place，promotion）的 4C（customer，cost，convenience，communication）理论。4C 理论是对 4P 理论的补充和完善。

（1）瞄准顾客（customer）需求。即根据顾客的现实和潜在需求来生产和销售产品，而不是考虑企业能生产什么产品。

（2）了解消费者的成本（cost）。即消费者为满足其需求和欲望，愿意付出多少钱，而不是企业从自身利益出发，先给产品定价，向消费者要多少钱。

（3）消费者的便利性（convenience）。即考虑如何方便顾客购买，顾客最愿意、最容易接受的渠道是什么。

（4）与消费者沟通（communication）。即通过互动、沟通等方式，将企业内外营销不断进行整合，把顾客和企业双方的利益无形地整合在一起。

四、提升顾客购买的整体价值

使顾客获得更大"让渡价值"的途径之一是改进产品、服务、人员与形象，从而提高产品或服务的总价值。其中每一项价值因素的变化都对总价值产生影响，进而决定了企业生产经营的绩效。

（一）提升顾客购买的总价值

顾客购买的价值如下：

1. 产品价值

产品价值是由产品的质量、功能、规格、式样等因素所产生的价值。产品价值是顾客需求的核心内容之一，产品价值的高低也是顾客选择商品或服务所考虑的首要因素。那么如何才能提高产品价值呢？要提高产品价值，就必须把产品创新放在企业经营工作的首位。企业在进行产品创新、创造产品价值的过程中应注意：

（1）产品创新目的是为了更好地满足市场需求，进而使企业获得更多的利润。因此，检验某些产品价值的唯一标准就是市场，即要求新产品能深受市场顾客的欢迎，能为企业带来满意的经济效益，这才说明该产品的创新是有价值的。

(2) 产品价值的实现是服从于产品整体概念的,现代营销学认为产品包含三个层次的内容:核心产品(主要利益)、形式产品(包装、品牌、花色、式样)和附加产品(保证、安装、送货、维修)。

(3) 与此相对应,产品的价值也包含三个层次:内在价值,即核心产品的价值;外在价值,即形式产品的价值;附加价值,即附加产品的价值。现代的产品价值观念要求企业在经营中全面考虑产品的三层价值,既要抓好第一层次的价值,同时也不能忽视第二、三两个层次的价值,做到以核心价值为重点,三层价值一起抓。

2. 服务价值

服务价值是指企业向顾客提供满意所产生的价值。它是构成顾客总价值的重要因素之一。从竞争的基本形式看,服务可分为追加服务与核心服务两大类。追加服务是伴随产品实体的购买而发生的服务,其特点表现为服务仅仅是生产经营的追加要素。从追加服务的特点不难看出,虽然服务已被视为价值创造的一个重要内容,但它的出现和作用却是被动的,是技术和产品的附加物。显然在高度发达的市场竞争中,服务价值不能以这种被动的竞争形式为其核心。核心服务是消费者所要购买的对象,服务本身为购买者提供了其所寻求的效用。核心服务把服务内在的价值作为主要展示对象。这时,尽管存在实体商品的运动,两者的地位发生了变化,即服务是决定实体商品交换的前提和基础,实体商品流通所追求的利益最大化应首先服从顾客满意的程度。而这正是服务价值的本质。

3. 人员价值

人员价值是指企业员工的经营思想、知识水平、业务能力、工作效率与质量、经营作风以及应变能力等所产生的价值。只有企业所有部门和员工协调一致地成功设计和实施卓越的竞争性的价值让渡系统,营销部门才会变得卓有成效。因此,企业的全体员工是否就经营理念、质量意识、行为取向等方面形成共同信念和准则,是否具有良好的文化素质、市场及专业知识,以及能否在共同的价值观念基础上建立崇高的目标,作为规范企业内部员工一切行为的最终准则,决定着企业为顾客提供的产品与服务的质量,从而决定顾客购买总价值的大小。由此可见,人员价值对企业进而对顾客的影响作用是巨大的。

4. 形象价值

形象价值是指企业及其产品在社会公众中形成的总体形象所产生的价值。形象价值是企业各种内在要素质量的反映。任何一个内在要素的质量不佳都会使企业的整体形象遭受损害,进而影响社会公众对企业的评价,因而塑造企业形象价值是一项综合性的系统工程,涉及的内容非常广泛。显然,形象价值与产品价值、服务价值、人员价值密切相关,在很大程度上是上述三方面价值综合作用的反映和结果。所以形象价值是企业知名度的竞争,是产品附加值的部分,是服务高标准的竞争,说到底是企业"含金量"和形象力的竞争,它使企业营销从感性走向理性化的轨道。

(二) 降低影响顾客购买的总成本

要实现最大程度的顾客让渡价值,仅仅创造价值还远远不够,与此同时,还应该设法降低顾客购买的总成本。顾客总成本不仅包括货币成本,而且还包括时间成本、体力和心理成本等非货币成本。

1. 货币成本

通常情况下,顾客购买商品首先要考虑货币成本的高低,因而货币成本是构成整体顾客成本的主要和基本因素。经营者必须加强管理,降低商品的货币成本。

2. 时间成本

时间成本是顾客为想得到所期望的商品或服务而必须处于等待状态的时期和代价。时间成本是顾客满意和价值的减函数,在顾客价值和其他成本一定的情况下,时间成本越低,顾客购买的总成本越小,从而顾客让渡价值越大,反之让渡价值越小。因此,为降低顾客购买的时间成本,企业经营者必须对提供商品或服务要有强烈的责任感和事前的准备,在经营网点的广泛度和密集度等方面均需做出周密的安排,同时努力提高工作效率,在保证商品和服务质量的前提下,尽可能减少顾客为购买商品或服务所花费的时间支出,从而降低顾客购买成本,为顾客创造最大的让渡价值,增强企业产品的市场竞争力。

3. 体力和精力成本

体力和精力成本是指顾客在购买商品时,在体力、心理方面的耗费与支出。在顾客总价值与其他成本一定的情况下,体力与心理成本越小,顾客为购买商品所支出的总成本越低,从而让渡价值越大。因此,企业如何采取有力的营销措施,从企业经营的各个方面和各个环节为顾客提供便利,使顾客以最小的成本耗费取得最大的实际价值,是每个企业需要深入探究的问题。

五、顾客让渡价值与顾客满意

顾客让渡价值实际是顾客购买产品之后的实际感受与购买和使用产品所付出的成本感受之间的差异。在顾客购买产品之前,对产品满足需求的可能性存在一种预期。而顾客之所以会实施购买行为,是因为顾客预期产品所带来的价值一定会大于为此需要付出的成本。顾客使用产品之后,不可避免地要对本次购买行为进行评价。

顾客评价＝使用感受－预期

从上式可以看出,当感受一定时,预期越高,评价会越低。我们经常说"期望越大,失望就越大"即是这个意思。所以,过分夸张的广告和宣传由于无限提升了顾客的期望,因而往往会导致顾客购买和使用之后满意度的降低。

顾客购买之后的评价与顾客让渡价值具有密切的关联性。一般情况下,当顾客让渡价值大于零的时候,顾客会认为所购买的产品物超所值,价廉物美,很满意。当顾客让渡价值等于零的时候,顾客经常会用"一分钱一分货"来评价购买行为,基本满意。而当顾客让渡价值小于零的时候,顾客则会认为购买到了假冒伪劣产品或者是受到商家的欺骗,不满意。

由于消费者天生具有传播性,根据市场营销传播中的"1∶8∶25 法则"(一个顾客如果觉得某种产品好,会向 8 个人推荐;如果不满意,则会向 25 个人诉说),顾客满意与不满意均会对潜在顾客的购买行为产生口碑影响。因此,企业应密切关注顾客让渡价值的变化和顾客购买之后的评价,这对企业建立庞大的忠诚顾客群体至关重要。

第六节　市场营销管理的实质——需求管理

一、市场营销管理的概念

市场营销管理是指为创造达到个人或机构目标的交换,而规划和实施理念、产品和服务的构思、定价、分销和促销的过程。市场营销管理是一个过程,包括分析、规划、执行和控制。

其管理的对象包含理念、产品和服务。市场营销管理的基础是交换,目的是满足各方需要。

二、市场营销管理的任务

市场营销管理的主要任务是刺激消费者对产品的需求,但不能局限于此。它还帮助公司在实现其营销目标的过程中,影响需求水平、需求时间和需求构成。因此,市场营销管理的任务是刺激、创造、适应及影响消费者的需求。从此意义上说,市场营销管理的本质是需求管理。

任何市场均可能存在不同的需求状况,市场营销管理的任务是通过不同的市场营销策略来解决不同的需求状况。

1. 负需求——改变市场营销

负需求是指市场上众多顾客不喜欢某种产品或服务,如近年来许多老年人为预防各种老年疾病不敢吃甜点心和肥肉,又如有些顾客害怕冒险而不敢乘飞机,或害怕化纤纺织品中的有毒物质损害身体而不敢购买化纤服装。市场营销管理的任务是分析人们为什么不喜欢这些产品,并针对目标顾客的需求重新设计产品、定价,做更积极的促销,或改变顾客对某些产品或服务的信念,诸如宣传老年人适当吃甜食可促进脑血液循环,乘坐飞机出事的概率比较小等。把负需求变为正需求,称为改变市场营销。

2. 无需求——刺激市场营销

无需求是指目标市场顾客对某种产品从来不感兴趣或漠不关心,如许多非洲国家居民从不穿鞋子,对鞋子无需求。市场营销者的任务是创造需求,通过有效的促销手段,把产品利益同人们的自然需求及兴趣结合起来。

3. 潜在需求——开发市场营销

潜在需求是指现有的产品或服务不能满足许多消费者的强烈需求。例如,老年人需要高植物蛋白、低胆固醇的保健食品,美观大方的服饰,安全、舒适、服务周到的交通工具等,但许多企业尚未重视老年市场的需求。企业市场营销的任务是准确地衡量潜在市场需求,开发有效的产品和服务,即开发市场营销。

4. 下降需求——恢复市场营销

下降需求是指目标市场顾客对某些产品或服务的需求出现了下降趋势,如近年来城市居民对电风扇的需求已饱和,需求相对减少。市场营销者要了解顾客需求下降的原因,或通过改变产品的特色,采用更有效的沟通方法再刺激需求,即创造性地再营销,或通过寻求新的目标市场,以扭转需求下降的格局。

5. 不规则需求——协调市场营销

许多企业常面临因季节、月份、周、日、时对产品或服务需求的变化,而造成生产能力和商品的闲置或过度使用。如在公共交通工具方面,在运输高峰时不够用,在非高峰时则闲置不用。又如在旅游旺季时旅馆紧张和短缺,在旅游淡季时,旅馆空闲。再如节假日或周末时,商店拥挤,在平时商店顾客稀少。市场营销的任务是通过灵活的定价、促销及其他激励因素来改变需求时间模式,这称为协调市场营销。

6. 充分需求——维持市场营销

充分需求是指某种产品或服务目前的需求水平和时间等于期望的需求,但消费者需求会不断变化,竞争日益加剧。因此,企业营销的任务是改进产品质量及不断估计消费者的满足程度,维持现时需求,这称为维持市场营销。

7. 过度需求——抑制市场营销

过度需求是指市场上顾客对某些产品的需求超过了企业供应能力,产品供不应求。比如,由于人口过多或物资短缺,引起交通、能源及住房等产品供不应求。企业营销管理的任务是减缓营销,可以通过提高价格、减少促销和服务等方式使需求减少。企业最好选择那些利润较少、要求提供服务不多的目标顾客作为减缓营销的对象。减缓营销的目的不是破坏需求,而只是暂缓需求水平。

8. 有害需求——反市场营销

有害需求是指对消费者身心健康有害的产品或服务,诸如烟、酒、毒品、黄色书刊等。企业营销管理的任务是通过提价、传播恐怖及减少可购买的机会或通过立法禁止销售,称为反市场营销。反市场营销的目的是采取相应措施来消灭某些有害的需求。

索尼公司的"创造需求"

公关专家伯内斯曾说,工商企业要"投公众所好"。这似乎成了实业界一条"颠扑不破且放之四海而皆准"的真理。但索尼公司敢于毅然地说"不"。索尼的营销政策"并不是先调查消费者喜欢什么商品,然后再投其所好,而是以新产品去引导他们进行消费"。因为"消费者不可能从技术方面考虑一种产品的可行性,而我们则可以做到这一点。因此,我们并不在市场调查方面投入过多的精力,而是集中力量探索新产品及其用途的各种可能性,通过与消费者的直接交流,教会他们使用这些新产品,达到开拓市场的目的。"

索尼的创始人盛田昭夫认为,新产品的发明往往来自灵感,突然闪现,且稍纵即逝。现在流行于全世界的便携式立体声单放机的诞生,就出自于一种必然中的"偶然"。一天,井深抱着一台索尼公司生产的便携式立体声盒式录音机,头戴一副标准规格的耳机,来到盛田昭夫房间。从一进门,井深便一直抱怨这台机器如何笨重。盛田昭夫问其原因,他解释说:"我想欣赏音乐,又怕妨碍别人,但也不能为此而整天坐在这台录音机前,所以就带上它边走边听。不过这家伙太重了,实在受不了。"井深的烦恼,点亮了盛田昭夫酝酿已久的构想。他连忙找来技师,希望他们能研制出一种新式的超小型放音机。

然而,索尼公司内部,几乎众口一词地反对盛田昭夫的新创意。但盛田昭夫毫不动摇,坚持研制。结果不出所料,该产品投放市场,空前畅销。索尼为该机取了一个通俗易懂的名字——"沃可曼"。日后每谈起这件事,盛田昭夫都不禁感慨万千。当时无论进行什么市场调查,都不可能由此产生"沃可曼"的设想。而恰恰正是这一不起眼的小小的产品,改变了世界上几百万、几千万人的音乐欣赏方式。

索尼公司在"创立旨趣书"上写着这样一条经营哲学:"最大限度地发挥技术人员的技能,自由开朗,建设一个欢乐的理想工厂。这就是'创造需求'的哲学依据。"

讨论:

(1) 你认为应从哪些方面来理解"创造需求"这一概念?

(2) 结合案例分析"创造需求"在哪些方面突破了传统的营销原理。

本章小结

1. 市场营销学是一门以经济学和管理学为基础,研究以满足消费者需求为中心的企业营销活动及其规律性的综合性应用科学。市场营销学于20世纪创建在美国,后来流传到欧洲、日本和其他国家,在实践中不断得到完善和发展。

2. 市场是由一切具有特定欲望和需求并且愿意和能够以交换来满足这些需求的潜在顾客所组成的。市场包含三个主要因素:有某种需要的人、为满足这种需要的购买能力和购买欲望。

3. 市场营销就是与市场有关的人类活动,即以满足人类各种需要和欲望为目的,通过市场变潜在交换为现实交换的活动。

4. 市场营销学的研究对象:以消费者需求为中心的市场营销关系、市场营销规律及市场营销策略。

5. 市场营销管理哲学是指企业哲学对其营销活动及其管理的基本指导思想。市场营销管理哲学的演进:以企业为中心的观念,到以消费者为中心的观念,再到以社会长远利益为中心的观念的变化发展。

6. 市场营销管理是指为创造达到个人和机构目标的交换,而规划和实施理念、产品和服务的构思、定价、分销和促销的过程。市场营销管理的任务是刺激、创造、适应及影响消费者的需求。市场营销管理的本质是需求管理。任何市场均可能存在不同的需求状况,市场营销管理的任务是通过不同的市场营销策略来解决不同的需求状况。

练 习 题

一、名词解释

1. 市场;
2. 市场营销;
3. 顾客让渡价值;
4. 市场营销观念;
5. 社会营销观念。

二、单项选择题

1. 市场是(　　)的总和。
   A. 商品需求　　　　　　　B. 顾客购买力
   C. 购买欲望　　　　　　　D. 购买动机

2. 构成容量很大的现实市场,必须是(　　)。
   A. 人口众多而购买力高
   B. 购买力高而购买欲望大
   C. 人口众多而购买欲望大
   D. 人口众多、购买力高且购买欲望大

3. 市场营销学"革命"的标志是提出了（　　）的观念。
   A. 以生产为核心　　　　　　B. 以消费为核心
   C. 以市场需求为核心　　　　D. 以购买力为核心
4. 强调企业要与生存环境相适应、相协调，减少资源浪费是（　　）的核心内容。
   A. 生态营销观念　　　　　　B. 整体营销观念
   C. 大市场营销观念　　　　　D. 社会营销观念
5. 家庭影院、在线电影等的普及，使得消费者去电影院看电影的消费需求下降，那么电影院的主要营销任务是（　　）。
   A. 刺激市场营销　　　　　　B. 改变市场营销
   C. 恢复市场营销　　　　　　D. 开发市场营销
6. 消费者未能得到满足的感受状态称为（　　）。
   A. 需求　　　B. 需要　　　C. 欲望　　　D. 愿望
7. 以"顾客需要什么，我们就生产什么"为主旨的企业是（　　）企业。
   A. 生产导向型　　　　　　　B. 推销导向型
   C. 市场营销导向型　　　　　D. 社会营销导向型
8. 顾客总价值与顾客总成本之间的差额即为（　　）。
   A. 企业让渡价值　　　　　　B. 顾客让渡价值
   C. 企业利润　　　　　　　　D. 顾客利益
9. 近年来许多冰箱生产厂家高举"环保""健康"旗帜，纷纷推出无氟冰箱，它们所奉行的市场营销管理哲学是（　　）。
   A. 推销观念　　　　　　　　B. 生产观念
   C. 生态营销观念　　　　　　D. 整体营销观念
10. "酒香不怕巷子深"所体现的是（　　）。
    A. 推销观念　　　　　　　　B. 产品观念
    C. 生产观念　　　　　　　　D. 社会营销观念

三、多项选择题

1. 市场的功能包括（　　）。
   A. 信息传导功能　　　　　　B. 价值实现功能
   C. 经济联系功能　　　　　　D. 产品交换功能
2. 市场的主要类型有哪些？（　　）
   A. 产品市场　　B. 产业市场　　C. 消费者市场　　D. 服务市场
3. 顾客让渡价值的特点有哪些？（　　）
   A. 潜在性　　　　　　　　　B. 与时长成反比
   C. 独立于企业　　　　　　　D. 取决于购买行为
4. 以下哪些内容属于市场营销学研究的内容？（　　）
   A. 市场调查　　　　　　　　B. 市场预测
   C. 营销组合策略　　　　　　D. 营销基本原理
5. 使顾客获得更大让渡价值的途径之一是提升顾客总价值。顾客总价值包括（　　）。
   A. 产品价值　　B. 形象价值　　C. 人员价值　　D. 服务价值

四、简答题

1. 什么是市场营销学的研究对象？市场营销学的研究内容有哪些？
2. 什么是市场营销哲学？
3. 从哪些方面来降低顾客购买的总成本？
4. 市场营销观念的发展经历了几个阶段？
5. 市场营销管理如何面对不同的需求状况采用不同的市场营销策略？

五、论述题

1. 试述市场营销观念产生的背景、特点及营销策略。
2. 如何提升顾客让渡的总价值？

林书豪商业价值如何精细开发

2010年NBA新秀选秀中，林书豪甚至都没有第二轮"秀"的机会就落选了。但他仍然获得了耐克提供的一份为期三年的赞助合同。

一年多后，当林书豪抓住在纽约尼克斯的比赛机会华丽蜕变为"林疯狂"后，公众才注意到，耐克已经为当年的这笔投资"埋伏"了近两年。

全世界都在讨论林书豪，那么林书豪的商业价值在哪里？企业如何判断一个明星的商业价值？把运气的成分剔除在外，到底是什么原因让耐克比竞争对手看上去总是多那么一点"先见之明"呢？

一、曾被忽视的商业价值

当"林疯狂"席卷整个华人世界时，连NBA中国首席执行长官舒德伟（David Shoemaker）都对这股旋风感到惊讶。在林书豪带领纽约尼克斯队连赢7场比赛之前，他接受了《华尔街日报》"中国实时报"栏目的采访："眼下我们的目标就是尽一切可能与商业伙伴合作，利用好林书豪大放异彩的时机。"而林书豪作为一名华裔控卫带领纽约尼克斯队一路拼杀，在几乎短短两周内，商业价值便集中显现。

据《福布斯》杂志最新预计，如果NBA新人林书豪能保持出色表现并持续到下赛季，那么2012～2013赛季，林书豪的商业价值可能总计达到1.5亿美元。然而，这位神奇球星也曾有过选秀失败和两次被裁的失意经历，林书豪的商业价值是否具有可持续性？

事实上，在NBA这个以数据为王，并拥有严密选秀评估体系的商业赛场中，一名球员的数据生成的模型往往被用来预测他今后五年内的竞技走向和商业价值。

但这些数据也有局限性，球员的投入精神、饮食习惯、场外生活、球队的战术体系等等往往不构成数据模型的关键要素，而球员自身的多元性恰恰需要意见领袖式的球探或投资人进行补充证明，而林书豪的价值恰恰曾被这些关键球探"主动忽视"。

这也是为什么一位名叫埃德·魏兰德的数据分析爱好者在2010年5月篮球分析网站Hoops Analyst写了一篇关于林书豪的长期预测文章被挖出后迅速大热的原因。

"NBA用数据建构完美球员的模型，而忽视了一个真正有价值的球员实际的表现，而一个球员第一次被忽略后，会产生惯性。"麻省理工学院斯隆管理学院金融系教授安德鲁·罗曾对媒体表示。

耐克公司却能"慧眼识珠",2010年8月,耐克与林书豪签约3年,当时林虽身处低位,惯于进行长线投资的耐克团队还是发现了其商业价值,并派出专业团队为其进行专业服务和营销预热。现在看来,这份代言合同具有排他性,包括基本装备代言以及出席活动等一系列全方位代言,几乎切断了其他运动品牌与林合作的可能。

事实上,此后林书豪也凭借竞技体育实力抓住了迟来的上场机会并取得多次胜利,这些重要事实为林书豪的商业价值体现打下基础,因祸得福的他在NBA的商业王国里被加速抬升。一位资深篮球分析师告诉记者,在接下来的比赛中,NBA甚至可能授意客队队员在和林交手时在防守中故意放水,一来是为了保持林的优势数据,二来使他免于伤病,这也是NBA常耍的小手段,是其商业化的表现。

二、商业价值还须理性判断

年轻的林书豪似乎潜力无限,而他被广为看好还有一个主要原因就是他有着一张亚洲人的面孔,这种和中国球迷的天然亲近性甚至可能帮助NBA中国公司在亚洲市场继续布局。可以说,林书豪的蹿红速度之快也是沾了"中国元素"的光。

但是,这种所谓的中国元素是否真正能够提升一个球员的商业价值?

"一个运动员的商业价值体现在六个方面:良好的故事性、优秀的成长性、运动水平、健康形象、场内外影响力以及运动周期,任何一方面的短板都会直接导致商业价值的缩水。"关键之道体育咨询有限公司首席执行官张庆告诉《中国经营报》记者。"就现在来看,林书豪的商业价值很难与姚明比肩,因为林书豪毕竟是美籍台湾人,美国土生土长,虽有中国元素,有一些接近性,但是很难获得姚明式的认同感。"

另一位业内人士告诉记者,一般一个篮球运动员要经历四个时期:

潜能挖掘期,是15~21岁;能力培养期,林书豪现正处在这个时期;一般球员在25岁以后会进入稳定的绩效表现期;而在28~29岁时,一个运动员将进入精神传承期。"从长远的趋势来看,林书豪非常年轻,如果能够顺利地度过能力培养阶段,顺利进入绩效表现时期,那么可以说林书豪就完全具有比较稳定的投资价值。那个时候如果能够加强跟中国市场的连接,甚至可能像马布里似的在中国内地拥有自己的品牌。"张庆分析说。

"林书豪作为一个被埋没的球员进入价值重启模式时,那么他的价值也会显得非常高,我们把运动员看作商品,当市场前景看好时,高调入市,价格高也就不奇怪,但是林书豪的价值波动性很大,而此时的商业判断其实更重要。"中央财经大学体育产业研究所研究员闵捷表示。

三、品牌如何对接林书豪

当世界刮起"林旋风"之后,许多媒体都报道,一些中国企业已经飞赴美国,为的就是林的商业开发。但也有商业人士担心,林现在的状态还不是很稳定,这个时机签约代言之类的似乎为时过早。

一般而言,品牌寻找代言人首先要考虑个人的精神内涵是否和品牌价值相统一;其次是发展潜力;最后考虑的是现有成就。当一个运动员的竞技价值、社会价值以及商业价值都具备并且十分稳定时,那么这个人就一定是不容错过的。

"就像风险投资一样,或许成功也可能失败,林书豪有故事有潜力,但是远未到黄金表现期,所以林书豪虽难求但绝不是唯一的选择。"匹克公关部负责人刘翔告诉《中国经营报》记者,"NBA有许多值得签的球员,比如最近我们签的安东尼·莫罗,同样是非选秀出身,同样故事励志,如果有黑眼睛黄皮肤相信火爆程度不亚于林书豪,我觉得在这个时候应该冷静,对于林这样的球员应该再继续观察1~2个赛季。"

独特的"球探"体系和人才甄别方法显然是重要原因。例如,耐克中国体育市场总监李彤曾是刘翔的"师兄",在刘翔横空出世以前,110米栏的亚洲纪录归于李彤名下,这种独到的人脉让耐克"近水楼台先得月"。

企业和明星签约代言通常从研发产品、渠道拓展、品牌传播以及企业形象四个方面进行深度合作。国际顶尖品牌耐克和阿迪达斯将这四个方面完美融合,而在中国的一些体育品牌企业就算是重金签下大牌明星,对其还往往仅仅停留在品牌传播这一项中。

事实上,当许多体育商趋之若鹜地来到纽约希望和林书豪谈合作时,耐克已悄然完成和林书豪的续约,据传耐克公司还将专门为林书豪设计签名球鞋。而在耐克旗下,以个人名字命名产品系列的篮球运动员只有乔丹、科比和詹姆斯三人,耐克对林书豪的重视可见一斑。

耐克公司拥有一套完整的运动员代言甄选系统。一般而言,耐克公司会通过不同项目的夏令营或者"球探"系统发现值得培养的好苗子。长期坚持赞助同一代言人并静待其成功的案例不在少数,这和耐克一贯以来"遍地播种,重点栽培"式投资模式分不开。

"任何一个完美的市场营销,都不是凑巧。"耐克大中华区市场总监潘建华表示。作为专业运动公司,耐克拥有在各体育领域富有专业经验的工作人员,"我们可以判断出谁是明日之星,在他发亮之前,耐克就会发掘,为他提供最好的装备,帮助他提高成绩,并为他量身打造最好的营销服务模式。"

资料来源:中国经营报(有删减)。

案例思考题:
(1) 运动类产品离不开体育营销,耐克公司是如何开展体育营销活动的?
(2) 从市场营销的角度看,为什么有这么多的实体企业对体育明星(比如林书豪、刘翔等)情有独钟,青睐有加?
(3) 耐克在2010年签约林书豪,说明耐克公司具有什么样的市场营销理念?
(4) 挖掘与培养明星的商业价值,这种思想在产品开发方面对你有何启示?

应用训练

1. 训练目标
分析你所熟悉的企业(可以是父母所在的企业)的经营观念。

2. 训练内容与要求
选择一家你所熟悉的企业(可以是父母所在的企业),进行详细调查,搜集市场营销观念方面的资料。

3. 训练成果与检测
撰写一份"企业营销观念"的报告,上交老师。

第二章　市场营销环境

了解市场营销环境对市场营销活动的作用；掌握微观环境和宏观环境的构成；掌握环境分析的方法和对策，能够把握从环境中寻找市场机会，避开环境威胁，制定相应营销对策。

优酷与土豆的联姻

优酷与土豆是我国较早开辟互联网视频业务的企业。二者在我国网络视频市场收入份额中排名分别为第一和第二。从2011年下半年开始，这两家排名前二的中国视频网站就因版权问题处于对峙状态。然而，它们于2012年3月12日下午共同宣布双方将以100%换股的方式合并。

土豆与优酷的联姻首先将冲击中小视频企业，其次，给传统的电视行业带来的冲击也不可小视。它们的合并，甚至可能造成一批刚刚起步的中小视频企业夭折在梦想和憧憬之中，也必将给搜狐视频和腾讯视频等带来巨大竞争压力。虽然搜狐视频和腾讯视频有强大的门户网站作为支撑，冲击再大也不怕，但它们的合并将带来整个视频行业的洗牌与整合是必然的。现在，年轻人大多都在网络上看视频，按照电视既定节目坐在电视机前的年轻人逐渐减少。就连越来越多的中老年人，也被观看灵活、方便、互动性强的网络视频节目所吸引。当优酷与土豆戏剧性地联姻，从敌人变为一家人后，所谓的版权之争彻底消失。这有利于降低版权购买成本，不用为同一部影视剧付两次钱，同时也能进一步集中广告资源优势，提升品牌价值。优酷和土豆合并形成的新公司，占据国内网络视频市场广告收入的35.5%，其规模当之无愧成为全行业名副其实的老大。两家合并后，将整合现金流等资源，进一步增强实力，对于拓展业务，集中财力办大事都大有裨益。总之，优酷网和土豆网合并对两家企业来说是双赢，对整个行业来说将促进洗牌与整合，并促使中国网络视频行业迈上一个新台阶。

讨论：
优酷网和土豆网合并给中国网络视频行业营销环境造成哪些影响？

第一节　市场营销环境概述

在现代市场经济条件下，企业必须建立适当的机构，指定一些专业人员，采取适当的措施，经常监视和预测其周围的市场营销环境的发展变化，并善于分析和识别由于环境变化而造成的主要机会和威胁，及时采取适当的对策，使其经营管理与市场营销环境的发展变化相适应。

一、市场营销环境的含义及构成

一般认为市场营销环境是指影响企业营销活动而又难以控制的各种因素和力量的综合。菲利普·科特勒将其定义为："市场营销环境是由企业营销职能外部的因素和力量组成的，这些因素和力量影响着营销管理者成功地保持和发展同其目标市场客户交换的能力"。认真分析市场营销环境，可以发现市场机会，避免环境威胁，及时对环境中的不利因素采取应变措施。对市场营销环境的分析，也是企业制定科学有效的经营战略、营销策略的重要依据。企业所处的营销环境总是处于不断变化的状态之中。在一定时期内，经营成为成功的企业，一般是能够适应其营销环境的企业。企业得以生存的关键，在于它在环境变化需要新的经营行为时所拥有的自我调节能力。适应性强的企业总是随时关注环境的发展变化，通过事先制订的计划来控制变化，以保证现行战略对环境变化的适应。

市场营销环境的分为微观环境和宏观环境。微观环境是与企业有密切关系的因素，包括企业本身、供应商、营销中介、消费者、竞争者和公众，能影响企业为消费者提供服务的能力。宏观环境指影响微观环境的更大的社会力量，包括人口环境、经济环境、自然环境、科学技术环境、政治与法律环境以及社会文化环境。企业的市场营销活动就是在微观环境和宏观环境的相互作用下展开的。营销环境构成要素如图 2.1 所示。

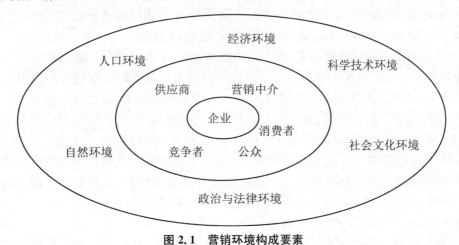

图 2.1　营销环境构成要素

二、市场营销环境的特征

（一）客观存在与不可控性

市场营销环境是客观存在的，是不以营销者意志为转移的因素。因此，企业应积极主动地预测、发现、分析环境变化的趋势,尽早去发现那些潜在的市场机会,主动调整市场营销战略,创造出良好的环境条件。对于一些难以控制的外部因素或内部因素,企业必须制定相应的措施,争取使其向有利于企业的方向转化。

(二) 多变性与复杂性

构成市场营销环境的诸因素是一个动态系统,随着社会经济的发展和受各种因素的影响也在不断变化。严格来说,绝对稳定的营销环境是不存在的。多变性与复杂性是市场营销环境的一个基本特征。当然,环境的变化既可能给企业带来可以利用的市场机会,也可能给企业带来一定的环境威胁。充分发挥企业的主观能动性,善于抓住并利用对企业发展有利的环境机会,避开或克服对企业发展不利的环境威胁,是企业分析市场营销环境的根本目的。

三、市场营销环境分析的意义

(一) 有助于企业把握企业市场机会

所谓企业市场机会,是指企业通过努力能够获得盈利的有利条件,而环境威胁则是指影响企业正常经营的不利因素。营销环境在一直不断地给企业创造机会或带来威胁。企业研究市场营销环境,其目的是为了适应不同的环境,从而求得生存和发展。由于企业市场营销环境不等于企业的整个内外界事物,因此,企业所要适应的只是对企业营销活动有影响的环境因素。对这些因素,企业不但要积极主动地去适应,而且还要不断创造和开拓对自己营销有利的环境。营销环境的变化,往往可以决定企业的成败与得失,企业必须重视。近十年来,全球信息总量呈爆炸式增长,一种新型的经济形式——知识经济到来了,即"人类正在步入一个以智力资源的占有、配置,知识的生产、分配、使用(消费)为最重要因素的经济时代。"知识经济是21世纪社会发展的新趋势。它将引起市场营销环境的巨大变化,这对发达国家与发展中国家都是一次千载难逢、跨越发展的契机。世界各国都在迎接知识经济的到来,特别是发展中国家,把对知识经济机遇的把握看成是追赶和超越发达国家的重大机会。宏观经济环境的巨变,既给中国企业发展带来了无限商机,也带来了前所未有的威胁与挑战。

(二) 使企业的市场营销活动与营销环境相适应

影响企业营销活动的各种因素(称为营销因素)构成了营销环境。营销因素可以分为两大类,即企业可以控制的因素和企业不可以控制的因素。前者指企业通过自身努力能够予以变动、调整、支配的营销环境,一般指企业内部范围的营销因素;后者则指企业无法予以变动、调整、支配的营销因素,它们主要属于企业外部的营销因素。比如,企业可以自主决定其内部的机构设置和人事安排,决定生产某一产品,选择某一销售渠道,制定某一产品价格,决定在何种媒体上做广告等。这些企业可以自己做主的事情是企业可以控制的营销因素。而对于消费者的购买动机和购买能力、国家的经济状况和政策法规、竞争者的营销策略和营销活动等,企业则无法支配,它们是企业不可控制的营销因素。

(三) 有利于企业发现市场机会

市场营销环境对于企业的营销决策活动有着双重作用:一方面,为企业提供了市场营销机会;另一方面,也给企业市场营销活动带来威胁。企业通过对市场营销环境的分析,可以发现新的经营机会,采取有效的市场营销策略,充分把握机会,使企业在竞争中求得生存。

课堂讨论

宝洁公司婴儿尿布进入中国香港和德国市场

宝洁公司在20世纪80年代把美国市场上最受欢迎的婴儿尿布引出国界,进入中国香港和德国市场。在一般情况下,宝洁公司每进入一个市场都要经过"实地试营销"以发现可能存在的问题。但是这次宝洁公司认为,这种尿布已经在美国销售多年,受到普遍好评,因此,决定跨越试销阶段,直接进入中国香港和德国市场。

可是接下来发生的事情却大大出乎宝洁公司的意料。

中国香港的消费者反映,宝洁公司的尿布太厚,德国的消费者却反映,宝洁公司的尿布太薄,吸水性不足。同样的布,怎么可能同时太厚又太薄呢?

宝洁公司经过详细调查才发现,婴儿一天的平均尿量虽然大体相同,婴儿尿布的使用习惯在中国香港和德国却大不相同。中国香港的消费者把婴儿舒适作为母亲的头等大事,孩子一尿就换尿布,因此,宝洁公司的尿布就显得太厚;而德国的母亲比较制度化,早晨给孩子换块尿布然后到晚上再换一块,于是宝洁公司的尿布就显得太薄。

思考:

宝洁公司婴儿尿布失败的教训在哪?

第二节 宏观营销环境

宏观环境对企业来说虽然是不可控制的,但企业可以通过调整企业内部的人、财、物,运用产品策略、价格策略、渠道策略、促销策略等可以控制的营销手段来适应宏观环境的变化。

一、人口环境

人口环境是影响企业市场营销活动的一个重要因素,市场营销学认为,企业的高层管理者必须密切注意企业的人口环境方面的动向,因为市场是由那些想买东西并且有购买力的人(即潜在购买者)构成的,而且这种人越多,市场的规模就越大。研究人口环境的主要内容有以下七个方面。

(一)世界人口迅速增长

每年世界人口都在以1.7%的速度增长,到2000年末,世界人口已达到62亿。作为发展中国家的中国,人口增长更加可观:1949~1990年,年平均增长1.84%,到2010年末我国人口已达到13.4亿。从市场营销的角度来说,人口越多,需求越大,如果有购买力,则意味着市场的扩大,是企业发展的机遇。发展中国家的人口出生率上升,人口迅速增加,发展中国家的人口占世界人口的80%,且还续增长,意味着世界人口将继续增长。

(二)发达国家的人口出生率下降

发达国家人口出生率下降的主要原因是:越来越多的妇女参加工作,以及避孕知识和技术的提高。这种人口动向对生产儿童用品的行业和企业是一种环境威胁。

(三)许多国家人口趋于老龄化

消费者的年龄结构不同,对商品的兴趣爱好与消费需求也不相同。企业可根据年龄结构细分出不同的消费市场,如婴儿用品市场、儿童用品市场、青少年用品市场、成年人用品市场、老年人用品市场等,各种市场都有自己年龄特色的不同需求以及不同的购买动机和习惯。例如婴儿需要奶粉、尿布等;儿童喜欢玩具和糖果;青少年需要书籍、文具用品,喜欢科幻读物和流行音乐;成年人关注日常用品和耐用消费品;老年人关心延年益寿的保健品和医药品。企业研究并掌握不同年龄结构需求的特点,将有助于明确企业产品的投向和进行有针对性的广告宣传。由于科学技术的进步,人民生活水平逐渐提高,医疗条件越来越好,人均寿命大大延长,人口老龄化已成为世界各国的普遍现象。这种人口年龄结构的变化对企业的营销活动有着直接影响,老年人口的社会服务需求就是一个巨大的潜在市场。企业应努力开发老年人服务业和养老服务市场。

(四) 家庭结构发生变化

有的商品是以家庭为销售对象的。比如电视机、电冰箱、洗衣机、家具、厨房用品,一个市场所拥有家庭户数的多少和家庭平均人数的多少,会直接影响某些商品的销售。第二次世界大战结束后一段时间,"两个孩子、两辆汽车、郊区家庭"这种思想在西方人中很流行。近几十年来,我国家庭结构变化的主要特征是向小型化趋势发展,家庭户数迅速增加,"三口之家"的家庭模式已很普遍。这就导致了市场住房、家具、家用电器等需求的快速增长,为这些行业提供了市场发展机会。

(五) 非家庭住户也在迅速增加

非家庭住户有三种:

(1) 单身成年人住户。包括未婚、分居、丧偶、离婚。这种住户需要较小的公寓房间、较小的食品包装和较便宜的家具、日用品、陈设品等。

(2) 两人同居者住户。这种住户是暂时同居,需要较便宜的租赁的家具和陈设品。

(3) 集体住户。由若干同性居民住在一起共同生活。

在我国,非家庭住户正在迅速增加,企业应注意和考虑这种住户的特殊需要和购买习惯。

(六) 人口的流动性加大

随着社会分工和商品经济的发展,也随着各国工业化和城市化的发展,世界各国人口的流动性加大,人口从农村流向城市。由于城市中心交通拥挤,污染严重,同时交通运输大大发展,人口又从城市流向郊区。我国农村由于实行承包经营责任制,农村剩余的劳动力向城市流动的趋势非常明显。这种人口流动趋势影响着不同地区市场的需求量,影响着企业的市场营销活动,也影响了商业网点的布置和服务方式的变化。

(七) 一些国家的人口由多民族、多种宗教信仰构成

不同民族的消费者有不同的风俗、不同的宗教信仰、不同的生活习惯,因而他们对商品的需要也不同。

二、经济环境

经济收入在市场上表现为实际的购买力。这是构成市场的一个重要因素,也是衡量市场规模及其需求特点的一个重要指标。市场是由那些想购买物品并且有购买力的人构成的,而且这种人越多,市场的规模就越大。换句话说,购买力是构成市场和影响市场规模大小的一个重要因素。而整个购买力即社会购买力又直接或间接受消费者收入、价格水平、储蓄、信贷等经济因素的影响。所以,企业的高层管理者还必须密切注意其经济环境方面的动向。进行经济环境分析时,要着重分析以下主要经济因素。

(一) 消费者收入的变化

消费者个人收入包括消费者个人的工资、退休金、红利、租金、赠予等全部收入。消费者购买力来自消费者收入,所以消费者收入是影响社会购买力、市场规模大小及消费者支出多少和支出模式的重要因素。消费者收入在一定时间内并非全部用来购买商品,用来购买商品的只是个人收入的一部分,因此要将消费者的个人收入划分为个人可支配收入和个人可随意支配收入。个人可支配收入是指从个人收入中扣除各项税款和交给政府的非商业性开支后可用于个人消费和储蓄的那部分收入,它是影响消费者购买力和消费支出的决定性因素。2017年安徽省城镇居民家庭年人均可支配收入见表2.1。个人可随意支配收入是指从个人可支配收入中减去消费者用于购买生活必需品的支出和固定支出(如房租、保险费等)后所剩下的收入,它是影响消费者需求变化的最活跃的因素,因而是消费者市场要重点研究的收入。可随意支配的个人收入一般都用来购买奢侈品、汽车、大型器具以及旅游等,所以这种消费者个人可随意支配的收入是影响奢侈品、汽车、旅游等商品销售的主要因素。

表 2.1 按收入等级分的安徽省城镇居民家庭年人均可支配收入(2017年)(单位:元)

项目	总平均	低收入户	中低收入户	中等收入户	中高收入户	高收入户
家庭总收入	34672	15531	23789	31544	42563	71577
可支配收入	31640	11888	21923	29198	39673	66816
工资性收入	19756	7367	13417	18357	24787	42002
经营净收入	4721	1406	3043	4125	4108	13016
财产净收入	2311	1080	1483	1892	3053	4871
转移净收入	4852	2034	3980	4824	7725	6926

资料来源:2018年安徽省统计年鉴。

进行经济环境分析时,还要区别货币收入和实际收入,因为实际收入会影响实际购买力。假设消费者的货币收入不变,如果物价下跌,消费者的实际收入便增加;相反,如果物价上涨,消费者的实际收入便减少。即使消费者的货币收入随着物价上涨而增长,但是,如果通货膨胀率超过了货币收入增长率,消费者的实际收入也会减少。

企业不仅要分析研究消费者的平均收入,而且要分析研究各个阶层的消费者收入。此外,由于各地区的工资水平、就业情况有所不同,不同地区消费者的收入水平和增长率也有所不同。表2.2是2016年和2017年安徽省城乡居民可支配收入及恩格尔系数。

表 2.2 2016年和2017年安徽省城乡居民可支配收入及恩格尔系数

项目	2016年	2017年
城镇居民可支配收入(元)	29156.0	31640.3
农村居民可支配收入(元)	11720	12758
城镇居民恩格尔系数	32.50%	32.14%
农村居民恩格尔系数	34.20%	33.55%
城镇非私营单位就业人员平均工资(元)	59102	65150

资料来源:2018年安徽省统计年鉴。

(二) 消费结构

消费结构是指各种类消费支出在总费用支出中所占的比重。目前,大多数发达国家消费结构的特征是:基本生活必需品的支出在家庭总费用支出中所占比重很小,而服装、交通、娱乐、卫生保健、旅游、教育等的支出在家庭总费用支出中占很大比重。发展中国家消费结构的特征是:基本生活必需品的支出在家庭总费用支出中占有很大比重,但这种情况会随着经济的发展、家庭收入水平的提高呈下降变化趋势。我国现在总体的消费结构反映了发展中国家的一般特征,但由于经济改革的不断深化,市场消费也呈现出多层次性,少数家庭的消费已达到富裕型或比较富裕型,一部分家庭达到小康型,多数为温饱型,还有少数家庭的消费为贫困型。2017 年按收入等级划分的安徽省城镇居民家庭年人均消费性支出见表 2.3。2017 年按收入等级划分的安徽省城镇居民家庭年人均消费性支出见表 2.4。消费结构的特征决定目标市场产品需求的构成,从而影响企业的产品经营决策。

表 2.3 按收入等级分的安徽省城镇居民家庭年人均消费性支出(2017 年)(单位:元)

项 目	总平均	低收入户	中低收入户	中等收入户	中高收入户	高收入户
消费性支出	20740	12523	15586	18913	25270	36606
食品烟酒	6665	4575	5339	6710	7857	10065
衣着	1544	786	1168	1365	1816	3041
居住	4235	2648	3434	3949	5463	6570
生活用品及服务	1215	621	1002	1087	1627	2048
交通和通信	2914	1239	1625	2288	3928	6687
教育文化娱乐服务	2372	1723	1802	2206	2507	4115
医疗保健	1275	746	868	935	1532	2704
其他用品和服务	520	186	348	375	540	1376

资料来源:2018 年安徽省统计年鉴。

表 2.4 按收入等级分的安徽省城镇居民家庭年人均消费性支出构成

项 目	总平均	低收入户	中低收入户	中等收入户	中高收入户	高收入户
食品烟酒	32.14%	36.53%	34.26%	35.48%	31.09%	27.50%
衣着	7.45%	6.28%	7.49%	7.22%	7.19%	8.31%
居住	20.42%	21.14%	22.03%	20.88%	21.62%	17.95%
生活用品及服务	5.86%	4.96%	6.43%	5.74%	6.44%	5.59%
交通和通信	14.05%	9.89%	10.42%	12.10%	15.54%	18.27%
教育文化娱乐服务	11.44%	13.76%	11.56%	11.66%	9.92%	11.24%
医疗保健	6.15%	5.96%	5.57%	4.94%	6.06%	7.39%
其他用品和服务	2.51%	1.48%	2.23%	1.98%	2.14%	3.76%

资料来源:2018 年安徽省统计年鉴。

影响消费者支出模式的因素除了消费者收入外,还有:

(1) 家庭生命周期。有孩子与没有孩子的年轻人家庭的支出情况有所不同。没有孩子的年轻人家庭负担较轻,往往把更多的收入用于购买电冰箱、家具、陈设品等耐用消费品。而有孩子的家庭收支预算会发生变化。十几岁的孩子不仅吃得多,而且爱漂亮,用于娱乐、运动、教育方面的支出也较多,所以这时的家庭用于购买耐用消费品的支出会减少,而用于食品、服装、文娱、教育等方面的支出会增加。等到孩子独立生活以后,父母就有大量可随意支配的收入,可用于医疗保健、旅游、购置奢侈品或储蓄,因此这个阶段的家庭收支预算又会发生变化。

(2) 消费者家庭所在地点。所在地点不同的家庭用于住宅建筑、交通、食品等方面的支出情况也有所不同。例如,住在中心城市的消费者和住在农村的消费者相比,前者用于住宅建筑方面的支出较多;后者用于食品方面的支出较多。

(三) 消费者储蓄和信贷情况的变化

进行经济环境分析时还应看到,社会购买力、消费者支出不仅直接受消费者收入的影响,而且直接受消费者储蓄和信贷情况的影响。

大多数家庭都有一些"流动资产",即货币及其他能迅速变成现款的资产,包括银行储蓄存款、债券、股票等。储蓄来源于消费者的货币收入,其最终目的还是为了消费。但是在一定时期内,储蓄多少肯定会影响消费者的购买力和消费支出。在一定时期内货币收入不变的情况下,如果储蓄增加,购买力和消费支出便减少;反之,如果储蓄减少,购买力和消费支出便增加。

消费者不仅以其货币收入购买他们需要的商品,而且可以用贷款来购买商品。所谓消费者信贷,就是消费者凭借信用先取得商品使用权,然后按期归还贷款。消费者信贷主要有四种:

(1) 短期赊销。例如,消费者在某家零售商店购买商品,这家商店规定无需立即付清货款,有一定的赊销期限,如果顾客在期限内付清贷款,可不付利息;如果超过期限,就要计利息。

(2) 购买住宅,分期付款。消费者购买住宅时,仅需支付一部分房款,但须以所购买的住宅作为抵押,向银行借款购买;以后按照借款合同的规定在若干年内分期偿还银行贷款和利息,每月还款数额和每月租别人的房屋的租金数额差不多。买主用这种方式购买房屋,有装修、改造和出售权,而且房屋的价值不受货币贬值的影响。分期付款购买住宅,实质上是一种长期储蓄。

(3) 购买昂贵的消费品,分期付款。消费者在某商店购买电冰箱、昂贵家具等耐用消费品时,通常签订一个分期付款合同,先支付一部分贷款,其余货款按计划逐月加利息分期偿还。如果顾客连续几个月不按合同付款,商店有权将原售物品收回。

(4) 信用卡信贷。美国是信用卡的发源地。信用卡有两大类:一类是由大百货公司、超级市场发给顾客的,顾客可凭卡在公司所属商店赊账购买商品;另一类是由金融机构印发的信用卡,在全世界都可以使用。最常见的是运通卡、大来卡、维萨卡和万事达卡。顾客可凭卡到与发卡银行(公司)签订合同的任何商店、饭店、医院、航空公司等企业、单位去购买商品(包括物品和服务),钱由发卡银行(公司)先垫付给这些企业、单位,然后再向赊款人收回。发卡银行(公司)在这些企业、单位与顾客之间起中间担保人的作用,所以这些企业、单位并不承担任何风险,反而能比那些只收现金的企业、单位做更多的生意。发卡银行(公司)不仅要向客户收取一定的费用,而且要向这些企业、单位收取一定的佣金。发行信用卡的银行(公司),一般是到一定时期(比如一个月)和客户结账一次,过期付款或透支现金都要收取利息。

三、科学技术环境

科学技术是人类在长期实践活动中所积累的经验、知识和技能的总和。科学技术环境给人类带来了很大好处,极大地促进了生产力的发展,企业要了解技术环境和知识经济的发展变化对企业市场营销的影响,以便及时采取适当的对策。

(一)新技术是一种"创造性的毁灭力量"

新技术可以给某些企业造成新的市场机会,也可能导致新行业的产生,同时,也会给某些企业造成环境威胁,使某旧行业受到冲击甚至被淘汰。例如,激光唱盘技术的发展,无疑将会夺走磁带的市场,给磁带制造商以"毁灭性的打击"。大量启用自动化设备和采用新技术,致使许多新行业出现,包括新技术培训、新工具维修、电脑教育、信息处理、自动化控制、光纤通信、遗传工程、海洋技术等。如果企业的最高管理层富于想象力,及时采用新技术,从旧行业转入新行业,就能求得生存和发展。

当今世界,科学技术飞速发展并向现实生产力迅速转化,日益成为现代生产力中最活跃的因素和最主要的推动力量。科学技术为劳动者所掌握,就能极大地提高人们认识自然、改造自然和保护自然的能力;科学技术和生产资料相结合,就能大幅度地提高工具的效能,从而提高人们的劳动生产率,帮助人们向生产的深度和广度进军。

(二)新技术革命有利于企业改善经营管理

第二次世界大战结束以来,现代科学技术发展迅速,现在一场以微电子为中心的新技术革命正在蓬勃兴起。目前发达国家的许多企业在经营管理中都使用电脑、传真机等设备,这对于改善企业经营管理、提高经营效益起了很大作用。

(三)新技术革命会影响零售商业结构和消费者购物习惯

在许多国家,由于新技术革命的迅速发展,出现了"电视购物""网络购物"等在家购物方式。消费者可以通过电话或网上订购自己所需的商品,然后输入自己的银行存款账号,把货款自动划给有关商店,于是订购的商品很快通过快递就送到消费者的手中。现在网购也成为中国年轻人购物消费的习惯,中国"双十一"的火爆程度便是网络购物的例证。工商企业也利用这互联网络进行广告宣传、市场营销研究和推销商品。

【资料链接】

互联网络技术对消费者购物的影响

2018年中国网络购物的发展现状及市场发展研究报告

互联网的普及改变了人们的生活方式。网络购物因为方便、低价,逐渐成为消费者的主要购物方式之一,消费者购买一次产品,不仅可节省时间以及精力,还能得到很高的消费折扣。

为了解目前中国网络购物的发展现状,我们从中国电子商务研究中心(100EC.CN)获取了2018年中国网络购物的发展现状及市场发展研究报告,网购用户规模、网络零售交易规模、移动网络交易规模、跨境网购交易规模等具体数据如下:

网购用户规模：监测数据显示，2017年中国网购用户数量上半年达5.16亿人，较2016上半年的4.8亿人，同比增长了7.5%。

网络零售交易规模：监测数据显示，2017年中国网络零售交易额上半年达到3.1万亿元，与2016年上半年的2.3万亿元相比，增长了34.8%。2012～2017年中国网络零售交易规模见图2.2。

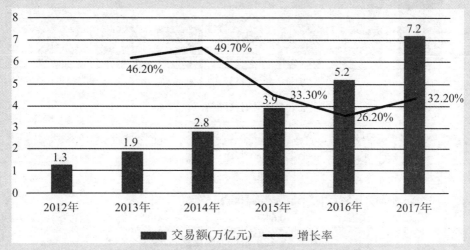

图2.2　2012～2017年中国网络零售市场交易规模

移动网购交易规模：监测数据显示，2017年上半年中国移动网购交易规模到达了22450亿元，较于2016年上半年的16070亿元，同比增长了39.7%。

跨境网购交易规模：监测数据显示，2017年上半年中国跨境进口电商交易规模达8624亿元（包括进口B2B和进口B2C），同比增长66.3%。

互联网普及率（互联网用户数除以总人口数）达到54.3%，较2016年底提升1.1个百分点，庞大的用户基础为网络购物等网络消费的高速增长提供了强劲动力。

资料来源：http://www.ldhxcn.com/hexintouzi/scfx/20180420/47321.html。

2018年中国"双十一"网购

中国的淘宝网自2009年开始将每年11月11日指定为"网购日"，并进行低至1折的网上商品打折活动，这引发了中国网民的热捧。2018年"双十一"全网销售总额高达3143.2元，其中天猫以2135亿销售额占比67.9%，京东占比17.3%，苏宁易购占比4.7%，亚马逊占比2.3%，唯品会占比2%，拼多多占比3%，其他平台占比2.8%（图2.3）。2018年"双十一"海外销售额中，亚马逊海外购占比19%，天猫国际占比7.1%，京东全球购占比6.8%，唯品会国际占比7.3%，苏宁国际占比0.6%（图2.4）。出口平台占比，在这项数据的统计上，速卖通占比44.7%，亚马逊国际占35.8%，敦煌网占比11.3%，其他平台则占比8.2%（图2.5）。

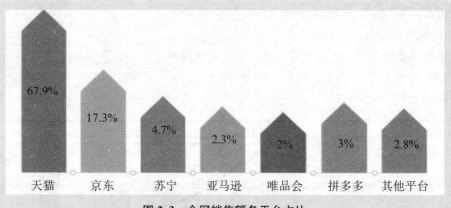

图 2.3　全网销售额各平台占比

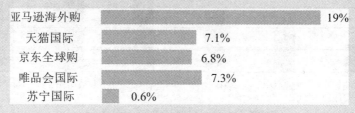

图 2.4　各平台海外销售额占比

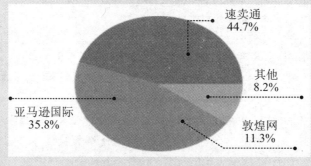

图 2.5　出口平台占比

资料来源：https://www.maigoo.com/news/469356.html。

（四）知识经济带来的机会与挑战

知识经济是以不断创新和对知识的创造性应用为主要基础而发展起来的。它依靠新的发展、发明、研究、创新的知识，是一种知识密集型、智慧型的新经济。知识和智慧可以同时为多人所占有，并可重复使用。作为人类智慧的成果，它可以与其他知识连接、渗透、组合、交融，从而形成新的有用的知识。知识也有"自然磨损"，它的直接效用没有了，但还可以再开发，成为嫁接、培育新知识的"砧木"和启发新智慧的火花。

新知识的爆炸性增长和知识经济的爆发性扩张，是依靠以数字化、网络化为特征的现代信息技术革命而形成的。不断革新的计算机与光纤网络通信、卫星远程通信相结合，极大地提高了知识的编码、储存、传输、扩散速度，方式简单化了，成本也大幅度地降低，从而使数字化的多媒体网络通信成为一种普遍性的大众技术，使全球任何角落里的人群大都可以随时廉价获得不断更新的知识。数字化、网络化通信技术革命与现代市场经济制度相结合，与风险投资和现代企业制度相结合，这就极大地促进了新知识的实际使用，促进了发明创新的物化过程,极大地加速了新知识的商品化、市场化、产业化进程。

针对科技环境,企业要做到如下几点:

(1) 预估新技术的影响及其对本企业的经营活动可能造成的直接或间接的冲击,并做好应对工作。

(2) 了解和学习新技术,采用新技术,开发新产品或转入新行业,以求生存和发展。

(3) 利用新技术,提高企业的服务质量和工作效率。

(4) 分析新技术的出现给人们生活方式带来的变化及其对企业经营活动造成的影响。

(5) 国际市场经营活动中要对目标市场的技术环境进行考察,明确其可接受性。

四、政治与法律环境

企业的市场营销决策还要受其政治和法律环境的强制和影响。政治和法律环境是那些强制和影响社会各种组织和个人的法律、政府机构和压力集团。

(一) 政治环境

政治环境主要包括国家的政治体制、政治局势、政党体制和国家政策等方面。一个国家或地区政治与生活稳定是企业顺利进行营销活动的前提。政治环境一般是企业无法控制的环境因素。广义的政治环境还包括国内政治环境和国际政治环境。

国内政党及其政府的路线、方针、政策、任务的制定与调整,都会影响企业的市场营销活动。它们对企业的营销活动既可能鼓励、促进,也可能限制和禁止。比如国家的产业政策对产能过剩、能耗大、污染严重行业限制其发展,如对其进行关、停、并、转。对节能环保产业、新能源产业、新材料产业国家鼓励其发展,如对生产环保设备的企业则带来了发展机遇。

【资料链接】

工业产业结构调整

根据工业和信息化部(以下简称工信部)公告的2013年首批19个工业行业淘汰落后产能企业名单,各省、自治区、直辖市已将2013年工业行业淘汰落后产能目标任务分解落实到企业,并在当地政府网站和主流媒体上公告了企业名单。

首批名单包括炼铁、炼钢、焦炭、铁合金、电石、电解铝、铜(含再生铜)冶炼、铅(含再生铅)冶炼、锌(含再生锌)冶炼、水泥(熟料及磨机)、平板玻璃、造纸、酒精、味精、柠檬酸、制革、印染、化纤、铅蓄电池(极板及组装)等19个工业行业的相关企业。工信部要求,有关方面要采取有效措施,力争在2013年9月底前关停列入公告名单内企业的落后产能,确保在2013年年底前彻底拆除淘汰,不得向其他地区转移。接受中国经济时报记者采访的专家认为,这是政府主动加快结构调整的积极信号,相关行业企业应根据行业特点制定科学的技术标准,适当借鉴国外的先进经验,通过先进产能培育新的需求,从而实现经济结构的升级。

产能过剩和有效需求不足叠加存在。目前,产能过剩问题在大部分工业行业普遍存在。其中,钢铁、电解铝、水泥、平板玻璃、船舶等行业产能过剩情况尤为突出。2012年底,钢铁、电解铝、水泥、平板玻璃、船舶行业产能利用率分别为72%、71.9%、73.7%、73.1%和75%,明显低于国际通常水平。

以钢铁行业为例,长期以来,我国钢铁产能增速高于需求增速,粗钢产能由 2004 年年末的 4.2 亿吨增长到 2012 年年末的 10 亿吨,八年间增量 5.8 亿吨。在钢材需求增速大幅回落的情况下,2012 年粗钢产能利用率仅为 72%。

产能过剩也导致价格低迷、企业普遍经营困难、效益下滑。2012 年,钢铁、电解铝、水泥、平板玻璃行业企业亏损面分别为 28.2%、34.9%、27.8%、35.7%。

市场经济条件下,适度的产能过剩有利于发挥竞争机制的作用,然而现阶段我国部分行业的产能过剩已经超出正常的市场竞争范围。有效需求不足和产能过剩问题的叠加,已成为影响当前工业经济平稳运行的突出矛盾。

资料来源:http://www.chinairn.com。

随着国家贸易往来的日益频繁,我国加入世界贸易组织后,企业的整体经营活动及运行机制正努力与国际市场接轨。因此,企业必须研究国际政治环境,努力适应国际营销环境对企业产生的影响。

(二) 法律环境

法律环境是政府对企业进行管理的立法。对企业立法有三个目的:① 保护公司不受不公平的竞争;② 保护消费者利益不受不正当商业行为的损害;③ 保护社会利益不受失去约束的商业行为的损害。对企业立法的一个主要的目的就是向企业收取因其产品或其生产过程所发生的社会成本。

【资料链接】

影响营销活动的法律

影响营销活动的法律如表 2.5 所示。

表 2.5　影响营销活动的法律

影响营销活动的法律	通过时间
中华人民共和国经济合同法	1981 年通过,1993 年修正
中华人民共和国公司法	1993 年通过
中华人民共和国商标法	1982 年通过,1993 年修正
中华人民共和国专利法	1984 年通过
中华人民共和国食品卫生法	1982 年通过
中华人民共和国产品质量法	1993 年通过
中华人民共和国广告法	1994 年通过
中华人民共和国反不正当竞争法	1993 年通过
中华人民共和国消费者权益保护法	1993 年通过
中华人民共和国劳动法	1994 年通过

企业在任何一个市场开展营销活动都必须在一定的法律约束下进行,企业必须懂得本

国和有关国家的法律和法规,尤其是有关经济方面的法律、法规,才能做好国内和国际市场营销管理工作,否则就会受到法律制裁。世界各国为保护竞争、保护广大消费者利益、防止环境污染、保护社会利益等都制定了有关法律。如我国颁布有关产品质量法、食品安全卫生法、商标法、反不正当竞争法、广告法、消费者权益保护法、专利法等市场调节方面的法规。同时也存在一些群众利益团体,它们是一种压力集团。如保护消费者利益、保护环境等群众利益团体等。这些群众利益团体通过它们的活动,给企业施加压力,使消费者利益和社会利益等得到保护。因此,许多公司都设立公关部门负责研究和处理与这些群众利益团体的关系问题。例如某烟草企业研究到足以影响其业务的动向:① 一些国家政府颁布了法令,规定所有的香烟广告和包装上必须印有关于吸烟危害健康的严重警告;② 有些国家的某些政府禁止在公共场所吸烟;③ 许多发达国家吸烟人数下降;④ 烟草公司的研究实验室很快就发明用莴苣叶制造无害烟叶的方法;⑤ 发展中国家的吸烟人数迅速增加。

五、自然环境

一个国家、一个地区的自然地理环境包括该地的自然资源、地形地貌和气候条件。从长远的观点来看,自然环境的发展变化对企业市场营销活动起着制约性的作用。企业的自然环境(或物质环境)的发展变化也会给企业造成一些环境威胁和市场机会,所以,企业的高层管理者还要分析研究其自然环境方面的动向,调整好自己的营销策略。一般来说在研究自然环境时应注意以下两种环境变化所带来的影响。

(一)自然资源短缺严重

地球上的自然资源一般分为三大类,即取之不尽的资源、可更新资源和不可再生资源。

(1) 取之不尽的资源。如空气、水等。近几十年来,世界各国尤其是现代化城市用水量增加很快(估计世界用水量每20年增加1倍),与此同时,世界各地水资源分布不均,而且每年和每个季节的情况各不相同,所以目前世界上许多国家面临缺水。这种情况不仅会影响人民生活,而且对工农业生产企业也是一种威胁。

(2) 可更新的资源。包括各种动物、植物、微生物及周围环境组成的各种生态系统,如森林、粮食等。我国森林覆盖率低,仅占国土面积的12%;人均森林面积只有13亩,大大低于世界人均森林面积18.5亩。我国耕地少,而且由于城市建设事业发展快,耕地迅速减少,近30年内我国耕地平均每年减少810万亩。由于粮食价格低,农民不愿种粮食,转向种植收益较高的其他农作物,这种情况如果长此发展下去,我国的粮食和其他食物(如猪肉等)供应将会成为严重问题。

(3) 不可再生资源。如铁、煤、石油、天然气、铀、锡、锌等各种金属和非金属矿物,它们经历了漫长的地质年代而逐渐形成。近十几年来,由于这类资源供不应求或在一段时期内供不应求,有些国家需要这类资源的企业正面临着或曾面临过威胁,必须寻找替代品。在这种情况下,就需要研究与开发新的资源和原料,这样又给某些企业创造了新的市场机会。

(二)环境污染严重

在许多国家,随着工业化和城市化的发展,环境污染日益严重,对人类的生产、生活等方面造成极大的负面影响,目前这也已经成为一个严峻的社会问题。在社会舆论的压力和政府的干预下,企业不得不采取措施控制污染,对那些造成污染的行业和企业来说是一种环境威胁。在我国,环境保护问题也引起了政府和公众的重视,我国确立了环境保护的基本国策,明确了可持续发展战略,健全了环境管理体系和各种法律法规体系,这对那些造成污染的行业和企业是一种威胁,同时也给控制污染、研究与开发环保产业,从事环境产业发展的企业则提供了机会。

(三) 政府对自然资源管理的干预日益加强

随着经济发展和科学进步,许多国家的政府都对自然资源管理加强干预。但是,政府为了社会利益和长远利益而对自然资源加强干预,往往与企业的经营战略和经营效益相矛盾。

【资料链接】

资源和环境保护相关法律法规

1992年6月,在巴西里约热内卢召开了由100多位国家政府首脑出席的联合国环境与发展大会。大会通过了包括《21世纪议程》在内的一系列重要文件,提出了21世纪人类社会应该走可持续发展的道路。我国政府也制定《中国21世纪议程》,并经1994年3月25日国务院常务会议讨论通过,作为中国21世纪推行可持续发展战略的国家政策和行动方案,其核心是以经济、科技、社会、人口、资源、环境的协调发展为目的,在保证经济高速增长的前提下,实现资源的综合和持续利用,不断改善环境质量。

在资源和环境保护方面,我国先后颁布实施了《矿产资源法》《煤炭法》《森林法》《草原法》《渔业法》《电力法》《环境保护法》《大气污染防治法》《噪声污染防治法》《固体废物污染环境保护法》《海洋环境保护法》《水污染防治法》等法律。与此同时,国务院及其环境保护主管部门颁布了相应配套的有关环境保护的行政法规和规章,环境保护法律体系已经完备起来。

六、社会文化环境

长期生活在某种社会文化中的人们,必然会形成某种特定的文化,包括一定的态度和看法、价值观念、道德规范以及世代相传的风俗习惯等。文化是影响消费者的欲望和购买行为的一个很重要的因素。消费者在一定的社会文化环境中生活,其思想和行为必定要受到社会文化的影响和制约。企业在一定的社会文化环境中从事营销活动,其经营行为也要符合社会文化的要求。企业高层管理者在做市场营销决策时必须调查研究这种文化动向。

(一) 社会核心文化

社会核心文化是一个社会全体成员在长期的社会生活中形成的具有持久性的语言、价值观念、道德规范、审美观念、宗教信仰以及世代相传的风俗习惯等。核心文化在社会生活中不断被强化。比如:东方人追求宁静平和,以端庄典雅为美,生活上崇尚节俭,讲仁义;西方人崇尚个性解放,追求新奇,富于冒险,比较注重消费。在风俗习惯上,我国人民最重要的节日是春节,每逢农历新年前都要进行大扫除,除旧迎新,购置大量过年用的各种食品、礼品、服装,贴春联,节日期间互相拜年,欢庆节日活动持续半个月之久;在西方国家,人们最重要的节日是圣诞节,每逢12月25日,人们就要大量购买节日用的各种食品、日用品、圣诞树礼品,互送圣诞卡,欢度圣诞节。人们的这种欲望和行为的差异就是由其传统文化所决定和影响的,因此,企业的最高管理层作市场营销决策、进行商业洽谈时必须了解和考虑不同文化的差异。

（二）社会亚文化

社会亚文化是在社会核心文化的基础上派生出来的。每一个社会文化内部都包含若干亚文化群，如民族亚文化群、职业亚文化群、宗教亚文化群等。这些不同的亚文化群虽然有一些世代相传的相同的信念、价值观念和风俗习惯，但由于各有不同的生活经验和生活环境，又有一些不同的信念、价值观念、风俗习惯、兴趣等。这些亚文化因素都对消费者行为有着直接或间接影响，成为企业营销必须注意的外部环境。

（三）民风习俗

民风习俗是社会发展中长期沿袭下来的礼节、习惯的总和。纵观国际市场，不同地域、不同民族都有其不同的文化背景、习俗和宗教信仰。习俗的需求影响消费行为，迎合习俗，可给企业带来许多营销机会。日本人有喜欢龟的习俗，杜康酒厂把酒瓶做成龟的模样，突出长寿吉祥的象征，从而在日本市场掀起了杜康热，一时间人们纷纷急购。日本汽车的方向盘在右边，我国则在左边。日本汽车企业为了使产品打入中国市场，将出口中国的汽车的方向盘一律改在左边，适应了中国人的习惯。在国际商务活动中，讲话时比划手势以示强调，也会破坏商业上的关系，把买卖搞砸。在一些国家，任何快速动作均被视为异乎寻常和不友好。同样，把握手和拍打他人肩膀视为商界正常举动的习惯也可能与不喜欢随便碰触他人的风俗不相协调。为此，凡是习惯性动作过多的人应当加以克制，举止要含蓄些，以免造成误解。

（四）图腾文化与市场营销禁忌

图腾文化是民族文化的主要源头，它渗入到市场营销工作的全过程，往往决定着市场营销活动的成败。人们认为现在世界上有三大文化体系：东方文化、西方文化和伊斯兰文化。每种文化中都闪耀着图腾文化的光辉。"图腾"是一种极其古老的东西。简单地说，图腾是原始社会作为种族或氏族血统的标志并当作祖先来崇拜的动物或植物等。当时，处于野蛮和蒙昧时期的原始人还无法解释人类起源的奥秘，但却凭借新奇、大胆的想象创造了璀璨绚丽的图腾传说。他们笃信人类群体与某一物种之间存在着特殊的超自然关系，视某种动物或植物为自己部落的祖先，加以崇拜。这种万物有灵的思想创造出人类最早的文化和精神文明。

我国的百家姓中，熊、马、牛、梅、李、柳、杨、金、石等，也是受图腾文化影响的结果。与此同生的十二生肖，则是中国民俗的重要组成部分。中国人对龙的崇拜以及对某些颜色如红色、金黄色的偏爱，均是图腾文化几千年演变的结果。

图腾文化影响着一个社会的各个方面，包括工商企业的行为，并构成企业文化的基础。图腾文化能够渗透到企业市场营销的全过程中，例如从产品设计、包装、商标、渠道选择、定价，直到促销手段的筛选和售后服务的配套，都要考虑能否被特定消费者群（即图腾文化群）所接受，任何一个成功的市场营销活动必须首先能够适应特定的图腾文化环境。

分析案例

采用"龙"形图案也有学问

在我国的出口商品中，龙形图案由于显示民族特点，具有东方特色，很受外商的欢迎。但是采用龙形图案也有学问，也要注意进口国消费者习俗与爱好。在往年秋天的广交会上，龙毯仍是外商争购对象,但同样是龙毯却有一部分虽经对方几经选择一直卖不出去。原因在哪里?

经了解,外商说:"在国外,尤其是华侨中,流行着一种说法,认为龙分吉祥龙和凶龙两种,其区别在于龙爪不同,吉龙生五爪,生三爪、四爪的是凶龙,凶龙入宅,合家不安,谁会花钱买个凶龙回家。"经查看,果然,未卖出的龙毯绝大部分是三爪、四爪的龙形图案。

这说明,国际市场营销中对社会文化环境因素的了解与掌握要细、要准,不能满足于一般。

(五) 宗教文化

宗教是构成社会文化的重要因素之一,宗教对人们消费需求和购买行为的影响很大。不同的宗教有自己独特的对节日礼仪、商品使用的要求和禁忌。某些宗教组织甚至在教徒购买决策中有决定性的影响。为此,企业可以把影响大的宗教组织作为自己的重要公共关系对象,在营销活动中也要注意到不同的宗教信仰,以避免由于矛盾和冲突给企业营销活动带来的损失。不同的宗教信仰有不同的文化倾向和戒律,从而影响人们认识事物的方式、价值观念和行为准则,影响着人们的消费行为,带来特殊的市场需求,与企业的营销活动有密切的关系,特别是在一些信奉宗教的国家和地区,宗教信仰对市场营销的影响力更大。据统计,全世界信奉基督教的教徒有10多亿人,信奉伊斯兰教的教徒约有8亿人,印度教约有6亿人,佛教徒约有2.8亿人,泛灵论者约有3亿人。教徒信教不一样,信仰和禁忌也不一样。这些信仰和禁忌限制了教徒的消费行为。

某些国家和地区的宗教组织在教徒的购买决策中有重大影响。一种新产品出现,宗教组织有时会提出限制和禁止使用,认为该商品与该宗教信仰相冲突。相反,有的新产品出现,得到宗教组织的赞同和支持,它就会号召教徒购买、使用,起一种特殊的推广作用。因此,企业应充分了解不同地区、不同民族、不同消费者的宗教信仰,提倡生产符合其要求的产品,制定适合其特点的营销策略。否则,会触犯宗教禁忌,失去市场机会。这说明,了解和尊重消费者的宗教信仰,对企业营销活动具有重要意义。

宗教信仰是文化的一个重要方面,对国际市场营销的影响不可低估。因为宗教信仰与社会价值观念的形成密切相关,对人们的生活习惯、生活态度、需求偏好及购物方式等都有重要影响。在拉丁美洲的一些国家,宗教已经渗透到个人、家庭、社会群体的各个方面,甚至对某种食物、衣物的接受,对于某种消费行为的认可,都会受到宗教的影响。这种影响甚至决定了产品促销的成败与否。比如,在一些国家如果广告过多地涉及人体表演,就被认为是不道德的,这种产品自然也会被拒之门外。

第三节 微观营销环境

微观环境中所有的构成要素都要受宏观环境中各种力量的影响。微观环境是影响企业市场营销组合决策的主要因素,对企业市场营销行动产生更为直接的影响。通过对微观环境的分析,可以明确企业的优势和薄弱环节,从而在市场营销组合决策中充分利用企业的有利条件,采取有效的管理措施。企业微观环境是指直接影响企业营销能力的各种参与者,包括企业本身、营销中介、顾客、竞争者和各种公众,这些都会影响企业为其目标市场服务的能力。

一、企业本身

任何企业的市场营销活动都不是某个部门的孤立行为,而是企业整体实力与能力的体现,是企业内部各部门科学分工与密切协作的组织行为。包括市场营销管理部门、其他职能部门和最高管理层。企业为实现其目标,必须进行制造、采购、研究与开发、财务、市场营销等业务活动。企业市场营销部门要面对决策层和许多其他职能部门。各管理层之间分工是否科学,协作是否和谐,都会影响营销管理决策和方案的实施。营销部门在制定营销决策时,首先要争取企业决策层的理解和支持,使营销计划能在决策层的推动下得以实施;要考虑其他业务部门(如制造部门、采购部门、研究与开发部门、财务部门等)的情况,并与之密切协作,共同研究制订年度计划和长期计划。通过协作,默契配合去实现计划。各相关职能部门只有有效分工、密切协作,才能保证营销活动顺利开展。

【资料链接】

海尔集团的业务流程再造

为了尽可能地创造一个合作组织,一些企业推行"内部市场观"。即将企业的业务流程重新设计,以首尾相接的、完整连贯的整合性业务流程来取代被职能部门割裂的业务流程。如我国海尔集团认为"市场无处不在,人人都有市场"。该集团以海尔文化和计算机信息系统为基础,对以订单信息为中心的市场链式的业务流程进行再造,对集团实现零库存、零营运成本、零距离的"三零"目标,带动物流与资金流的良好运转,激励员工将其价值取向与用户需求相一致,创新并完成有价值的订单,起到了积极的推动作用。

二、营销中介

营销中介包括:

(1) 供应商,即向企业供应原材料、部件、能源、劳动力和资金等资源的企业和组织。

(2) 中间商,即从事商品购销活动,并对所经营的商品拥有所有权的中间商,如批发商、零售商等。

(3) 代理中间商,即协助买卖成交,推销产品,但对所经营的产品没有所有权的中间商,如经纪人、制造商代表等。

(4) 辅助商,即辅助执行中间商的某些职能,为商品交换和物流提供便利,但不直接经营商品的企业或机构,如运输公司、仓储公司、银行、保险公司、广告公司、市场营销研究公司、市场营销咨询公司等。

这些都是企业开展营销活动的伙伴和必要条件,是企业市场营销活动中不可缺少的中间环节,多数企业的营销活动都需要上述机构的协助才能顺利进行。它们是社会分工和生产效率与效益提高的产物,商品经济越发达,社会分工越细,企业就越需要处理好同这些机构的合作关系。

三、顾客

顾客构成市场,根据购买者及其购买目的可将市场划分为:

(1) 消费者市场,即个人消费品的购买者所构成的市场。

(2) 生产者市场,即为生产产品而购买的生产企业所构成的市场。

(3) 中间商市场,即由为转卖而购买的批发商和零售商所构成的市场。

(4) 非营利性组织市场,即为履行职责而购买的政府、事业单位和政治团体等组成的市场。

(5) 国际市场,即由国外的购买者所构成的市场。

企业与顾客的关系实质上是一种生产与消费的关系。顾客是企业营销活动服务的对象,企业的目的是为了满足顾客的需要。顾客及其需求是企业生产经营活动的出发点和归宿点,是企业生产经营决策的根本依据。企业必须认真分析研究不同顾客群的特点及购买行为,使企业的营销活动有针对性。谁能赢得客户,谁就赢得了市场。

四、竞争者

竞争者是一个相对的概念,一般指企业或个人将其他与其生产、经营、研究开发同类或类似产品的企业或个人称为竞争者。企业与竞争者的关系是一种竞争的关系。一般地说,为某一客户群体服务的企业不止一个,这些竞争者不仅来自本国市场,也可能来自其他国家和地区;不仅发生在行业内,行业外的一些企业也可能通过替代品的生产而参与竞争。企业营销活动的根本任务就是要比竞争对手更好地满足目标客户的需求。因此,企业必须了解目标客户的需求,了解竞争对手的情况,认清企业在竞争中的优势和劣势。一般企业的竞争者包括:

(1) 愿望竞争者,指提供不同产品以满足消费者不同需求的商品提供者,如电视机厂家与电冰箱、洗衣机等生产厂家就是愿望竞争者。

(2) 一般竞争者,即能够满足购买者某种愿望的商品供应者,如汽车、摩托车、自行车等制造商之间就是一般竞争者,它们都能满足交通的需求愿望。

(3) 产品形式竞争者,指能满足购买者某种愿望的各种产品形式,即生产同种产品,但提供不同规格、型号、款式的竞争者,如洗衣机有不同型号、规格和款式,并有不同洗衣方法,这些产品的生产者就是产品形式竞争者。

(4) 品牌竞争者,指能满足购买者某种愿望的同种产品的各种品牌,即产品相同,规格、型号等也相同,但品牌不同的竞争者,如电视机有海尔、长虹、TCL、海信等不同品牌,这些品牌的生产者就是品牌竞争者。

竞争者分别与企业形成了不同的竞争关系,它们是企业开展营销活动必须考虑的非常重要的制约力量。企业只有正确处理同竞争者的关系,才能在竞争中不断发展、壮大。

五、公众

公众是指对企业实现其市场营销目标构成实际或潜在影响的任何团体,包括:

(1) 金融公众,即影响企业取得资金能力的任何集团,如银行、信托投资公司、证券交易所、保险公司等。

(2) 媒体公众,即报纸、杂志、广播、电视等具有广泛影响的大众媒体。这些公众对树立企业形象、扩大企业声誉等方面具有重要作用。

(3) 政府公众,即负责管理企业经营活动的有关政府机构。企业在制订营销计划时必须充分考虑政府有关部门的政策、法规,适应政府公众对企业的要求。

(4) 社会公众，是指一般公众和社会性团体，包括消费者权益保护组织、绿色环境组织、动物保护组织、民众团体等。他们可能热心地支持企业的某些活动，也可能激烈地反对企业的某些做法，企业必须和他们建立良好的关系。

(5) 企业内部公众，是指企业的全体员工，他们对企业信任与否和是否有积极性，不仅直接决定了劳动生产率的高低，而且他们对企业的态度也会潜移默化地影响企业以外的公众，进而影响企业形象。如董事会、经理、职工等。

(6) 地方公众，即企业附近的居民群众、地方官员等。

(7) 一般群众。

第四节 市场营销环境的分析方法与对策

一、市场营销环境机会与威胁矩阵分析法

环境发展趋势基本上分为两大类：一类是环境威胁；另一类是市场营销机会。所谓环境威胁，是指环境中一种不利的发展趋势所形成的挑战，如果不采取果断的市场营销行动，这种不利趋势将损害企业的市场地位。企业市场营销经理应善于识别所面临的威胁，并按其严重性和出现的可能性进行分类，之后，为那些严重性大且可能性也大的威胁制订应变计划（图2.6(a)）。

所谓市场营销机会，是指对企业市场营销管理富有吸引力利益空间的领域。在该领域内，企业将拥有竞争优势。这些机会可以按其吸引力以及每一个机会可能获得成功的概率来加以分类。企业在每一特定机会中成功的概率，取决于其业务实力是否与该行业所需要的成功条件相符合（图2.6(b)）。

在不断变化的市场营销环境中，任何企业都面临着许多新的市场机会，同时也面临着许多威胁。例如对于手机生产商来说，新技术的出现、人们生活水平的提高、年轻人对手机的热情等环境的变化，都意味着有新的市场机会的出现。但是，这些新的机会中，并不是每一个机会都适合企业。这就要求企业的经营者进行分析和评价，进而抓住适合发展的重要机会。

任何企业都面临着若干环境威胁和市场机会。然而，并不是所有的环境威胁都一样大，也不是所有的市场机会都有同样的吸引力。企业的最高管理层可以用"环境威胁矩阵图"和"市场机会矩阵图"来加以分析、评价，如图2.6所示。

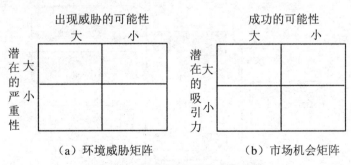

图 2.6 市场环境机会分析矩阵图

使用以上两个矩阵图进行分析后，可能出现四种结果，如图2.7所示。

图 2.7 市场环境分析综合评价图

(1) 对理想单位:抓住机遇,迅速行动。
(2) 对冒险单位:扬长避短,创造条形,争取发展。
(3) 对成熟单位:维持企业正常发展,并为冒险单位和理想单位提供条件。
(4) 对困难单位:如果不能改变环境,应转移或放弃。

环境变化对不同的企业产生的影响是不同的。有的环境变化是共性的,对所有的企业都产生影响,如 2008 年的金融危机;有些环境变化对不同的企业产生不同的影响;除此之外,即使是处于同一行业、同一营销环境中,由于不同企业抗风险的能力不同,所处的竞争地位不同,对环境的变化的理解和认识不同,所受到的影响程度也是不同的。另外,威胁和机会是相对不同的企业而言的,通常环境威胁也意味着某些新的市场机会,如能源危机引起了对新能源的需求;垃圾的增加污染了环境也增加了对垃圾处理技术的需求;人口老龄化对一些企业产生了不利的影响,但也创造了老年用品产业的市场机会。

二、SWOT 分析法

SWOT 分析法是一种综合考虑企业内部条件和外部环境的各种因素而进行选择最佳营销战略的方法,如表 2.6 所示。其中,S(strength)指企业内部的优势,W(weakness)指企业内部的劣势,O(opportunity)指企业外部环境的机会,T(threat)指企业外部环境的威胁。优势是指企业超越其竞争对手的能力,这种能力有助于企业实现盈利;劣势是指影响企业运营效率和效果的不利因素和特征,如缺乏管理、销售渠道不畅和设备陈旧等,它们使企业在竞争中处于弱势地位;机会是指对企业营销活动富有吸引力的领域,而且企业在该领域内拥有竞争优势和差别利益;威胁是指环境中一种不利的发展趋势所形成的挑战,如果不采取相应的对策,这种不利趋势将导致企业市场地位被侵蚀。

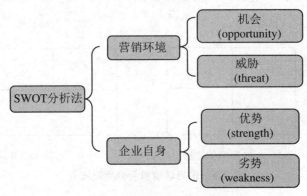

表 2.6 SWOT 分析模型

通过 SWOT 分析，企业能够客观公正地分析企业的内在环境，清晰地了解现实环境中会影响到企业发展的关键因素，找到企业面临的机遇和挑战，从而制定出企业未来的经营战略。SWOT 分析如图 2.8 所示，SWOT 矩阵如表 2.7 所示。

图 2.8　SWOT 分析图

表 2.7　SWOT 矩阵

	内部优势 （S）	内部劣势 （W）
外部机会 （O）	SO 战略 依靠内部优势， 抓住外部机会	WO 战略 利用外部机会， 克服内部弱点
外部威胁 （T）	ST 战略 利用内部优势， 抵制外部威胁	WT 战略 减少内部弱点， 回避外部威胁

SWOT 分析图说明如下：

（1）成长型战略。对企业来说这种组合是最理想的状况，企业能够利用它的内在优势并把握良机。可采用的成长型战略可包括如技术开发、市场开发等。

（2）扭转型战略。处于这种局面下，企业虽然面临良好的外部环境，却受到内部劣势的限制。采用扭转型战略，可以设法清除内部不利的条件，或者在企业内进一步改进或调整弱势领域，或者从外部获得该领域所需要的能力（如技术、营销、人力资源等），以尽快形成利用环境机会的能力。

（3）收缩型战略。处于这种局面下，企业内部存在劣势，外部面临巨大威胁，企业要设法改正或减少其弱势，并避免外来的威胁。例如，通过联合、兼并等形式取长补短。

（4）多样化战略。企业利用自身的内部优势去避免或减轻环境中的威胁，其目的是将组织优势扩大到最大限度，将威胁降到最低。如企业可能利用技术的、财务的、管理的和营销的优势来克服来自新产品的威胁。

 **分析案例**

某一热水器制造企业的 SWOT 分析

表 2.7　热水器制造企业的 SWOT 分析表

优势(S)	机会(O)
(1) 全新的市场； (2) 优质的美国产品； (3) 强劲的财力支持； (4) 现代化的装备； (5) Combi 产品的巨大潜力	(1) 住房项目的增长； (2) 热水器总市场的扩大； (3) 个人收入和生活水平的提高； (4) 天然气和液化管道气的普及
劣势(W)	威胁(T)
(1) 品牌名声不够响； (2) 销售政策不灵活； (3) 产品开发周期缓慢； (4) 广告预算低； (5) 产品的某些特性不适合市场； (6) 售后服务不健全； (7) 分销渠道不畅通； (8) 没有专业的销售力量	(1) 市场上越来越多的国际竞争对手； (2) 国内厂家提供的低价位产品； (3) 经销商的短期行为； (4) 多样灵活的销售政策； (5) 顾客仍以价格为导向

三、波特的五种竞争力模型分析法

五种竞争力分析模型是由哈佛商学院教授迈克尔·波特提出的。该模型通过对形成竞争的五种力量的分析，明确企业的优势和劣势，确定企业的市场地位。通常，这些力量越强，表示企业受到的威胁越大；反之，这些力量越弱，企业的机会越大。五种竞争力模型如图 2.9 所示。

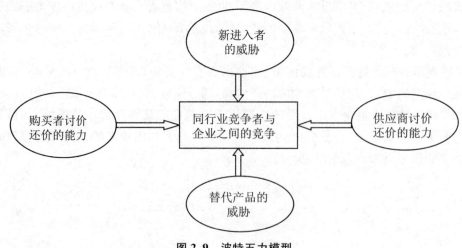

图 2.9　波特五力模型

（一）同行业竞争者与企业之间的竞争

现有同行业企业间的竞争是五种力量中最强大的。为了赢得有利的市场地位和市场份额，不同行业的企业之间，针对行业的特性展开不同方面的竞争。在有些行业中，竞争的核心是价格；而有些行业中，企业间的竞争集中在产品和服务的差异化、质量和耐用性上；在另一些行业中，企业之间的竞争集中的品牌竞争上。

影响企业竞争激烈程度的因素有：

（1）行业内竞争对手的数量。行业内竞争对手的数量越多，竞争越激烈。

（2）行业增长速度。行业增长缓慢时，企业会投入更多精力试图吸引竞争对手的顾客来保持或扩大自己的市场份额，这样竞争会更加激烈。

（3）产品的差异化程度。如果产品的差异化程度很低，竞争程度就会更高；反之，企业的产品差异化很高，竞争程度就会更低。

（4）顾客的转移成本。顾客的转移成本越低，竞争对手就越容易通过提供特别的价格或服务来吸引顾客；而较高的转移成本，能在一定程度上保护企业，抵消竞争对手吸引顾客的努力，企业间的竞争会相应地下降。

（5）新的竞争者的产生。当企业外的企业成功并购本行业的弱小公司，并试图以其雄厚的资金将新并购的公司作为主要的市场竞争者时，竞争会加剧。

（二）新进入者的威胁

新进入者带来威胁的一个重要原因是，由于它们的进入，行业的总产出增加。在市场对产品和服务的总需求不变或增幅很小时，额外的产出必然会降低消费者的成本，从而导致整个市场的收入和回报下降。

新进入者进入一个市场所面临的威胁主要来自两个方面：一是进入障碍；二是行业内现有企业对其做出的反应。

1. 新进入者进入市场的进入障碍

（1）规模经济。规模经济能够增强企业的灵活性。如果企业具有规模经济，那么它既可以通过降低价格，获得更大的市场份额，又可以保持价格不变增加利润。然而，新进入者在面对行业内现有竞争者的规模经济时会处于两难境地。如果进入的规模很小，他们就会处于不利的成本地位；如果进入的规模较大，又会面临竞争对手的猛烈反击。

（2）成本的差异化。通常新进入者要花费很多精力与资源用于消除顾客对原有企业产品的忠诚度。为此，常用的营销方法是降低价格，但这一决定会使企业利润减少，甚至亏损。

（3）转移成本。客户从原有的供应商那里采购转向从新的供应商那里采购，会造成额外的转移成本。只有入侵者提供的产品给客户带来的价值超出转移成本时，客户才有动力更换供应商。

（4）进入分销渠道。大多数行业中的企业都会细心经营与分销商的关系，以增加分销商的转移成本。进入分销渠道对于新入者来说可能会是一个较大的进入壁垒，尤其对于非耐用消费品行业。新进入者通常会以价格分成或广告分摊的方法与分销商建立关系，而利润也会随之减少。

（5）政府政策。政府可能通过授权或许可协议制度对进入特定行业进行控制。

2. 行业内现有企业的抵制

要想进入某个行业还要对行业内现有企业的反应做出预测。如果行业中的强势企业为捍卫其市场采取猛烈反击，或者原有厂商通过分销商和客户群创造某种优势来维护其业务，潜在的进入者就要谨慎。

(三) 替代品的威胁

某个行业的企业常常会因为另外一个行业的企业生产的替代品而面临竞争。一般来说,当顾客面临的转移成本很低,替代品具有价格优势或者质量、性能远远超过竞争产品时,替代品的威胁就会很强。因此,可以通过在顾客认为有价值的方面进行差异化来降低替代品的竞争力,如价格、质量、性能和服务等。

(四) 购买者讨价还价的能力

通常大批量采购者会使购买者处于优势地位,可以获得价格折扣或其他的有利条款。除此之外,如果购买者具备以下条件,也可以在一定程度上占据优势:

(1) 购买者的转移成本很低,可以灵活地转移品牌或者可以从不同的供货商处购买。

(2) 市场上有很好的替代品。

(3) 购买者掌握了大量关于供应商所销售产品的性能、价格以及成本的信息。

(4) 购买者越能够通过后向整合,进入供应商业务领域,那么购买者讨价还价的能力就越强,所获得的谈判优势就越大。

(五) 供应商讨价还价能力

供应商可能会通过提高价格、降低所供应产品的质量或性能或者供货的稳定性来显示自己的力量。供应商在以下情况下更具有讨价还价的能力:

(1) 企业所需产品和服务掌握在少数几家大供应商手中。

(2) 供应商的产品和服务对购买者而言非常关键,且没有很好的替代供应品。

(3) 供应商已经给企业制造了很高的转移成本。

(4) 供应商如果能够通过前后向一体化进入购买者所在行业,供应商的讨价还价能力就越强。

四、利用环境机会与避免环境威胁的策略

(一) 利用环境机会的策略

利用环境机会的策略如下:

1. 及时利用有利的环境机会

市场机会是不断发展变化的,并且市场机会随着时间的变化其价值也会发生变化。当市场机会被一个或一批企业利用并取得了较好的经济效益时,就会有相当一批竞争者纷纷加入进来,也试图利用该市场机会。因此,在资源可能的情况下,要迅速调整企业的市场营销组合策略,及时利用那些对企业发展有利的市场机会。

2. 创造条件适时利用环境机会

当企业内部条件与市场时机所要求的条件不相符,而市场时机在一定时间内又不会发生重大变化时,企业应通过自身的努力改善或补充环境所不具备的条件,使之成为企业可利用的市场时机,待条件成熟再从中利用。如果盲目利用企业不具备条件的市场时机,会给企业带来很大的风险,受到不应有的损失。

3. 放弃不可行的环境机会

有时市场机会很好,但由于企业内部的条件限制很难利用,此时企业应放弃该市场机会,寻找与企业内部条件相吻合的市场时机。市场时机是一种有价值的资源,企业的生存和发展除了取决于资金、技术、劳动力等资源以外,还取决于营销者对市场时机的把握能力。

市场时机只对需求者才有价值,对不需求者毫无价值。同一个市场时机,由于营销者的需求、理解和利用程度不同,所产生的营销效果也不同。

(二)避免环境威胁的策略

避免环境威胁的策略如下:

1. 改变企业市场营销组合决策

当企业遇到不可抗拒的环境威胁时,如果没有能力与之正面对抗,最好的策略是放弃原来的市场营销组合决策,采取新的有效的市场营销组合决策。可以通过改变产品策略、价格策略、分销渠道策略、促销策略等来适应环境变化。

2. 采取有效措施正确对抗

当企业遇到环境威胁时,通过分析环境威胁对本企业产生影响的大小,分析企业的具体实力、产品特点、市场特征、竞争状况等因素,可以通过种各种努力来改变对企业发展不利的环境威胁,以实现企业的目标。

本 章 小 结

1. 市场营销环境是企业外部的不可控制的因素和力量,这些因素和力量是与企业营销活动有关影响企业生存和发展的外部环境。虽然企业营销活动必须与其所处的外部和内部环境相适应,但营销活动绝非只能被动地接受环境的影响,营销管理者应采取积极、主动的态度能动地适应营销环境。

2. 企业营销宏观环境是指那些给企业造成市场机会和环境威胁的主要社会力量,包括人口环境、经济环境、自然环境、科学技术环境、政治与法律环境、社会文化环境。这些主要社会力量对企业来说,是不可控制的变量。

3. 企业营销微观环境是指对企业服务其顾客的能力所受到直接影响的各种力量,包括企业、营销中介、顾客、竞争者和公众,这些都会影响企业为其目标市场服务的能力。

4. 市场营销环境分析方法有机会与威胁矩阵分析法、SWOT分析法、五种竞争力分析模型分析法。市场营销环境不断地变化,营销者要根据营销环境的变化采取避开威胁,抓住营销机会的各种策略。

练 习 题

一、名词解释

1. 市场营销环境;
2. 宏观营销环境;
3. 消费者个人收入;
4. 个人可支配收入;
5. 微观营销环境。

二、单项选择题

1. (   )就是企业的目标市场,是企业服务的对象,也是营销活动的出发点和归宿。

A. 竞争者　　　　　B. 公众　　　　　　C. 顾客　　　　　　D. 供应商
2. 提供不同产品以满足不同需求的竞争者是(　　)。
A. 愿望竞争者　　　　　　　　　　B. 属类竞争者
C. 产品形式竞争者　　　　　　　　D. 品牌竞争者
3. 企业的员工,包括高层管理人员和一般员工,都属于(　　)。
A. 内部公众　　　B. 社团公众　　　C. 一般公众　　　D. 主要公众
4. 随着家庭收入增加,用于购买食物的支出占家庭收入的比重就会(　　)。
A. 上升　　　　　B. 下降　　　　　C. 不变　　　　　D. 不一定
5. 影响消费需求变化的最活跃的因素是(　　)。
A. 人均国内生产总值　　　　　　　B. 个人收入
C. 个人可支配收入　　　　　　　　D. 可任意支配收入
6. 购买住宅、汽车及其他昂贵消费品,(　　)可提前实现这些商品的销售。
A. 储蓄　　　　　B. 信贷　　　　　C. 经济发展阶段　D. 经济水平
7. 社会文化方面的影响,使消费者产生共同的审美观念、生活方式和情趣爱好,从而导致社会需求的一致性,这就是(　　)。
A. 价值观念　　　B. 消费习俗　　　C. 消费时潮　　　D. 宗教信仰
8. 对不同的企业而言,环境机会并非是最佳机会,只有(　　)才是最适宜的机会。
A. 理想业务　　　B. 冒险业务　　　C. 成熟业务　　　D. 理想业务和成熟业务
9. 能满足购买者某种愿望的同种产品的各种品牌是(　　)。
A. 愿望竞争者　　B. 一般竞争者　　C. 产品形式竞争者　D. 品牌竞争者
10. 代理中间商是属于市场营销环境的(　　)因素。
A. 内部环境　　　B. 竞争者　　　　C. 市场营销渠道企业　D. 公众环境

三、多项选择题

1. 市场营销环境的特征是(　　)。
A. 客观性　　　　　　　　　　　　B. 差异性
C. 多变性　　　　　　　　　　　　D. 稳定性
E. 相关性
2. 营销部门在制订和实施营销目标与计划时,要(　　)。
A. 注意考虑企业外部环境力量　　　B. 注意考虑企业内部环境力量
C. 争取高层管理部门的理解和支持　D. 争取得到政府的支持
E. 争取其他职能部门的理解和支持
3. 营销中间商主要指协助企业促销、销售和经销其产品给最终购买者的机构,包括(　　)。
A. 中间商　　　　　　　　　　　　B. 实体分配公司
C. 营销服务机构　　　　　　　　　D. 财务中介机构
E. 证券交易机构
4. 从顾客做出购买决策的过程分析,企业在市场上所面对的竞争者,大体上可分为(　　)。
A. 愿望竞争者　　　　　　　　　　B. 随机型竞争者
C. 属类竞争者　　　　　　　　　　D. 产品形式竞争者

E. 品牌竞争者
5. 对环境威胁的分析,一般着眼于( )。
A. 威胁是否存在　　　　　　　　B. 威胁的潜在严重性
C. 威胁的征兆　　　　　　　　　D. 预测威胁到来的时间
E. 威胁出现的可能性

四、简答题

1. 企业分析研究市场营销环境有何意义?
2. 宏观营销环境包括哪些因素?
3. 微观营销环境包括哪些因素?
4. 利用环境机会的策略有哪些?
5. 避免环境威胁的策略有哪些?

五、论述题

1. 根据我国人口老龄化趋势,说说它给企业市场营销带来哪些机会。
2. 试分析我国家用小轿车的营销环境。

他们的教训在哪里?

故事一:改革开放初期,东北一位民营企业家(当时被称为投机倒把分子)听说广东人最讲究吃,尤其爱吃小鸡,认为无鸡不成宴。于是到农村收购一年生的小鸡,在当地宰杀。由于天气寒冷,宰杀后的小鸡立即成为速冻鸡,保持了小鸡的风味和外观。他装了几大汽车,在春节前亲自带队运往南方。想到可以赚一大笔钱,他一路上美美滋滋的。没想到的是,当卡车开广东省最北的一个城市——韶关市时,汽车里的小鸡已经全部臭了。在有关管理部门的监督下,他只好把小鸡全部在当地深埋,并且对汽车和人进行了消毒,才被放行回家。一个冬季的努力和希望都没有了。

故事二:我国的一个企业把上等酒花销往国际市场,轮船在经过赤道附近的海湾时,因为对轮船内仓的温度调控管理不当,尽管费尽周折,整船酒花也只好在码头作为猪饲料处理,而且还要做出各种赔偿。

案例思考题:
这两个故事的教训在哪里?

1. 训练目标
培养市场营销环境的分析能力。

2. 训练内容与要求
调查一个企业或搜寻一个企业案例,分析企业所处的市场营销环境,并进行SWOT组合分析。

3. 训练成果与检测
组织一场小组讨论会,同学们相互讨论、学习。完成一份企业营销环境分析报告。

第三章 消费者市场

理解消费者市场的含义;熟悉消费者市场的特点;掌握消费者行为的一般模式;熟悉影响消费者行为的主要因素;理解消费者购买决策过程。

城市"夜行族"带火夜间消费

近来,一批城市"夜行族"频频出动,带火了夏末秋初的夜间消费。

"这个灯特别亮,你放到多高都能看得见!"某日晚上在北京市东二环附近的河边,市民叶先生得意地展示了他自己做的夜光风筝,五彩小灯泡点缀在风筝的长燕尾上,虽说放飞不容易,但在夜空中看起来十分漂亮。

连续几晚凉风习习,夜幕降临,北京城里的河边、广场上集聚了不少"夜放族",还有商贩兜售各式风筝,价格从十几元到百余元都有。人们一边纳凉,一边看着夜空中亮晶晶的风筝,真是件挺美的事儿。

而在网上商城,一切能在夜里闪闪发亮的东西,也都卖得火爆。安装在风筝上的LED灯可以单买,也可以买成品风筝;此外,贴在汽车上的夜光贴纸,一踩上就亮灯的"风火轮"踏板销量都不错。

夏末秋初也是钓鱼者的黄金时间,除了各种鱼竿、抄网、钓箱等"专业设备"热销外,户外用品店里的帐篷、长袖户外外套、水靴和驱蚊液卖得也不错。"一到周末,我们这儿人就特多。"十里河市场一间渔具店的老板说,现在正是渔具销售旺季。

此外,夜钓族还带火了帐篷、睡袋的热销。在东四环迪卡侬运动超市,从几百元的单人帐篷到1000多元的"2室1厅"超级大帐篷都吸引了不少消费者。白领小余说:"我老公是钓鱼迷,白天钓鱼天气炎热,容易中暑,夜钓既凉快又有趣,可以数星星,还不会晒黑,现在我们每周都带着帐篷出去夜钓。"对于小余来说,钓鱼的用具里,其实最重要的不是夜光漂和帐篷,而是驱蚊剂和长袖衣服。

晚上十点多,还有一些顾客在金源新燕莎Mall、新世界百货崇文门店、西单中友百货里面"溜达",而且手中的拎袋显示出"夜购"收获颇多。北京商场一位负责人透露,进入夏季以后,早间、午间来商场的顾客并不多,差不多一半销售额都集中在晚7:00以后的这"黄金三小时"里。城市夜行族正在带"火"夜间消费。

讨论：

什么是"消费者"？案例中消费者具有什么样的特点？

第一节 消费者市场概述

一、消费者市场的含义及特点

消费者市场是指个人或家庭为满足生活需求而购买或租用商品的市场。消费者市场又称最终消费者市场、消费品市场或生活资料市场。一切企业，无论是否直接为消费者服务，都必须研究消费者市场。因为只有消费者市场才是最终市场，其他市场，如生产者市场、中间商市场等，虽然购买数量大，但仍然要以最终消费者的需要和偏好为转移。因此，消费者市场是一切市场的基础，是最终起决定作用的市场。

消费者市场是现代市场营销理论研究的主要对象。成功的市场营销者是那些能够有效地提供对消费者有价值的产品，并运用富有吸引力和说服力的方法将产品有效地呈现给消费者的企业或个人。因而，研究影响消费者购买行为的主要因素和消费者购买决策过程，对于开展有效的市场营销活动至关重要。

与生产者市场相比，消费者市场具有以下特点：

(1) 消费者人数众多，地域分布广阔。消费者市场是最终使用者市场，因为人们生存就要消费，所以消费者市场通常以全部人口为服务对象。

(2) 购买次数频繁但购买金额较小。从交易的规模和方式看，消费品市场购买者众多，市场分散，成交次数频繁，但单次交易金额较少。因此绝大部分商品都是通过中间商销售，以方便消费者购买。

(3) 价格需求弹性较大。一方面，由于消费者市场需求是直接需求，来源于人们的各种生活需要，在当前我国人民收入水平还不是太高的情况下，消费者在购买商品时价格显得较为重要。消费者对多数商品，特别是选购品的价格十分敏感，需求弹性大。另一方面，由于消费品本身的替代性就比较大，所以也使需求弹性增大。

(4) 需求复杂，品种规格繁多。由于不同类型的消费者需求各不相同，所以需求的复杂性也就各不相同，再加之不同年龄、性别、职业收入、民族和宗教信仰的消费者的消费习惯更是千差万别，品种琳琅满目，规格参差不齐。需求复杂，品种和规格也就繁多。

(5) 购买行为的可诱导性。从购买行为看，消费者的购买行为具有很大程度的可诱导性。一是因为消费者在决定采取购买行为时，不像生产者市场的购买决策那样，常常受到生产特征的限制及国家政策和计划的影响，而是具有自发性、冲动性；二是消费品市场的购买者大多缺乏相应的商品知识和市场知识，其购买行为属于非专业性购买，他们对产品的选择受广告、宣传的影响较大。由于消费者购买行为的可诱导性，生产和经营部门应注意做好商品的宣传广告，一方面当好消费者的参谋，另一方面也能有效地引导消费者的购买行为。

(6) 购买行为的复杂性。从市场动态看，由于消费者的需求复杂，供求矛盾频频发生，加之随着城乡、地区间的往来的日益频繁，人口的流动性越来越大，购买力的流动性也随之加强。因此，企业要密切注视市场动态，提供适销对路的产品，同时要注意增设购物网点和在交通枢纽地区创设规模较大的购物中心，以适应流动购买力的需求。

【资料链接】

女性冲动性消费的特点

一个月收入不过数千的年轻女孩,可能用的是价值几千元的 LANCOME 化妆品;一个本打算上街买鞋的女性可能搬回家的却是一套精美的装饰品;一个收入中等的母亲可能会一次给孩子买近3000元的英语教材……这些让人们百思不得其解,看似矛盾重重的消费行为,在生活中却并不罕见。

一项在北京、上海、广州三地进行的针对18～35岁青年女性的调查,从女性的价值观、消费观等方面进行了追根溯源的研究,考察了女性的非理性消费行为和一些新兴消费现象。本次调查重点对女性消费的心理层面和消费特质进行了研究,最终得到了女性消费文化的一些特点。

调查表明,93.5%的18～35岁的女性都有过各种各样的非理性消费行为,也就是受打折、朋友、销售人员、情绪、广告等影响而进行的"非必需"的感性消费。非理性消费占女性消费支出的比重达到20.0%。

女性的非理性消费有几种不同的表现。首先是受到打折、促销、广告等市场氛围的影响。在女性群体中,"传达打折信息比较多,一般知道哪家店打折多,就赶快去。"较男性而言,这种因受到促销及广告影响而发生冲动消费的情形在女性更为普遍。

女性非理性消费的第二种表现则是易受到人为气氛的影响,50.7%的青年女性都有过受到促销人员的诱导而发生非自主消费不当产品的经历。一些女性认为,"女性在这一方面是天性,一听促销小姐说可以改变自己某些方面的先天不足,说有多好的效果,就会想,说不定是真的,不如买回去试一试,不试一试怎么知道,很难控制的,(最终不免)都会上一两次当"。另外,朋友的影响力也不容忽视。青年女性中有55.5%的人因为"和朋友逛街受朋友影响"而购买或消费了本来不打算或不需要的产品或服务。因为女性对自己的角色定位不同于男性,其受影响、受感染的弹性较大,更容易产生群体交互和从众心理,从而引发感染性消费。这也难怪我们常常会听到有说,"在陪朋友出来逛时,总是自己买的反而比朋友更多。"

女性非理性消费的第三种表现就是情绪化消费。52.8%的女孩都曾经因为发了工资钱袋鼓了而突击消费,她们通常"就是发工资的时候,突然感觉自己好像一下子钱多了,然后就会想去逛街去买一点东西"。或者是"习惯发了工资就买服装"。这是一种在特定情绪下的错觉引发的情绪化消费。此外,另一种情绪化消费则表现在与平常心境不同的消费行为,在极端情绪中购物消费的女性相当多(46.1%)。在她们看来反正心情不太好,就买吧,那样心情会好很多,东买一点,西买一点,然后去看看电影吃吃东西,一场下来,钱花完了,就觉得心情好多了,那时很欠考虑,反正想买就买。这种女性专利的情绪化消费就如同男性开心时把酒当歌,不开心时借酒浇愁一样,在不如意的时候,女性的购物消费成为一种缓解压力、平衡情绪、宣泄无奈的方法。在开心的时候,购物消费也是她们表达快乐的一种方式。

资料来源:营销智库。

二、消费者市场的购买对象

(一) 按消费者购买习惯分类

按消费者购买习惯分类,消费者市场的购买对象有如下三个:

1. 便利品

便利品又称为日用品,是指消费者日常生活所需、需重复购买的商品,比如粮食、饮料、酒水、肥皂、洗衣粉等。消费者在购买这类商品时,一般不愿意花很多的时间比较价格和质量,愿意接受其他任何代用品。因此。便利品的生产者,应该注意分销的广泛性和经销网点的合理分布,以便消费者能够及时就近购买。

2. 选购品

选购品是指价格比便利品要贵,消费者购买时愿花较多时间对许多家商品进行比较之后才决定购买的商品,如服装、小家电等。消费者在购买前,对这类商品了解不多,因而在决定购买前总是要对同一类型的产品从价格、款式、质量等方面进行比较。选购品的生产者应将销售网点设在商业网点较多的商业区,并将同类产品销售点相对集中,以便顾客进行比较和选择。

3. 特殊品

特殊品是指消费者对其有特殊偏好并愿意花较多时间去购买的商品,如大型家电、汽车等。消费者在购买前对这些商品有了一定的认识,偏爱特定的厂牌和商标,不愿接受代用品。为此,企业应注意争创名牌产品,以赢得消费者的青睐,要加强广告宣传,扩大本企业产品的知名度,同时要切实做好售后服务和维修工作。

(二) 按商品的耐用程度和使用频率分类

按商品的耐用程度和使用频率分类,消费者市场的购买对象有如下两个:

1. 耐用品

耐用品指能多次使用、寿命较长的商品,如电视机、电冰箱、音响、电脑等。消费者购买这类商品时,决策较为慎重。生产这类商品的企业,要注重技术创新,提高产品质量,同时要做好售后服务,满足消费者的购后需求。

2. 非耐用品

非耐用品指使用次数较少、消费者需经常购买的商品,如食品、文化娱乐品等。生产这类产品的企业,除应保证产品质量外,要特别注意销售点的设置,以方便消费者的购买。

三、消费者购买行为的模式

消费者购买行为的模式如图 3.1 所示。

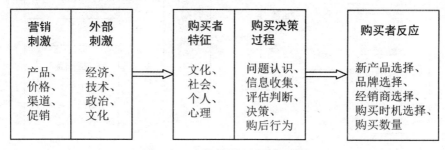

图 3.1 消费者购买行为的模式

要促成消费者的购买行为,主要从以下六点进行分析:

1. 为什么购买(why)

通过分析购买动机的形成(生理因素、自然因素、经济因素、社会因素、心理因素的共同作用),了解消费者的购买目的,采取相应的市场策略。

2. 谁购买(who)

分析购买者是个人、家庭还是集团,购买的产品供谁使用,谁是购买的决策者、执行者、影响者。根据分析,进行相应的产品、渠道、价格和促销组合。

3. 何时购买(when)

分析购买者对特定产品的购买时间的要求,把握时机,适时推出产品,如分析自然季节和传统节假日对市场购买的影响程度等。

4. 在何处购买(where)

分析购买者对不同产品的购买地点的要求,如消费品种的方便品,顾客一般要求就近购买;而选购品则要求在商业区(地区中心或商业中心)购买,以便挑选对比;特殊品会要求直接到企业或专业商店购买等。

5. 买什么产品(what)

通过分析消费者希望购买什么,为什么需要这种商品而不是需要其他商品,研究企业应如何提供适销对路的产品去满足消费者的需求。

6. 如何购买(how)

分析购买者对购买方式的不同要求,有针对性地提供不同的营销服务。在消费者市场,分析不同类型的消费者的特点,如经济型购买者对性能和廉价的追求,冲动性购买者对情趣和外观的喜好,手头拮据的购买者要求分期付款,工作繁忙的购买者重视购买方便和送货上门等。

第二节 影响消费者购买行为的因素

影响消费者购买行为的因素有文化因素、社会因素、个人因素和心理因素,这些因素不仅在某种程度上决定消费者的决策行为,而且它们对外部环境与营销刺激的影响起放大或缩减作用。影响消费者购买行为的因素的总体模型如图 3.2 所示。

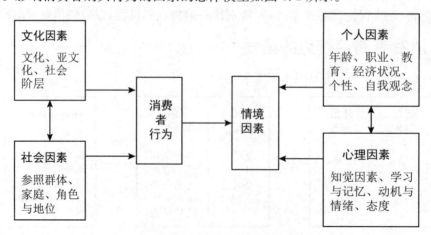

图 3.2 影响消费者购买行为的因素的总体模型

一、文化因素

(一) 文化

文化有广义与狭义之分。广义文化是指人类创造的一切物质财富和精神财富的总和;狭义文化是指人类精神活动所创造的成果,如哲学、宗教、科学、艺术、道德等。在消费者行为研究中,由于研究者主要关心文化对消费者行为的影响,所以我们将文化定义为一定社会经过学习获得的、用以指导消费者行为的信念、价值观和习惯的总和。文化具有习得性、动态性、群体性、社会性和无形性的特点。

文化通过对个体行为进行界定和规范进而影响家庭等社会组织。文化本身也随着价值观、环境的变化或随着重大事件的发生而变化。价值观是关于理想的最终状态和行为方式的持久信念。它代表着一个社会或群体对理想的最终状态和行为方式的某种共同看法。文化价值观为社会成员提供了关于什么是重要的、什么是正确的以及人们应追求一个什么最终状态的共同信念。它是人们用于指导其行为、态度和判断的标准,而人对于特定事物的态度一般也是反映和支持他的价值观的。

【资料链接】

妈祖被列为联合国文化遗产

为了让世界上的人都了解妈祖信仰,中国福建湄洲岛 2008 年 5 月成立妈祖信仰申遗工作小组。中国台湾妈祖联谊会会长、大甲镇澜宫副董事长郑铭坤和各妈祖宫庙董事长一行人,2009 年 5 月特别到湄洲妈祖祖庙参加祭祀,签名支持妈祖信仰申报世界非物质文化遗产。联合国教科文组织 6 月通过申请资格审核,2009 年 9 月 30 日,正式将妈祖文化列入人类非物质文化遗产。

妈祖是以中国东海沿海为中心的海神信仰,又称天上圣母、天后、天后娘娘、天妃、天妃娘娘、湄洲娘妈,至今已有千年历史。目前妈祖文化至少传播到全球逾 20 个国家地区,现有 5000 多件妈祖宫庙,信徒超过 2 亿人。

文化价值观可分为三类:有关社会成员间关系的价值观,有关人类环境的价值观,以及有关自我的价值观。这些价值观对于消费者行为具有重要影响,并最终影响着企业营销策略的选择及其成败得失。有关社会成员之间关系的价值观反映的是一个社会关于该社会中个体与群体、个体之间以及群体之间适当关系的看法,其中包括个人与集体、成人与孩子、青年与老年、男人与妇女、竞争与协作等方面。

有关环境的价值观反映的是一个社会关于该社会与其自然、经济以及科学技术等环境之间关系的看法,其中包括自然界、个人成就与出身、风险与安全、乐观与悲观等方面。

有关自我的价值观反映的是社会各成员的理想生活目标及其实现途径,其中包括动与静、物质与非物质主义、工作与休闲、现在与未来、欲望与节制、幽默与严肃等方面。

不同国家、地区或不同群体之间,语言上的差异是比较容易察觉的。但是易于为人们所忽视的往往是那些影响非语言沟通的文化因素,包括时间、空间、礼仪、象征、契约和友谊等。这些因素上的差异往往也是难以察觉、理解和处理的。对一定社会各种文化因素的了解将有助于营销者提高消费者对其产品的接受程度。

(二)亚文化

亚文化是一个不同于文化类型的概念。所谓亚文化,是指某一文化群体所属次级群体的成员共有的独特信念、价值观和生活习惯。每一亚文化都会坚持其所在的更大社会群体中大多数主要的文化信念、价值观和行为模式。同时,每一文化都包含着能为其成员提供更为具体的认同感和社会化的较小的亚文化。目前,国内外营销学者普遍接受的是按民族、宗教、种族、地理划分亚文化的分类方法。

1. 民族亚文化

几乎每个国家都是由不同民族所构成的。不同的民族,都各有其独特的风俗习惯和文化传统。我国有56个民族,民族亚文化对消费者行为的影响是巨大的。

2. 宗教亚文化

不同的宗教群体,具有不同的文化倾向、习俗和禁忌。如我国有佛教、道教、伊斯兰教、天主教、基督教等,这些宗教的信仰者都有各自的信仰、生活方式和消费习惯。宗教能影响人们行为,也能影响人们的价值观。

3. 种族亚文化

白种人、黄种人、黑种人都各有其独特的文化传统、文化风格和态度。他们即使生活在同一国家甚至同一城市,也会有自己特殊的需求、爱好和购买习惯。

4. 地理亚文化

地理环境上的差异也会导致人们在消费习俗和消费特点上的不同。长期形成的地域习惯,一般比较稳定。自然地理环境不仅决定着一个地区的产业和贸易发展格局,而且间接影响着一个地区消费者的生活方式、生活水平、购买力的大小和消费结构,从而在不同的地域可能形成不同的商业文化。

分析案例

美国的化妆品为什么打不开日本市场?

美国是化妆品生产大国,出口的化妆品也多,其中有一些产品也出口到日本市场上。美国化妆品进入日本市场时,进行了大规模的广告宣传和其他形式的促销活动,但是日本消费者对其无动于衷,化妆品的销售量很少,美国运到日本市场的化妆品只能大量积压,化妆品生产厂家为此十分着急。

通过大量的调查研究发现,在美国,人们对于皮肤的色彩有一种十分普遍的观念,即认为皮肤略为深色或稍黑一些是富裕阶层的象征,因为只有生活富裕的人们才有足够的时间和金钱去进行各种休闲活动。到海滩去进行日光浴是一种比较普通的休闲活动,生活越富裕,去海滩游玩的机会越多,皮肤也就越黑,所以肤色偏黑的人,说明其社会地位和生活的富裕程度越高。在化妆的时候,人们习惯于使用深色的化妆品,把自己的皮肤化妆成略为深色,以显示自己的地位。化妆品的厂家在生产化妆品的时候,也以色彩略为深一些的化妆品为主大量生产。而日本人的皮肤属于东方人的皮肤类型崇尚白色,化妆时不喜欢使用深色的化妆品,所以日本人对于美国人的那种略为深色的化妆品需求量是很少的。

不同的亚文化会形成不同的消费亚文化。消费亚文化是一个独特的社会群体,这个群体以产品、品牌或消费方式为基础,形成独特的模式。这些亚文化具有一些共有的内容,比如,一种确定的社会等级结构,一套共有的信仰或价值观,独特的用语、仪式和有象征意义的表达方式等。消费亚文化对营销者比较重要,因为有时一种产品就是构成亚文化的基础,是亚文化成员身份的象征,如高级轿车,同时符合某种亚文化的产品会受到其他社会成员的喜爱。

(三) 社会阶层

社会阶层是由具有相同或类似社会地位的社会成员组成的相对持久的群体。每一个体都会在社会中占据一定的位置,使社会成员分成高低有序的层次或阶层。社会阶层是一种普遍存在的社会现象。导致社会阶层的终极原因是社会分工和财产的个人所有。

吉尔伯特和卡尔将决定社会阶层的因素分为三类:经济变量、社会互动变量和政治变量。经济变量包括职业、收入和教育;社会互动变量包括个人声望、社会联系和社会化;政治变量则包括权力、阶层意识和流动性。

声望表明群体其他成员对某人是否尊重,尊重程度如何。联系涉及个体与其他成员的日常交往,他与哪些人在一起,与哪些人相处得好。社会化则是个体习得技能、态度和习惯的过程。家庭、学校、朋友对个体的社会化具有决定性影响。阶层意识是指某一社会阶层的人,意识到自己属于一个具有共同的政治和经济利益的独特群体的程度。人们越具有阶层或群体意识,就越可能组织政治团体、工会来推进和维护其利益。

不同社会阶层消费者的行为在很多方面存在差异,比如支出模式上的差异,休闲活动上的差异,信息接收和处理上的差异,购物方式上的差异等。对于某些产品,社会阶层提供了一种合适的细分依据或细分基础,依据社会阶层可以制定相应的市场营销战略。具体步骤如下:首先,决定企业的产品及其消费过程在哪些方面受社会阶层的影响,然后将相关的阶层变量与产品消费联系起来。为此,除了运用相关变量对社会阶层分层以外,还要搜集消费者在产品使用、购买动机、产品的社会含义等方面的数据。其次,确定应以哪一社会阶层的消费者为目标市场。这既要考虑不同社会阶层作为市场的吸引力,也要考虑企业自身的优势和特点。再次,根据目标消费者的需要与特点,为产品定位。最后,制定市场营销组合策略,以达到定位目的。

需要注意的是,不同社会阶层的消费者由于在职业、收入、教育等方面存在明显差异,因此即使购买同一产品,其趣味、偏好和动机也会不同。比如同样是买牛仔裤,劳动阶层的消费者可能看中的是它的耐用性和经济性,而上层社会的消费者可能注重的是它流行程度和自我表现力。事实上,对于市场上的现有产品和品牌,消费者会自觉或不自觉地将它们归入适合或不适合哪一阶层的人消费。例如,在中国汽车市场,消费者认为宝马品牌的汽车更适合高收入群体消费,而大众品牌的汽车则更适合中等收入群体使用。这些都表明了产品定位的重要性。

另外,处于某一社会阶层的消费者会试图模仿或追求更高层次的生活方式。因此,以中层消费者为目标市场的品牌,根据中上层生活方式定位可能更为合适。

【资料链接】

私人飞机成新宠

私人飞机成为上流社会新宠,笑星赵本山豪投2亿元购买私人飞机一度成为内地娱乐圈的新闻。然而,在内地富豪圈,握有重金的新贵将目光对准天空,已不是一件新鲜事。从名车豪宅到空中座驾,中国上流社会的名片正不断更新换代。

坐落于北京郊外的精功通航股份有限公司,在八达岭长城附近修建了一个占地330亩的通用航空机场,供旗下飞行俱乐部会员使用,同时该公司也代理美国西锐飞机设计公司的私人飞机产品。

然而,拥有一架私人飞机的花费,远远超过购买产品的耗资,一般意义的"有钱人"对此可望而不可即。精功通用航空公司市场总监刘松涛表示:"考飞机驾照16万元;参加飞行俱乐部活动会费几十万元,我们的会费是30万元飞100小时;买一架飞机,从几百万元到几亿元不等,西锐飞机最便宜的为四人座,300万元;不算油耗,每年维护费为飞机价格的5%,飞行200小时左右,需要一次大维修,花费大概在100万元左右……"

尽管如此,对于相当一批实力雄厚并迫切希望提升生活品质的中国富豪来说,这不算一个大数目。有学者估计,当前中国私人财产超过千万元的人数有30万,他们都是私人飞机的潜在消费者。美国国家公务机协会(NBAA),曾经乐观地预测,中国将成为21世纪世界上最大的私人飞机消费国。

资料来源:根据香港"文汇报"改编。

二、社会因素

(一) 参照群体

参照群体是与消费者密切相关的社会群体,它与隶属群体相对应。社会群体是指通过一定的社会关系结合起来进行共同活动而产生相互作用的集体。社会成员构成一个群体,应具备以下基本特征:群体成员需以一定纽带联系起来;成员之间有共同目标和持续的相互交往;群体成员有共同的群体意识和规范。

与消费者密切相关的有五种基本的参照群体:家庭、朋友、工作群体、正式的社会群体、购物群体。参照群体具有规范和比较两大功能。

参照群体对其成员的影响程度取决于多方面的因素,主要有以下几个方面:产品使用时的可见性,产品的必需程度,产品与群体的相关性,产品的生命周期,个体对群体的忠诚程度,个体在购买中的自信程度。

参照群体概念在营销中的运用如下:

1. 名人效应

对很多人来说,名人代表了一种理想化的生活模式。正因为如此,企业花巨额费用聘请名人来促销其产品。研究发现,用名人做支持的广告较不用名人的广告评价更正面和积极,这一点在青少年群体上体现得更为明显。运用名人效应的方式多种多样,如可以用名人作为产品或公司代言人;也可以用名人做证词广告,即在广告中引述广告产品或服务的优点和长处,或介绍其使用该产品或服务的体验;还可以采用将名人的名字使用于产品或包装上等作法。

2. 专家效应

专家是指在某一专业领域受过专门训练,具有专门知识、经验和特长的人。医生、律师、营养学家等均是各自领域的专家。专家所具有的丰富知识和经验,使其在介绍、推荐产品与服务时较一般人更具权威性,从而产生专家所特有的公信力和影响力。当然,在运用专家效应时,一方面应注意法律的限制,如有的国家不允许医生为药品做证词广告;另一方面,应避免公众对专家的公正性、客观性产生质疑。

3. "普通人"效应

运用满意顾客的证词来宣传企业的产品,是广告中常用的方法之一。由于出现在荧屏上或画面上的代言人是和潜在顾客一样的普通消费者,使受众感到亲近,从而广告诉求更容易引起共鸣。比如北京大宝化妆品公司就曾用过"普通人"做证词广告。还有一些公司在电视广告中展示普通消费者或普通家庭如何用广告中的产品解决其遇到的问题,如何从产品的消费中获得乐趣等,也是"普通人"效应的运用。

4. 经理型代言人

自20世纪70年代以来,越来越多的企业在广告中用公司总裁或总经理做代言人。例如,我国广西三金药业集团公司,在其生产的桂林西瓜霜外包装上使用公司总经理和产品发明人邹节明的名字和照片,就是经理型代言人的运用。

(二)角色与地位因素

1. 角色概述

角色是个体在特定社会或群体中占有的位置和被社会或群体所规定的行为模式。对于特定的角色,无论是由谁来承担,人们对其行为都有相同或类似的期待。期望角色与实践角色之间的差距被称为角色差距,适度的角色差距是允许的,但这种差距不能太大;否则意味着角色扮演的不称职。

2. 角色超载和角色冲突

角色超载是指个体超越了时间、金钱和精力所允许的限度而承担太多的角色或承担对个体具有太多要求的角色。比如,一位教师既面临教学、科研、家务的多重压力,同时又担任很多的社会职务或在外兼职。此时,由于其角色集过于庞大,他会感到顾此失彼和出现角色超载。角色超载的直接后果是个体的紧张、压力和角色扮演的不称职。

角色冲突是指不同的角色由于在某些方面不相容,或人们对同一角色的期待和理解的不同而导致的矛盾和抵触。角色冲突有两种基本类型:一种是角色间的冲突,一种是角色内的冲突。很多现代女性所体验到的那种既要成为事业上的强者又要当贤妻良母的冲突,就是角色间的冲突。

3. 角色演化

角色演化是指人们对某种角色行为的期待随着时代和社会的发展而发生变化。角色演化给营销者既带来机会也提出挑战。例如,妇女在职业领域的广泛参与,改变了她们的购物方式,许多零售商也因此调整其地理位置和营业时间,以适应这种变化。研究发现,全职家庭主妇视购物为主妇角色的重要组成部分,而承担大部分家庭购物活动的职业女性对此并不认同,相比于全职主妇,她们更重视购物的方便快捷,而对性价比的关注度较低。显然,在宣传产品和对产品定位的过程中,零售商需要认识到基于角色认同而产生的购物动机上的差别。

4. 角色获取与转化

在人的一生中，个人所承担的角色并不是固定不变的。随着生活的变迁和环境的变化，个体会放弃原有的一些角色、获得新的角色和学会从一种角色转换成另外的角色。在此过程中，个体的角色即相应地发生了改变，由此也会引起他对与角色相关的行为和产品需求的变化。如孩子的出生会对家庭支出结构产生重大影响。

三、个人因素

个人因素有如下六个：

1. 年龄

年龄对于我们购物的地点、使用产品的方式和我们对营销活动的态度有重要影响。目前，包括我国在内的世界上的大多数国家都面临着人口老龄化的问题。根据预测，我国65岁以上的老年人口在总人口中的比重在2025年左右将达到14%，这必然会导致更多新的针对老年人的细分市场的出现。

2. 职业

由于所从事的职业不同，人们的价值观念、消费习惯和行为方式存在着较大的差异。职业的差别使人们在衣食住行等方面有着显著的不同。例如，通常不同职业的消费者在衣着的款式、档次上会做出不同的选择，以符合自己的职业特点和社会身份。

3. 教育

受教育的程度越来越成为影响家庭收入高低的重要因素。许多高薪工作需要专业技能、抽象思维能力以及快速阅读和掌握新技巧的能力。这些能力往往通过受教育才能获得。受教育的程度部分地决定了人们的收入和职业，进而影响着人们的购买行为。同时它也影响着人们的思维方式、决策方式以及与他人交往的方式，从而极大地影响着人们的消费品位和消费偏好。

4. 经济状况

家庭收入水平和家庭财产共同决定了家庭的购买力。很多购买行为是以分期付款的方式进行的，而人们分期付款的能力最终是由人们目前的收入和过去的收入决定的。

5. 个性

个性是在个体生理素质的基础上，经过外界环境的作用逐步形成的行为特点。个性的形成既受遗传和生理因素的影响，又与后天的社会环境尤其是童年时的经验具有直接关系。

消费者的个性对品牌的选择和新产品的接受程度有很大影响。由于个性的不同，消费者对某一品牌会自然地判断出是否适合自己。个性不仅使某一品牌与其他品牌相区别，而且使这种品牌具有激发情绪，为消费者提供潜在满足的作用。另外，有些人对几乎所有新生事物持开放和乐于接受的态度，有些人则相反；有些人是新产品的率先采用者，有些人则是落后采用者。了解率先采用者和落后采用者有哪些区别，有助于消费者市场的细分。

6. 自我观念

自我观念是个体对自身的了解和感受的总和。自我观念回答的是"我是谁？"和"我是什么样的人？"诸如此类的问题，它是个体自身体验和外部环境综合作用的结果。一般来说，消费者将选择那些与其自我观念相一致的产品与服务，避免选择与其自我观念相抵触的产品和服务。所以，研究消费者的自我观念对企业特别重要。

消费者不只有一种自我观念，而是拥有多种类型的自我观念，包括：

(1) 实际的自我观念。
(2) 理想的自我观念。
(3) 社会的自我观念。
(4) 期待的自我观念。

期待的自我即消费者期待在将来如何看待自己,它是介于实际的自我与理想的自我之间的一种形式。由于期待的自我折射出个体改变"自我"的现实机会,对营销者来说,它比理想的自我和现实的自我更有价值。

四、心理因素

(一) 知觉因素

所谓知觉,是人脑对刺激物各种属性和各个部分的整体反映,它是对感觉信息加工和解释的过程。产品或广告等营销刺激只有被消费者知觉才会对其行为产生影响。消费者形成何种知觉,既取决于知觉对象,又与知觉时的情境和消费者先前的知识与经验密切相关。

消费者的知觉过程包括三个相互联系的阶段,即展露、注意和理解。这三个阶段也是消费者处理信息的过程。在信息处理过程中,如果信息不能依次在这几个阶段生存下来,它就很难贮存到消费者的记忆中,从而也无法有效地对消费者行为产生影响。

1. 展露

刺激物的展露是指将刺激物展现在消费者的感觉神经范围内,使其感官有机会被激活的过程。展露只需把刺激对象置于个人相关环境之内,并不一定要求个人接收到刺激信息。比如,电视里正在播放一则广告,而你正在和家人或朋友聊天而没有注意到,但广告展露在你面前则是事实。

对于消费者来说,展露并不完全是一种被动的行为,很多情况下是主动选择的结果。很多情况下,消费者往往根据刺激物所展露出来的各种物理因素而进行挑选商品。这些因素有强度、对比度、大小、颜色、运动状态、位置、隔离、格式及信息数量等。

2. 注意

注意是指个体对展露于其感觉神经系统面前的刺激物进行进一步加工和处理的行为,它实际上是对刺激物分配某种处理能力。注意具有选择性的特点,这要求企业认真分析影响注意的各种因素,并在此基础上设计出能引起消费者注意的广告、包装、品牌等营销刺激物。需要注意的是,消费者对某一节目或某一版面内容的关心程度或介入程度,会影响他对插入其中的广告的注意程度。

3. 理解

知觉的最后一个阶段,是个体对刺激物的理解,它是个体赋予刺激物以某种含义或意义的过程。理解涉及个体依据现有知识对刺激物进行组织、分类和描述,它受到个体因素、刺激物因素和情境因素的制约和影响。

通过对消费者知觉过程的认识,企业应针对自己的产品或服务展开调查,以了解消费者主要依据哪些线索做出质量判断,并据此制定营销策略。如果某些产品特征被消费者作为质量认知线索,那么,它就具有双重的重要性:一方面作为产品的一个部分具有相应的功能和效用;另一方面对消费者具有信息传递作用。后一作用在企业制定广告等促销策略时具有重要的参照作用。把不构成认知线索的产品特征或特性大加宣传,将很难收到预期的营销效果。

另外,企业还应充分重视形成质量认知的外在因素。这些因素有价格、商标知名度、出售场所等,企业应了解这些因素对消费者的相对重要程度,以及不同消费者在这些评价因素上存在的差异,并据此采取措施。比如,高品质的产品应有相应的价格、包装与之相符合,分销渠道的选择上应避免过于大众化,短期促销活动也应格外慎重。

(二) 学习与记忆

1. 学习的含义

所谓学习,是指人在生活过程中,因经验而产生的行为或能力的、比较持久的变化。学习伴有行为或能力的改变。这种由学习引起的变化是相对持久的。

2. 学习的分类

根据学习材料与学习者原有知识结构的关系,学习可分为机械学习与意义学习。机械学习是指将符号所代表的新知识与消费者认知结构中已有的知识建立人为的联系。消费者对一些拗口的外国品牌的记忆,很多就属于这种类型。意义学习是将符号所代表的知识与消费者认知结构中已经存在的某些观念建立自然的和合乎逻辑的联系。比如,用"脑白金"作为保健品商标,消费者自然会产生强身健体之类的联想,这就属于意义学习的范畴。

机械学习通过两种作用表现出来:

经典性条件反射,即借助于某种刺激与某一反应之间的已有联系,经过练习建立起另一种刺激与这种反应之间的联系。经典性条件反射理论已经被广泛地运用到市场营销实践中。比如,在一则沙发广告中,一个可爱的女孩坐在柔软的沙发上,悠闲自得地欣赏着美妙的音乐,似乎在诉说着沙发的舒适和生活的美好。很显然,该广告试图通过营造一种美好的氛围,激发受众的遐想,使之与画面中的沙发相联系,从而增加人们对该沙发的兴趣与好感。

操作性条件反射,即通过强化作用来增强刺激与反应之间的连接。所以,企业要想与顾客保持长期的交换关系,还需采取一些经常性的强化手段。产品或品牌形象难以改变,是因为品牌形象是消费者在长期的消费体验中,经过点滴的积累逐步形成的。

3. 记忆的含义

消费者的学习与记忆是紧密联系在一起的,没有记忆,学习是无法进行的。

记忆是以前的经验在人脑中的反映。记忆是一个复杂的心理过程,它包括识记、保持、回忆三个基本环节。从信息加工的观点看,记忆就是对输入信息的编码、贮存和提取的过程。虽然从理论上讲,消费者的记忆容量很大,对信息保持的时间也可以很长,但在现代市场条件下,消费者接触的信息实在太多,能够进入其记忆并被长期保持的实际上只有很小的一部分。正因为如此,企业才需要对消费者的记忆予以特别的重视。一方面,企业应了解消费者的记忆机制,即信息是如何进入消费者的长期记忆的,有哪些因素影响消费者的记忆,进入消费者记忆中的信息是如何被存储和被提取的;另一方面,企业应了解已经进入消费者长期记忆的信息为什么被遗忘和在什么条件下被遗忘,企业在防止或阻止消费者遗忘方面能否有所作为。

4. 遗忘及其影响因素

遗忘与记忆相对应,是对识记过的内容不能正确地回忆和再认识。从信息加工的角度看,遗忘就是信息提取不出来,或提取出现错误。除了时间以外,识记材料的意义、性质、数量、顺序位置、学习程度、学习情绪等均会对遗忘的程度产生影响。

(三) 动机与情绪

1. 消费者的动机

动机是指引起、维持、促使某种活动向某一目标进行的内在作用。消费者具体的购买动机有：求值动机、求新动机、求美动机、求名动机、求廉动机、从众动机、喜好动机等。以上购买动机是相互交错、相互制约的。

关于动机的理论很多。精神分析说认为，人的行为与动机主要由潜意识所支配，研究人的动机，必须深入到人类的内心深处。并认为仅仅通过观察消费者行为和询问消费者都不可能获得消费者的真正购买意图。

美国人本主义心理学家马斯洛提出了著名的需求层次理论。马斯洛认为，人的需求可分为五个层次，即生理需求、安全需求、爱与归属需求、自尊需求、自我实现的需求。上述五种需要是按从低级到高级的层次组织起来的，只有当较低层次的需求得到了满足，较高层次的需要才会出现并要求得到满足。

需求层次理论的内容如下：

(1) 生理需求。生理的需求是人类维持自身生存的最基本要求，包括衣、食、住、行和性等方面的要求。如果这些需求得不到满足，人类的生存就成了问题。从这个意义上说，生理需求是推动人们行动的最强大的动力。马斯洛认为，只有这些最基本的需求满足到维持生存所必需的程度后，其他的需求才能成为新的激励因素。

(2) 安全需求。安全的需求是人类要求保障自身安全、摆脱丧失事业和财产的威胁、避免职业病的侵袭等方面的需求。马斯洛认为，人的整个有机体是一个追求安全的机制，人的感受器官、效应器官、智能和其他能量主要是寻求安全的工具，甚至可以把科学的人生观都看成是满足安全需求的一部分。

(3) 社交需求。社交的需求包括两个方面的内容：一是友爱的需求，即人人都需求伙伴之间、同事之间的关系融洽或保持友谊和忠诚，人人都希望得到爱情，希望爱别人，也渴望接受别人的爱。二是归属的需求，即人都有一种渴望归属于一个群体的需求，希望成为群体中的一员，并相互关心和照顾。感情上的需求比生理上的需求更细致，它和一个人的生理特性、经历、教育、宗教信仰有关。

(4) 尊重需求。人人都希望自己有稳定的社会地位，要求个人的能力和成就得到社会的承认。尊重的需求又可分为自我尊重和他人尊重。自我尊重是指一个人希望在各种不同情境中有实力、能胜任、充满信心、能独立自主。他人尊重是指一个人希望有地位、有威信、受到别人的尊重、信赖和高度评价。马斯洛认为，尊重需求得到满足，能使人对自己充满信心，对社会满腔热情，体验到自己的用处和价值。

(5) 自我实现需求。这是最高层次的需求。它是指实现个人理想、抱负，发挥个人的能力的极大程度，完成与自己的能力相称的一切事情的需求。也就是说，人必须拥有称职的工作，这样才会使他们感到最大的快乐。马斯洛提出，为满足自我实现需求所采取的途径是因人而异的。自我实现的需求促使个体努力实现自己的潜力，使之成为自己所期望的人物。

马斯洛通过研究指出：人的需求是分层次等级的。人的需求一般按照由低层次到高层次的顺序发展。一般来说，人们首先追求较低层次需求的满足，只有在低层次需求得到满足后，才会进一步追求较高层次需求的满足，而其低层次需求满足的程度越高，对高层次需求的满足的追求就越强烈。人的需求是多种多样的。人在不同时期、不同的发展阶段，其需求结构不同,但总有一种需求发挥主导作用。较高的未被满足的需求称为主导需求,也称为优势需求,它是驱动人的行为的主要动力。因此,管理者必须注意当前对员工起主要作用的需求,以便有效地进行激励。任何一种需求都不会因为更高层次需求的发展而消失。高层次需求的发展和持续存在依赖于低层次需求的满足。

一个国家多数人的需求层次结构同这个国家的经济发展水平、科技发展水平、文化和人民受教育的程度直接相关。

分析案例

麦当劳越来越像星巴克

新开业的麦当劳餐厅有些不一样了。

穿过四五米长的廊道在进入用餐大厅的拐角处,有个精心设计的休闲区。这里的灯光相比用餐大厅的更精致,甚至有些浪漫的情调,背景墙上做了刻意的条纹处理,显出凹凸的质感,角落的柱子上还有看似无意地插着玫瑰花。区域的中心摆了一张圆形的桌子,周围是一圈吧台椅。

这家麦当劳餐厅位于北京东直门公交枢纽内,是在2017年的最后一天开门迎客的。

东直门枢纽内的麦当劳餐厅的装修风格,就是这家进入中国30年的洋快餐正在打造的"新衣裳",根据麦当劳中国的计划,到2020年底其在全国超过一半的餐厅、三年内超过80%的餐厅将完成形象升级,餐厅新形象重装的部分包括座椅、壁画、灯光,甚至要营造咖啡馆的氛围。自麦当劳1990年进入中国市场以来,这样大规模集中的餐厅形象升级举动,并不多见。

2009年年末,麦当劳已经在上海开始尝试,南京东路588号的麦当劳餐厅在12月底之前就已经完成了改造,新形象在整体设计风格上采用了更多天然原料,运用柔和灯光、丰富质感的墙面效果和多变的空间区隔。与目前麦当劳在华绝大多数餐厅很不一样的是,南京东路588号的麦当劳餐厅推出了专门的McCafe(麦咖啡)休闲区,试图用更多舒适的座椅和现煮咖啡的浓香,营造出类似咖啡馆的轻松休闲氛围。2010年这样的麦咖啡休闲区出现在了更多的麦当劳中国餐厅内。

围圆桌而设的高脚座椅,现煮咖啡的浓郁香味,免费的Wi-Fi服务,穿上"新装"的麦当劳餐厅似乎越来越不像往日印象中的快餐连锁店。

"麦当劳的本质就是快,不管它在装修风格以及提供的一些服务项目上怎么改变,这个宗旨是不会变的。"熟悉麦当劳的人士这样说。

这样就不难理解,即使是设立了麦咖啡休闲区,目前也只占据餐厅的一个小角,麦咖啡饮品是在麦当劳餐厅的食品柜台销售,即消费者是在同一柜台买食物和咖啡。"或许你在买咖啡的同时,会再买个汉堡,或者其他吃的。麦当劳希望通过咖啡饮料的消费,带动其他更多的食品消费。"上述熟悉麦当劳的人士说。

而这个思路,已经被麦当劳很巧妙地推而广之,比如为了方便上网而进入麦当劳餐厅的你,很可能会在上网收发邮件、浏览网页的空隙,喝上一杯咖啡饮料,麦当劳计划在周末赠送给每个光临餐厅的小朋友一个迷你圆筒冰淇淋,而这个免费的迷你圆筒,很可能会带来一家人在麦当劳的聚餐。

所以与其说麦当劳与星巴克越来越近,比如说麦当劳正在以近似星巴克的方式来争抢更多的市场,但是麦当劳不会成为星巴克。

2. 消费者的情绪

情绪是一种相对来说难以控制且影响消费者行为的强烈情感。每个人都有一系列的情绪,所以每个人对情绪的描述和分类也千差万别。普拉契克认为情绪有8种基本类型:恐惧、愤怒、喜悦、悲哀、接受、厌恶、期待和惊奇。其他任何情绪都是这些类型的组合。例如,欣喜是惊奇和喜悦的组合,轻蔑是厌恶和愤怒的组合。

很多产品把激发消费者的某种情绪作为重要的产品价值,比较常见的有电影、书籍和音乐。其他如长途电话、软饮料、汽车等也是经常被定位于"激发情绪"的产品。此外,许多商品被定位于防止或缓解不愉快的情绪。例如,巧克力被宣传为能够增加幸福感和消除悲哀情绪;减肥产品和其他有助自我完善的产品也常以缓解忧虑和消除厌恶感等来定位。

(四)态度

1. 消费者态度的含义

态度是由情感、认知和行为构成的综合体。态度有助于消费者更加有效地适应动态的购买环境,使之不必对每一新事物或新的产品、新的营销手段都以新的方式做出解释和反应。

2. 消费者态度与行为

消费者态度对购买行为有重要影响。态度影响消费者的学习兴趣与学习效果,并将影响消费者对产品、商标的判断与评价,进而影响购买行为。

态度一般通过购买意向来影响消费者购买行为。但是态度与行为之间在很多情况下并不一致。造成不一致的原因,除了主观规范、意外事件以外,还有很多其他的因素,如购买动机、购买能力、情境因素等。

3. 消费者态度的改变

消费者态度的改变包括两层含义:一是指态度强度的改变,一是指态度方向的改变。消费者态度的改变,一般是在某一信息或意见的影响下发生的。在某种程度上,态度改变的过程也就是劝说或说服的过程。

消费者态度改变主要受到三个因素的影响,即信息源、传播方式与情境。

信息源是指持有某种见解并力图使别人也接受这种见解的个人或组织。传播方式是指以何种方式把一种观点或见解传递给信息的接收者。情境是指对传播活动和信息接收者有相应影响的周围环境。一般来说,影响说服效果的信息源特征主要有四个,即信息传递者的权威性、可靠性、外表的吸引力和受众对传递者的喜爱程度。

传播方式主要包括:信息传递者发出的态度信息与消费者原有态度的差异、恐惧的唤起、一面与双面表述。多项研究发现,中等态度差异引起的态度变化量大;当差异度超过中等差异之后再进一步增大,态度改变则会越来越困难。恐惧唤起是广告宣传中常常运用的一种说服手段,如诉说头皮屑带来的烦恼,就是用恐惧诉求来劝说消费者。双面表述即同时陈述正、反两方面的意见与论据。

出于趋利避害的考虑,消费者更倾向于接纳那些与其态度相一致的信息。当消费者对某种产品有好感时,与此相关的信息更容易被注意,反之则会出现相反的结果。因此,态度是进行市场细分和制定新产品开发策略的基础。

五、消费者购买行为类型

(一) 复杂型购买行为类型

复杂购买表现为较长时间的、较为复杂的认知过程,有广泛且深入的信息搜集行为,有品牌比较的行为,对商品的种种属性进行深入的理解与比较,这些是高度涉入和高知觉品牌差异的表现。同时消费者一般对花钱多的产品、偶尔购买的产品、风险大的产品和引人注目的产品等的购买都非常专心仔细,这些产品多是功能型的实用产品。

(二) 减少失调感的购买行为类型

失调来源于情感与行为知识元素间的不一致,也就是认知错位。决策过程中,如谈判难度越大或决策越重大,这种失调效应就越强烈。在消费者购买产品前,往往把一些产品的许多替代品牌看成是基本相似的,即时由于产品贵重的原因是消费者会深度介入了解产品的各种特性,但由于品牌差异性确实很小和一般消费者专业水平的限制,这种相似的概念不会改变。但实际上所有的品牌都不可能完全相同,即时非常相似的品牌也都有各自的优缺点。

(三) 寻求多样化的购买行为类型

寻求多样化的购买行为在现象上表现为频繁的品牌转换,而制约品牌转化的最重要因素是"转换成本",所以消费者只有在购买成本较低的产品(如饮料、饼干、小饰品)时才会有频繁的品牌转换。而对于这种不重要的、低成本的产品,消费者在购买时不会有复杂的认识和信息搜索过程,也就是涉入程度较低。追究寻求多样化购买的原因,其一是察觉了同类产品中其他品牌的优点(差异性),对另一个品牌的属性满意;其二是希望通过尝试不熟悉的品牌或多种品牌,体验一种新鲜、刺激的感觉,享受情感激发的享乐主义价值。

(四) 习惯性购买行为类型

当产品被重复购买或者产品相对不重要时,消费者就不会被激发在大脑里从事大量的决策活动。习惯性的购买行为来自消费者履行习惯行为以减少思考成本的需要。习惯性购买不会有强烈的、积极的品牌评价和比较。重复购买不是因为对品牌的强烈偏好,它代表减少认知付出的一种便利的方式。所以习惯购买的"惰性"及所购买商品低廉的价格注定消费者不会深度涉入;在无明显缺陷的情况下也不会反复广泛比较"品牌差异";同时现实生活的经验告诉我们,只有在购买价格低廉的日常实用品时才会有习惯性购买。

第三节 消费者购买决策过程

一、消费者购买决策过程

(一) 消费者购买决策类型

消费者购买决策是指消费者谨慎地评价某一产品、品牌或服务的属性,并进行理性地选择的过程。它具有理性化、功能化的双重内涵。

首先介绍两个概念:购买介入和购买介入程度。前者指消费者在搜索、处理商品相关信息所花时间和消费者有意识地处理商品相关信息所花精力,它决定消费者做出购买决策的过程。购买介入程度是消费者由于某一特定购买需要而产生的对决策过程关心或感兴趣的程度。

我们发现在实际消费过程中消费者在做购买决策时常常受到购买时的主观感受的影响。例如,消费者会认为装潢豪华的店铺中销售的商品价格也一定昂贵。但对各种类型的购买行为产生了关键作用的仍是消费者决策过程。

根据消费者在购买决策过程中介入程度的不同可以把消费者购买决策划分为以下类型:

(1) 名义型决策。当一个消费问题被消费者意识到以后,经过内部信息搜集,消费者脑海里马上会浮现出某个偏爱的产品或品牌,该产品或品牌随即会被选择和购买。此种购买决策中消费者的购买介入程度最低。名义型决策通常分为两种:品牌忠诚型决策和习惯型购买决策。

(2) 有限型决策。当消费者对某一产品领域或该领域的各种品牌有了一定程度的了解,或者对产品和品牌的选择建立起了一些基本的评价标准,但还没有形成对某些特定品牌的偏好时,消费者面临的就是有限型决策。它一般是在消费者认为备选品之间的差异不是很大,介入程度不是很高,解决需求问题的时间比较短的情况下所做的购买决策。

(3) 扩展型决策。当消费者对某类产品或对这类产品的具体品牌不熟悉,也未建立起相应的产品与品牌评价标准,更没有将选择范围限定在少数几个品牌上时,消费者面临的就是扩展型决策。它一般是在消费者介入程度较高,品牌间差异程度比较大,而且消费者有较多时间进行斟酌的情况下所做的购买决策。

不同的消费者决策类型如图 3.3 所示。需要指出的是,这三种类型的决策之间的区分并不是截然对立的,有时它们会并存于消费者的某一购买决策的不同阶段中。也就是说,消费过程的每一阶段都受到购买介入程度的影响。对于营销者来说,应对不同的消费者决策类型制定不同的营销策略。

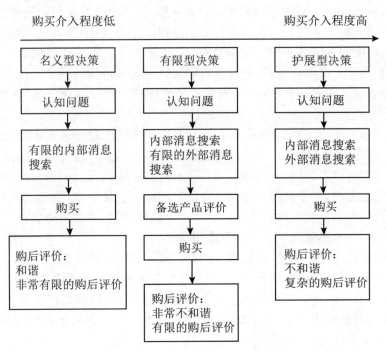

图 3.3 介入程度与决策类型

【资料链接】

顾客忠诚提高策略

顾客忠诚提高策略:① 建立顾客数据库;② 识别企业的核心顾客;③ 超越顾客期望,提高顾客满意度;④ 正确对待顾客投诉;⑤ 提高顾客转换成本;⑥ 提高内部服务质量,重视员工忠诚的培养;⑦ 加强退出管理,减少顾客流失。

资料来源:王彦长.市场营销理论与实务[M].北京:北京师范大学出版社,2012.

二、消费者购买决策过程一般模型

消费者决策过程是介于营销战略和营销结果之间的中间变量。只有消费者感到产品能满足某种需要,并觉得物有所值才会去购买,公司只有满足消费者需求才能达到营销效果,进而达到公司的营销战略。图3.4表示消费者决策过程的一般模型。从图中可以看出,消费者决策发生在一定的情境下,并受其中的情境因素的影响。

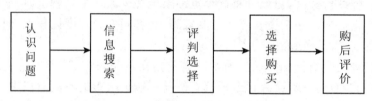

图3.4 消费者决策过程一般模型

(一) 认识问题

在图3.4中,认识问题是消费者购买决策的第一步,它是指消费者意识到理想状态与实际状态之间存在差距,从而需要进一步采取行动的过程。比如说,消费者意识到自己肚子饿了,同时发现在自己的附近能够买到充饥的食品,于是就会产生购买食品的活动。另外,还可以看出消费者行为是一个整体过程,获取或者购买只是这一过程的一个阶段。因此,研究消费者行为,既应了解消费者在获取产品、服务之前的评判与选择活动,也应重视在产品获取后对产品的使用、处置等活动的评价。

作为对问题认知的反应,消费者采取何种行动取决于该问题对于消费者的重要性,该问题的消费情境,该问题引起的消费者的情绪反应程度等多种因素。需要指出的是,导致问题认知的是消费者对实际状态的感知或认识,而并非客观的实际状态。例如,大多数吸烟者知道吸烟对健康是有危害的,但是他们认为自己并没有把烟吞进肚子里,因此就认为吸烟的这种行为对自己的身体并未造成很大的伤害。也就是说,尽管现实情况是抽烟有害,但这些消费者在实际的生活中并未感觉到这是一个严重问题。

营销管理者通常关注四个问题:需要明白消费者面临的问题是什么;需要知道如何运用营销组合解决这些问题;需要激发消费者的问题认知;在有些情况下需要知道如何压制消费者的问题认知。比如,一则香烟广告画面上是一对快乐的夫妇,标题是:"享受人生"。很显然,这个情景是营销者制造出来的,其目的是试图减少由广告下方的国家法律强制性警示"吸烟有害健康"而带来的问题认知。

(二) 信息搜集

认识问题之后,消费者一般会进行内部信息搜集或有限的内、外部信息搜集,如果当此次购买行为对消费者很重要时,消费者有可能会进行广泛的内、外部信息搜集。

消费者搜寻的信息主要有:

(1) 解决方案的评价标准。

(2) 各种备选的解决方案。

(3) 备选方案符合评价标准的程度。

当面临某个问题,大多数消费者会回忆起少数几个可以接受的备选品牌。这些可接受的品牌是随后进行的内、外部信息搜寻过程中消费者进一步搜集信息的出发点。因此,营销者会非常关注他们的品牌是否落入目标消费者的考虑范围。

消费者内部信息,即储存在记忆中的信息可能是通过以前的个人经验主动地获得,也可能是经低介入度的学习被动地获得。除了从自己的经验中获得信息,消费者还可能从相关群体来源获得信息,相关群体是指那些影响人们的看法、意见、兴趣和观念的个人或集体。研究消费者行为可以把相关群体分为两类:参与群体与非参与群体。

认识问题之后,显性的外部信息搜集是较为有限的。由此在问题认识之前与消费者进行有效沟通是必要的。市场特征、产品特征、消费者和情境特征相互作用,共同影响个体的信息搜集水平。

很多人认为,消费者在购买某一商品前,应从事较为广泛的外部信息搜集,然而也应看到信息的获取是需要成本的。搜集信息除了花费时间、精力和金钱外,消费者通常还要放弃一些自己所喜欢的其他活动。所以,消费者进行外部信息搜集止于一定的水平线之下,这个水平线就是预期的收益(如价格的降低、满意度的提高)等于信息搜集所引起的成本。

(三) 评判选择

消费者意识到问题之后,就开始寻求不同的解决方案。在收集与此有关的信息的过程中,他们评判备选对象,并选择最可能解决问题的方案。图 3.5 描述了消费者在备选产品之间进行评判和选择的过程。

图 3.5 评判选择过程

评判标准是消费者针对特定问题而考虑的各种特性。它们是消费者根据特定消费问题,用来对不同产品进行比较的依据。消费者应用的评判标准的数量、类型和重要程度因消费者和产品类别的不同而不同。

在运用评判标准制订营销策略时,关键的一步是衡量以下三个问题:

(1) 消费者应用了哪些评判标准。

(2) 消费者在每一标准上对各个备选对象的看法如何。

(3) 每个标准的相对重要程度如何。

上述问题的测量并非易事,企业可运用直接询问、投射技术、多维量表等各种技术进行测量。

对于像价格、尺寸和色彩等的评价标准,消费者很容易准确判断。另外一些标准,如质量、耐久力和健康达标性等的评价则要困难得多。此时,消费者常用价格、品牌名称或其他一些变量作为替代指标。如好娃娃牌童车是中国知名的童车品牌,消费者虽然并不清楚其材料构成但相信其材质是环保无害的,虽然有些是初次购买但也相信其产品品质好。

当消费者根据几个评价标准来判断备选品牌时,他们必须用某些方法从各选项中选择某一品牌。决策规则就是用来描述消费者如何比较两个或多个品牌的。五种常用的决策规则是连接式、析取式、编纂式、排除式和补偿式。这些决策规则更适合于运用在功能性产品的购买和认知性接触场合的选择上。不同的决策规则需要不同的营销策略,市场营销管理者必须意识到目标市场所用的决策规则。

(四)选择购买

消费者一般要对产品和店铺都做出选择。通常有三种决策方式:同时选择,先商品后商店,先商店后商品。营销者应该了解目标市场的选择顺序,因为它对制定营销策略有重要影响。

消费者选择零售店的过程如同选择品牌的过程一样,唯一的区别在于使用的标准不同。商店形象是消费者选择商店的一项重要评价标准。商店形象的主要构成因素是商品、店员、物质设施、方便程度、促销效果、店堂气氛和售后服务。店铺位置对于消费者来说是一个重要特点,因为大多数消费者喜欢就近购物。大零售店通常比小零售店更受欢迎。上述变量被用于各种形式的零售引力模型。零售引力模型是以不同商业中心的人口和中心间的距离来衡量商业中心服务范围的经验公式。由赖利于1931年提出。模型揭示的规律是,商业中心的吸引范围与中心的人口数量成正比,与中心间距离的平方成反比。这些模型可以较为精确地预测出某一商业圈的市场份额。

消费者去零售店和购物商场有多种原因。然而在商店里,消费者常常购买与进店前所计划的不同的商品,这种购买被称为冲动型购买。冲动型购买是商店可以增加销售的重要机会。下面这些变量对冲动型购买有重大影响,它们是:商品陈列、商店布局、销售人员、品牌和商品热销程度。

(五)购后评价

在购买活动结束后,消费者可能会后悔所做出的购买决策,这被称为购买后冲突。在下面四种情况下购后冲突很容易出现:消费者有焦虑倾向,购买是不可改变的,购买的物品对消费者很重要,购买时替代品很多。

无论消费者是否经历购买后冲突,多数购买者在购回产品后会使用产品。产品可以是购买者本人使用也可以是购买单位的其他成员使用。跟踪产品如何被使用可以发现现有产品的新用途、新的使用方法、产品在哪些方面需要改进,还可以对广告主题的确定和新产品开发有所帮助。

产品不使用或闲置也是需要引起注意的问题。如果消费者购买产品后不使用或实际使用比原计划少得多,销售者和消费者都不会感到满意。因此,销售者不仅试图影响消费者购买决策,同时也试图影响其使用决策。

产品及其包装物的处理可以发生在产品使用前、使用过程中及使用后。由于消费者对生态问题的日益关注、原材料的稀缺及成本的上升、相关法规的制约,营销者对这些处理行为的了解变得越来越重要。我国的《清洁生产促进法》制定了列入强制性回收的产品和包装的目录,企业有责任回收目录中规定的报废产品或包装。

购买后冲突、产品使用方式和产品处理都有可能影响购买评价过程。消费者对产品满足其实用性和象征性需要的能力形成了一定程度的期望。如果产品在期望的水平上满足了消费者需要,那么消费者满意就有可能产生。如果期望不能满足,就可能导致消费者的不满。更换品牌、产品或商店、告诫朋友都是消费者不满的常见反应。一般而言,销售经理应该鼓励不满意顾客直接向厂家而不是别人抱怨或投诉。采取各种措施和办法如建立消费者热线可以提高不满意顾客向厂商抱怨的比重。

在评价过程和抱怨过程后,消费者会产生某种程度的再购买动机。消费者可能强烈希望在未来避免选择该品牌,或者愿意在将来一直购买该品牌,甚至成为该品牌的忠诚顾客。在后一种情况下,消费者对品牌形成偏爱并乐意重复选择该品牌。

营销者应该审视该品牌当前顾客与潜在顾客的构成,然后根据组织的整体目标来确定营销目标。关系营销试图在企业与顾客之间建立一种持久的信任关系,它被用来促进产品消费、重复购买和创造忠诚的顾客。

随着市场竞争的日益加剧,顾客忠诚已成为影响企业长期利润高低的决定性因素。以顾客忠诚为标志的市场份额,比以顾客多少来衡量的市场份额更有意义,企业管理者将营销管理的重点转向提高顾客忠诚度方面来,以使企业在激烈的竞争中获得关键性的竞争优势。

分析案例

商品包装标注"不含防腐剂"会误导消费者吗?

大部分消费者都认为,防腐剂是一种对身体有害的添加物。很多人都表示标注了"不含防腐剂"的食品,让他们更放心。同时在超市里看到,很多食品如腌制品、牛奶、干货、果脯、饮料等都在包装的显眼位置上标注了"本品不含防腐剂"。

"绿盛牛肉干,享受高科技成果,坚持不加人工色素和防腐剂,是真正的全健康食品""上好佳牛奶小饼,保证不含防腐剂,无合成色素""旺旺果冻,不含防腐剂,也不含糖精"……走进卖场、超市,打出"本品绝对不含任何防腐剂""真正安全、健康"等醒目字眼的食品广告不时冲击着人们的眼球。

北京疾控中心营养与食品卫生所主任医师徐军表示,现在企业在食品包装上标注"不含防腐剂"的现象很普遍,有些企业甚至加了防腐剂,还宣称自己的产品不含任何防腐剂。专家们认为,企业通过不含防腐剂误导消费者,主要存在以下几种情况:

一是是否添加防腐剂,与设备和工艺水平有很大关系。同样是饮料,具备无菌灌装或者二次杀菌能力的企业,产品中不用加防腐剂。但一些中小企业没这个能力,却宣称产品不含防腐剂。

二是碳酸饮料、果脯、蜜饯、腌菜等需要长期保存的食品,都必须添加防腐剂,但是记者在超市里看到很多上述产品的包装上都写着"不含防腐剂",比如重庆某地产的榨菜,大部分都标注了没有含防腐剂,一些不知名企业生产的果脯也是一样。

三是有些防腐剂还有其他一些功能,企业往往在这上面与消费者"捉迷藏"。比如山梨酸和苯甲酸钠,既是防腐剂又是调味剂,企业可能就告诉消费者产品里有调味剂,然后堂而皇之地标上"本品不含防腐剂"。在超市里发现,有些火腿、饮料在成分栏里注明了含苯甲酸钠、山梨酸,包装上却标出没有防腐剂。

还有一些情况,比如酸奶能够自己产生乳酸菌,达到防腐的效果,根本不用添加防腐剂,但是不少知名乳制品厂家的酸奶产品还是标注了不含防腐剂。方便面经过彻底干燥后,微生物已经不能繁殖,根本不需要添加防腐剂,但一些方便面还是打上了"不含防腐剂"。

为什么这么多的食品企业非要围绕着防腐剂做文章,甚至做出前后互相矛盾的标注来欺骗消费者呢?专家分析,主要原因有两个:一是迎合消费者对防腐剂的抗拒心理。这些年来,一些食品安全事件让消费者顾虑重重。企业为了讨好消费者,就说自己的产品中不含防腐剂。二是为了打压竞争对手,食品企业宣称产品不含防腐剂,可以让消费者以为他们的产品安全性比其他产品"过硬",借此打压对手。据有关行业介绍,企业消费者把食品安全争论的焦点放在防腐剂等食品添加剂上,这是片面的,是一些企业的不规范操作和夸大宣传,让消费者对食品添加剂产生了误解。

资料来源:营销智库。

本 章 小 结

1. 消费者市场又称最终消费者市场、消费品市场或生活资料市场,是指个人或家庭为满足生活需求而购买或租用商品的市场。它是市场体系的基础,是起决定作用的市场。

2. 消费者行为是指消费者为获取、使用、处置消费物品或服务所采取的各种行动,包括先于且决定这些行动的决策过程。消费者行为是与产品或服务的交换密切联系在一起的。

3. 影响消费者行为的环境因素主要有:文化、社会阶层、参照群体、社会角色与地位。

4. 影响消费者行为的个人和心理因素是:年龄、职业、教育、经济状况、个性、我观念、知觉因素、学习与记忆、动机与情绪、态度。这些因素不仅影响并在某种程度上决定消费者的决策行为,而且它们对外部环境与营销刺激的影响起放大或抑制作用。

5. 消费者购买行为类型有:复杂型购买行为类型、减少失调感的购买行为类型、寻求多样化的购买行为类型、习惯性购买行为类型。

6. 消费者购买决策过程为:认识问题、信息搜集、评判选择、选择购买、购后评价。

练 习 题

一、名词解释

1. 消费者市场;
2. 文化;
3. 社会阶层;
4. 参照群体;
5. 动机。

二、单项选择题

1. 某种相关群体的有影响力的人物称为(　　　)。

A."意见领袖"　　　　　　　　B."道德领袖"
C."精神领袖"　　　　　　　　D."经济领导者"

2. 消费者在购买一些价值不高但品牌差异明显的产品时,往往不愿花长时间来选择,而是不断变换所购产品的品牌,这种购买行为称为( )。
   A. 习惯性的购买行为　　　　B. 寻求多样性的购买行为
   C. 减少失调感的购买行为　　D. 复杂的购买行为
3. 在购买汽车、保险、维修工具等商品时,表现为何种家庭决策类型?( )
   A. 各自做主型　　　　　　　B. 丈夫支配型
   C. 妻子支配型　　　　　　　D. 共同支配型
4. 在度假、孩子上学、购买和装修住宅时,表现为何种家庭决策类型?( )
   A. 各自做主型　　　　　　　B. 丈夫支配型
   C. 妻子支配型　　　　　　　D. 共同支配型
5. 著名的心理学家马斯洛认为,需要按其重要程度分,最低层次需要是指( )。
   A. 生理需要　　　　　　　　B. 社会需要
   C. 尊敬需要　　　　　　　　D. 安全需要
6. 获取高学历表现为何种需求?( )
   A. 生理的需求　　　　　　　B. 安全的需求
   C. 社会的需求　　　　　　　D. 尊重的需求
7. 随着人际交往的频繁,生活方式的变动,社会上出现的茶社、酒吧、咖啡馆表现为何种需要?( )
   A. 生理的需求　　　　　　　B. 安全的需求
   C. 社会的需求　　　　　　　D. 尊重的需求
8. 人的需要的最高层次是( )。
   A. 安全的需要　　　　　　　B. 社会的需要
   C. 尊重的需要　　　　　　　D. 自我实现的需要
9. 我们每天置身于广告信息的洪流中,但真正留下印象并且能够回忆起的也许只有几条,这表现为何种知觉过程?( )
   A. 选择性注意　　　　　　　B. 选择性保留
   C. 选择性理解　　　　　　　D. 选择性删除
10. 对于减少失调感的购买行为,营销者要提供完善的( )。
    A. 售前服务　　　　　　　　B. 售中服务
    C. 售后服务　　　　　　　　D. 无偿服务

三、多项选择题

1. 与生产者市场相比,消费者市场主要呈现的特征是( )。
   A. 广泛分散性　　B. 多样复杂性　　C. 易变发展性
   D. 关联替代性　　E. 非专业可诱导性
2. 影响消费者购买行为的因素有( )。
   A. 文化因素　　　B. 社会因素　　　C. 个人因素
   D. 心理因素　　　E. 环境因素
3. 参照群体对消费者购买行为的影响主要表现在( )。
   A. 示范性　　B. 一致性　　C. 共同性　　D. 仿效性　　E. 可比性
4. 下列不属于影响消费者购买行为的心理因素有( )。

A. 个性　　　B. 自我观念　　　C. 动机　　　D. 认知　　　E. 态度

5. 消费者决策过程包括哪些(　　)。

A. 确认需求　　　　B. 信息搜索　　　　C. 评估选择

D. 购买决策　　　　E. 购买行为

四、简答题

1. 影响消费者购买行为的因素有哪些?
2. 简述参照群体对消费行为的影响。
3. 简述消费者行为的模式。
4. 简述马斯洛的需要层次论及其对营销的启示。
5. 简述消费者的购买决策过程。

五、论述题

1. 何谓消费者市场? 它有哪些特征?
2. 按消费者决策过程复杂程度划分,消费者购买行为可分为哪几种类型? 相应的营销策略是什么?

应用训练

1. 训练目标

提高学生对消费者消费行为的分析能力,掌握研究消费者行为的具体方法,强化对理论知识的理解,增强营销实战能力。

2. 训练内容与要求

要求每个学生选择购买一件商品如笔记本电脑、家庭汽车或者住房等大件商品,详细描述出购买决策过程中的每个环节,包括参与者,花费的时间、精力和内心理活动。

3. 训练成果与检测

完成一份关于消费者市场购买行为的报告,并在班级组织一场交流与讨论。

第四章　组织市场购买行为

了解组织市场的概念及类型,掌握组织市场购买行为的特点;了解影响生产者和中间商购买行为的主要因素;掌握生产者和中间商购买行为的特点;了解非营利组织市场及购买行为。通过本章学习,能够针对组织市场及其购买行为进行分析并制定营销策略。

怎样成为跨国零售巨头的供应商

家乐福2008年在中国的采购额是15亿美元,未来计划扩张到30亿美元。沃尔玛1996年以深圳作为起点进入中国市场,虽然其在中国铺店的速度显得有点慢,但却源源不断地采购中国的商品,并输出到其全球连锁店中。与此同时,据业内人士透露,沃尔玛在广东仅一年的采购额就达80亿美元,占其在中国采购商品总额的80%,并且这个采购量还将以每年20%的速度递增。对于中国企业来说,如果能成为跨国零售商的供应商,就意味着自己的产品能够通过它们的供货渠道走出国门,得到在世界各国的舞台上展示的机会。

国内企业如何成为跨国零售企业的供应商呢?家乐福(中国)公司有关人士表示,它们主要是采取一种"政府搭台,企业唱戏"的方式,即通过政府推荐可选择的企业,在家乐福举办的大型订货会上达成交易意向。

家乐福选择供应商又有哪些标准呢?家乐福的有关人士表示,家乐福选择供应商不只看规模,更注重产品质量。如果企业规模小,但是产品具有不可替代性,那么家乐福也会把它们考虑在内。要成为家乐福全球采购供应商,必须具备以下条件:有出口权的直接生产厂商或出口公司,有价格竞争优势,有良好的质量,有大批生产的能力,有迅速的市场反应能力,有不断学习的精神,能够准时交货。企业通过家乐福公司的审核,即能加入家乐福的全球采购系统,把产品出口到全球的30多个国家。

在以上条件中,家乐福尤其看中产品的质量。同时,随着人们对环保的要求越来越高,家乐福在产品品质方面也对供应商有着更详细的要求。一旦通过家乐福的审核,家乐福将对企业在改进产品外包装和设计等方面给予指导和帮助。

沃尔玛新成立的全球采购办事处列举了成为沃尔玛供应商的条件。例如,提供有竞争力的价格和高质量的产品、供货及时、理解沃尔玛的诚实政策、评估自己的生产和配额能力是否能接受沃尔玛的订单(因为通常沃尔玛订单的数量都比较大)等。此外,沃尔玛需要供货商提供其公司的概括,其中包含完整的公司背景和组织材料,以及供应商工厂的资料,包括每年的库存周转率、生产能力、拥有的配额、主要的客户有哪些等。

零售业的采购环节都有一个不可避免的问题,即有些供应商会想方设法通过一些"灰色手段"贿赂采购员。对此,家乐福(中国)公司的人士表示,即使产品通过灰色手段进入了家乐福全球采购系统,如果没有价格上的优势,也会被自然淘汰。家乐福会尽量与供应商建立健康的联系。而沃尔玛打算引进到中国来的技术中包括一套"零售商联系"系统,这个系统使沃尔玛能够和主要的供应商实现业务信息的共享。

讨论:
(1)跨国零售巨头的采购方式有哪几种?
(2)跨国零售巨头是根据哪些变量或属性来评价和选择它们的供应商的?
(3)进入跨国零售巨头的全球采购系统对组织有何重要意义?
(4)国内企业怎样做才能成为跨国零售巨头的供应商?

所谓组织市场是指购买商品和服务以用于生产性消费,以及转卖、出租,或用于其他非生活性消费的企业或社会团体构成的市场。组织市场具体包括生产者市场、中间商市场、非营利组织市场和政府市场。组织市场和消费者市场的区别在于:组织市场的购买者是企业或社会团体,而不是个人或家庭消费者;目的是为了生产或转卖以获取利润和其他非生活性消费,而不是满足个人和家庭生活需要。组织市场由于其主体的性质和购买的目的与消费者市场有很大的不同,所以对其购买行为有必要进行特定的分析和研究。

组织市场的类型一般包括生产者市场、中间商市场、非营利组织市场和政府市场(图4.1)。

图4.1 组织市场的类型

(一)生产者市场

生产者市场又称为产业市场,或者生产资料市场。它主要由这样的一些个体和组织构成:它们采购商品和劳务的目的是为了加工生产出其他产品以供出售、出租,以从中谋利,而不是为了个人消费。这部分市场是本书中所称的"组织市场"的主要组成部分。组成生产者市场的主要产业有:工业、农业、林业、渔业、采矿业、建筑业、运输业、通信业、公共事业、银行业、金融业、保险业和服务业等。以生产者市场为服务目标的企业,必须深入研究这个市场的特点,并分析其购买行为,从而才能取得营销成功。

(二)中间商市场

中间商市场也称为转卖者市场,它是由所有以赢利为目的而从事转卖或租赁业务的个体和组织构成的,包括批发商和零售商。在许多场合中,批发和零售往往作为营销渠道的组成部分被提出来,但中间商市场和生产者市场有着许多相似之处。中间商不提供形式效用,而是提供时间效用、地点效用和占有效用。

(三) 非营利组织

非营利组织也称作机构市场,泛指具有稳定的组织形式和固定的成员,不属于政府机构和私人企业而独立运作,发挥特定的社会功能,不以赢利为目的,而以推进社会公益为宗旨的事业单位和民间团体。主要由学校、医院、疗养院、监狱和其他为公众提供商品和服务的部门组成。非营利组织市场就是为了维持正常运作和履行职能而购买产品和服务的各类非营利组织所构成的市场。

(四) 政府市场

政府市场是指为了执行政府职能而购买或租用产品的各级政府和下属各部门组成的采购市场。各国政府通过税收、财政预算掌握了相当部分的国民收入,形成了潜力极大的政府采购市场,在大多数国家里,政府也是产品和劳务的主要购买者。政府是特殊的非营利组织,成为非营利组织市场的主要组成部分。

本章主要介绍生产者市场、中间商市场和政府市场的购买行为。

第一节　生产者市场及购买行为

生产者市场又称为产业市场,是指购买产品或服务用于制造其他产品或服务,然后销售或租赁给他人以获取利润的单位或个人。组成生产者市场的主要产业有:工业、农业、林业、渔业、采矿业、建筑业、运输业、通讯业、公共事业、银行业、金融业、保险业和服务业等。

一、生产者购买市场的特点

(一) 购买者少,购买数量大

生产企业购买的目的是满足生产需求,因此频繁地购买既不能满足要求也不经济。发电设备生产者的顾客是各地极其有限的发电厂,面向采煤设备生产者的顾客是少数大型煤矿,某轮胎厂的命运可能仅仅取决于能否得到某家汽车厂的订单。但生产者市场的顾客每次购买数量都比较大,有时一位买主就能买下一个企业较长时期内的全部产量,有时一张订单的金额就能达到数千万元甚至数亿元。

(二) 购买者在地域上相对集中

由于资源和区位条件等原因,各种产业在地理位置的分布上都是有相对的集聚性,所以生产者市场的购买者往往在地域上也是相对集中的。例如中国的重工产业大多集中在东北地区,石油化工企业云集在东北、华北以及西北的一些油田附近,金融保险业在上海相对集中,而广东、江苏、浙江等沿海地区集聚着大量轻纺和电子产品的加工业。这种地理区域集中有助于降低产品的销售成本,这也使得生产者市场在地域上形成了相对的集中。

(三) 供需双方关系密切

生产者市场的购买者需要有源源不断的货源,供应商需要有长期稳定的销路,每一方对另一方都具有重要的意义,因此供需双方互相保持着密切的关系。有些买主常常在产品的品种、规格、质量、交货期、服务项目等方面提出特殊要求,供应商应经常与卖方沟通,详细了解其需求并尽最大努力予以满足。

（四）购买的专业性强

生产者市场专业性采购表现在三个方面：第一，生产企业的采购人员大都经过专业培训，具有丰富的专业知识，清楚地了解产品的各项技术要求；第二，企业对所购产品在质量、规格、性能等方面也有严格要求；第三，影响和参与购买者众多，大多数企业有专门的采购组织。重要的购买决策往往由技术专家和高级管理人员共同做出，其他人也直接或间接地参与，这些组织和人员形成事实上的"采购中心"，决策过程规范。

（五）派生需求

派生需求也称为引申需求或衍生需求。生产者市场的顾客购买商品或服务是为了给自己的服务对象提供所需的商品或服务，因此，业务用品需求由消费品需求派生出来，并且随着消费品需求的变化而变化。例如，消费者的饮酒需求引起酒厂对粮食、酒瓶和酿酒设备的需求，连锁引起有关企业和部门对化肥、农资、玻璃、钢材等产品的需求。派生需求往往是多层次的，形成一环扣一环的链条。消费者需求是这个链条的起点，是原生需求，是生产者市场需求的动力和源泉。

（六）需求弹性小

生产者市场对产品和服务的需求总量受价格变动的影响较小。一般规律是：在需求链条上距离消费者越远的产品，价格的波动越大，需求弹性却越小。皮鞋制造商在皮革价格下降时，不会打算采购大量皮革，同样，皮革价格上升时，他们也不会因此而大量减少对皮革的采购，除非他们发现了某些稳定的皮革替代品。需求在短期内特别无弹性，因为厂商不能对其生产方式作许多变动。对占项目总成本比例很小的业务用品来说，其需求也是无弹性的。

（七）需求波动大

生产者市场需求的波动幅度大于消费者市场需求的波动幅度，一些新企业和新设备尤其如此。如果消费品需求增加某一百分比，为了生产出满足这一追加需求的产品，工厂的设备和原材料需求会以更大的百分比增长，经济学家把这种现象称为乘数原理。当消费需求不变时，企业永远有设备就可生产出所需的产量，仅支出更新折旧费，原材料购买量也不增加；消费需求增加时，许多企业要增加机器设备，这笔费用远大于单纯的更新折旧费，原材料购买也会大幅度增加。有时消费品需求仅上升10%，下一阶段工业需求就会上升200%；消费品需求下跌10%，就可能导致工业需求全面暴跌。生产者市场需求的这种波动性使得许多企业向经营多元化发展，以避免风险。

（八）直接采购

生产者市场的购买者往往向供应方直接采购，而不经过中间商环节，价格昂贵或技术复杂的项目更是如此。

（九）互惠采购

互惠采购在组织营销过程中常见的现象。也就是"你买我的产品，那么我也就买你的产品。"由于生产资料的购买者本身总是某种产品的出售者，因此，当企业在采购时就会考虑为其自身产品的销售创造条件。但这种互惠购买的适用范围是比较狭窄的，一旦出现甲企业需要乙企业的产品，而乙企业并不想购买甲企业的产品时，就无法实现互惠购买了。这样互惠购买会演进为三角互惠成多角互惠。例如，A企业向B企业提出，如果B企业购买C企业的产品，则A企业就购买B企业的产品，因为C企业以A企业推销其产品作为购买A企业的产品的条件。这就是三角互惠。虽然这类现象极为常见，但大多数经营者和代理商却反对互惠购买，并视其为不良习俗。

(十)租赁购买

一些组织购买者乐于租借大型设备,并不愿意全盘购买。租借对于承租方和出租方有诸多好处。对于出租方,当客户不能支付购买其产品的费用时,他们的优惠出租制度为其产品找到了用武之地。对承租方,租借为他们省下了大量资金,又获得了最新型的设备。租期满后可以购买折价的设备。这种方式目前在工业发达的国家有日益扩大的趋势。特别适用于电子计算机、包装设备、重型工程机械、运货卡车、机械工具等价格昂贵、磨损迅速或并不经常使用的设备。在美国,租赁方式已扩大到小型次要设备,甚至连办公室家具、设备也都可以租赁。

(十一)谈判和招投标购买

组织机构在购买或出售商品时,往往会在价格和技术性能指标上斤斤计较,如果营销人员能预先获知客户正在研究之中的新产品的有关信息,他们就可在谈判开始之前修改某些技术参数,卖方得知买方愿意接受耐用性较差和服务亦一般的商品时,就会提出一个较低的价格。当双方在价格上都有较大的回旋余地时,而且此次交易对双方都至关重要,谈判就成为双方交涉中最重要的部分。谈判的风格或对抗或合作。但绝大多数买方倾向于后者。

有远见的买方通常在诸多投标卖方间进行精挑细选。美国联邦政府将它所有买卖40%建立在投标的基础上。在公开投标的基础上,可以参阅其他投标商的标书。然而在保密投标的情况下,标书的条款是不公开的。所以供方会尽量提供好的设备和较低的价格。政府购买设备往往用保密投标的方式。

在研究生产者市场购买行为一般特征的基础上,在具体的营销活动中还应当注意对特定时点上特定购买者行为特点的研究和分析。这是由于相对数量众多的个人消费者而言,数量有限的组织购买者行为特征的个性更为明显。

课堂讨论

消费者市场与生产者市场购买行有哪些区别?

假如你是安徽淮河能源集团的采购员,你觉得你的采购行为和一个普通消费者采购电视机、洗涤剂等家庭用品的购买行为有区别吗?区别会在哪些地方和环节?那么,具有这种区别的主要原因是什么?

二、生产者市场购买行为的主要类型

正如个人消费者一样,组织消费者在做出购买决策之前,也经历几个步骤,心理过程在这之中也充当了一个重要的角色。两者不同的是,组织购买更正规化、专业化、系统化。生产者购买行为的主要类型按照购买情况的复杂程度分为三种:直接重购、修订重购、新购。

(一)直接重购

直接重购是指生产者用户的采购部门按照过去的采购订单、目录、购买方式和条件继续向原先的供应商购买产品,这是最简单的购买类型。直接重购的产品主要是原材料、零配件和劳保用品等,当库存量低于规定水平时,就要续购。采购部门对以往的所有供应商加以评估,选择感到满意的作为直接重购的供应商。被列入直接重购名单的供应商应尽力保持产品质量和服务质量,提高采购者的满意程度。采购者经常提议采用自动化再订购系统,以减少再订购的时间。未列入名单的供应商会试图提供新产品和满意的服务,以便促使采购者转移或部分转移购买,以少量订单入门,逐步争取买方扩大其采购份额。

（二）修订重购

修订重购是指组织购买者对以前已采购过的产品通过修订其规格、价格、交货条件或其他事项之后的购买。这类购买较直接再购买要复杂，购销双方需要重新谈判，因而双方会有更多的人参与决策。在被筛选掉的"名单"中的供应商压力会很大，为了保持交易将加倍努力。而对"名单"之外的供应商来说，这是一次机会，他们将会提供更好的条件以争取新的业务。

（三）新购

新购是指生产者第一次购买产品或服务的购买行为。这是最复杂的购买类型。新购产品大多是不常购买的项目，如大型生产设备、建造新的厂房或办公大楼、安装办公设备或计算机系统等，采购者要在一系列问题上作出决策，如产品的规格、购买数量、价格范围、交货条件及时间、服务条件、付款条件、可接受的供应商和可选择的供应商等。新购的成本和风险较大，购买决策的参与者较多，需要收集的信息也就多，购买过程相对较为复杂。由于顾客还没有一个现成的供应商名单，对所有的供应商都是机会，也是挑战。

在直接重购的情况下，购买者所做的决策数量最少。而在新的条件下，他们所做的决策数量最多。购买者必须决定产品规格、价格限度、交货条件与时间、服务条件、支付条件、订购数量、可接受的供应商以及可供选择的供应商。不同的决策参与者会影响每一项决策，并将改变进行决策的顺序。

三、生产者市场购买决策的参与者

谁在从事为生产者市场所需要的价值达数千亿美元的商品和服务的采购工作呢？在直接再采购时，采购代理人起的作用较大；而在新任务采购时，其他组织人员所起作用较大。我们把采购组织的决策单位叫作"采购中心"（buying center），是指围绕同一目标而直接或间接参与采购决策并共同承担决策风险的所有个人和群体。这说明购买类型不同，购买决策的参与者也不同。新购时，企业高层领导起决定作用；在确定产品的性能、质量、规格、服务等标准时，技术人员起决定作用；而在供应商选择方面，采购人员起决定作用。这说明在新购的情况下，供应商应当把产品信息传递给买方的技术人员和高层领导，在买方选择供应商的阶段应当把产品信息传递给采购部门负责人。

采购中心的成员在购买决策中分别扮演着以下六种角色中的一种或几种，如图4.2所示。

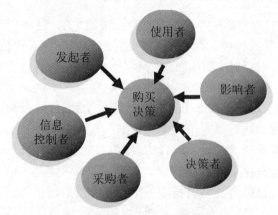

图4.2 采购中心的角色

（1）发起者。可能是直接使用者，也可能是其他人。他们首先提议购买某种产品，被采纳的可能性大，因而供应商应做好发起者的工作。

（2）使用者。即未来使用拟购产品的成员。由于他们是直接使用者，了解这些产品和服务的性能、优点和存在的问题，因而往往是采购方案的倡议者，在许多场合中，使用者首先提出购买建议，并协助确定产品规格。

（3）影响者。指生产者用户的内部和外部能够直接或间接地影响采购决策的人员。他们协助确定产品规格和购买条件，提供方案评价的情报信息，影响采购选择。技术人员大多是重要的影响者。

（4）决策者。指一些有权决定产品需求和供应商的人。在常规的采购工作中，采购者通常就是决策者；而在复杂的情况下（比如新购），决策者往往是企业的主管。在重要的采购活动中，有时还涉及主管部门或上级部门的批准，构成多层决策的状况。

（5）采购者。指被赋予权力按照采购方案选择供应商和商谈采购条款的人员。如果采购活动较为重要，采购者中还会包括高层管理人员。

（6）信息控制者。指生产者用户的内部或外部能够控制信息流向采购中心成员的人员。比如，采购代理人或技术人员可以拒绝或终止某些供应商和产品的信息，接待员、电话接线员、秘书、门卫等可以阻止推销者与使用者或决策者接触。

采购中心平均参与购买决策的人数是3~5人。日常使用的产品和服务的购买，平均参与决策的人数约为3人，大型项目的产品和服务购买，平均参与决策的人数约为5人。采购中心的发展趋势是由来自不同部门和执行不同职能的人组成小组以制定购买决策。

为了实现成功销售，企业营销人员必须分析以下问题：谁是购买决策的主要参与者？他们影响哪些决策？他们的影响程度如何？他们使用的评价标准是什么？

当采购中心包含许多参与者时，销售人员难以同每一参与者接触，大公司与小公司的策略就有所不同。小公司将重点接触关键性的参与者，大公司则尽可能地接触更多的参与者，采取多层次的深度推销。

四、影响生产者市场购买行为的主要因素

生产者在做出购买决策时受到许多因素影响。有些营销人员认为经济因素是最为重要的，而另一些人又认为采购者对偏好、注意力、避免风险等个人因素反应敏感。实际上在购买决策中，经济因素同个人因素对采购人员的影响是同样重要的。一般来说，如果所采购的商品效用和价格差异较大，经济因素就会成为采购人员所考虑的主要因素；而如果效用和价格差异很小，个人因素的影响就可能增大。一些采购人员会根据个人所得利益的大小以及个人的偏好来选择供应商。

影响生产者用户购买决策的主要因素可分为四大类：环境因素、组织因素、人际因素和个人因素。供应商应了解和运用这些因素，引导买方购买行为，促成交易（图4.3）。

（一）环境因素

环境因素指生产者面对的宏观环境因素，包括国家的经济前景、市场需求水平、供给状况、技术发展、竞争态势、政治法律、对社会责任的关注度等。从经济因素看，假如国家经济前景看好或国家扶持某一产业的发展，有关生产者用户就会增加投资，增加原材料采购和库存，以备生产扩大之用。在经济衰退时期生产者会减少对厂房设备的投资，并设法减少存货。营销人员在这种环境下刺激采购是无能为力的，他们只能在增加或维护其需求份额上

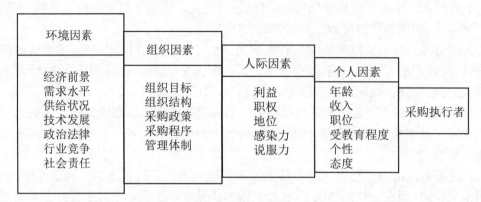

图 4.3 影响生产者市场购买行为的因素

做艰苦的努力。原材料的供给状况是否紧张,也是影响生产者采购的一个重要环境因素。一般企业都愿购买并储存较多的紧缺物资,因为保证供应不中断是采购部门的主要职责。同样,从技术因素看,技术的进步将导致企业购买需求的改变,彩电、手机、计算机等产品的升级换代;从政治与法律因素看,国家法律和国际国内政治环境会影响购买需求。例如,国家环境保护法规的建立与完善使得企业对无污染的环保材料的需求激增;国内良好的政治氛围促进了我国经济稳定发展,企业需求持续增加;我国与世界各国良好国际关系的建立,大幅度地提高了我国产品的进出口量,改进了采购程序、组织结构和制度体系等。

(二) 组织因素

组织因素是指生产企业内部的各种因素,包括组织目标、采购政策、采购程序、组织结构、管理体制等。这些因素从生产企业内部的利益、经营和发展战略等方面影响购买的决策和行为。

企业的经营目标影响到购买行为,如以追求成本领先为目标的企业,会对符合本企业要求的低价的产品感兴趣;追求市场领先的企业,会对技术先进、优质高效的产品感兴趣。企业规模大小也影响着购买决策过程,如规模大的企业通常比较复杂,拥有管理、财务等方面的专家,倾向于集体协商决策;而一些规模小的企业则可能由个人承担采购任务。同时,企业内部采购制度的变化也会给采购决策带来很大影响。

企业营销人员应当注意到采购领域中的下列变化:

(1) 采购部门升格。一般企业占销售额 60% 的成本是用于采购商品和服务,但采购部门的地位却较低。近年来,竞争的压力和采购部门人员素质的提高,使得许多企业把采购部门升格为副总裁级别,新的采购部门把原先单纯追求低成本的导向转变为寻求能提供最佳价值的供应商。有的跨国公司将采购部门升格为"战略材料部",使之有条件、有责任在全世界范围内寻找战略伙伴。有的公司将采购、存货控制、生产计划、运输等多个职能部门合并为一个部门。供应商也应当提高销售部门的规格,派出级别较高的销售人员以便同买方的采购人员相称。

(2) 交叉职能角色。采购部门及其人员比以往更多地参与新产品的设计与开发过程,参与具有多项职能的团队,比以往更加富有战略性、技术性和团队精神,责任更大。

(3) 集中采购。设有多个事业部的公司,其大部分采购往往由各事业部分别完成。近年来,有的公司实行集中采购制度,设立统一的采购部门,将原先由各事业部分别进行的采购工作集中起来,以保证产品质量、扩大采购批量和降低采购成本。对供应商来说,这种改变意味着将同人数更少但素质更高的采购人员打交道。可以考虑用全国性重点客户销售队伍代替按照独立厂址设立的区域销售队伍,以便更好地与采购客户打交道。

(4) 小额采购项目权力下放。许多公司在集中采购的同时将某些不重要的采购权力下放,如日常办公用品、年节发放礼品等。通常的形式是将一定金额的采购信用卡发放给员工,在指定的商店购物。这种做法方便了员工,也节省了采购部门的时间和精力。

(5) 网上购物。网络技术的飞速发展,使得网上采购高速发展。例如,美国福里斯特研究公司认为,以往对美国企业间电子商务规模的预测数字太低,如今这一数字已高达2.4万亿美元。

(6) 长期合同。越来越多的企业采购者趋向于与供应商订立长期购买合同。企业通过电子订货系统将订单直接传送给供应商,以稳定、及时地获得所需物资。

(7) 采购业绩评价和买方专业化发展。有的公司建立采购激励制度,奖励工作突出的采购人员,导致采购人员为争取最佳交易条件而对卖方增加压力。

(8) 精益生产。许多制造商建立了精益生产系统,即适量及时进货、零库存、供量100%合格的生产系统。精益生产和准点存货系统对购买者公司的采购方式产生了显著的影响,要求原材料送达用户工厂的时间与该用户需要这种原材料的时间正好衔接。

(三) 人际因素

人际因素指组织内部的人际关系。生产者内部参与购买过程的角色众多,他们来自各个部门和不同层次,在组织中的地位、权力、利益、志趣和作用各异,对购买决策有不同的影响。如意见是否容易取得一致,参与者之间的关系是否融洽,是否会在某些决策中形成对抗,这些人际因素会对组织市场的营销活动产生很大影响。营销人员若能掌握这些情况并有的放矢地施加影响,将有助于消除各种不利因素,获得订单。

(四) 个人因素

购买决策过程中每一个参与者都带有个人动机、直觉和偏好,这些因素受参与者的年龄、收入、教育、专业文化、个性以及对风险意识的态度的影响,因此,供应商应了解客户采购决策人的个人特点,并处理好个人之间的关系,将有利于营销业务的开展。

五、生产者市场购买决策过程

从理论上说,生产者用户完整的购买过程可分为八个阶段(图4.4),但是具体过程依不同的购买类型而定,直接重购和修正重购可能跳过某些阶段,新购则会完整地经历各个阶段(表4.1)。

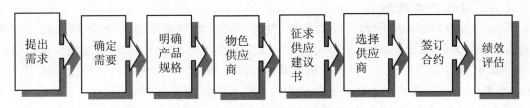

图4.4 生产者市场采购决策过程

表 4.1　生产者购买决策过程

购买阶段	购买类型		
	新购	修正重购	直接重购
① 提出需要	是	可能	否
② 确定需要	是	可能	否
③ 明确产品规格	是	是	是
④ 物色供应商	是	可能	否
⑤ 征求供应建议书	是	可能	否
⑥ 选择供应商	是	可能	否
⑦ 签订合约	是	可能	否
⑧ 绩效评估	是	是	是

(一) 提出需要

当公司中有人认识到了某个问题或某种需要可以通过得到某一产品或服务得到解决时,便开始了采购过程。提出需要由两种刺激引起:

(1) 内部刺激。如企业决定推出一种新产品,于是需要购置新设备或原材料来生产这种新产品;企业原有的设备发生故障,需要更新或需要购买新的零部件;或者已采购的原材料不能令人满意,企业正在物色新的供应商关系。

(2) 外部刺激。主要指采购人员在某个商品展销会引起新的采购主意,或者接受了广告宣传中的推荐,或者接受了某些推销员提出的可以供应质量更好、价格更低的产品的建议关系。

可见,组织市场的供应商应主动推销,经常开展广告宣传,派人访问用户,以发掘潜在需求。

(二) 确定需要

提出了某种需要之后,采购者便着手确定所需项目的总特征和需要的数量。如果是简单的采购任务,这不是大问题,由采购人员直接决定。而对复杂的任务而言,采购表要会同其他部门人员,如工程师、使用者等共同来决定所需项目的总特征,并按照产品的可靠性、耐用性、价格及其他属性的重要程度来加以排列。在此阶段,组织营销者可通过向购买者描述产品特征的方式向他们提供某种帮助,协助他们确定其所属公司的需求。

(三) 明确产品规格

明确产品规格指说明所购产品的品种、性能、特征、数量和服务,写出详细的技术说明书,作为采购人员的采购依据。买方会委派一个专家小组从事这项工作,卖方也应通过价值分析向潜在顾客说明自己的产品和价格比其他品牌更理想。未列入买方选择范围的供应商可通过展示新工艺、新产品把直接重购转变为新购,争取打入市场的机会。

(四) 物色供应商

物色供应商指生产者用户的采购人员根据产品技术说明书的要求寻找最佳供应商。如果是新购或所需品种复杂,生产者用户为此花费的时间就会较长。为此,他们会从多处着手,可以咨询商业指导机构,查询电脑信息,打电话给其他公司,要求推荐好的供应商,观看商业广告,参加展览会等。供应商此时应大做广告,并到各种商业指导或指南宣传机构中登记自己的公司名字,争取在市场上树立起良好的信誉。组织购买者通常是会拒绝那些生产能力不足、声誉不好的供应商;而对合格的供应商,则会登门拜访,查看他们的生产设备,了解其人员配置。最后,采购者会归纳出一份合格供应商的名单。

(五) 征求供应建议书

征求供应建议书指邀请合格的供应商提交供应建议书。对于复杂和花费大的项目,买方会要求每一潜在供应商提出详细的书面建议,经选择淘汰后,请余下的供应商提出正式供应建议书。卖方的营销人员必须擅长调查研究、写报告和提建议。这些建议应当是营销文件而不仅仅是技术文件、能够坚定买方的信心,使本公司在竞争中脱颖而出。

(六) 选择供应商

选择供应商指生产者用户对供应建议书加以分析评价,确定供应商。评价内容包括供应商的产品质量、性能、产量、技术、价格、信誉、服务、交货能力等属性,各属性的重要性随着购买类型的不同而不同。

生产者用户在做出决定前,还可能与较为中意的供应商谈判,以争取较低的价格和较好的供应条件。生产者还会决定使用多少供应商。有时他们偏好一家供应,以保证原材料供应和获得价格让步;有时他们同时保持几条供应渠道,以免受制于人,并促使卖方展开竞争;有时他们把每年的大多数订单给排序第一的供应商,其余给第二供应商。第一供应商会努力保住现有位置,处于第二的供应商则会努力扩大份额,其他供应商也会尽量以优惠的价格争取机会。各供应商都要及时了解竞争者的动向,制定竞争策略。

(七) 签订合约

签订合约指生产者用户根据所购产品的技术说明书、需要量、交货时间、退货条件、担保书等内容与供应商签订最后的订单。许多生产者用户愿意采取长期有效合同的形式,而不是定期采购订单。买方若能在需要产品的时候通知供应商随时按照条件供货,就可实行"无库存采购计划",降低或免除库存成本而由卖方承担。卖方也愿意接受这种形式,因为可以与买方保持长期的供货关系,增加业务量,抵御新竞争者。

(八) 绩效评估

在此阶段,采购者对各供应商的绩效进行评估。他们可以通过三种途径:① 直接接触最终用户,征求他们意见;② 应用不同的标准加权计算来评价供应商;③ 把绩效不理想的开支加总,以修正包括价格在内的采购成本。通过绩效评价,采购者将决定延续、修正或停止向该供应商采购。供应商则应该密切关注采购者使用的相同变量,以便确信为买主提供了预期的满足。

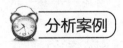
分析案例

对生产者市场推销失败的案例分析

背景材料:

推销员 A 销售一种安装在发电设备上的仪表,他工作非常努力,不辞劳苦地四处奔波,但是收效甚微。您能从他的推销过程找出原因吗?

1. 推销员 A 得悉某发电厂需要仪表,就找到该厂的采购部人员详细介绍产品,经常请他们共同进餐和娱乐,双方关系相当融洽,采购人员也答应购买,却总是一拖再拖,始终不见付诸行动。推销员A很灰心,却不知原因何在。

2. 在一次推销中,推销员A向发电厂的技术人员介绍说,这是一种新发明的先进仪表。技术人员请他提供详细技术资料并与现有同类产品作一个对比。可是他所带资料不全,只是根据记忆大致作了介绍,对现有同类产品和竞争者的情况也不太清楚。

3. 推销员A向发电厂的采购部经理介绍现有的各种仪表,采购部经理认为都不太适合本厂使用,说如果能在性能方面作些小的改进就有可能购买。但是推销员A反复强调本厂的仪表性能优异,认为对方提出的问题无关紧要,劝说对方立刻购买。

4. 某发电厂是推销员A所在公司的长期客户,需购仪表时就直接发传真通知送货。该电厂原先由别的推销员负责销售业务,后来转由推销员A负责。推销员A接手后采用许多办法与该公司的采购人员和技术人员建立了密切关系。一次,发电厂的技术人员反映有一台新购的仪表有质量问题,要求给予调换。推销员A当时正在忙于同另一个重要的客户洽谈业务,拖了几天才处理这件事情,认为凭着双方的密切关系,发电厂的技术人员不会介意。可是那家发电厂以后购买仪表时,又转向了其他供应商。

5. 推销员A去一家小型发电厂推销一种受到较多用户欢迎的优质高价仪表,可是说破了嘴皮,对方依然不为所动。

6. 某发电厂同时购买了推销员A公司的仪表和另一品牌的仪表,技术人员、采购人员和使用人员在使用两年以后对两种品牌进行绩效评价,列举事实说明推销员A公司的仪表耐用性不如那个竞争性品牌。推销员A听后认为事实如此,无话可说,听凭该电厂终止了同本公司的生意关系而转向竞争者购买。

原因分析:

1. 许多产业用品的购买决策者是工厂的工程师、总工程师等技术人员,采购部门的职责只是根据技术人员的购买决策购买产品,只是购买者而非决策者。

2. 生产者市场的采购人员大都具有丰富的专业知识,供应方应当提供详细的技术资料,说明本企业产品优于同类产品之处。

3. 推销员应当经常与客户沟通,重视客户对产品的品种规格、性能、质量等方面的要求,及时向公司反馈,在可能情况下按照客户要求予以改进。

4. 被列入直接重购名单的供应商应当保持产品的质量和服务质量,提高买方的满意程度,否则,买方将重新选择供应商。

5. 该厂资金有限,经营目标是总成本降低,只购买低价实用的仪表。推销员A因为没有事先了解该厂的经营目标而碰了壁。

6. 推销人员必须关注该产品的使用者和购买者在绩效评价中是否使用同一标准。推销员A公司的仪表功能多,结构复杂,易于损坏。而竞争性品牌功能少,结构简单,不易损坏。该电厂在绩效评价中未注意到这个差别,得出的结论有片面性。推销员A未认识到该电厂在绩效评价中使用了不同标准,使本公司产品蒙受"委屈"并丧失了销售机会。

第二节 中间商市场及购买者行为

近年来,以菲利普·科特勒为代表的市场营销学者认为中间商市场及其购买行为和生产者市场及其购买行为具有相同的特点,相同之处在于:中间商采购组织也有很多人参与决策;其购买过程与生产者市场的购买过程基本相同;其购买行为与购买决策同样受到环境、组织、人际和个人因素的影响。

一、中间商市场的含义及特点

中间商市场也称为转卖者市场,是指购买产品用于转售或租赁以获取利润的单位和个人,包括批发商和零售商。中间商不提供形式效用,而是提供时间效用、地点效用和占有效用。相对于消费者市场和生产者市场而言,中间商市场有其自身特点。

1. 派生需求,需求弹性较大

中间商对产品的需求是由终端消费群体的消费意识和需求引发的,其所采购产品的品种、规格、数量、价格、交货日期等与此相关。批发商和零售商对上游产品的价格比较敏感,他们会根据价格涨落对其需求量进行适当调整。

2. 货源配置、进货条件要求高

中间商购买商品时特别注重货源配置,在进货时要求品种齐全、花色丰富,以满足消费者的多样化需求,且有所重点地突出畅销型产品。同时由于中间商购买商品的目的是再销售并从中获利,为了抓住有利的销售时机,减少商品滞销积压的风险,加快资金周转,对交货期、信贷条件等要求较高,一般都有固定的进货渠道,进货时间也有较强的规律性。

3. 购买者较多,地理位置比较集中

一般来说,中间商购买这数目较多,供应范围比较广泛,其数目多于生产者,少于消费者;在地理上分布也较消费者集中,较生产者分散。

课堂讨论 消费者市场与中间商市场购买行为有哪些区别?

假如你是大型家电零售商苏宁电器的采购员,你觉得你的采购行为和一个普通消费者采购电视机、洗衣机等家电的购买行为有区别吗?区别会在哪些地方和环节?那么,这种区别主要是因为什么呢?

二、中间商购买行为的类型

中间商的购买行为类型一般有以下四种:

1. 新产品采购

新产品采购是指中间商根据供应商所提供的新产品来决定"是否购买"以及"如何购买"的购买类型。中间商的新购不同于生产者的新购,生产者如果需要某种新产品就必须采取购买行动,而中间商面对某种新产品则需要分析其进价、销价、市场需求、市场风险等因素之后再做购买决定,因为其目的是为了转售。

2. 选择最佳供应商采购

选择最佳供应商是指中间商在已确定需要购买的产品之后来决定谁是最合适的供应商。导致中间商做出此类决策的原因包括:一是中间商由于经营场所等限制不能经营目前所有供应商的产品,只能有选择地经营部分产品;二是中间商可能打算用自有品牌销售产品,必须选择出为自己制造产品的最佳生产企业。例如,英国的马狮百货公司就是对供应商进行严格筛选后从他们那里购进商品,然后打上马狮的品牌印记,以"马狮"的品牌形象进行销售。

3. 寻找最好供应条件采购

寻找最好供应条件采购是指中间商并不更换供应商，而是从原有供应商那里获取更为有利的交易条件。在同类产品的供应商增多或其他供应商提出了更具诱惑力的价格和供货条件的情况下，中间商通常会希望原有供应商改善供货条件，如更为合适的信贷条件、更为优惠的价格折扣、增加服务等。中间商其实可能并不想更换供应商，但是会把这作为一种施加压力的手段。

4. 直接重购

直接重购是指中间商按照过去的订货目录和交易条件继续向原先的供应商购买产品的决策类型。这一购买类型通常发生在中间商的商品库存量低于规定的水平的情况下，中间商会选择经过评估而感到满意的供应商直接进行重购。

三、中间商购买过程的参与者

不同规模、类型的中间商，购买决策的参与者不同。小型批零企业分工较粗，没有专职的采购人员，由雇主或经理亲自搞采购工作；大型批零企业分工较细，采购成为专业化的职能和工作，形成"采购中心"虽然不同类型甚至同种类型的中间商采购方式有所不同，但其中也有很多共通之处。以连锁超市为例，购买决策的参与者主要包括：

(1) 商品经理。又称专职买手，他们是连锁超市总部的专职采购人员，负责各类商品的采购工作。不同的商品经理其权限有所不同，某些商品经理被授予较大权限，他们可以自由决定接受或拒绝某种新产品、新品牌；某些商品经理的权限受到一定限制，仅有审查权和甄别那些明显应该拒绝和接受的品种。在国内连锁店和独立的超级市场上，仓库里有 2/3 的新商品是商品经理决策订购的，只有 1/3 的商品不是商品经理决策的。

(2) 采购委员会。采购委员会通常由公司总部的各部门经理和商品经理组成，主要负责审查商品经理提出的新产品采购意见，做出是否购买的决策。由于商品经理控制信息和提出建议，事实上具有决定性作用。采购委员会主要是对各种意见进行平衡和协调。

(3) 分店经理。他们是连锁超市下属各分店的负责人，掌握着分店一级的采购权。美国连锁超级市场各分店的货源有 2/3 由分店经理自行决定采购。分店经理采购的依据是：消费者是否愿意购买此新产品；供应商的广告宣传和促销工作配合如何；供应商给予的折扣是多少等。

四、中间商购买决策的内容

中间商最大的特点是通过转售商品来盈利，因此中间商必须按照自己的顾客的要求来制订采购计划。在购买活动中，中间商主要面临三个方面的决策问题：一是经营哪些品种；二是选择哪些供应商；三是接受何种价格。其中商品品种的搭配是最主要的决策，它决定着中间商的定位和市场地位。中间商通常在下面四种品种搭配策略中做出选择：

(1) 独家搭配。即只经营某一生产企业的某一产品，以求获得较好的供货条件。一般只是规模较小的少数企业采用这类策略。

(2) 深度搭配。即经营多家生产企业的同种产品，以给顾客在购买某种产品时提供较大的选择余地，从而增加对顾客的吸引力。这种策略在目前较具竞争力。

(3) 广度搭配。即经营多家生产企业的多种相关产品。这种经营策略经营范围广泛，但产品品种并未超过行业界限，从而使中间商具有一定的经营范围，也使顾客方便采购相关产品。如经营汽车装饰用品的中间商,可能经营座套、脚垫、头枕、抱枕、挂件、摆件、贴纸、车用香水等多个品种、多种品牌的产品。

(4) 混合搭配。即经营多种互不相关的产品,这种策略能够减少中间商因外界环境变化带来的经营风险,但是要求企业具有雄厚的经营实力。

五、影响中间商市场购买行为的主要因素

中间商市场和生产者市场一样,其购买行为也受环境因素、组织因素、人际关系因素、个人因素的影响。供应商还必须对以下这些因素给予足够的重视,以便采取应对措施:

(1) 销售业绩是中间商生存的根本。任何销售商都是通过转卖来盈利的,没有盈利就没有生存和发展。

(2) 市场预测。中间商一定程度上代言了消费者的需求,必须服务于最终的消费者,所以对于所采购商品是否畅销的预判是非常重要的。

(3) 供应商的交易条件。

(4) 订货数量与库存状况。

(5) 采购者个人的购买风格。根据美国学者狄金森的研究,采购者的个人风格可以分为以下七类:

① 忠诚型采购。长期忠诚于某一供应商,这种采购者对供应商来说无疑是最有利的。供应商应当分析能够使其保持忠诚的原因,如利益因素、感情因素、个性因素等。

② 随机型采购者。是习惯于从事先选择若干符合采购要求、能满足自己长期利益的供应商中随机地确定供应对象并经常更换。对于这类采购者,供应商应在保证产品质量的前提下提供理想的交易条件,同时增进交流,帮助解决业务的和个人的有关困难,加强感情投资,使之成为忠实的采购者。

③ 最佳交易型采购者。指力图在某一时点上实现最佳交易条件的采购者。这类采购者往往在与某一供应商保持业务关系的同时,努力收集其他供应商的信息,一旦发现具备更加优惠条件的供应商便会立即转换购买。这类采购者属于理智型购买行为,受感情因素影响较小,为此供应商不能仅靠感情投资来强化联系,而必须不断完善自己的产品和营销策略。

④ 创造型采购者。指经常向供应商就交易条件提出一些创造性想法并要求其接受的采购者。这类采购者有想法、善于创新,常常提出一些改善交易条件的新想法,对于交易中的矛盾分歧总能提出多种解决方案。对这一类采购者,供应商应该充分尊重,对好的想法要予以鼓励和配合,对不成熟的想法要耐心说服,在不损害自己根本利益的前提下,尽可能地接受他们的意见和想法。

⑤ 广告型采购者。指在每笔交易中都要求供应商补贴广告费用的采购者。这类采购者关注的重点在于产品购进后的销售状况,要求供应商给予广告支持。这种要求由于符合双方的利益,为此供应商应该给予力所能及的满足。

⑥ 吝啬型采购者。指每笔交易都要求供应商在价格上做出额外让步的采购者。这类采购者往往反复讨价还价,要求供应商做出特别的让步,甚至蝇头小利都不放过。对这类采购者,供应商在谈判中要有耐心,要用雄辩的事实和数据来证实自己的让步已是最大限度的,争取达成交易。

⑦ 琐碎型采购者。指注重产品结构搭配,力图实现最佳产品组合的采购者。这类采购

者每次采购的总量不大,但种类繁多,与之打交道会增加许多工作量,如算账、开单、包装、送货等。供应商应该尽量提供细致周到的服务,不能够表现出厌烦之意。

对中间商推销失败的案例分析

背景材料:

某推销员W销售一种家庭用的食品加工机,努力工作却收效甚微。以下是他的一些推销经历,试分析失败的原因。

1. 推销员W连续数次去一家百货商场推销,采购经理每次都详细了解产品的性能、质量、价格、维修和各项保证,但是拖了一个多月仍不表态是否购买,总是说:再等等,再等等。推销员W认为采购经理无购买诚意,就放弃了努力。

2. 推销员W经过事先调查,了解到某超级市场的购买决策者是该店的采购经理和商品经理。他先找到采购经理做工作,采购经理详细了解产品的性能、质量、价格和服务后同意购买。轻松地过了这一关,推销员W很高兴,又找到商品经理介绍产品。商品经理听后沉吟未决,推销员W为了尽快促成交易,就告诉他,采购经理已经同意购买。不料商品经理一听这话就说:"既然采购经理已经同意,就不用再找我了。"这笔眼看就要成功的生意又泡了汤。

3. 某大型商场采购部经理张先生是一位大学毕业生,从事采购工作多年,业务精通,擅长计算,头脑清楚,反应敏锐,总是从公司利益出发去考虑问题,多次受到商场领导的表扬,有望升为商场副总经理。推销员W通过耐心地介绍产品和谈判交易条件,终于使他成为客户,并保持了数年的关系。这数年间,推销员W在征得公司同意的情况下满足了张先生提出的许多要求,如保证交货时间、次品退换、延长保修期、指导营业员掌握产品使用方法和销售技巧、开展合作广告等等;还注意加强感情投资,经常与张先生交流沟通,并在张先生和妻子、孩子生日时送上鲜花和纪念品,双方的关系日益密切。可是,有一天张先生突然通知推销员W,停止购进他的产品,因为另一家企业提供了性能更加优异的改进型的同类产品。推销员W听了十分生气,认为张先生一点不讲感情,办事不留余地,是个不可交的人,从此断绝了与张先生的联系,也断绝了与该商场的生意关系。

原因分析:

1. 该商场以前未经营过这种产品,要对该产品的价格、服务、市场需求和市场风险等因素做全面分析和预测后才能做出决定。推销员W不了解中间商对新产品的采购过程较为复杂,操之过急而丧失了机会。

2. 推销员应当了解中间商内部参与购买过程的各种角色的职务、地位和相互关系对购买行为的影响,该店的采购经理与商品经理之间存在关系不协调现象,推销员W虽然通过调查探悉该店的购买决策者有哪些,但是未能进一步了解他们相互之间的关系,未能在推销过程中利用有利关系和回避不利关系,从而引起了商品经理的抵触情绪。

3. 推销员应当注意分析采购人员的购买风格以制定有针对性的推销策略。加强感情投资最适用于"忠诚型采购者",而对其他类型采购者的效用则有局限性。张先生是个"最佳交易型采购者",一旦发现产品或交易条件更佳的供应商就立刻转换购买,购买行为理智性强,不太受感情因素支配。对这类采购者,供应商仅仅依靠感情投资难以奏效,必须密切关注竞争者的动向和市场需求变化,随时调整营销策略和交易条件,提供比竞争者更多的利益。推销员W片面地以为感情投资可以解决一切问题,忽视分析不同购买者的购买风格,忽视提高产品、服务和交易条件的竞争力,采取了意气用事的错误做法。正确的做法是继续与张先生保持良好的关系并及时向本公司反映竞争者的动向,改进产品后再重新进入该商场。

六、中间商采购决策过程

中间商用户完整的购买过程与产业市场采购基本相同,可分为八个阶段(图4.5),但是具体过程依不同的购买类型而定,直接重购和修正重购可能跳过某些阶段,新购则会完整地经历各个阶段。

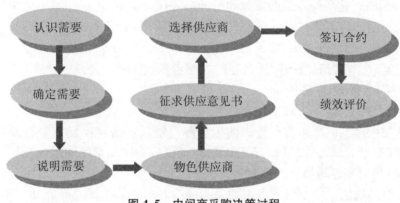

图4.5　中间商采购决策过程

第三节　非营利组织与政府市场及购买行为

一、非营利组织概念及类型

非营利组织一般是指这类组织的运营目标不以获取利润为目的,而是追求拟定的社会目标,组织所得不为任何个人牟取私利,组织自身具有合法的免税资格并可为捐赠人减免税的组织。应该注意,非营利组织并不等于没有盈利,在我国非营利组织经常被叫作"机关团体、事业单位"。

具体的非营利组织有以下三种类型:

(1) 履行国家职能。指服务于国家和社会,以实现社会整体利益为目的有关组织,包括各级政府和下属各部门,保卫国家安全的军队,保障社会公共安全的警察和消防队,管制和改造罪犯的监狱等。

(2) 促进群体交流。指促进某群体内成员之间的交流,沟通思想和情感,宣传普及某种知识和观念,推动某项事业的发展,维护群体利益的各种组织,包括各种职业团体、业余团体、宗教组织、专业学会和行业协会等。

(3) 提供社会服务。指为某些公众的特定需要提供服务的非营利组织,包括学校、医院、红十字会、卫生保健组织、新闻机构、图书馆、博物馆、文艺团体、基金会、福利和慈善机构等。

二、非营利组织的购买行为特点及方式

非营利组织的购买行为受到该组织经费来源、经营目的和管理者决策能力的影响,决策过程受该组织的计划、组织程序审批、经费约束等因素的综合作用影响。

(一) 非营利组织购买行为特点

非营利组织购买行为特点如下:

(1) 限制总额。非营利组织的采购经费总额是既定的,不能随意突破。

(2) 价格低廉。非营利组织大多数不具有宽裕的经费,在采购中要求商品价格低廉。

(3) 保证质量。非营利组织购买商品不是为了转售,也不是使成本最小化,而是维持组织运行和履行组织职能所购商品的质量和性能必须保证实现这一目的。

(4) 受到控制。为了使有限的资金发挥更大的效用,非营利组织采购人员受到较多的控制,只能按照规定的条件购买,缺乏自主性。

(5) 程序复杂。非营利组织购买过程的参与者多,程序也较为复杂。

(二) 非营利组织购买方式

非营利组织常用的购买方式为以下三种:

(1) 公开招标选购。即非营利组织的采购部门通过传播媒体发布广告或发出信函,说明拟采购商品的名称、规格、数量和有关要求,邀请供应商在规定的期限内投标,非营利组织处于主动地位,供应商之间却会产生激烈竞争。

(2) 议价合约选购。即非营利组织的采购部门同时和若干供应商就某一采购项目的价格和有关交易条件展开谈判,最后与符合要求的供应商签订合同,达成交易。

(3) 日常性采购。指非营利组织为了维持日常办公和组织运行的需要而进行采购。如购买办公设备、纸张文具等。这类采购金额小,一般是即期付款,类似与生产者的"直接重购"。

三、政府市场的含义及政府采购的目的和作用

(一) 政府市场的含义

政府市场是为满足各级政府部门的日常工作及公共消费的需要而销售产品或服务的市场。各级行政机关是组成政府市场的主体。政府采购的范围很广泛,包括大量的产品和服务,按照用途可以分为军事装备、通信设备、交通运输工具、办公用品、日用消费品、劳保福利用品和其他劳务需求等。

(二) 政府市场采购的目的和作用

政府市场采购的目的首先是为了执行政府职能的需要,如满足国防、教育和公共卫生需求及政府各职能部门的正常运转;其次,政府采购可以调节经济发展,稳定市场价格;最后,政府采购也是增加政府办公的透明度和遏制腐败的重要举措。具体作用可以表现在以下四个方面:

(1) 政府采购可以理解为政府受纳税人的委托,代表纳税人采购公共产品。这种采购行为应当符合广大公民(即纳税人)的利益。对其实行法制化的管理,可以使其受到必要的监督与控制,使广大公民(纳税人)的利益能得到有效的保护。

(2) 由于政府采购的数额巨大,其对国民经济的影响必然是很大的。所以政府有可能通过调节政府采购的总量和结构,来达到调整产业结构、调整国民经济的发展速度的目的。同时还可以对各类产业的发展方向,实施有效的调控,如为了加强环境保护,政府可以扩大对低污染的汽车等产品的采购,而对污染严重的汽车的采购进行控制。这样就能通过市场的手段,而不是行政手段来引导汽车产业的发展方向。

(3) 政府采购还能在一定程度上起到稳定市场物价的作用。如政府通过对粮食、猪肉等重要物资的采购与储备,就能在必要的情况下通过储备物资在市场上的吸纳和投放来调节市场的供求,起到稳定市场物价的作用。

(4) 政府采购还可在一定程度上起到保护国内企业和扶持民族产业发展的作用,许多国家曾经通过立法的形式,强制要求政府购买本国产品以保护民族产业的发展。如美国1933年就颁布了《购买美国产品法》,以保证在政府采购中对美国自身的产业进行必要的保护。

四、政府市场购买行为的特点

同私人或企业采购相比,政府购买行为主要有如下一些特点:

(1) 较强的政策性。一个国家的经济政策对政府集团的消费影响较大,财政开支紧缩时,需求减少,反之则增加。

(2) 采购过程的行政性。政府采购决策是一种行政性的运行过程,要严格遵守行政决策的程序和过程,要代表政府的意志,遵循组织原则,各国各级政府部门购买什么、购买多少都要受到财政预算的限制,要制订相应的购买计划,需要经过审批等行政程序。

(3) 受到社会公众的监督。各级政府机构的开支来自财政拨款,财政拨款又来源于社会公众的税收,社会公众有权以各种形式对政府机构的购买活动加以监督。其中监督的形式主要有如下四种:① 国家权力机关和政治协商会议。政府的重要预算项目必须提交国家权力机关审议通过,经费使用情况要接受监督。② 通过行政管理和预算办公室进行监督。③ 传播媒体。报刊、杂志、广播、电视、互联网等传播媒体密切关注政府经费的使用情况,对不合理之处予以披露,起到了有效的舆论监督作用。④ 通过公民和社会团体来监督。

(4) 购买参与者的复杂性。各级政府机构的采购经费主要由财政部门拨款,由各级政府机构的采购办公室具体经办。并且,对于有些项目的采购,还需从外部权威机构外聘资深专家参与采购过程。

(5) 购买目标的多重性。政府在购买时除了考虑价格等经济性因素外,还要考虑政治性、军事性、社会性目标,如国防用品、军需品的采购,是关系到两国或多国之间的政治与外交关系的购买行为。又如对某些地区、某些产业的产品的扶持性购买等。

五、政府采购的方式

国外政府采购一般有三种模式:① 集中采购模式,即由一个专门的政府采购机构负责本级政府的全部采购任务;② 分散采购模式,即由各支出采购单位自行采购;③ 半集中半分散采购模式,即由专门的政府采购机构负责部分项目的采购,而其他的则由各单位自行采购。中国的政府采购中集中采购占了很大的比重,列入集中采购目录和达到一定采购金额以上的项目必须进行集中采购。

《中华人民共和国政府采购法》规定,政府采购基本上采用公开招标、邀请招标、竞争性谈判、单一来源采购、询价采购等方式。其中公开招标是政府采购的主要方式。

(1) 公开招标。公开招标采购就是不限定投标企业,按照一般的招标程序所进行的采购方式。这种采购方式对所有的投标者是一视同仁的,主要看其是否能更加符合招标项目的规定要求。但由于整个招标、评标过程会耗费大量的费用,所以公开招标一般要求采购项目的价值比较大。

(2) 邀请招标。邀请招标采购是指将投标企业限定在一定的范围内(一般必须三家以上),主动邀请它们进行投标。邀请招标的原因一方面是由于所采购货物、工程或服务具有一定的特殊性,只能向有限范围内的供应商进行采购;另一方面是由于进行公开招标所需要费用占采购项目总价值的比例过大,即招标成本过高。所以对于采购规模较小的政府采购项目一般会采用邀请招标的方式。

(3) 竞争性谈判。竞争性谈判是指采购单位采用同多家供应商同时进行谈判,并从中确定最优供应商的采购方式。一般适用于在需求紧急情况之下,不可能有充裕的时间进行常规性的招标采购;或招标后没有合适的投标者;以及项目技术复杂、性质特殊无法明确招标规格等情况下,就可不采用招标方式而采用竞争性谈判的采购方式。

(4) 单一来源采购。即定向采购,虽然所采购的项目金额已达到必须进行政府采购的标准,但由于供应来源因资源专利、合同追加或后续维修扩充等原因只能是唯一的,就适用于采取单一来源的采购方式。

(5) 询价采购。主要是指采购单位向国内外的供应商(通常不少于三家)发出询价单,让其报价,然后进行比较选择,确定供应商的采购方式。询价采购一般适应于货物规格标准统一、现货货源充足且价格变化幅度较小的政府采购项目。对于某些急需采购项目,或招标谈判成本过高的项目也可采用询价采购的方式。

以上采购方式主要是指列入政府采购管理范围之内的采购项目的采购。所谓列入管理范围主要是指两方面:一是属于法定的"集中采购目录"之内的采购项目,二是达到所规定的采购金额标准以上的采购项目。规定的采购金额标准,(通常也称作"门槛价")是由政府有关部门(一般必须由财政部门参与)根据实际情况所规定的。在采购金额标准以下的采购项目,一般不受政府采购有关程序的约束,但也要求采用比价择优的方式。

六、政府采购的参与者

政府采购主要涉及五个方面的机构或人员:

(1) 采购人。即货物、工程或服务的需要机构,由他们使用财政性资金进行采购并使用。

(2) 采购代理机构。即专门设立的政府采购机构,在集中采购的情况下,由它们负责代理采购人履行采购业务。

(3) 供应商。即参与政府采购的投标、谈判并在中标后向采购方提供货物、工程或服务的企业。

(4) 采购相关人员。即在政府采购过程中进行中介、参与评标或谈判的有关人员,也包括提供有关信息的机构和人员。

(5) 政府采购监督管理部门。属于政府的职能部门,负责对政府采购活动依法实施监督和管理。

这五方面机构和人员的关系大体上如图4.6所示。即由采购人提出采购申请;由专门的政府采购代理机构向有关供应商进行采购;采购相关人员参与采购的有关活动;政府采购监督管理部门对采购全过程实施监督。

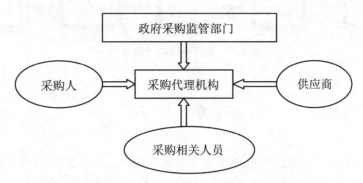

图 4.6 政府采购的参与者及相互关系

七、政府采购的程序

政府采购的程序因采购的方式的不同而不同:

(1) 公开招标的采购程序。首先进行招标前的准备,如上报采购计划、确定招标机构、制作招标文件等;第二步是发布招标通告,让所有在投标人知道招标信息;第三步进行资格预审,即对于供应商的资格和能力进行事先的了解和审定;然后是发售招标文件,接受投标;在规定时间内接受了投标之后,进行公开统一开标、评标,确定供应商;最后同所有确定的供应商签订采购合同。

(2) 邀请招标的基本程序。同公开招标差不多,只是其对于投标的供应商有一定的限制,不是采用发布招标通告,而是采取发出招标邀请书的方式进行招标。

(3) 竞争性谈判的程序。与一般商务采购程序差不多,通常包括四个基本环节:首先是询盘,即向供应方提出关于采购项目的价格及其他交易条件的询问;然后是发盘,即由接到询盘的供应方发出价格或交易条件的信息,也称"报价"(但有时也可由采购方首先发盘,供应方若无条件接受、交易合同就可成立);第三步是还盘,即采购方对供应方的发盘(报价)提出一些修改意见,供应方修改后再向采购方还盘。此过程可反复进行,直至达成交易或拒绝交易;最后是接受。即采购方或供应方对于对方提出的价格和交易条件表示同意,从而双方的交易合同即可成立。竞争性谈判的这一程序是同时对各供应商开展的,由供应商进行公平竞争,采购方在同各供应商的发盘和还盘中去选择最合适的供应商。

(4) 询价采购程序。一般也分为四步:第一步是选择供应商,一般应在三家以上;第二步是发出询价单,询价单除询问价格之外还应包括其他交易条件;第三步是评价和比较,由采购方对供应商报出的条件进行比较,然后做出选择;第四步是签订合同、履行采购。

(5) 单一来源采购。由于没有竞争,所以不需要进行广泛的招标和竞价,但一般也要经过:提出采购要求,进行交易谈判,和签订、履行交易合同的过程。

实际上各种政府采购方式的基本程序还是相类似的,无非为五个基本步骤(图 4.7)即:确定采购项目,发出采购信息,接受供应信息,评价选择供应者和签订履行合同。所不同的只是在发出信息和接受信息的方式和对象上有所不同。

图 4.7 政府采购的一般程序

本 章 小 结

1. 组织市场是指购买商品和服务以用于生产性消费,以及转卖、出租,或用于其他非生活性消费的企业或社会团体构成的市场。组织市场具体包括生产者市场、中间商市场、非营利组织市场和政府市场。

2. 生产者市场又称为产业市场,是指购买产品或服务用于制造其他产品或服务,然后销售或租赁给他人以获取利润的单位和个人。组成生产者市场的主要产业有:工业、农业、林业、渔业、采矿业、建筑业、运输业、通信业、公共事业、银行业、金融业、保险业和服务业等。

3. 产业市场购买行为的主要类型按照购买情况的复杂程度分直接重购、修正重购、新购三种。企业购买的决策参与者通常包括:发起者、使用者、影响者、决策者、采购者、信息控制者六类成员。

4. 产业市场购买的行为类型主要有三种:直接重购、修正重购和全新采购。影响产业市场购买决策的因素主要有四个:环境因素、组织因素、人际因素、个人因素。

5. 产业市场购买的决策过程:在直接重购这种最简单的行为类型下,企业购买过程的阶段最少;在修正重购情况下,企业购买过程的阶段多一些;在全新采购的情况下,购买过程的阶段最多。一般要经过八个阶段:① 提出需要;② 确定需要;③ 明确产品规格;④ 物色供应商;⑤ 征求供应建议书;⑥ 选择供应商;⑦ 签订合约;⑧ 绩效评估。

6. 中间商市场是指购买产品用于转售或租赁以获取利润的单位和个人,包括批发商和零售商。中间商的购买行为类型一般有:① 新产品采购;② 选择最佳供应商采购;③ 寻找最好供应条件采购;④ 直接重购四种类型。中间商购买过程的参与者有:① 商品经理;② 采购委员会;③ 分店经理。中间商用户完整的购买过程与产业市场采购基本相同。

7. 非营利组织市场购买行为受到该组织经费来源、经营目的和管理者决策能力的影响,购买决策过程受该组织的计划、组织程序审批、经费约束等因素的综合作用影响。非营利组织市场常用的购买方式有:① 公开招标选购;② 议价合约选购;③ 日常性采购三种。

8. 政府市场是为满足各级政府部门的日常工作及公共消费的需要而销售产品或服务的市场。各级行政机关是组成政府市场的主体。政府采购基本上采用公开招标、邀请招标、竞争性谈判、单一来源采购、询价采购等方式。政府采购的程序因采购的方式的不同而不同。

练 习 题

一、名词解释
1. 组织市场；
2. 生产者市场；
3. 中间商市场；
4. 政府市场；
5. 非营利组织。

二、单项选择题
1. 我国通常把非营利组织称为（　　）。
   A. 医院、学校　　　　　　　　B. 慈善机构
   C. 基金会　　　　　　　　　　D. 机关团体、事业单位
2. 组织市场需求的波动幅度（　　）消费者市场需求的波动幅度。
   A. 小于　　　　　　　　　　　B. 大于
   C. 等于　　　　　　　　　　　D. 都不是
3. 生产者用户初次购买某种产品或服务称为（　　）。
   A. 直接重购　　　　　　　　　B. 修订重购
   C. 重购　　　　　　　　　　　D. 新购
4. 影响生产者购买决策的基础性因素是（　　）。
   A. 商品质量　　　　　　　　　B. 价格
   C. 服务　　　　　　　　　　　D. 以上全是
5. 生产者用户自身的有关因素称为（　　）。
   A. 人际因素　　　　　　　　　B. 个人因素
   C. 组织因素　　　　　　　　　D. 环境因素
6. 中间商对新产品的采购必须（　　）经历购买决策过程的各阶段。
   A. 跳跃　　　　　　　　　　　B. 中断
   C. 完整地　　　　　　　　　　D. 跨越
7. 中间商经营某一行业的多系列.多品种产品策略叫（　　）。
   A. 独家产品　　　　　　　　　B. 广度产品
   C. 深度产品　　　　　　　　　D. 混合产品
8. 按照不同的职能，非营利组织可分为（　　）。
   A. 履行国家职能的非营利组织　B. 促进群体交流的非营利组织
   C. 提供社会服务的非营利组织　D. 以上全是
9. 非营利组织的采购部门通过传播媒体发布广告或发出信函，说明有关要求，邀请供应商在规定期限内投标的购买方式叫（　　）。
   A. 公开招标选购　　　　　　　B. 议价合约选购
   C. 日常选购　　　　　　　　　D. 正常购买
10. 非营利组织的采购人员只能按照规定的条件购买，（　　）。

A. 有较大自由 B. 缺乏自主性
C. 受控制少 D. 可任意选购

三、多项选择题

1. 组织市场的主要特点有:（   ）。
   A. 购买者较少 B. 购买量大
   C. 供需双方密切 D. 采购者地理位置较分散
   E. 情感型购买

2. 生产者购买行为的主要类型有:（   ）。
   A. 直接重购 B. 修订重购
   C. 新购 D. 间接重购
   E. 邮购

3. 生产者用户的需要可以由（   ）引起。
   A. 内在刺激 B. 外在刺激
   C. 精神刺激 D. 物质刺激
   E. 以是全是

4. 通过生产者用户对各个供应商的绩效评价,以决定（   ）供货关系。
   A. 建立 B. 维持
   C. 修正 D. 中止
   E. 构建

5. 中间商的购买多属（   ）。
   A. 冲动购买 B. 习惯购买
   C. 专家购买 D. 理性购买
   E. 非专家购买

四、简答题

1. 生产者购买市场的特点有哪些?
2. 生产者市场购买决策过程有哪些?
3. 中间商市场有哪些特点?
4. 非营利组织购买行为有哪些特点?
5. 政府市场购买行为有哪些特点?

五、论述题

1. 论述消费者市场与产业市场的区别。
2. 论述影响政府市场购买行为的主要因素。

戴尔怎样采购

戴尔采购工作最主要的任务是寻找合适的供应商,并保证产品的产量、品质及价格在满足订单时,有利于戴尔公司。戴尔的采购部门有很多职位设置的是做采购计划、预测采购需求,联络潜在的符合戴尔需要的供应商。因此,采购部门安排了较多的人。所以,戴尔通过完整的结构设置,来实现高效率的采购,完成用低库存来满足供应的连续性。戴尔利用自己的强势地位,通过互联网与全球各地优秀供应商保持着紧密的联系。这种"虚拟整合"的关系使供应商们可以从网上获取戴尔对零部件的需求信息,戴尔也能实时了解合作伙伴的供货和报价信息,并对生产进行调整,从而最大限度地实现供需平衡。戴尔对供应商供货准确、准时的考核非常严格。

戴尔很重视与供应商建立密切的关系。通过结盟打造与供应商的合作关系,也是戴尔公司非常重视的基本方面。在每个季度,戴尔总要对供应商进行一次标准的评估。事实上,戴尔与供应商之间的忠诚度很高。从2001年到2004年,戴尔遍及全球的400多家供应商名单里,最大的供应商只变动了两三家。戴尔也存在供应商管理问题,并已练就出良好的供应链管理沟通技巧,在有问题出现时,可以迅速地化解。当客户需求增长时,戴尔会向长期合作的供应商确认对方是否可能增加下一次发货数量。如果问题涉及硬盘之类的通用部件,而签约供应商难以解决,就转而与后备供应商商量,所有的一切都会在几个小时内完成。一旦穷尽了所有供应渠道也依然无法解决问题,那么就要与销售和营销人员进行磋商,立即回复客户:这样的需求无法满足。戴尔要求供应商不光要提供配件,还要负责后面的即时配送。对一般的供应商来看,这个要求是"太高了",或者是"太过分了"。但是,戴尔一年200亿美元的采购订单,足以使所有的供应商心动。一些供应商尽管起初不是很愿意,但最后还是满足了戴尔的及时配送要求。戴尔的业务做得越大,对供应商的影响就越大,供应商在与戴尔合作中能够提出的要求会更少。戴尔公司需要的大量硬件、软件与周边设备,都是采取随时需要,随时由供应商提供送货服务。

案例思考题:
(1) 请分析戴尔的采购从哪些方面反映了产业购买者的共同行为特征?
(2) 假设你所在的公司是一家生产液晶显示器的大型企业,请你按戴尔的采购模式为自己公司提出一套采购相关电子元器件或配套部件的采购方案。

应用训练

1. 训练目标

培养组织市场购买行为的分析能力。

2. 训练内容与要求

选择你熟悉的一家工商企业、政府组织或非营利组织(如安徽商之都、合肥百货大楼、学校、医院、长虹电器集团、宝洁公司等),取得其背景资料,根据所处的市场环境,分析其如何进行所需产品的采购(购买行为有哪些特点?有哪些购买行为类型?采购过程受哪些因素的影响?采购程序如何?)。

3. 训练成果与检测

在班级组织一场交流与讨论,完成一份组织购买行为分析报告。

第五章 市场调查与预测

掌握市场调查和预测的相关概念、内容,理解市场调查与预测的作用,掌握市场调查和预测的各种方法。

华为渠道满意度调查

华为企业业务发展得如此迅猛,很大程度上归功于华为以客户为中心的核心价值观和经营理念。华为一贯奉行"客户的成功才是华为的成功",而由于企业业务收入的80%来自合作伙伴,服务渠道、提升渠道满意度尤为重要。

为此,华为定期通过雇佣第三方来进行渠道满意度调查。经过几年的发展,调查形式不断更新,面向的渠道范围不断扩大,由原来的只是总经销商扩大到一代、二代等更多渠道合作伙伴。通过多维度深入的调查来了解华为在企业业务发展过程中出现的问题、合作伙伴和客户的心声,从而不断改进,推动业务健康发展。

渠道合作伙伴也会借此机会把自身关心的问题真实地反馈给华为。2011年渠道关心的问题是:华为是不是会在企业业务领域动真格?是不是真的在企业业务领域做战略投入?华为的渠道政策是不是有连续性?2012年大家反映的问题已经从战略层面转向了战术层面,大家更关注的在合作中的具体操作类问题,例如流程是不是要简化,政策要不要调整得更积极,响应能否更迅速;2016年、2017年的调查结果表明,合作伙伴给予了华为企业业务更多的正向反馈,对华为在各个方向所取得的进步,给予了肯定,对华为员工的奋斗激情给予了赞扬,对未来的合作充满了信心。

资料来源:中研世纪(http://www.cmrc.net.cn/zx_details/37.html)(节选)。

讨论:

调查客户和渠道满意度,对华为的业务发展能起到哪些作用?

第一节 市场调查

一、市场调查的含义

市场调查是指为了形成特定的市场营销决策，采用科学的方法和客观的态度，对市场营销有关问题所需的信息，进行系统的收集、记录、整理和分析，以了解市场活动的现状和预测未来发展趋势的一系列活动过程。

美国市场营销学会（AMA）把市场调查定义为一种借助于信息把消费者、顾客以及公共部门和市场联系起来的特定活动，这些信息用以识别和界定市场营销的机会和问题，产生、改进和评价营销活动，监控营销绩效，增进对营销过程的理解。

国际商会/欧洲民意和营销调查学会则把市场调查定义为个人和组织对有关其经济、社会、政治和日常活动范围内的行动、需要、态度、意见、动机等情况的系统收集、客观记录、分类、分析和提出数据资料的活动。

二、市场调查的作用

市场调查具有描述、诊断和预测三种功能。概括起来，市场调查在现代企业经营管理中的作用主要体现在以下五方面：

(1) 有利于企业发现市场机会，开拓新市场。
(2) 有利于准确的市场定位，更好地满足顾客的需要，增强竞争力。
(3) 为企业的决策和调整策略提供客观依据。
(4) 有利于企业建立和完善市场营销信息系统。
(5) 是增强企业竞争力和应变能力的重要手段。

【资料链接】

辣条：如何从零食变成"网红"？

近几年，辣条迅速走红国内甚至国际市场。多款辣条类产品虽因被检出不合格，面临下架、召回及曝光，2019年的315晚会更是将辣条推向了舆论的风口浪尖，但丝毫没有动摇辣条企业的生产热情。

"辣条"之所以被BBC纪录片《中国新年》定义为"中国25岁以下年轻人最受欢迎的小吃"，是因为调查显示，辣条市场规模已达到每年500亿元。以广西南宁、柳州、梧州、贵港四个城市的中小学生的调查为例，在2016年3～9月期间，受访的1325名中小学生中，食用辣条的有1103名，辣条食用率达83.3%。

资料来源：凯恩斯市场研究。

案例启示：

通过市场调查获得的"辣条"商机，不仅让国内众多经销商在"辣条"经济中获利，而且让"辣条"迅速走红国际市场。

三、市场调查的内容

由于市场营销活动的内容广泛,市场营销调查与研究的内容也非常广泛而复杂。理论上来说,凡是直接或间接影响市场营销的信息都属于收集、整理、分析和研究的范畴,它不仅包括市场调查,还包括对营销环境、营销策略的研究。具体来说,主要包括以下内容:

1. 市场环境调查

市场环境是指影响市场供应变化的政治法律环境、社会风俗习惯、经济环境、文化教育状况、竞争环境及自然环境等各个方面。市场环境的变化直接影响市场需求的变化。

2. 市场需求情况调查

调查的目标是掌握市场消费者数量、消费水平和消费结构,以及需求发展的趋势。这不仅要调查现实需求,还应调查潜在需求。

【资料链接】

2018年药店零售增速首次跑输全国GDP增速

根据中康CMH监测数据,2018年全国零售终端市场总体规模达到3842亿元(按零售价计算,下同),较2017年的3664亿元增长4.85%。增速比2017年的8.5%下降3.6个百分点,创20年新低。

3. 市场供应调查

调查需要了解、分析企业各种投入品的供应及其相关组织的情况,以及企业在其中整个产业的产品供应及其竞争情况。

4. 企业营销策略调查

通过对企业产品调查、价格调查、销售渠道和促销策略实施情况的调查和研究,了解这些策略运用的现状,分析其效果及造成不同效果的原因,这将成为企业修改和调整营销策略的依据。

5. 营销服务系统调查

在市场上,为企业营销提供服务的组织有很多,如销售商、调查公司、咨询公司、保险公司、银行、运输公司等。企业只有和其良好合作,才能有效地开展营销活动。

四、市场调查的类型

由于市场调查的领域广泛,其类型也多样化。根据不同的标准,市场调查可以包括以下几类:

1. 依据调查目的划分

依据调查目的划分,市场调查大体上可以分为探测性调查、描述性调查、因果关系调查、预测性调查四大类。

(1) 探测性调查。探测性调查以又称试探性调查或非正式调查,是指当企业对所需研究的问题不甚清楚时所采用的一种方法,可以通过此方法帮助确定问题的关键或产生的原因,为进一步调查作准备。探测性调查主要是用来发现问题、寻找机会,解决"可以做什么"的问题。一般采用文献资料的搜集、小组座谈会或专家座谈会等调查方法。

(2) 描述性调查。描述性调查是对所研究的市场现象的客观实际情况收集、整理分析其资料，反映现象的表现，是对市场现象的客观描述，是一种正式的市场调查。描述性调查通常会描述被调查者的人口统计学特征、习惯偏好和行为方式等。通过描述性调查来解决诸如"是什么"的问题，它比探测性调查要更深入、更细致。

(3) 因果关系调查。因果关系调查是为了了解市场各个因素之间的相互关联，进一步分析何为因、何为果的一种调查类型。其目的是要获取有关起因和结果之间联系的证据，用来解决诸如"为什么"的问题，即分析影响目标问题的各个因素之间的相互关系，并确定哪几个因素起主导作用。

(4) 预测性调查。预测性调查是指对未来市场的需求变化做出估计，属于市场预测的范围。所以，通常用一些预测模型来进行定量分析。

2. 依据调查对象的范围划分

依据调查对象的范围大小不同可以将市场调查分为全面调查和非全面调查。

(1) 全面调查。全面调查是指对调查对象全体或对涉及市场问题的对象进行逐一的、普遍的、全面的调查。其优点是全面、精确。它适用于取得调查总体全面系统的总量资料。其缺点也非常明显：费事、费力、费资金，所以适合在被调查对象数量少，企业财力、人力、物力都比较雄厚时采用，或者由国家政府部门出面组织。

【资料链接】

安徽省第三次全国农业普查主要数据公报（第五号）（节选）

安徽省第三次全国农业普查对全省农业生产经营人员情况进行了调查。现将主要结果公布如下：

一、农业生产经营人员数量和结构

2016年，全省农业生产经营人员约1557万人，其中女性约758.1万人。在农业生产经营人员中，年龄35岁及以下的约265.1万人，36至54岁之间的约757.2万人，55岁及以上的约534.7万人。

二、规模农业经营户农业生产经营人员数量和结构

2016年，规模农业经营户农业生产经营人员（包括本户生产经营人员及雇佣人员）约47万人，其中女性约22万人，年龄35岁及以下的约6.8万人，36至54岁之间的约28.1万人，55岁及以上的约12.1万人。

三、农业经营单位农业生产经营人员数量和结构

2016年，农业经营单位农业生产经营人员约48.5万人，其中女性约20.3万人，年龄35岁及以下的约7.9万人，36至54岁之间的约27.8万人，55岁及以上的约12.8万人。

资料来源：合肥市统计局（http://tjj.hefei.gov.cn/8726/8730/201802/t20180201_2473662.html）。

(2) 非全面调查。非全面调查是指按照一定的方式，从目标总体中选取一定数量的个体作为调查对象进行调查，并据此推断总体特征和趋势的调查活动。市场调查中常用的形式就是市场抽样调查。其特点是节约时间和费用。

3. 按调查时间的连续性分类

(1) 一次性调查。一次性调查是指为了研究某一特殊问题而进行的一次性的市场调查。

(2) 定期性调查。定期性调查是指对市场情况或业务经营情况每隔一定时期所进行的周期性的调查，一般有定期报表调查、定期抽样调查等。

(3) 连续性调查。连续性调查是指在选定调查的课题和内容之后，组织长时间的不间断的调查，以搜集具有时序化的信息资料。

4. 按照收集资料的方式划分

按照收集资料的方式划分，市场营销调查可分为访问法、观察法、实验法和文案调查法、网络调查法等。

(1) 访问法。访问法是调查者通过面谈、电信或书面等方式向被调查者进行调查的一种方法，这是市场调查最常见的一种方法。常见的具体形式见表5.1。

表 5.1 常见访问法及比较

种类	操作方式	优点	缺点
面谈法	调查人员面对面地向被调查者询问有关问题，并当场记录所提供的资料	方法灵活，面谈时相互启发，可深入询问	费用高、花费时间长
邮寄调查法	将设计好的表格或问卷寄给被调查者，要求其填好后寄回	无时空限制，被调查者不会受调查员的影响，调查成本较低	回收率很低
电话调查法	调查人员通过电话向被调查者询问并记录	省时，无时空限制，成本低	不易取得被调查者的合作，不适合提问较多或较复杂的问题

(2) 观察法。观察法是由调查人员在现场对调查对象进行直接观察的一种方法。其优点是结果真实可靠，可借助照相机、录音笔、摄像机等观察仪器，具有客观性。缺点是只能了解到表面活动，不能理解其内在因素。

(3) 实验法。实验法是指市场实验者有目的、有意识地通过改变或控制一个或几个市场影响因素的实践活动，来观察市场现象在这些因素下的变动情况，以认识市场现象的本质和发展变化规律。实验法多用在新产品引入期，调查价格、广告等营销措施的市场效应。其优点是科学性强，缺点是实验时间长，成本高。

(4) 文案调查法。文案调查法又称二手资料调查法、文献资料调查法或室内研究法，是指围绕一定的调查目的，通过查看、检索、阅读、购买、复制等手段，收集并整理企业内部和外部现有的各种信息、情报资料，对调查内容进行分析研究的一种调查方法，是一种间接调查法。文案调查法的优点是不受时空的限制；资料搜集容易，成本低；搜集到的情报资料可靠性和准确性较强。文案调查法的缺点包括缺乏可得性、准确性、相关性、现实性，时效性较差等。

(5) 网络调查法。网络调查法是通过互联网平台，例如问卷星，发布问卷，由网民自行选择填答的调查方法。网络调查是互联网日益普及的背景下经常采用的调查方法，其主要优势是组织简单,执行便利,辐射范围广;网上访问速度快,信息反馈及时;匿名性好;费用低,简单易行,不受时间和空间的限制,不需要任何复杂的设备等。网络调查主要应用于产品研究方面的市场调查,如产品市场占有率、产品推广渠道等。

【资料链接】

网络调查平台——问卷星网站

问卷星是一个专业的在线问卷调查、测评、投票平台,专注于为用户提供功能强大、人性化的在线设计问卷、采集数据、自定义报表、调查结果分析系列服务。与传统调查方式和其他调查网站或调查系统相比,问卷星具有快捷、易用、低成本的明显优势,已经被大量企业和个人广泛使用,典型应用包括:

企业:客户满意度调查、市场调查员工满意度调查、企业内训、需求登记、人才测评、培训管理。

高校:学术调查、社会调查、在线报名、在线投票、信息采集、在线考试。

个人:讨论投票、公益调查、博客调查、趣味测试。

四大优势:

高效率:网页、邮件多种回收渠道,结合独特的合作推荐模式,从而大大延伸您的答卷数据来源范围,在短时间内收集到大量高质量的答卷。

高质量:可指定性别、年龄、地区、职业、行业等多种样本属性,精确定位目标人群;还可以设置多种筛选规则、甄别页、配额控制等条件自动筛选掉无效答卷,同时支持人工排查以确保最终数据的有效性。

低成本:严格按效果计费,无效答卷不计费。

海量样本构成:问卷星拥有超过260万份的样本资源。

资料来源:问卷星(https://www.wjx.cn/)。

五、市场调查的一般程序

市场调查应遵循系统、科学的工作程序,才能提高工作效率,顺利完成调查任务。一般来说,正式的市场调查一般会经历如图5.1所示的操作程序。

图5.1 市场调查的程序

1. 确定调查目标

进行市场调查,首先要明确市场调查的目标。按照企业的不同需要,市场调查的目标有所不同。在市场调查之前,须先针对企业所面临的市场现状和亟待解决的问题,如产品销量、产品寿命、广告效果等,确定市场调查的目标和范围。

2. 确定所需信息

市场信息浩如烟海，企业进行市场调查应根据已定目标和范围收集与之密切相关的资料，而没有必要面面俱到。

3. 确定调查方法

在进行市场调查时，收集资料必不可少，方法极其多样。企业可根据所需资料的性质选择合适的方法，如实验法、观察法、访问法等。

4. 收集现有资料

为有效地利用企业内外部现有资料和信息，首先应利用文案调查等方法，集中收集与既定目标有关的信息，包括对企业内部经营资料、各级政府统计数据、行业调查报告和学术研究成果的收集和整理。

5. 设计调查方案

根据调查研究的目的和调查对象的性质，在进行实际调查前，需要对调查工作所有任务的各方面、各阶段进行全盘考虑和计划，提出相应调查执行方案，制定合理有效的工作程序。

6. 组织实地调查

在调查实施阶段，收集调查所需的相关的一手信息资料，在收集资料的过程中要做到及时、准确、可靠、真实、有效。

7. 资料统计分析

对获得的信息和资料进一步统计分析，提出相应的建议和对策是市场调查的根本目的。市场调查人员须以客观的态度和科学的方法进行细致的统计计算，以获得高度概括性的市场动向指标，并对这些指标进行横向和纵向的比较、分析和预测，以揭示市场发展的现状和趋势。市场调查资料整理的一般程序如图5.2所示。

图 5.2　市场调查资料整理的一般程序

问卷登记、审核是在市场调查的过程中，对所收集信息的工作进行监控和对某些信息资料进行初步处理分析的环节。对于回收的问卷，在进行资料录入之前，全部都要进行质量检查，这是保证市场调查工作质量的关键。问卷审核的内容包括时效性、完整性和正确性。

资料编码是把原始资料转化为符号或数字资料标准化的过程，包括事前编码和事后编码。

资料录入是将经过编码的数据资料输入计算机的存储设备中，录入的形式有两种：一种是以单独的数据文件的形式录入和存储；另一种是直接录入专门的统计分析软件中，如Excel、SPSS等。

拟定分析计划是指设计好定性分析和定量分析的具体统计方法。

制表和统计分析是指市场调查资料在录入后，由分析人员将这些数据用图表的形式表现出来，该环节也称为数据资料图表化。

8. 编写调查报告

市场调查报告是在对调查得到的资料进行筛选、整理、分析加工、记述成反映市场调查成果的一种文书。市场调查报告可以是书面形式，也可以是口头形式，或者两者结合。除此之外,现在使用得最多的是电子形式的调查报告。

市场调查报告的内容主要包括:报告封面,报告摘要,报告目录,引言,调查技术与样本描述,调查结论、建议与局限,附件等。

(1) 报告摘要。不同的市场调查报告写作,主要由调查的目的、内容、结果以及主要用途来决定。但一般来说,各种市场调查报告在结构上都包括标题、导言、主体和结尾四个部分。

(2) 报告目录。市场调查报告需要有一份清晰的报告目录,目的是方便阅读和资料查询。目录通常要求列出各项内容的标题、副标题名称及页码,篇幅不宜过长,以一页为宜。

(3) 引言。引言也称序言,是书面报告正文的开始,该部分内容主要是说明问题的性质,简述调查目标和调查具体问题,并对报告的组织结构进行概括。其作用是向报告阅读者提供进行市场研究的背景资料及其相关信息。引言部分应尽量高度概括,其他部分可以展开,详细描述。

(4) 调查技术与样本描述。调查技术与样本描述部分主要在对整体方案概括的基础上,对调查实施中所采用的方法及样本抽取过程进行翔实、客观、公正的记录。具体内容包括调查所需信息的性质、原始资料和二手资料的收集方案、问卷设计、问卷的预检测和修正技术、抽样技术、信息的收集、整理和分析、应采用的统计技术以及缺失值的处理方法等。这些内容应尽量以一种非专业性、易理解的文字表述出来,必要时可在附录中增加专业术语的解释等内容。

(5) 调查结论、建议与局限。调查结论、建议与局限是调查报告的主要内容,也是阅读者最为关注的部分。结论和建议应当采用简明扼要的语言,使读者明确题旨,加深认识,能够启发读者思考和联想。这部分内容可能有市场规模、市场份额和市场趋势,也可能是一些只限于态度的资料。为了使结论的表现更加鲜活,吸引阅读者的注意,市场调查报告除了要有一定程度的一般化概括,可以借鉴数据、图表资料以及相关的文字说明,同时对图表中的数据资料所隐含的趋势、关系或规律加以客观地描述和分析。局限性是市场调查活动中一个不可避免的因素,它的产生可能基于调查时间、调查组织及调查实施上的种种限制。作为市场调查报告的编写人员一定要将局限性充分考虑,并告知阅读者。

第二节 市 场 预 测

市场预测是指在市场调查的基础上,利用各种信息资料,采用科学的方法进行分析研究,以推测未来一定时期内市场需求情况及发展趋势,为企业确定营销目标和制定营销策略提供依据。

一、市场预测的作用

(一) 市场预测是企业经营决策的前提

通过市场预测,企业能够掌握市场需求特点及变化趋势,从而为企业确定营销目标和制定营销策略提供依据,帮助企业做出正确的决策,减少失误和盲目性。

【资料链接】

麦当劳用预测方法选址

国际快餐巨头麦当劳的选址一向以精准著称,以至于很多餐饮企业紧紧跟随,纷纷选址在其周围。麦当劳常用的选址方法之一是塞拉模型法。塞拉模型是由美国俄克拉荷马大学的弗朗西斯·塞拉教授为餐厅设计的。塞拉教授与俄克拉荷马餐厅协会签订为餐厅的经营设计模型的合同,借助计算机来模拟餐厅经营,判断餐厅可能达到的销售额。塞拉认为,他的模型能以5%左右的误差预测餐厅的销售额。模型设计的理论基础是:如果决定一家餐厅销售额的各种因素的重要性可以根据它们对销售的影响而确定,那么只需几分钟就可以用计算机预测到那家餐厅所应达到的销售额。较为明显地影响销售额的几个因素是:预备建造或已在经营的餐厅附近的居民情况以及他们的收入;该地区竞争对手的数量;该地区的交通流量;餐厅经理的能力;已进行的广告宣传;餐厅建筑物的外观及其类型等。

(二)市场预测是企业制订营销计划的依据

通过市场预测,企业可有效地了解和掌握市场需求水平和结构,了解竞争对手的情况,以便制订各种营销计划,不断巩固和开拓市场。

(三)市场预测是企业加强经营管理的手段

通过市场预测,企业可制定有效营销策略,争取市场的主动权,同时加强企业内部管理,改善外部环境,提高经济效益。

二、几个基本概念

(一)市场需求

市场需求是指在一定的营销环境和一定的营销方案下,一个产品在一定地区、一定时间内,特定的消费群体愿意购买的总数量。市场需求会受到多种环境因素的影响,如经济收入水平是影响需求的基本因素,人们收入水平发生变化,家庭消费结构随之发生改变;社会文化因素影响着人们的生活方式和行为模式,然而,文化除了具有明显的区域性和很强的传统性以外,还具有相互影响性。所以,一定时期内的市场需求不是一个固定的数字,而是一个在一组条件下的函数。

(二)市场最低量

市场最低量也称为基本销售量,是假定在一定的时间和条件下,市场的规模对一种产品的基本需求是固定的。这是市场预测为企业营销决策做出的保守估计,考虑避免过度营销可能带来的市场风险,主要为当前的采购、生产、资金等决策服务。

(三)市场潜量

市场潜量是指在一个既定的市场环境条件下,当行业营销费用达到无穷大时,市场需求所趋向的极限。从行业角度来考虑某种产品在某个市场上的最大销售潜量。很显然,在企业具体的营销策略上,完全参考市场最低量是不科学的,因为那样会生硬限制企业的发展。所以在大多数的情况下,决策者同时还希望知道市场的规模对一种产品需求的最大销量。

(四)销售潜量

销售潜量是指从企业角度来考虑某种产品在某个市场上的最大销售潜量。市场潜量和

销售潜量之间有密切的关系,关系式如下:

$$销售潜量 = 市场潜量 \times 企业市场占有率$$

即

$$企业市场占有率 = \frac{销售潜量}{市场潜量}$$

三、市场预测的内容

市场预测的内容非常广泛。在市场上,由于市场的主体不同、性质不同,随之而来对市场预测的要求也就不同,市场预测的具体内容也就有了差别。一般来说,任何市场均可围绕市场环境、市场需求、市场供给、市场运作、市场供求状态、消费者购买行为、市场价格、产品市场、产品销售、市场行情、市场竞争格局、企业经营状况等方面开展预测。

四、市场预测的方法

进行市场预测必须运用科学的方法。目前,在经济工作中应用的预测方法数以百计,其中广泛使用的也有几十种。归纳起来,这些方法可以划分为定性预测方法和定量预测方法两类。

(一) 定性预测方法

定性预测法是对预测对象的性质,运用相关技术进行的分析预测。包括已知现象总结、确定概念、判断其未来的发展。它主要是依靠个人主观经验和直觉进行分析,对事物的性质、市场发展前途进行估计和预测。定性预测法是"有判断力的方法",一般由专家或专业人士进行预测,主要有以下几种常用方法:

1. 个人经验判断法

个人经验判断法是指预测者依据个人的经验和知识,通过对影响市场变化的各种因素进行分析、判断和推理来预测市场的发展趋势。在预测者经验丰富、占有资料详尽和准确的前提下,采用这一方法,往往能够做出准确的预测。

2. 集体经验判断法

集体经验判断法是指预测人员邀请生产、财务、市场销售等经过挑选的多个预测者组成的预测小组进行集体讨论,广泛交换意见,最后对所要预测的对象做出评价,从而得出预测结果的一种方法。由于预测参加者分属不同的部门和环节,做出的预测往往较为准确和全面。这种预测方法也较为简单可行,常用于产品市场需求量和销售额的预测。

3. 专家会议法

专家会议法也叫专家意见集合法,就是根据市场预测的目的和要求,聘请一些专家成立预测小组,企业自身不参加预测,只承担管理和组织工作。这种方法属于集体经验判断预测法的范畴,与集体意见交换法的区别仅在于参加预测的人员为与预测问题相关的各类专家。

4. 特殊的专家预测法——头脑风暴法

头脑风暴法是根据预测目的的要求,组织各类专家相互交流意见,无拘无束地畅谈自己的想法,敞开思想发表自己的意见,在头脑中进行智力碰撞,产生新的思想火花,使预测观点不断集中和深化,从而提炼符合实际的预测方案。头脑风暴法的最大特点是其所要解决的问题是创造性问题而不是逻辑性问题,通过最大限度地发挥人们所具有的智慧和创造力,来解决各种可能出现的问题,最终得出令人满意的答案。头脑风暴法实际操作中与普通会议的根本区别在于不批评别人的意见、提倡自由奔放地思考、提出的方案越多越好、提倡在别人方案的基础上进行改进或与之结合。

5. 德尔菲法（专家调查法）

德尔菲法，也称专家调查法，1946年由美国兰德公司创始实行，被广泛运用于军事、经济和商情预测。在德尔菲法的实施过程中，始终有两方面的人在活动，一是预测的组织者，二是被选出来的专家。

德尔菲法中的调查表与通常的调查表有所不同，它除了有通常调查表向被调查者提出问题并要求回答的内容外，还有向被调查者提供的信息，它是专家们交流思想的工具。德尔菲法的工作流程大致可以分为四个步骤，在每一步中，组织者与专家都有各自不同的任务。

（1）开放式的首轮调查，步骤如下：

① 由组织者发给专家的第一轮调查表是开放式的，不带任何限制，只提出预测问题，请专家围绕预测问题提出预测事件。如果限制太多，会漏掉一些重要事件。

② 组织者汇总整理专家调查表，归并同类事件，排除次要事件，用准确术语提出一个预测事件一览表，并作为第二步的调查表发给专家。

（2）评价式的第二轮调查，步骤如下：

① 专家对第二步调查表所列的每个事件作出评价。例如，说明事件发生的时间、争论问题和事件或迟或早发生的理由。

② 组织者统计处理第二步专家意见，整理出第三张调查表。第三张调查表包括事件、事件发生的中位数和上下四分点，以及事件发生时间在四分点外侧的理由。

（3）重审式的第三轮调查，步骤如下：

① 发放第三张调查表，请专家重审争论。

② 对上下四分点外的对立意见做一个评价。

③ 给出自己的新评价（尤其是在上下四分点外的专家，应重述自己的理由）。

④ 如果修正自己的观点，也应叙述改变理由。

⑤ 组织者回收专家们的新评论和新争论，与第二步类似地统计中位数和上下四分点。

⑥ 总结专家观点，形成第四张调查表。其重点在争论双方的意见。

（4）复核式的第四轮调查，步骤如下：

① 发放第四张调查表，专家再次评价和权衡，作出新的预测。是否要求作出新的论证与评价，取决于组织者的要求。

② 回收第四张调查表，计算每个事件的中位数和上下四分点，归纳总结各种意见的理由以及争论点。

值得注意的是，并不是所有被预测的事件都要经过四步。有的事件可能在第二步就达到统一，而不必在第三步中出现；有的事件可能在第四步结束后，专家对各事件的预测也不一定都是达到统一。不统一也可以用中位数与上下四分点来作结论。事实上，总会有许多事件的预测结果是不统一。

这种预测方法的优点是可以避免群体决策的一些缺点，声音最大或地位最高的人没有机会控制群体意志，因为每个人的观点都会被收集，另外，管理者可以保证在征集意见以便作出决策时，没有忽视重要观点。

（二）定量预测方法

定量预测分析主要是根据市场调查阶段所收集的相关数据信息资料，通过建立适当的

数学模型分析过去和现在市场变化情况,并预测未来市场变化趋势。常用的方法有以下几种:

1. 平均数法

(1) 简单平均法。简单平均法是使用统计中的简单算术平均数的方法进行的预测法。它是以历史数据为依据,进行简单平均得出的。

$$\bar{x} = \frac{x_1 + x_2 + x_3 + \cdots + x_n}{n} = \frac{\sum x}{n}$$

式中,$\bar{x}$ 表示预测的平均值;$x_1, x_2, \cdots, x_n$ 表示各个历史时期的实际值;n 表示时期数。

【例 5.1】 某公司经营甲产品,其六年经营的实际结果如表 5.1 所示。

表 5.1 某公司经营甲产品六年的实际经营结果

年份	实际销售量(万吨)
第一年	22
第二年	24
第三年	28
第四年	30
第五年	26
第六年	32

请使用简单平均法预测第七年的销售量。

解 将表中所列数据代入公式:

$$\bar{x} = \frac{x_1 + x_2 + x_3 + \cdots + x_n}{n} = \frac{22 + 24 + 28 + 30 + 26 + 32}{6} = 27 \text{(万吨)}$$

简单平均法计算简单,可以避免某些数据在短期内的波动对预测结果的影响。但是,这种方法并不能反映预测对象的趋势变化,因而使用的比较少。

(2) 加权算术平均法。根据不同时期的实际值对预测值影响程度的差异,分别给予不同的权值。一般地,近期实际数据的权数相对大一些,远期实际数据的权数相对小一些,然后再进行加权平均,所得的加权平均数作为下一期的预测值。基本公式为

$$\bar{X} = \frac{\sum X_i W_i}{\sum W_i}$$

该方法的关键在于确定适当的权数。

(3) 移动平均法。算术平均值只能说明一般情况,看不出数据的中、高、低点,也不能反映事物的发展过程和趋势,而移动平均法则能较好地反映事物的发展过程和趋势。它是一种对原有时间序列进行修匀,测定其长期趋势的一种常用而又简单的方法。

移动平均法的准确程度主要取决于平均期数或移动期数 n 的选择。

常用的移动平均法有一次移动平均法和二次移动平均法。

① 一次移动平均法。一次移动平均法中又包括简单移动平均和加权移动平均两种。

a. 简单移动平均法,计算公式为

$$\hat{X}_{t+i}^{(1)} = M_t^{(1)} = \frac{X_t + X_{t-1} + \cdots X_{t-n+1}}{n}$$

式中,M_t 为 t 期移动平均值;$\hat{X}^{(1)}_{t+1}$ 为 $t+1$ 期预测值。

关于移动期数 n 的确定:若时间序列观察值越多,移动期数应越长;若时间序列存在周期性波动,则以周期长度为移动期数。

【例 5.2】 表 5.2 是公司某商品历史销售数据资料,试用一次移动平均法预测第 12 期销售量。

表 5.2 公司某商品历史销售数据资料

期数 t	销售量(件)X_t	$n=3$ 预测值 $M_t^{(1)}$	绝对误差 $|e_t|$	$n=5$ 预测值 $M_t^{(1)}$	绝对误差 $|e_t|$
1	2000	—	—	—	—
2	1350	—	—	—	—
3	1950	—	—	—	—
4	1975	1767	208	—	—
5	3100	1758	1342	—	—
6	1750	2342	592	2075	325
7	1550	2275	725	2025	475
8	1330	2133	833	2065	765
9	2200	1533	667	1935	265
10	2770	1683	1087	1980	790
11	2350	2090	260	1915	435

解 首先,分别计算 $n=3$ 和 $n=5$ 的移动平均值。

当 $n=3$ 时:

$$M_3^{(1)} = \frac{X_3 + X_2 + X_1}{3} = \frac{1950 + 1350 + 2000}{3} = 1767(件)$$

……

$$M_{11}^{(1)} = \frac{X_{11} + X_{10} + X_9}{3} = \frac{2350 + 2770 + 2200}{3} = 2440(件)$$

当 $n=5$ 时:

$$M_5^{(1)} = \frac{X_5 + X_4 + X_3 + X_2 + X_1}{5} = \frac{3100 + 1975 + 1950 + 1350 + 2000}{5} = 2075(件)$$

……

$$M_{11}^{(1)} = \frac{X_{11} + X_{10} + X_9 + X_8 + X_7}{5} = \frac{2350 + 2770 + 2200 + 1330 + 1550}{5} = 2040(件)$$

其次,比较 $n=3$ 和 $n=5$ 时的平均绝对误差 $|\bar{e}|$,取误差小的移动期数为预测用移动期数。

$$|\bar{e}|_{n=3} = \frac{208 + 1342 + 592 + 725 + 833 + 667 + 1087 + 260}{8} = 714(件)$$

$$|\bar{e}|_{n=5} = \frac{325 + 475 + 765 + 265 + 790 + 435}{6} = 509(件)$$

故取 $n=5$ 进行预测,则

$$\hat{X}_{12} = M_{11}^{(1)} = \frac{X_{11} + X_{10} + X_9 + X_8 + X_7}{5}$$

$$= \frac{2350 + 2770 + 2200 + 1330 + 1550}{5} = 2040(件)$$

b. 加权移动平均法,计算公式为

$$\hat{X}_{t+1}^{(1)} = M_{tW}^{(1)} = \frac{W_1 X_t + W_2 X_{t-1} + W_3 X_{t-2} + \cdots + W_n X_{t-n+1}}{W_1 + W_2 + W_3 + \cdots + W_n}$$

以上两种移动平均法适用于时间序列变动趋势较平稳的情况。

② 二次移动平均法。当时间序列呈现出明显的线性增长或下降趋势时,用一次移动平均进行预测时,移动平均值总是滞后于实际值的变化,因此要进行修正,在一次移动平均值的基础上再进行二次移动平均,利用两次移动平均的滞后偏差规律,求得移动系数,建立线性预测方程,该方法在实践中应用较多。

二次移动平均法是对时间序列的一次移动平均值再进行第二次移动平均,利用一次移动平均值和二次移动平均值构成时间序列的最后一个数据为依据建立线性预测模型进行预测。必须指出,一次移动平均值和二次移动平均值并不直接用于预测,只是用以求出线性预测模型的平滑系数和修正滞后偏差。

2. 时间序列预测法

(1) 时间序列预测法的含义。时间序列预测法,是指将过去的历史资料及数据,按时间顺序加以排列构成一个数字序列,根据其动向预测未来趋势。这种方法的根据是过去的统计数字之间存在着一定的关系,这种关系,利用统计方法可以揭示出来,而且过去的状况对未来的销售趋势有决定性影响。因此,可以用这种方法预测未来的趋势,它又称为外推法或历史延伸法。

(2) 时间序列影响因素变动分析有以下四种:

① 长期趋势变动。它是时间序列变量在较长的持续时间内的某种发展总动向。

② 季节变动。它是由于季节更换的固定规律作用而发生的周期性变动。季节变动的周期比较稳定,通常为一年。

③ 周期波动。又称循环变动,是指时间序列在为期较长的时间内(通常在一年以上),呈现出涨落起伏。

④ 不规则变动。又称随机变动,是指偶发事件导致时间序列出现数值忽高忽低、时升时降的无规则可循的变动。

运用时间序列分析法进行预测,实际上是将所有的影响因素归结到时间这一因素上,只承认所有影响因素的综合作用,并认为在未来对预测对象仍起作用。其目的是寻找预测目标随时间变化的规律。

(3) 时间序列预测法的步骤如下:

① 收集、整理历史资料,编制时间序列,并根据时间序列绘制散点图。

② 分析时间序列,对影响时间序列的各因素进行分解。

③ 选择预测方法,建立预测模型进行预测。

3. 季节指数预测法

(1) 季节指数法的概念。季节指数法是指以市场的循环周期为特征,计算反映在时间序列资料上呈现明显的有规律的季节变动系数,达到预测目的的一种方法。

季节指数法的要点有:首先,利用统计方法计算出预测目标的季节指数,以测定季节变动的规律性;然后,在已知季节的平均值的条件下,预测未来某个月(季)的预测值。

(2) 直接平均季节指数法操作步骤如下:

① 收集历年(通常至少三年)各月或各季的统计资料(观察值)。
② 求出各年同月或同季观察值的平均数(用 A 表示)。
③ 求出历年间所有月份或季度的平均值(用 B 表示)。
④ 计算各月或各季度的季节指数,即 $S=A/B$。
⑤ 季节指数的调整,以月份为资料的 12 个月的季节指数之和的标准值为 1200%,以季度为资料的 4 个季度季节指数之各的标准值为 400%,如果合计数不等于 1200%(或 400%)需要进行调整。

$$季指整系 = \frac{400\%(或 1200\%)}{实际季节指数之和} \times 100\%$$

该期整后的季节指数 = 实际该期季节指数 × 季节指数调整系数

⑥ 根据未来年度的全年趋势预测值,求出各月或各季度的平均趋势预测值,然后乘以相应调整后的季节指数,即得出未来年度内各月和各季度包含季节变动的预测值。

【例 5.3】 根据某市文化衫 2016~2018 销售资料(表 5.3),若 2019 年的销售量在 2018 年销售量的基础上递增 8%。试预测 2019 各个季度的销售量。

表 5.3 某市文化衫 2016~2018 销售量资料(单位:件)

季度	2016 年	2017 年	2018 年	各季平均(A)	季节指数 $S=A/B(\%)$
Ⅰ季度	182	231	330	247	28.9
Ⅱ季度	1728	1705	1932	1788.3	208.9
Ⅲ季度	1144	1208	1427	1259.7	147.2
Ⅳ季度	118	134	132	128	15
合计	3172	3278	3821	—	400

解 表 5.3 中因各季季节指数之各为 400%,不需要进行调整。

2019 年全年销售量预测趋势值:

$$y_{2019} = y_{2018} \times (1+8\%) = 3821 \times (1+8\%) = 4126.68(件)$$

2019 年全年各季平均销售量趋势值:

$$y_t = \frac{4126.68}{4} = 1031.67(件)$$

对 2019 年各季度的销售量预测如下:

2019 第Ⅰ季度销售量预测值:1031.67×28.9% = 298.15(件)
2019 第Ⅱ季度销售量预测值:1031.67×208.9% = 2155.16(件)
2019 第Ⅲ季度销售量预测值:1031.67×147.2% = 1518.62(件)
2019 第Ⅳ季度销售量预测值:1031.67×15.0% = 154.75(件)

4. 回归分析预测法

回归分析预测法主要包括一元回归、多元回归和非线性回归模式。

(1) 回归分析预测法的步骤如下:

① 确立预测目标和影响因素;

② 进行相关分析；
③ 建立回归预测模型；
④ 回归预测模型的检验。

（2）一元回归分析预测法。一元回归直线法是将企业的业务量和混合成本分别作为混合成本函数的自变量和函数，通过对一定时期内反映两者关系的一系列观察值的统计处理，建立描述业务量和混合成本相互关系的回归方程，用以确定混合成本中的固定成本和变动成本的一种方法。

其基本原理是在散布图法的基础上，找到一条与全部观察值误差的平方和最小的直线。反映这条直线的方程在统计上被称为回归直线方程。其具体步骤是：

根据目的搜集若干混合成本数据，并依此建立直线方程：

$$y_i = a + bx_i$$

其中，x_i 是自变量；y_i 是因变量；a、b 为回归系数。利用最小二乘法求得 a、b 为

$$\begin{cases} b = \dfrac{\sum(x_i-\bar{x})(y_i-\bar{y})}{\sum(x_i-\bar{x})^2} = \dfrac{n\sum x_i y_i - \sum x_i \sum y_i}{n\sum x_i^2 - (\sum x_i)^2} \\ a = \dfrac{\sum y_i}{n} - b \times \dfrac{\sum x_i}{n} = \bar{y} - b\bar{x} \end{cases}$$

写出直线方程为 $\hat{y} = a + bx$。

【例 5.4】 利用 2018 年企业资料，建立一元回归直线方程并预测 2019 年 1 月份的维修成本。假设 2019 年 1 月份材料消耗量为 88 吨。

表 5.3　某企业 2018 年材料消耗量与维修成本资料

月份	材料消耗量 x（吨）	维修成本 y（万元）	xy	x^2	y^2
1	55	67	3685	3024	4489
2	60	64	3840	3600	4096
3	70	66	4620	4900	4356
4	75	70	5250	5625	4900
5	80	72	5670	6400	5184
6	85	71	6035	7225	5041
7	100	80	8000	10000	6400
8	95	79	7505	9025	6241
9	90	76	6840	8100	5776
10	72	67	4824	5184	4489
11	64	69	4416	4096	4761
12	50	60	3000	2500	3600
$n=12$	$\sum x = 896$	$\sum y = 841$	$\sum xy = 63775$	$\sum x^2 = 69680$	$\sum y^2 = 59333$

一元回归模型计算参数：

$$b = \frac{n\sum x_i y_i - \sum x_i \sum y_i}{n\sum x_i^2 - (\sum x_i)^2} = \frac{12 \times 63775 - 896 \times 841}{12 \times 69680 - (896)^2} = 0.3528$$

$$a = \frac{\sum y_i}{n} - b \times \frac{\sum x_i}{n} = \frac{841}{12} - \frac{0.3528 \times 896}{12} = 43.7409$$

一元回归方程为

$$y = 43.7409 + 0.3528x$$

预测2019年维修成本为

$$y = 43.7409 + 0.3528x = 43.7409 + 0.3528 \times 88 = 74.7873(万元)$$

【资料链接】

2018上半年中国旅游市场分析及下半年趋势预测

2017年，中国旅游市场高速增长，入出境市场平稳发展，供给侧结构性改革成效明显。据旅游局数据显示，2017全年实现旅游总收入5.40万亿元，增长15.1%。到了2018上半年，国民旅游消费需求旺盛，国内旅游人数28.26亿人次，比上年同期增长11.4%；入出境旅游总人数1.41亿人次，同比增长6.9%。

2018上半年，国内旅游人数28.26亿人次，比上年同期增长11.4%。其中，城镇居民19.97亿人次，增长13.7%；农村居民8.29亿人次，增长6.3%。国内旅游收入2.45万亿元，比上年同期增长12.5%。其中，城镇居民花费1.95万亿元，增长13.7%；农村居民花费0.50万亿元，增长8.3%。国际旅游收入618亿美元，比上年同期增长2.8%。入境旅游人数6923万人次，比上年同期下降0.4%。入境旅游人数按照入境方式分，船舶占3.3%，飞机占17.1%，火车占0.8%，汽车占22.5%，徒步占56.2%。同期，入境过夜旅游人数3072万人次，比上年同期增长2.0%。

从2012~2017年旅游行业数据来看，全国旅游收入保持着两位数稳定增长。2014年全国旅游收入达3.73万亿元，同比增长25.4%，达到近几年来增速峰值，2015年增幅相对有所放缓。随着近年来，政府大力发展全域旅游、冰雪旅游等，2015~2017年中国旅游业收入增速不断提高。据中商产业研究院预测，2018年全国旅游收入将达6.24万亿元，增速约增至15.6%。

目前，旅游业规模逐年增长，在吸纳就业、带动农业发展、增加税收等方面都发挥了重要作用，对经济增长和社会发展做出了突出的贡献。初步测算，2017年全国旅游业对GDP的综合贡献为9.13万亿元，占GDP总量的11.04%。旅游直接就业2825万人，旅游直接和间接就业7990万人，占全国就业总人口的10.28%。旅游业占GDP比重自2014年起一直保持着上升的趋势，比重从2014年的10.39%上升至2017年的11.04%。预计2018年旅游收入比重将继续上涨，为11.15%。

资料来源：东方财富网（http://finance.eastmoney.com/news/1355,20180828935414148.html）。

本 章 小 结

市场调查就是收集、整理、分析相关营销信息的活动,目的是为企业的营销决策提供依据。它的主要作用有:为企业的决策和调整策略提供客观依据;有利于企业发现市场机会,开拓新市场;有利于准确的市场定位,更好地满足顾客的需要,增强竞争力;有利于企业建立和完善市场营销信息系统;增强企业竞争力和应变能力。

依据调查目的的不同,市场调查大体上可以分为探测性调查、描述性调查、因果关系调查和预测性调查四大类。依据调查对象的范围大小不同可以分为全面调查和非全面调查。依据调查时间的连续性分类,市场调查可分为一次性调查、定期性调查和连续性调查。依据收集资料的方式划分,市场营销调查可分为访问法、观察法、实验法、文案调查法、网络调查法。

市场调查应遵循系统、科学的工作程序,正式的实地调查一般会经历确定调查目标、确定所需信息、确定调查方法、收集现有资料、设计调查方案、组织实地调查、资料统计整理分析、编写调查报告八个阶段。

市场预测是指在市场调查的基础上,利用各种信息资料,采用科学的方法进行分析研究,以推测未来一定时期内市场需求情况及发展趋势,为企业确定营销目标和制定营销策略提供依据。

市场预测是企业经营决策的前提,是企业制订营销计划的依据和加强经营管理的手段。市场预测的方法包括定性预测方法和定量预测方法。

练 习 题

一、名词解释

1. 探测性调查;
2. 全面调查;
3. 市场调查;
4. 二手资料调查法;
5. 头脑风暴法。

二、单项选择题

1. 市场调查是进行(　　)的基础。

　　A. 市场分析　　　　　　　　B. 市场预测
　　C. 市场开发　　　　　　　　D. 市场结构安排

2. 对于企业来讲,要消耗大量人力、物力和财力,不符合经济效益要求的调查形式是(　　)。

　　A. 几率抽样　　B. 重点调查　　C. 典型调查　　D. 市场普查

3. 在访问调查法中,获得信息量最少的方法是(　　)。

　　A. 面谈调查　　B. 邮寄调查　　C. 电话调查　　D. 留置调查

4. 当市场调查人员分析问题时,除了实地收集的资料外,(　　)也是一个重要的信息来源。
   A. 一手资料　　　　　　　　B. 二手资料
   C. 最初数据　　　　　　　　D. 便利数据
5. 对需要调查的客观现象的相关方面进行事实资料的收集、整理和分析的正式调查属于(　　)。
   A. 探测性调查　　　　　　　B. 描述性调查
   C. 因果性调查　　　　　　　D. 预测性调查
6. 按随机原则直接从总体 N 个单位中抽取 n 个单位作为样本,这种抽样组织形式是(　　)。
   A. 简单随机抽样　　　　　　B. 系统抽样
   C. 判断抽样　　　　　　　　D. 整群抽样
7. 只有当现有间接资料不能为认识和解决市场问题提供足够的依据时,才实行(　　)。
   A. 文案调查　　B. 面谈调查　　C. 实地调查　　D. 邮寄调查
8. 问卷中设计问题有两种形式:开放式和(　　)。
   A. 半开放式　　B. 封闭式　　　C. 框图式　　　D. 半封闭式
9. 在访问法中,哪种方法获得信息量最大?(　　)
   A. 面谈调查　　　　　　　　B. 邮寄调查
   C. 电话调查　　　　　　　　D. 留置调查
10. 观察法的缺点是(　　)。
    A. 直接可靠　　　　　　　　B. 适用性强
    C. 简便易行　　　　　　　　D. 受时空限制

三、多项选择题

1. 邮寄调查的优点是(　　)。
   A. 费用较低　　　　　　　　B. 调查者的影响较小
   C. 收集到的情报资料可靠性强　D. 收集到的情报资料准确性差
2. 关于面谈访问法的好处,下面(　　)表述是不正确的。
   A. 费用不高　　　　　　　　B. 不受访问人员的影响,又可以避免找不到人
   C. 调查资料的质量较好　　　D. 问卷回收率高
3. 市场调查按其调查目的不同,可以分为(　　)。
   A. 探测性调查　　　　　　　B. 描述性调查
   C. 因果性调查　　　　　　　D. 预测性调查
4. 你在购买手机等大件物品前,可能会进行的市场调查活动有(　　)。
   A. 上网查询相关信息　　　　B. 电话咨询厂家
   C. 请教同学或朋友　　　　　D. 去商场看样品
5. 市场调查中我们不大用普查的方法,而用抽查的方法,是因为普查方法(　　)。
   A. 可行性差　　　　　　　　B. 时效性差
   C. 市场不好　　　　　　　　D. 调查费高

四、简答题

1. 市场营销调查通常包含哪些基本步骤？
2. 依据调查的目的，市场营销调查是怎样划分的？
3. 市场调查资料整理和分析的程序是什么？
4. 入户访谈前应该做好哪些准备？
5. 在实践调查中，为什么要先收集二手资料，后收集一手资料？

五、论述题

1. S市为了能够给今后城市的发展提供决策参考，进行了一次小规模的决策咨询，调查对象为有关专家和政府机关领导，调查的人数为45人，调查的内容是：预测本市未来几年内亟待解决的十大问题。要求征询者按照轻重缓急的顺序进行填写。第一轮结果出来了，但问题提的很分散，归纳整理后有107个。于是调查小组从中选择了20个意见比较集中的问题进行了第二轮咨询，要求从这20个问题中选出10个。经过第二轮的选择后，意见就比较统一了，有10个问题均超过了半数。这次对于未来问题的咨询为S市今后的发展提供了重要的参考价值。

思考并回答下列问题：

(1) 请问该资料中S市的咨询方法属于预测方法中的哪一种？
(2) 它是对哪一种预测方法的改进和发展？
(3) 这种方法的优点是什么？

2. 市场调查对企业的作用主要表现在哪几个方面？

思考案例

微波炉与电磁炉的畅销与滞销

早在十几年前，我国上海的一家大企业决定上马新型电器厨具。他们首先购买了50台家用微波炉和电磁炉，然后在展销会上进行试销，结果产品在三天内全部销售完毕。考虑到展销会的顾客缺乏代表性，于是他们又购买了100台各种款式的微波炉和电磁炉，决定在上海南京路的两个商店进行试销，并且提前3天在《解放日报》《文汇报》上登了广告。结果半夜就有人排队待购，半天时间全部产品都销售一空。

他们很高兴，但是厂长仍不放心。他让企业内部的有关部门做一个市场调查，据该部门的负责人说，他们走访了近万户居民，据汇报上来的数据统计，有80%的居民有愿意购买电磁炉和微波炉的要求。

他们想：上海有1000多万户居民，加上各种不方便使用明火的地方，各种边远地区的、不方便做饭的小单位和各种值班人员，对于电磁炉和微波炉的需求量应该是巨大的。如果加上辐射的地区江苏、浙江等省份，对微波炉和电磁炉的需求量将是一个令人惊喜的数据。于是，他们下决心引进新型的生产线，立即上马进行生产。

可是，当他们的第二个生产线投产的时候，产品已经滞销，企业全面亏损。厂长很不服气，他亲自到已经访问过的居民家中调查情况。结果是：所拜访的居民都承认有人来问过他们关于是否购买微波炉和电磁炉的事，而且他们当时都认为自己想买。但是他们后来却都没有买，问其原因，居民的回答就各种各样。有的说，原来指望儿子给钱，可是现在儿子不给钱买了;有的说没有想到现在收入没有那么好;有的说单位给安装了煤气等等。不管厂长如何生气,微波炉和电磁炉生产线只好停产。

案例思考题:

你认为上海这家工厂的问题出现在什么地方?如果你来进行这个市场调查活动,你将会怎么做?请进行详细分析,列举理由。

1. 训练目标

加深对市场调查重要性的理解,提高专业素养和实践动手能力,培养沟通、团队合作能力,提高观察、思考、分析和解决问题的能力。

2. 训练内容与要求

以"网络对大学生人际关系的影响调查"为主题,设计市场调查总体方案,以调查小组为单位按每5人一小组分组进行实地调查。

3. 训练成果与检测

每组对调查结果进行分析,写出一份市场调查报告,并附一份调查样卷上交,时间允许的话由每组选派代表辅以 ppt 进行口头汇报。

第六章　市场细分与目标市场

通过本章的学习,使学生了解市场细分、目标市场选择、市场定位等相关概念,掌握市场细分的作用和依据,掌握目标市场营销策略,掌握影响目标市场营销策略的因素,能应用市场细分原理和市场定位方法,分析企业目标市场营销中存在的各种问题及有针对性地解决问题。

云南白药牙膏靠定位赢得市场

中国牙膏产品市场已进入成熟期,市场细分程度很高,品牌忠诚度起主要作用,价格竞争十分激烈。从市场供给来看,市场规模相对稳定。其中,高露洁、佳洁士霸主地位已形成;两面针、冷酸灵、黑妹、蓝天六必治等国产品牌则稳占二线阵营。

2005年,云南白药集团向外发布了一个新的策略:进军日化领域。第一步便是推出云南白药牙膏。

众所周知,云南白药集团是一个拥有百年历史的著名药企,进军与其差异很大的日用品行业,面对高露洁、佳洁士等国际日化领域的大鳄,不免让人心存疑虑。然而就在人们怀疑的目光中,云南白药牙膏奇迹般地崛起了。

2005年8月8日,云南白药集团在中央电视台投放广告,全新的市场攻势开始启动。当月云南、湖南、山东等各重点市场销售量直线上升,新的经销商纷纷加盟。到2006年,重点市场从当初的5个增加到10个,全年销售2.2亿元。短短18个月,云南白药牙膏实现总销售额3亿元。2006年,相关数据表明,云南白药牙膏在全国商超销售量进入全国前十名,销售额进入全国前五名,部分城市排名第三,仅次于佳洁士、高露洁。

这可谓是一个新产品打入市场的营销神话,它赢得市场的奥秘何在?

由于云南白药牙膏的主要成分的成本高,因此云南白药上市伊始,不同地区的定价在每支22～24元。显然,白药牙膏将目标高市场定位于高端市场。也就是说,它的目标受众基本上锁定在了两个群体:一是有牙龈出血症状的高收入人群;二是在收入上不一定有多高,但至少牙龈出血的重度患者。

白药牙膏是云南白药集团股份有限公司研发生产的一种护龈固齿功能健康性产品。它是根据我国牙周病发病率高居不下,市场缺乏有效的防治牙周疾病的产品的现实,开发以牙膏为载体,内含云南白药特殊活性成分,以防治牙龈出血、牙龈炎、牙周炎,牙龈萎缩和口腔溃疡的专业性口腔护理保健产品。但是不少人提出了这样的疑问,究竟云南白药牙膏是药还是牙膏?

云南白药集团股份有限公司将其产品定位于"日用品"和"保健品"——云南白药牙膏作为日化品,是一种具有护龈功能的健康性牙膏。

资料来源:王天春. 市场营销案例评析[M]. 大连:东北财经大学出版社,2014.

讨论:
云南白药集团股份有限公司的云南白药牙膏是如何进行市场定位的?

在现今时代,企业普遍面对着复杂多变、消费者众多、分布广泛、需求多样、竞争激烈的市场环境。企业欲在激烈的市场竞争中取胜,获得发展机会并长期立于不败之地,就要对整体市场进行细分。任何一个企业,无论其规模有多大,都无法满足整体市场的全部需求,而只能根据企业的条件和能力,去满足特定市场的某些消费需求。于是市场细分与目标市场选择问题应运而生,即在市场细分的基础上选择对本企业最有吸引力,可为之提供有效服务的部分市场作为目标市场,实行目标市场营销,从而实现以自己有限的资源和能力为目标市场提供优质服务。科学地进行市场细分,正确选择目标市场,是市场经济条件下企业营销管理的一项重要内容,直接关系到企业的生存和发展。

第一节 市场细分

一、市场细分的概念和作用

(一) 市场细分的概念

市场细分这个概念最早是由美国市场营销学家温德尔·史密斯在 20 世纪 50 年代提出的,其产生背景主要是当时美国市场供求关系的变化及顾客导向营销观念的逐步深化。此后受到广泛重视并被普遍运用,现已成为企业市场营销战略的核心内容之一,成为决定企业营销成败的一个关键性问题。

所谓市场细分,就是营销者根据市场需求和购买行为的差异性,把某一产品的整体市场(即全部现实消费者和潜在消费者)划分为若干个具有某种相似特征的消费者群的市场分类过程。每个消费者群就是一个细分市场,亦称"子市场"或"亚市场"。其客观基础是消费者需求的异质性,进行市场细分的主要依据是异质市场中需求一致的顾客群,实质就是在异质市场中求同质。市场细分的目标是为了聚合,即在需求不同的市场中把需求相同的消费者聚合到一起。所以细分市场是由需求完全相同或基本一致的消费者所构成的群体。其市场细分的结果达到分属不同细分市场的消费者对同一产品的需要与欲望存在明显差别,而属于同一细分市场的消费者对同一产品的需要与欲望则极为相似。

【资料链接】

日本资生堂公司对女性化妆品市场的细分

日本资生堂公司1982年对日本女性化妆品市场作了调查研究,按照女性消费者的年龄,把所有潜在的女性顾客分为四种类型(即把女性化妆品市场细分为四个不同的市场部分或亚市场):

第一种类型为15~17岁的女性消费者,她们正当妙龄,讲究打扮,追求时髦,对化妆品的需求意识较强烈,但购买的往往是单一的化妆品。

第二种类型为18~24岁的女性消费者,她们对化妆品也非常关心,采取积极的消费行动,只要是中意的化妆品,价格再高也在所不惜。这一类女性消费者往往购买整套化妆品。

第三种类型为25~34岁的女性消费者,她们大多数人已结婚,因此对化妆品的需求心理和购买行为也有所变化,化妆也是她们的日常生活习惯。

第四种类型为35岁以上的女性消费者,她们可分为积极派(因为"徐娘半老")和消极派(因为即将进入老年),但也显示了对单一化妆品的需要。

市场细分的目的是为了更加深入地研究消费需求,更好地适应消费需求,使企业所提供的产品和服务更好地满足目标顾客(或客户)的需要。

理解市场细分应注意以下三方面:

1. 市场细分是不同于传统的市场划分的

传统的市场划分是按照产品的性质和特征来划分,比如我们通常说的食品市场、服装市场、家电市场等,这种划分是必要的,但未能反映消费者需求的差异性及其变化。而我们讲的市场细分则体现了"以消费者为中心"的市场营销观念,强调以消费者的特性为标准来细分市场,如根据消费者的年龄、性别、收入、职业等标准对市场进一步细化,为企业深入分析和拓展子市场提供了可能。

2. 市场细分的子市场并非越多越好

细分出的子市场并非越多越好,应遵循基本的原则。如:乳酸菌饮料本是一种老少皆宜的饮品,但小容量的、适合儿童心理的包装却把它变成了只是一种儿童饮料,不得不说是过分市场细分的结果。这一结果的缺点也是显而易见的,它使乳酸菌饮料市场大大缩水,而且很多年过去了,也未能得到恢复,反而越来越觉得理所当然了。

3. 市场细分的直接目的是为了帮助企业有效地选择目标市场

在没有产生市场细分之前,企业选择目标市场往往是盲目的,大多凭经验办事,有的企业甚至不做目标市场选择,只是在市场上乱撞。市场细分产生之后,企业选择目标市场才有了科学的办法。虽不能直接给企业带来利润,但却是企业获得利润不可缺少的重要方法,是保证企业有效选择目标市场的基础。

(二)市场细分的作用

1. 有利于发掘企业的市场机会

所谓市场机会,就是市场上客观存在的但尚未得到满足或未能充分满足的市场需求。通过市场细分,企业可以分析和了解各个消费者的情况,识别出哪一类消费者的需求已经得到满足,哪一类尚未有合适的产品去满足,哪一类满足的程度还不够;各个细分市场上,哪些竞争很激烈,哪些较平缓,哪些还有待发展等。尚未满足的需求便是企业的市场机会,只有通过细分,企业才能发现这市场机会。再进一步结合企业情况,选择恰当的目标市场。一般来说,市场上总是存在着尚未被满足的需求,抓住这样的市场机会,制定与之相应的企业营销战略及策略,就有可能迅速取得市场优势地位。

【资料链接】

美国宝洁公司的市场细分

美国宝洁公司,通过市场细分,开发了去头屑的"海飞丝"、使头发柔顺的"飘柔"、营养发质的"潘婷"、超乎寻常呵护的"沙宣",可以供不同顾客选择,使公司一直保持洗发水市场的领先地位。

2. 有利于选择目标市场和制定市场营销策略

市场细分后的子市场比较具体,比较容易了解消费者的需求,企业可以根据自己经营思想、方针及生产技术和营销力量,确定自己的服务对象,即目标市场。针对着较小的目标市场,便于制定特殊的营销策略。同时,在细分的市场上,信息容易了解和反馈,一旦消费者的需求发生变化,企业可迅速改变营销策略,制定相应的对策,以适应市场需求的变化,提高企业的应变能力和竞争力。通过市场细分,企业可以更清楚了解市场的结构,了解市场上消费者的需求特点,才能制订有针对性的营销策略。

【资料链接】

联想集团的产品细分促销策略

联想的产品细分策略,正是基于产品的明确区分,联想打破了传统的"一揽子"促销方案,围绕"锋行""天骄""家悦"三个品牌面向不同的用户群需求,推出不同的"细分"促销方案。选择"天骄"的用户,可优惠购买让数据随身移动的魔盘、可精彩打印数码照片的3110打印机、SOHO好伴侣的M700多功能机以及让人尽享数码音乐的MP3;选择"锋行"的用户,可以优惠购买"数据特区"双启动魔盘、性格鲜明的打印机以及"新歌任我选"MP3播放器;钟情于"家悦"的用户,则可以优惠购买"电子小书包"魔盘、完成学习打印的打印机、名师导学的网校卡,以及成就电脑高手的XP电脑教程。

3. 有利于整合企业资源,提高经济效益

企业在市场细分后,了解了每个细分市场上消费者的需求特点,结合企业资源和能力状况,选择恰当的目标市场,可以避免在整体市场上分散使用有限的人、财、物力资源,使其集中使用于一个或几个细分市场上,取得局部市场优势,从而降低经营风险,节约经营费用,进而提高企业经济效益。如在20世纪,香港的一家手表生产企业,在对市场细分后发现,虽然市场上手表的品种、款式日渐丰富,但却有一部分老年消费者由于年龄的原因而无法适应新式手表,而市场上恰恰又有很多销路不好的老式手表,于是对这些手表进行了加工,使之更符合老年消费者的需求特点,并将其命名为"老花表"。此产品推向市场后,不仅使企业在竞

争激烈的手表市场上占领了一席之地,更是为企业赢得了丰厚的利润回报。

4. 有利于提高企业的竞争力

市场细分能够增加企业的适应能力和应变能力,在较小的细分市场上即子市场上开展营销活动可以增强市场调查的针对性,市场信息反馈较快企业易于掌握消费需求的特点及变化,这有利于及时、正确地规划和调整产品结构、产品价格、销售渠道和促销活动,使产品保持适销对路并迅速达到目标市场,扩大销售。企业在这个细分市场上把自己有效的资源优势集中到自己优势相适应的某个市场上,企业才能形成优势,提高企业的竞争力。

二、市场细分的原则

市场细分的目的是为了识别顾客需求上的差异,选择适合企业发展目标和资源条件的目标市场,发现有利的营销机会。成功有效的市场细分,应当遵循以下基本原则:

1. 可衡量性

细分市场必须能够被识别和可衡量,要有清晰的边界,能够大致判断出市场的规模及其购买力的大小。只有这个细分市场是可衡量的,才便于企业进行分析、比较。无法界定的市场对企业是没有任何实际意义的。所以,在选择细分变量要素时,应尽可能回避一些难以准确度量的要素。

2. 可行性

可行性是指细分的市场是企业能够有效进入并可为之服务的,即企业通过开展一定的营销活动使企业有可能进入并占有一定份额。换句话说,就是指细分后的市场应是企业的营销活动能够通达的,企业开展的各项工作可以对消费者发生影响。那些不能发挥企业资源作用或难以被企业所占领的市场,不能作为目标市场,不具备可进入性的细分市场是没有任何意义的。

3. 可盈利性

可盈利性是指细分市场要有足够的顾客数量和购买者,保证企业获得足够的经济效益,这是细分市场有效的重要条件。细分市场的规模必须适当,不宜过小也不宜过大。如果规模过小,细分市场中的收入不足以弥补为开发这个细分市场所付出的成本,企业现有的资源不能充分利用;如果规模过大,企业的资源、能力无法满足细分市场,这都难以保证企业获得合理利润。

细分市场只有具备了这些条件,才是有效的。

三、市场细分的依据

(一) 消费者市场细分的依据

消费者市场的需求是千差万别的,影响因素也错综复杂。企业一般是组合运用有关变量来细分市场,而不是单一采用某一变量。概括起来,细分消费者市场的变量主要有四类,即人口变量、心理变量、行为变量、地理变量。以这些变量为依据来细分市场就产生出地理细分、人口细分、心理细分和行为细分四种市场细分的基本形式。

1. 人口细分

按照人口变数来细分消费者市场就叫人口细分。人口细分包括年龄、性别、收入、职业、教育水平、家庭规模、家庭生命周期阶段等。消费者需求、偏好与人口统计变量有着很密切的关系,比如,只有收入水平很高的消费者才可能成为高档服装、名贵化妆品、高级珠宝等的经常买主。人口统计变量比较容易衡量,有关数据相对容易获取,由此构成了企业经常以它作为市场细分依据的重要原因。

(1) 性别。由于生理上的差别,男性与女性在产品需求与偏好上有很大不同,如在服饰、发型、生活必需品等方面均有差别。像美国的一些汽车制造商,过去一直是迎合男性要求设计汽车,现在,随着越来越多的女性参加工作和拥有自己的汽车,这些汽车制造商正研究市场机会,设计具有吸引女性消费者特点的汽车。

(2) 年龄。不同年龄的消费者有不同的需求特点,如青年人对服饰的需求,与老年人的需求差异较大。青年人需要鲜艳、时髦的服装,老年人需要端庄素雅的服饰。

(3) 收入。高收入消费者与低收入消费者在产品选择、休闲时间的安排、社会交际与交往等方面都会有所不同。比如,同是外出旅游,在交通工具以及食宿地点的选择上,高收入者与低收入者会有很大的不同。正因为收入是引起需求差别的一个直接而重要的因素,在诸如服装、化妆品、旅游服务等领域根据收入细分市场相当普遍。

(4) 职业与教育。指按消费者职业的不同,所受教育的不同以及由此引起的需求差别细分市场。比如,农民购买自行车偏好载重自行车,而学生、教师则是喜欢轻型的、样式美观的自行车;又如,由于消费者所受教育水平的差异所引起的审美观具有很大的差异,诸如不同消费者对居室装修用品的品种、颜色等会有不同的偏好。

(5) 家庭生命周期。一个家庭,按年龄、婚姻和子女状况,可划分为单身阶段、新婚阶段、满巢阶段Ⅰ、满巢阶段Ⅱ、满巢阶段Ⅲ、空巢阶段、孤独阶段七个阶段。在不同阶段,家庭购买力、家庭人员对商品的兴趣与偏好会有较大差别。

2. 心理细分

根据购买者所处的社会阶层、生活方式、个性特点等心理因素细分市场就叫心理细分。包括消费者所处的社会阶层、生活态度、生活方式、个性、购买动机、价值取向以及消费者对商品供求趋势和销售方式的感应程度等。

(1) 社会阶层。社会阶层是指在某一社会中具有相对同质性和持久性的群体。处于同一阶层的成员具有类似的价值观、兴趣爱好和行为方式,不同阶层的成员则在上述方面存在较大的差异。很显然,识别不同社会阶层的消费者所具有不同的特点,对于很多产品的市场细分将提供重要的依据。

(2) 生活方式。通俗地讲,生活方式是指一个人怎样生活。人们追求的生活方式各不相同,如有的追求新潮时髦,有的追求恬静、简朴;有的追求刺激、冒险,有的追求稳定、安怡。西方的一些服装生产企业,为"简朴的女性""时髦的女性""有男子气的女性"分别设计不同服装;烟草公司针对"挑战型吸烟者""随和型吸烟者""谨慎型吸烟者"推出不同品牌的香烟,均是依据生活方式细分市场。

(3) 生活态度。紧跟潮流者、享乐主义者、主动进取者、因循保守者等。有些汽车公司为"安分守己者"设计经济、安全、低污染的汽车;为玩车族设计华丽的、灵敏度高的汽车等。

(4) 个性。个性是指一个人比较稳定的心理倾向与心理特征,它会导致一个人对其所处环境做出相对一致和持续不断的反应。俗语说:"人心不同,各如其面",每个人的个性都会有所不同。通常,个性会通过自信、自主、支配、顺从、保守、适应等性格特征表现出来。因此,个性可以按这些性格特征进行分类,从而为企业细分市场提供依据,如对服装的设计可以分为朴素型、豪华型、新装型、保守型等。在西方国家,对诸如化妆品、香烟、啤酒、保险之类的产品以个性特征为基础进行市场细分并取得了成功。

（5）购买动机。求实、求安全、求美、求新、求名、求便、求廉等。

所有这些心理变数，都可以作为消费者市场细分的依据和标准。不过，心理变数十分复杂，没有一套公认有效的、相对稳定的具体变量。以心理变数作为细分市场的标准时，可能会在实际操作中遇到一些问题，如子市场的特征不稳定、细分变量比较模糊等，因此，企业在选择心理变数细分市场时，必须选择那些能够明显区分消费者的心理变数为细分变量。

教授卖苹果

元旦，某高校俱乐部前，一老妇守着两筐大苹果叫卖，因为天寒，问者寥寥。一教授见情形，上前与老妇商量几句，然后走到附近商店买来节日织花用的红彩带，并与老妇一起将苹果两两一扎，接着高叫道："情侣苹果哟！两元一对！"经过的情侣们甚觉新鲜，用红彩带扎在一起的一对苹果看起来很有情趣，因而买者甚众。

不一会，苹果尽卖光。老妇感激不尽，所赚颇丰。

思考：
（1）该教授采用了什么营销方式将老妇的苹果卖出去了？
（2）为什么这种方式能够取得成功？

3. 行为细分

根据购买者对产品的了解程度、态度、使用情况及反应等将他们划分成不同的群体，这种细分过程称为行为细分。许多人认为，行为变数能更直接地反映消费者的需求差异，因而成为市场细分的最佳起点。按行为变量细分市场主要包括：

（1）购买时机。根据消费者提出需要、购买和使用产品的不同时机，将他们划分成不同的群体。例如，城市公共汽车运输公司可根据上班高峰时期和非高峰时期乘客的需求特点划分不同的细分市场并制定不同的营销策略；生产果珍之类清凉解暑饮料的企业，可以根据消费者在一年四季对果珍饮料口味的不同，将果珍饮料市场消费者划分为不同的子市场。

（2）追求利益。消费者购买某种产品总是为了解决某类问题，满足某种需要。然而，产品提供的利益往往并不是单一的，而是多方面的。消费者对这些利益的追求时有侧重，如对购买手表有的追求经济实惠、价格低廉，有的追求耐用可靠和使用维修的方便，还有的则偏向于使用显示出社会地位、身份特征一面。例如，牙膏分经济型（低价）、药物型（防蛀）、化妆型（增白）、口感型（好口味）。化妆品分美白、润肤、除螨、防晒、去皱、消斑等。同样是洗发水，宝洁公司却为不同动机的消费者开发了多个品牌，每一个品牌提供不同的利益："海飞丝"重在去头屑，"潘婷"重在对头发的营养保健，而"飘柔"则重在是头发光滑柔顺。

（3）使用者状况。根据顾客是否使用和使用程度细分市场。通常可分为：经常购买者、首次购买者、潜在购买者、非购买者。大公司往往注重将潜在使用者变为实际使用者，较小的公司则注重于保持现有使用者，并设法吸引使用竞争产品的顾客转而使用本公司产品。

（4）使用数量。根据消费者使用某一产品的数量大小细分市场。通常可分为大量使用者、中度使用者和轻度使用者。大量使用者人数可能并不很多，但他们的消费量在全部消费量中占很大的比重。美国一家公司发现，美国啤酒的80%是被50%的顾客消费掉的，另外轻度饮用者的消耗量只占消耗总量的12%。因此,啤酒公司宁愿吸引重度饮用啤酒者,而放弃轻度饮用啤酒者,并把重度饮用啤酒者作目标市场。公司还进一步了解到大量喝啤酒的人多是工人,年龄在25~50岁之间,喜欢观看体育节目,每天看电视的时间不少于3小时。很显然,根据这些信息,企业可以大大改进其在定价、广告传播等方面的策略。

(5) 品牌忠诚程度。企业还可根据消费者对产品的忠诚程度细分市场。有些消费者经常变换品牌,另外一些消费者则在较长时期内专注于某一或少数几个品牌。通过了解消费者品牌忠诚情况和品牌忠诚者与品牌转换者的各种行为与心理特征,不仅可为企业细分市场提供一个基础,同时也有助于企业了解为什么有些消费者忠诚本企业产品,而另外一些消费者则忠诚于竞争企业的产品,从而为企业选择目标市场提供启示。例如,假设市场上有A、B、C、D、E五种品牌,根据消费者的品牌选择情况将他们分成四类,如表6.1所示。

表6.1 消费者按品牌忠诚程度市场细分

类别	特点	购买模式
坚定忠诚者	这类消费者始终不渝地只购买一种品牌的商品,即使遇到该品牌商品缺货,他们宁肯等待或到别处寻找	A、A、A、A、A
不坚定的忠诚者	这类消费者忠诚于两三种品牌,时而互相替代	A、A、B、B、A、B
转移型的忠诚者	这类消费者会从偏好一种品牌产品转换到偏爱另一种品牌的产品	A、A、A、B、B、B
非忠诚者	这类消费者对任何品牌都无忠诚感,他们有什么品牌就买什么品牌,或者想尝试各种品牌	A、C、E、B、D、B

品牌忠诚细分的优点:

① 分析品牌忠诚者可帮助企业获得很多信息。如Colgate发现其忠诚顾客多是来自中产阶级、成员多、更注重健康的家庭,这些将有助于Colgate划定其目标市场。

② 研究偶尔品牌不忠者可帮助企业查明主要竞争品牌。Colgate发现许多其品牌购买者还买Crest,就可以采用和Crest直接比较的广告来改善自己的定位。

③ 观察背弃者可以使企业了解自己营销的弱点。

(6) 购买的准备阶段。消费者对各种产品了解程度往往因人而异。有的消费者可能对某一产品确有需要,但并不知道该产品的存在;还有的消费者虽已知道产品的存在,但对产品的价值、稳定性等还存在疑虑;另外一些消费者则可能正在考虑购买。针对处于不同购买阶段的消费群体,企业进行市场细分并采用不同的营销策略。

(7) 态度。企业还可根据市场上顾客对产品的热心程度来细分市场。不同消费者对同一产品的态度可能有很大差异,如有的很喜欢持肯定态度,有的持否定态度,还有的则处于既不肯定也不否定的无所谓态度。针对持不同态度的消费群体进行市场细分并在广告、促销等方面应当有所不同。

4. 地理细分

按照消费者所处的地理位置、自然环境来细分市场,比如,根据国家、地区、城市规模、气候、人口密度、地形地貌等方面的差异将整体市场分为不同的小市场。地理变数之所以作为市场细分的依据,是因为处在不同地理环境下的消费者对于同一类产品往往有不同的需求与偏好,他们对企业采取的营销策略与措施会有不同的反应。比如,在我国南方沿海一些省份,某些海产品被视为上等佳肴,而内地的许多消费者则觉得味道平常。又如,由于居住环境的差异,城市居民与农村消费者在室内装饰用品的需求上大相径庭。

按照消费者所在的地理位置以及其他地理变量来细分消费者市场。子因素包括地理区域、地形气候、交通运输、人口密度等。

(1) 国家或地区:北美、西欧、中东、太平洋沿海、印度、东亚等。

(2) 国内地区:华北、东北、华中、华东、西北、华南等。

(3) 城市大小人口规模:10万~100万人、100万~400万人、400万人以上等。

(4) 人口密度:都市、市郊、农村。

(5) 气候:热带、亚热带、温带等。

(6) 地形:山川、平原、盆地等。

地理变量易于识别,是细分市场应予考虑的重要因素,但处于同一地理位置的消费者需求仍会有很大差异。比如,在我国的一些大城市,如北京、上海,流动人口逾百万,这些流动人口本身就构成一个很大的市场,很显然,这一市场有许多不同于常住人口市场的需求特点。所以,简单地以某一地理特征区分市场,不一定能真实地反映消费者的需求共性与差异,企业在选择目标市场时,还需结合其他细分变量予以综合考虑。

麦当劳是如何进行市场细分的?

麦当劳作为一家国际餐饮巨头,创始于20世纪50年代中期的美国。由于当时创始人及时抓住高速发展的美国经济下的工薪阶层需要方便快捷的饮食的良机,并且瞄准细分市场需求特征,对产品进行准确定位而一举成功。当今麦当劳已经成长为世界上最大的餐饮集团,在109个国家开设了2.5万家连锁店,年营业额超过34亿美元。

回顾麦当劳公司发展历程后发现,麦当劳一直非常重视市场细分的重要性,而正是这一点让它取得令世人惊羡的巨大成功。

市场细分是1956年由美国市场营销学家温德尔·斯密首先提出来的一个新概念。它是指根据消费者的不同需求,把整体市场划分为不同的消费者群的市场分割过程。每个消费者群便是一个细分市场,每个细分市场都是由需要与欲望相同的消费者群组成。市场细分主要是按照地理细分、人口细分和心理细分来划分目标市场,以达到企业的营销目标。

而麦当劳的成功正是在这三项划分要素上做足了工夫。它根据地理、人口和心理要素准确地进行了市场细分,并分别实施了相应的战略,从而达到了企业的营销目标。

(一) 麦当劳根据地理要素细分市场

麦当劳有美国国内和国际市场,而不管是在国内还是国外,都有各自不同的饮食习惯和文化背景。麦当劳进行地理细分,主要是分析各区域的差异。如美国东西部的人喝的咖啡口味是不一样的。通过把市场细分为不同的地理单位进行经营活动,从而做到因地制宜。

每年,麦当劳都要花费大量的资金进行认真的严格的市场调查,研究各地的人群组合、文化习俗等,再书写详细的细分报告,以使每个国家甚至每个地区都有一种适合当地生活方式的市场策略。

例如,麦当劳刚进入中国市场时大量传播美国文化和生活理念,并以美国式产品牛肉汉堡来征服中国人。但中国人爱吃鸡,与其他洋快餐相比,鸡肉产品也更符合中国人的口味,更加容易被中国人所接受。针对这一情况,麦当劳改变了原来的策略,推出了鸡肉产品。在全世界从来只卖牛肉产品的麦当劳也开始卖鸡了。这一改变正是针对地理要素所做的,也加快了麦当劳在中国市场的发展步伐。

(二) 麦当劳根据人口要素细分市场

通常人口细分市场主要根据年龄、性别、家庭人口、生命周期、收入、职业、教育、宗教、种族、国籍等相关变量,把市场分割成若干整体。而麦当劳对人口要素细分主要是从年龄及生命周期阶段对人口市场进行细分,其中,将不到开车年龄的划定为少年市场,将20~40岁之间的年轻人界定为青年市场,还划定了年老市场。

人口市场划定以后,要分析不同市场的特征与定位。例如,麦当劳以孩子为中心,把孩子作为主要消费者,十分注重培养他们的消费忠诚度。在餐厅用餐的小朋友,经常会意外获得印有麦当劳标志的气球、折纸等小礼物。在中国,还有麦当劳叔叔俱乐部,参加者为3~12岁的小朋友,定期开展活动,让小朋友更加喜爱麦当劳。这便是相当成功的人口细分,抓住了该市场的特征与定位。

(三) 麦当劳根据心理要素细分市场

根据人们生活方式划分,快餐业通常有两个潜在的细分市场:方便型和休闲型。在这两个方面,麦当劳都做得很好。

例如,针对方便型市场,麦当劳提出"59秒快速服务",即从顾客开始点餐到拿着食品离开柜台标准时间为59秒,不得超过一分钟。

针对休闲型市场,麦当劳对餐厅店堂布置非常讲究,尽量做到让顾客觉得舒适自由。麦当劳努力使顾客把麦当劳作为一个具有独特文化的休闲好去处,以吸引休闲型市场的消费者群。

资料来源:http://www.795.com.cn/wz/94624_11.html。

讨论:
(1) 市场细分的标准有哪些?
(2) 麦当劳是如何进行市场细分的?

(二) 生产者市场细分的依据

许多用来细分消费者市场的标准,同样可用于细分生产者市场。如根据地理、追求的利益、使用者情况、使用率和对品牌的忠诚度等变量加以细分。但是,生产者市场毕竟具有不同于消费者市场的特点,因此在对产业市场进行细分时,常用变量有用户规模、用户行业、用户地点等。

1. 用户规模

用户规模也是细分产业市场的一个重要依据。在产业市场里,有的用户购买量很大,而另一些用户的购买量很小。以钢材市场为例,像建筑公司、造船公司、汽车制造公司对钢材需求量很大,动辄数万吨的购买,而一些小的机械加工企业,一年的购买量也不过几吨或几十吨。企业在细分产业市场时,可将用户划分为大客户、中客户和小客户。一般来说,大客户数目少但是购买数额较大,对企业的销售市场有举足轻重的作用,应予以特殊重视,可保持经常的、直接的业务联系,在价格、信用等方面给予更多的优惠;对小客户一般不直接供应,而是通过批发商和零售商销售。

2. 用户行业

不同行业的用户采购同一种产品的目的是各不相同的,有的产品用于生产再加工,再加工的最终产品也不同,因而其对产品的质量、规格、功能、价格等都会有不同的要求;有的用于再销售,有的用作其他用途。所以针对不同行业用户的具体情况,可以采取有针对性的营销措施。如电子元件市场可以细分为军用市场、民用工业市场和商业市场等。这种按用户行业细分市场的方法叫作行业细分。

3. 用户地点

用户距企业空间位置的远近、用户分布的集中程度也可以作为细分产业市场的细分变量。一般来说,工业品市场比消费品市场更为集中。因为大多数国家和地区由于气候条件、自然资源、历史承继、社会环境等方面的原因,会形成若干个不同的工业地带,如我国东北的钢铁工业区、北京的电子工业区、江浙的纺织工业区等。这些不同的产业地区对不同的生产资料具有相对集中的需求,企业按用户的地理位置来细分市场,选择用户较为集中的地区作为自己的目标市场,不仅联系方便、信息反馈迅速,而且可以更有效地规划运输路线,节省运力与运费,同时也能更加充分地利用销售力量,降低推销成本。这种按用户地点细分市场的方式称为地理细分。

4. 产品的最终用途

产品的最终用途不同也是工业者市场细分标准之一。工业品用户购买产品,一般都是供再加工之用,对所购产品通常都有特定的要求。比如,同是钢材用户,有的需要圆钢,有的需要带钢;有的需要普通钢材,有的需要硅钢、钨钢或其他特种钢。企业此时可根据用户要求,将要求大体相同的用户集合成群,并据此设计出不同的营销策略组合。

5. 工业品购买状况

根据工业品购买方式来细分市场。工业品购买的主要方式如前所述包括直接重购、修订重购及新任务购买。不同的购买方式的采购程度、决策过程等不相同,因而可将整体市场细分为不同的小市场群。

四、市场细分的方法

企业在运用细分标准进行市场细分时要注意三个问题:① 市场细分的标准是动态的。市场细分的各项标准不是一成不变的,而是随着社会生产力及市场状况的变化而不断变化。如年龄、收入、城镇规模、购买动机等都是可变的。② 不同的企业在市场细分时应采用不同标准。因为各企业的生产技术条件、资源、财力和营销的产品不同,所采用的细分标准也应有区别。③ 企业在进行市场细分时,可采用一项标准,即单一变量因素细分,也可采用多个变量因素组合细分或系列变量因素进行市场细分。下面介绍几种市场细分的方法:

1. 单一变量因素法

单一变量因素法就是根据影响消费者需求的某一个重要因素进行市场细分。如按性别对所有消费者进行划分,则可分为男性和女性两个细分市场;按年龄对其进行划分,则每一个年龄段的消费者群即为一个细分市场;对于儿童玩具市场,可以针对不同年龄的儿童智力开发的需要,细分为0岁、1~3岁、3~5岁、5~7岁、7~10岁、10~12岁等细分市场。

2. 综合变量因素法

综合变量因素法就是根据影响消费者需求的两种或两种以上的因素进行市场细分。如服装市场,根据性别可细分为男装和女装,按个人收入可分为高、中、低三档,按消费人群的年龄可分为老年、中年、青年、少年四档,这样三个因素综合考虑的结果就是将市场细分为 2×3×4＝24 个细分市场。

3. 系列变量因素法

根据企业经营的特点并按照影响消费者需求的诸因素,由粗到细地进行市场细分。这种方法可使目标市场更加明确而具体,有利于企业更好地制定相应的市场营销策略。如自行车市场,可按地理位置(城市、郊区、农村、山区)、性别(男、女)、年龄(儿童、青年、中年、中老年)、收入(高、中、低)、职业(工人、农民、学生、职员)、购买动机(求新、求美、求价廉物美、求坚实耐用)等变量因素细分市场。

生产者市场细分如某家化工生产企业先按最终用户细分变量把化工产品细分为化肥产品制造企业、清洗产品制造企业和建筑产品制造企业三个子市场,然后选择一个本企业能服务的最好子市场为目标市场,假设这家企业选择清洗产品制造企业为目标市场。再按产品用途这个变量进一步将其细分为半原料、洗涤用品和除污产品三个子市场,然后再选择其中一个为目标市场。假设这家企业选择洗涤用品为目标市场。接着按客户规模把洗涤用品市场进一步细分为大客户、中客户、小客户三个子市场。如图 6.1 所示。

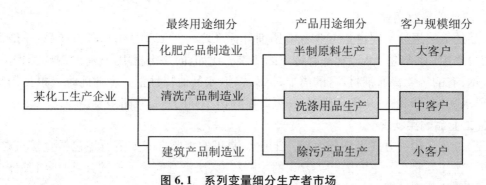

图 6.1 系列变量细分生产者市场

五、市场细分的步骤

美国营销专家麦卡锡提出了一套逻辑性强、直观明了的七个细分步骤,被企业界广泛接受。其基本步骤如下:

第一步,选定产品的市场范围。即在明确企业任务、目标,对市场环境充分调查分析之后,首先从市场需求出发考虑选定一个可能的产品市场范围。

第二步,估计潜在顾客的基本需求。企业可以在地理、心理、行为等方面,通过"头脑风暴法"对潜在顾客的要求做大致的分析。这一步骤掌握的情况也许不够全面,但是可以为以后各个步骤准备深入了解的资料。

第三步,分析潜在顾客的不同需求。企业依据人口因素做抽样调查,向不同的潜在顾客了解上述哪些需求对他更重要。初步形成几个消费需求相近的细分市场。

第四步,剔除潜在顾客的共同需求。即对初步形成的几个市场之间共同需求加以剔除,以他们之间需求差异作为细分市场的基础,虽然共同需求也重要,但只能作为市场营销组合决策的参考,不能作为细分市场的基础。

第五步,为这个细分市场暂时命名,即为不同的顾客群体定一个称谓。

第六步,进一步认识各个细分市场的特点,做进一步的细分或合并。企业要对各个细分市场的顾客,做深入细致的考察,明确各个顾客群体的特点,已知哪些,还要了解哪些,以便决定各分市场是否需要再度细分,或加以合并。

第七步,测量各细分市场的大小,从而估算可能的获利水平。经过以上各步骤,细分市场的类型基本确定。企业接着应把每个分市场与人口因素结合,测量各个分市场中潜在顾客的数量。

六、市场细分应注意的问题

市场细分应注意以下问题:

(1) 在选择市场细分标准时,应根据不同企业自身条件及产品特点进行了切合实际的选择,不能生搬硬套,不讲实效。

(2) 市场细分的标准是动态的。

(3) 在选择市场细分方法时,往往选择综合因素法或系列因素法。因为影响消费者需求的因素往往是多方面的且是相互关联的。单一因素细分市场很不具体,缺乏实际意义,一个理想的市场细分往往是由多个因素综合划分来确定的。

第二节 目标市场选择

目标市场是指企业在市场细分的基础上,根据市场潜力、竞争对手状况以及企业自身特点所决定要进入的市场。企业的一切市场营销活动,都是围绕目标市场进行的。企业需要评价各种细分市场,根据企业的资源与能力来选择目标市场,并确定目标市场策略。

一、目标市场的概念

目标市场是企业选定的并参与经营以达到经营目标的特定市场。它是在市场细分的基础上,明确各子市场的容量、产品特征、开发潜力,结合企业生产技术特点及经济实力确定的企业经营目标对象。

企业通过市场细分,会发现不同需求的顾客群,发现市场上未得到满足的需求。这种"未满足的需求"就是市场机会,但并非所有的市场机会都能成为企业机会,只有与企业的经营目标、资源条件相一致,并且比竞争者有更大优势的市场机会才能被企业利用。企业确定满足哪一类消费者的需求的过程,就是企业选择目标市场的过程。

目标市场与市场细分是两个既相互联系又相互区别的概念。市场细分是将整体市场划分为若干个有明显需求差异的顾客群,从而发现未满足需求的市场,而目标市场是企业选定的将作为营销对象的细分市场。市场细分是选择目标市场的前提和条件,而目标市场的选择则是市场细分的目的和归宿。

二、选择目标市场的程序

企业在选择目标市场时,通常按以下程序进行:

(一) 明确营销目标

选择目标市场首先要弄清营销目标。营销目标不清楚,选择目标市场就不能做到有的放矢,最后也不能实现营销目标。

(二) 确定细分标准

营销目标明确后,就要选择适当的市场细分标准和具体变量,这主要是把企业营销条件及其所生产经营商品的自身特性和商品需求的特性等结合起来考虑,可以用单一变量、综合变量或系列变量划分,关键是要符合实际需要。

(三) 划分原有市场

当市场细分变量选定后,就可以将原有的整体市场按细分标准具体分割为一个个子市场即细分市场。

(四) 对市场进行分析和评价

1. 市场分析

对市场进行分析主要从以下几方面进行:

(1) 对总体市场进行分析。就是要了解某一产品总体市场的营销状况。分析的内容包括:市场细分的情况、各细分市场产品销售的情况、各细分市场所占市场份额等。

(2) 对细分市场进行分析。在了解各细分市场的销售情况后,还应进行如下分析:预测各细分市场的销售增长趋势并计算其赢利潜量、预测本企业产品的销售增长情况、分析和找出对企业最有利的细分市场。

2. 细分市场评价

企业为了选择适当的目标市场,必须对各个细分市场进行充分的评价。可从以下几方面考虑:

(1) 市场规模与增长潜力。评价细分市场首先要看其是否有适当的规模和增长潜力。所谓适当规模是相对于企业的规模和实力而言的。较小的市场对于大企业不值得涉足,而较大的市场对于小企业又缺乏足够的资源,并且在大市场上小企业根本无力与大企业竞争。

市场增长潜力的大小,关系到企业销售和利润的增长,但有发展潜力的市场也常常是竞争者激烈争夺的目标,这又减少了企业获利的机会。

(2) 市场的吸引力。所谓吸引力是指长期获利率的大小。一个市场可能具有适当规模和增长潜力,但从获利观点来看,不一定具有吸引力。决定整体市场或细分市场是否具有长期吸引力的有五种力量:现实的竞争者、潜在的竞争者、替代产品、购买者和供应者。企业必须充分估计这五种力量对长期获利率所造成的威胁和机会。

如果某个市场上已有为数众多、实力强大的竞争者,该市场就失去吸引力;如果某个市场可能吸引新的竞争者进入,他们将会投入新的生产能力和大量资源,并争夺市场占有率,这个市场也没有吸引力;如果某个市场的购买者的谈判能力很强或正在加强,他们强烈要求降价,或对产品和服务苛求不已,并强化卖方之间的竞争,那么这个市场也缺乏吸引力;如果企业的供应者能够随意提高价格或降低产品和服务质量,或减少供应数量,该市场也同样没有吸引力。

(五) 选定目标市场策略

在分析评价的基础上,确定采用哪种对企业最有利的目标市场策略,是差异性市场策略,还是无差异性市场策略,或是密集性市场策略。

(六) 确定最佳目标市场

在目标市场策略确定后,根据目标市场的特点和目标市场策略的要求,最后确定最佳的细分市场为目标市场。通常重点从以下方面加以考虑:

1. 企业本身的目标和资源

有些市场虽然规模合适,也具有吸引力,但还必须考虑:是否符合企业的长远目标,如果不符合,就不得不放弃;企业能否具备在该市场上获胜所必需的能力和资源,如果不具备,也只能放弃。

2. 细分市场的成本利润分析

企业要对拟选择的目标市场,根据所设计的营销方案进行成本、利润分析。无论所选择的目标市场规模怎样,企业都要采用一定的营销方案,如中间商和分销渠道的选择、促销方式和力度、售后服务项目的确定和实施等。这一营销方案的成本如何?它与目标市场的销售预测数字相比较,企业可望获得的潜在利润是多少?经过成本利润分析,企业最后选定目标市场。

【资料链接】

李宁公司国际目标市场的选择

李宁公司选择国际目标市场考虑的因素如表6.2所示。

表6.2 选择国际目标市场考虑的因素

因素	俄罗斯	法国	美国	英国	中美洲	印度
经济实力	偏高	高	最高	高	最低	较低
体育产业状况	需求量巨大,年平均增长10%	年增15%至20%,世界品牌众多	处于衰退期,进口额下跌	消费市场的增长率约为11%	几乎全依赖进口,需求大	4000家制造厂商,60%出口
消费倾向	中高档、时尚、新潮	高档	高档、时尚	Nike;Adidas;Reebok	中低档	中低档
体育价值观	盛行健身风潮,健身俱乐部不断涌现	运动、时尚、品位	自由、崇尚个性、地位	15~24岁为主要消费阶层	运动盛行、专业体育用品店少	关税高,为50%

李宁公司选择国际目标市场的步骤如图6.2所示。

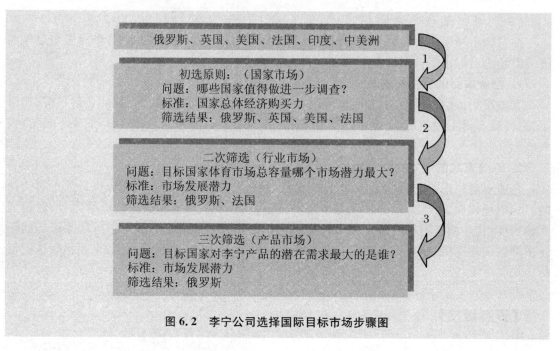

图 6.2 李宁公司选择国际目标市场步骤图

三、目标市场选择的模式

企业在对不同细分市场评估后,就必须对进入哪些市场和为多少个细分市场服务做出决策。在企业市场营销活动中,选择和确定目标市场,是企业制定市场营销战略的首要内容和基本出发点。企业应该根据其能力和资源条件选择具有较强吸引力的细分市场。目标市场的选择模式如图 6.3 所示。图中产品为 P,市场为 M,阴影部分为选择的目标市场,可供企业选择的目标市场范围策略主要有以下五种:

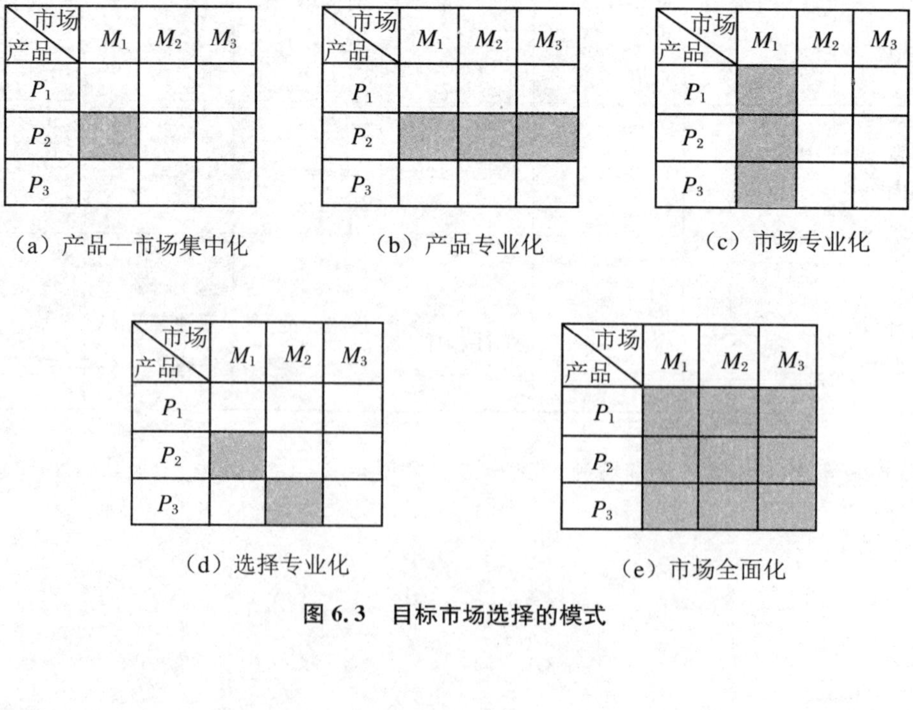

(a) 产品—市场集中化　　(b) 产品专业化　　(c) 市场专业化

(d) 选择专业化　　(e) 市场全面化

图 6.3 目标市场选择的模式

1. 产品—市场集中化

产品—市场集中化是指企业的目标市场都高度集中在一个细分市场上,只生产一种产品,供应一个顾客群,如图6.3(a)所示。这是目标市场选择最简单的策略。通过密集营销,企业可以更加了解单一市场的需要,集中资源开发市场,并且随着生产、分销渠道、广告宣传等的专一化,不仅企业的营销成本逐步降低,盈利增加,而且可以提高产品和企业的声誉,一般小企业倾向于选择该策略。当然,市场集中由于经营对象单一,当目标市场遭遇不景气情况或有强大的竞争对手进入时,企业会承担更大的风险。

2. 产品专业化

产品专业化是指企业生产一种产品,并向不同市场的各类消费者销售,如图6.3(b)所示。这种策略可以在特定的产品领域树立良好信誉。其局限性是如果这一领域被一种全新的技术与产品替代,则该企业会面临销售下降、经营滑坡的危险。

3. 市场专业化

市场专业化是指企业专门为满足某类顾客群体的各种需要服务,生产、经营他们需要的各种产品,如图6.3(c)所示。如某公司专门生产包括显微镜、示波器、烧瓶等在内的一系列实验室产品。这种策略的好处是企业可以充分、准确地理解这类顾客的需求和行为,从而更有效地为这些顾客服务。并且这种策略还有助于利用与顾客之间的关系,降低交易成本,树立良好形象。但是同一顾客群往往有相同的发展周期性,这使得企业很难回避由这种市场波动带来的风险。

4. 选择专业化

选择专业化是指企业有选择地生产几种产品,有目的地进入几个具有良好赢利潜力和结构吸引力,且符合企业的目标和资源的细分市场,满足这些市场的不同需求,如图6.3(d)所示。选择专业化实际上是一种多角化经营模式,其优点是可以有效地分散企业经营风险,即使某个细分市场盈利不佳,企业仍可在其他细分市场取得盈利。但这样的选择要求企业必须具有较强的资源和营销实力。

5. 市场全面化

市场全面化是指企业在各个细分市场上生产各种不同的产品,分别满足各类顾客的不同需求,以期覆盖整个市场,如图6.3(e)所示。只有实力雄厚的大企业才有可能采取这种策略。

在现实经济生活中,企业运用这五种目标市场选择策略时,一般总是首先进入最有利可图的细分市场,只有在条件和机会成熟时,才会逐步扩大目标市场范围,进入其他细分市场。

四、目标市场可供选择的市场营销策略

企业确定不同的目标市场,相应的营销策略也就不同。一般来说,有三种不同的目标市场营销策略可供企业选择。

(一)无差异性目标市场策略

企业把一种产品的整体市场看作一个大的目标市场,只推出一种单一的产品,运用某种单一的市场营销组合,力求在一定程度上适合尽可能多的顾客群体,这种策略就叫作无差异市场营销策略(图6.4)。该策略强调消费者需求的共性,忽视其差异性。如第一次世界大战时期的福特黑色T型车、可口可乐公司的早期可乐产品,都是这一策略下的产物。

采用这一策略的企业,一般都是实力强大,可以进行大规模生产方式,又有广泛而可靠

的分销渠道,以及统一的广告宣传方式和内容。

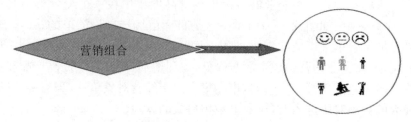

图 6.4　无差异性目标市场营销策略

优点:降低成本和经营费用。无差异市场营销策略主要适用于市场同质的产品,如食盐、电、自来水等,或者是具有广泛需求、能够大量生产和销售的产品。因为生产单一的产品,可以减少生产与储运的成本;无差异的广告宣传和单一的分销渠道,可以节省促销费用;不对市场细分,可以减少企业在市场调查、产品开发、制定各种营销组合方案等方面的各种投入及管理费用,获得规模效益。

缺点:现在的市场环境中,某种单一的产品以同样的推广方式销售,并想要赢得所有购买者的欢迎,几乎是不可能的,它忽视了各个子市场的差异性。不能适应多变的市场形势和满足不同的消费者的需要,竞争能力差。

适用条件:采取无差异市场营销策略的企业要具备三个条件:一是企业具有大规模的生产线;二是有广泛的分销渠道,能把产品送达所有的消费者;三是产品质量好,在消费者中有广泛的影响。

(二) 差异性市场营销策略

差异性市场策略是把产品的整体市场细分为若干个子市场,从中选择两个或两个以上乃至全部子市场作为目标市场,并为每个选定的子市场制定不同的营销组合方案,有针对性地开展营销活动的一种策略(图 6.5)。如,某皮鞋厂为不同性别、不同年龄段、不同收入水平的消费者分别生产不同质料、不同颜色、不同款式的皮鞋,采用的就是差异性市场策略。

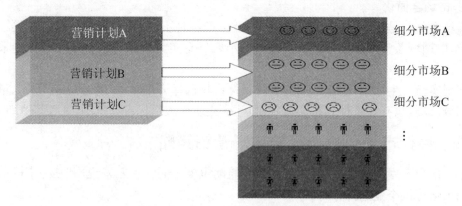

图 6.5　差异性目标市场营销策略

优点:可以提高企业产品的适销率和竞争力,减少经营风险,提高市场占有率。因为多种产品能分别满足不同消费者群的需要,扩大产品销售。某一或两种产品经营不善的风险可以由其他产品经营所弥补;如果企业在数个细分市场都有能取得的较好的经营效果,就能树立企业良好的市场形象,提高市场占有率。所以,目前有越来越多的企业采用差异性市场营销战略。

缺点:由于运用这种策略的企业进入的细分市场较多,而且针对各个细分市场的需要实行了产品和市场营销组合的多样化策略,随着产品品种增加、销售渠道多样以及市场调查和促销宣传活动的扩大与复杂,企业各方面经营成本支出必然会大幅度增加。

适用条件:一般来说,拥有较为雄厚的财力、较强的技术力量和较高的营销素质,是企业实行差异性市场营销策略的必要条件。而对于相当一部分企业,尤其是小企业来说,则无力采用这种策略。

(三) 集中性市场策略

集中性市场策略是指企业选择一个或少数几个子市场作为目标市场,制定一套营销方案,集中力量在目标市场上开展营销活动的策略(图 6.6)。这种策略也是以市场细分为基础,但它不是面向整体市场,也不是把力量分散在若干个细分市场上,而是集中力量进行一个或少数几个细分市场,实行高度专业生产和销售。例如:某服装厂专门生产男性老年人服装。采用这种策略是为了在一个较小或很小的细分市场上获得较高的,甚至是支配地位的市场占有率,而不是追求在整体市场上或较大的细分市场上占有较小的份额。

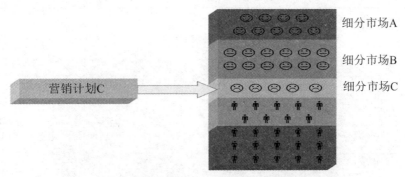

图 6.6 集中性目标市场营销策略

优点:由于目标集中,能更深入地了解市场需求,使产品更加适销对路,有利于树立和巩固企业形象和产品形象;同时由于实行专业化经营,可节省生产成本和费用,取得良好的经济效益。

缺点:这一策略的不足之处是潜伏着较大风险。由于目标市场集中,把企业的命运寄希望于一个小范围的市场,一旦目标市场发生变化,如消费者偏好的变化、强大竞争者进入等,企业就会因没有回旋余地而立即陷于困境。因而实行这种策略时要做好应变准备,加强风险意识。

适用条件:集中性营销主要适用于资源力量有限的小企业。因为小企业各方面力量较为薄弱,无力与大企业在整体市场或多个细分市场上相抗衡,不如集中力量于大企业所顾及不到的某个细分市场反而容易获得成功。开始时选择一个不被竞争者重视的子市场作为目标,集中力量开展营销活动,提供高质量的产品和服务,赢得声誉后再根据自己的条件逐渐扩展到其他市场上去。发挥自身优势、寻找市场"缝隙",采用集中性市场策略,实行集中市场营销策略是中小企业变劣势为优势的最佳选择。

采用集中性市场策略要注意:一是企业生产经营的产品一般不宜太多;二是这些产品必须是特定的消费者群体需要的,并受到他们的偏爱;三是特定的消费者群体即目标市场只有一至极少几个,每个细分市场要相应有一套营销策略;四是所选细分市场应当最能发挥企业优势。

五、影响目标市场营销策略选择的因素

常用的三种目标市场策略各有利弊(表6.3),各有其不同的适用条件,企业在选择目标市场策略时,必须全面考虑各种因素(图6.7),权衡得失,慎重决策。影响企业目标市场策略选择的因素主要有以下几种:

表6.3 目标市场营销策略的优缺点

目标市场营销策略	优点	缺点
无差异营销策略	可以节省市场营销成本	所提供的产品乏味单调,企业在竞争面前更加脆弱
差异营销策略	更大的财务收益;体现生产营销中的规模经济	高成本;需要较多人员
集中营销策略	资源集中;能更好地满足细分市场的需求;使小企业能更好地参与竞争	细分市场太小或经济变化;具有较大的风险性

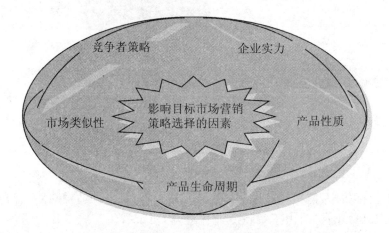

图6.7 影响目标市场营销策略选择因素图

(一)企业实力

企业实力包括企业的财力、设备、技术、生产能力、销售能力和对企业营销的管理能力等。如果企业实力雄厚,有可能占领较大的市场,就可以考虑实行差异性或无差异营销策略;反之,如果企业实力不强,无力将整个市场或大部分市场作为自己的目标市场,最好选择集中性营销策略。

(二)产品性质

产品性质是指产品是否同质。对于一些同质性较高的产品,如食盐、原油、钢铁等产品,虽然也有自然品质的差异,但消费者一般不重视或不加以区别,其需求的差异性较小,类似这样的产品一般宜采用无差异营销策略。而对于服装、化妆品、家用电器等差异性较大的产品,消费者选购时常以产品特性为依据,类似的产品适宜采用差异性或集中性营销策略。

(三)市场类似性

市场类似性是指市场需求、偏好及其他特点相接近的程度。如果顾客的需求、购买行为

基本相同,市场类似性高,就可以采用无差异市场营销策略;反之,市场差异程度高,类似性低,则采用差异性或集中性营销策略较为合适。

(四) 产品生命周期

处于不同生命周期阶段的产品,应采取不同的营销策略。当产品处于投入期和成长前期时,市场竞争者尚少,企业主要是探测市场需求,启发潜在顾客和巩固消费者的偏好,不宜提供太多的产品,适宜采用无差异营销策略或针对某一子市场的集中性营销策略;当产品处于成长后期和成熟期时,市场竞争激烈,消费者需求日益多样化,可改用差异性营销策略以开拓新市场,满足新需求,延长产品的生命周期;当产品进入衰退期时,企业应采用集中性策略,集中力量于最有利的细分市场,集中力量对付竞争者,获取更多的利润。

(五) 竞争者策略

当今,企业普遍处于激烈竞争的市场环境中,在选择目标市场策略时,必须考虑竞争者的状况。竞争者对企业目标市场策略选择的影响主要在于两方面:一是竞争者的目标市场策略,二是竞争者的数量。

1. 竞争对手的市场营销策略

一般来讲,企业的目标市场策略应当与竞争者的策略有所区别。如果强大的竞争对手采取的是无差异营销策略,则企业宜采用差异性策略或集中性策略;但是如果企业面对的是较弱的竞争对手,必要时可采取与之相同的对策,进行正面攻击,凭借实力击败竞争对手。

2. 竞争者的数量

当同一类产品的竞争者数量较多时,为了增强竞争力,把目标顾客吸引过来,往往采用差异性策略或集中性策略;如果竞争对手很少,甚至没有竞争者,企业就可以采取无差异的营销策略。

在 20 世纪 80 年代初,我国饮料业一哄而上地生产可乐,几年竞争下来,在可口可乐的步步紧逼下,无一幸存。与此形成鲜明对比的是,健力宝、娃哈哈等却因生产非可乐类饮料而获得了良好的发展。从 20 世纪 90 年代以来,我国饮料业调整战略方向,利用我国各种丰富的水果资源,开发了众多的果汁类饮料,重新站稳了脚跟,并且以较高的价格和可口可乐分庭抗争。

第三节 市场定位

企业选择和确定了目标市场后,就进入了目标市场营销的第三个步骤——市场定位。市场定位是目标市场营销战略重要的组成部分。它关系到企业及其产品在激烈的市场竞争中,占领消费者心理,树立企业及产品形象,实现企业市场营销战略目标等一系列至关重要的问题。

一、市场定位的概念

市场定位是指企业针对潜在顾客的心理进行营销设计,创立产品、品牌或企业在目标客户心目中的某种形象或某种个性特征,使自己生产或销售的产品获得稳定的销路,从各方面为产品培养一定的特色,树立一定的市场形象,以求在顾客心目中形成一种特殊的偏爱,从而取得竞争优势。简而言之:就是在客户心目中树立独特的形象。例如,王老吉定位于"预防上火"的饮料,并通过广告主题"怕上火,喝王老吉",将公司的定位准确地传递给目标顾客;德芙巧克力定位于"丝滑",费列罗巧克力定位于"尊贵",汰渍品牌定位于强力、多用途的家用洗衣产品。

市场定位是塑造一种产品在细分市场中的形象,这种形象塑造得是否成功取决于消费者的认可与接受程度。产品的特色和个性,有的可以从产品属性上表现出来,如形状、成分、构造、性能等;有的可以从消费心理上反映出来,如豪华、朴素、时髦、典型等。从理论上讲,凡是构成产品特色和个性的因素,都可以作为定位的因素。但是,企业在实际进行市场定位时,一般是依据目标市场对该产品的各种属性的重视程度,综合考虑竞争企业及其产品状况、自身的条件等一系列问题,选择定位的因素,从而完成产品的市场定位。

二、市场定位的作用

市场定位并不是你对一件产品本身做些什么,而是你在潜在消费者的心目中做些什么。市场定位的实质是使本企业与其他企业严格区分开来,使顾客明显感觉和认识到这种差别,从而在顾客心目中占有特殊的位置。

市场定位具有以下作用:

1. 市场定位能创造更多的差异性

宝洁公司的洗头水,定位不同,创造不同的产品功能差异。海飞丝定位于去头屑,沙宣定位于锁住水分,飘柔定位于洗护合一,潘婷定位于柔顺营养。

2. 市场定位能让自己明确目标,有的放矢

市场细分和目标市场的选择是寻找"靶",定位是将箭射向靶子。有明确的目标,做到有的放矢。

3. 市场定位便于制定专门的营销策略

市场定位是根据目标市场的顾客,企业制定专门的营销策略,为目标市场的顾客提供更好的服务。

4. 市场定位是通向成功之道

好的市场定位能确立企业自己的优势和差异,提升市场竞争力,市场定位是通向成功之道。

三、市场定位的步骤

市场定位的关键是企业要设法在自己的产品上找出比竞争者更具有竞争优势的特性。

竞争优势一般有两种基本类型:一是价格竞争优势,就是在同样的条件下比竞争者定出更低的价格。这就要求企业采取一切努力来降低单位成本。二是偏好竞争优势,即能提供确定的特色来满足顾客的特定偏好。这就要求企业采取一切努力在产品特色上下工夫。因此,企业市场定位的全过程可以通过以下三大步骤来完成:

1. 分析目标市场的现状,确认潜在的竞争优势

适当的市场定位必须建立在市场营销调查的基础上,必须先了解有关影响市场定位的各种因素。这一步骤的中心任务是要回答以下三个问题:一是竞争对手产品定位如何?二是目标市场上顾客欲望满足程度如何以及确实还需要什么?三是针对竞争者的市场定位和潜在顾客的真正需要的利益要求企业应该及能够做什么?要回答这三个问题,企业市场营销人员必须通过一切调查手段,系统地设计、搜索、分析并报告有关上述问题的资料和研究结果。

通过回答上述三个问题，企业就可以从中把握和确定自己的潜在竞争优势在哪里。

2. 准确选择竞争优势，对目标市场初步定位

竞争优势表明企业能够胜过竞争对手的能力。这种能力既可以是现有的，也可以是潜在的。选择竞争优势实际上就是一个企业与竞争者各方面实力相比较的过程。比较的指标应是一个完整的体系，只有这样，才能准确地选择相对竞争优势。通常的方法是分析、比较企业与竞争者在经营管理、技术开发、采购、生产、市场营销、财务和产品等七个方面以了解自己的长处与短处，从而认定自己的竞争优势。借此选出最适合本企业的优势项目，以初步确定企业在目标市场上所处的位置。

3. 准确传播企业的定位观念和重新定位

这一步骤的主要任务是企业要通过一系列的宣传促销活动，将其独特的竞争优势准确传播给潜在顾客，并在顾客心目中留下深刻印象。为此，企业首先应使目标顾客了解、知道、熟悉、认同、喜欢和偏爱本企业的市场定位，在顾客心目中建立与该定位相一致的形象。其次，企业通过各种努力强化目标顾客形象，保持目标顾客的了解，稳定目标顾客的态度和加深目标顾客的感情来巩固与市场相一致的形象。最后，企业应注意目标顾客对其市场定位理解出现的偏差或由于企业市场定位宣传上的失误而造成的目标顾客模糊、混乱和误会，及时纠正与市场定位不一致的形象。企业的产品在市场上定位即使很恰当，但在下列情况下，还应考虑重新定位：

（1）竞争者推出的新产品定位于本企业产品附近，侵占了本企业产品的部分市场，使本企业产品的市场占有率下降。

（2）消费者的需求或偏好发生了变化，使本企业产品销售量骤减。

重新定位是指企业为已在某市场销售的产品重新确定某种形象，以改变消费者原有的认识，争取有利的市场地位的活动。如某日化厂生产婴儿洗发剂，以强调该洗发剂不刺激眼睛来吸引有婴儿的家庭。但随着出生率的下降，销售量减少。为了增加销售，该企业将产品重新定位，强调使用该洗发剂能使头发松软有光泽，以吸引更多、更广泛的购买者。重新定位对于企业适应市场环境、调整市场营销战略是必不可少的，可以视为企业的战略转移。重新定位可能导致产品的名称、价格、包装和品牌的更改，也可能导致产品用途和功能上的变动，企业必须考虑定位转移的成本和新定位的收益问题。

四、市场定位内容

市场定位内容如下：

（1）产品定位。侧重于产品实体定位质量、成本、特征、性能、可靠性、用性、款式等。

（2）企业定位。即企业形象塑造品牌、员工能力、知识、言表、可信度。

（3）竞争定位。确定企业相对于竞争者的市场位置。

如七喜汽水在广告中称它是"非可乐"饮料，暗示其他可乐饮料中含有咖啡因，对消费者健康有害。

（4）消费者定位。确定企业的目标顾客群。

五、市场定位的方式

（一）避强定位

避强定位是指企业力图避免与实力最强的或较强的其他企业直接发生竞争，而将自己的产品定位于另一市场区域内，使自己的产品在某些特征或属性方面与最强或较强的对手有比较显著的区别。如图6.8所示的日本车的避强定位。

优点：避强定位策略能使企业较快地在市场上站稳脚跟。并能在消费者或用户中树立形象，风险小。

缺点：避强定位意味着企业必须放弃某个最佳的市场位置，很可能使企业处于最差的市场位置。

图6.8　日本车的避强定位

（二）迎头定位

迎头定位策略是指企业根据自身的实力，为占据较佳的市场位置，不惜与市场上占支配地位的、实力最强或较强的竞争对手发生正面竞争，而使自己的产品进入与对手相同的市场位置。如图6.9所示的洋快餐的迎头定位。

优点：竞争过程中往往相当惹人注目，甚至产生所谓轰动效应，企业及其产品可以较快地为消费者或用户所了解，易于达到树立市场形象的目的。

缺点：具有较大的风险性。

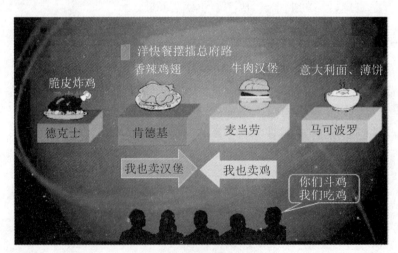

图6.9　洋快餐的迎头定位

（三）创新定位

创新定位是指寻找新的尚未被占领但有潜在市场需求的位置，填补市场上的空缺，生产市场上没有的、具备某种特色的产品。如日本的索尼公司的索尼随身听等一批新产品正是填补了市场上迷你电子产品的空缺，并进行不断的创新，使得索尼公司即使在二战时期也能迅速的发展，一跃而成为世界级的跨国公司。采用这种定位方式时，公司应明确创新定位所需的产品在技术上、经济上是否可行，有无足够的市场容量，能否为公司带来合理而持续的盈利。啤酒市场的创新定位如图 6.10 所示。

图 6.10　啤酒市场的创新定位

（四）重新定位

重新定位是指公司在选定了市场定位目标后，如果定位不准确或虽然开始定位得当，但市场情况发生变化时，例如遇到竞争者定位与本公司接近，竞争者侵占了本公司部分市场，或由于某种原因消费者或用户的偏好发生变化，转移到竞争者方面时，就应考虑重新定位。重新定位是以退为进的策略，目的是为了实施更有效的定位。例如万宝路香烟刚进入市场时，是以女性为目标市场，它推出的口号是：像 5 月的天气一样温和。然而，尽管当时美国吸烟人数年年都在上升，万宝路的销路却始终平平（图 6.11）。后来，广告大师李奥贝纳为其做广告策划，他将万宝路重新定位为男子汉香烟，并将它与最具男子汉气概的西部牛仔形象联系起来，树立了万宝路自由、野性与冒险的形象，从众多的香烟品牌中脱颖而出。自 20 世纪 80 年代中期到现在，万宝路一直居世界各品牌香烟销量首位，成为全球香烟市场的领导品牌。

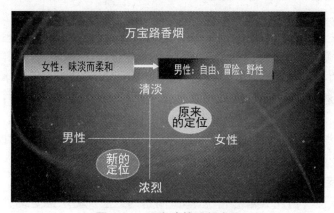

图 6.11　万宝路的重新定位

市场定位是设计公司产品和形象的行为,以使公司明确在目标市场中相对于竞争对手自己的位置。公司在进行市场定位时,应慎之又慎,要通过反复比较和调查研究,找出最合理的突破口。避免出现定位混乱、定位过度、定位过宽或定位过窄的情况。而一旦确立了理想的定位,公司必须通过一致的表现与沟通来维持此定位,并应经常加以监测以随时适应目标顾客和竞争者策略的改变。

【资料链接】

美国米勒公司营销

20世纪60年代末,米勒啤酒公司在美国啤酒业排名第八,市场份额仅为8%,与百威、蓝带等知名品牌相距甚远。为了改变这种现状,米勒公司决定采取积极进攻的市场战略。

他们首先进行了市场调查。通过调查发现,若按使用率对啤酒市场进行细分,啤酒饮用者可细分为轻度饮用者和重度饮用者,而前者人数虽多,但饮用量却只有后者的1/8。

他们还发现,重度饮用者有着以下特征:多是蓝领阶层;每天看电视3个小时以上;爱好体育运动。米勒公司决定把目标市场定在重度使用者身上,并果断决定对米勒的"海雷夫"牌啤酒进行重新定位。

重新定位从广告开始。他们首先在电视台特约了一个"米勒天地"的栏目,广告主题变成了"你有多少时间,我们就有多少啤酒",以吸引那些"啤酒坛子"。广告画面中出现的尽是些激动人心的场面:船员们神情专注地在迷雾中驾驶轮船,年轻人骑着摩托冲下陡坡,钻井工人奋力止住井喷等。

结果,"海雷夫"的重新定位战略取得了很大的成功。到了1978年,这个牌子的啤酒年销售达2000万箱,仅次于AB公司的百威啤酒,销量在美国名列第二。

六、市场定位策略

市场定位的策略,常用的有以下几种:

1. 产品特色定位

产品特色定位是以产品质量、特色、功能、价格或服务定位,强调与众不同的特色或个性。宝洁公司洗发水在中国市场的定位策略非常成功,飘柔的定位是柔软顺滑,当时洗发和护发是分开的,飘柔开始推出一种新理念。要简单便捷,这就产生了"二合一"的理念,潘婷的定位是有变化的,开始是更健康亮泽,在中国传播一段时间后,发现中国消费者对健康很难理解,健康一般是指身体上的健康,什么是头发上的健康呢? 所以其定位慢慢演化为改善发质。而造型感强的时尚头发,由沙宣来满足。"七喜"汽水的定位是"非可乐",强调它是不含咖啡因的饮料,与可乐类饮料不同。"泰宁诺"止痛药的定位是"非阿司匹林的止痛药",显示药物成分与以往的止痛药有本质的差异。

2. 产品利益定位

产品本身的属性及由此获得的利益、解决问题的方法及需求满足的程度,能使顾客感受到它的定位。例如在汽车市场,德国的"大众"享有"货币的坐标"之美誉,日本的"丰田"侧重于"经济可靠",瑞典的"沃尔沃"讲究"耐用"。

又如中华瓷感白牙膏定位为"根源美白、去除牙齿污渍";高露洁360°牙膏定位为"全面口腔健康";云南白药牙膏定位为"疗效牙膏"宣称对牙周炎、牙龈出血等多种口腔疾患有显著疗效。这些定位都能吸引一大批消费者,分别满足他们的特定要求。

3. 产品专门用途定位

这是产品定位的好方法。为老产品找到一种新用途,也是为该产品创造新的市场定位的好方法。在有些情况下,新产品更应强调某一种属性。如果这种属性是竞争者无暇顾及的,这种策略就越容易见效。

为老产品找到一种新用途,是为该产品创造新的市场定位的好方法。小苏打曾一度被广泛的用作家庭的刷牙剂、除臭剂和烘焙配料,现在已有不少的新产品代替了小苏打的上述一些功能。我们曾经介绍了小苏打可以定位为冰箱除臭剂,另外还有家公司把它当作了调味汁和卤肉的配料,更有一家公司发现它可以作为冬季流行性感冒患者的饮料。我国曾有一家生产"曲奇饼干"的厂家最初将其产品定位为家庭休闲食品,后来又发现不少顾客购买是为了馈赠,又将之定位为礼品。

4. 产品使用者类型定位

企业常常试图将其产品指向某一类特定的使用者,以便根据这些顾客的看法塑造恰当的形象。如劳力士手表定位于富有阶层;羽西化妆品定位于亚洲女性,强生日用品定位于婴儿用品;斯沃琪手表定位为年轻人。

【资料链接】

美国米勒啤酒公司啤酒定位

美国米勒啤酒公司曾将其原来唯一的品牌"高生"啤酒定位于"啤酒中的香槟",吸引了许多不常饮用啤酒的高收入女性。后来发现,30%的狂饮者大约消费了啤酒销量的80%,于是,该公司在广告中展示石油工人钻井成功后狂欢的镜头,还有年轻人在沙滩上冲刺后开怀畅饮的镜头,塑造了一个"精力充沛的形象"。在广告中提出"有空就喝米勒",从而成功占领啤酒狂饮者市场达10年之久。

事实上,许多企业进行市场定位的依据的原则往往不止一个,而是多个原则同时使用。因为要体现企业及其产品的形象,市场定位必须是多维度的、多侧面的。

5. 与竞争同类产品对比定位

这是与竞争对手产品相比较后而进行的市场定位,有两种方式:一是迎头定位,即与竞争对手对着干。如百事可乐的市场定位是对着可口可乐而言。二是避强定位,即避开竞争锋芒,另辟蹊径,占领被竞争者忽略的某一市场空隙,突出宣传本产品在某一方面的特色。美国"七喜"饮料在上市时强调其不含咖啡因,以区别于可乐型饮料,通过对比强调特色,并适应当时美国社会上的反咖啡因的潮流;日本轿车与美国传统的大型豪华耗油轿车相比,定位突出,以其小型、节油的特色,获得消费者的喜爱,取得很大成功。

6. 市场空档定位

这是企业寻找市场上尚无人重视或未被竞争对手占据的位置,使自己推出的产品能适应这潜在目标市场的需要的策略。做出这种决策,企业必须对下列问题有足够的把握:① 制造这种新产品在技术上是可行的;② 按既定的价格水平,在经济上是可行的;③ 有足够数量喜欢这种产品的购买者。如果上述问题的答案是肯定的,则可在某个市场空档进行填空补缺。

7. 产品质量、价格定位

这是指结合对照质量和价格来定位。产品的这两种属性通常是消费者在作购买决策时最直观和最关注的要素,而且往往是相互结合起来综合考虑的,但这种综合考虑,不同的消费者各有侧重。如某种选购品的目标市场是中等收入的理智型购买者,则可将产品定位为"物有所值",作为与"高质高价"或"物美价廉"等相对立的定位。

8. 产品属性定位

这是指根据特定的产品属性来定位。例如,广东客家酿酒总公司把自己生产的"客家酿酒",定位于"女人自己的酒",突出这种属性对女性消费者来说很有吸引力。因为一般名酒酒精度都较高,女士们多数无口福享用,客家酿酒称为女性自己的酒,就塑造了一个相当于"XO是男人之酒"的强烈形象,不仅可在女士心目中留下深刻的印象,而且会成为不能饮用高度酒的男士指名选用的品牌。又如,健力宝——运动饮料,摩尔香烟——女士烟也是如此。

本 章 小 结

1. 所谓市场细分,就是营销者根据市场需求和购买行为的差异性,把某一产品的整体市场(即全部现实消费者和潜在消费者)划分为若干个具有某种相似特征的消费者群的市场分类过程。

2. 市场细分的原则:① 细分市场必须在市场规模和购买力方面,可以衡量的;② 细分市场必须是可以进入,可行性的;③ 细分市场必须具有足够的规模,可赢利的。

3. 细分消费者市场的变量主要有四类,即人口变量、心理变量、行为变量、地理变量。对产业市场进行细常用变量有用户规模、用户行业、用户地点等。

4. 市场细分的方法有① 单一变量因素法;② 综合变量因素法;③ 系列变量因素法。

5. 目标市场是企业选定的并参与经营以达到经营目标的特定市场。它是在市场细分的基础上,明确各子市场的容量、产品特征、开发潜力,结合企业生产技术特点及经济实力确定的企业经营目标对象。企业在选择目标市场时,通常按照程序是:① 明确营销目标;② 确定细分标准;③ 划分原有市场;④ 对市场进行分析和评价;⑤ 选定目标市场策略;⑥ 确定最佳目标市场。

6. 可供企业选择目标市场的模式有:① 产品—市场集中化;② 产品专业化;③ 市场专业化;④ 选择性专业化;⑤ 全面覆盖。

7. 可供选择的目标市场营销策略有:无差异性目标市场策略;差异性市场营销策略;集中性市场策略。影响企业目标市场策略选择的因素主要有以下几种:企业实力、产品性质、市场类似性、产品生命周期和竞争者策略。

8. 市场定位是指企业针对潜在顾客的心理进行营销设计,创立产品、品牌或企业在目标客户心目中的某种形象或某种个性特征,使自己生产或销售的产品获得稳定的销路,从各方面为产品培养一定的特色,树立一定的市场形象,以求在顾客心目中形成一种特殊的偏爱,从而取得竞争优势。市场定位的方式有:① 避强定位;② 迎头定位;③ 创新定位;④ 重新定位。常用的市场定位策略有：① 产品特色定位；② 产品利益定位；③ 产品专门用途定位；④ 产品使用者类型定位；⑤ 与竞争同类产品对比定位；⑥ 市场空档定位；⑦ 产品质量、价格定位；⑧ 产品属性定位。

练 习 题

一、名词解释

1. 市场细分；
2. 目标市场；
3. 无差异性市场营销策略；
4. 差异性市场营销策略；
5. 市场定位。

二、单项选择题

1. 市场细分的依据是（　　）。
   A. 产品类别的差异性　　　　B. 消费者需求与购买行为的差异性
   C. 市场规模的差异性　　　　D. 竞争者营销能力的差异性
2. 同一细分市场的顾客需求具有（　　）。
   A. 绝对的共同性　　　　　　B. 较多的共同性
   C. 较少的共同性　　　　　　D. 较多的差异性
3. 某工程机械公司专门向建筑业用户供应推土机、打桩机、起重机、水泥搅拌机等建筑工程中所需要的机械设备，这是一种（　　）策略。
   A. 市场集中化　　　　　　　B. 市场专业化
   C. 全面市场覆盖　　　　　　D. 产品专业化
4. 采用（　　）的模式的企业应具有较强的资源和营销实力。
   A. 市场集中化　　　　　　　B. 市场专业化
   C. 产品专业化　　　　　　　D. 市场全面覆盖
5. 采用无差异性营销战略的最大优点是（　　）。
   A. 市场占有率高　　　　　　B. 成本的经济性
   C. 市场适应性强　　　　　　D. 需求满足程度高
6. 集中性市场战略尤其适合于（　　）。
   A. 跨国公司　　　　　　　　B. 大型企业
   C. 中型企业　　　　　　　　D. 小型企业
7. 同质性较高的产品，宜采用（　　）。
   A. 产品专业化　　　　　　　B. 市场专业化
   C. 无差异营销　　　　　　　D. 差异性营销
8. 市场定位是（　　）在细分市场的位置。
   A. 塑造一家企业　　　　　　B. 塑造一种产品
   C. 确定目标市场　　　　　　D. 分析竞争对手
9. 寻求（　　）是产品差别化战略经常使用的手段。

A. 价格优势　　　　　　　　B. 良好服务
C. 人才优势　　　　　　　　D. 产品特征

10. 重新定位,是对销路少、市场反应差的产品进行(　　)定位。
A. 避强　　　　　　　　　　B. 对抗性
C. 竞争性　　　　　　　　　D. 二次

三、多项选择题

1. 细分消费者市场的标准有(　　)。
A. 地理环境因素　　　　　　B. 人口因素
C. 心理因素　　　　　　　　D. 行业因素
E. 行为因素

2. 属于产业市场细分变量的有(　　)。
A. 社会阶层　　　　　　　　B. 行业
C. 价值观念　　　　　　　　D. 地理位置
E. 购买标准

3. 无差异营销战略(　　)。
A. 具有成本的经济性　　　　B. 不进行市场细分
C. 适宜于绝大多数产品　　　D. 只强调需求共性
E. 适用于小企业

4. 市场定位战略包括(　　)。
A. 产品差别化战略　　　　　B. 人员差别化战略
C. 服务差别化战略　　　　　D. 形象差别化战略
E. 价格差别化战略

5. 市场定位的主要方式有(　　)。
A. 产品定位　　　　　　　　B. 形象定位
C. 避强定位　　　　　　　　D. 迎头定位
E. 重新定位

四、简答题

1. 市场细分的作用有哪些?
2. 消费者市场细分的依据有哪些?
3. 无差异性目标市场策略有哪些优缺点及适用条件?
4. 差异性目标市场策略有哪些优缺点及适用条件?
5. 集中性目标市场策略有哪些优缺点及适用条件?

五、论述题

1. 影响目标市场营销策略选择的因素有哪些?
2. 试针对目前我国汽车市场需求及发展状况,提出对汽车市场的细分方案。

思考案例

飞鹤新品上市引领婴幼儿奶粉市场步入细分新阶段

2010 年是飞鹤乳业奶粉市场战略布局重要的一年。在这一年中,飞鹤推出高科技含量新品星飞帆,打响了国内奶粉高端新品第一炮,优化了国内奶粉产业结构。如今,飞鹤将去年的辉煌延续,其重拳出击的4款3段新品,意味着这个专注于婴幼儿奶粉的企业,再度成为行业领跑者,引领奶粉行业步入了细分新阶段。

国内知名乳业品牌飞鹤推陈出新、再度发力,特别将针对1岁以上幼儿的3段产品进行了细分,针对不同幼儿身体的不同变化和特殊需求,推出4款新品:均衡配方、高效吸收配方、增强抵抗力配方、益智营养群配方。均衡营养群配方让偏食宝宝不再缺少营养;高效吸收配方专为吸收消化能力差的宝宝设计;增强抵抗力配方是三力合一,调节免疫系统;益智营养群配方能帮宝宝补脑,让孩子更聪明……

据飞鹤负责人介绍,此次推出新品,是从消费者的实际需求出发,而飞鹤3段新品的"细分化、针对性"特点,也恰恰填补了目前奶粉市场的一大空白。中国乳制品工业协会秘书长牟静君曾公开表示,细分奶粉是市场的发展趋势。而飞鹤此番的全新探索无疑树立了行业引领者的品牌形象,为奶粉市场打出了一张好牌。

飞鹤四大新品:刮起市场细分新旋风

中国消费者对于乳品市场的信心正在逐渐恢复,尤其是婴幼儿领域,奶粉的销量逐年递增,消费者对于优质奶粉的需求量增大。有数据显示,婴幼儿奶粉市场近三年来平均增速在20%左右,其中针对1岁以上幼儿的3段产品增速最为突出,年增长率接近30%。

与此同时,消费者对于幼儿配方奶粉的需求也在发生变化。"有家长已经意识到1岁是婴幼儿成长过程中一个重要转折点,身体结构和营养需求都发生变化,有针对性地为宝宝补充该特定成长阶段所需营养相当重要。"飞鹤营养专家分析认为,很多家庭都急需最适合自己宝宝体质的奶粉,这对于中国的奶粉企业也提出了一大挑战。

致力于成为"宝宝的营养师"的飞鹤乳业,成了第一个挺身而上的品牌,重磅推出飞鹤3段新品幼儿奶粉。其中,飞鹤均衡配方产品适合吃得少、吃得慢、吃得挑的偏食宝宝,它拥有"8+8"全营养配方,涵盖坚果精华、牧场鲜奶、肉制品类、鱼制品类、蛋制品类、谷物类、蔬菜类、水果类共8大膳食营养中的多种营养成分,强化维生素类、矿物质类等8种重要营养素,支持骨骼、智力发育;飞鹤高效吸收配方是专为吸收消化能力差的宝宝设计,富含可溶性膳食纤维、乳白蛋白等;飞鹤增强抵抗力配方是三力合一,核苷酸对免疫系统有调节作用、益生元增强肠道抵抗力、叶黄素能保护视网膜;飞鹤益智营养群配方,顾名思义能帮助宝宝补脑,其中富含的核桃油、藻油DHA、ARA/核苷酸让孩子更聪明。科学、有针对性的配方,势必将掀起奶粉市场新一轮的细分旋风。

飞鹤发力:多项举措奠定品牌影响力

由单一主食到定制营养,飞鹤3段新品提出了婴幼儿奶粉领域的一大新主张。飞鹤负责人介绍,此次推新旨在引领消费者认识到婴幼儿的不同发展阶段,并培养家长有针对性为孩子补充营养的正确意识,同时,飞鹤也致力于不仅让孩子健康成长,也要均衡营养、聪明益智。

据了解,飞鹤3段新品的研发过程凝结了飞鹤诸多营养专家的心血,依托飞鹤妈妈宝宝营养研究中心的支持,专家们对于市场外部环境、消费者需求以及奶粉产品现状等进行了详尽解析,走访诸多消费者,力求周到、贴心、直接有效,最终发现"需求均衡营养、满足宝宝肠胃的高效吸收、给孩子更多保护"成为家长们最大需求。而后,飞鹤根据中国宝宝体质,特别研发了4款幼儿奶粉,分别针对宝宝们的不同情况,给予他们最专属的关爱。此外,配合新品上市,飞鹤还通过益智玩具总动员、营养专家咨询、路演活动、母婴亲子课堂、3段产品营养屋陈列等多种举措,令消费者更深入地理解奶粉细化新趋势,掌握营养秘籍。

另外,业内人士分析认为,飞鹤品牌的技术水平和多年专注奶粉领域积累的经验是他们此次能在市场上成功突围的关键,4款新品幼儿奶粉的诞生,延续其100%原生态牧场奶安全、新鲜的一贯经典之外,以营养细分新理念,将飞鹤与其他品牌拉开距离,这股"奶粉细分"的新式旋风,显然已经帮助飞鹤构成了其在业界无法撼动的品牌影响力。

婴幼儿体质不同、消化能力差异性,也令奶粉市场细分成为一个方向。在诸多外资品牌纷纷抢滩中国的背景下,飞鹤3段新品幼儿奶粉的成功上市,或许也能给众多国产奶粉品牌提供借鉴。

资料来源:飞鹤新品上市　引领婴幼儿奶粉市场步入细分新阶段[EB/OL]. 2013-12-6. http://www.ci123.com/article.php/35862.

案例思考题:
(1) 飞鹤乳业奶粉是如何进行市场细分的?
(2) 飞鹤乳业奶粉市场细分给国内乳业哪些启示?

应用训练

1. 训练目标

培养市场细分与市场定位能力。

2. 训练内容与要求

选择你熟悉的一家企业或品牌,如长虹、海尔、联想、肯德基、娃哈哈、宝洁等,取得其背景资料,根据所处的市场营销环境,分析其如何进行市场细分和市场定位的。

3. 训练成果与检测

在班级组织一场交流与讨论,完成市场营销报告。

第七章 市场竞争分析

了解竞争者分析的内容;了解竞争者的特点,明确如何确定竞争对象和竞争战略;理解竞争性地位的分析思路,了解市场领导者、市场挑战者、市场跟随者及市场利基者的战略。

淘宝、京东、拼多多,中国电商的三国演义

淘宝网

马云在1999年创建了阿里巴巴集团,淘宝网是由阿里巴巴集团在2003年5月创立的。淘宝网从2003年7月成功推出之时,就以3年"免费"牌迅速打开中国C2C市场,2008年以后宣布继续免费。创立初期利用国家加强了对短信的规范力度,淘宝网将广告放到许多小网站上面,通过广告宣传,极大提高了知名度,淘宝网与MSN等门户网站联盟,改善了形象,提高了美誉度,并进一步利用传媒做市场宣传。淘宝网不断地改进和创新网站的界面。设立客服中心,用户可以到客服中心的页面下寻求解决问题。建立虚拟社区,促进了消费者的信任。淘宝网采取实名认证,利用网络信息共享优势,建立公开透明的信用评价系统。为了解决C2C网站支付的难题,淘宝打造了"支付宝服务"技术平台。解决了买家对于先付钱而得不到所购买的产品或得到的是与卖家在网上的声明不一致的劣质产品的担忧;同时也解决了卖家对于先发货而得不到钱的担忧。2009年创立"双十一"购物狂欢节,每年销售额爆炸式增长,到2019年"双十一"天猫成交额为2684亿元。淘宝网是中国深受欢迎的网购零售平台,拥有近5亿的注册用户数,每天有超过6000万的固定访客,同时每天的在线商品数已经超过了8亿件,平均每分钟售出4.8万件商品。

京东商城

中国自营式电商企业,创始人刘强东担任京东集团董事局主席兼首席执行官。1998年,刘强东先生在中关村创业,成立京东公司。2004年京东多媒体网正式开通,启用新域名。旗下设有京东商城、京东金融、拍拍网、京东智能、O2O及海外事业部等。2013年正式获得虚拟运营商牌照。2014年5月在美国纳斯达克证券交易所正式挂牌上市。2016年6月与沃尔玛达成深度战略合作,1号店并入京东。京东商城组建以北京、上海、广州和成都、沈阳、西安为中心的六大物流平台,以期能为全国用户提供更加快捷的配送服务,进一步深化和拓展公司的业务空间。配送服务是京东最突出的特色,有211限时达、极速达、京准达、夜间配、自提柜等配送服务方式。2016年京东无人机在宿迁、西安、北京等多地同时投入运营。消费者对京东的感觉是配送快，质量有保障，价格略贵。同时非自营商品拉低了顾客满意度。

拼多多

拼多多是国内主流的手机购物APP，成立于2015年9月，2018年7月在美国上市。黄峥是董事长、创始人。拼多多用户通过发起和朋友、家人、邻居等的拼团，以更低的价格拼团购买商品。旨在凝聚更多人的力量，用更低的价格买到更好的东西，体会更多的实惠和乐趣。拼多多的功能大多围绕着微信，即使是微信支付没有绑定银行卡的人，零钱里可能也有在群里抢红包收到的十块八块——这已经够消费者在拼多多上下第一单了。超低价商品、不用比价、没有购物车里的对比，甚至搜索也不像其他购物应用一样出现在首页，这些特点极大降低了用户在手机上购物的门槛。包邮和低价的成本，在拼多多由商家承担。拼多多成立不过三年而已。截至2019年1月25日收盘，拼多多总市值达318.38亿美元；京东总市值319.74亿美元，拼多多市值距离京东仅一步之遥。伴随拼多多的一面是不可思议的增长速度、低调的创始人，以及冠名所有热播综艺节目，另一面，则是从未停止的质疑，被指为"假货""山寨""消费降级""低线城市"。

讨论：

淘宝、京东、拼多多，三家中国电商各自有什么特色？

第一节　竞争者分析

竞争是广泛存在的现象。企业的各项营销活动都可以说是与对手企业在市场上所展开的一场博弈。要赢得这场博弈，企业与竞争对手的竞争不能是盲目的，要做到"知己知彼，百战不殆"，就要了解谁是竞争者，他们的战略和目标是什么，他们的优势和劣势是什么，他们的反应模式怎么样，并在此基础上确定自己的行动战略。确定应当攻击和回避哪些企业。

一、波特五力模型和广义竞争

（一）波特五力模型

美国哈佛大学著名战略学家迈克尔·波特教授指出，一个行业中的竞争，远不只限于在原有竞争对手之间进行，而是存在着五种基本的竞争力量，如图7.1所示。

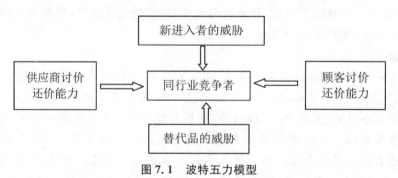

图7.1　波特五力模型

1. 新进入者的威胁

新进入者也称潜在进入者，可以是新创办的企业，也可以是由于实现多元化经营而新进入本行业的企业，如小米进入电视行业。新进入者往往带来新的生产能力和充裕的资源，与现有企业争夺市场份额和利润，从而对现有企业的生存和发展形成巨大的威胁。进入威胁的大小取决于进入障碍和现有企业的反击强度。

2. 现有同行企业间的竞争

在同一个行业内部，存在着众多生产相同或相似产品的同业企业，如华为手机与苹果手机的竞争。同业企业之间始终存在着竞争。不过，其竞争的激烈程度往往因行业不同而不同，有的行业比较缓和，有的行业非常激烈。

3. 替代品的威胁

替代品是指那些与本行业的产品具有相同或相似功能的其他产品。当本行业中生产的产品存在替代品时，生产替代品的企业会给本行业的现有企业带来了一定的竞争压力。替代品的竞争压力越大，对现有企业的威胁就越大。

4. 供应商的讨价还价能力

供应商是指从事生产经营活动所需要的各种资源、配件等的企业供应单位。往往通过提高价格或降低质量及服务的手段，向行业的下游企业施加集中的压力，并以此来榨取行业利润。供应商的讨价还价能力越强，现有产业的盈利空间就越小；反之则盈利空间大。

5. 顾客的讨价还价能力

顾客是企业产品或服务的购买者，是企业服务的对象。顾客对本行业的竞争压力，表现为要求企业提供的产品尽可能价格低、质量高，并且能提供周到的服务。同时，顾客还可能利用现有企业之间的竞争对生产厂家施加压力。

（二）广义的竞争

对于一个企业来说，广义的竞争者是来自多方面的。企业与自己的顾客、供应商之间，都存在着某种意义上的竞争关系。企业只关注直接的竞争对手已经不够，应该从更大范围来分析竞争情况。

1. 愿望竞争者

愿望竞争者也称欲望竞争者，指提供不同的产品以满足不同类需求的竞争者。例如消费者面临买房或买车二选一的选择；买房和买车之间就存在着竞争关系，成为愿望竞争者。

2. 属类竞争者

属类竞争者也称普通竞争者，指提供不同的产品以满足同类需求的竞争者。如面包车、轿车、摩托车、自行车都是交通工具，在满足需求方面是相同的，相互构成属类竞争者。

3. 产品形式竞争者

产品形式竞争者指生产同类但规格、型号、款式不同产品的竞争者。如轿车中的微型车、小型车、紧凑型车、中型车、大型车等，就构成产品形式竞争者。

4. 品牌竞争者

品牌竞争者指生产相同规格、型号、款式的产品，但品牌不同的竞争者。以电视机为例，创维、海信、TCL、三星等众多产品之间就互为品牌竞争者。

二、识别竞争者

企业的现实和潜在的竞争者是非常多的，被潜在对手击败的企业比比皆是。企业要正确地识别自己的对手,有长远的眼光,从行业结构和业务范围的角度识别竞争者。

(一) 行业竞争观念

行业是一组提供一种或一类密切替代产品的相互竞争的企业群。经济学理论认为,供求影响行业结构,行业结构影响行业行为,行业行为决定行业绩效。决定行业结构的因素主要包括以下几方面:

1. 销售商数量及产品差异程度

这两个特点产生了五种行业结构类型,如表 7.1 所示。

表 7.1 行业结构的五种类型

	一个经销商	少数经销商	许多经销商
无差别产品	完全垄断	完全寡头垄断	完全竞争
有差别产品		不完全寡头垄断	垄断竞争

(1) 完全垄断。指在一定地理范围内某一行业只有一家公司供应产品或服务。可分为政府垄断和私人垄断。

(2) 寡头垄断。指某一行业内少数几家大公司提供的产品或服务占据绝大部分并相互竞争,分为:

① 完全寡头垄断。也称为无差别寡头垄断,指行业内少数几家大公司提供的产品或服务占据绝大部分,并且顾客认为各公司产品没有差别,对不同品牌无特殊偏好。寡头企业之间的相互牵制导致每一企业只能按照行业的现行价格水平定价,不能随意变动,竞争的主要手段是改进管理、降低成本、增加服务。

② 不完全寡头垄断。又称差别寡头垄断,指行业内少数几家大公司提供的产品或服务占据绝大部分,且顾客认为各公司的产品存在差异,对某些品牌形成特殊偏好,其他品牌不能替代。顾客愿意以高于同类产品的价格购买自己所喜爱的品牌,寡头垄断企业对自己经营的受顾客喜爱的名牌产品具有垄断性,可以制定较高价格以增加盈利。竞争的焦点不是价格,而是产品特色。

(3) 完全竞争。指行业内有许多卖主且相互之间的产品没有差别。完全竞争大多存在于均质产品市场,如农产品、水泥等。买卖双方都只能按照供求关系确定的现行市场价格来买卖商品,都是"价格的接受者"而不是"价格的决定者"。企业竞争战略的焦点是降低成本,增加服务并争取扩大与竞争品牌的差别。

(4) 垄断竞争。指行业内有许多卖主且相互之间的产品有差别,顾客对某些品牌有特殊偏好,不同的卖主以产品的差异性吸引顾客,开展竞争。竞争的焦点是扩大本企业品牌与竞争品牌的差异,突出特色。对于客观上不易造成差别的同质产品或不易用客观和主观手段检测的产品,企业可以运用有效的营销手段如款式、商标、包装、价格和广告等在购买者中造成本品牌与竞争品牌的心理差别,强化特色,夺取竞争优势。

2. 进入与流动障碍

某个行业如果具有较高利润,其他企业就会想方设法进入,但是进入一个行业往往会遇到许多不同的障碍,包括缺乏足够的资本、未实现规模经济、无专利和许可证、无场地、原料供应不足、难以找到愿意和合作的分销商、产品的市场信誉不易建立。一些障碍是行业本身所固有的,另一些障碍是先期进入并已垄断市场的企业单独或联合设置的,以维护市场地位和利益。即使企业已经进入该行业，但是在不同的细分市场之间转移经营业务时候也会遇到流动障碍。进入与流动障碍越高，对于先期进入的企业就越有利。

3. 退出与收缩障碍

如果某个行业利润低下甚至亏损，现有的企业会主动寻求退出，转向更有吸引力的领域。但是，退出一个行业也会遇到相关障碍，包括：对顾客、债权人和雇员的法律和道义上的义务、政府限制、设备处理贬值、高度纵向一体化、感情障碍等。由于存在退出与收缩障碍，只要能够收回可变成本和部分收回固定成本，许多企业还是会打算在改行业内继续维持经营。这样就会降低行业的平均利润率，加剧行业内竞争。所以计划在行业内继续经营的业内公司，出于自身利益的考虑可以帮助其减少退出障碍，比如购买退出之后的资产、帮助承担顾客业务等。

4. 成本结构

各个行业的主要成本结构不同，有的行业比如钢铁行业固定成本和原料成本较高，而有的行业如化妆品行业促销成本大。企业应该将注意力放在最大成本上，在不影响企业发展的前提下降低成本。业内公司要关注竞争对手主要成本变化，关注替代产品出现的可能。

5. 纵向一体化程度

许多行业可以通过纵向一体化获取竞争优势。比如汽车公司可以将种植橡胶林、制造汽车轮胎甚至汽车销售都作为自己的业务范围，优点是可以降低成本，控制增值流，在各个细分市场中控制价格和成本，进行合理避税，缺点是价值链中的部分环节缺失灵活性，维持成本比较高。无法实施纵向一体化的企业则只能固守原有业务，相对会处于劣势，加剧原有业务竞争的激烈程度。业内公司可以关注对手，决定是否采取一体化经营。

6. 全球化经营程度

有些行业内企业只能局限在地方经营，如歌舞厅、大排档、浴室等，这样企业之间为了争夺有限的客户资源只能激烈竞争；有些行业的企业则适合全球经营，全球化可以整合全球低成本资源、利用不同国家先进技术和人力资源、扩大市场规模效应，为企业获取更大发展空间。

（二）业务范围导向和竞争者识别

每个企业都会根据内外部条件来确定自身的业务范围，企业实力增加业务范围也随之增加。确定和增加业务范围受不同导向支配，导向不同，竞争对手就会不同，企业战略也就不同。

1. 产品导向与竞争者识别

产品导向是指企业的业务范围确定为定型的产品，努力寻找和扩大该产品的市场，对产品不更新或很少更新。即产品和技术都是既定的，而购买这种产品的顾客群体却是未定的，有待于寻找和发掘。

实行产品导向的企业仅仅把同一品种或规格产品的企业视为竞争对手。适用条件为市场产品供不应求，现有产品不愁销路；或者企业实力薄弱，无力从事新产品开发。但原有产品供过于求而企业又无力开发新产品时，主要的营销战略是市场渗透和市场开发。

2. 技术导向与竞争者识别

技术导向指企业的业务范围确定为用现有技术和设备生产出来的产品。生产技术类型是确定的，而用这种技术生产何种产品、服务于哪些顾客群体、满足顾客的何种需求却是未定的,有待于根据市场变化去寻找和发掘。

技术导向把所有使用同一技术、生产同类产品的企业视为竞争对手。适用条件为:某具体品种已供过于求,但不同花色品种的同类产品仍有良好前景。技术导向的企业未把满足同一类需求的其他大类产品的生产企业视为竞争对手,很容易发生"竞争者近视症"。

3. 需要导向与竞争者识别

需要导向指企业的业务范围确定为满足顾客的某一需要,运用多种可能不相干的技术生产出不同大类的产品去满足这一需要。该导向所迎合的需要是既定的,而满足这种需要的技术、产品和所服务的顾客群体却随着技术的发展和市场的变化而变化。

实行需要导向的企业把满足同一需要的企业都视为竞争者,不论他们采用何种技术、提供何种产品。该导向适用条件为:市场商品供过于求,企业具有强大的投资能力、运用多种不同技术的能力和经营促销各类产品的能力。

4. 顾客导向与竞争者识别

顾客导向指企业的业务范围确定为满足某一群体的需求,发展与原顾客群体有关但是与原有产品和技术无关的业务。即企业要服务的顾客群体是既定的,但此群体的需要有哪些,满足这些需要的技术和产品是什么,则要根据内部和外部条件加以确定。

实行需要导向的企业把服务于同一顾客群体的企业都视为竞争者。该导向使用条件为:企业有丰厚的资金和运用多种技术的能力,在某类顾客群体中享有盛誉和销售网络等优势,并且能够将该顾客群体转移到公司新增的业务上来。这样能够充分利用企业在原有顾客群体的信誉和业务关系,减少进入市场的障碍,增加企业的销售和利润总量。

产品导向与顾客导向的区别见表7.2。

表 7.2 产品导向与顾客导向的区别

公司	产品导向	顾客导向
AT&T公司	在电话行业中	在通讯行业中
花旗银行	发行信用卡	向顾客提供服务来交换价值
3M公司	制造科研仪器设备和保健产品	把创新带给人们,解决他们所面临的问题
露华浓公司	生产化妆品	销售生活方式和自我表现;回忆、希望与梦想
迪斯尼公司	管理公司	提供幻想和娱乐;美国人希望的工作场所
沃尔玛公司	我们经营折扣商店	提供的产品和服务对美国中产阶级具有真正的价值
斯科特公司	销售草籽和肥料	提供绿色的有生机的庭院
何姆公司	销售工具及房屋装修、改造的物品	提供建议和结论,使只会用锤子的房屋主人变成装修的行家里手

5. 多元导向企业

多元导向指企业通过对各类产品市场需求趋势和获利状况的动态分析确定业务范围,新发展业务可能与原有产品、技术和顾客群体都没有关系。该导向优点为:可以最大限度地发掘和抓住市场机会。缺点是若新增加的业务不成功,则会影响原成名产品的声誉。

三、判定竞争者的战略和目标

(一) 判定竞争者的战略

战略群体指在某特定行业内推行相同战略的一组公司。战略差别主要表现在:产品线、目标市场、产品档次、性能、技术水平、价格、服务、销售范围等方面。公司最直接的竞争者是那些处于同一行业采取同一战略的公司。企业通常需要对竞争者所属的战略群体做出判断。区分战略群体有助于认识以下三个问题:

(1) 不同战略群体的进入与流动障碍不同。

(2) 同一战略群体内的竞争最为激烈。

(3) 不同战略群体之间存在现实或潜在的竞争。不同的战略群体的顾客会有交叉;每个战略群体都试图扩大自己的市场,涉足其他的战略群体的领地。

(二) 判定竞争者的目标

每个企业对长期利润和短期利润的重视程度不同,对利润水平的满意度不同。有些企业的目标是追求"利润最大化",而有些企业则从长远利益出发,想方设法提高"市场占有率"。具体的战略目标有获利能力、市场占有率、现金流量、成本降低、技术领先、服务领先等,目标不同的企业竞争反应行为就会不同。企业识别出主要竞争者后,还需进一步判断:

(1) 每一个竞争者在市场上追求的目标是什么?

(2) 每一个竞争者的行为推动力是什么?

(3) 竞争者是否有进攻新的细分市场或开发新产品的意图?

四、评估竞争者的实力和反应

(一) 评估竞争者的优势与劣势

竞争者能否实现战略目标,取决于资源和能力。评估竞争者的步骤如下:

(1) 信息收集。收集竞争者业务上最新的关键数据,主要有销售量、市场份额、知名度、美誉度、毛利、投资回报率、现金流量、新投资、设备利用率等。收集方法是查找第二手资料和向顾客、供应商及中间商调查得到第一手资料。

(2) 分析评价。根据所得资料综合分析竞争者的优势和劣势。"扬长避短"是市场竞争的重要原则之一,这就要求企业准确地掌握竞争者的优势与劣势,其中包括销售额、市场占有率、利润率、销售增长率、投资收益、现金流量、新的投资与生产能力的利用情况等。

(3) 定点超越。定点超越是试图了解某些公司怎么样和为什么在执行任务时比其他公司做得更出色,然后加以模仿、组合和改进,超越竞争者。包含七个步骤:① 确定定点超越项目;② 界定测量关键绩效的变量;③ 确定最佳级别的竞争者;④ 衡量最佳级别对手的绩效;⑤ 测定本公司绩效;⑥ 制定缩小差距的行动计划;⑦ 执行和监测结果。

【资料链接】

用游击式的营销调查智胜竞争者

行业目录、年报、手册和其他出版物都是获得数据的重要途径。然而,仅仅依靠这些获取信息的途径是远远不够的。专家们指出,采用如下八种技能能使一个公司保持竞争优势:

(1) 密切注视行业的一些小公司及相关行业。
(2) 追踪专利权的运用。
(3) 追寻行业专家的工作变化或其他活动。
(4) 了解新的特许经营协议。
(5) 监视商业合同或商业联盟的缔结。
(6) 找出一些有助于竞争且能降低成本的商业活动。
(7) 追踪价格的变化。
(8) 了解一些能改变商业环境的社会变化、消费者的品位和偏好的变化。

资料来源:科特勒.营销管理[M].梅清豪,译.上海:上海人民出版社,2006:223.

(二) 评估竞争者的反应模式

竞争者对于竞争行为的反应受到营销哲学、企业文化、心理状态等影响,评估竞争者的反应模式对企业选择竞争对手非常重要,通常有四种反应模式。

(1) 从容型竞争者。原因是竞争者认为顾客忠诚度高,不会转移购买;或认为该攻击行为不会产生大效果;或他们的业务需要收割榨取;或反应迟钝;或缺乏做出反应所必需的资金条件等。

(2) 选择型竞争者。竞争者只对某些方面做出反应,了解竞争者在哪些方面做出反应有利于企业选择最为可行的攻击类型。

(3) 凶狠型竞争者。对任何进攻都会做出迅速而强烈的反应。这类企业多属实力强大的企业,这类竞争者意在警告其他企业最好停止任何攻击。

(4) 随机型竞争者。反应不可预知,许多小公司属于此类竞争者。

(三) 竞争平衡的影响因素

竞争平衡是指同行业竞争相对处于和平共处。影响竞争平衡的因素多少决定了达到竞争平衡的难易程度。

(1) 如果竞争者的产品、经营条件、竞争能力几乎相同,竞争是不平衡的。
(2) 决定竞争胜负的关键因素越多,就越容易实现竞争平衡,能够共存的竞争者数量就越多。
(3) 任何两个竞争者的市场份额之比为2∶1时,可能是平衡点。

五、进攻与回避对象的选择

了解竞争对手后,企业要确定与谁展开最有力的竞争,选择的结果将对自己的未来发展产生主要的影响,企业可以从下面三个角度参考选择:

1. 强竞争者与弱竞争者

攻击弱的竞争者容易取胜,耗费的时间和资金较少,风险低,但利润增加和能力提升也较少；攻击强的竞争者可以提高自己的生产、销售和管理能力,大幅度提高市场占有率和利润,但是风险也较大。

2. 近竞争者与远竞争者

大多数公司会与那些极度类似的竞争者竞争。但公司应当避免"摧毁"相邻的竞争者,因为这可能会招来更强大的对手,成为毫无效率的胜利。

20世纪70年代后期,美国博士伦公司大举进攻其他隐形眼镜生产商,并取得了极大成功。一些弱小的竞争者由于害怕,都卖给了强生公司等大公司,结果博士伦公司面临着更大的竞争者。

3. "好"竞争者与"坏"竞争者

好的竞争者的特征是：遵守行业规则,对行业的增长潜力所提出的设想切合实际,制定的价格与成本相符,喜欢一个健全的行业,将自己限定在行业的某一部分或细分市场中,推动其他企业降低成本或提高差异化,接受正常水平的市场份额和利润。好的竞争者的好处是：会使其他对手获取战略利益,降低了垄断的风险,增加了总需求,导致了产品更多的差异,分摊了市场发展的成本,拓展了吸引力不大的细分市场。

坏的竞争者违反规则,企图花钱购买而不是靠努力赢得市场份额,敢于冒风险,在生产能力过剩时仍然继续投资。通常它们打破了行业均衡。

六、顾客价值分析

企业获取竞争优势的最根本决定因素是能否更好地满足顾客需要,为顾客提供更大的价值。了解顾客价值对企业至关重要。顾客价值分析包括如下内容：

(1) 识别顾客价值的主要属性。
(2) 评价不同属性的重要性。
(3) 调查顾客对本公司及竞争者产品属性的评价。
(4) 研究特定细分市场的顾客对本公司产品每一属性的评价并与竞争者作比较。
(5) 监测顾客对产品属性评价的变化。

七、企业市场竞争的战略原则

企业还要确定进行市场竞争的战略原则,即主要以哪种方式来确立自己的竞争优势。

(一) 优质竞争战略

企业以高质量为竞争手段并树立企业形象,超越竞争对手。它是一切竞争手段的前提和基础,也是树立良好企业形象的基础。需解决的主要问题是怎样认识和塑造高质量。20世纪90年代初,市场学界提出了"全面质量营销"的新概念：

(1) 高质量要注重产品的性能质量。包括产品的功能、耐用性、牢固性、可靠性、经济性、安全性等。
(2) 高质量要以顾客需求为依据。性能质量的"高"是相对的,要适度。
(3) 高质量要反映在企业的各项活动和创造价值的全过程中。
(4) 高质量在比较中不断进取。

(二) 低成本竞争战略

企业以低成本作为主要竞争手段,企图使自己在成本方面比同行的其他企业占有优势地位。但当同行企业都采用各种措施使成本降到最小化或接近极限时,这种战略就不再具有意义。实现低成本战略的关键是发挥规模经济的作用,使生产规模扩大、产量增加,使单位产品固定成本下降。在扩大生产规模过程中,争取做到:

(1) 以较低的价格取得生产所需的原材料和劳动力。

(2) 使用先进的机器设备,增加产量,提高设备利用率、劳动效率和产品合格率。

(3) 加强成本与管理费用的控制等。

实现低成本战略,可以以低于竞争者的价格销售产品,提高市场占有率;也可以与竞争者同价销售产品,取得较高利润。

(三) 差异优势竞争战略

企业表现以某些方面的独到之处为竞争主要手段,希望在与竞争对手的差异比较中占有优势地位,便形成差异优势战略。这里的差异包括:产品的性能、质量、款式、商标、型号、档次、产地、生产产品所采用的技术、工艺、原材料以及售前售后服务、宣传、销售网点等方面的差异。解决问题的出路是使企业在技术、实力、创新能力、原材料、经营经验等方面的优势,成功地转化为产品、服务、宣传、网点等方面独具特色的差异优势。减少与竞争对手的正面冲突,并在某一领域取得竞争的优势地位。

在行业内,顾客对具有特色的产品可能并不计较价格或无法进行价格比较,企业可以以高于竞争者的价格销售产品,取得更多利润;在行业外,具有特色的产品又可以阻碍替代者和潜在加入者进入,提高与购买者、供应商讨价还价的能力。但实施这一战略可能要付出较高的成本代价;当较多的顾客没有能力或不愿高价购买特色产品时,提高市场占有率较困难。

(四) 集中优势竞争战略

集中优势竞争战略要求企业致力于某一个或少数几个消费者群体提供服务,力争在局部市场中取得竞争优势。所谓集中,就是企业并不面向整体市场的所有消费者推出产品和服务,而是专门为一部分消费者群体(局部市场)提供服务。

集中精力于局部市场,仅需少量投资,这对中型企业特别是小企业来说,正是一个在激烈竞争中能够生存与发展的空间。同时这一战略既能满足某些消费者群体的特殊需要,具有与差异战略相同的优势;又能在较窄的领域里以较低的成本进行经营,兼有低成本战略相同的优势。但它也有一定的风险:当所面对的局部市场的供求、价格、竞争等因素发生变化时,就可能使企业遭受重大损失。

分析案例

3Q 大战

腾讯和奇虎360是国内最大的两个客户端软件之一。腾讯以QQ为基础,向各个方面发展。以其强大的市场占有率,强大的客户群体,不断发展吞噬着互联网各个领域。奇虎360是以安全闻名的企业。360安全卫士永久免费的策略,使得其以很短的时间,占有了绝大多数安全市场份额,也成了继腾讯QQ之后第二大客户端软件。双方为了各自的利益,从2010年到2014年期间,两家公司上演了一系列互联网之战。

2010年5月31日,腾讯悄然推出"QQ电脑管家",涵盖了360安全卫士所有主流功能,用户体验与360极其类似,腾讯这招让360和金山毒霸措手不及。9月22日,QQ第二次大规模强制安装"QQ电脑管家",将直接威胁360在安全领域的生存地位。9月27日,360发布直接针对QQ的"隐私保护器"工具,提示用户"某聊天软件"在未经用户许可的情况下偷窥用户个人隐私文件和数据。引起了网民对于QQ客户端的担忧和恐慌。

10月14日,针对360"隐私保护器"曝光QQ偷窥用户隐私事件,腾讯正式宣布起诉360不正当竞争。法院已受理此案。360表示反诉,称"各界对腾讯提出的质疑,腾讯一直回避窥探用户隐私,这时候起诉360,除了打击报复外,不排除是为了转移视线,回避外界质疑"。10月27日,腾讯刊登了《反对360不正当竞争及加强行业自律的联合声明》。声明由腾讯、金山、百度、傲游、可牛等公司联合发布。要求主管机构对360不正当的商业竞争行为进行坚决制止,对360恶意对用户进行恫吓、欺骗的行为进行彻底调查。

10月29日,360公司推出一款名为"360扣扣保镖"的安全工具。360称该工具全面保护QQ用户的安全,包括阻止QQ查看用户隐私文件、防止木马盗取QQ以及给QQ加速,过滤广告等功能。72小时内下载量突破2000万,并且不断迅速增加。腾讯对此做出强烈反应,称360扣扣保镖是"外挂"行为。11月3日傍晚6点,腾讯公开信宣称,将在装有360软件的电脑上停止运行QQ软件,倡导必须卸载360软件才可登录QQ,这是360与腾讯一系列争执中,腾讯方面迄今为止最激烈的行动。此举引发了业界震动,网友愤怒,业内认为,腾讯这招是逼迫用户作出二选一的选择。据360 CEO周鸿祎称被迫卸载的360软件用户达到6000万。晚上9点左右,360公司对此发表回应"保证360和QQ同时运行",随后360公司"扣扣保镖"软件在其官网悄然下线,4日360发表公开信称:愿搁置争议,让网络恢复平静,"360扣扣保镖"正式下线。在国家相关部门的强力干预下,QQ已与360开始恢复兼容。4日上午,360公司发出弹窗公告宣布召回"扣扣保镖",请求用户卸载。此举似乎有了和解的迹象。

11月5日上午,工信部、互联网协会等部门开会讨论此事的应对方案。政府部门已经介入,用行政命令的方式要求双方不再纷争。奇虎360于11月10日宣布QQ和360已经恢复兼容,并在官方网站发布名为《QQ和360已经恢复兼容 感谢有您!》的公告,感谢广大用户对360软件的支持,公布了有关部门的联系方式,提醒用户若发现二者软件若出现冲突可向相关部门举报。腾讯公司于11月21日发布名为《和你在一起》的致歉信。双方冲突在工信部的介入下正式化解。

2012年4月18日,广东高院一审判决奇虎360构成不正当竞争,并赔偿腾讯500万元的经济损失。2014年2月24日,最高人民法院对腾讯诉奇虎360不正当竞争案做出终审判决,驳回奇虎360的上诉,维持一审法院的判决。

思考:
3Q大战中,腾讯和奇虎各采用了哪些竞争策略?对用户造成了什么影响?

第二节 市场领导者与挑战者战略

一、竞争性地位的分析

根据企业的在目标市场上的市场份额和所起的影响作用,可将企业竞争性地位划分为四类:

(1) 市场领导者(market leader)。指在相关产品的市场上占有率最高的企业。
(2) 市场挑战者(market challenger)。指在相关产品市场上处于次要地位但又具备向市场主导者发动全面或局部攻击的企业。
(3) 市场跟随者(market follower)。指在相关产品市场上处于中间状态,并力图保持其市场占有率不至于下降的企业。
(4) 市场利基者(market nicher)。指专注相关产品市场上大企业不感兴趣的某些细小部分的小企业。

表 7.3 市场占有率

竞争性地位	市场领导者	市场挑战者	市场跟随着	市场利基者
市场占有率	40%	30%	20%	10%

二、市场领导者战略

市场领导者是在行业中处于领先地位的营销者,占有最大市场份额,在价格变化、渠道建设和促销等方面起着主导作用。它受到"来自四面八方的攻击"(菲利普·科特勒语)。它要保持第一的优势,就要不断努力来扩大总需求、保护现有市场份额、扩大市场份额。

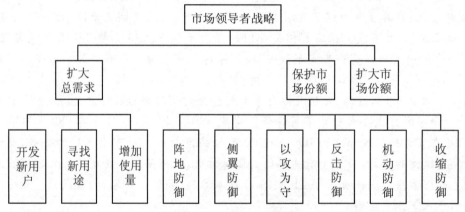

图 7.2 市场领导者战略

(一) 扩大总需求

市场领导者占有的市场份额最大,市场总需求扩大时获益最多,所以它应该扩大市场总需求。

1. 开发新用户,发现新的购买者和使用者

比如市场渗透,让不使用香水的女性使用香水;产品开发,生产男性香水;市场开发,把香水销售到其他国家。强生公司的婴儿洗发香波扩展到成人洗发香波;脑白金从最初治疗失眠扩展到礼品象征。

2. 开辟产品的新用途

企业不断寻找开发产品新的用途,杜邦公司的尼龙最初是用作降落伞的合成纤维;后来用作女袜的纤维;接着又成为男女衬衫的主要原料;再后来又成为汽车轮胎、沙发椅套和地毯的原料。每项新用途都使产品开始了一个新的生命周期,销售额也大幅度上升。凡士林从开始的机器润滑剂到润肤脂、发胶原料,销售额也增加。

3. 增加产品的使用量

企业促使使用者在更多场合使用该产品。增加使用该产品的频率。如口香糖广告强调清新口气和清洁口腔使消费者每日消费数量急剧上升。宝洁公司劝告消费者在使用海飞丝洗发精洗发时,每次将使用量增一倍去屑效果更佳。大宝广告词:"大宝明天见,大宝天天见"使得销量都有明显上升。

(二) 保护市场占有率策略

市场领导者在扩大市场总需求的同时,也要保护好自己的市场份额,不给其他竞争者可乘之机。市场领导者的防御策略有以下几种:

1. 阵地防御

阵地防御是指市场领导者围绕目前的主要产品和业务建立牢固的防线,阻击对手的进攻。这是防御的基本形式,一般比较有效。比如顶新集团(康师傅)在方便面市场通过广告、渠道、新产品等方面加强防御。当然企业需要注意避免单纯运用这种方式,否则容易犯"市场营销近视症"。

2. 侧翼防御

侧翼防御是指市场领导者在主阵地的侧翼建立辅助阵地保护自己主要产品和市场的前沿,作为反攻基地,不给对手立足的机会。比如英特尔公司与AMD除了在芯片上竞争之外,还在PC、笔记本、服务器上展开竞争。

3. 先发防御

先发防御也称以攻为守,是指企业在对手尚未构成威胁之前,抢先采取行动发动攻击。用自己的强大实力让对手疲于应付,无力攻击自己。

4. 反攻防御

反攻防御是指市场领导者受到对手攻击后采取反击措施。在反攻之前先要摸清进攻者的意图和战略,抓住它的薄弱环节加以反击。有以下几种手段可采用:

(1) 正面反击。与对手采取相同的竞争手段反击。

(2) 攻击侧翼。选择对手的薄弱环节进攻。

(3) 钳行攻势。同时进行正面和侧翼进攻。

(4) 退却反击。在对手进攻时先从市场退却,等对手麻痹大意时再进攻。

(5) 围魏救赵。在对手攻击我方主要市场时攻击对方的主要市场。

5. 运动防御

企业不仅要固守现有的产品和业务,还要扩展一些新领域,以作为将来防御和进攻的中心,如养生堂推出果汁型饮料,盛大起点推出电子书和有声小说。

6. 收缩防御

企业主动从实力较弱的领域撤出,而将主要力量用于实力较强的领域,这样可以集中优势力量,增强竞争力。案例:IBM出售PC部;帅康电器生产吸油烟机、热水器、灶具、空调、灯具、家具,决定退出空调市场。

(三) 扩大市场份额

通过提高市场占有率,市场领导者能够使利润额更上一层楼。一项研究显示,市场占有率大于40%的企业,其"投资回报率"平均为30%,而市场占有率低于10%的企业,其投资回报率则为9%。所以扩大市场占有率不仅可以增加销量,而且可以增加投资收益率。例如在美国,咖啡市场上每一个百分点的份额就价值4800万美元,而在软饮料市场上,这一个百分点价值 1.2 亿美元。企业可以通过产品创新、质量策略、多品牌策略以及大量投放广告等策略来扩大自己的市场份额。

但是，利润的增加还要考虑一些因素。企业扩大市场占有率时，必须考虑成本，因为成本会因为市场份额的增加而上升。因此，企业在提高市场占有率时必须分析提高市场占有率的成本效益。市场占有率必须保持在最佳限度内（图 7.3）。另外也要采取正确的营销组合，否则市场占有率上升反而会造成利润下降。

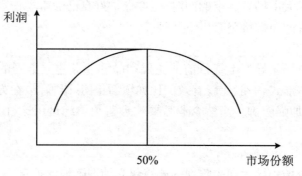

图 7.3　最佳市场占有率示意图

许多国家都出台有反垄断法，规定当某一公司的市场份额超过一定限度时，就要强行将其分解为几个小公司。如果占据市场领导地位的公司不想被分解，就要在自己的市场份额接近临界点时主动加以控制。

【资料链接】

宝洁公司的领导者战略

① 了解顾客；② 长期展望；③ 产品创新；④ 质量战略；⑤ 产品线扩展战略；⑥ 品牌扩展战略；⑦ 多品牌战略；⑧ 大量广告和媒体先锋；⑨ 积极进取的销售队伍；⑩ 有效的销售促进；⑪ 顽强的竞争；⑫ 制造效率和成本削减；⑬ 品牌管理系。

资料来源：科特勒. 营销管理[M]. 王永贵，译. 北京：中国人民大学出版社，2001：285～286。

分析案例

华为技术有限公司

华为技术有限公司是一家生产销售通信设备的民营通信科技公司，于 1987 年正式注册成立，总部位于广东省深圳市华为基地。华为是全球领先的信息与通信技术（ICT）解决方案供应商，在电信运营商、企业、终端和云计算等领域构筑了端到端的解决方案优势，为运营商客户、企业客户和消费者提供有竞争力的 ICT 解决方案、产品和服务，并致力于把数字世界带入每个人、每个家庭、每个组织，构建万物互联的智能世界。2013 年，华为首超全球第一大电信设备商爱立信。2016 年全球研发投入排名前十的企业中，华为名列第九，约 92 亿

美元,已超过苹果、思科等巨头。至2017年底,华为有18万多名员工,华为的产品和解决方案已经应用于全球170多个国家,服务全球运营商50强中的45家及全球1/3的人口。2018年世界企业500强华为排名第72位。世界品牌500强华为排名第58位。

在运营商业务领域,华为通过聚焦ICT基础设施、全面开放ICT能力,建设面向运营商数字化转型开放生态系统,联结全球运营商和合作伙伴,实现商业共赢。2018年2月,沃达丰和华为完成首次5G通话测试。在企业业务领域,华为坚持"被集成"战略,以云计算、敏捷网络、平安城市、金融、eLTE等解决方案为核心建立广泛生态圈。在消费者业务领域,华为携手时尚、汽车、家电等行业的国际领先品牌在智能手机、智能手表、智能家居、车联网等领域进行跨界合作与联合创新,将各领域的前沿科技以及完美的产品体验带给全球消费者。得益于中高端产品、海外高端市场和荣耀模式的长足发展,市场份额稳居全球TOP3阵营。2018年第二、第三季度,华为智能手机市场份额跃升全球第二。

思考:
华为公司有哪些业务?

三、市场挑战者战略

市场挑战者是市场占有率位居市场领先者之后而在其他的竞争对手之上的企业。它们是最具进攻性的竞争者,有能力对市场领导者和其他竞争者采取攻击行动,希望夺取市场领导者的地位。

(一)确定策略目标和挑战对象

大多数市场挑战者的战略目标是扩大市场份额,它们认为这样会带来更大利润。在确立目标时,无论是要击败对手还是削弱其市场份额,都不能回避这个问题——究竟谁是竞争对手。进攻者基本上有以下三种公司类型可供选择:

1. 攻击市场领导者

该策略风险较大,但潜在收益很大,尤其是在市场领导者"出现失误",而且其服务市场的效果欠佳时,效果更为显著。另一种策略是在整个细分市场内进行产品创新,并超越领导者。比如爱普生针式打印机被HP喷墨打印机攻击,百事攻击可口可乐。

2. 攻击规模相同但经营不佳、资金不足的市场挑战者或追随者

公司应仔细检查消费者是否得到满足以及产品创新的潜力。如果某家公司的资源实在有限,或者发生亏损,甚至于正面进攻也可能获得成功。如蒙牛对福建市场的攻击使长富乳业成为蒙牛的代加工企业。

3. 攻击规模较小、经营不善、资金缺乏的地区性小企业

比如在集中度较低的啤酒行业,青岛啤酒、燕京啤酒通过兼并各地区的小型啤酒厂逐步壮大,哈尔滨啤酒厂也开始收编东北市场。外资企业进入中国市场后,凭借雄厚的实力,很快击败众多中国本地的企业。为了打通美国市场,中国一些公司正在收购美国的小型企业。

(二)市场挑战者的进攻策略

选择挑战战略应遵循"密集原则",即把优势兵力集中在关键的时刻和地点。以取得决定性胜利。

1. 正面进攻

正面进攻是向对手的最优势的产品和市场发起攻击,以夺取市场。正面进攻决定胜负的是实力原则。当进攻者拥有超强实力和持久力时才能采用。可以针对竞争者的"拳头产品"采取降价销售,瓜分竞争者的"根据地市场"的份额。按照军事原理,优势达到 3∶1 时才有取胜的把握。百事可乐在产品、广告、渠道上向可口可乐发起挑战即为此类。

2. 侧翼进攻

侧翼进攻是避开领导者最强的阵地,寻找对手的弱点,出其不意展开进攻。企业可以开发对手的产品空当品种;抢先占领对手还没有占有的空白地理或细分市场。比如非常可乐利用可口可乐、百事可乐对农村市场的忽略,在渠道和价格上发起进攻。日本丰田以经济型轿车进入美国市场。

3. 围堵进攻

围堵进攻也称包抄进攻,就是全面攻击对手的市场,包括其最优势的产品和市场,令对手顾此失彼,在多个领域同时发动进攻以争夺对手市场。既包括正面进攻,也有侧翼进攻。该方式适应条件为,对手没有空挡市场,而且自己拥有绝对的资源优势。比如日本精工表攻击欧米茄手表时,就根据各阶层顾客的不同需要,从低级到高级,包括机械式、模拟式、数字式、带摆式等,向市场提供几百种不同款式的石英表。

4. 迂回进攻

迂回进攻是避开对手现有的业务领域和现有产品,进攻对手尚未涉足的领域和市场,等积累实力以后再返回来进攻。有三种方法可供采用:

(1) 发展本行业无关的产品,这是领导者鞭长莫及的。

(2) 将现有产品打入新地区市场,使之远离领导者。

(3) 采取蛙式策略而跨入新技术领域以替代现有产品。

美国高露洁公司面对宝洁公司竞争压力时,加强公司在海外的领先地位,在国内实行多元化经营,向宝洁没有占领的市场发展,迂回包抄宝洁公司。该公司不断收购了纺织品、医药产品、化妆品及运动器材和食品公司,结果获得了极大成功。

5. 游击进攻

游击进攻是向对方的不同部位发动小规模的、时断时续的攻击,目的在于骚扰敌方,使之疲于奔命,然后再最终取得永久性的市场领域。通常适应小公司打击大公司。

分析案例

可口可乐与百事可乐

一、可口可乐——偶然的成功造就天然霸主

1886 美国退役军官彭伯顿一个偶然调制出了可口可乐。1891 阿隆坎德勒买下可口可乐的专利经营权,进行了大量的宣传。随着全美的禁酒运动,浓缩液制新技术的采用,以及二次世界大战支持美军进入欧洲,可口可乐为民众所接受。赫尔辛基奥运会,公司通过 15 万顶印有可口可乐标志的太阳帽和 72 万瓶可口可乐,让可口可乐成为真正的世界品牌。可口可乐的定位是:

(1) 基本诉求点:"可口可乐令……满意,可口可乐使人愉快,是美味、健康的饮料"。

(2) "正宗、经典"是市场霸主——可口可乐的杀手锏。

(3) 本地化策略,利用情感战略促进当地消费者对可口可乐的感情支持。

(4) 赞助公益活动,扩大自己形象。

可口可乐公司的惯常策略是以新品牌带出新产品,只在包装上以"可口可乐公司名誉出品"的字样来表现新产品与公司的关系,或者与其他公司联手合作推出新产品,目的是力求避免使可口可乐品牌贬值。

2003年,可口可乐中国市场24年来首次改换新的中文标志,向公众传达这样的信息:经典老品牌正不断注入新鲜活力。2003年11月,可口可乐与世界上最大的三明治特许经营企业赛百味达成饮料供货协议。

二、百事可乐——发财机会见者有份

1898年,药剂师凯立布·布兰汉发明出了味道同可口可乐相近的饮料,借势取名为"百事可乐"。60年代,唐纳德·肯德尔发现环境的改变促使新的年轻一代将创新和改变视为新的时代精神,促使了百事可乐的迅速崛起。莫斯科奥运会上,百事可乐宣传得法,盈利超过可口可乐1/3以上,海外名声大振。百事可乐的定位是:

(1) 打造"蓝色旋风":与公司形象和定位完美统一的商标设计。
(2) 广告诉求:"新一代的选择"。
(3) 体育+音乐+明星的完美组合。
(4) 不间断地开展各种针对年轻一代的促销活动。

新产品方面:百事可乐积极进取、充分了解市场、了解消费者。他们努力以使用者为中心,只要市场需要,随时都在改变着自己的饮料口味,这就是它的独特魅力,也是被消费者所认可并支持的独特性。

2003年11月初,百事可乐与联合利华在广州共同推出"立顿冰红茶";而可口可乐与雀巢以绿茶新品"茶研工坊"联合反击……

可口可乐与百事可乐双方进行了一场旷日持久的市场争夺战。

思考:
"两乐战争"对我国饮料业有何启示?

第三节 市场跟随者与补缺者战略

一、市场跟随者战略

市场追随者是指那些在产品、价格、渠道和促销等许多战略上模仿或者跟随市场领导者的企业。因为模仿不承担创新费用,而且模仿的往往是畅销的产品,也会获得高额利润。美国的莱维特教授写出一篇题为《创新模仿》的文章,认为模仿与"产品创新"一样,是有利可图的。中国企业界曾经有这样的结论:千万不要做开拓者,跟随最好。1993年孙燕、姜万勍创办"万燕"公司,研制了世界上第一台VCD样机,市场份额一度达到100%。但是由于产量不大,没有竞争,公司没有积累。后来,爱多、新科、万利达等企业蜂拥而起,成为行业三巨头,而"万燕"最终却成了"革命烈士"。

市场追随者不向市场领导者发动进攻,而是跟随领导者后自觉维持共处局面。"自觉共处"在钢铁、化肥和化学工业领域非常普遍。在这些行业中,产品差别化和形象差别化的机会不多,服务质量也大体一致,对价格十分敏感,随时会爆发价格战,结果两败俱伤。在资本密集型的同质产品行业中,"自觉共处"行业细分方法:小企业可以在地点、服务、融资方面提

供优惠措施。

市场追随者根据自身实力和目标的不同,采取的跟随战略有以下三种方式(表7.4):

表 7.4　市场跟随者战略

紧密跟随	距离跟随	选择跟随
不进行创新 紧随模仿 做寄生者	较少创新 差异化模仿 不触怒强势企业	有时跟随 有自主创新 积蓄实力 缓慢挑战

1. 紧密跟随

紧密跟随是指在各个细分市场和产品、价格、广告等营销组合战略方面模仿市场领导者,完全不进行任何创新。紧密跟随者要努力在各个细分市场和营销组合(如产品、广告等)方面模仿领导者。它们并不进行任何创新,只是寄生性地利用市场领导者的投资而生存。小型企业在细分市场上常常采用这种策略。极端的情况:几乎成了"假冒者",模仿领导者生产出"赝品"。

2. 距离跟随

距离跟随是指在基本方面模仿领导者,降低开发成本和营销成本。但是在包装、广告和价格上又保持一定差异。距离跟随者从领导者那里借鉴了一些东西,但仍然在包装、广告、定价等方面与之保持一定差异。如果距离跟随者不对领导者发起挑战,领导者是不会对其介意的。

3. 选择跟随

选择跟随是指在某些方面紧跟市场领导者,在某些方面又自行其是。通常有一定的实力。选择跟随者对领导者的产品进行学习和改进,甚至使它们有所提高。一般改进者会选择不同的市场销售其产品,这样避免与领导者正面交锋。这些改进者把别的企业生产的产品加以改进提高之后,其自身因此不断发展壮大,成为了将来潜在的挑战者。如红蜻蜓在产品上选择奥康等品牌非常畅销的品种、款式进行跟随,在渠道上选择其他品牌专卖店好的地段进行设店跟随。

小 米 公 司

北京小米科技有限责任公司由雷军创立于2010年,是一家专注于智能硬件和电子产品研发的移动互联网公司,同时也是一家专注于高端智能手机、互联网电视以及智能家居生态链建设的创新型科技企业。"为发烧而生"是小米的产品概念。小米公司创造了用互联网模式开发手机操作系统、发烧友参与开发改进的模式。小米还是继苹果、三星、华为之后第四家拥有手机芯片自研能力的科技公司。"让每个人都能享受科技的乐趣"是小米公司的愿景。小米公司应用了互联网开发模式开发产品的模式,用极客精神做产品,用互联网模式干掉中间环节,致力让全球每个人,都能享用来自中国的优质科技产品。

小米已经建成了全球最大消费类IoT物联网平台,连接超过1亿台智能设备,MIUI月活跃用户达到1.9亿。小米系投资的公司接近400家,覆盖智能硬件、生活消费用品、教育、游戏、社交网络、文化娱乐、医疗健康、汽车交通、金融等领域。2018年2月,小米在中国出海品牌中排名第四,仅次于联想、华为和阿里巴巴。2017年第四季度,在全球手机销量的排行中,小米列世界第四。2018年第一季度,小米在印度的市场份额已超过30%,成为第一名。目前小米已进入74个国家,2017年底,在15个国家处于市场前5位。2018年7月9日,正式登陆香港交易所主板;7月17日,在韩国销售红米Note 5,进军韩国市场,小米的全年销量达到了1.2亿台,虽然与前三名差距较大,但是相比2017年实现了32.2%的增长。旗舰小米8系列的几款手机在发布后迅速获得了市场的认可,截止2018年10月,小米8系列的销量就突破了600万台。小米8系列的成功也反映了小米已经成功站稳了中高端市场。同时在年底发布的小米MIX3获得了不少高端手机用户的青睐。2019年初,红米Redmi品牌从小米独立,并且推出了红米Note 7。在市场上获得了激烈的反响,成为了目前千元价位最为炙手可热的产品。红米Note 7成功地为小米在2019年实现了"开门红"。

思考:

小米公司应用互联网开发模式开发产品有哪些优点?

二、市场利基者战略

(一) 市场利基者的含义和利基市场的特征

市场利基者是指专门为规模较小或大企业不感兴趣的细分市场提供产品和服务的企业。利基市场英文是 Niche,即空隙,小的空白市场。市场利基者的作用是拾遗补缺、见缝插针。通过满足某一细分市场的需求来求得自身的生存。如果一个小企业不想在较大的市场上做追随者,那么可以争取在较小的市场上或者在其他更适合的补缺市场上成为强势者。通常要将目标定在大公司不屑一顾的小市场上。

理想的利基市场一般应该具备以下特征:
(1) 具有一定的规模和购买力,能够盈利。
(2) 具备发展潜力。
(3) 强大的公司对这一市场不感兴趣。
(4) 本公司具备向这一市场提供优质产品和服务的资源和能力。
(5) 本公司在顾客中建立了良好的声誉,能够抵御竞争者入侵。

双童吸管

楼仲平是义乌市双童日用品有限公司的创办人,1993年,一次机缘巧合扎进吸管产业,他很快发现,消费者并不在意一根吸管的品牌,而且利润极低,单品平均售价在8厘钱,刨去各项成本,利润只有大约10%,也就是0.0008元。尽管行业不好做,但楼仲平坚持25年,并多次跨越生死线。如今,双童年产吸管7000多吨,产值近2亿元,拥有全球塑料吸管行业三分之二的专利,包揽制订了全球吸管行业的所有标准,是行业绝对的领导品牌。外界给了他很多赞誉,比如"吸管大王"、匠人精神,但现年53岁的楼仲平很有危机感,他说自己不是天生匠人,更不迷信所谓的成功。

思考：

双童吸管是如何取得营销成功的？

（二）市场利基者的战略选择

市场利基者发展的关键是实现专业化，通过为市场提供高附加值的产品和服务来获取高利润，实现自己的成长和发展目标。

1. 最终用户专业化

企业可以专门为某一类型的最终用户提供服务。例如，法律事务所可以专门为刑法、民法或工商企业法等范畴的市场服务。

2. 垂直专业化

企业可以专门为处于生产与分销循环周期的某些垂直层次提供服务。例如，铝制品厂专门生产铝锭和铝制部件。

3. 顾客规模专业化

企业可以集中全力分别向小、中、大规模的顾客群进行销售。许多拾遗补缺者就专门为大企业不重视的小规模顾客群服务。

4. 特殊顾客专业化

企业可以专门向一个或几个大客户销售产品。有许多小企业就只向一家大企业提供其全部产品。

5. 地理市场专业化

这类企业只在全球某一地点、地区或范围内经营业务。

6. 产品或产品线专业化

企业只经营某一种产品或某一类产品线。比如在实验设备行业中，企业只生产显微镜，或者更窄一些，只生产显微镜上的镜头等。

7. 产品特征专业化

企业专门生产某一种类型的产品或者产品特征。如面向大学生的旧书店。

8. 加工专业化

这类企业只为订购客户生产特制产品

9. 质量/价格专业化

这类企业只在市场的底层或上层经营。例如惠普企业专门在优质高价的微型电脑市场上经营。

10. 服务专业化

该企业向大众提供一种或数种其他企业所没有的服务。例如，一家银行开办电话申请贷款业务，并将现金交予客户。

11. 销售渠道专业化

这类企业只为一类销售渠道提供服务。例如，某家软饮料企业决定只向加油站提供一种大容器包装的软饮料。现在越来越多的大企业也在设立经营单位或企业去服务于补缺市场。例如，可口可乐企业进入中国后，发现有些中国人喜欢其他类型的饮料，于是他们开发出水果型或其他类型的饮料。

电脑企业最近转向补缺市场。多年来，电脑企业都在向许多市场横向销售普通的硬、软件系统，导致了不断升级的价格战。较小的企业开始进行垂直化专业经营——面向律师事务所、医疗机构、金融机构等。它们专门研究目标顾客群体对硬件和软件的特殊需求，设计出比普通产品更具有竞争力的、附加值更高的产品。它们对销售人员进行培训,使他们了解特殊的垂直市场并为之服务。此外,电脑企业也和独立的增值高的转卖者(VARs)一起合作,这些转卖企业为个别客户或细分顾客群代购电脑产品,同时收取服务费作为酬金。

本 章 小 结

1. 市场竞争是各行业的常态。企业可以从行业和业务范围导向来识别自己的竞争对手,企业要分析判断竞争者的战略和目标、评估竞争者的实力和反应、确定要进攻和回避的对象、分析顾客价值并确定自己进行市场竞争的战略原则。

2. 行业内的企业根据自身实力和市场位置可以分为市场领导者、市场挑战者、市场追随者、市场利基者。市场领导者的战略是扩大总需求、保护市场份额、扩大市场份额;市场挑战者的战略是确定挑战对象,选择挑战战略。

3. 市场追随者的战略是紧密追随、距离追随或者选择追随,根据企业自己目标不同来确定;市场利基者的战略主要是集中实现专业化来找到适合自己发展的小市场。

练 习 题

一、名词解释

1. 竞争者;
2. 市场领导者;
3. 市场挑战者;
4. 市场跟随者;
5. 市场利基者。

二、单项选择题

1. 占有最大的市场份额,在价格变化、新产品开发、分销渠道建设和促销战略等方面对本行业其他企业起着领导作用的竞争者,被称为( )。
   A. 市场领导者　　　　B. 市场补缺者　　　　C. 强竞争者　　　　D. 好竞争者
2. 生产婴幼儿洗发水的企业将其产品投向老年人市场,是通过( )寻找市场营销机会的方法。
   A. 产品开发　　　　B．市场开发　　　　C. 市场渗透　　　　D. 多种经营
3. 市场总需求扩大时受益也最多的是( )。
   A. 好竞争者　　　　B. 市场追随者　　　　C. 市场领导者　　　　D. 市场补缺者
4. 市场追随者在竞争战略上应当( )。
   A. 攻击市场领导者　　　　　　　　　　B. 向市场领导者挑战
   C. 跟随市场领导者　　　　　　　　　　D. 不作出任何竞争反应
5. 企业要制定正确的竞争战略和策略,就应深入地了解( )。
   A. 技术创新　　　　B. 消费需求　　　　C. 竞争者　　　　D. 自己的特长
6. 市场领导者保护其市场份额的途径是( )。

A. 以攻为守　　　　　B. 增加使用量　　　　C. 转变未使用者　　　D. 寻找新用途
7. 市场领导者扩大市场总需求的途径是( )。
A. 寻找产品的新用途　B. 以攻为守　　　　　C. 扩大市场份额　　　D. 正面进攻
8. 市场挑战者集中优势力量攻击对手的弱点,这种策略是( )。
A. 正面进攻　　　　　B. 侧翼进攻　　　　　C. 包围进攻　　　　　D. 游击进攻
9. 某企业精心服务于某些细分市场而不是与主要企业竞争,只是通过专业化经营占据有利的市场位置,该企业被看作( )。
A. 市场主导者　　　　B. 市场追随者　　　　C. 市场挑战者　　　　D. 市场利基者
10. 市场利基者发展的关键是( )。
A. 多元化　　　　　　B. 避免竞争　　　　　C. 紧密跟随　　　　　D. 专业化

三、多项选择题

1. 市场领导者为保持自己的领导地位,可供选择的策略有( )。
A. 提高竞争能力　　　B. 扩大市场需求量　　C. 开发新产品
D. 保护市场占有率　　E. 提高市场占有率
2. 市场领导者扩大市场总需求的途径是( )。
A. 寻找产品的新用途　B. 以攻为守　　　　　C. 扩大市场份额
D. 正面进攻　　　　　E. 保护原有的市场份额
3. 市场挑战者在确定了战略目标和进攻对象以后,还必须制定正确的进攻策略。可供选择的进攻策略主要有( )。
A. 正面进攻　　　　　B. 侧翼进攻　　　　　C. 包围进攻
D. 迂回进攻　　　　　E. 游击进攻
4. 市场补缺者的作用是( )。
A. 拾遗补缺　　　　　B. 有选择地跟随市场领导者
C. 见缝插针　　　　　D. 攻击市场追随者　　E. 打破垄断
5. 市场补缺者的主要风险是( )。
A. 找不到补缺市场　　B. 竞争者入侵　　　　C. 自身利益弱小
D. 目标市场消费习惯变化　E. 专业化

四、简答题

1. 波特五力模型中存在着哪几种基本的竞争力量?
2. 市场领导者的防御战略有哪些?
3. 企业竞争性地位可以划分为哪几类?
4. 市场挑战者主要的进攻对象是谁?
5. 市场补缺者怎样进行市场专业化营销?

五、论述题

1. 论述市场挑战者的进攻战略有哪些。
2. 论述市场追随者战略有哪几种。

李宁公司的发展之路

发展

1990年,李宁体育用品公司宣布成立。在李宁公司成立的最初10年,李宁一直主要依靠赞助中国代表团参加奥运会、亚运会以及中国体操队为自己赢得良好的口碑。换句话说,中国奥运会代表团、亚运会代表团以及中国体操队就是李宁的形象代言。1992年,西班牙巴塞罗那,中国运动员第一次穿着中国体育品牌16次站在最高的领奖台上。2000年,赞助体操协会,开始了品牌国际化道路。2002年,为西班牙女篮参加第14届世界女篮锦标赛提供一体连身比赛服,成为赛场上的焦点。2004年6月,李宁公司与西班牙篮协签约,成为2004~2008年西班牙男女篮球队指定运动装备赞助商。2005年1月,李宁品牌正式成为"NBA官方市场合作伙伴",同时也是第一个与NBA牵手的中国品牌,再次证明李宁产品的专业性受到国际顶级球员和体育机构的认可。2006年3月,李宁公司与国际男子职业网球选手联合会(ATP)结成具有战略意义的中国市场官方合作伙伴关系。2007年1月,李宁公司又携手另一支冠军球队、雅典奥运会男篮冠军——阿根廷男篮,成为第一个同时拥有两家世界冠军篮球队的中国品牌。2007年1月,李宁公司与阿根廷篮球协会在北京签署了为期6年的战略合作协议,并成为阿根廷国家男、女篮球队的指定运动服装赞助商,将为阿根廷篮球国家队提供训练服、比赛服及领奖服;包括男子、女子在内的阿根廷各年龄组(包括成年、青少年)国家队在合作期间以"国家队"名义参加的全部比赛中穿着李宁公司提供的服装,包括参加2008年北京奥运会、2010年世锦赛、2012年伦敦奥运会等重大国际赛事。2007年8月,在阿根廷举办首届"李宁杯"国际男篮对抗赛。这是李宁品牌第一次在国外冠名赞助国际性的重大篮球赛事,这也是中国体育品牌第一次冠名赞助国际性的篮球赛事。李宁公司也是法国体操队、捷克体操队、21届大学生运动会俄罗斯代表团等体育团队的合作伙伴。2007年6月25日,李宁公司在北京携手西班牙奥委:在2008年的北京奥运会上,李宁公司向西班牙奥运会代表团提供包括领奖服在内的官方装备。从"把精彩留给自己"到"我运动我存在"再到"一切皆有可能",李宁从一个市场追随者,到模仿耐克的自我精神诉求,逐渐朝着强调品牌价值的市场领导者转型。

失误

在2008年之后,李宁公司大幅度提高产品价格。结果让老顾客大面积流失,从而转向其他低价国产品牌。另一方面,2010年,李宁公司倾力打造"90后李宁"。并将广告语由"一切皆有可能"改为"Make the change",做90后的市场,却没有建立一个与90后很有效的情感连接。这给李宁品牌埋下了重大隐患。李宁公司在2010年的换标活动中,在新LOGO发布前夕,李宁公司订货会刚刚完成,大量老标产品直接成为库存。"新李宁"诞生之后,公司的转型举措并没有取得意想的效果,反而使公司的经营陷入困境之中。最终导致李宁公司的业绩急转直下,连续三年大幅下滑,告别中国运动品牌第一梯队。

调整

痛定思痛后,2015年8月8日,在公司成立25周年之际,李宁公司又将口号换成以前的"一切皆有可能",开始专注起来。李宁给公司的业务发展划出了重点:在产品及渠道方面,继续拓展低价位运动休闲市场,吸引追求时尚的年轻消费者。运动休闲和快时尚,以二三线城市的核心商圈、购物中心为主要线下销售渠道。复出的李宁开始采取更为稳健和谨慎的渠道拓展计划。针对运动轻时尚,李宁公司在细分消费市场又把产品划分为三大类,分别为大众经典的运动生活产品、运动休闲快时尚的弹簧标产品和高端运动时尚的LNG产品。其是希望在满足年轻消费者的需求时,也实现产品差异化,更精准地面向消费群体。李宁公司近几年开始将直营店比例从当前的35%提高到50%以上。整体来看,在经过连续三年的调整后,李宁主营业务复苏迹象明显。李宁2017年财报显示,营收达88.74亿元。进入2018年,李宁多方发力,市场表现亮眼。上半年营收达47.13亿元,2018年业绩有望再攀高峰。

案例思考题:
(1) 李宁公司是如何从市场追随者成长为市场领导者的?
(2) 李宁公司出现哪些决策失误?后来采取了哪些措施实现了调整复苏?

 应用训练

1. 训练目标
培养分析不同企业竞争战略能力。

2. 训练内容与要求
调查一个企业或选择一个企业案例,运用本章所学知识分析企业所处的市场竞争位置和采取的竞争战略。

3. 训练成果与检测
组织一场小组讨论会,同学们相互学习。完成一份企业竞争战略分析报告。

第八章　产品策略

通过本章的学习,了解整体产品的概念及分类;掌握产品生命周期的含义、各时期的特点及对应的营销策略;理解新产品开发和产品组合策略;熟悉品牌和品牌策略的主要内容。

苹果公司的成功

美国苹果公司作为全球最知名的电子公司,发展大概经历三个阶段,第一阶段是思想独立的革命者,第二阶段是引领风尚的创新者,最后一阶段也就是从 2006 年到现在,苹果已经可以成功地成为数字时代的王者,在电子行业独占鳌头。

在过去的 10 年中,苹果公司利润率一直处于行业的高水平。苹果的产品总被视为艺术品。在 20 世纪末个人电脑开始普及时,全世界的计算机全都是矩形的屏幕和灰色的外壳。苹果的管理层却从中发现商机,推出色彩丰富的 iMac 电脑,给计算机行业带来了巨大的冲击。苹果的产品无一例外都具有绚丽的外形,在与竞争对手的产品性能相差无几的情况下,苹果依靠其与众不同的时尚外观与优良的做工吸引了消费者的眼球,赢得了市场的青睐。

苹果 30 多年来的发展,借力几款明星产品迅速增长,直到今天的成功,都是根据自身的发展方向和策略,积极研发出用户迫切需求的产品,充分满足用户的期望。最终占领市场。

讨论:
(1) 苹果公司成功主要依靠的是什么?
(2) 列出苹果公司发展至今所推出的明星产品。

第一节　产品与产品组合

一、整体产品的概念

营销中所说的产品,是一个复杂的概念。企业生产一种产品时,不仅要考虑提供给消费者所需要的功能和利益,还要考虑产品的品牌、款式、色彩和包装以及为消费者提供安装调试、维修、质保等方面的服务。因此产品在市场营销学的定义是:通过顾客与商家的交换,使顾客的某种欲望或需要得到满足的所有事物都可称为产品。所以,营销学里的产品概念包括了有形的实物、无形的服务等,这就是"整体产品的概念"。

整体产品的概念从五个层次理解:核心产品、形式产品、期望产品、延伸产品、潜在产品(图 8.1)。

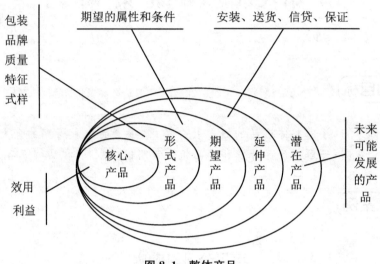

图 8.1　整体产品

(1) 核心产品。是产品所能提供给消费者的基本效用和利益。在整体产品中处中心位置,是整体产品的最基本部分。顾客之所以购买产品看重的是产品给他们的需求所带来的满足,并不是产品的本身。比如:顾客购买感冒药,是为了使自己感冒得以康复,而不是为了获得药品本身。消费者只有在这一部分利益追求得到充分满足的前提下,才会进而去追求产品整体概念中的其他部分。

(2) 形式产品。是满足顾客对产品需求的特定形式,围绕着核心产品的表现形式。顾客在购买产品时,除了考虑产品是否能满足自己效用和利益的需要外,还会考虑产品的品牌、款式、色彩等诸多因素,因此,不同产品虽然效用和利益可能相似,但由于形式上的不同,满足消费者需求也是不同的。比如:顾客感冒买感冒药,有的买胶囊,而有的会买冲剂。

产品的有形部分,往往是企业提供给消费者的产品或劳务的整体要素中首先被人们认识的部分,消费者对产品形体部分综合感觉的好坏,在很大程度上决定了该种产品的销售。因此,企业在进行产品设计与开发时,着眼于消费者所追求的核心利益的同时,也要认识到顾客对产品的第一印象的重要性,以独具特色的形式将产品的核心利益提供给客户。

(3) 期望产品。消费者购买产品时,期望得到的与产品密切相关的一整套属性和条件。期望产品层,也就是购买者购买产品时期望的一整套属性和条件。不同的人对这种期望是不同的,例如,购买洗衣机的消费者,一般所期望的是洗涤、甩干功能以及合适的价格和优良的质量,而另外一些消费者追求的不仅仅是以上的属性和条件,还有其他的期望,诸如洗衣机的消毒、烘干功能等。

(4) 延伸产品。是顾客购买产品时,营销单位所提供的产品本身以外全部的附加利益。以供产品的售前、售中、售后服务为主。如:提供产品的说明书、安装、调试、技术培训等。海尔集团的成功跟良好的售后服务密不可分。

任何一个消费者之所以购买某种产品,正是为了满足某种需求,但这种需要也绝非单调的,而是形成一个多层次、多方面的整体消费系统。也就是说,消费者希望通过一次性实际购买行为而尽可能获得所需要的一切事物。因此,营销者必须充分利用附加产品,保证企业在市场竞争中处于较有利的位置。美国学者西奥多·莱维特曾经指出:"新的竞争不是发生在各个公司的工厂生产什么产品,而是发生在其产品能提供何种附加利益(如包装、服务、广告、顾客咨询、融资、送货、仓储及具有其他价值的形式)。"

(5)潜在产品。现有产品包括所有附加品在内的,可能发展成为未来最终产品的潜在状态产品,是指除了现有产品的可能演变趋势和前景,如彩色电视机可发展为电脑终端机等。如将来可能出现全套家庭式旅馆;生产电视机的厂家可能利用全新技术将电视机设计成与电话联系在一起,成为视频电话的成像载体,或利用全新技术将电视机设计成电脑终端机等。

整体产品概念对企业的营销工作具有很强的指导意义。首先,整体产品概念体现了以顾客为中心,以满足顾客需求为导向的现代营销观念。其次,整体产品概念为企业提供了更广阔的指导方向,挖掘新的市场机会,开发消费者所需要的有形与无形产品。最后,整体产品概念为企业实现产品差异化提供了新的线索,为新产品开发设计提供了新的思路。最后,服务作为整体产品概念的外延部分,更加要求企业加以重视。

【资料链接】

流水声音卖高价

费涅克是一名美国商人。在一次休假旅游中,小瀑布的水声激发了他的灵感。他带上立体声录音机,专门到一些人烟稀少的地方逛游。他录下了小溪、小瀑布、小河流水、鸟鸣等声音,然后回到城里复制出录音带高价出售。想不到他的生意十分兴隆,尤其买"水声"的顾客川流不息。费涅克了解许多城市居民饱受各种噪声干扰之苦,却又无法摆脱。这种奇妙的商品,能把人带入大自然的美妙境界,使那些久居闹市的人暂时忘却尘世的烦恼,还可以使许多失眠者在水声的陪伴下安然进入梦乡。

营销启示:留心处处皆商机。在我们抱怨生意难做之时,却有无数的商机在我们身边溜走或等待我们去发掘。发掘新的商机,比跟在别人后面亦步亦趋更具发展前景,因为谁是新商机的发现者,谁就是市场的独占者,没有竞争,任君驰骋。不过,要强调的一点就是,只有在需求存在时,营销创新才能构成新的商机,否则一文不值。

二、产品的分类

按不同的标准划分,产品的分类也是多种多样的。市场营销学根据购买者身份的不同及产品自身形式的不同,大体上可把产品分为消费品和工业品两大类。

(一) 消费品

1. 按产品是否具有耐用性和有形性分类

(1)非耐用品。是指消费周期短,易被消耗的日用百货。非耐用品属于有形产品,消费快,购买频率高,相对价格便宜。

(2)耐用品。是指可以使用很长时间的物品。耐用品属于有形产品。使用时间长,相对价格高。如汽车、电冰箱。

(3) 服务。服务是无形的、不可分离的、可变的和易消失的。作为结果，它们一般要求更多的质量控制、供应者信用能力和适用性。如理发、美容、旅游等。

2. 按照购买习惯分类

(1) 方便品。指顾客经常购买或即刻购买，并几乎不作购买比较和购买努力的商品。便利品还可以细分为日用品（如食品、肥皂、牙膏等）、冲动购买品（如糖果、玩具、杂志等）、急用品（下雨时的雨伞、停电时的蜡烛和手电筒等）三类。

(2) 选购品。消费者在选购过程中，对产品的适用性、质量、价格和式样等基本方面要作有针对性比较的产品。选购品挑选性强，因此经营者要提供大量的花色、品种以备购买者挑选。此外，还应拥有经过培训的销售人员来为顾客提供咨询和服务。

(3) 特殊品。具有独有特征或品牌标记的产品，对这些独特性的产品，有相当多的购买者一般都愿意为此付出特别的购买努力。这些商品一般是不可替代的。大部分消费者愿意做出特殊的购买努力，多花时间与精力去购买，如特殊品牌和式样的小汽车、高保真音响以及具有特殊收藏价值的邮票、钱币等。经营此类商品，网点应该更集中，并要做好售后服务工作。

(4) 非渴求品。消费者未曾听说过或即便是听说过一般也不想购买的产品。如墓地、保险等。非寻觅品的特殊性决定了对它需要加强广告、推销等营销手段，刺激消费，使消费者对它产生购买欲望。

（二）工业品

工业品通常比消费品复杂得多，因此其市场营销活动比消费品需要更多的专业知识。由于工业品购买者的购买规模、使用方式、业务性质均有很大不同，因此工业品的产品分类也有不同，按照生产过程以及价值水平，可以分为材料和部件、资本品以及供应品和服务。

(1) 材料和部件。未经加工的原始物品和经过加工制造的用于装配在产品上的用品。它又分为原料（如煤、原油、小麦、棉花等）、材料和零件（如棉纱、面粉、生铁、橡胶等）。这类产品的质量和价格最为重要，主要通过目录广告或参展的方式扩大影响。

(2) 资本品。是指在生产过程中长期发挥作用，能为多个生产周期服务，单位价值较高，其价值是逐渐地分次地转移到所生产的产品中去的劳动资料。它分成主要设施（如办公室、厂房、各种机床、锅炉等）、附属设备（如各种手工工具、计算器、推货车等）两类。这类产品除质量、价格外，服务也尤为重要。

(3) 供应品和服务。是维持企业生产经营活动所必需，但其本身完全不进入生产过程的产品。供应品包括操作用品（铅笔、打字纸等）和维修用品（油漆、钉子等）。供应品相当于工业领域内的方便品，这类用品具有购买批量小、单价低、重购率高等特点。一般通过中间商销售这类产品。服务包括维修（如清洁、修理、保养等）和商业咨询服务（如法律咨询、业务咨询、管理咨询、广告策划等）。这类产品的质量、价格、服务和电视广告都重要。

三、产品组合的概念和基本要素

随着科学技术的发展，网络通信时代的到来，各类信息变得越来越透明化，企业仅仅靠一、两种产品很容易被抄袭模仿，因此，必须考虑不断地创新，考虑生产和经营哪些产品来应对市场需求和市场竞争。

（一）产品组合的相关概念

产品组合的相关概念如下：

(1) 产品组合。是指一个企业生产经营的全部产品结构。包括产品线和产品项目的组合。

(2) 产品线。是指一群相关的产品,这类产品可能功能相似,销售给同一顾客群,经过相同的销售途径,或者在同一价格范围内。如果能够确定产品线的最佳长度,就能为企业带来最大的利润。表 8.1 中,宝洁公司的洗涤剂、牙膏、香皂、方便尿布、洗发用品就是指的产品线。产品项目。指某一品牌或产品大类内由尺码、价格、外观及其他属性来区别的具体产品。

表 8.1 宝洁公司产品组合(部分)

洗涤剂	牙膏	香皂	方便尿布	洗发用品
汰渍	佳洁士	舒肤佳	帮宝适	海飞丝
象牙雪	格里	象牙	露肤	飘柔
快乐	登魁	佳美		潘婷
奥克多		柯柯		沙宣
黎明				

←产品组合深度→

←———产品组合宽度———→

(二) 产品组合的基本要素

产品组合包含产品组合的宽度、长度、深度和关联性四个方面的基本要素:

(1) 产品组合的宽度。是指企业所生产经营的产品大类的多少,即拥有的产品线的数量,多则宽,少则窄。

(2) 产品组合的长度。是指一个企业产品线中产品项目的总数,即所有产品线中产品项目相加之和。

(3) 产品组合的深度。是指各条产品线中,每一种产品所提供的花色、口味、质量、规格等的多少。一般讲,一个企业产品组合的深度是各产品线产品项目的平均数。

(4) 产品组合的关联度。指企业生产的各产品之间最终用途、生产条件、销售渠道等方面的相关程度。如美国的通用电器公司经营的产品项目多达 25 万个,但每种产品都与电气有关,所以它的产品组合关联度比较强;而超级市场所经营的产品类别很多,各类产品之间的关联度就没有服装店、食品店等专业商店的产品组合关联度强。通常,企业产品组合相关程度高,可以帮助企业在某一市场领域建立良好的声誉。

如宝洁公司生产洗涤剂、牙膏、香皂、尿布、洗发用品五类产品,则产品组合的宽度为 5,这 5 条产品线在最终用途、生产条件、销售渠道等方面的相互关联的程度高,因此宝洁公司产品组合的相关性强。

企业产品组合的宽度、深度和相关性不同,则构成不同的产品组合。以上四大产品组合要素为企业指定产品策略提供了依据,企业可根据营销实践对产品组合要素进行优化组合,使其产品组合更具有竞争性与适应性,以利于市场营销业务拓展。

四、产品组合策略

(一) 产品组合决策

面对现代越来越激烈的市场竞争,企业需要根据自己身的条件和外部环境,调整好自己的产品组合策略。通常有以下几种策略:

1. 扩大产品组合策略

在企业某些产品销售形势良好的情况下,企业可以采用扩大产品组合的策略,以满足市场需求。既可以拓展产品组合的广度也可以扩大产品组合的宽度,来提高企业的经济效益。扩大产品组合策略的实现方式有三种:

(1) 垂直多样化策略。是指企业扩大产品组合不增加广度只扩展深度,即增加产品线中的产品项目数。如:长安马自达汽车公司生产的"马自达 CX-5"汽车生产线,产品原来分为"2013 款 2.0L 手动两驱舒适型""2013 款 2.0L 自动两驱舒适型""2013 款 2.0L 自动四驱精英型""2013 款 2.0L 自动四驱尊贵型""2013 款 2.5L 自动四驱豪华型""2013 款 2.5L 自动四驱旗舰型",后来为适应市场需求,长安马自达公司又推出了"2014 款 2.0L 自动两驱都市型"。

(2) 相关系列多样化策略。是指在原产品组合中增加一个或者几个产品线,扩大产品的范围。如:长安马自达汽车公司生产"马自达 CX-5""马自达星聘""马自达 2",又准备推出新的系列产品"马自达昂克赛拉"。

(3) 无关联多样化策略。是指企业从自身的经营战略出发,开发与原产品组合毫不相关的产品。如:LG 公司生产各类电子产品外,把目标瞄准日化产品,化妆品"蝶妆"、牙膏"竹盐"都是 LG 公司的产品。

扩大产品组合的优点是:

(1) 满足不同偏好的消费者的多方面需求,提高产品的市场占有率。

(2) 充分利用企业信誉和商标知名度,完善产品系列,扩大经营规模。

(3) 充分利用企业资源和剩余生产能力,提高经济效益。

(4) 减小市场需求变动性的影响,分散市场风险,降低损失程度。

这种策略的局限性是它要求企业拥有多条生产线,具有多种销售渠道,促销形式也要多样化,这将会增加生产成本和销售费用。分散经营者的精力,增加管理难度,甚至由于新产品的质量、功能等问题,影响到企业原有产品的信誉。

2. 缩减产品组合策略

缩减产品组合策略指企业根据消费需求变化和内部情况,合并、减少部分产品线与产品项目,以便集中自身资源面向能让企业自身发展更好的市场。通常企业缩减的产品线与产品项目都是在市场上销售不是很好或即将被淘汰的产品。缩减产品组合策略的实现方式有两种:

(1) 有限产品线策略。即减少产品线数量,企业将部分产品线消减,集中资源给对企业更有利的生产线。

(2) 合并产品项目策略。即保留原产品线削减产品项目,停止生产产品线中的某种产品。

缩减产品组合的优点有:

(1) 集中资源和技术力量改进保留产品的品质,提高产品商标的知名度。

(2) 生产经营专业化,提高生产效率,降低生产成本。

(3) 有利于企业向市场的纵深发展,寻求合适的目标市场。

(4)减少资金占用,加速资金周转。

市场繁荣时,较长、较宽的产品组合会为企业带来较多赢利机会,但当市场不景气或原料、能源供应紧张时,缩减产品反而可能使利润上升。这种策略的风险性是产品的品种不宜太少,一旦生产经营的产品在市场上失利,企业将遭受到严重损失。

3. 产品线延伸策略

(1)向上延伸策略。是指企业原来生产中档或低档产品,新近推出了高档或中档的同类产品。这种策略主要特点是:能完善产品线,满足不同层次消费者的需要;可以获取更丰厚的利润,有效提升企业形象。但同时要求企业原有的声誉比较高,并且具有向上延伸的经营实力;市场上确实存在着对较高档次产品的需求。

(2)向下延伸策略。是指企业在原有生产高档或中档产品的基础上,再生产中档或低档的同类产品。这种策略可以反击竞争对手的进攻,弥补中低档产品的空缺,有效防止竞争对手乘虚而入。品牌低档化有如大牛拉小车,有势如破竹的感觉,但也会给人一种"走下坡路"的印象。

(3)双向延伸策略。是指原来生产中档产品的企业同时扩大生产高档和低档的同类产品。采用这种策略的企业主要是为了扩大产品的市场份额,增强企业的竞争能力。但要注意,只有在原有的中档产品已经取得市场优势,而且有足够资源和能力时,才可以进行双向延伸,否则还是单向延伸较为稳妥。

4. 产品的现代化策略

企业不能仅仅满足生产或经营,而应该综合考虑产品组合的宽度、深度及关联性,生产符合消费者新的需求的产品,通过不断升级和换代产品维护自己的市场份额,吸引消费者。

【资料链接】

五粮液的双向延伸策略

五粮液是我国著名的白酒品牌,以优良品质、卓著声誉,独特口味蜚声国内外。五粮液集团十分注意品牌延伸工作,当"五粮液"牌在高档白酒市场站稳脚跟后,便采取"纵横延伸"策略。纵向延伸是生产"五粮春""五粮醇""尖庄"等品牌,分别进入中偏高白酒市场,中档白酒市场和低档白酒市场。"横向延伸"策略是五粮液集团先后和几家地方酒厂联合开发具有地方特色的系列白酒,在这些产品中均注明"五粮液集团荣誉产品",五粮液集团借这些延伸策略,有效地实施低成本扩张,使其市场份额不断扩大。

(二)产品组合的方法

1. 波士顿矩阵法(BCG法)

波士顿咨询集团是美国一流的管理咨询公司,在20世纪60年代初期,首创和推广了"市场增长率-相对市场占有率矩阵"分析方法,由于该方法构造了一个四象限的分析矩阵,因此称为波士顿矩阵法,或简称为BCG法。BCG法的基本做法是:将产品按"销售增长率"和"相对市场占有率"分成明星类、问题类、金牛类和瘦狗类。如图8.2所示。矩阵图中的纵坐标代表市场增长率,即产品销售的年增长速度,一般以10%为高低分界线,10%以上为高增长率;10%以下为低增长率。矩阵图中横坐标代表相对市场占有率,它表示企业某产品的市场占有率与同行业最大竞争者的该产品市场占有率之比,一般以1.0为分界线,分为高低两个部分，1.0 以上为高相对市场占有率，1.0 以下为低相对市场占有率。每类产品有不同特点和营销策略，根据现有产品组合中各种产品属于哪种类型，分别采取相应的营销对策：① 发展策略。对明星类产品，加大营销力度，努力提高市场占有率，尽早得到利润。② 维持策略。对金牛类产品，加强营销管理，维持现有市场份额，争取更多收入。③ 收割策略。对瘦狗类产品，由于没有市场发展前途，所以采取逐步收割、撤退的策略。部分问题类产品，根据问题所在，也可以采取收割策略。④ 放弃策略。对部分问题类产品和瘦狗类产品采取放弃策略，即清理、拍卖、出售，收回占用资金。

如果相对市场占有率为 0.4，则表示本企业的市场占有率为最大竞争者市场占有率的 40%；如果相对市场占有率为 2.0，则表示本企业的市场占有率是同行业最大竞争者市场占有率的 2 倍，则本企业是市场的领导者。

高
市场增长率
低 0
④
⑤
③
明星产品
②
①
问题产品
⑦
⑥
⑧
金牛产品
瘦狗产品
高
1.5
中
1.0
低
0.1
相对市场份额

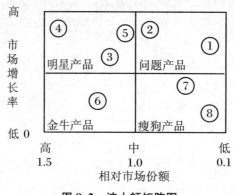

图 8.2　波士顿矩阵图

①～⑧为企业的各种产品

2. 多因素组合评分法(GE 矩阵法)

GE 法的基本做法是：采用由多因素所构成的“行业吸引力”和“业务实力”两个评价指标(常见的行业吸引力指标有：市场容量、销售增长率、利润、价格趋势、竞争度、行业风险收益比、进入壁垒、同质性大小、需求多样性等；常见的业务实力指标有：市场占有率、市场占有变化率、营销能力、品牌知名度、技术开发能力、资金及融资能力、成本费用控制能力、产品质量、行业经验、管理水平、生产能力、销售能力、顾客忠诚度等。具体选取哪些指标以及每个指标应分配多少权重，应根据行业及产品/服务的特点来确定)，然后将企业现有产组合的每个产品在一个分成“九个象限”的矩阵(图 8.3)中进行评价打分，最后分别采取不同的营销对

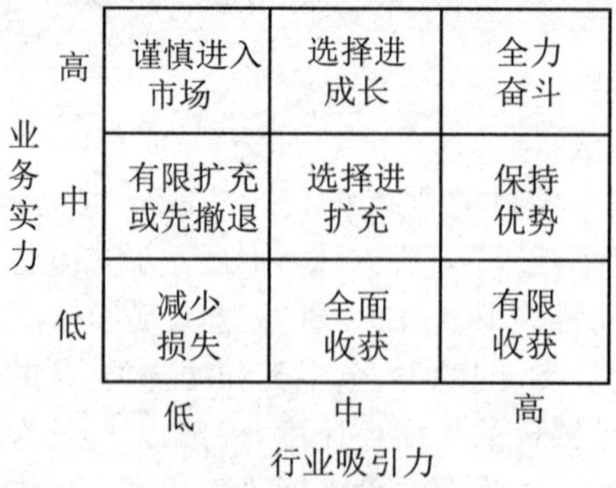

业务实力
高
谨慎进入市场
选择进成长
全力奋斗
中
有限扩充或先撤退
选择进扩充
保持优势
低
减少损失
全面收获
有限收获
低
中
高
行业吸引力

图 8.3　GE 矩阵图

策。① 投资/发展:扩大投资,力争优势,积极发展;② 维持/收获:维持现状,保持稳定,争取赢利;③ 收缩/放弃:停止投资,准备淘汰,收回资金。

第二节　产品生命周期理论

一、产品生命周期的概念及各时期的特点

在市场经营过程中,任何产品都有一个产生、发展直到消亡的过程。产品生命周期,简称 PLC,不是指产品的使用寿命,而是指产品在市场上存在的寿命。当某种产品进入市场后,它的销售量和利润同时会随时间推移而产生变化,呈现一个由少到多由多到少的过程,这就是产品的生命周期现象。营销理论中把产品从进入市场开始,直到最终退出市场为止所经历的市场整个过程,称为产品生命周期。产品只有经过研究开发、试销,然后进入市场,它的市场生命周期才算开始。产品退出市场,则标志着生命周期的结束。

通常情况下,根据产品的销量、利润变化,可以把整个产品生命周期划分成四个阶段,即导入期、成长期、成熟期和衰退期,如图 8.4 所示,产品生命周期各阶段的特点(表 8.2)如下:

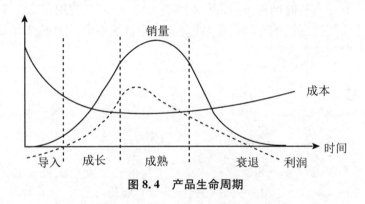

图 8.4　产品生命周期

表 8.2　产品生命周期中各时期的特点

特点	导入期	成长期	成熟期		衰退期
			前期	后期	
销量	从零开始缓慢增长	高速增长	进一步增长但速度开始减缓	增长趋于平缓	下滑
利润	极小或亏损	高	最高	高且开始下滑	逐渐降低
购买者	求新顾客	早期顾客	大众	大众	忠诚的顾客
竞争	很小	开始	加剧	激烈	开始减少

(1) 导入期。新产品投入市场,便进入导入期。此时,顾客对产品还不了解,仅少数追求新鲜的顾客有可能购买,销售量很低。

(2) 成长期。这时顾客已经开始对产品熟悉,许多的新顾客开始购买,市场扩大。产品开始批量生产,生产成本逐步降低,企业的销售额和利润迅速上升,因此,也造成更多竞争者

进入。

（3）成熟期。市场需求趋向饱和，潜在的顾客已经很少，销售额增长缓慢直至转而下降，标志着产品进入了成熟期。在这一阶段，竞争逐渐加剧，产品售价降低，促销费用增加，企业利润下降。

（4）衰退期。随着科学技术的发展，新产品或新的代用品出现，将使顾客的消费习惯发生改变，转向其他产品，从而使原来产品的销售额和利润额迅速下降。于是，产品又进入了衰退期。

产品市场寿命周期的四个阶段，只是一种抽象理论。由于各种产品自身的特点不同，产品寿命周期各阶段的时间长短也不同。有些产品如时装，整个市场寿命周期可能只有几个月，有些长盛不衰的品牌产品，市场寿命周期则可能长达几十年甚至数百年，如茅台酒、北京烤鸭等，都是久负盛名，经久不衰。此外，各种产品也不一定都经历了市场寿命周期的四个阶段，有的产品可能刚进入市场不久就被淘汰，成为短命产品；有的产品可能一进入市场就销售看旺，属于直接进入成长期。还有一些产品进入衰退期后，通过变换市场或产品重新定位又进入成长期。但一般来讲，大多数产品都会"衰老"，直到退出市场。

产品的市场寿命和产品的使用寿命是两个截然不同的概念。市场寿命指的是产品在市场上经销时间的长短，它受消费者的需求特点及收入水平、生产者的技术水平等因素的制约，是产品从上市到退市的时间间隔，因此又称其为经济寿命；使用寿命主要指产品的耐用程度，是产品开始使用到报废的时间间隔，因此又称为自然寿命。有的产品使用寿命可能很短，但市场上寿命却很长。

【资料链接】

产品生命周期理论的产生

产品生命周期理论背景产品生命周期理论是美国哈佛大学教授费农1966年首次提出的。费农认为：产品生命是指市上的营销生命，产品和人的生命一样，要经历形成、成长、成熟、衰退这样的周期，而这个周期在不同技术水平的国家里，发生的时间和过程是不一样的，其间存在一个较大的差距和时差，正是这一时差，表现为不同国家在技术上的差距，它反映了同一产品在不同国家市场上的竞争地位的差异，从而决定了国际贸易和国际投资的变化，为了便于区分，费农把这些国家依次分成创新国（一般为最发达国家）、一般发达国家、发展中国家。费农还把产品生命周期分为三个阶段，即新产品阶段，成熟产品阶段和标准化产品阶段。

由介绍得知，产品生命周期理论是作为国际贸易理论分支之一的直接投资理论而存在的，它反映了国际企业从最发达国家到一般发达国家，再到发展中国家的直接投资过程。

资料来源：百度百科。

【资料链接】

产品生命周期其他形态

特殊的产品生命周期包括风格型产品生命周期、时尚型产品生命周期、热潮型产品生命周期、扇贝形产品生命周期四种特殊的类型,它们的产品生命周期曲线并非通常的S形。

风格:是一种在人类生活基本但特点突出的表现方式。风格一旦产生,可能会延续数代,根据人们对它的兴趣而呈现出一种循环再循环的模式,时而流行,时而又可能并不流行。

时尚:是指在某一领域里,目前为大家所接受且欢迎的风格。时尚型的产品生命周期特点是,刚上市时很少有人接纳(称之为独特阶段),但接纳人数随着时间慢慢增长(模仿阶段),终于被广泛接受(大量流行阶段),最后缓慢衰退(衰退阶段),消费者开始将注意力转向另一种更吸引他们的时尚。

热潮:是一种来势汹汹且很快就吸引大众注意的时尚,俗称时髦。热潮型产品的生命周期往往快速成长又快速衰退,主要是因为它只是满足人类一时的好奇心或需求,所吸引的只限于少数寻求刺激、标新立异的人,通常无法满足更强烈的需求。

风格型、时尚型、热潮型产品生命周期的形态图见图8.5。

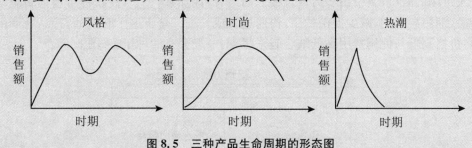

图8.5 三种产品生命周期的形态图

资料来源:MBA智库百科。

二、产品生命周期的判断

产品处于生命周期的哪个阶段,是企业进行正确营销决策的基础。但是要完整、准确地判断产品的生命周期阶,只有到产品退出市场后才能得出,这就失去了营销的意义。因此如何判断产品所处的生命周期阶段,一般采用以下两种方法:

1. 类比方法

类比方法是通过相类似的产品的寿命周期曲线来分析推断另一个产品寿命曲线走向的方法。一般用于新产品的市场寿命周期判断。如:参照双缸洗衣机的销售变化情况来推断全自动洗衣机的销售轨迹。相互类比的产品必须具有可比性,在各自投入市场后的情况要有相类似的地方。没有销售资料进行分析判断则采用销售增长率比值法。

2. 销售增长率比值法

销售增长率比值法即以产品销售量随时间的变化率为变量的动态分布曲线来衡量。通过计算 $\Delta Q/\Delta T$ 的值,根据计算值进行各个阶段的划分。其中,ΔQ 为销售量的增量,ΔT 为

时间的增量,用年或者季度、月表示。根据国外市场营销学介绍的经验数据可知:
(1) 当 $\Delta Q/\Delta T$ 的值大于 0,小于 10% 时,属于导入期。
(2) 当 $\Delta Q/\Delta T$ 的值大于 10%,属于成长期。
(3) 当 $\Delta Q/\Delta T$ 的值大于 10%,小于 0 时,属于成熟期。
(4) 当 $\Delta Q/\Delta T$ 的值小于 -10% 时,属于衰退期。

三、产品生命周期各阶段的营销策略

产品生命周期的四个阶段,产品的成本、销售、利润、竞争形式及消费者行为都呈现出不同的市场特点,企业需要以各阶段的特征为基点,考虑应采用什么价格、选择何种渠道以及采用的促销方法来实施的整合营销策略。

(一) 导入期的营销策略

导入期产品一般销量低,销售费用高,生产成本高,而利润很低甚至可能为负值。其特点主要是:
(1) 生产批量较小,试制费用大,技术不熟练,次品率高,成本较高;
(2) 消费者对产品不了解,需求量增长缓慢,广告促销费用高;
(3) 成本高,费用大,销量少,利润少甚至亏损。

根据这一阶段的特点,企业需要努力做到:投入市场的产品要有所针对的目标市场;选择好进入市场的时机;集中销售力量直接面向最有可能的购买者,使目标市场消费者尽快接受该产品,缩短导入期,减少促销费用,快速进入成长期。基于这个时期的特点,在产品的导入期,将价格高低与促销费用高低结合起来考虑,一般会有四种策略(图 8.6)。

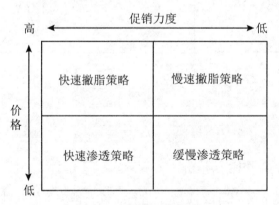

图 8.6 导入期市场策略

1. 快速撇脂策略

快速撇脂策略即高产品价格和高促销费用策略。采用高价格策略可在单个产品售价中获取最大利润,快速使投资回收;高促销费用能够很快在目标市场建立知名度,让目标市场了解、知道新产品。使用这一策略,需要具备以下条件:产品的市场需求潜力大;目标消费者好奇心理强,乐于购买新产品;企业有潜在竞争对手的威胁,需要尽早树立品牌形象。通常,在产品导入阶段,新产品比市场上现有的所要替代产品有明显的优势,市场对其价格不是那么计较。

2. 缓慢撇脂策略

缓慢撇脂策略即以高产品价格、低促销费用推出新产品,目的是以尽可能低的投入获得更多的利润。使用这一策略,需要具备以下条件:市场规模较小但比较稳定或是市场规模大但不稳定;产品已具有一定知名度;目标顾客愿意支付高价;企业较注重短期效益,不考虑长久的市场占有率;潜在竞争的威胁不大。

3. 快速渗透策略

快速渗透策略即以低价格、高促销费用推出新产品。目的在于先发制人,以最快的速度打入市场,企业较注重长远利益,尽可能大地取得市场占有率。产品销量和产量的增加,使单位产品的成本降低,取得规模优势,以此获取效益。使用这一策略,需要具备以下条件:新产品市场容量应具有相当大的规模;目标消费者对产品不是十分了解,对价格十分敏感,价格弹性大;潜在竞争力较为激烈。通常采用此种竞争策略需要大量的资金投入,所以往往实力雄厚的企业会采用。

4. 缓慢渗透策略

缓慢渗透策略即以低产品价格、低促销投入推出新产品。低产品价格可以在价格弹性较大的市场增加销售,低促销投入可降低销售成本,增加利润。使用这一策略,需要具备以下条件:目标市场需求量很大;市场上已经有建立了一定的产品知名度或是本身就是名牌产品;消费者对价格十分敏感;潜在的竞争者力量不强,威胁不大。

(二) 成长期市场营销策略

新产品经过市场导入期以后,消费者开始对该产品熟悉,消费习惯也已经基本形成,销售量开始迅速增长,这时新产品就进入了成长期。其主要特点是:

(1) 销售量迅速上升。销售增长率加快。

(2) 利润迅速增长。生产成本因销量的大幅提高而降低,促销费用减少。

(3) 竞争者争夺市场,竞争激烈。

进入成长期以后,老顾客会重复购买,并且吸引来新的顾客,销售量大幅增加,企业利润也随之迅速增长。随着销售量的增加,企业生产规模也开始扩大,产品成本降低,产生规模效益,新的竞争者见有利可图,会纷纷投入竞争。随着竞争的加剧,产品开始出现新的特性,市场开始进一步细分,销售渠道增加。企业为保证市场的继续成长,促销全部费用会保持或增加,但由于销量增加,平均到单位产品的促销费用有所下降。企业为创造其市场优势,提高产品的市场占有率,延长高利润期。这个阶段突出一个"好"字,提供比竞争者更好的产品,更好地满足消费者的需要。可以采取下面几种策略:

(1) 改进产品。对原有产品进行改进,提高产品质量,如:增加新的功能,改进性能,开发新的型号,改进外观和款式等。对产品改进,提高产品的竞争力,满足顾客更多的需求,吸引新的顾客。

(2) 寻找新的渠道。找到新的尚未满足的目标市场,根据其需要组织生产,建立销售网络,迅速进入新的目标市场。

(3) 改变促销方向。把的重心从产品转移到建立品牌形象上,建立品牌效应,维护老顾客,吸引新顾客。

(4) 降低产品价格。在适当的时机,可以降低产品价格,促使对价格敏感的潜在顾客购买,增加销量和利润。

(三) 成熟期市场营销策略

在产品成熟期,产品的销售量增长较成长期开始减慢,逐步达到销售顶点,然后缓慢开始下降;产品利润也开始下降;市场竞争越来越激烈,各种品牌、各种式样的同类型产品不断

出现。这一时期的特点是:
（1）产品销售额大但销售量增长速度缓慢。
（2）生产批量大，产品成本降到最低，利润总额高。
（3）市场竞争激烈，产品供过于求，价格战连续发生。

成熟期的产品，是产品收获的黄金时期，企业应积极出击，尽可能延长这一时期。一般可以采取以下三种策略:

（1）开拓市场。进入成熟期，市场格局已经形成，竞争变得异常激烈，此时，企业需要对市场进行开拓，这种开拓市场不是要调整产品本身，而是对市场进行深度的开发，争取新的消费者或改变促销方式等，使产品的市场销量进一步扩大。

（2）产品改良。对产品进行创新，进一步提高产品质量、服务和款式等。通过对产品的调整来满足顾客的不同需要，吸引有不同需求的顾客。整体产品任何一个层次的调整都可视为产品改良。

（3）营销改革。也就是通过对产品、价格、渠道、促销四个营销要素加以综合调整，以便使销售量得以回升。可以用的方法有:降价、改变促销方式或增加促销投入、扩展销售渠道和提升服务质量等。

（四）衰退期市场营销策略

产品进入衰退期，销售量开始急剧下降，企业从产品中获得的利润降至低点甚至为负，竞争者开始纷纷退出市场，消费者消费量开始大量减少转而购买其他产品。该阶段的特点是:

（1）产品老化，销售量和利润呈锐减状态。
（2）同行企业竞相削价抛售，价格急剧下降。
（3）竞争者立即或缓慢退出市场，研制新产品。

此时企业需要进行认真的分析，决定采取何种策略，什么时间退出市场。一般会采用以下几种策略:

（1）持续策略。由于大多数竞争者开始退出市场，企业的市场空间增加，继续沿用过去的策略，按照原有的市场和分销渠道、价格及促销方式，或是逐步减少促销费用，直到这种产品完全退出市场为止。

（2）集中策略。由于市场容量逐渐减少，企业把资源集中在获利最大的细分市场，放弃低效率的市场，从而获取利润。这样可能加速产品在市场上的衰退速度，但也能从忠实的顾客中得到利润。

（3）放弃策略。对于衰退较快的产品，企业没有办法维持，应放弃经营，以便抽出资金发展其他产品。企业可以把产品完全转移出去或是立即停止生产，也可以逐步放弃，使所占用的资源逐步转向其他的产品。

总之，企业在产品生命周期各阶段都应制定出相应的营销策略，对以上策略的归纳见表8.3。

表 8.3　产品生命周期各阶段策略

策略	导入期	成长期	成熟期	衰退期
产品策略	确保产品满足需要	改进产品	改良产品	淘汰不利产品
价格策略	撇脂定价或渗透定价	适当降价	价格竞争	削价
渠道策略	选择分销	密集分销	进一步密集分销	清理产品库存
促销策略	提高产品知名度	品牌宣传	强化品牌利益	维护品牌

四、延长产品市场寿命周期的方法

研究产品市场寿命周期的目的是为了尽可能地延长产品市场寿命周期,企业可以通过有效的营销策略延长能给企业带来较大的销售量和利润的成长期和成熟期,努力提高企业的经济效益。具体的方法有两种:

1. 改进产品

(1) 改进产品的外观与包装。如电子表制造商将电子表机芯装在项链上变为项链电子表,装在圆珠笔上变为电子表圆珠笔等,这样使电子表销售一直处于成熟期。每年都推出许多新式样,给人一种新鲜感,其基本结构并没有太大变化。

(2) 改进产品的质量。原来面向高收入消费群的产品,可以选用较低质量的材料,增加中低档产品以满足大众消费群的需要;或者原来面向一般消费者的产品,也可以选用高级材料,增加高档产品而受到高收入消费群的欢迎。

(3) 改变产品功能,发展其不同的用途,增加产品的功能。例如,非那替丁药品,因副作用大,在医疗药品中逐步被淘汰,后把这种原料作为染料中间体用于纺织工业,开辟了新用途。

2. 改进相关市场营销策略

随着产品自身的改进,企业的营销组合策略也需要作相应的调整,主要有以下两个方面:

(1) 转移目标市场。有的产品在原有的市场上是处于衰退期,而开拓到另一个新的市场,由于成本下降,可以保持较高的利润水平。

(2) 改变营销组合策略。结合产品自身的改变,同时改变价格策略、分销渠道策略及促销策略,能有效地延长产品的寿命周期。

第三节　新产品开发

产品寿命周期理论告诉我们:企业得以生存和发展的关键在于不断地开发新产品,创新是企业永葆青春的唯一途径。

一、新产品概述

(一) 新产品开发的重要性及意义

企业市场营销的基础是商品(或服务),如若企业所生产的产品不能适应市场营销环境的变化满足消费者的需求,那么不管其企业本身具有多么优秀的领导人,拥有多么雄厚的资金和技术条件,都将难以生存和发展。另外,产品是具有生命周期的,企业要想在市场中站住脚,关键在于不断地向市场推出新的产品。不断地开发新产品不论从消费者角度、市场角度,还是企业角度都有着非同寻常的意义。

对消费者来说,新产品的不断开发是满足新的消费需求、调整消费结构、提高消费水平的物质基础。对市场来说,新产品的开发会使市场营销商品的花色品种日益增加,不断向广度和深度发展。

对企业来说,开拓新市场,开发新产品是生存和发展的两个主要途径,二者紧密联系。开辟新市场归根结底是以开发新产品为前提的,不断地进行新产品的开发使企业充满活力和具有竞争力。具体意义有:① 企业开发新产品能避免产品线的老化,能及时采用新技术、新材料、新工艺,不断推陈出新,从而推动社会生产力的发展,增加市场可供产品的品种和数量,使市场日益丰富多彩;② 能充分利用企业的资源和生产能力,有利于提高经济效益;③ 有利于提高企业声誉,提高企业的知名度,增强自身的竞争能力。

在科技发展日新月异的现代,企业要想在变化多端的市场环境中立足,在残酷的市场竞争中与竞争对手较量,开发新产品是至关重要的大事。近几十年来,发达国家的企业用在研制新产品的费用与日俱增,据统计,由于竞争愈来愈激烈,欧美的许多企业每年都会拿出营业额的一部分作为研究新产品的开发费用。科技的创新同生产有着密不可分的关系,科技的每一次发展最终都会在新产品上体现。各企业投入大量费用研发新产品,使各企业在开发新产品方面的竞争日趋激烈。因此,企业必须首先正视面临的困难,如科技方面创新的难度、对环境的适应、资金筹措的困难、对消费需求的了解和掌握的障碍等,然后,制定出相应的措施逐项克服。企业开发的新产品必须具有较强的生命力。

(二) 新产品的概念及类型

企业一旦选择了它的目标市场,识别出它们的市场位置,它就可以准备开发和推出合适的新产品。新产品的开发不仅是研究与开发部门的事,营销与其他部门也应积极参与新产品的开发。为了保持或提高企业将来的销售,每一个企业必须开发新产品以替代老化的产品。

市场营销中的新产品开发与因科学技术的发展而推出的全新的新产品不同,它是指在某个市场上首次出现的或是企业首次向市场推出的,满足某种市场需求的整体产品。产品中的任何一部分变革、创新和改良,都可以视为新产品。所以,新产品可以划分为以下几类:

(1) 全新的产品。是指应用科技新成果,运用新原理、新工艺、新技术和新材料制造的市场上前所未有的产品。如:电脑的发明、电话的发明等。全新产品一般是由于科技进步或为满足市场上出现的新的需求而发明的产品,具有明显的新特征和新性能,甚至能改变用户或消费者的生产方式或消费方式。但全新产品的开发难度大,开发时间长,需大量投入,成功率低。一旦成功,用户和消费者也还需要有一个适应接受和普及推广的过程。

(2) 换代的产品。也可以叫革新产品,是指部分改变市场上已经出现的原有产品的结构和性能而形成的产品,它使原有产品的性能得到改善和提高,具有较大的可见价值。如:手机从原有的打电话、发短信的功能发展到现在网络应用等多种功能,Intel 的中央处理器从奔腾到酷睿。对于这种类型的产品,使用者也需要有接受和普及的过程,但时间比全新产品接收时间短。换代的产品适应了时代发展的步伐,也有利于满足消费者日益增长的物质需要。

(3) 改进的产品。指对老产品的质量、外观、花色、功能或是包装加以改进,在保持原产品功能的基础上,使其在用途、品质方面又有新的发展,使其与老产品有部分差别。例如汽车增加的 ABS、ESC 等安全系统,与换代产品相比,改进产品受技术限制较小,且成本相对较低,便于市场推广和消费者接受,但容易被竞争者模仿。

(4) 模仿的产品。是指对市场上的现有产品设计稍作改变,突出某一方面的特点,如功能或价格,使用新品牌后提供给市场的产品如某些国产手机品牌模仿市场上畅销品牌产品,主要是出于竞争的考虑。

二、新产品开发策略

新产品开发风险性很大,为了减少新产品开发的失败率,降低新产品投资的风险,企业应采取正确的开发策略。

(一)抢先策略

企业利用自己的优势,如技术先进、消息灵通、资金雄厚等因素,果断决策,研制开发新产品,以便在竞争对手进入市场之前进入市场,抢先在市场和消费者的心中树立一个良好的形象和有利的位置,成为市场上技术领先、竞争有力的企业。

(二)跟随策略

当市场上出现销售畅通的新产品时,企业应该不失良机加以仿制或改进,然后尽快投入市场,这种策略是企业不需要长期大量的投资来从事新产品的研发和开发,节约开发设计成本与时间,并且会利用新产品的改进来消除其缺陷而后来居上。跟随策略适用于应变能力强的企业,如松下把索尼公司首创的录像机改制成结构紧凑、质量可靠、价格适中的录像机,从而在市场占有率上超过了索尼公司。

(三)引进策略

将国外或其他地区已有成熟的先进技术引来用于开发新产品,或直接利用引进的设计进行资料试制。采用这种策略风险小、投资小、见效快。引进策略是技术落后地区常用的策略,但应在吸收的基础上进行创新。

(四)合作策略

由于新技术的飞速发展,许多新产品在原理、技术和生产工艺等方面出现互相渗透、纵横交错的特点,尤其是中小企业技术力量有限,因而,可以采取横向联合、共同开发的策略,这样可以集中技术优势和开发资金,可以分散风险。合作开发的形式一般有研究合作开发型,研究生产合作型,生产合作型,构思发展为能为顾客理解,能用文字、图形或模型予以具体描述的产品概念。

三、新产品开发方式

企业在市场竞争中需要根据自身的特点和营销环境选择不同的新产品开发方式,通常有以下五种方式可以选择:

(1) 技术引进式开发新产品。是直接引进市场上已有的成熟技术开发、制造的新产品,这种方式企业可以从国外引进先进技术也可以从本国其他企业、大专院校或是科研机构引进技术来开发新产品。这种方式的优点是企业可以避开自身开发能力较弱的难点。

(2) 独立式开发新产品。是指企业从目标消费者所需要的产品功能出发,研究能够满足其功能需求的原理和结构,结合新技术、新材料和自身科技力量独立研究开发制造的产品。

（3）混合式开发新产品。是指企业在新产品的开发过程中，把直接引进的技术与本企业的开发研究结合起来，在引进技术的基础上，又有根据市场需求环境和企业自身特点独立开发的部分，将两者有机结合在一起而制造出的新产品。

（4）联合研制式开发新产品。是指企业与其他单位合作，包括大专院校、科研机构以及其他企业共同研制新产品。

（5）仿制式新产品。是指按照市场上已有的产品略加修改后仿制而来的新产品，这种方式是企业迅速赶上竞争者的一种有效的新产品开发方式。

四、新产品开发的程序

新产品的开发程序是指从有新产品的设想开始到新产品进入市场所经历的各个阶段。由于行业间的区别和产品差异，新产品的开发过程也存在明显差异。美国一家著名的市场研究机构，曾对80家公司的新产品开发进行了研究，发现平均每40件新产品的设想中会有一件新产品获得成功。因此，企业必须严格按照新产品开发程序进行。新产品开发程序通常要经历下面几个阶段(图8.7)：

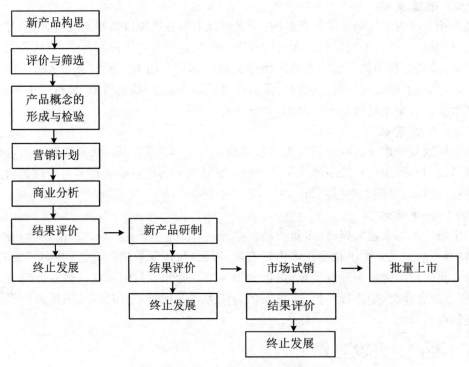

图 8.7　新产品开发程序图

1. 新产品构思

新产品开发源于构思，虽然并不是所有的构思都可以变为产品，但寻求尽可能多的构思可以为新产品的开发提供较多的机会卓越的构思是新产品开发的良好开端。产品是满足顾客的直接物品，企业根据自身的条件及计划目标，从外部和内部寻找广泛的新产品构想。构思来源的途径主要有顾客、中间商、科研人员、供应者、企业的营销人员、竞争对手及各级决策者等。因此需要考虑：

（1）产品类型。包括：是工业用品还是消费品、终端品还是中间品、耐用品还是非耐用品等。

（2）产品质量。质量是产品满足某种需要所必需的属性或特性，用以衡量其使用价值的重要标志。质量的提高会增加企业成本，顾客必须付出更高的价钱，因此，不同质量的产品所面向的消费者市场也不同。对于那些高质高价、低质低价、高质低价的产品，都会有相应的消费者市场，而质次价高的产品，必然会失去市场。所以产品质量应在目标消费者需要同时又愿意支付相应价格的水平上。产品质量水平造成成本及价格过高，超过目标市场消费者的支付能力，也会导致产品无人问津。

（3）产品外观。包括：形态、式样、颜色、体积、包装等。通过外在的形式，直接影响消费者印象。因此，企业在设计时应充分考虑以上几点，从各方面符合顾客的需求。

【资料链接】

有效发掘构思的方法

1. 列举属性法。对某一产品的属性，逐一研究，寻找方法改良这种产品。
2. 头脑风暴法。选择具有各种专长的人员一起座谈，集思广益，寻找具有创造性的构思。
3. 调查法。调查顾客使用某产品的感受，寻找可以应当的部分。
4. 强行联系法。列出不同产品，把其中一种产品与另一种产品或几种产品结合起来，组成新的产品。
5. 多角分析法。列举出与产品相关的几个重要因素，查找每一个变化的可能性。

2. 评价与筛选

企业在获得大量新产品的构思后，必须组织力量对构思进行评估以剔除那些可行性较低的构思，把企业有限的资源投入到成功机会较大、有开发前途的产品构思上。这一阶段主要起过滤作用。通常会设立四项标准：

（1）产品本身之考察。考察功能如何、顾客是否愿意购买、对外的竞争能力、营销能力。
（2）企业之考察。考察企业的战略目标、成本与设备能力、制造能力、市场营销。
（3）大环境之考察。考察竞争地位、物料供应商之配合、政府政策。
（4）前瞻性之考察。考察资金的支援、投资的规模、战略。

在筛选过程中，企业应尽量避免两种失误：一种是对良好构思的潜在价值估计不足以致漏选而失去开发机会；另一种是将没有前途的产品构思付诸实施，造成人力、物力、财力的损失。为此，应制定新产品设想评价表，就质量目标、技术水平、市场规模、竞争状况、技术能力、资源状况等项目逐一进行评价。要尽可能地吸收企业各个部门有经验的管理人员和有关专家参加，正确地确定评价项目及其标准，以提高筛选的准确程度。

3. 产品概念的形成与检验

产品概念与产生构思是有区别的：产品构思是企业从自身角度考虑希望提供给市场的产品设想；产品概念是企业从顾客角度对产品构思进行详细描述。一种构思可能转化为多种产品概念，如一辆汽车，从企业角度看，它是齿轮、轴心、外壳及制作过程、管理方法与成本的集合；对顾客来讲，考虑的则是汽车的质量、价格、外形、性能、保修期等。企业要尽可能把能够成为产品概念的方案列出来，然后对产品概念进行定位，最后通过实物模型和文字表达出来,以便最终决定是否进一步发展这一产品概念。

4. 营销计划

完善营销方案需要明确三个方面:第一,新产品的目标市场规模、结构、消费者的购买行为、销售量、利润率和市场占有率;第二,新产品的预期定价、销售渠道以及上市初期的营销费用;第三,新产品的目标的销售额和利润,以及营销组合策略等。

5. 商业分析

对基本定型的产品概念进行分析论证,即从财务角度来分析新产品概念,看它有没有价值,以便剔除那些盈利少的产品概念。重点分析其预计的成本、需求量和盈利水平。成本分析包括生产成本和推销成本,如进行新产品生产所需要的投资和直接间接生产费用,按照预定的推销方式所需要的推销成本(如广告费、分销成本、批零代销应分收益等)。需求分析则要测算市场需求潜量与销售潜量以及消费者购买能力与购买愿望。盈利分析就是通过成本和需求的分析看盈利水平是否符合企业的目标,是否有较强的商业吸引力,如果有的话,新产品概念就可以进入新产品开发阶段。

6. 开发试制

开发试制是将产品概念转交到研发部门,将产品概念转化为顾客能够接受的实体产品,是新产品开发过程中最重要的阶段。只有通过研制才能确定该产品在技术上、商业上的可行性,以决定是否继续试制或及时加以改进等。产品的研究要耗用企业大量的人力、物力和财力,因此,企业十分重视该阶段的管理。产品研究主要是企业研究部门进行以下三个方面的工作内容:

(1) 对抽象的产品概念进行实体形态设计,如勾画出产品示意图,进行产品品牌和包装设计等。

(2) 按照产品设计图纸生产出产品的模型或样品。

(3) 对产品模型或样品进行一系列严格的"功能测试"和"消费者测试"。"功能测试"是专业人员在实验室或者现场检测新产品的功能、安全性是否达到相关的标准。"消费者测试"方式多样化,如可以将产品交给消费者试用以征求其对新产品的意见和建议,以便及时发现新产品存在的问题并进行必要的改进。

7. 市场试销

企业对试制成功的样品投入市场后能否受到目标消费群体的喜爱并没有十足的把握。因此,企业通常把小批量生产的样品有目的地通过小范围的市场进行试验销售,以测试消费者和经销商的反应。试销不仅能增进企业对新产品销售潜力的了解,而且有助于企业挑选与改进市场经营的方法。有许多通过试销改进后而获得成功新产品,但并非所有的新产品都要经过试销。如企业已经明确市场需求潜力,就可免去试销,直接进入市场销售。进行新产品试销必须注意以下几点:

(1) 试销的地区应选择具有典型性和代表性的目标市场进行试销。

(2) 试销的时间的选择由平均再购时间长短和测验费用高低来决定。

(3) 试销期间信息应收集三个方面内容:一是试销产品本身的信息;二是顾客的意见;三是顾客对新产品重复购买率的估计资料。

8. 批量上市

产品试销成功后,就可以投入批量生产,全面进入市场。同时需要投入大量人力、物力、财力。此时,企业应注意下列问题:

（1）投放的最佳时间。即新产品在什么时间上市最为适宜。概括地说有两种情况：一种是企业新产品试制成功后，以最快的速度把产品推向市场；另一种是新产品试制成功后，并不急于投放市场，而是等待销售时机。这类产品多属于换代产品，因为在原有产品未进入衰退期前，大批量推出它的换代产品，会影响原有产品和其他同类产品的市场销量，从而减少企业盈利。

（2）投放的地区。新产品不一定立即向全国市场投放，应对不同地区的市场潜力、企业信誉和优势、营销费用、市场竞争力等因素全面评价，重点研究测定地区对周边区域的辐射与影响力，以决定投放的重点地区。

（3）投放的最佳目标市场，即向谁推出新产品最为适宜。新产品的潜在消费者有四种类型：最先采用者、大量购买者、有影响的带头购买者和对价格敏感的购买者。企业应根据新产品的特点，选择最有潜力的消费者群，作为自己的目标市场。

五、新产品开发组织

成功的新产品开发要求企业建立一个有效的组织，以管理新产品开发过程。一个组织是否有效，首先取决于企业的高级管理层。

新产品的开发取决于企业所涉及的业务领域和产品种类。企业的高级管理层需要考虑新产品开发需用多少预算支出。研究和开发新产品的结局是非常不确定的，使得按照常规的投资标准来编制预算变得十分困难。有些企业解决这个问题的方法是采用鼓励措施和财务支持，以争取尽可能多的项目建议书，并寄希望于从中择优录用。另一些企业采用传统的销售额的百分率或根据与竞争者相当的费用，已确定本企业的研究和开发预算。还有些企业先确定到底需要多少成功的新产品，然后再倒过来估计研究与开发所需的投资额。

企业在处理新产品开发组织结构中常见如下五种职位或部门：

（1）产品经理。就是企业把新产品开发工作交给它们的产品经理。这种制度有一些缺陷。产品经理们常常只对品牌更改和扩充感兴趣，很少考虑新产品。另外这些产品经理也缺乏开发新产品所需的专有技能和知识。

（2）新产品经理。很多企业都会设立新产品经理职位，这样使得企业开发新产品的功能更加专业化。但是，新产品经理的工作局限与他们的产品市场范围的产品改进和产品线的扩展。

（3）新产品委员会。由公司高层管理委员会负责审核新产品建议。好处在于因为新产品委员会处于公司的高层位置，对整个公司都有管理权限，从而更有助于开发新产品，这是组织制度的优点。缺点是高层管理者身居高位，远离一线市场，容易出现一些决策过于主观化的问题。

（4）新产品部。企业专门设立一个新产品部，该部的主管与企业管理高层密切联系。其主要职能是新产品的产生、筛选构思，并指挥和协调查究开发工作，进行实地试销和商品化。

（5）新产品开发组。新产品开发组由各业务部门的人员组成，负责研发新产品并投入市场。这些人员都是暂时解除原有职务，共同在新产品开发组工作。企业给予新产品开发组预算、时间期限让其研发新产品。

六、新产品的推广

新产品进入市场后，企业必须抓住时机进行推广，以便使消费者普遍接受。此时，要考

虑消费者的心理因素。通常,消费者接受新产品的心理上具有"阶段性",总体来说,包括以下五个阶段:

(1) 认知或知晓。这是消费者获取关于新产品信息的第一步。消费者开始知道了有某种新产品存在。企业应想方设法吸引消费者的注意,建立初步印象。消费者的"知晓"往往通过多条渠道获得。

(2) 兴趣。产品或服务不但引起了消费者的注意,而且使消费者产生了一定的兴趣。产生兴趣的消费者会自然地成为"信息寻求者"的角色,查找有关商品和服务的资料,进行各种对比分析。

(3) 欲望。在发生兴趣、对商品进一步了解的基础上,消费者产生了对商品或劳务的渴求。企业若在这个阶段能适时、适地地让消费者了解产品的优点,进一步诱发购买是水到渠成的事。

(4) 确信。通过前几个阶段,消费者确信商品对自己是适用的,购买的决心已下。

(5) 成交。消费者从思想观念到行动,接受了新产品,正式付诸购买行动。

以上介绍了一般的心理活动过程,但不同的消费者对新产品的态度不同,接受的时间长短,往往会因个人的性格、心理、收入水平、价值观等多种因素的影响和制约,据此可将新产品的接受者分为逐新者、早期接受者、中期接受者、晚期接受者、落后者五种类型。

分析案例

海尔集团的发展

海尔集团创立于1984年,十几年来持续稳定发展,从一个亏空147万元的集体小厂迅速成长为在海内外享有较高美誉的大型国际化企业集团。产品从1984年的单一冰箱发展到拥有白色家电、黑色家电、米色家电在内的86大门类、13000多个规格的产品群,并出口到世界160多个国家和地区。2002年,实现全球营业额711亿元,实现海外营业额10亿美元。2002年,海尔跃居中国电子信息百强之首和中国最有价值品牌。

海尔现象引起了国外众多媒体的关注,美国《家电》《财富》《华尔街日报》和英国《金融时报》等纷纷报道了海尔的情况。1998年3月25日,海尔集团总裁张瑞敏应邀登上哈佛大学讲坛,"海尔文化激活休克鱼"的案例正式写进哈佛大学教材。近年来,海尔已经有十几个成功的案例进入哈佛大学、洛桑国际管理学院、欧洲工商管理学院、日本神户大学等著名高等学府的案例库,成为全球商学院的通用教材,这在中国企业界是唯一的。这标志着海尔已经从学习借鉴国外先进管理方法发展到以自己的创新管理进入国际管理界前沿。这一切都源于创新和产品开发。海尔非常重视新产品开发和技术创新,仅1999年就开发出582项专利技术,平均每天就有2.3项专利问世,新产品开发287项,商品化率达90%以上,当年80%的销售收入来自新产品。目前,海尔拥有各项专利达2200多项,中国洗衣机行业2/3的专利属于海尔,新产品开发已具备了超前10年的能力。在海尔的产品中,直接源于顾客信息反馈,满足市场需求的技术创新和产品开发层出不穷,比如"地瓜"洗衣机和小小神童洗衣机,其中小小神童洗衣机已开发到第9代产品。如此强大的新产品开发能力为海尔的发展提供了充分的技术支持。

讨论:

海尔集团能够发展成现有水平,靠的是什么?

第四节　品牌与包装策略

一、品牌策略

美国营销专家拉里·莱特指出:"拥有市场将比拥有工厂更为重要,而拥有市场的唯一办法是拥有占统治地位的品牌。"品牌能够给企业带来惊人的力量,它没有产品的生命周期,能始终保持青春。特别是当今经济和技术的飞速发展,产品的同质化越来越强,企业想在激烈的市场竞争中取得优势,就必须要有一种具有消费者所认同的价值,这就是品牌价值。

(一) 品牌与商标

品牌是一种识别标志,它是一个名称、术语、符号或图案,也可能使它们若干要素的集合。为的是识别其产品,并区别于其他竞争者。

(1) 品牌名称。是指品牌中可以用语言直接呼出的部分。如"可口可乐""香奈儿""宝马"等,都是著名的品牌名称。

(2) 品牌标志。是指品牌中能够识别、又不能用语言直接读出的部分。如符号、标记、图案或字体造型等。

(3) 商标。是专门的法律术语。指按法定程序向商标注册机构提出申请,经审查予以核准,并授予商标专用权的品牌或品牌的一部分。受法律保护。注册登记后,商标标记为"R"。品牌与商标有一定区别,品牌包含商标,所有商标都是品牌,但品牌不一定都是商标。

【资料链接】

不得作为商标的情况

1. 同中华人民共和国的国家名称、国旗、国徽、军旗、勋章相同或者近似的,以及同中央国家机关所在地特定地点的名称或者标志性建筑物的名称、图形相同的;
2. 同外国的国家名称、国旗、国徽、军旗相同或者近似的;
3. 同政府间国际组织的名称、旗帜、徽记相同或者近似的;
4. 夸大宣传并带有欺骗性的;
5. 有害于社会主义道德风尚或者有其他不良影响的;
6. 仅有本商品的通用名称、图形、型号的;
7. 缺乏显著特征的。

资料来源:国家工商总局商标局商标的审查标准。

(二) 品牌的作用

品牌作为形式产品中的一个重要因素,在整合营销中起着举足轻重的作用。通常,品牌具有以下几方面的作用:

1. 有利于顾客识别、选购

品牌原本只是一种识别标记,方便顾客区分不同销售者的产品或服务。消费者往往通过品牌来归纳商品属性,当消费者需要这种属性时,他们就会直接选购具有此种属性的品牌商品。

2. 宣传推广商品

品牌表明商品的某种特性,是区别产品质量和品种的特定标志。不同品牌代表着不同的来源、质量、信誉和评价,便于企业进行宣传和推广,建立产品声誉,促使消费者产生购买欲望,提高市场占有率。

3. 有利于保护企业和消费者利益

品牌经注册后成为商标。商标受法律保护和约束。商标所代表的商品,其特有性也就受到法律保护,在一定程度上减少了竞争对手模仿所带来的侵害。同时,为了维护企业的品牌声誉,企业会更加重视对产品生产把关,努力提高产品质量,起到了保护消费者利益的作用。

4. 增强竞争优势

在市场竞争中,品牌标记成为商标后,不但具有维护专用权的防御性作用,还可以充当竞争工具,成为有效地攻击竞争对手的武器。名牌产品借助品牌优势,或以高价策略获取超额利润,或以相同价格压倒普通品牌的产品,以扩大产品的市场占有率。拥有国际驰名商标的企业还可以通过许可使用、联合经营等形式完全吞噬目标国家的知名品牌。产品的差异性所表现出来的任何优势都有可能被同行企业超越,但企业借助品牌优势进行市场定位,以"第一品牌"的良好形象往往是竞争对手无法超越的。

5. 有利于树立企业的形象

品牌对企业发展的有激励作用,好的品牌不仅能促使企业对产品质量严格把关,而且能使企业具有品牌的荣誉感。在消费者当中,优秀的品牌具有很高的知名度和忠诚度,这有助于让消费者建立品牌偏好,从而进一步使消费者对公司产生好感,带动企业知名度。良好的企业形象对企业的进一步发展大有帮助。

随着商品经济的发展,品牌营销的作用越来越大。越来越多的企业已从过去的注重产品转向注重品牌,品牌的力量给企业所带来的利益已经越来越显著。

(三) 品牌策略

1. 品牌化策略

品牌化策略是指有无品牌的决策,即企业是否要给产品建立一个品牌的问题。一般来说,为了提高企业的知名度,发展企业,往往使用品牌。但从另一方面来讲,创建品牌意味着成本和促销费用的增加,价格的上涨。有无品牌,主要根据产品的特点和权衡使用品牌对产品销售的作用大小而确定。一般认为,在下列情况下可以考虑不使用品牌:

(1) 未经加工的原料产品,如矿石。

(2) 以规格划分的同质产品,如汽油分为93♯、97♯等。

(3) 临时性或一次性生产的产品,如一次性筷子。

(4) 无技术标准的产品,如蔬菜。

2. 品牌归属策略

一旦决定使用品牌,还要决定使用谁的品牌,由谁管理负责。产品在品牌归属上以下几种选择:

(1) 制造商品牌(又称全国性品牌)。产品的质量、设计、特性等是由制造商确定的,大多数生产企业使用自己的品牌。

(2) 中间商品牌(又称专用品牌)。生产企业把产品销售给中间商,由中间商使用自己的品牌转卖产品。使用中间商的品牌可以保证和控制货源,控制价格,以较低的售价提高竞争力,获得较高的利润。

(3) 混合品牌。部分使用制造商品牌,部分使用中间商品牌。企业应根据自身条件,综合考虑自创品牌和他人品牌的利弊,权衡比较,对于财力雄厚,生产技术和经营管理水平比较高的企业力求使用自己的品牌。相反,使用在市场上有信誉的中间商的品牌或有信誉的市场使用自己的品牌,如国内市场;没有知名度的市场使用中间商品牌,如国际市场。

3. 品牌名称策略

品牌名称策略是指企业决定其产品是统一使用一个品牌还是分别使用不同的品牌。有以下几种策略:

(1) 统一品牌策略。企业所有的产品都使用一个品牌。如:美国通用电气公司的所有的产品都统一使用"GE"这个品牌名称;海尔品牌除冰箱和洗衣机外,旗下又推出空调、电视机、热水器、电脑、手机、家居集成等众多产品,并将企业的所有产品都冠以"海尔"这一品牌。使用这一策略,有利于建立"企业识别系统"。同一品牌推出大批产品,可以显示实力,利于在顾客心目中留下深刻的印象;新产品上市可以减少、消除陌生感,更快也更容易打入市场;统一品牌覆盖多种产品,可以多种市场传播手段,集中力量突出一个品牌形象,推广新产品的成本降低,节省大量广告费用;统一品牌之下的各种产品,可以互相声援,扩大销售;如果企业声誉甚佳,新产品销售必将强劲,利用统一品牌是推出新产品最简便的方法。采用这种策略的企业必须对所有产品的质量严格控制,以维护品牌声誉。采用这一策略的缺点是,某个产品的声誉不好会影响整个企业的形象。

(2) 个别品牌策略。对不同的产品分别使用不同的品牌。如:可口可乐公司的产品除"可口可乐"这一品牌外,还有"雪碧""芬达""醒目""水森活"等品牌。宝洁公司名称。宝洁没有成为任何一种产品和商标,而根据市场细分洗发、护肤、口腔等几大类,采用个别品牌策略。香皂用的是"舒肤佳",牙膏用的是"佳洁仕",卫生巾用的是"护舒宝",洗发精就有"飘柔""潘婷""海飞丝"等品牌。洗衣粉有"汰渍""洗好""欧喜朵""波特""世纪"等九种品牌。这样做的好处在于:可为每种产品寻求最适当的品牌,吸引购买;个别品牌可起隔离作用——大多数人的心理趋向,是不乐意用较高价格买了与低档同名的产品;利于优质新品的推广;每种产品使用各自品牌,纵然其中有某个声誉不佳,也不至于因个别产品信誉不佳而影响其他产品,不会对企业整体形象造成不良后果。但实行这种策略,企业的广告费用开支较大,最好是先做响企业品牌,以企业品牌带动个别品牌。

(3) 分类品牌策略:如果企业所经营的各类产品之间的差别非常大,企业应依据标产品不同的分类,为各类产品分别命名。如韩国LG公司电器类产品用的是"LG"品牌,化妆品用的是"蝶妆"品牌,日化类牙膏用的是"竹盐"品牌。

(4) 母子品牌策略。即统一品牌与个别品牌并列,是指企业在每一品牌之前均冠以公司名称,以公司名称表明产品出处,以品牌表明产品的特点。这种策略主要的好处是:在各种不同新产品的品牌名称前冠以企业名称,可以使新产品享受企业的信誉,而各种不同产品分别使用不同的品牌名称,又可以使各种不同的产品保持自己的特色,具有相对独立性。如大众汽车公司就是这种方式的典型代表:公司的母品牌"大众"为其全部产品向广大消费者提供信誉、质量的保证,增强了子品牌及其产品的竞争力;公司的"帕萨特""polo""朗逸"等子品牌则为母品牌从目标市场选择、市场定位等方面向消费者提供各子品牌的价值和体验,丰富并提升母品牌的形象。

4. 品牌延伸策略

品牌延伸策略是指企业利用其成功品牌的声誉推出改进产品或新产品。品牌延伸策略会以其产品带来一道美丽的光环,在这美丽的光环的照耀下,企业及产品会受到一种正面的经济效应的影响。品牌延伸策略包括以下两种:

(1) 纵向延伸策略。企业先推出某一品牌,取得成功后,又推出新的经过改进的该品牌的产品。以宝洁公司洗发水为例,先推出以柔顺为特长的"飘柔"洗发水;然后又推出以全面营养吸引公众的"潘婷";再推出具有良好的去屑功效"海飞丝"。不同的消费者在洗发水的货架上可以自由选择,然而都没有脱离开宝洁公司洗发香波的产品。

(2) 横向延伸策略。将成功的品牌用于开发不同的新产品。海尔品牌从1992年到1995年,逐渐延伸到电冰柜、空调等制冷家电产品,并很快使它们成为各自行业的名牌产品。1995~1997年,海尔又瞄准洗衣机、热水器、小家电、微波炉、洗碗机等产品作为新目标。经营领域因此覆盖了几乎全部的白色家电产品。当然,作为主业的电冰箱的产销规模此时也在不断扩大。1997年,海尔又进入黑色家电领域,1999年海尔品牌的电脑成功上市,现在海尔集团已拥有包括白色家电、黑色家电和米色家电在内的69个大门类10800多个规格品种的家电群,覆盖了几乎所有家电产品,在消费者心目中树立起了海尔家电王国的形象。随着海尔根据消费者的需求对市场不断细分"敢于创新、精益求精、真诚负责、高品位"等品牌个性也逐步形成。

5. 品牌重新定位策略

品牌重新定位策略是指全部或部分调整或改变品牌原有定位的做法。品牌重新定位有以下几个原因:

(1) 竞争者推出定位于本企业品牌的旁边的品牌,侵占了本企业品牌的一部分市场,使本企业品牌市场占有率下降。

(2) 目标市场消费者的偏好发生转移,需求减少。

(3) 品牌自身存在问题。

品牌一经确定,不能轻易改变定位,必须非常慎重。因为确立一个品牌,尤其是名牌,需要投入大量的费用,是靠长年的聚焦经营累积而来。

【资料链接】

江小白品牌定位

品牌定位是企业为品牌寻找一个适当的位置。要说2017年的热事,江小白的异军突起算是一桩。我国白酒市场的竞争力一直都居高不下,这与品牌定位分不开关系。江小白是重庆江小白酒业有限公司旗下江记酒庄酿造生产的一种自然发酵并蒸馏的高粱酒品牌。江小白致力于传统重庆高粱酒的老味新生,以"我是江小白,生活很简单"为品牌理念,坚守"简单包装、精制佳酿"的反奢侈主义产品理念,坚持"简单纯粹,特立独行"的品牌精神,以持续打造"我是江小白"品牌IP与用户进行互动沟通,持续推动中国传统美酒佳酿品牌的时尚化和市场国际化。

【资料链接】

品牌命名原则

1. 简洁明了,新奇独特。图案清晰,文字洗练,符号简明,色彩醒目,有鲜明个性。
2. 易懂易记,启发联想。
3. 形象生动,美观大方。有艺术感染力,使人百看不厌。
4. 功能第一,传播方便。品牌要传达特定的信息,应尽可能适用于各种传媒和手段的技术特点。

(四)品牌决策

品牌决策是企业进行产品决策时一个重要的组成部分,其主要内容如图8.8所示。

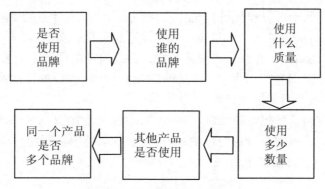

图8.8 品牌决策流程图

(1) 是否使用品牌。是指产品是否建立品牌的决策。

(2) 使用谁的品牌。决定使用品牌,还需要考虑品牌归谁所有,由谁负责管理。品牌使用上可以考虑使用制造商品牌、使用中间商品牌或是混合使用品牌。

(3) 使用什么质量。决定使用自己品牌,要考虑使用何种质量,以保持品牌在目标市场的地位。品牌质量指使用该品牌的产品档次,反映该品牌产品的耐久性、可靠性、精确性、易于操作和便于修理等有价值的属性。其中有些可以客观加以测定。

(4) 使用多少数量。即企业可以使用统一品牌策略,也可以使用个别品牌策略,还可以考虑个别的统一品牌策略和统一的个别品牌策略,关键是看那种方式对企业有利。

(5) 其他产品是否使用。利用已获成功品牌的声誉,推出改进型产品或新产品,也就是品牌的纵向延伸和横向延伸。

(6) 同一产品是否使用多个品牌。是指同一产品使用两个或两个以上品牌,即多重品牌决策。使用多重品牌的原因是只要中间商接受,就可占有更大陈列空间;真正忠诚于某一品牌、任何情况下也不改变的顾客毕竟很少,提供多重品牌,客观上有更多的机会进入顾客的"购买单",扩大销售;多重品牌有利于内部展开竞争,提高效率;利于向不同市场渗透。

(五)品牌的维护

所谓品牌维护,就是企业针对内部和外部环境变化给品牌带来的影响进行维护品牌形象,是保持品牌市场地位的一系列的统称。

品牌是一项十分重要的无形资产,好的品牌特别是名牌、驰名商标等具有极高的品牌价值,是企业的一笔巨大的财富。但是,品牌不是永恒的,市场竞争却是残酷的。在变幻莫测的品牌市场上,一些默默无闻的品牌会一夜之间突然成为名牌;而与之相反,一些知名度颇高的品牌却可能是悄然不知去向。为使企业自身的巨大无形资产和宝贵财富不受侵犯,企业必须对自己的品牌实施有效地维护与管理。其意义在于:

(1)品牌维护有利于巩固品牌的市场地位。企业品牌在竞争市场中的品牌知名度、品牌美誉度下降以及销售、市场占有率降低等品牌失落现象被称为品牌老化。对于任何品牌都存在品牌老化的可能,尤其是在当今市场竞争如此激烈的情况下。因此,不断对品牌进行维护,是避免品牌老化的重要手段。

(2)品牌维护有助于保持和增强品牌生命力。品牌的生命力取决于消费者的需求。如果品牌能够满足消费者不断变化的需求,那么,这个品牌就在竞争市场上具有旺盛的生命力。反之就可能出现品牌老化。因此,不断对品牌进行维护以满足市场和消费者的需求是很有必要的。

(3)品牌维护有利于预防和化解危机。市场风云变幻、消费者的维权意识也在不断增高,品牌面临来自各方面的威胁。一旦企业没有预测到危机的来临,或者没有应对危机的策略,品牌就面临极大的危险。品牌维护要求品牌产品或服务的质量不断提升,可以有效地方犯由内部原因造成的品牌危机,同时加强品牌的核心价值,进行理性的品牌延伸和品牌扩张,有利于降低危机发生后的波及风险。

(4)品牌维护有利于抵御竞争品牌。在竞争市场中,竞争品牌的市场表现将直接影响到企业品牌的价值。不断对品牌进行维护,能够在竞争市场中不断保持竞争力。同时,对于假冒品牌也会起到一定的抵御作用

【资料链接】

过吉祥年,喝王老吉

2011年春节期间,王老吉以"过吉祥年喝王老吉"为主题,进行节日期间的传播沟通,延续了王老吉一贯的节庆主题。活动期间,通过购年货、回家、团聚、送礼四个主场景贯穿始终。但是,春节期间,如果仅仅通过传统媒体进行推广与互动的话,容易受到节日期间,媒体关注度不高的影响。通常的媒体投放方式较难开辟年轻人等新鲜用户市场。手机新媒体日益发展壮大,越来越多的企业、品牌谋求手机媒体合作推广。

分析:

1. 营销方式创新:首次尝试通过网络+手机全新营销模式合作,通过手机平台、网络平台的优势互补,整合活动模式,最大化地传递"过吉祥年,喝王老吉"的品牌理念,提升王老吉品牌知名度和美誉度,拉动销售。

2. 跨平台传播:首次跨移动、联通、电信三大运营商联合向手机用户进行传播与推广,全面覆盖王老吉目标消费群体。

3. 社会化媒体助力:活动网站与人人网、新浪微博平台对接,提升互动空间,实现更多人群的推广。

4. 无缝隙直达消费者:将王老吉春节祝福语融入到中国移动官方报刊《手机早晚报》当中,面向8000多万人直接推送王老吉相关段子。

品牌发展经过形成期与成长期后,就进入了成熟期,即品牌已发展成为国家级、国际级乃至世界级的著名或驰名品牌。相应地,这一阶段企业应采取的品牌发展战略即为维护战略。品牌维护应包括自我维护、法律维护和经营维护。

(1) 品牌发展的自我维护。品牌的自我维护手段主要渗透在品牌设计、注册、宣传、内部管理以及打假等各项品牌运营活动中。在品牌的设计、注册与宣传中渗透品牌的自我维护思想,这是在品牌创立阶段就应考虑的。因此,在我们所定义的品牌维护阶段,可以将品牌发展的自我维护定义为"企业自身不断完善和优化产品,以及防伪打假和品牌秘密保护措施",具体包括产品质量战略、技术创新战略、防伪打假战略与品牌秘密保护战略。

(2) 品牌发展的法律维护。品牌的法律维护包括商标权的及时获得、驰名商标的法律保护、证明商标与原产地名称的法律保护以及品牌受窘时的反保护。"原产地名称的法律保护"也有类似情况。而"品牌受窘时的反保护"不仅因企业和产品不同而措施各异,而且使用的法律条款繁多。因此,将法律维护定义为主要通过商标的注册和驰名商标的申请来对品牌进行保护。

(3) 品牌发展的经营维护。品牌发展进入成熟期后,不仅要通过自我维护使产品得到不断更新以维持顾客对品牌的忠诚度,采取法律维护以确保著名品牌不受任何形式的侵犯,更应该采用经营维护手段使著名品牌作为一种资源能得到充分利用,使品牌价值不断提升。品牌的经营维护就是企业在具体的营销活动中所采取的一系列维护品牌形象、保护品牌市场地位的行动,主要包括顺应市场变化,迎合消费者需求,保护产品质量,维护品牌形象,以及品牌的再定位。

二、品牌设计要求

品牌设计要求如下:

(1) 便于识别、记忆。品牌的名称要简约、个性、有深义,朗朗上口,易于记忆;品牌标识要醒目、新颖别致,让人看后赏心悦目,从而留下这个商品或服务的美好印象。例如,"柯达"原意是照相机按下快门的一刹那机体本身发出的声音,音意寓意于语意,听觉效果好故命此名。

(2) 体现企业或产品的风格。品牌具有反映产品基本用途和效益。例如,2000年创建的百度,公司名称取自宋朝词人辛弃疾《青玉案》中的"众里寻他千百度",致力于向人们提供"简单、可依赖"的信息获取方式。

(3) 与目标市场文化背景相适应。由于目标市场宗教信仰、风俗习惯、地理环境等不同,品牌设计应做相应的调整。如南京长江机器厂的"蝙蝠"牌电扇,虽然在国内叫得很响,但因蝙蝠在许多国家被视为邪恶和不洁的同义词,在进入国际市场时,改为"美佳乐"。

三、包装策略

包装是产品实体的重要组成部分,通常是指产品的容器或包装物及其设计装潢。产品包装包括三个层次:第一层直接包装、第二层间接包装、第三层运输包装。随着时代的发展,人们对产品的要求开始由过去重视产品的核心价值,变为重视品牌,对于产品的包装、式样也越来越看重。在现代,美国的包装业已发展成为第三大工业产业。包装,正成为一种重要的促销手段。

（一）包装的作用

包装在企业营销中，具有重要作用：

（1）保护商品的使用价值。这是包装的基本作用。绝大多数商品在进入市场前，都需要防止其损坏、变质失去原有的核心价值，包装的功能就在于可以保证产品在这个过程中，产品的价值不会丧失。

（2）便于商品的储运。很多商品要经数次流通才能到达消费者手中。这个过程要经过库存、装卸、运输、陈列、销售等环节。通过对包装的不同设计，可以便于装运、携带和运输各种类型的产品。同时通过包装上的标识也易于识别、存取，有效地降低成本，提高企业的综合效益。

（3）有利于促进销售。外形美观的包装可以在产品销售中起到积极的促销作用。包装就像产品的衣服，它们给消费者产品的"第一印象"，现代营销中，包装就像一个"无声的推销员"。那种能美化产品，体现产品价值的精美包装往往更能够激发人们的购买兴趣。特别是随着超市的普及，对产品的外包装也有了更新的要求。通过包装的文字及设计，消费者能够了解到产品的性能及品质。因此，"包装是立在货架上的广告"已成为企业的共识。

【资料链接】

价值600万的玻璃瓶

说起可口可乐的玻璃瓶包装，至今仍为人们所称道。1898年鲁特玻璃公司一位年轻的工人亚历山大·山姆森在同女友约会中，发现女友穿着一套筒型连衣裙，显得臀部突出，腰部和腿部纤细，非常好看。约会结束后，他突发灵感，根据女友穿着这套裙子的形象设计出一个玻璃瓶。经过反复的修改，亚历山大·山姆森不仅将瓶子设计得非常美观，很像一位亭亭玉立的少女，他还把瓶子的容量设计成刚好一杯水大小。瓶子试制出来之后，获得大众交口称赞。有经营意识的亚历山大·山姆森立即到专利局申请专利。当时，可口可乐的决策者坎德勒在市场上看到了亚历山大·山姆森设计的玻璃瓶后，认为非常适合作为可口可乐的包装。于是他主动向亚历山大·山姆森提出购买这个瓶子的专利。经过一番讨价还价，最后可口可乐公司以600万美元的天价买下此专利。要知道在100多年前，600万美元可是一项巨大的投资。然而实践证明可口可乐公司这一决策是非常成功的。亚历山大·山姆森设计的瓶子不仅美观，而且使用非常安全，易握不易滑落。更令人叫绝的是，其瓶形的中下部是扭纹形的，如同少女所穿的条纹裙子；而瓶子的中段则圆满丰硕，如同少女的臀部。此外，由于瓶子的结构是中大下小，当它盛装可口可乐时，给人的感觉是分量很多的。采用亚历山大·山姆森设计的玻璃瓶作为可口可乐的包装以后，可口可乐的销量飞速增长，在两年的时间内，销量翻了一倍。从此，采用山姆森玻璃瓶作为包装的可口可乐开始畅销美国，并迅速风靡世界。600万美元的投入，为可口可乐公司带来了数以亿计的回报。

（二）包装策略

包装策略是产品策略的重要组成部分。通常包装策略主要有以下几种：

（1）类似包装策略。即企业对所生产所有产品，在图案、色彩或其他方面采用共同的形式，使顾客一眼就能识别出这些产品都是一家企业生产的。其优点就是：可以扩大企业的影响;企业推出新产品更容易让消费者接受;节省包装设计成本。但是,如果产品差异较大,则不适合采用这种策略。

(2) 复用包装策略。即原有包装的产品使用完之后,空的包装容器还可以做其他用途。如口子酒厂曾推出一款口子酒的外包装盒,在打开包装后还可以变成烟灰缸使用。消费者可以得到额外的满足。包装在继续使用中,同时还能起到广告宣传作用。

(3) 等级包装策略。即将产品根据不同的性质分成若干等级,采用不同的包装,提示产品的档次或特色。对高档产品采用精致包装,对低档产品采用简略包装,以适应和满足不同消费者购买力和消费心理。

(4) 附赠品包装策略。即在产品包装内,附赠礼品,以吸引消费者购买或重复购买,以扩大销售。儿童市场吸引力巨大。如在儿童商品中附赠小玩具等。

(5) 配套包装策略。即企业将若干有关联的产品,组合包装在一个包装物中。如把指甲剪、指甲锉等组合为成套商品。优点就在于,通过包装中一件或几件产品带动其他产品的销售,增加了企业利润。要注意的是,配套包装应力求包装中各商品有紧密的关联性。

(6) 改变包装策略。即弃用原有的产品包装,使用新设计的包装。市场竞争不断变化,通过改变包装设计,可以吸引新的顾客。当某种产品的包装使用较长时间或销售不理想时,就应考虑更换包装来迎合消费者的求新心理。

本 章 小 结

所谓整合营销即产品、价格、渠道、促销的综合运用,是企业营销战略实现的必要保证,而产品是整合营销中基础的、重要的因素。只有深刻理解什么是整体产品,才能使企业知道如何更好地满足顾客需要,取得竞争优势。而企业的产品组合,则关系到企业的整体发展情况,企业必须不断根据各方面情况对自身的产品组合进行优化和调整,以确证企业在激烈的市场竞争中,始终保持优势从而获取利益。

任何产品都是有生命周期的。对于企业,一方面要认真分析企业现有产品所处的生命周期阶段,分析其产品特点,以便采取相应的对策。另一方面,企业也必须不断根据市场需求开发新产品,保证自身在市场竞争中的优势地位,企业应充分重视新产品开发的重要意义,把握新产品开发的方向与策略,掌握新产品开发的程序与方法,并开展有效的新产品扩散活动。

随着科技和生产力的发展,产品的同质化现象越来越重,市场开始越来越依靠品牌选择产品,"品牌制胜"已经成了很多企业的口号。企业应充分了解品牌理论,用品牌理论指导企业的品牌策略,做好品牌设计、品牌的宣传工作,并利用商标注册等法律手段对企业的品牌进行保护。同时,企业也要充分认识包装的重要作用,选择恰当的包装策略,加强包装设计工作。

练 习 题

一、名词解释
1. 产品；
2. 产品生命周期；
3. 产品组合；
4. 产品相关性；
5. 品牌。

二、单项选择题
1. 产品整体概念最基本的层次是指（　　）。
   A. 核心产品　　B. 形式产品　　C. 附加产品　　D. 实物产品
2. 企业所拥有的不同产品线的数目是该企业产品组合的（　　）。
   A. 深度　　B. 长度　　C. 广度　　D. 关联度
3. 企业原来生产高档产品,后来决定增加低档产品,这种产品组合策略叫（　　）。
   A. 向上延伸　　B. 向下延伸　　C. 反向延伸　　D. 缩减产品组合
4. 美国营销专家拉里·莱特曾指出：拥有市场将比拥有工厂更为重要,而拥有市场的唯一办法是拥有占统治地位的（　　）。
   A. 包装　　B. 品牌　　C. 质量水平　　D. 形象
5. 品牌中可以被识别辨认,但不能用语言称谓的部分,叫（　　）。
   A. 品牌名称　　B. 品牌标志　　C. 商标　　D. 品牌决策
6. 相对于黑白电视机而言,彩色电视机属于（　　）。
   A. 全新新产品　　B. 换代新产品　　C. 改进新产品　　D. 仿制新产品
7. 延长产品生命周期的主要途径有（　　）。
   A. 产品改革　　B. 市场改革　　C. 营销组合改革　　D. 前三者总和
8. 处于（　　）的产品,销量少,促销费用高,制造成本高,销售利润很低甚至为负值。
   A. 导入期　　B. 成长期　　C. 成熟期　　D. 衰退期
9. 企业在不同的产品上使用不同的品牌,属于（　　）策略。
   A. 个别品牌　　B. 统一品牌　　C. 分类品牌　　D. 并用品牌
10. 设计精美、讲究的酒瓶,消费之后可用作花瓶或当工艺品,这是（　　）策略。
    A. 类似包装　　B. 配套包装　　C. 附赠品包装　　D. 再使用包装

三、多项选择题
1. 产品可以根据其耐用性和是否有形进行分类,大致可分为（　　）。
   A. 高档消费品　　B. 低档消费品　　C. 耐用品
   D. 非耐用品　　E. 劳务
2. 产品组合包括的变数是（　　）。
   A. 适应度　　B. 长度　　C. 相关性
   D. 宽度　　E. 深度
3. 快速渗透策略,即企业以推出新产品（　　）。

A. 高品质   B. 高促销   C. 低促销
D. 高价格   E. 低价格

4. 企业针对成熟期的产品所采取的市场营销策略,具体包括的途径是(　　)。
A. 开发新市场   B. 开发新产品   C. 寻求新用户
D. 巩固老用户   E. 改进老产品

5. 对于产品生命周期衰退阶段的产品,可供选择的营销策略是(　　)。
A. 集中策略   B. 扩张策略   C. 维持策略
D. 竞争策略   E. 榨取策略

四、简答题

1. 产品的整体概念包括哪些内容?
2. 品牌与商标有何区别与联系?
3. 简述产品寿命周期各阶段的特点及其各阶段的营销策略。
4. 品牌实施有效地维护与管理的意义是什么?
5. 为何要开发新产品?

五、论述题

1. 当产品生命周期处于成长期时的主要市场策略有哪些?
2. 试分析苹果品牌成功的原因。

从"维他奶"命运的变化看"狗类产品"

狗类产品(Dogs),也称衰退类产品。它是处在低销售增长率、低市场占有率象限内的产品群。这类产品利润率低,处于保本或亏损状态,无法为企业带来收益。按波士顿矩阵图理论,产品的生命周期是这样的:问题类→明星类→金牛类→瘦狗类。对于"狗类产品"的策略是逐步削减,直到退出市场。但实际上,有许多"狗类产品"的经历证明:削减策略并不是该类产品的唯一选择。如果策略得当,"狗类产品"也可再创辉煌。而且与开发新产品相比,费用、风险要小得多。

20世纪70年代以前,香港人的生活不富裕,营养不良和各种疾病很普遍,人们的日常饮品以豆浆为主。当时,豆浆是以"穷人的牛奶""廉价饮品"形象出现的,它以"维他奶"来命名。"维他"来自拉丁文Vitamin和Vitality,其意为生命、营养、活力等。而舍"浆"取"奶"则来自英语Soyamilk豆奶的概念。可到了20世纪70年代,香港人的生活水平大大提高,营养对一般人并不缺乏,反而担心营养过剩,而标榜"穷人的牛奶",喝了不就掉价了吗?因此,豆品公司的业务陷入低潮。

20世纪70年代中期,"维他奶"以一种"消闲饮品"形象再度在市场上出现。1983年,豆奶公司推出一个电视广告,背景为现代化城市,一群年轻人拿着"维他奶"随着明快的音乐跳舞,并配以"岂止像汽水那么简单"的广告语。80年代末期,广告又重点突出其亲切、温情的一面。对很多香港人来说,"维他奶"是个人成长过程的一个组成部分,大多数人对其有一种特殊的亲切感和认同感,"维他奶"对香港人如同可口可乐对美国人一样。由此,"维他奶"又开始树立起一个"经典饮品"的形象。在同一时期,"维他奶"以高档"天然饮品"的形象进入美国市场,迎合美国人避免吸收太多的脂肪特别是动物脂肪的需求,价格当然比牛奶高。

不难看出,"维他奶"曾一度成为"狗类产品"(50年代初的"廉价饮品"、70年代的"消闲饮品"),但"维他奶"的经营者却不断为其设计了新的消费形象和观念,使其走上了国际舞台,成为国际饮品。这就使我们发现"维他奶"的命运与波士顿矩阵图理论中的"狗类产品"的策略相矛盾。

如何才能寻找并把握狗类产品获得新生的契机、条件和方法?

创造新消费观念:许多产品从表面上看虽进入衰退期,并不是产品本身出了问题,而是人们价值观念、消费观念的变化,认为再消费该商品,有点不合潮流。如果我们换一套思路,宣传新的消费观念,并能引起消费者的共鸣,这些产品又将成为时尚。因为消费者购买的是需要,而产品可以从不同角度满足消费者的不同需要。这就要看厂家能否挖掘出该产品满足消费者某种层次需要的能力。而这些层次的需要往往与某种消费观念、消费时尚相关联。篇头所举"维他奶"的命运即是例证:50年代的"廉价形象"、70年代的"休闲形象"、80年代的"经典形象"、随后的"天然形象",分别满足不同时期人们的经济、休闲、怀旧、崇尚自然的需要。而本田摩托车刚进入美国市场时,许多美国人对摩托车非常反感,他们把摩托车与黑皮夹克、弹簧刀、犯罪等联系在一起,结果可想而知。经过研究,本田公司耗费巨资发动了一场以"骑上本田摩托车去接你最亲近的人"为主题的广告活动,改变了人们的价值观念,成功地打入美国市场。

产品重新定位:从表面上看,有些产品似乎已经步入衰退期,沦为狗类产品,但如果经营者能摆脱思维定势的束缚,使狗类产品跳出原有的位置,进行重新定位,重新寻找适宜的细分市场,结果这些狗类产品可以焕发出第二次青春。

"万宝路"香烟是50年代生产的一种过滤嘴香烟,其焦油和尼古丁含量很低。同市场上其他名牌香烟相比,它被看成妇女吸的烟,市场业绩一直平平。它的生产者通过市场预测发现70年代妇女市场将呈疲软之势,原因是:年轻的妇女吸烟者将少于年轻的男人;吸烟妇女的平均消费量比男子吸烟要低得多;怀孕妇女遵医嘱要停止吸烟,以后往往也不再吸烟,或更换牌子。有鉴于此,它的生产者决定对其进行重新定位:从原来"女性烟"转为"男性烟"。于是,通过广告创造出一个西部地区("万宝路"故乡)粗犷牛仔的形象,强化了"万宝路"作为男士享用香烟的市场定位和品牌形象,成为世界上最畅销的香烟。

不断革新产品:产品是有限的,需求是无限的。一定时期的成功产品,虽然当时能满足消费者的需求,但绝不能停滞不前,而应通过改进产品的性能、质量、式样等措施以吸引新的消费者。如全脂奶粉→脱脂奶粉→母乳化奶粉→婴儿助长奶粉;在电子表上增加计算器、打火机等功能;在电子计算器上增加电话号码记忆、储存功能等等。

铁皮文具盒曾走过一段辉煌的历程,结果被涌现的塑料文具盒挤垮了,后者以不易生锈、色彩鲜明、造型多样等特点而大受青睐。铁皮文具盒为再铸辉煌,随即向豪华、高档、多功能方向发展,甚至外观形象上也与玩具接近,出现了变形金刚盒、汽车文具盒等等。

发现新用途:一种产品通常同设计者的设计思想相关,具有更多的用途和功能,通过扩大产品的使用功能,可使企业的产品重新获得活力。尼龙是杜邦公司在二战前发明的一种重量轻、强度高的材料,当时它被用来制作军用降落伞。二战结束后,对尼龙的大量需求随之停止,尼龙又转向非军事用途,从妇女长筒袜到轮胎芯、地毯、帐篷以及包装材料,通过不断发现尼龙的用途,尼龙成功地延长了生命周期,走出了"狗类产品"的困境。

案例思考题：

(1)"狗类产品"是处于产品生命周期什么阶段？有何营销学上的特征?

(2)为什么说对"狗类产品"不可全盘否定？

(3)"狗类产品"的挽救方法有哪些？

1. 训练目标

通过训练,使学生掌握企业产品组合策略和品牌策略。

2. 训练内容

选择一家企业,对该企业的产品组合和产品品牌进行讨论分析。

3. 操作方式

在授课老师指导下,6~8人分成1组,每组选择1家企业,利用课余时间调查该企业的产品组合和品牌情况。根据所学的知识,对该企业进行产品组合策略分析和品牌策略分析,并提出自己对于该企业产品组合和品牌的看法,可以提出自己对于该企业产品和品牌的改进。

4. 训练的成果与检测

对该企业的调查结果和相关分析撰写研究报告。

第九章 价格策略

通过本章的学习,了解价格的本质、商品价格的构成和影响企业产品定价的因素,了解企业定价的各种目标。掌握企业定价的程序和定价方法,掌握和运用企业定价的各种策略。

第一节 定价概述

如何看待部分高铁票高于打折机票的问题?

高铁的票价按两种速度(G字头,D字头)分为两种价格。对于高铁的定价问题,铁道部表示,最终定价会综合考虑民航票价、社会接受程度以及运营成本等。盛光祖此前表示,京沪高铁票价将低于机票。那么如何看待部分高铁票高于打折机票的问题呢?

这本不是一个大问题,只是有人习惯将高铁当火车看,而认为航空档次高于火车,所以出现部分高铁票价格高于打折机票的情况,就大惊小怪,并以此对高铁票定价进行非议。当然,高铁如何定价问题肯定也是需要探讨的,但是无论如何有一个基本的前提,就是让高铁形成一个良性发展的状态。如果票价过高,大家都坐不起,那高铁就是废物;如果票价过低,高铁持续性的巨额亏损,无法运营下去,这种情况高铁比废物还不如,将成为国家的一个巨大负担。

所以,讨论这个问题的前提是,第一,保证高铁发展能够实现良性循环;第二,目前京沪、京津、沪杭、沪宁、广深等线路实现了盈利,但是大部分线路还在持续大面积亏损,中国高铁整体处于巨额亏损中。

然后,我们来说,在国外高铁本来就是定位比飞机高的产品,无论是在高铁的创始国日本,还是在欧洲的德国与法国,高铁的票价定价都是要高于航空的。高铁的竞争力从来就不是因为它是一种廉价的交通工具,而是在于它的安全性与舒适性,拥有宽大的空间,能够自由的走动,能够自由的看手机上网。中国是世界高铁大国中,是唯一一个高铁定价低于航空定价的国家。

当然,还有一点也应该说明,国内很多航线机票之所以会出现大幅度的折扣,也是高铁的功劳,正是因为有高铁的强大竞争力在哪里,机票才会有如此大的折扣。

讨论:
(1) 高铁应该如何定价?
(2) 价格究竟是怎样形成的?
(3) 影响企业定价的主要因素有哪些?

一、价格形成的理论依据——产品价值

所谓产品价值就是凝结在产品中的一般的人类劳动或物化劳动,这个量是由生产产品所需的社会必要劳动时间衡量的。所以,生产产品所消耗的社会必要劳动时间,就代表着产品的价值。价值是价格的基础,产品价格是产品价值的货币表现形式。在市场经济中,虽然价格仅仅是产品价值的体现,但产品价值对其价格的影响是绝对性的。所以研究价格的构成,首先要清楚产品价值的构成。产品价值构成,是产品价值中的物化劳动转移价值,劳动者为自己劳动创造的价值和为社会劳动创造的价值的组成状况。所以以公式表示为

$$P = C + V + M$$

式中:P 表示价格;C 表示物化劳动转移价值;V 表示活劳动新创造价值;M 表示剩余价值。

价格由价值决定,但价格不一定与价值完全一致。由于企业自身因素及产品定位、市场供求变化、竞争者状况等诸多因素的影响,在市场交换活动中不可避免地会出现产品价格背离产品价值的现象。但若从一个较长时期来看,价格总是以价值为中心,围绕价值上下波动,这就是价值规律的体现。价值规律原理是价格形成的理论基础。

二、产品价格的构成

一般认为价格构成的主要要素为:生产成本、流通费用、利润和税金。

(一) 生产成本

成本不能完全决定价格,但是成本在价格战略的形成中的作用却是举足轻重的。成本是企业在生产经营中的实际消耗,是价值和价格形成的基础。生产成本是指生产者为生产一定数量的某种商品所耗费的生产资料的转移价值和为自己劳动创造价值的货币表现。所以生产成本是生产商品的原料成本加上工人劳动的人工成本。

1. 生产成本与价格

生产成本与产品价格的关系主要体现在以下四个方面:

(1) 生产成本是价格构成的最基本、最主要因素,是价格构成的主体,在商品价格中占有较大比重。毫无疑问,生产成本对商品价格的影响是绝对的、最主要的。在价格不变的前提下,成本的下降就意味着利润的增加。相反,如果管理控制不严使得成本增加,那么企业将面临利润的降低,严重的情况下会导致企业的生产无法再继续。

(2) 生产成本是制定商品价格的最低经济界限。当一种商品的价格低于成本时,售出的产品越多,会致使企业赔钱越多,不仅不会对企业的发展有正面的帮助,相反,大量地销售赔钱的产品会使企业陷于困境。所以,商品的生产成本是商品价格的最低经济界限。

(3) 生产成本的高低可以影响或决定价格的高低,而价格高低又是影响生产成本高低的重要因素。生产成本的高低能够直接影响价格的高低,当原材料的价格升高的时候,商品的生产成本也会随着水涨船高,例如面粉的价格升高,方便面的价格也会随着上升,就是因

为方便面的生产成本增加,导致了价格的增加。

(4) 生产成本是衡量经营管理水平的最重要经济指标。一个优秀的管理团队,在增加公司业绩的同时,也会最大力度地降低公司的生产成本。成本的降低不仅仅意味着利润的增加,同时在市场上也会掌握更多的主动权。更多的主动权意味着公司的竞争力增强,在市场上就有更多的地位,所以,一个管理团队的经营管理水平可以直接从生产成本上反映出来。

2. 制定价格要以社会成本为依据

商品的生产成本有两种基本形态:个别成本和社会成本。

(1) 个别成本是指企业生产单位产品所耗费的实际生产费用。各个企业由于生产条件、人力成本、制作工艺的不同,而成本不同。

(2) 社会生产成本又称部门平均成本,它是在正常生产、合理经营情况下不同企业生产同一产品的平均支出。

所以社会生产成本在一定的时期内是稳定的。当企业的管理效率高时,企业自身的成本将会降低,个别成本和社会生产成本之间的差额就变成了企业的利润。并且可以有更多的主动权。例如某一行业的社会生产成本为100元,而某企业的个别成本仅80,那么它不仅可以多获得20元的利润,在行业不景气的情况下,还可以实行降价来保证企业的销售量和总利润。在通常情况下,按照社会必要劳动量决定价值量的原理,在制定和调整价格时,必须以社会生产成本为依据而不能以企业的个别生产成本为依据。

(二) 流通费用

流通费用是指商品从生产领域到消费领域转移过程中所耗费的物化劳动和活劳动的货币表现。流通费用分为两类:一类是由商品使用价值的运动引起的,是同生产过程在流通领域的继续有关的生产性流通费用,如运输费、保管费、包装费等。因为在运输、保管、包装等方面所耗费的劳动是生产性劳动,它不仅把生产资料的价值转移到商品中去,而且还要创造价值和剩余价值,使商品价值增大。这类流通费用可以从已经提高了的商品价值中得到补偿,并从中获得平均利润。另一类是由商品价值形态的变化所引起的费用,这是一种纯粹流通费用,如店员的工资、广告费、办公费、簿记费、商品信息费等。这类开支是非生产性劳动,不创造价值和剩余价值,也不是商品价值的构成部分,因而不能从售卖商品的实际价值中得到补偿。在这里,我们所研究的流通费用主要是第一类的流通费用,即运杂费、保管费、包装费等。

(三) 利润

1. 利润概念

利润是商品价值的一部分的货币表现,是价格的构成要素之一,是商品价格中超过生产成本、流通费用和税金的余额,是企业或生产者个人的纯收入。利润是企业能够保持正常生产经营的必要条件。

2. 商品价格中利润的计算

(1) 工业品利润额目前一般用成本利润率来计算,其计算公式是

$$成本利润率 = \frac{工业利润}{生产成本} \times 100\%$$

工业品利润额 = 生产成本 × 成本利润率 = 出厂价格 − 生产成本 − 税金

(2) 农产品纯收益一般用收益余额加以表示:

$$单位农产品纯收益 = 单位农产品收购价格 - 单位农产品生产成本$$
$$- 单位农产品应摊农业税(或农业特产税) - 运销费用$$

(3) 商业利润一般是通过销售利润率来计算：

$$商业销售利润率 = \frac{单位商品利润额}{单位商品销售价格} \times 100\%$$

$$商业利润额 = 销售总额 \times 销售利润率$$
$$= 销售总额 - 本环节流通费用 - 本环节商业税金$$

(四) 税金

1. 税金的概念

商品价格中的税金,是指作为价格构成独立要素的价内转嫁税,又称间接税,是相对于价外税而言的,它是通过间接方式征课的税收。税法规定的纳税人不是税收的负担人,纳税人是把缴纳的税金加到商品价格中去,随商品出售逐环节转嫁,最后转嫁给商品的购买者即消费者。

2. 价格构成独立要素的税种

价格构成独立要素的税种如下：

(1) 增值税。是以纳税人在生产经营过程中的增值额为课税对象的一种税。

(2) 消费税。是对在我国境内从事生产和进口法定应税消费品的单位和个人就其销售额、销售数量或组成计税价格计征的一种税。

(3) 营业税。是对在我国境内提供应税劳动,转让无形资产和销售不动产的单位和个人,就其营业额征收的一种税。

(4) 关税。是指设在边疆沿海口岸或国家指定的其他水、陆、空交往通道的海关机关,按照国家规定对进出口关境的货物、物品征收的一种税。

(5) 资源税。是对在我国从事特定自然资源(矿产资源)开发的单位或个人,就其产品数量征收的一种税。

三、企业定价的程序

当企业要推出一件新产品或把产品投放到新市场时,必须考虑要制定适当的价格。产品的价格,一方面以产品的价值为基础,另一方面又受到市场供求和市场环境因素的影响,往往变化较大。它直接关系到市场需求量的多少和企业利润的高低,定价工作决定着企业利润的高低和企业的生存与发展,必须采取一定的程序。

一般企业的定价程序可以分为六个步骤,即确定定价目标,测定市场需求,估算商品成本,分析竞争对手价格,选择定价方法,确定最后价格。如图9.1所示。

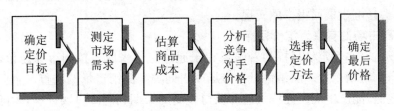

图9.1 定价程序

（一）确定定价目标

定价目标，是指企业通过特定水平的价格的制定或调整，所要达到的预期目的。企业定价作为经营活动的一项重要内容，其一般目标是在符合社会总体利益的原则下，取得尽可能多的利润。但由于定价应考虑的因素较多，因此企业定价的目标也多种多样。不同企业可能有不同的定价目标，同一企业在不同时期也可能有不同的定价目标，企业不仅要权衡各个定价目标的依据和利弊加以选择，而且选择的定价目标必须服从于企业营销总目标，也要与其他营销目标相协调。企业的定价目标大致有以下几种：

1. 以利润最大化为定价目标

利润最大化是指企业在一定时期内可能获得的最高盈利总额。盈利是企业生存和发展的先决条件。因而，争取最高利润，使企业得到迅速发展，是不少企业追求的目标。追求利润最大化的定价目标应以企业和产品良好声誉为前提，在产品的市场地位较高，竞争力较强的情况下，这一目标才切实可行。

利润最大化取决于合理价格所推动的销售规模，因而追求利润最大化的定价目标并不意味着企业要制定最高单价。企业利润的大小取决于价格和销售量两方面因素。过高的价格会引起消费者的抵制、竞争者涌入、仿制品增多，从而使本企业产品的销售量下降，使产品市场份额降低。因而，企业选择以追求利润最大化为目标，价格制定也要适当，若价格定得太高，会制约销售量，反而使利润水平降低。在更多的情况下，企业把追求利润最大化作为一个长期定价目标，同时兼顾短期利润目标来制定价格。不断提高技术水平，改善经营管理，增强竞争力。

2. 以短期利润最大化为定价目标

以追求短期利润最大化为定价目标，适合具有高新技术的新产品的定价。某些企业通过产品研发，具有独创性、拥有自主知识产权的高端技术产品，填补市场空白。市场具有需求强度大，拥有较多的目标顾客且对价格不敏感；由于技术壁垒，竞争者短期内难以模仿加入，市场竞争不激烈。此种新产品投入市场时，可通过制定较高的价格可以快速获取市场利润，在短期内尽可能获取更多的利润。在此目标下的定价策略称为"撇脂定价"。

3. 以实现预期的投资回报率为定价目标

投资回报率指的是企业在一定时期内所获得的投资报酬额与投资总额的比率，它能够反映出企业的投资效益。采用这种定价目标的企业，追求的是保证一定的投资回报率，回报率一般要高于国债利率，以实现预期的投资回报率为定价目标的企业，一般具有一些优越条件，如产品拥有专利权或产品在竞争中处于主导地位，否则产品卖不出去，预期的投资回报率也无法实现。确定投资回报率时，一是要规定最低限度，以保证企业在预定的时间内按期分批地收回投资；二是应限定投资回报率的最高限，以避免过高的收益率引起价格提高、销售量减少，也会影响投资回报率的实现。

4. 以提高市场占有率为定价目标

提高市场占有率为定价目标的着眼点在于通过定价来取得控制市场地位，追求长期利润。市场占有率是指企业产品销售量在市场中占同类产品销售量的比重。企业取得较高的市场占有率之后，能产生规模经济效益并获得较高的长期利润。事实证明，紧随着高市场占有率的往往是高盈利率。提高市场占有率比短期高盈利意义更为深远，正因为如此，通常是企业普遍采用的定价目的。以提高市场占有率为定价目标，在短期内会影响利润，因为在此目标下，企业或以低价打入市场，打开销路，逐步占领市场；或以高价进入市场但辅以高强度的促销宣传。

5. 以扩大销售额为目标

这一目标是指企业在保持一定的利润水平的前提下,争取最大销售额。扩大销售额和提高市场占有率是一致的,因为在激烈的市场竞争环境下,市场份额的高低更多地取决于本企业与竞争对手的销售额对比状况。在一定时期、一定条件下,产品销售额由销售量和价格共同决定,在通常情况下,价格提高,销售量会减少,而价格降低,销售量会上升,因此销售额增减并不确定。企业在追求销售量最大化为目标时,就要看两因素中一个因素值的上升带来的利益是否抵补另一因素值下降导致的损失,即需求价格弹性的大小。需求价格弹性大的商品,企业宜采用薄利多销的策略;而需求价格弹性小的商品,企业应采用厚利限销策略。

企业在确定要实现的销售额目标时,应结合市场竞争状况来确定要达到的销售额,必要时企业还可以通过降低某些商品的价格来达到预期的销售额。这已是零售商店经常采用的做法。

以销售额为目标时,也要兼顾企业的获利水平,这是因为销售额扩大,各种成本费用也会增加,并不一定带来利润的增加。企业是以获利为经营目标的,所以在销售额与利润发生矛盾时,一般应以获得利润为根本目标。

6. 以适应价格竞争为定价目标

价格是市场竞争的重要方面。因此,在激烈市场竞争环境中的企业经常根据竞争对手的价格策略,以适应价格竞争作为定价目标。实力雄厚的大企业利用价格竞争排挤竞争者,借以提高其市场占有率;经济实力弱的小企业追随主导竞争者的价格或以此为基础做出选择。在低价冲击下,一些企业被迫退出市场。

7. 以稳定价格为定价目标

这一目标是指企业为了避免卷入"价格战"以保护自己为主要目的而制定价格。在当今激烈的市场竞争环境下,愈演愈烈的价格大战常常会使竞争双方两败俱伤。有些企业为了牢固地占有市场,保证正常的生产经营,往往都希望维持市场价格的相对稳定。因此,在有些行业,几个市场的主导者达成价格联盟,以期消除价格战,其他企业在价格方面采取追随策略。采取这种定价目标的企业必须有充足的后备资源,有长期经营的打算并处于比较正常的市场竞争和供求关系条件下,以便企业维持稳定的价格、取得合理的利润。

8. 以维护企业形象为定价目标

企业定价时,首先考虑价格水平是否为目标顾客群体所接受,是否有利于维护企业或以物美价廉,或以优质高档,或以绿色环保而立足市场的企业形象。良好的企业形象是企业长期经营的结果,是企业宝贵的无形资产,企业定价时,要从全局的长远利益出发,配合营销组合整体思路与策略,维护企业在消费者心中良好的形象,以获取长期稳定的利润收入。

9. 以企业生存为定价目标

企业有时也会陷入困境,面临着大量商品积压、资金周转不灵、严峻的竞争态势或是消费者转变了需求等。企业为了扭转这种局面,则需要把维持生存作为主要目标。为了确保工厂继续开工和使存货出手,企业必须制定较低的价格,并希望市场是价格敏感型的。这个价格可能只是保本价格或者甚至是亏本的价格,但此时生存是第一位的,利润比起生存来要次要得多。只要销售收入能弥补可变成本和一些固定成本,企业就可以维持下去以争取转机。一般来说,只有在社会产能大量过剩,竞争十分激烈的情况下,企业才会选择这一定价目标。

(二) 测定市场需求

企业商品的价格会影响需求,需求的变化影响企业的产品销售以至企业营销目标的实现。因此,测定市场需求状况是制定价格的重要工作。在对需求的测定中,首要了解的是市场需求对价格变动的反应,即需求的价格弹性(见本章第二节)。

分析需求弹性时应注意:

(1) 不同产品的需求弹性不同;

(2) 同一产品在不同时期内或不同的价格区域内需求弹性不同;

(3) 不同的消费者对同一产品的需求弹性有所不同。

此外,要注意影响价格敏感度的因素,如下:

(1) 独特价值效应。产品越是独特,顾客对价格越不敏感。

(2) 替代品知名效应。顾客对替代品知之越少,对价格的敏感度越低。

(3) 难以比较效应。如果顾客难以对替代品的质量进行比较,那么他对价格就不敏感。

(4) 总开支效应。开支在顾客收入中所占比重越小,顾客对价格越不敏感。

(5) 最终利益效应。开支在最终产品的全部成本费用中所占比例越低,顾客对价格越不敏感。

(6) 分摊成本效应。如果一部分成本由另一方分摊,顾客就对价格不敏感。

(7) 积累投资效应。如果产品与以前购买的资产配合在一起使用,顾客就对价格不敏感。

(8) 价格质量效应。假设顾客认为某种产品质量更优、声望更高或是更高档,则顾客对价格的敏感度就越低。

(9) 存货效应。顾客如无法储存商品,他们对价格的敏感度就低。

(三) 估算商品成本

企业在制定商品价格时,要进行商品成本估算。企业商品价格的最高限度取决于市场需求及有关限制因素,而最低价格不能低于商品的经营成本费用,这是企业价格的下限。

企业的成本包括两种:一种是固定成本,另一种是变动成本(或称可变成本、直接成本)。固定成本是指这样一些费用项目,即不管生产或销售多少产品,这部分成本费用均保持不变。变动成本是指随产品的产量和市场投放量的变化而变动的那部分成本,主要是生产和市场营销支出方面的费用,包括材料、燃料、工资等,企业不开工时变动成本应等于零。固定成本与变动成本之和即为某产品的总成本。

在成本估算中,离不开对"产量—成本—利润"关系的分析,而其中重要的一项是分析"边际成本"。所谓边际成本是指企业生产最后一单位产品所花费的成本,或每增加(减少)一个单位生产量所引起的总成本变动的数值。因为边际成本影响到企业的边际收益,所以企业必须对其投入极大的关注。

(四) 分析竞争对手价格

产品价格要受市场需求、成本费用和竞争形势等几方面因素的影响和制约。产品的最高价格取决于市场需求,最低价格取决于产品的总成本费用。在最高与最低价格的幅度内,企业能把产品的价格定得多高,则取决于竞争对手的同种产品的价格水平。企业必须了解和研究竞争者的同种产品质量和价格,并拿来与自己的产品比较,从而作为制定自己价格的起点。如果企业提供的产品与竞争者相似,那么定价产品可以高些。相反,企业的产品低劣的,那么就不能同竞争者定价一样。还应看到,竞争对手也可能随机应变,针对你的价格,相应调整其价格和你争夺市场。

(五) 选择定价方法

在了解了需求、成本和竞争者的价格后,企业就可以选择定价方法。基本的定价方法有三种,即成本导向定价、需求导向定价和竞争导向定价。

(六) 确定最后价格

在最后确定价格时,必须考虑是否遵循以下四项原则:

(1) 商品价格的制定与企业预期的定价目标的一致性,有利于企业总的战略目标的实现;

(2) 商品价格的制定符合国家政策法令的有关规定;

(3) 商品价格的制定符合消费者整体及长远利益;

(4) 商品价格的制定与企业市场营销组合中的非价格因素是否协调一致、互相配合,为达到企业营销目标服务。

第二节　影响定价的因素

价格是产品价值的货币表现,不可随意变动,企业的利润的大小取决于价格与价值的背离程度,这是理论的抽象的价格概念。在现实的营销活动中,价格是产品价值的货币表现,且异常活跃,它根据市场供应的变化做出灵活反应。企业利润的大小不仅取决于价格与价值的背离程度,而且取决于多种因素。影响定价的因素如图9.2所示。

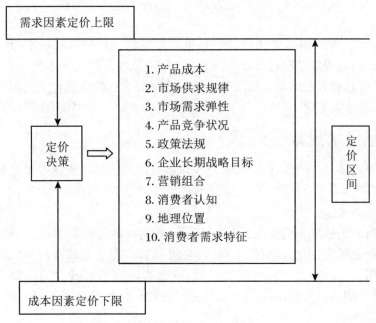

图9.2　影响定价的因素

一、产品成本

产品成本是由产品的生产过程和流通过程所花费的物质消耗和支付的劳动报酬所形成

的。在实际营销活动中,产品定价的基础因素就是产品的成本,因为产品价值是凝结了产品内在的社会必要劳动量。但这种劳动量是一种理论上的推断,企业在实际工作中无法计算。作为产品价值的主要组成部分——产品成本,企业则是对此可以相当精确地计算出来。

任何企业都不能随心所欲地制定价格,企业定价必须首先使总成本得到补偿,要求价格不能低于平均成本费用。所谓产品平均成本费用包含平均固定成本费用和平均变动成本费用两个部分,固定成本费用并不随产量的变化而按比例发生,企业取得盈利的初始点只能在价格补偿平均变动成本费用之后的累积余额等于全部固定成本费用之时。显然,产品成本是企业核算盈亏的临界点,产品售价大于产品成本时企业就有可能获得盈利,反之则亏本。一般而言,企业定价中使用比较多的成本类别有以下五种:

(1)总成本。总成本是指企业生产一定数量的某种产品所发生的成本总额,是总固定成本和总可变成本之和。

(2)总固定成本。总固定成本是指一定时期内产品固定投入的总和,如厂房费用、机器折旧费用、一般管理费用等。在一定的生产规模内,产品固定投入的总量是不变的,不管企业是否生产、生产多少,总固定成本都要支付。

(3)总变动成本。总变动成本是指一定时期内产品可变投入成本的总和,如原材料、辅助材料、燃料和动力、计件工资支出等。总变动成本一般随产量增减而按比例增减,产量越大,总变动成本也越大。

(4)单位成本。单位成本是指为单个产品的生产费用总和,是总成本除以产量所得之商。同样,单位成本也可分为单位变动成本和单位固定成本。单位变动成本是发生在一个产品上的直接成本,与产量变化的关系不大,而单位固定成本作为间接分摊的成本,在一定时期内,其与产量是成反比的。产量越大,单位产品中所包括的固定成本就越小;反之则越大。

(5)边际成本。边际成本是指增加一个单位产量所支付的追加成本,是增加单位产品的总成本增量。边际成本常和边际收入配合使用,边际收入指企业多售出单位产品得到的追加收入,是销售总收入的增量。边际收入减去边际成本后的余额称为边际贡献,边际贡献为正值时,表示增收大于增支,增产对于企业增加利润或减少亏损是有贡献的,反之则不是。

二、市场供求规律

供求规律是商品经济的内在规律,市场供求的变动与产品价格的变动是相互影响、相互确定的。

(一)价格与需求

需求是指有购买欲望和购买能力的需求。影响需求的因素很多,这里只讨论价格对需求的影响。一般表现为:当产品价格下降时,会吸引新的需求者加入购买行列,也会刺激原有需求者增加需求;相反,当产品价格上升时,就会影响需求者减少需求量,或改变需求方向,去选购其他代用品。价格与需求量呈反方向变化。反映这种关系的曲线称为需求曲线(图9.3)。

(二)价格与供给

价格与需求量关系的法则也适用于供给,只是价格与供给量的变化方向相同。当某种产品价格上升时,会刺激原来的产品生产者扩大生产和供应,还会刺激其他生产者加入该产品的生产和经营,从而使该产品的供应数量增加;当某种产品价格下降,从事该产品的生产者或经营者的利润就减少,甚至亏本,于是该行业就缩小规模或停止其生产或经营,从而使该产品的供应数量减少。价格与供应量呈同方向变化,反映这种关系的曲线称为供给曲线(图9.4)。

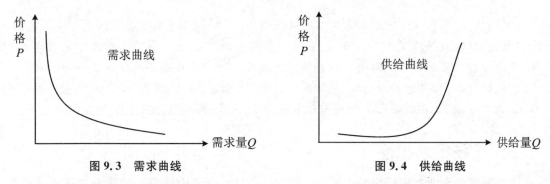

图9.3 需求曲线　　　　　图9.4 供给曲线

(三) 供求关系与均衡价格

由于价格影响需求与供应的变化方向是相反的,在市场竞争的条件下,供给与需求都要求对方与之相适应,即供需平衡,这一个平衡点只能稳定在供求两条曲线的交点上。当市场价格偏高时,购买者就会减少购买量,使需求量下降。而生产者则会因高价的吸引而增加供应量,使市场出现供大于求的状况,产品发生积压,出售者之间竞争加剧,其结果必然迫使价格下降。当市场价格偏低时,低价会导致购买量的增加,但生产者会因价低利薄而减少供给量,使市场出现供小于求的状况,购买者之间竞争加剧,又会使价格上涨。供给与需求变化的结果,迫使价格趋向供求曲线的交点。这个由供给曲线和需求曲线形成的交点 M,表示市场供需处于平衡状态,称为市场平衡点。平衡点所表示的价格,即价格轴上的 P 点,是市场供求平衡时的价格,称为供求双方都能接受的"均衡价格"。平衡点所表示的数量,即数量轴上的 Q_0 点,是市场供需平衡时的数量,称为供求双方都能够实现成交的"供求平衡量"(图9.5)。

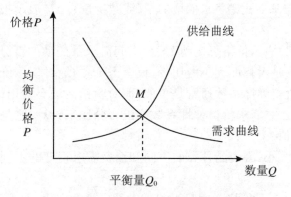

图9.5 供求曲线变动趋势

均衡价格是相对稳定的价格。由于市场情况的复杂性和多样性,供求之间的平衡只是相对的、有条件的,不平衡则是绝对的、经常性的。在市场经济条件下,供求影响价格,价格调节供求运行的方式,是商品价值规律和供求规律的必然要求。

> **【资料链接】**
>
> **用供求法则平息"谣盐"**
>
> 2011年3月17日,受日本地震以及核泄漏影响,东南沿海部分省市出现不同程度的食用盐抢购风潮,并波及全国大部分地区。湖南省轻工盐业集团紧急加工小包盐3400吨,是正常日销量的5倍。湖南省轻盐集团所属各市、州、县盐业公司保持24小时工作状态,加大配送力量,实行平衡调拨、科学配送,严格执行国家价格政策,全力保障食盐供应。从17日中午到18日中午已向全省各大中型超市、商店、终端网点投放小包盐17765吨。

三、市场需求弹性

市场需求是企业制定价格的上限价,市场需求对企业定价有重要的影响。需求弹性是指因价格和收入等因素而引起的需求的相应变动率,一般分为需求价格弹性、需求收入弹性和交叉弹性,对于理解市场价格的形成和制定价格具有重要意义。

(一)需求价格弹性

需求的价格弹性,简称需求弹性,是指因价格变动而引起的需求量的变动程度。测算需求弹性,要计算需求的价格弹性系数,即需求量对价格变化的反应程度或敏感程度。用公式表示为

$$E_P = \frac{\frac{Q_1-Q_0}{Q_0}}{\frac{P_1-P_0}{P_0}} = \frac{\frac{\Delta Q}{Q_0}}{\frac{\Delta P}{Q_0}}$$

式中:E_P表示需求价格弹性系数;Q_0、Q_1分别表示基期、报告期的销售量;P_0、P_1分别表示基期、报告量的价格;

ΔQ表示报告期与基期比销售量的增加量(或减少量);ΔP表示报告期与基期比价格上升量(或下降量)。

需求价格弹性系数表示价格每变动1%会引起需求量变动的百分比。在计算需求价格弹性时应注意两点:一是对弹性大小的比较,仅考虑E_P的绝对值。价格和需求一般呈相反方向变动,使得需求价格弹性系数通常是负值,而对营销活动有实用价值的是它的正数,故采用时取其绝对值。二是需求价格弹性系数应以百分比来计算,它是需求量变化百分比与价格变化百分比的比值。

需求价格弹性的大小,因商品种类的不同和消费需求程度的不同而有所差别。通常存在三种情况:

(1)当$E_P<1$时,表示价格变动只引起需求量较小的变化,需求弹性不足,如图9.6所示。如果企业生产或经营需求弹性不足的商品,则总收入和销售量不会因价格的下降而提高,企业定价时,较高水平的价格往往会增加企业盈利,低价对需求量刺激效果不明显,薄利并不能多销,反而会降低收入水平。

(2)当$E_P>1$时,表示价格变动引起需求量大幅度变化,需求弹性大,如图9.7所示。若企业生产或经营这类产品,适当降价后,总收入和销售量都会大幅度增加。企业定价时应通过降低价格、薄利多销达到增加企业盈利的目的;反之,提价时务求谨慎以防需求量发生

锐减,影响企业收入。

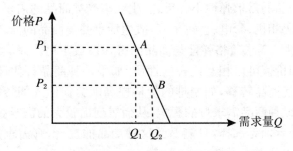

图 9.6 需求价格弹性不足

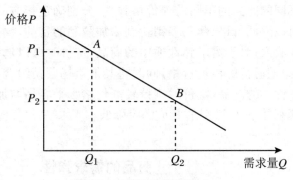

图 9.7 需求价格弹性大

(3) 当 $E_P=1$ 时,表示价格变动引起需求量等幅度的变化,叫作一般需求弹性,如图 9.8 所示。若企业生产或经营这类产品,则无论降价还是提价,都不会引起总收入明显变化,企业定价时,可选择实现预期盈利率的价格或选择通行的市场价格,同时将其他市场营销措施作为提高盈利率的主要手段。

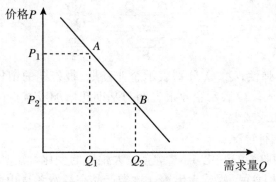

图 9.8 一般需求价格弹性

需求价格弹性的大小,主要受产品的本身的特性、需求程度、替代性等因素的影响。考察这些因素,把握特定的产品的需求弹性,对制定正确的价格决策具有重要的意义。

(1) 本企业产品特性。如果本企业产品具有明显优于其他企业产品的特性,并且消费者又极其重视这些特性,则该产品表现为需求弹性小,企业适合采取高价策略;反之,不宜提价。

(2) 产品需求程度。需求价格弹性与商品需要程度成反比,一般来讲,生活必需品,如大米、面粉、食盐、燃料等的需要程度高于享受类商品,因而商品提价或降价对其需求数量的影响较小,即生活必需品的需求弹性小。反之,生活享受类商品的需求量与价格的相关程度较大,如家用电脑、数码相机、彩电、小轿车等,故生活享受类商品的需求弹性大。

(3) 产品的替代性。需求价格弹性与商品的替代性成正比。商品的替代性是指不同商品使用效果类似、使用价值可以相互代替的性质,如果一种商品替代性强,其价格增高会引起消费需求向其他替代商品转移,如咖啡的价格提高就会促使人们转向喝茶。这种需求转移强化了价格变动对该种商品需求量的影响,从而表现出较大的需求弹性。反之,如果一种商品难以被替代,消费者别无选择,只能忍受这种商品的提价,则需求量对价格的敏感度下降。该商品表现为较小的需求弹性。

研究需求价格弹性的重要意义在于:企业在制定不同产品价格或对某种商品采取价格调整策略时,应针对不同的商品的不同需求价格弹性,分别确定相应的价格策略,对于需求弹性大的商品,定价时以降低价格、薄利多销达到增加盈利的目的,提价时则务求谨慎以防需求量锐减,影响企业收入;对于需求弹性适中的商品,定价时可以选择以实现预期盈利率为定价目标的价格或跟随通行的市场价格,同时将其他市场营销组合策略作为提高盈利的主要手段;对于需求弹性小的商品,定价时维持较高价格水平容易增加盈利,降价则对需求量刺激效果不明显,薄利并不一定多销,相应的会降低收入水平。

商品的需求弹性

现实生活中同学们接触过的或使用过的商品中哪些不具有需求价格弹性?哪些商品具有需求价格弹性?哪些商品需求价格弹性一般?试各列举几例说明。

(二) 需求的收入弹性

需求的收入弹性简称收入弹性,是指因消费者收入变动而引起的需求量的相应变动程度,反映的是需求的变动对收入的敏感程度。用公式表示为

$$E_r = \frac{\frac{Q_1 - Q_0}{Q_0}}{\frac{S_1 - S_0}{S_0}} = \frac{\frac{\Delta Q}{Q_0}}{\frac{\Delta S}{S_0}}$$

式中:E_r 表示需求收入弹性;Q_0、Q_1 分别表示企业基期、报告期的销售量;S_0、S_1 分别表示消费者基期、报告期的收入;ΔQ 表示企业报告期与基期比增加或减少的销售量;ΔS 表示消费者报告期与基期比增加或减少的收入。

收入弹性系数有四种情况:

(1) $E_r > 1$,表示随收入的变化,需求量有较大幅度的变化。需求收入弹性大的产品,一般包括耐用消费品、高档食品、娱乐支出等。这类产品在消费者货币收入增加时会导致对它们需求量的大幅度增加。

(2) $E_r = 1$,表示随收入的变化,需求量等比例变化。

(3) $0 < E_r < 1$,表示随收入的变化,需求量只有较小幅度的变化。需求收入弹性小的产品一般指生活的必需品。这类产品在消费者货币收入增加时导致对它们需求量的增加幅度比较小。

(4) $E_r < 0$,是即将淘汰的商品或低档商品的需求特征,表示随收入的增加需求量绝对减少,与收入呈反方向变化。需求收入弹性为负值的产品,意味着消费者货币收入的增加将

导致该产品需求量的下降。比如,一些低档食品、低档服装等。

研究商品的需求收入弹性的意义在于:一方面,针对随收入变化而引发的不同商品需求量的变化,企业应选择制定不同的价格策略,力求使价格变化与收入变化对需求量的影响相适应,达到销售量随收入增加而扩大的目的;另一方面,企业也可利用价格对实际收入的反影响,适时调整价格,刺激高收入弹性商品的需求,实现更多的利润。在收入水平既定的条件下,降低高收入弹性商品的价格,意味着消费者用于这类商品的实际收入增加,需求量大幅度增长,企业可获得薄利多销之利。而当收入水平增长较快时,用于高收入弹性商品的支出必定会大大增加,此时适当地提高这类商品价格对需求量并无影响,企业可达到厚利与多销双收。

(三) 需求的交叉弹性

需求的交叉弹性简称交叉弹性,是指一种商品价格变动引起其他相关商品需求量的相应变动程度。交叉弹性用 E_{AB} 表示,其含义是 A 商品价格变动使 B 商品需求量相应变动的程度。用公式表示为

$$E_{AB} = \frac{\frac{Q_{B1}-Q_{B0}}{Q_{B0}}}{\frac{P_{A1}-P_{A0}}{P_{A0}}} = \frac{\frac{\Delta Q_B}{Q_{B0}}}{\frac{\Delta P_A}{P_{A0}}}$$

式中:Q_{B0}、Q_{B1} 分别表示基期、报告期 B 商品的销售量;P_{A0}、P_{A1} 分别表示基期、报告期 A 商品的价格;ΔQ_B 表示基期与报告期比 B 商品的销售量的增(减)量;ΔP_A 表示基期与报告期比 A 商品的价格上升或下降的绝对量。

交叉弹性系数存在三种情况:

(1) 当 $E_{AB}>0$ 时,表示 B 商品需求量与 A 商品价格呈同方向变化,即 B 商品的需求量随 A 商品的价格提高(降低)而增大(减小)。在这种情况下,A 商品与 B 商品表现为替代商品的关系。

(2) 当 $E_{AB}<0$ 时,表示 B 商品需求量变化与 A 商品价格变化呈反方向变化。在这种情况下,A 商品与 B 商品表现为互补商品的关系。

(3) 当 $E_{AB}=0$ 时,表示 B 商品需求量不因 A 商品价格变动而改变。在这种情况下,A 商品与 B 商品表现为独立商品的关系。它们之间没有关联,不相关。

商品之间存在着相关性,一种产品价格的变动往往会影响其他产品销售量的变化。这种相关性主要有两种:一是互替关系。产品之间由于使用价值相同或相似而可以相互替代或部分替代的替代关系。二是互补关系。组合在一起共同满足消费者某种需要的互补关系。

互替商品是消费中使用价值可以相互替代的商品,如纯棉服装与化纤服装、燃气热水器(或电热水器)与太阳能热水器等,比价关系既定的情况下,不同的消费水平、消费者偏好、产品特性等决定着这些商品的需求量。然而当其中的一种商品价格变化(如纯棉服装价格上升)时,一部分消费者会限于收入水平转向消费另一种商品(如化纤服装),从而导致纯棉服装需求下降,化纤服装需求上升。这种伴随一种商品价格变动,另一种商品需求呈同方向变化的规律,使互替商品的交叉弹性为正值。

互补商品是消费中使用价值必须相互补充的商品,如打印机与打印耗材、照相机与胶卷等。当其中的一种商品价格变化不仅该种商品需求量变化,而且另一种商品需求量亦会发生相应变化。如照相机价格下降,照相机需求量上升,胶卷需求量也会上升。这种伴随一

商品价格变化,另一种商品需求呈反方向变化的规律使互补商品的交叉弹性为负值。

一般而言,在消费者实际收入不变的情况下,具有互替关系的产品之间,某个商品价格的小幅度变化将使其关联产品的需求量出现大幅度变动;具有互补关系的产品之间,虽然某产品价格发生大幅度变动,但其关联产品的需求量并不发生太大的变化。

研究商品的需求交叉弹性的意义在于:不同商品交叉弹性各异,企业定价时就不能只考虑价格对自身产品需求的影响,也要考虑市场上相关商品价格对其产品需求的影响。这些商品价格变化对企业产品需求在客观上起着增强或抑制的作用。特别是企业本身的产品线多,且相关程度高时,定价更要重视交叉弹性的影响。对互替商品的定价要同时兼顾各品种间需求量的影响,选择恰当的比价;对互补商品定价则应错落有致,高低分明,以一种商品需求的扩大带动另一种商品需求的增加,从而赚取销售量增长与盈利水平同时增长。

四、产品竞争状况

对于竞争激烈的产品,价格是一种重要的调剂手段,企业必须了解竞争者所提供的产品质量和价格,考虑比竞争对手更为有利的定价策略,这样才能获胜,一般有以下几种情况:

1. 完全竞争

在完全竞争的市场条件下,企业的数量多而规模小,彼此生产或经营的产品是相同的,每个企业生产量对市场上产品的总供应量关系不大,所以对这种商品市场价格的影响也不大。买卖双方的交易都只占市场份额的一小部分,任何个别的卖主或买主都不能形成市场的控制力量。企业不能用增加或减少产量的办法来影响产品的价格,也没有一个企业可以根据自己的愿望和要求来提高价格。在这种情况下,买卖双方都只能接受由市场需求和市场供给共同决定的现行价格。在完全竞争的市场条件下,由于买主对市场信息完全了解,如果某个企业试图以高于现行市场价格出售产品,顾客就会转向其他的卖主。再说,企业也没有必要以低于市场价格的价格出售产品,因为它们按照现行市场价格就能卖掉所有的产品。在完全竞争的市场条件下,交易的产品种类是同一的,新老企业的进出以及生产要素和资源的流动是完全自由的,所有实际的或潜在的买卖双方,都能掌握市场知识和了解市场信息。因此,个别企业只能是市场价格的接受者,而不是价格的制定者。事实上,这种完全竞争的市场条件几乎不存在。

2. 垄断性竞争

在垄断性竞争的市场条件下,有许多企业和买主,但是各个企业提供的产品或劳务是有差异的。有些是产品实质上的差异,有些是购买者受促销手段影响而在心理上感觉的产品差异。这种情况下,存在着产品质量、销售渠道,促销活动的竞争。企业根据其"差异"的优势,可以部分地通过变动价格的方法来寻求较高的利润。

3. 寡头竞争

在寡头竞争的市场条件下,市场上只有少数几家企业控制价格,它们之间也是依存和影响的关系,是竞争和垄断的混合物。由于少数企业共同占有大部分的市场份额,它们有能力控制和影响市场价格,其他企业要求进入这一市场会受到种种阻碍。但是这几个企业也不能随意改变价格,只能相互依存。任何一个企业的活动都会导致其他几家企业的迅速而有力的反击而难独自奏效。所以寡头垄断的情况下,彼此价格接近,企业的成本意识强。

寡头竞争的形式有两种:

(1) 完全寡头竞争。也叫作无区别的寡头竞争,这种竞争状态下,由于寡头企业的产品都是同质的(如钢铁、石油等),用户对这种产品并无偏好。每个寡头企业都时刻警惕着其竞争对手的战略和行动,不会轻易地变动价格,所以整个行业的市场价格比较稳定,彼此间激烈的竞争往往表现在广告宣传、促销等方面的努力。

(2) 不完全寡头竞争。也叫作差异性寡头竞争,在这种竞争状态下,由于寡头企业的产品都有某些差异(如电脑、汽车等),用户认为这些企业的产品是不能互相替代的。每一个寡头企业都努力使自己的产品变成顾客偏好的品牌,这样就可以将此产品的价格定得比较高。从而增加盈利。

4. 纯粹垄断

在纯粹垄断的市场条件下,一个行业中的某种产品或劳务只是独家经营,没有竞争对手。通常有政府垄断和私人垄断之分。这种垄断一般有特定条件,如垄断企业可能拥有专利权、专营权或特别许可等。由于垄断企业控制了进入这个市场的种种障碍,所以它能完全控制价格,但是不同类型的纯粹垄断定价是不同的。

(1) 政府垄断。可能有多种定价目标下的价格表现,比如一些和人们生活密切相关的产品,在大多数购买者的财力受到限制的情况下,价格就会定在与成本相等的水平,甚至低于成本线;有的产品的价格则可能定得非常高,这是为了使消费量降下来,达到相对限制的目的。

(2) 私有限制性垄断。政府对私有垄断企业的定价加以调节和控制,如美国政府允许私有垄断企业制定其能取得适当收益水平的价格,从而使其能维持和扩大正常生产。

(3) 私有非限制性垄断。政府允许私有企业依照市场情况自由定价。在这种情况下,垄断企业也不敢随意提价的,因为其怕触犯反托拉斯法、引起竞争,或者想吸引消费者,用低价加速市场渗透。在现实的市场营销活动中,除了产品成本、市场供求、竞争状况、企业战略目标以外,市场营销组合中的其他变数(产品策略、渠道策略、促销策略)以及政府的经济政策、消费者需求差异、企业本身的生产能力、财务能力等等都会对企业的定价策略产生不同程度的影响。因此,必须在产品价值的基础上,认真研究影响的各方面因素,才能定出保证营销目标实现的合理价格。

五、政策法规

商品的定价高低会直接影响到消费者的利益,所以国家在很多方面都要制定相应的政策来限制相应商品价格的浮动。由于价格涉及供应商、销售商和广大消费者的利益,同时也会对宏观经济发展产生重要影响,所以有时政府部门会对一些产品的价格实行政策干预。在这种情况下,政策法规就会成为企业定价的依据之一。

例如,在一些重要的农产品(如粮食)供大于求的情况下,为了防止价格的急剧下跌,"谷贱伤农",政府就会制定最低限价,以保护农产品生产者的利益,因为对于生产周期较长,而产品对国计民生又是至关重要的农产品来讲,若因价格过低而使再生产无法进行,带来的后果将会是十分严重的。而对于一些消费者必需的日常生活用品,若因一时供不应求,或处于垄断状态,价格不断攀升的情况下,政府就可能会推出最高限价,以保护消费者的利益,使消费者的基本生活需要能得到满足。有时政府部门也会对一些产品提出参考性指导价格,以设法引导生产与需求,对市场起到一定的调节作用。

六、企业长期战略目标

企业的战略目标不同,战略方针不同,也会直接影响到企业的产品的定价。通常而言,想要扩大市场占有率的企业,会降低价格销售,而想提高自己品牌价值的企业,却会进行适当的升价,以来提高品牌在人们心中的形象。一般情况下,新成立的企业,由于人们并不完全了解其成品,通常将自己产品的价格压低,争取到更多消费者,从而让消费者了解自己产品的质量和商品价值。这种行业的典型代表如运动品牌。由于运动品的损耗较快,人们更多的在意其质量。一个质量比较好,但是知名度并不高的新企业,通常以较低的价格占领低端市场,然后慢慢地树立自己的品牌形象,从而提高自己的产品定位。而有些企业,由于产品的性质不同,新产品入市的时候会提高产品的价格,从而树立产品的高端形象,例如 Intel 处理器。在一款新的处理器刚上市的时候,通常提高自己的产品的价格,从而树立该处理器的高端形象,赚取高额利润,一年后使其价格降低到贫民化,从而扩大其销售量,保持总利润。

七、营销组合

由于价格是营销组合的因素之一,所以定价策略必须与产品的整体设计、分销和促销策略相匹配,形成一个协调的营销组合。例如,为了使中间商乐于经营企业的产品,应在价格中包含较大的贸易折扣,使中间商有利可图。

许多日本企业通常是先制定价格策略,然后根据价格策略再制定其他的营销组合策略。例如,日本本田公司首先研究了低收入阶层所能接受的价格范围,然后,在这个范围内设计一种低档汽车。这里,价格是产品市场定位的主要因素,价格决定了产品的目标市场、竞争者和产品设计。价格还决定产品具有什么特色以及生产成本的高低。在这种情况下,其他营销组合因素的决策,要以定价策略为转移。如果产品是在非价格因素的基础上定位的,那么,有关产品质量、促销、分销等方面的决策,就会影响定价决策,定价时就要以其他营销组合因素的策略为依据。总之,定价策略是不能脱离其他组合因素而单独决定的。

八、消费者认知价值

消费者的认知价值是指对于某一产品消费者从自身对其质量、性能和服务的体会以及由于广告宣传所产生的感性认识,由此认为产品的价格多少是可以接受的。正因为存在着消费者的认知价值,企业定价多少不能仅从生产成本来考虑,只有综合消费者的认知价值进行全面分析,所确定的价格才是合理的。但消费者认知价值的具体状况是一种潜在的东西,只有经过多方面的详细调查研究和分析,才能准确地对这种认知价值做出判断。

如深圳市服务用品供应公司餐料批发中心,开始向各饭店推销无人购买。后来,他们在新城酒家邀请40名宾馆酒店的经理、厨师和采购员来品尝用他们餐料制造的菜肴,然后请客人对餐料评估,按客人的估价订货,随之就签订了大量供货合同。这就是按消费者认知价值定价所取得的促销效果。

九、地理位置的不同

地理位置的不同也会直接影响到产品价格的制定。例如同一款手机,在美国市场和中国市场的价格就会有不小的差异,主要是由消费者的消费能力不同、产品在相应市场上的占有率不同、人力资源费用不同等因素造成的。但采用这种定价方法,必须具备一个条件,就是两个市场之间必须处于相互隔绝、相互孤立的状态或者是相距路程很远,交通也不方便,长途贩运不很合算。如果市场间分割不严很可能发生漏过去的现象,使分区定价达不到预想的效果,还会影响到企业的市场占有率。

十、消费者需求特征的差别

由于消费者在需求特征上存在差别,在产品定价上也可以有不同的价格,其中主要包括如下差别:

(1) 不同购买群体。由于不同的购买群体购买商品的认知价值不同,差别定价可以被接受。

(2) 不同产品样式。产品采用不同造型,虽然产品成本没有增加,但由于能更好地满足顾客的审美需要,因而可以确定不同价格。

(3) 不同销售地点。在不同地点购买商品的顾客由于需求层次不同、购买动机不同,可以接受不同的价格。为了适应消费者的心理变化,产品样式和包装应相应有所改变,以配合价格的变动。

(4) 不同销售时间。同一产品在不同季节和时期会出现不同的需求弹性,产品价格可以随之有所变动。尤其是一些季节性、时令性很强的商品,价格随时间变动更为重要。

第三节 定价方法与策略

一、定价方法

企业定价时首先要考虑成本问题,成本是企业定价的底线,其次要考虑消费者的承受能力,消费者的需求和承受能力是企业定价的最高限,在最低限和最高限之间,企业要根据竞争对手的情况来确定一个比较合适的价格水平。制定价格同时考虑这三种因素是比较理想的状态,但在实际中,这三者彼此是相互影响、相互制约的,企业在一定时期内,只能以某一个方面为重点,同时兼顾其他方面。根据企业选择的重点不同,可以将企业的基本定价模型分为三种,即成本导向型、需求导向型和竞争导向型。

(一) 成本导向型

成本导向定价法是以商品成本为基本依据而制定对企业最有利价格的方法,主要包括以下几种:

1. 成加成定价

所谓成加成定价是指按照单位成本加上一定百分比的加成来制定产品销售价格。包括完全成本加成定价和进价加成定价。其计算公式为

$$P_{售} = Z(1+\alpha)$$

式中:$P_{售}$表示产品售价,Z表示单位完全成本,α表示成本加成率,$\alpha = \dfrac{P_{售} - p_{进}}{C_{进货成本}} \times 100\%$。

进价加成定价是零售业流行的一种作法。其计算公式为

$$P_{售} = \frac{P_{进}}{1-\beta}$$

式中：$P_{售}$表示售价；$P_{进}$表示进价；β进价加成率，$\beta = \frac{P_{售}-P_{进}}{P_{售}} \times 100\%$。

在这两种定价方法中，加成率的确定是定价的关键。加成率的大小与商品的需求弹性和企业的预期盈利有关。需求价格弹性大的商品，加成率宜低一些，以求薄利多销；需求弹性小的商品，加成率可稍高一些。在实践中，同行业往往形成一个为大多数零售商所接受的加成率，例如美国香烟的加成率为20%，照相机为28%。

加成定价法的优点具有计算简单，简便易行，有利于核算，同行业之间可以比较，给人以买卖公平的感觉，缺点是只考虑生产者的个别成本，忽视市场竞争和供求状况的影响，缺乏灵活性，难以适应市场竞争的变化形势。

采用这种定价方法，首先要确定单位变动成本，再加上平均分摊的固定成本，构成完全单位产品成本，在此基础上加上一定比例的目标利润，作为单位产品价格。

【例9.1】 某冰箱生产厂家生产2000台冰箱，固定成本600万元，每台冰箱的变动成本为1200元，确定的目标利润率为20%。采用成本加成定价法确定价格的过程如下：

单位产品固定成本 $=\frac{6000000}{2000}=3000$（元）

完全单位产品成本 $=3000+1200=4200$（元）

单位产品价格 $P_{售}=Z(1+\alpha)=4200(1+20\%)=5040$（元）

成本加成定价法之所以受到企业界欢迎，主要是由于：

（1）成本的不确定性一般比需求少，将价格盯住单位成本，可以大大简化企业定价程序，而不必根据需求情况的瞬息万变而作调整。

（2）只要行业中所有企业都采取这种定价方法，则价格在成本与加成相似的情况下也大致相似，价格竞争也会因此减至最低限度。

（3）许多人感到成本加成法对买方和卖方讲都比较公平，当买方需求强烈时，卖方不利用这一有利条件谋取额外利益而仍能获得公平的投资报酬。

它的局限性在于忽视了供求状况和竞争状况，有可能与市场需求脱节，并难以适应竞争的变化。此外，固定成本的分摊事先很难确定。因为事先很难准确预测在该价格水平上的销售量。这种定价方法一般适用于卖方市场条件下的产品。

2. 边际贡献定价法

该法的基本原理是，只要产品价格高于单位变动成本，产品的边际贡献就大于零，销量增加就能导致总收入的增加，该价格就可以接受。因此，该方法称为边际贡献定价法。所谓边际贡献，是指企业每多出售一单位商品而增加的总收益，可以用总销售收入减去变动成本后的余额来计算。在应用该方法定价时，因只考虑变动成本，不考虑固定成本，在某些情况下，可能会造成企业的亏损，但可以补偿全部变动成本和部分固定成本，减少亏损。该方法为价格制定规定了最低界限。其价格的计算公式为

$$P = b + m$$

式中：P表示价格；b表示单位变动成本；m表示单位产品贡献。

【例9.2】 某企业销售10000件产品，总固定成本为500000元，总变动成本为500000元，总边际贡献为600000元，则单位变动成本（b）为50元/件，单位产品贡献（m）为60元/件，那么

$$P = b + m = 50 + 60 = 110(元/件)$$

按边际贡献定价一般是在卖主竞争激烈时,企业为迅速开拓市场采用的较灵活的做法。因为在产品供过于求时,坚持平均成本定价,会出现滞销积压,甚至被迫减产、停产,此时的固定成本还得如数支出,则亏损更大,故干脆舍去固定成本。这种方法极易掌握降低幅度,即销售价必须高于变动成本,否则生产销售越多,亏损也越多。边际贡献定价法有以下优点:易于在各种产品之间合理分摊固定成本费用,有利于企业选择和接受市场价格,根据各种产品贡献的多少安排企业的产品线,易于实现最佳产品组合,一般在卖方竞争激烈时采用。

3. 盈亏平衡定价法

盈亏平衡分析的目的是在固定成本、单位变动成本和价格既定的条件下,确定能够保证企业盈亏平衡的产(销)量。盈亏平衡点称为保本点,如图 9.9 中 E 点,此时企业既不盈利也不亏本。盈亏平衡点对应的产(销)量称为保本点产(销)量。

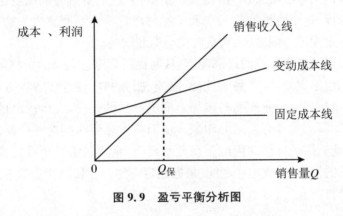

图 9.9 盈亏平衡分析图

企业销售量达到保本销售量,企业刚好保本,此时的价格为保本价格($P_{保}$),其计算公式为

$$P_{保} = \frac{F}{Q_{保}} + b$$

式中:$Q_{保}$ 表示保本点产(销售)量;F 表示总固定成本;$P_{保}$ 表示保本单价;b 表示单位变动成本。

如果企业要实现预期的目标利润(L),则其价格的计算公式为

$$P = \frac{F + L}{Q_{预}} + b$$

式中:P 表示实际单价;$Q_{预}$ 表示预计销售量;L 表示目标利润。

【例 9.3】 假定某公司生产 A 产品预计销售量为 12 万台,固定成本为 1000 万元,单位变动成本为 25 元,该产品预期的目标利润为 500 万元,则该产品的定价为

$$P = \frac{1000 + 500}{12} + 25 = 150(元/台)$$

盈亏平衡定价法侧重于总成本费用的补偿,这一点对于经营多条产品线和多种产品项目的企业极为重要。因为一种产品盈利伴随其他产品亏损的现象时有发生,经营某种产品时获得的高利与企业总利润的增加并无必然的联系,因此,定价从保本入手而不是单纯考虑某种产品的盈利情况无疑是必要的。在某种产品预期销售量难以实现时,可相应提高其他

产品产量或价格,逐步在整体上实现企业产品结构及产量的优化组合。

(二) 需求导向型

需求导向定价法是以消费者需求为基本依据,确定或调整企业营销价格的定价方法。引起消费需求变化的因素很多,如需求价格弹性、消费者价格心理、收入水平等,这些因素在很大的程度上影响着消费者对价格的反应。可以说,判断价格的合理与否,最终并不取决于生产者和经销商,而是取决于消费者。价格只是企业为消费者提供的一种选择,只有当这种选择与消费者的价格承受力、价格理解力及心理满足感相适应时,才能促成购买,实现交易,这种价格才是合理的价格。以需求为导向的价格制定方法主要有以下几种:

1. 理解价值定价法

该方法是以消费者对商品价值的感受及理解程度作为定价的基本依据。消费者对商品价值的感受和理解,是他们根据自己对产品功效、效用、质量、档次等各方面的印象,对价格做出的评判。即人们买商品时常说"值得"或"不值得"。消费者对商品价值的理解不同,会形成不同的价格限度,这个价格就是消费者宁愿付出货款而不愿意失去这次购买机会的价格。如果价格刚好定在这一限度内,消费者就会顺利购买。

为了加深消费者对商品价值的理解程度,从而提高其愿意支付的价格限度,企业定价时首先要搞好产品的市场定位,以产品的性能、品质、服务和广告宣传等各方面的特色或优势来影响消费者,注意拉开本企业产品与市场上同类产品的差异,突出产品的特征,并综合运用各种营销手段,加深消费者对产品的印象。使消费者感到购买这些产品能获取更多的相对利益,从而提高他们接受价格的限度。在此基础上,企业制定一个可行价格范围,进而估算不同价格水平下的销售量、成本和利润,最后选定一种企业和消费者双方最容易接受的价格作为实际销售价格。

【资料链接】

"米利奥家庭餐馆"的顾客定价

餐馆的饭菜价格,从来都是由店主决定的,顾客只能按菜谱点菜,按价计款。但在美国的匹兹堡市却有一家"米利奥家庭餐馆"是由顾客定价的。在餐馆的菜单上,只有菜名,没有菜价,顾客根据自己对饭菜的满足程度付款,无论多少,餐馆都无异议,如顾客不满意,可以分文不付。但事实上,绝大多数顾客都能合理付款,甚至多付款。

【例 9.4】 某公司为其生产的电脑定价为 4200 元,竞争者同类产品定价只有 3800 元,但该电脑公司的电脑比竞争者有更大的销售量。该公司解释定价依据如表 9.1 所示,实际上该公司所产电脑售价 4200 元,不是比竞争产品贵 400 元,而是比应有的价值还便宜 600 元。

表 9.1　电脑理解价值定价表

序号	定价依据	定价(元)
1	所产电脑与竞争产品相同的价格	3800
2	拥有更长的使用寿命	400
3	提供更优良的服务带来的溢价	200
4	有更长的零配件保修期带来的溢价	400
5	该公司所产电脑的价值	4800

2. 需求差异定价法

这种定价法以销售对象、地点、时间等条件变化所产生的需求差异，尤其是需求强度差异作为定价基本依据。在实际生活中，不仅不同的顾客对同一产品的需求有差异，对同一产品的不同款式各有所好，即便同一顾客在不同的时间、地点对同一产品的需求强度往往也是不同的。因此，即使产品的成本相同，企业也可以区分不同顾客、销售地点、款式和销售时间拟定不同的价格。采用这种定价方法，其前提条件是市场能够根据需求强度的不同进行细分，如街市销售饮料与舞厅销售饮料就是两个不同的市场，后者的价格要高于前者。

3. 逆向定价法

该方法是企业依据消费者能够接受的最终销售价格，再推算自己从事经营的成本和利润后，然后逆向推算出中间商的批发价和生产企业的出厂价。这种定价方法不以实际成本为主要依据，而是以市场需求为定价出发点，力求使价格为消费者所接受。分销渠道中的批发商和零售商多采取这种定价方法。这种定价的优点是：价格能反映市场的需求情况，有利于加强与中间商的良好关系，保证中间商的正常利润，使产品迅速向市场渗透，并可根据市场供求情况及时调整，定价比较灵活。

【例 9.5】 消费者对某种牌号的电脑可接受的价格为 6500 元，电脑零售商的经营毛利为 20%，电脑批发商的批发毛利为 10%，电脑出厂价格定价为

零售商可接受的价格 = 消费者可接受的价格 × (1 − 20%)
　　　　　　　　　　= 6500 × (1 − 20%) = 5200(元)

批发商可接受的价格 = 零售商可接受的价格 × (1 − 10%)
　　　　　　　　　　= 5200 × (1 − 10%) = 4680(元)

由此得出该品牌的电脑的出厂价格为 4680 元。

(三) 竞争导向型

这种定价法以市场上相互竞争的同类产品的价格为定价的基本依据。并随竞争状况的变化进行调整。三种情况可供选择：① 与竞争对手价格完全一样；② 高一点；③ 低一点。选用哪一种情况，要根据产品特征、生命周期、企业目标等来决定。具体做法有三种：

1. 随行就市定价法

随行就市定价法是竞争导向定价方法中广为流行的一种，是根据行业的平均价格或竞争对手的现行价格为基础制定本企业产品价格的一种定价方法。采取这种定价方式的好处在于：① 与竞争者和平相处可避免因价格竞争带来的风险；② 与竞争产品价格保持一致能保证企业获得适中的利润；③ 市场通行的价格易于被消费者接受，从而保证产品销路稳定。这种定价适用于竞争激烈的均质产品，在完全寡头垄断竞争条件下采用也很普遍。

2. 主动竞争定价法

主动竞争定价法与随行就市定价法相反,主动竞争定价法是以主动竞争为特征的一种定价方法。企业在定价时,首先,将测算的本企业产品价格与同类竞争产品价格进行比较,得出价格差异结果;其次,将本企业产品的产量、成本、性能、品质、式样等方面的情况与竞争产品作对比,分析价格差异的原因;再次,根据上述综合分析对企业产品进行市场定位,明确产品优势、特色或声誉;最后,按预定的定价目标确定产品价格,确定的价格有可能高于、低于市场价格或与市场价格一致。这种定价方法适合经济实力雄厚、企业信誉好、产品知名度高的企业采用。

3. 密封投标定价法

密封投标定价法主要用于投标交易方式。在招标的情况下,企业中标的可能性取决于各个企业的竞争报价,报价越低,中标的可能性概率越大。但企业报价低,则会导致企业亏损,因此,企业必须掌握报价高低与中标概率的大小,来确定最优报价。报价与中标概率的大小可以通过竞争者和本企业历年来的统计资料计算,当二者确定以后,就可根据预期的利润来确定最优报价。

投标价格是投标企业根据对竞争者的报价估计确定的,而不是按企业自己的成本费用或市场需求来制定的,它的报价应低于竞争对手的报价,最佳报价应是使预期利润达到最高水平的价格。即为预期利润与中标概率两者之间的最佳组合。表9.2中期望利润最高为23万元,所以企业应报的投标价格为1000万元。

表9.2 不同投标价格的期望利润

备选方案	投标价格(万元)	企业利润(万元)	估计中标概率	期望利润(万元)
1	920	9.5	0.85	8.075
2	1000	50	0.46	23
3	1030	70	0.10	7
4	1080	80	0.05	4

投标定价法的关键在于掌握报价和中标概率之间的关系,报价应选择中标概率大、报价又高于成本的区间,其选择的指标主要是预期利润。

4. 拍卖定价法

拍卖定价法一般用于文物、古董、旧货等物品,因为这些物品的成本与价值都难以确定。在拍卖时,顾客根据自己对被拍卖的物品的爱好和需求程度报出自己愿付的价格,大家互相竞争,价格可能越抬越高。到最后无人愿意再提高价格时,该物品即按已报出的最高价格卖出。

现在,拍卖定价法已被应用于一些权利和配额的拍卖。如美国政府曾经把一些商品的进出口配额加以拍卖,结果是最有效率的企业获得了这些配额,同时,政府也获得了一笔收入,一举两得。这比先前由政府官员分配配额的方法要有效得多,同时也避免了企业为得到配额而向政府官员行贿的问题。

二、定价策略

(一)薄利多销策略

薄利多销作为一种定价策略,是指企业在商品定价时有意识地以相对低廉的销售价格刺激需求,从而为实现长时期利润最大或扩大市场占有率的一种价格策略。企业在适当的时机对其经营的产品主动采取降价措施,通过销售量的增加,以提高企业利润总额,"薄利"仅是对单位产品而言,而"多销"也并不是目的,最终目的是增加企业的利润总额,此策略主要适用于需求弹性比较大的商品定价。

薄利多销的降价方式一般有两种:一是公开降价,二是隐蔽降价。公开降价即是在产品的功能、质量保持不变的前提下,直接降低产品销售价格以实现薄利多销的目的,该方式的优点是降价信号明显,信息传播快速,但弊端是降价后往往会遭受同行企业的强力抵制,易引发价格大战,造成行业内的无序竞争,影响行业的健康发展。隐蔽降价,即有意识地通过增加开支以提高产品质量、增加产品功能、完善服务系统,但产品的市场销售价格保持不变,也即通过提高产品性价比以使购买者得到更多实惠而实现薄利多销之目的,该法的优点是不易直接引发竞争对手的抵制,因此其效果往往较公开降价更好。

薄利多销是一种值得提倡的定价策略,但并非所有产品都可以使用。运用这种策略,要有一定的条件:① 产品需求的变动幅度要大于价格的变动幅度;② 有增产的可能,如场地、设备、资金和劳动力有潜力可挖;③ 增产后扣除应纳税金的销售纯收增长应大于成本费用增长。资源紧缺或社会、政治、经济等方面考虑应限制生产和消费的商品,不宜实行薄利多销策略。

【资料链接】

"沃尔玛"的天天平价策略

沃尔玛何以能从一家小型的零售店,迅速发展成为大型零售集团,并成为全球第一零售品牌?其成功经营的关键就是就在于商品定价上。沃尔玛始终如一地坚持"天天平价",坚决维护它的经营宗旨和企业形象。沃尔玛商场内的商品种类繁多,家庭所需要的物品在这里几乎都有销售。每家沃尔玛商店都贴有"天天平价"的大标语。同一种商品在沃尔玛比其他商店要便宜。比如买两支"目标"牌牙膏,在别的超级市场价格是每支1.99美元,而这里只要1.36美元。沃尔玛提倡的是低成本、低费用结构、低价格的经营思想,主张把更多的利益让给消费者,"为顾客节省每一美元"是它的目标。沃尔玛的毛利润通常在30%左右,而其他零售商如凯马特的毛利润率都在45%左右。公司每星期六早上举行经理人员会议,假如有分店报告某商品在其他商店比沃尔玛低,可立即决定降。沃尔玛集团的创始人沃尔顿说:"我们重视每一分钱的价值,因为我们服务的宗旨之一就是帮助进店购物的每一位顾客节省每一分钱。"

(二)厚利限销策略

厚利限销策略就是有意识地将产品或服务的价格定得偏高,以抑制顾客们的购买需求。厚利与限销必须互为条件、互相适应,讲究适度。如烟酒就属于高利高税商品,为了限制消费和增加财政收入,就可将烟酒的价格提高一些。但一下子提得过高就会使销量大减,反而蒙受经济损失。因此限销并非销量越小越好,而是要将销量保持在能与供应能力相适应并能实现较佳经济效益的水平上。厚利还要控制在市场能够容纳预期销量的可销价格水平内。超过这个限度,单凭产品厚利可能会使总利润由厚变薄。因此,厚利限销的商品价格应当是既能实现销售目标,又能获得最大限度利润的市场适销价格。此策略主要适用于高档商品、奢侈品、工艺品商品和古玩字画商品的定价,通过销售这种高档、名贵的商品来满足消费者自尊和较高声望的需要。

【资料链接】

劳斯莱斯汽车的价格策略

在当今世界汽车行业里,名牌产品为数众多。美国的通用、福特,日本的凌志,法国的雪铁龙,德国的奔驰、宝马等,都是消费者心仪的名牌。而这些名牌中的名牌,当属劳斯莱斯。据说该车的许多部件都是手工制作的,精益求精。其完美的质量,令人瞩目,而其昂贵的价格,也令人咋舌,某些车的价位已近40万美元,高出其他品牌汽车价位几倍甚至几十倍。劳斯莱斯汽车是订货供应,福特汽车1916年生产了50多万辆,到1982年,年产量已达400多万辆,但劳斯莱斯从1904年到1963年60年间的总产量只有4万辆!不仅如此,它的限销还表现在售卖上。劳斯莱斯汽车公司共有三大系列的轿车。它的"银灵",以黑蓝色为主,只卖给政府首脑、国家高级官员、有爵位的贵族;"银羽"为中性颜色,卖给绅士名流;"银影"为白色、浅灰色,卖给大富翁、企业家等。劳斯莱斯汽车的售卖,选择权在公司。公司要先对顾客资格进行审查,之后才能决定其可以预订何种系列的车。由于供应量太少,就连美国前总统艾森豪威尔想拥有一辆劳斯莱斯轿车都未能遂愿,这更使劳斯莱斯身价倍增。

资料来源:吴普生.营销经典100[M].广州:广州出版社,1983.

(三)产品生命周期阶段定价策略

在产品生命周期不同阶段,产品产量、成本和供求关系不同,市场需求和竞争状况也不同,企业的各种基本策略的组合也不一样,阶段定价策略就是指对于不同阶段上的产品,企业要依其阶段特征制定出不同的价格策略。

1. 新产品定价策略

这是企业在新产品投放市场时的定价策略,新产品的定价不仅影响在导入期内的营销策,而且会影响产品整个市场的生命周期。因此,这个时期的定价选择是很关键的。通常这个时期的定价策略有三种。

(1) 高价"撇脂"策略。在短期利润最大化的目标下,以远远高于成本的价格推出新产品。销售对象是那些收入水平较高的消费逐新者或猎奇者。高价策略的好处是不仅在短期内迅速获取利润,而且为以后的降价留出空间。缺点是较高的价格会抑制潜在的需求,同时高价厚利易诱发竞争,从而缩短新产品获取高额利润的时间。例如,施乐公司以高价推出新型复印机。美国施乐公司1946年研制了干式复印机——施乐914型复印机。当时市场上所有的复印机均为湿式。湿式复印机在使用时,必须用专门涂过感光剂的复印纸,而印出来的是湿漉漉的文件,十分麻烦。相比之下,干式复印机就要便利多了,不仅可以直接印出干燥的文件,而且成本也不高。该公司老板威尔逊决定把价格定为29500美元,这个价格比成本高十多倍。他认为,只有高价才能体现其独特性。到了1960年,干式复印机畅销起来,公司拼命生产,仍然供不应求。仅1960年一年,公司出售干式复印机的营业额就高达3300万美元,市场占有率15%。5年后,营业额高达39263万美元,市场占有率66%。撇脂定价法只有在特定的条件下才有意义。首先,产品的质量和形象必须能支撑它的高价位,并且有足够的购买者愿意在高价位下购买。其次,生产小批量产品的单位成本不能高到抵消了高价位带来的利润。最后,竞争对手不能轻易进入市场和营销高价位产品。

 分析案例

苹果公司的"撇脂"定价策略

我们都熟悉的电子产品品牌销售中,苹果公司的产品以与无伦比的人气备受全球消费者的喜爱。每一代产品在刚推出时,价格都会特别的高,高到上万,但依旧还是有人会按捺不住抢先购买,而且有的人还需要凌晨去苹果店排队购买。通过高价格来收回成本之后再降价。不仅为苹果公司创造了大量的销售利润,还带来了巨大的销售收益,全球消费者的青睐更将苹果公司推到了全球电子产品行业中顶级的高度。让同行的其他竞争者都只能望尘莫及。苹果公司销售最成功的就属 iPod 了,第一款 iPod 在美国零售是 399 美元,虽然是高价位,但这对于中国绝大部分人来说都不算什么,花大价钱来购买,其后,苹果公司为了能得到更多的利润,在不到半年的时间相继推出了一款容量更大的 iPod,售价 499 美元,其销量反而只增不减。实施该策略的前提之一是,市场上存在一批购买力很强,对价格不太敏感的消费者。利用这种营销策略也就是将自己包装成高端产品,让该产品高价卖但得消费者先掏钱。其定价目的其一为了抑制竞争对手,在其最短的市场周期之内再次推出新产品,将之前的产品进行主动的降价让利,能获得良好的市场主动优势,其次利用消费者的好奇心,高价往往能满足大众的好奇心理,满足他们追求时尚和个性的需求,加上苹果本身高端大气上档次,更是迎合消费者求新、求异、求品味的心理,新产品种程度上诱发消费者的购买欲望,使得苹果销量能够年年创新高。

【资料链接】

索尼——市场撇脂的"老手"

2012 年 12 月,上市才一年左右的索尼多款液晶电视纷纷降价,配有 LED 背光源、倍速扫描技术、迅图图像处理引擎 PRO 等多项技术的索尼 55hx920 液晶电视机,更是从最初 21999 元的价格直降至 14999 元,市场撇脂价格策略可以想象该新产品上市时的巨大利润空间。

索尼一直是市场撇脂定价的"老手",不仅在中国市场如此,在日本本土市场理是如此。1990 年,索尼在日本引进世界上首批高清电视,平均零售价格为 43000 美元,而到 1993 年,购买一台 28 英寸的高清电视只需花 6000 美元,2001 年则需要花 2000 美元就能买到一台 40 英寸的高清电视机。

2012 年 8 月 30 日下午,索尼在上海发布 84 英寸 4K 电视机 KD-84X9000,这是索尼首款分辨率达到 4K 的电视机。KD-84X9000 配备了相当于 4 倍高清 1080 分辨率(约 829 万像素)的 4K 液晶显示面板,分辨率达到 3840×2160,并采用索尼专为优化 4K 液晶电视开发的"4K 迅锐图像处理引擎 PRO"。2012 年 9 月份,KD-84X9000 将会在索尼中国在线商城和位于北京、上海和广州的索尼直营店预售,建议零售价为 169999 元。索尼再次以高昂的价格将拥有新技术的产品推向市场,以期通过惯用的撇脂手法获取最大的利润。

资料来源:新浪科技微博(http://www.sina.com.cn)。

(2)低价"渗透策略"。这种策略即所谓"渗透定价"策略,与"撇脂定价"策略相反,以较低的价格投放新产品,目的是通过广泛的市场渗透迅速提高企业的市场占有率。低价策略的优点是能迅速打开新产品的销路,低价薄利不易诱发竞争,便于企业长期占领市场。缺点是投资回收期长,价格变动余地小。相对而言,采取低价策略需要企业有比较雄厚的财力支持。这种低价策略要起作用必须满足三个条件:首先,这个市场必须对价格非常敏感,从而低价格会导致市场份额的迅速增长;其次,生产和分销成本必须随着销量的增长而下降;最后,低价格要能阻止竞争,采用渗透定价策略的公司必须能够保持其低价的地位,否则,价格优势只能是短暂的。

(3)满意定价。满意定价是指企业为了建立企业与产品的良好形象,把价格定在适中水平的策略。这种定价方法是一种折中价格策略,介于"撇脂"与"渗透"两种方法之间,吸取上述两种策略的长处,采取两种价格之间的适中水平来定价。这种策略优点是价格比较稳定,在正常情况下盈利目标可按期实现。缺点是比较保守,不适合需求复杂多变和竞争激烈的市场环境,比较适合于竞争实力较弱的中小企业采用,对日用小商品的定价也可采用这种策略。

2. 产品成长期定价策略

产品的成长期是企业的"黄金期",它意味着企业销售量和利润处于高增长时期,在这一阶段,企业应视市场增长和竞争情况而在适当的时机调整价格。如果市场竞争者不多,消费者也乐于接受新产品的价格,企业可以采取稳定的价格策略,维持原价格水平,争取获得较大的利润;如果新产品投入市场时的定价较高,但产品又有通过大批量生产而降低成本的空间,进入门槛较低,竞争者蜂拥而入,这时企业就要采取降价策略,提高竞争力,扩大市场占有率。

实际运用中,在稳定发展阶段的营销成本虽然可以降低,但由于竞争激烈而进行的产品技术改进等因素,固定成本随之增加,此时产品成本基本不会下降。为了未来市场的发展空间,在这个阶段可以考虑用非价格策略进行竞争。

3. 产品成熟期定价策略

在产品的成熟期,大量的竞争者纷纷加入竞争,此时宜采取竞争导向定价策略。由于竞争者的增加,同时生产达到规模效益,成本降低,企业有了降价的可能性。但这个阶段无论是谁先降价,都会导致整个市场降价,引发价格大战,通常的做法是在不损害企业和产品形象的前提下适当降价。由于市场价格战,一些实力薄弱的中小竞争者被迫退出,市场上呈现寡头垄断竞争格局,各企业在原有产品价格的调整上比较慎重,竞争更多地集中在其他方面,随着产品改良的出现,企业要为这些产品重新定价。总体而言,成熟期价格策略多呈现低价的特点。

在导入期采取撇脂法的企业,此时可大幅度降价,争取新的消费群体;在导入期采取渗透法的企业,此时可维持原价,仍可得到满意的目标利润;在导入期采取满意法的企业,此时可适当降价,企业和顾客双利互惠。

4. 产品衰退期定价策略

随着市场的进一步饱和,新产品出现,消费者的兴趣开始转移,经过成熟期的激烈竞争,价格已降至最低水平,销售量直线下降,此时由于销售规模的萎缩,单位产品的营销成本也逐渐上升。此时可以采取加快资金回收的价格策略,尽可能取得产品在市场寿命的最后阶段的经济效益。其定价策略主要有:

(1)驱逐价格策略。以产品的平均变动成本作为价格下限,通过大幅度降价,以驱逐竞争者,阻止销售量下降,延长产品寿命,消灭库存。此方式有较强的冲击力,但是会影响品牌形象,一般适用于服装行业。

(2) 维持价格策略。保持产品在成熟期的价格,可以维护产品在消费者心目中的形象和地位,但会加快产品退出市场的步伐,因此要注意对库存和生产线转产的周密安排。

【资料链接】

英特尔公司的阶段定价策略

一个分析师曾这样形容英特尔公司的定价政策:"这个集成电路巨人每12个月就要推出一种新的、具有更高盈利的微处理器,并把旧的微处理器的价格定在更低的价位上以满足需求。"当英特尔公司推出一种新的计算机集成电路时,它的定价是1000美元,这个价格使它刚好能占有市场的一定份额。这些新的集成电路能够增加高能级个人电脑和服务器的性能。如果顾客等不及,他们就会在价格较高时去购买。随着销售额的下降及竞争对手推出相似的集成电路对其构成威胁时,英特尔公司就会降低其产品的价格来吸引下一层次对价格敏感的顾客。最终价格跌落到最低水平,每个集成电路仅售200美元多一点,使该集成电路成为一个热线大众市场的处理器。通过这种方式,英特尔公司从各个不同的市场中获取了最大量的收入。

(四) 差别定价策略

差别定价又称价格歧视,通过制定两种或两种以上不反映成本比例差异的价格来推销一种产品或者提供一项服务。这种定价方法以不同时间、地点、产品及不同消费者的消费需求强度差异为定价的基本依据,针对每种差异决定在基础价格上是加价还是减价,此种方法对不同支付意愿的消费者索取不同的价格。常用的差别定价策略主要有以下六种形式:

(1) 顾客差别定价策略。企业定价时如果考虑顾客的年龄、职业、阶层等差异,针对某一部分顾客的特殊性给予优惠,对同样的产品或服务,不同顾客支付不同的数额。如乘火车对成年人、学生和120厘米以下的儿童收取不同票费。又如美国轮胎工业卖给汽车厂的轮胎价格便宜,而卖给一般用户的价格贵。

(2) 地区差别定价策略。即企业以不同的价格策略在不同地区营销同一种产品,以形成同一产品在不同空间的横向价格策略组合。差价形成的原因不仅是因为商品运输和中转费用的差别,而且在于各地区的市场具有不同的消费水平和文化传统,从而表现为不同的需求弹性。明显的例子就是沿海与内地的价格差别、国内市场与国际市场的价格差别。又如人们对饮料的需求强度,在饭店和餐馆中显然要高于在街头路边的食品店,因而同样是饮料,前者价格要高于后者。如戏院的包厢收取的费用就高,剧场中间和前面座位票价也高,边座和后座票价就低,这样做的目的是调节客户对不同地点的需求和偏好,平衡市场供求。

(3) 时间差别定价策略。即对相同产品,按销售时间上的差别而制定不同的价格。这种差价策略适用于销售淡旺季明显的节令性商品。例如,适应季节的时装、空调器、取暖器、取暖炉等价格较高。而对过季商品采取降价出售,可减少企业的仓储费用和加速资金周转。同时,这种价差策略还适用于生产淡旺季明显的农副产品。例如,供应量受季节影响而消费量相对稳定的蔬菜、水果等。又如供电局在白天用电高峰期和晚间用电低谷制定不同的电费标准(采用智能电表分时计价)。对这类商品实施供应旺季降价、淡季提价的策略,有利于调节供求矛盾,维持市场的供求平衡。

(4) 产品差别定价策略。不同外观、花色、型号、规格、用途的产品,也许成本有所不同,但它们在价格上的差异并不完全反映成本之间的差异,而主要区别在于需求的不同。例如,棉纺织品卖给纺织厂和卖给医院的价格不一样,工业用水、灌溉用水和居民用水的收费往往也有别,对于同一型号而仅仅是颜色不同的产品,由于消费者偏好的不同,也可以制定不同的价格。

(5) 中间商差别定价策略。企业产品出售给批发商、零售商和用户的价格往往不同,通过经销商、代销商和经纪人销售产品,因中间商执行的功能、承担的责任、履行义务和承担的风险不同,佣金、折扣及价格等都不一样。

(6) 交易条件差别定价策略。交易条件主要指交易量大小、交易方式、购买频率、支付手段等。交易条件不同,企业可能对产品制订不同价格。比如,交易批量大的价格低,零星购买价格高;现金交易价格可适当降低,支票交易、分期付款、以物易物的价格适当提高;预付定金、连续购买的价格一般低于偶尔购买的价格。

值得注意的是,企业采用差别定价是有前提的,它必须具备以下条件:① 市场必须是可以细分的,而且各个细分市场必须表现出不同的需求强度;② 以较低价格购买某种产品的顾客没有可能以较高价格把这种产品倒卖给别人;③ 竞争者没有可能在企业以较高的价格销售产品的市场上以低价竞销;④ 细分市场和控制市场的成本费用不得超过因实行价格歧视而得到额外收益;⑤ 价格歧视不会引起顾客反感而放弃购买,影响销售;⑥ 采取的价格歧视形式不能违法。

【资料链接】

美国航空公司的定价策略

美国航空公司首先将市场细分私人旅游乘机和商务乘机。预定时间:私人1~3个月;商务1~2周。所以只对提前超过2周订票的票价进行打折,而短期订票价格维持不变。

(五) 折扣定价策略

折扣定价是指对基本价格做出一定的让步,直接或间接降低价格,以争取顾客,扩大销量的定价策略。其中,直接折扣的形式有数量折扣、现金折扣、功能折扣、季节折扣等,间接折扣的形式有价格折让和津贴等。

1. 直接折扣定价策略

(1) 现金折扣。也称付款期折扣。即对现款交易或按期付款的顾客给予价格折扣。其目的在于鼓励顾客提前付款,以加速企业的应收账款的回笼,减少坏账损失。现金折扣的大小一般根据提前付款的天数和风险成本来确定。如商业信用条件"2/30,1/60,N/90",顾客购货后30天内付款,享受2%的现金折扣,超过30天至60天内付款,享受1%的现金折扣,超过60天至90天内付款,不享受现金折扣,信用期限为90天,超过90天付款要加付利息。

采用现金折扣一般要考虑三个因素:折扣率、折扣期限、信用期限。由于现金折扣的前提是商品的销售方式为赊销或分期付款,同时,为了扩大销售,分期付款条件下买者支付的货款总额不宜高于现款交易价太多,否则就起不到"折扣"促销的效果。提供现金折扣等于降低价格,所以,企业在运用这种手段时要考虑商品是否有足够的需求弹性,保证通过需求量的增加使企业获得足够利润。

（2）数量折扣。数量折扣指按购买数量的多少，分别给予不同的折扣，购买数量愈多，折扣愈大的策略，其目的是鼓励大量购买或集中向本企业购买。数量折扣分为累计数量折扣和非累计数量折扣两种形式：① 累计数量折扣。即对一定时期内顾客购买商品达到或超过一定数量或金额时，按累计购买数量或金额的不同，给予不同的折扣。目的是与客户建立长期稳定的业务关系。因而有助于企业掌握销售规律，预测销售量。② 非累计数量折扣。即对一次购买量达到规定数量或金额标准的给予价格优惠。目的是鼓励买方增大每份订单的购买量，便于卖方组织大批量产销。如购买1000件以下者，每件9.85元，购买1000件以上者，每件8.00元。数量折扣的幅度一般不宜超过因大量销售而节约的成本，包括销售费用、存货成本及运输成本。

数量折扣的促销作用非常明显，企业因单位产品利润减少而产生的损失完全可以从销量的增加中得到补偿。此外，销售速度的加快，使企业资金周转速度加快，流通费用下降，产品成本降低，导致企业总盈利水平上升。

（3）功能折扣。也称中间商折扣。即企业依据各类中间商在市场营销中所担负的不同职能，给予不同的价格折扣。由于中间商在分销渠道中的地位、对生产企业销售产品的重要性、完成的促销功能、承担的风险、服务水平、履行的商业责任等方面有所不同，因而折扣的比例也不尽相同，如给批发商的折扣较大，给零售商的折扣较小，使批发商乐于大批进货，并有可能进行批转业务，刺激各类中间商充分发挥各自组织市场营销活动的功能。功能折扣的结果是形成购销差价和批零售差价。

鼓励中间商大批量订货、扩大销售、争取顾客并与生产企业建立长期、稳定、良好的合作关系是实行功能折扣的一个主要目的。功能折扣的另一个目的是对中间商经营的有关产品的成本和费用进行补偿，并让中间商有一定的盈利。

（4）季节折扣。有些商品的生产是连续的，而其消费却具有明显的季节性。为了调节供需矛盾，生产这些商品的企业便采用季节折扣的方式，对在淡季购买商品的顾客给予一定的优惠，使企业的生产和销售在一年四季都能保持相对稳定。例如，啤酒生产厂家对在冬季进货的商业单位给予大幅度让利，羽绒服生产企业则为夏季购买其产品的客户提供折扣。

确定季节折扣比例时应考虑成本、储存费用、基价和资金利息等因素。季节折扣有利于减轻库存，加速商品流通，迅速收回资金，促进企业均衡生产，充分发挥生产和销售潜力，避免因季节需求变化所带来的市场风险。

2. 间接折扣定价策略

（1）价格折让。价格折让俗称回扣，是间接折扣的一种形式，它是指购买者在按价格目录将贷款全部付给销售者以后，销售者再按一定比例将货款的一部分退还给购买者。

（2）津贴。津贴是企业为特殊目的、对特殊顾客以特定形式所给予的价格补贴或其他补贴。比如，当中间商为企业产品提供了包括刊登地方性广告、设置样品陈列等在内的各种促销活动时，生产企业给予中间商一定数额的资助或补贴。又如，在成熟期，开展以旧换新业务，将旧货折算成一定的价格，在新产品的价格中扣除，顾客只支付余额，这也是一种津贴形式，以刺激消费需求，促进产品的更新换代。

（六）心理定价策略

每一件产品都能满足消费者某一方面的需求，其价值与消费者的心理感受有着很大的关系。这就为心理定价策略的运用提供了基础，使得企业在定价时可以利用消费者心理因素，有意识地将产品价格定得高些或低些，以满足消费者生理的和心理的、物质的和精神的多方面需求，通过消费者对企业产品的偏爱或忠诚，扩大市场销售，获得最大效益。心理定价是一种运用心理学原理，根据不同类型顾客购买商品时的心理动机来确定价格，引导消费者购买的价格策略。心理定价策略具体有以下七种形式：

1. 尾数定价策略

尾数定价，也称零头定价或缺额定价，即给产品定一个零头数结尾的非整数价格。例如，某种商品的价格定在 9.98 元，而不是 10 元。这样使价格水平保留在低一位数的档次，容易给消费者以便宜感。另一方面又因为标价精确，会使消费者觉得企业定价认真，从而产生信赖感，乐意购买。这种定价策略主要是通过满足人们求实的消费心理，以物美价廉的特点赢得顾客的好感。因此，对于一些需求价格弹性较强的商品，采用尾数定价策略往往会带来需求量大幅度增加。这种策略通常适用于基本生活用品。

2. 整数定价策略

对于那些无法明确显示其内在质量的商品，顾客往往通过其价格的高低来判断其质量的好坏。例如，将一套西装的价格定在 1000 元，而不是 998 元。这样使价格上升到较高的档次，以迎合一部分人"求名"的消费心理而采取的定价策略。对于一些名店、名牌商品或高档商品，采用整数价格会抬高商品的"身价"，顾客购买这种商品会感受到这种商品与其地位、身份、所属群体等协调一致，进而提高消费者的"身份"，引起顾客的购买欲望。此外，整数定价策略还有便于结算、增加企业盈利等优点。

整数定价策略适用于：高档消费品或顾客不甚了解的产品；需求的价格弹性比较小，价格高低不会对需求产生较大影响的产品，譬如流行品、时尚品、奢侈品、礼品、星级宾馆、高级文化娱乐城等。由于其顾客都属于高收入阶层，愿意接受较高的价格。整数定价与尾数定价正好相反，企业有意将产品价格定为整数，以显示产品具有一定质量。

3. 声望定价策略

声望定价即针对消费者"便宜无好货、价高质必优"的心理，对在消费者心目中享有一定声望，具有较高信誉的产品制定高价。由于现代市场交易十分复杂，消费者对各种商品的了解程度很低，价格经常被人们当作商品质量的判断标准，特别是对于名优产品的识别，消费者的价格取向意识表现得尤为突出。不少高级名牌产品和稀缺产品，如豪华轿车、高档手表、名牌时装、名人字画、珠宝古董等，在消费者心目中享有极高的声望价值。购买这些产品的人，往往不在于产品价格，而最关心的是产品能否显示其身份和地位，价格越高，心理满足的程度也就越大。

【资料链接】

小服装，大学问

北京一个经营服装的个体户，从南方购进一批黑色罗纹紧身裤，标价 18 元，可是怎么也卖不动。失望之余，他恶作剧地在标价 18 后加了一个 0，此举居然引得顾客蜂拥而至，几天内这些标价 180 元一条的裤子就被抢购一空。此人且喜且愕，对着大把的钞票频频叹道：真邪门了。其实，该个体户的成功正是他无意中利用了顾客"高价必然高质量"的消费心理。

4. 习惯定价策略

习惯定价策略即按照消费者的习惯价格心理制定价格。日常生活必需品的价格，通常易于在人们心目中形成一种习惯性标准。符合其标准的价格易被接受，高于习惯价格常被认为是不合理的涨价,低于习惯价格又可能使消费者怀疑是否货真价实。因此,对于这类日常消费品的价格应力求稳定,避免价格波动带来不必要的损失。如果必须调整价格,最好同时采取改进产品的包装或品牌等措施,化解习惯价格对新价格的抵触心理,引导消费者逐步适应价格的调整并形成新的习惯价格。

5. 招徕定价策略

这是适应消费者"求廉"的心理,将产品价格定得低于一般市价、个别的甚至低于成本,以吸引顾客、扩大销售的一种定价策略。采用这种策略,虽然几种低价产品不赚钱,甚至亏本,但从总的经济效益看,由于低价产品带动了其他产品的销售,企业还是有利可图的。有些零售商业企业就是利用消费者的这种心理,有意把店中的几种商品打特价销售,以此招徕顾客上门,借机带动店中其他非特价商品的销售,提高销售总收入。如现代大型超市,经常推出如鸡蛋、大米、牛奶等几种特价商品(每一张会员卡购买量限制),以较低价吸引消费者,带动其他商品的销售。

应用此方法所选的降价商品,必须是顾客都需要而且市场价为人们所熟知。采用招徕定价策略时,必须注意几点:① 降价的商品应是消费者常用的,最好是适合每一个家庭应用的物品,否则没有吸引力;② 实行招徕定价的商品,经营的品种要多,以便使顾客有较多的选购机会;③ 降价商品的降低幅度要大,一般应接近成本或者低于成本。只有这样,才能引起消费者的注意和兴趣,才能激起消费者的购买动机;④ 降价品的限购数量要适当,太多则商店亏损太大,太少又容易引起消费者的反感;⑤ 降价品应与因破损而削价的商品明显区别开来。

6. 愿望定价策略

由于地区、国家的民族习惯、社会风俗、文化传统和价值观的影响,某些数字常常会赋予一些独特的含义,企业定价时如能考虑消费者的愿望心理加以巧用,不仅给企业带来丰厚的利润,消费者也乐意接受。如大多数婚宴,一桌的定价分2888元、1888元、888元几个档次供消费者选择。如电话号码或车牌号,带几个"8""6"的作为特别号拍卖高价。但也要注意某些消费者忌讳的数字,如中国对"4",国外有的国家对"13"和"4"也有忌讳,企业定价时应有意识地避开,以免引起消费者的厌恶和反感。

7. 小单位定价策略

小单位定价策略也就是化整为零,使消费者心理上感觉价格便利。比如茶叶每斤100元定成5元/两,70元一袋10公斤的优质大米定成3.5元/斤等。或者用较小单位商品的价格进行比较,如"每天少抽一支烟,每日就可订一份报纸。""使用这种电冰箱每天只耗半度电,才2毛钱!"

(七)产品组合定价策略

大多数企业生产或营销的是多种产品,这些产品构成了该企业的产品组合。各种产品需求和成本之间存在着内在的相互联系。企业在制定价格时,要考虑到各种产品之间的关系,以提高全部产品的总收入。产品组合定价就是从企业整体利益出发来制定有关产品的价格。

1. 产品线定价策略

产品线是一组相互关联的产品,企业必须适当安排产品线内各个产品之间的价格梯级。若产品线中两个前后连接的产品之间价格差额小,顾客就会购买先进的产品。此时,若两个产品的成本差额小于价格差额,企业的利润就会增加;反之,价格差额大,顾客就会更多地购买较差的产品。

2. 替代品定价策略

替代品是指用途大致相同,消费中可以互相代替的产品。替代品定价策略是企业为达到某种营销目的,有意识地安排本企业替代产品之间的价格比例而采取的定价措施。

对于有替代关系的产品,提高一种产品的价格,不仅会使该产品销售量降低,而且会同时提高其替代产品的销售量。企业可以利用这种效应来制定组合价格策略,通过适当提高畅销品价格、降低滞销品价格使两者的销售相得益彰,从而增加企业的总盈利。

3. 补充品定价策略

补充品是指需要与主要产品配套使用的产品。例如,胶卷是照相机的补充品,刀片是剃须刀的补充品。补充品定价策略是企业利用价格对消费补充品需求的调节功能来全面扩展销售量所采取的定价技巧。

许多大企业往往是主要产品定价较低,补充品定价较高。以高价的补充品获取利润,补偿主要产品低价所造成的损失。例如,柯达公司给它的照相机制定较低的价格,而胶卷定价较高,增强了柯达照相机的市场竞争能力,销售柯达胶卷赚钱,保持原有的利润水平。而不生产胶卷的中小企业,为了获取相同的利润,就只好把照相机的价格定高,其市场竞争能力自然要受影响。西方国家的一些厂商以低价倾销汽车、高价供应配件也是如此;爱普生公司以低价销售EPSON打字机,以高价销售耗材(墨盒),这些都是对补充品定价策略的实际应用。

4. 分部定价策略

服务性企业经常收取一笔固定费用,再加上可变的使用费来定价。例如,电话用户每月都要支付一笔固定的月租费用,然后再交上通话费用。又如游乐园一般先收取门票费,如果游玩的地方超过规定,还要追加费用。服务性公司面临着应收取多少基本服务费用和可变使用费用的问题。一般情况下,固定费用应定得较低,来推动人们购买服务,提高可变费用,利润可以从使用费中获取。

5. 选择品定价策略

选择品是指那些与主要产品密切相关的可任意选择的产品。许多企业不仅提供主要产品,还提供某些与主要产品密切关联的选择产品。选择品要根据不同情况来进行定价。常用的有两种:第一,把选择品价格定得较高,靠它赢利多赚钱;第二,把选择品的价格定得低一些,以此招徕顾客。例如,饭店经营,顾客除了定购饭菜外也购买酒类饮料,许多饭店把酒的价格定得很高,而饭菜价格定得相对较低。饭菜收入可以弥补饭菜的成本和其他的饭店成本,而酒类则可以带来利润。这就是为什么服务员极力要求顾客购买酒类饮料的原因。也有的饭店会将酒的价格定得较低,而饭菜价格定得较高,来吸引爱饮酒的消费者。

6. 组合成套品定价策略

企业经常以某一价格出售组合成套产品,例如,化妆品礼盒、组装计算机等,公司为顾客提供一系列组合成套产品方案,这一组产品的价格大大低于单独购买其中每一产品的费用总和。因为顾客可能并不打算购买其中所有产品,所以这一组合的价格必须有较大的降幅,来推动顾客购买。

7. 副产品定价策略

在生产加工肉类、石油产品和其他化工产品的过程中,经常有副产品。若副产品的价值很低,处理费用较高,那么主产品的定价就应高些,以弥补副产品的处理费用。相反,副产品如果能带来收入,则主产品可以适当调低价格,以增强市场竞争力。

三、价格调整

企业处于一个不断变化的市场环境中,为了生存和发展,有时需要主动降价或提价,有时需要对竞争者的变价做出适当的反应。

(一) 企业降价的原因

企业降价可能基于以下原因:① 企业的生产能力过剩,因而需要扩大销售,但企业又不能通过产品改进和加强销售工作等来扩大销售。在这种情况下企业就必须考虑降价。② 在强大的竞争压力之下,企业的市场占有率下降,须降价提高市场占有率。③ 企业的成本费用低于竞争者,企图通过降价来掌握市场或提高市场占有率。④ 由于技术的进步而使行业生产成本大大降低,整个行业有很大的降价空间。

(二) 企业提价的原因

虽然企业提价会引起消费者、经销商和推销员的不满,但是一次成功的提价可使企业利润大大增加。在以下情况下企业可能会提价:① 由于通货膨胀,物价上涨,企业成本费用提高,因此许多企业不得不提高产品价格。② 企业的产品供不应求,不能满足其所有顾客的需要。在这种情况下,企业会考虑提价,以缓解需求。③ 产品的包装、款式、性能等有所改进,成本增加,企业也会成提价。

(三) 顾客对调价的反应

消费者一般对价值较高、购买频率也较高的商品价格变动反应较敏感,而对价值低、不经常购买的小商品价格变动反应不太敏感。此外,对降价或提价的反应还依赖于具体的商品及市场条件。

(四) 应对竞争者的变价策略

同质产品市场上,如果竞争者降低价格,企业只能随之降价;而异质产品市场上,对竞争者价格变动的反应有更大的自由度。可以对竞争者的价格变动做出以下反应:① 维持原有的营销组合。② 保持价格不变,修改其他营销策略。③ 同幅度或不同幅度的价格跟进。

本 章 小 结

1. 价格的本质。从经济学角度看,商品价格是该商品价值的直接表现;从市场角度看,价格已经不完全是商品价值的直接表现,更多地受到商品的利润最大化原则与企业战略规划的影响,是市场经济的产物。

2. 商品价格构成主要要素为:生产成本、流通费用、利润和税金。

3. 影响企业产品定价的因素有:产品成本、供求规律、需求弹性、竞争状况、政策法规、战略目标、营销组合、消费者认知价值、地理位置、消费者需求特征。

4. 企业的定价程序。一般企业的定价程序可以分为六个步骤,即确定企业定价目标、测定市场需求、估算商品成本、分析竞争对手价格、选择定价方法、确定最后价格。

5. 定价目标,是指企业通过特定水平的价格的制定或调整,所要达到的预期目的。通常有:① 以利润最大化为定价目标;② 以短期利润最大化为定价目标;③ 以实现预期的投资回报率为定价目标;④ 以提高市场占有率为定价目标;⑤ 以扩大销售额为目标;⑥ 以适应价格竞争为定价目标;⑦ 以稳定价格为定价目标;⑧ 以维护企业形象为定价目标;⑨ 以企业生存为定价目标。

6. 定价方法。企业定价时首先要考虑成本问题,成本是企业定价的底线,其次要考虑消费者的承受能力,消费者的需求和承受能力是企业定价的最高限,在最低限和最高限之间,企业要根据竞争对手的情况来确定一个比较合适的价格水平。可以将企业的基本定价方法分为三种,即成本导向型、需求导向型和竞争导向型。

7. 定价策略包括:薄利多销策略、厚利限销策略、产品生命周期阶段定价策略、差别定价策略、折扣定价策略、心理定价策略、产品组合定价策略。

8. 价格调整。企业处于一个不断变化的市场环境中,为了生存和发展,有时需要主动降价或提价,有时需要对竞争者的变价做出适当的反应。

练 习 题

一、名词解释
1. 成本导向定价法;
2. 成加成定价法;
3. 需求导向定价法;
4. 薄利多销策略;
5. 招徕定价策略。

二、单项选择题
1. 在影剧院或体育馆,尽管不同座位的成本是一致的,但是不同座位的票价却有很大差异,影剧院或体育馆的这种定价策略是一种典型的(　　)。
 A. 销售时间差别定价　　　　　　B. 顾客差别定价
 C. 产品形式差别定价　　　　　　D. 产品部位差别定价

2. 为鼓励顾客购买更多物品,企业给那些大量购买产品的顾客的一种减价称为(　　)。
 A. 功能折扣　　　　　　　　　　B. 数量折扣
 C. 季节折扣　　　　　　　　　　D. 现金折扣

3. 企业利用消费者具有仰慕名牌商品或名店声望所产生的某种心理,对质量不易鉴别的商品的定价最适宜用(　　)法。
 A. 尾数定价　　　　　　　　　　B. 招徕定价
 C. 声望定价　　　　　　　　　　D. 反向定价

4. 当产品市场需求富有弹性且生产成本和经营费用随着生产经营经验的增加而下降时,企业便具备了(　　)的可能性。
 A. 渗透定价　　　　　　　　　　B. 撇脂定价
 C. 尾数定价　　　　　　　　　　D. 招徕定价

5. 按照单位成本加上一定百分比的加成来制定产品销售价格的定价方法称之为(　　)定价法。
 A. 成本加成　　　　　　　　　　B. 目标
 C. 认知价值　　　　　　　　　　D. 诊断

6. 当企业有意愿和同行和平共处而且自身产品成本的不确定因素又较多时,企业往往会采取(　　)定价方法。

A. 反向 B. 投标
C. 诊断 D. 随行就市

7. 投标过程中,投标商对其价格的确定主要是依据(　　)制定的。
A. 对竞争者的报价估计 B. 企业自身的成本费用
C. 市场需求 D. 边际成本

8. 企业在竞争对手价格没有变的情况下率先降价的策略称为(　　)策略。
A. 被动降价 B. 主动降价
C. 撇脂定价 D. 渗透定价

9. 非整数定价一般适用于(　　)的产品。
A. 价值较高 B. 高档
C. 价值较低 D. 奢侈

10. 在商业企业,很多商品的定价都不进位成整数,而保留零头,这种心理定价策略称为(　　)策略。
A. 尾数定价 B. 招徕定价
C. 声望定价 D. 习惯定价

三、多项选择题

1. 影响企业定价的主要因素有(　　)等。
A. 定价目标 B. 产品成本
C. 市场需求 D. 经营者意志
E. 竞争者的产品和价格

2. 只要具备了(　　)这一条件时,企业才可以考虑通过低价来实现市场占有率的提高。
A. 市场对价格反应迟钝
B. 生产与分销的单位成本会随生产经验的积累而下降
C. 市场对价格高度敏感
D. 低价能吓退现有的和潜在的竞争者
E. 产品质量优良

3. 当出现(　　)情况时,商品需求可能缺乏弹性。
A. 市场上出现竞争者或替代品
B. 市场上没有竞争者或者没有替代品
C. 购买者改变购买习惯较慢,也不积极寻找较便宜的东西
D. 购买者对较高价格不在意
E. 购买者认为产品质量有所提高,或者认为存在通货膨胀等,价格较高是应该的

4. 价格折扣主要有(　　)等类型。
A. 现金折扣 B. 数量折扣
C. 功能折扣 D. 季节折扣
E. 价格折让

5. 引起企业提价主要有(　　)等原因。
A. 通货膨胀,物价上涨 B. 企业市场占有率下降
C. 产品供不应求 D. 企业成本费用比竞争者低
E. 产品生产能力过剩

四、简答题

1. 简述企业的定价程序。
2. 影响企业定价的因素有哪些?
3. 企业新产品的定价策略有哪些?它们各有什么优缺点?
4. 企业在哪些情况下可能需要采取降价策略?
5. 企业采用差别定价的前提条件有哪些?

五、论述题

1. 试述产品生命周期阶段的定价策略。
2. 试述定价策略如何与其他营销组合策略相配合。

 思考案例

别克凯越轿车的价格策略

上海通用汽车先后推出了经济型轿车赛欧(8.98万～12.98万元)和中高档轿车别克君威(22.38万～36.9万元)。赛欧针对的是事业上刚刚起步、生活上刚刚独立的年轻白领;而别克君威则针对的是已经取得成功的领导者。中级轿车市场是中国轿车市场的主流,这一汽车板块为中国汽车业带来了巨大的利益,同时也是竞争最激烈的市场。中级轿车市场多以公务商务使用为主,兼顾私用,目前中级轿车月销售量在2.4万台左右,而且仍在迅速增长。上海通用汽车由此推出"别克凯越",从而正式进军极具潜力的中级车市场。别克凯越的市场主要竞争对手包括:爱丽舍、日产阳光、宝来、威驰、福美来、捷达、桑塔纳2000等。

在2003年8月上市的别克凯越LE-MT豪华版(1.6升手动挡)售价为14.98万元,别克凯越LS-AT顶级版(1.8升自动挡)售价为17.98万元。

目前,中国国内的中档车的市场竞争相当的激烈,多种因素影响了别克凯越的上市价格。别克凯越要面对的一个逐渐成熟的市场,爱丽舍、日产阳光、宝来、威驰、福美来、捷达、桑塔纳2000等车型已经占据的相当大的市场份额,同时,这些车型又具有很高的性价比。

中档车市场面对的是中国社会中最具有经济实力的一个阶层。一般来讲,这样的家庭都具有以下特征:男性,已婚,30～45岁,家庭月收入超过一万元,大专以上文化教育程度,在国企或私企担任中级经理或是中小型私营企业主,他们购买凯越的用途是以公务商务为主,兼顾私用。因此,别克凯越是专为中层经理人、小型私企业主打造的中档公务商务兼私用座驾,它以现代动感外观、高效人性化空间、卓越先进科技配备,满足了潜在车主实用、可靠、时尚、符合身份档次的用车需求,成为其事业和生活的可靠伴侣。

另外,在市场已经被占领的情况下,别克凯越只有更好的性价比才可以在市场中占有一席之地。在性能上,别克凯越配置了许多高档车的设备,而在价格上,别克凯越在同档次的车型中价格居中上。

在分析以上影响因素之后,我们可以看到,别克凯越的市场定价不高,采用了满意定价的方法,制定不高不低的价格,可以同时兼顾厂商、中间商及消费者利益,使各方面满意。相对于同一类的车而言,例如,宝来1.6手动基本型的售价是15.5万元,而宝来1.8舒适型的售价是18.5万元,在性能强劲的情况下,别克凯越的售价比同档次的宝来低了5200元。因此,对中级车主力的宝来构成了巨大的冲击。

上海通用是世界最大的汽车制造厂商,别克是世界名牌。但是,别克凯越采用了一种跟随的定价方式,在同类车中,并没有定高价。可见,上海通用汽车进入中级车市场的决心。

同时,我们可以看到它采用了尾数定价的技巧。这无疑又为别克凯越占领市场建立了一个好的口碑。别克凯越1.6的定价虽然离15万只是差了200元,但是消费者在心理上没有突破15万的心理防线,给顾客价廉的感觉。而同一档次、性能相近的宝来的售价是15.5万元,使消费者感到价格昂贵的感觉。同时别克凯越采取了以数字8为结尾,很符合中国人的习惯,这与大多数轿车生产厂商的定价方法是相同的。

目前,我们还没有看到别克凯越降价的迹象,同时我们看到的都是在加价购车,虽然加价,但比起同性能的车型,价格还是相对便宜,因此,我们可以看到在近期内面对同类中级车的不断降价声,别克凯越很难降价。但是,加价买车的现象会随着产量的增加而消失。面对众多竞争者相继降价,或者提高性能变相降价,别克凯越无疑将面对更大的压力。直接降价无疑会对品牌的声誉产生很大的影响,一个顾客很难接受一个汽车品牌不断的降价,不仅损害了顾客的利益,而且还损害了厂商自身的利益。因此,面对宝来、威驰等主力中级车型的降价,以上海通用一贯的价格策略,别克凯越将会采用提高性能或者实行优惠的政策来变相降价。

别克凯越进入市场3个月内,销量突破的2万辆大关,创造了中国轿车业的奇迹,这和上海通用稳定的价格策略是分不开的。上海通用一般采取一种具有刚性的价格,很少采用降价销售的竞争手段,虽然赛欧一度降价,但总是保持了一定的稳定性,避免品牌知名度下降。对于别克凯越,上海通用同时又采用一种满意定价,其价格低于同类车中性能强劲的车型,因此,消费者购后感觉十分满意。

案例思考题

1. 影响别克凯越定价的主要因素有哪些?
2. 作为一个消费者,当你面对14.8万元和15.0万元的价格时,你首先会有什么样的印象?
3. 为什么别克凯越会采取变相降价的策略?

应用训练

1. 训练目标

通过训练,掌握各种营销产品的定价程序、定价方法和定价策略,并能够在分析影响定价因素的基础上制定相应营销价格。

2. 训练内容与要求

选择一家大型超市或商场进行商品定价调查,并了解该企业定价考虑了哪些因素。

3. 操作方式

每班分5人一小组,并指定组长与老师联系。各小组根据调查情况讨论企业定价策略与技巧,并形成文字材料。

4. 训练成果与检测

在班级组织一场交流与讨论,各小组推选一位代表在班上做专题发言。

第十章 渠道策略

理解分销渠道的职能和主要类型。了解批发商和零售商的功能和类型。掌握分销渠道决策的影响因素和决策方法。了解分销渠道管理的主要方法。

酒店客房的销售渠道：直销和分销

我国酒店客房的销售渠道很复杂。通常来说，酒店的销售渠道可以分为直销渠道和分销渠道。酒店的直销渠道有自有渠道、前台散客和协议客户；分销渠道的代表是OTA（全称为Online Travel Agency，中文译为"在线旅游服务代理商"，像携程、艺龙、去哪儿、美团等这些网络运营商，就像是中介一样，客人通过OTA预订房间，酒店给OTA佣金）、旅行社和团购。根据劲旅咨询提供的2018～2019年数据，目前，中档星级酒店、酒店式公寓、会议度假酒店等单体酒店业态在渠道端以协议客户和OTA为主；而三大酒店集团均建立了完善的自有直销体系，华住、如家的直销订单占比在60%以上，锦江的直销订单占比也有30%。由此可见，酒店集团因其信息化程度高的优势，渠道端以会员直销为主。单体酒店因信息化程度落后，渠道端更依赖OTA。

酒店集团的自有渠道体系，有以下的竞争优势：

（1）成本优势。会员通过酒店的自有渠道预订酒店时，用户订单通过酒店的信息化系统全自动处理，不需要酒店安排专人确认订单，可以大幅缩减酒店的人工成本。另外，OTA渠道的佣金昂贵，OTA通常向酒店收取过夜房价12%～20%的抽成。

（2）流量优势。目前国内酒店市场竞争激烈，对客源的争夺在酒店之间的竞争中十分重要。酒店集团的自有渠道用户体验更好，帮助酒店会员提升通过酒店APP预定习惯，会员体系可以让酒店集团沉淀一批忠实的用户群体，充分对旗下酒店导流，获取稳定客源。

（3）服务优势。酒店集团的信息化系统可以让用户和酒店之间实现实时交互，用户的订单可以得到酒店的同步确认，并且用户还能在手机上实现在线选房、免押入住等附加服务，随着酒店进入体验营销时代，酒店和用户进行深入互动能帮助酒店集团建立差异化优势，培育客户的品牌认同感。

讨论：

你平时出行都通过何种渠道来预订酒店？何种渠道能带给你最优质的价格、服务和体验呢？

第一节　分销渠道概述

一、分销渠道的概念和功能

分销渠道也称分配渠道,是市场营销学独有的概念。它是指某种商品和劳务从生产者向消费者转移的过程中,取得这种商品和劳务的所有权或帮助所有权转移的所有企业和个人。在现实经济生活中,大多数的生产者不是将其产品直接出售给最终消费者。在生产者和最终消费者之间有着大量充当媒介的中介机构,如批发商和零售商,买进商品,取得商品所有权,然后再转售出去;又如经纪人和代理商,专为买卖双方牵线搭桥,赚取佣金。还有一些服务机构,如运输公司、独立仓库、银行和广告代理商,专门为分销产品提供各种服务,但他们既不取得商品所有权,也不参与买卖谈判。上述这些机构就组成了商品分销渠道。总之,分销渠道包括处于渠道起点和终点的生产者和最终消费者或用户,还包括中间商和代理中间商。

分销渠道如同市场的血液循环系统。如果渠道阻塞,市场就要枯竭。产品生产规模扩大,专业化程度加强,以及自然条件、经济条件的差异等,都要求相应扩大商品的分销渠道,也要求相应地发展商业,实现货畅其流,加速整个社会再生产的进程。

(一)分销渠道的功能

分销渠道执行的功能是把商品从生产者转移到消费者。它弥合了产品、服务生产者和使用者之间的缺口,主要包括:时间缺口,即由于生产时间和消费时间之间的差异所形成的缺口;地点缺口,即由于生产地点和消费地点不一致所形成的缺口;所有权的缺口,即商品的所有权要从生产者那里转移到消费者那里。在此过程中,按科特勒的说法,分销渠道的成员将执行一系列重要功能。这些功能包括:

(1)调查。收集各种有关信息,以促进交换,为渠道决策服务。
(2)促销。设计和传播具有说服力的产品信息,诱导消费者购买。
(3)联系。为生产商寻找物色潜在买主,并与买主进行沟通。
(4)调节。按照顾客的要求调整供应的产品,包括分等、分类和包装等活动。
(5)谈判。代表卖方或者买方参加有关价格和其他交易条件的谈判,以促成最终的协议的签订,使商品所有权发生转移。
(6)实体分配。储藏和运输商品。
(7)财务。收集和分配资金,以负担营销工作所需的部分费用或全部费用。
(8)承担风险。在执行分销任务的过程中承担相关风险。

(二)分销渠道的流程

在分销渠道中,产品通过交换,发生价值形式的运动,使产品从一个所有者转移到另一个所有者,直至消费者手中,这种商品所有权的转移形式称为"商流"。同时,伴随着商流,还有产品实体的空间移动,称为"物流"。商流和物流相结合,使产品从生产者到达消费者手中。"资金流"是指货款在各市场营销中间机构的流动过程。"信息流"是指在市场营销渠道中,各市场营销中间机构相互传递信息的过程。"促销流"是指由一组运用广告、人员推销、公共关系、促销等活动对其他组织和个人施加影响的过程。分销渠道的流程如图10.1

所示。

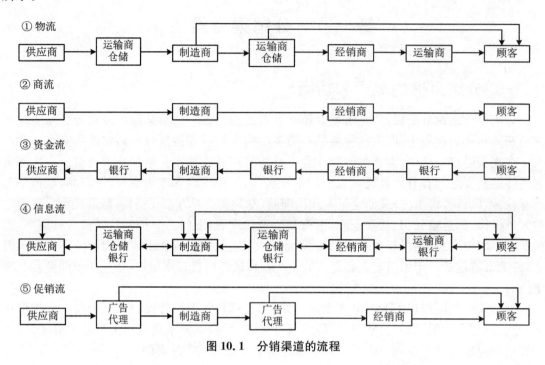

图 10.1 分销渠道的流程

二、分销渠道的类型

营销人员必须了解分销渠道的各种类型,并选择适当的分销渠道推销产品。正确划分分销渠道是选择分销渠道的前提。按照不同的标准,分销渠道可以分成不同的类型。

(一) 直接渠道和间接渠道

市场分销渠道如果按照商品在流通过程中是否经过中间商转卖来分类,可以分为直接渠道和间接渠道。生产者将产品直接销售给最终消费者和用户,称为直接渠道;利用中间商销售,称为间接渠道。

1. 直接渠道

直接渠道又叫作直接分销渠道,产销之间没有中间商的介入,是一种两者直接见面的商品销售渠道类型。采用这种类型的具体形式有:消费品的上门推销、展览会、邮购、电子通信营销、电视直销和制造商自设商店等;工业产品的营销人员直接向消费者和用户推销产品;前店后厂销售产品;在农村集市贸易上,农副产品生产中直接销售的产品等等。其模式可由图 10.2 所示。

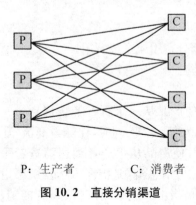

P:生产者　　C:消费者

图 10.2　直接分销渠道

在直接销售渠道中,由于生产者和消费者直接接触,消费者可以直接向生产者反映意见,有利于生产者按照消费者的要求调整生产,更好地满足消费者需要;厂商可以直接向消费者介绍产品,有利于消费者更好地掌握产品的性能、特点和使用方法,合理地进行消费;同时,直接销售渠道由于没有中间商介入,可以大大减少产品的中间周转环节、节省流通费用,有利于降低产品价格。具体而言,优点有:① 及时销售。鲜活产品、时尚产品,直接销售可及时投入市场,减少损耗、变质等损失。② 减少费用。市场相对集中,顾客购买量大,直接销售能节省中转费用。③ 加强推销,技术性较强的工业产品等,生产者可对推销人员进行专门的训练,有利于扩大销售,同类产品中存在多品牌竞争时,生产者自己集中销售力量来推销自己品牌的产品。④ 提供服务。有些需提供售后服务的产品,只有生产者才具有必要的技术条件。⑤ 控制价格。直接销售的价格,使生产者控制、掌握着较大的主动权。⑥ 了解市场。生产者同消费者直接接触,可随时听取消费者反映,改进生产。

当然,直接销售渠道也存在着一定的弊端,生产者直接销售产品,在销售上花费很多的人力、财力、物力,从而分散生产管理精力,不利于集中力量搞好生产。主要有:① 厂商要追加与直接分销相适应的保障费用和设施,销售人员和费用也会增加,管理人员不能专心致志于改进与提高生产;② 直接销售渠道对于一些生产量大、消费面广的产品不太适宜,因为厂商不可能把全部产品送到每一个消费者手中。例如,跨国石油企业可以在世界各地设立分销机构,但不能直接供应每个消费者所需要的汽油和煤油。又如,一个大型家电企业也不可能直接供应全体消费者。

因此,生产者对其产品是否采用直接销售渠道,应当全面分析产品、市场和企业本身条件,权衡利弊,加以选择。同时,既向消费者销售又向中间商销售的生产者,必须维持不至于夺走中间商生意的价格。

2. 间接渠道

间接渠道又称间接分销渠道,是商品生产者不直接面向消费者,而是经过中间商向消费者提供产品的分销类型。

采用这种让中间商介入的具体形式有:经过零售商而不经过批发商;经过零售商又经过批发商;经过零售商、批发商和代理商。在成熟的市场经济中,这种间接分销渠道是一种重要的分销形式。其模式可由图 10.3 所示。

通过比较图 10.2 与图 10.3,可以看到,市场上有 3 个生产者和 4 个消费者,每个消费者都需要购买所有生产者提供的产品。在没有中间商介入时,市场上需要 12 条分销路线,而在有中间商介入时,只需要 7 条分销路线。由此可见,有中间商介入的间接分销渠道的优点:可以使分销渠道集成化,节约用于流通领域的人力、物力和财力,节约流通时间,加速流通过程和生产过程,降低销售费用和产品价格。

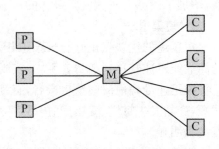

P:生产者　　M:中间商　　C:消费者

图 10.3　间接分销渠道

当然,间接分销渠道也有其弊端,主要表现在:由于中间商的介入,生产者和消费者被隔离开来,中间商使两者不能直接沟通信息,生产者不易准确地掌握消费者的需求,消费者也不易掌握生产者产品的供应情况和产品的性能、特点等。为了克服这一弊端,企业一方面要加强市场调查和市场预测,掌握消费者的需求动向;另一方面要发挥中间商的作用,使他们真正发挥桥梁和纽带的功能,在产品生产者与消费者之间沟通市场信息,指挥生产,引导消费。

(二) 长渠道和短渠道

根据产品从生产者到消费者之间的销售环节的多少,分销渠道可以分为长渠道和短渠道。没有经过或只经过一个中间环节,把商品销售给消费者的分销渠道称为短渠道。经过两个或两个以上的流通环节,把商品销售给消费者的分销渠道称为长渠道。具体包括以下两种(图10.4):

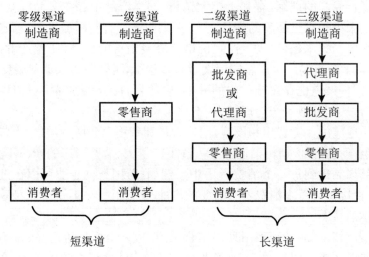

图 10.4　长渠道和短渠道

1. 长渠道

长渠道的优点表现为:① 能更广泛地接触和覆盖市场,扩大商品销售;② 选用长渠道,流通领域一切风险均由批发商承担,生产者可以集中人力、物力、财力搞好生产。

长渠道的缺点表现为:① 渠道长、环节多。因此,它延长了产品进入市场的时间,不利于商品迅速占领市场;② 销售费用增加,商品零售价格提高,降低了其商品的竞争能力;③ 信息反馈慢,容易失真,不利于及时准确地掌握市场行情的变化;④ 商品转运时间和距离长,增加了商品变质、磨损、毁坏的可能性,影响商品的质量。

2. 短渠道

短渠道的优缺点正好与长渠道相反。短渠道的缺点表现为:渠道短,环节少,生产出来的商品能迅速转移到消费者手中,实现商品价值;节省流通费用,有利于降低商品的价格;信息等被迅速准确地反馈给生产者,有利于生产者做出正确决策;商品在流通领域中停留的时间短,产品发生霉烂、变质、磨损、毁坏危险小,从而保证商品质量。在经营鲜活产品时,这一点尤为明显。

当然,短渠道也有不足之处:由于渠道短,商品生产者承担的商业职能多,不利于集中精力搞好生产;难于向市场大范围地延伸,市场覆盖面小。

(三) 宽渠道和窄渠道

渠道的每个层次中选用的同种类型中间商数目的多少称为分销渠道"宽度"。产品生产者通过两个或两个以上的中间商来销售自己的产品,称为宽销售渠道;只选用一个中间商销售自己的产品,称为窄销售渠道。如图10.5所示。

1. 宽销售渠道

宽销售渠道又称宽分销渠道,由于运用两个以上的中间商来为生产者销售产品,该类型的渠道范围比较广泛,通常用于一般产品的销售,又适用于技术型产品的销售;既可以采用批发商,又可以采用零售商;还可以采用代理商、经销商,以尽可能多地销售其产品。

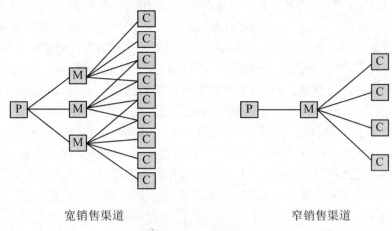

宽销售渠道　　　　　　　　　窄销售渠道

图 10.5　宽、窄分销渠道

宽销售渠道的优点表现为：① 覆盖的市场范围大，便于产品迅速占领市场；② 中间商较多，有利于引入竞争机制；③ 生产者可以对所运用的多家中间商的工作效率进行综合评价，从中选择效率高的中间商为自己销售产品，同时淘汰那些效率低的中间商，不断提高产品销售效率，使产品价值迅速实现，消费者需求迅速得到满足。

宽销售渠道的缺点表现为：① 选用的中间商较多，中间商往往推销某种产品不专一或不愿意花费更多的费用推销某一产品，例如不愿负担广告费用、人员推销费用；② 宽销售渠道中的生产者与中间商之间的关系松散，如果外部条件发生变化，有可能破裂。所以生产者会不断地改变合作的中间商。

2. 窄销售渠道

生产者只选用一个中间商来销售自己的产品，其销售范围比较狭窄。它适用于一些专门技术性强，而且生产批量小的产品销售中。生产者一般都是选用对产品市场非常了解的中间商独家经销。

窄销售渠道的优点表现为：① 产品生产者和中间商关系非常密切，相互之间依附关系很强。生产者主要依赖选择的中间商推销自己的产品，中间商的好坏直接影响生产的进行。中间商依赖生产者而存在和发展，如果产品质量高、信誉好，中间商的经营业务也会从中得益；② 中间商可以随时把市场信息传达给生产者。两者共同承担推销产品的各种费用，如广告费用、产品销售人员的培训费用等。在这种情况下，生产者既可以控制中间商的销售方式，也可以控制销售服务，甚至可以控制产品的销售价格，有利于提高产品销售效率。

窄销售渠道的缺点表现为：① 产品生产者对某一中间商的依赖太强。一旦生产者和中间商之间的关系发生变化，中间商不再为生产者销售产品，生产者就要失去所占领的市场，或者在短时间内选择不出适当的新销售渠道；② 在生产者产量增加的情况下，只限于在某一市场上售出自己的产品，容易因销售力量不足而失去顾客，使产品无法更快地推销出去，影响生产的顺利进行。

3. 分销渠道宽度策略

综合考虑上述宽、窄渠道的优缺点，根据产品和市场等的特点，企业可以采用如下三种不同宽度的分销渠道策略：

(1) 广泛性分销。广泛性分销渠道是指生产者在所有分销渠道中不加选择，任何中间商都可以销售自己的产品,利用的中间商越多越好,采用这种方法的产品必须是消费者购买次数多,每次购买的数量少,且不太重视商标的产品。一般是用于日用消费品和工业品中标准化、通用化程度高的产品的销售。采用这种方法,对消费者来说,可以随时随地买到所需商品;对生产者而言,可以使产品迅速离开生产领域,进入流通领域,在更大的市场范围内广泛销售,提高产品市场占有率。但是,生产者要负担较多的流通费用,因为采用这种方法,中间商与生产者的关系比较松散,为了调动中间商的积极性,生产者就要负担促销费用。

(2)选择性分销。选择性分销渠道是指在一定的市场上,生产者选用几家中间商来经销自己的产品。这种渠道的使用面比较广泛,如消费品中的选购品和特殊品,工业品中的零部件和大部分生产资料商品都可以采用。选择性分销渠道往往是生产者通过采取广泛性分销渠道,经过实践逐步淘汰效益低的中间商而形成的。因此采用这种渠道,生产者和中间商容易结成比较牢固的合作关系,易于调动中间商的积极性;同时,能使生产者降低销售费用,加快资金周转。

(3)独家经营分销。独家经营分销渠道是指生产者在一定时间内、一定地区内只选择一个中间商来推销本企业的产品。在一般情况下,生产者和中间商通过签订协议,规定生产者在一定时间和地区内,不能再通过其他中间商来推销其产品,而要求中间商也不能再经营其他厂家的同类产品。这种方法主要适用于技术性强、售后服务要求高的产品和具有独特风格的某些商品的销售。采用这种方法,生产者能加强对市场的控制,提高中间商的销售效率;但是,如果中间商经营不利,会造成渠道不畅,直接影响到生产者的利益。同时,独家经营不利于开展市场竞争和消费者选择购买。

三、分销渠道系统

市场分销渠道按照渠道中成员相互联系的紧密程度又可以分为传统渠道系统和现代渠道系统。在传统渠道系统中,生产企业和各中间商彼此独立决策,购销交易是建立在相互激烈竞争的基础上,因此联系松散,对象也不固定。这样虽然保持了企业的独立性,但缺乏共同目标,影响整体效益。20世纪80年代以来,分销渠道系统突破了传统的模式和类型,在新的渠道系统中,传统渠道内部再造,许多成员之间都采取不同程度的一体化经营或联合经营。它的组成往往始于某一企业对相邻流通环节上的企业控股,也可由某一企业倡导,进行实力相对均衡的联营,形成了如垂直渠道系统、水平渠道系统、多渠道分销系统等现代渠道系统。

(一)垂直分销系统

垂直营销系统是由生产者、批发商和零售商所组成的一种统一的联合体。某个渠道成员拥有其他成员的产权,或者是一种特约代营关系,或这个渠道的成员有相当的实力,其他成员愿意合作。垂直营销系统可以由生产商支配,也可以由批发商,或者零售商支配。垂直营销系统的特征是"专业化管理和集中执行的网络组织,事先规定要达到的规模经济和最高市场效果。"垂直营销系统有利于控制渠道行动,消除渠道成员为追求各自利益而造成的冲突。他们能够通过其规模、谈判实力和重复服务的减少而获得效益。在消费品销售中,垂直营销系统已经成为一种占主导地位的分销形式。

1. 公司式垂直营销系统

公司式垂直营销系统是由同一个所有者名下的相关的生产部门和分配部门组合而成。例如:美国希尔温·威廉公司拥有并经营2000家以上的零售商店。西尔斯公司出售的商品中,有50%来自它拥有股权的制造商。假日旅馆已形成一个自我供应的网络,它包括地毯厂,家具制造厂,以及大量为其所控制的再分销机构。总之,这些组织以及其他类似组织都是大规模的、垂直一体化的系统,而不是他们的名称上所表现得那样简单。

2. 管理式垂直营销系统

管理式垂直营销系统由某一家规模大、实力强的企业出面组织。名牌制造商有能力从销售者那得到强有力的贸易合作和支持。因此,通用电气公司、宝洁公司等,能够在有关商品展销、货柜位置、促销活动和定价政策等方面得到销售者不同寻常的合作。

3. 契约式垂直营销系统

契约式垂直营销系统是由各自独立的公司在不同的生产和分配水平上组成的。它们以契约为基础来统一它们的行动,以求获得比其独立行动时所能得到的更大的经济和销售效果。具体而言,可以分为三种:

(1) 批发商倡办的自愿连锁组织。批发商组织独立的零售商成立自愿连锁组织,帮助他们和大型连锁组织抗衡。批发商制订一个方案,根据方案,使独立零售商的销售活动标准化,并获得采购经济的好处,这样,就能使这个群体有效地和其他连锁组织竞争。

(2) 零售商合作组织。零售商可以带头组织一个新的企业实体来开展批发业务和可能的生产活动。成员通过零售商合作组织集中采购,联合进行广告宣传。利润按成员的购买量比例进行分配。非成员零售商也可以通过合作组织采购,但是不能分享利润。

(3) 特许经营组织。在生产分配过程中,一个特约代营的渠道成员可以连接几个环节。一般而言它可以分为三种形式:第一,制造商倡办的零售特许经营组织。以汽车行业为例,福特汽车公司特许经销商出售它的汽车,这些经销商都是独立的生意人,但是同意满足有关销售和服务的各种条件。第二,制造商创办的批发特许经营组织。这种形式可以在软饮料行业看到。例如,可口可乐饮料公司特许各个市场上的装瓶商(批发商)购买该公司的浓缩饮料,然后由装瓶商充碳酸气、装瓶,再把它们出售给当地市场的零售商。第三,服务公司承办的零售特许经营组织。即由一个服务公司组织整个系统,以便将其服务有效地提供给消费者。这种形式出现在出租汽车行业(如美国的赫兹公司等)、快餐服务行业(如美国的麦当劳公司等)和汽车旅馆行业(如美国的拉玛大旅馆等)等。

(二) 水平分销系统

水平营销系统是由两个或两个以上公司联合开发一个营销机会。这些公司缺乏资本、技能、生产和营销资源来独自进行商业冒险,或者承担风险;或者发现与其他公司联合可以产生巨大的协同作用。公司间的联合行动可以是暂时性的,也可以是永久性的,还可以创建一个专门公司。例如,美国《圣安德鲁刘易斯邮报》《华盛顿明星报》《波士顿环球报》《费城公报》《密尔沃基哨报》共同拥有一个百万市场报纸公司,曾用一个较适宜的一揽子广告向五个市场推销,五家报纸都从中得益。

(三) 多渠道分销系统

多渠道分销系统是指对同一或不同的目标细分市场采用多条分销渠道系统销售其产品。这种系统一般分为两种形式:一种是生产商利用多种渠道销售同一品牌的产品;另一种是生产商通过多种渠道销售不同品牌的产品。比如迪士尼公司,通过五种渠道销售它的光碟:① 电影租赁店,例如百视达;② 公司名下的零售商店,称为迪士尼商店;③ 如百思买这样的零售店;④ 网上零售点,如亚马逊在线和迪士尼自己的网上商店;⑤ 迪士尼目录和其他的目录经销商。运用不同的渠道,迪士尼就占有了尽可能大的市场,使它能以不同的价格销售其光碟。多渠道系统为面临复杂市场环境的生产商提供了许多有利的条件,使其能够通过不同的渠道扩展销售和提高市场覆盖率,并获得使产品适合各类细分市场的特殊需要的机会。但是这种多渠道分销系统很难控制,而且容易产生渠道冲突,因为有更多的渠道共同争夺顾客和销售量。

【资料链接】

网络营销渠道

所谓网络营销渠道是指借助于互联网,将产品从生产者转移到消费者的所有中间环节。互联网作为一个中间商,一方面向消费者传递产品与服务信息,帮助消费者进行购买决策;另一方面通过互联网进行交易、货款支付,并承担产品的实体流通。网络营销渠道在实现产品转移过程中,具有三大功能:订货功能、结算功能和配送功能。

网络营销渠道可以分为两大类:一类是通过互联网实现的从生产者到消费者的网络直接营销渠道(简称网上直销)。这时传统中间商的职能发生了改变,由过去环节的中间力量变成为直销渠道提供服务的中间机构,如提供货物运输配送服务的专业配送公司,提供货款网上结算服务的网上银行,以及提供产品信息发布和网站建设的ISP和电子商务商。另一类是通过融入互联网技术后的中间商提供网络间接营销渠道。传统中间商由于整合了互联网技术,大大提高了中间商的交易效率、专门化程度和更大的规模经济,从而比某些企业通过网上直销更有效率。例如,网上商店利用互联网的虚拟性,可以低成本地扩大目标市场范围,美国的亚马逊网上商店的发展吸引了许多出版商在其网上销售产品。当然,新兴的中间商也对传统中间商产生了冲击,如美国零售业巨头沃尔玛为抵抗互联网对其零售市场的侵蚀,在2000年开始在互联网上开设网上商店。

第二节　批发商和零售商

商品分销渠道是由若干不同类型的中间商构成的,他们各自发挥着特定的功能。其中最重要的就是批发商和零售商。

一、批发商

批发包括把商品售予那些为了转售或再生产而购买的顾客所发生的一切活动。批发商就是指那些主要从事批发活动的企业。

(一) 批发商的功能

(1) 购买。批发商的购买活动是商品流通过程的起点,是生产企业按照社会需要进行生产的信息来源和再生产过程顺利进行的必要条件,也是向零售商提供货源的物质基础。对零售商来说,批发商是其购买代理人。批发商凭借其丰富的经验与市场预测知识,预计市场对某些产品的需求情况,先行组织货源,随时供应顾客,使零售商能节省进货中所花费的时间、人力与费用;对生产者来说,因批发商每批进货量较大,也可节省营销费用。

(2) 销售。批发商活动的最终目的是销售产品。对制造商来说,批发商可以成为销售代理人。每个生产企业可以按市场需要进行生产,尽力制造出适销对路的产品,但他们并不擅长推销,仍需有人帮助销售。由于批发商有着丰富的销售经验及其他条件,他们可以帮助生产商寻找市场。这样,生产企业能节省用于销售的人力、物力和费用,提高生产效率和产品质量,缩短再生产周期。

(3) 分销。分销的功能对于生产者和与零售商都有益处。一般而言,生产者从运输及管理成本考虑,不愿意小量出售;而零售商限于资金,无力大量购买,限于能力,也不可能向每个生产者购买。批发商既可向生产者做大量购买,又可将货源分割成小单位转售给零售者。

(4) 运输。商品运输是商品流通中的一个重要环节。批发商在购进、摊销和促销活动中,发挥了中间商集中、平衡与扩散的功能,成了商品交换的媒介。伴随着商品从生产领域到流通领域,以及从批发环节到零售环节的交换过程,必然产生商品在空间上的移动。在发达的市场经济条件下,商品已经不再为当地市场所能容纳,市场所需要的商品也不可能完全就地组织生产和供应。一般来说,多数生产者都无力或不适于亲自到远方市场营销,多数零售商业(也)无力或不适宜亲自到远方市场采购。因此,批发商在收购商品后,还担负着组织商品运输的任务,及时、准确、安全、经济地组织商品运输,使生产者可以避免积压,零售商也可以减少库存量。

(5) 储存。产品储存是商品流通的一种"停滞",也是商品流通不断进行的条件。批发商能充分利用仓储设备,创造时间效用,使零售商随时可获得小批量的现货供应。批发环节的储存,可调节市场淡旺,起到"蓄水池"作用。

(6) 资金融通。零售商向批发商实行信用进货时,能减少其经营资金的需要。资金雄厚的批发商,也可用预购的方式,以资金帮助生产者。

(7) 风险担负。生产者将产品出售给批发商后,产品因损耗、失去时尚性及其他原因而产生的损失、风险责任等均由批发商负责。批发商往往又向零售商保证,对所售出的产品不满意时,包退包换。

(8) 为零售商提供宣传、广告、定价、商情等咨询服务。

(二) 批发商的类型

1. 商人批发商

商人批发商是指自己独立进货、取得产品所有权后再批发出售的商业企业,也就是人们通常所说的独立批发商。

按经营范围商人批发商又可分为三类:① 一般产品批发商。经营一般产品,范围广、种类多,销售对象主要是零售商。② 单一种类或整类产品批发商。仅经营某一类产品,但这类产品的品种、花色、规格、品牌齐全,也经营一些与之密切关联的产品。③ 专业批发商。专门经营某一类产品中的某种产品,销售对象主要是专业零售商店。此外,商人批发商按其职能和所提供的服务是否完全,还可分为完全服务批发商和有限服务批发商两类。

2. 经纪人和代理商

经纪人和代理商是从事购买或销售或两者兼备的协商工作,但不取得产品所有权的商业中介机构。与商人批发商不同的是,他们对其经营的产品没有所有权,其主要职能在于促成产品的交易,借此赚取佣金作为报酬。他们通常专注于某些产品种类或某些顾客群。

经纪人和代理商主要有以下几种:① 产品经纪人,联系面广,熟悉买主和卖主。一般他们拿着货物说明书和样品,把买主和卖主结合在一起,介绍和促成交易,收取一定的佣金。

② 制造商的代理商，为制造商推销产品。通常还安排货物运输与保管，向制造商提供市场信息，提出产品设计、式样及定价的建议。③ 销售代理商，实际上是制造商的独家全权销售代理商，不同于制造商的代理商。一个制造商的代理商只能使用一个销售代理商，但可同时使用几个制造商的代理商。④ 佣金商，主要从事农产品代销业务。通常备有仓库，提供市场信息。⑤ 采购代理商，一般与顾客保持有长期关系，代顾客进行采购活动，并负责为其收货、验货、储运，将商品运交买主。他们消息灵通，可向客户提供有用的市场信息，而且能以最低的价格买到好的商品。⑥ 拍卖行，为买主和卖主提供交易场所和各项服务，以公开拍卖方式决定成交价格，收取规定的手续费和佣金。⑦ 进口和出口代理商，在主要口岸设立办事处，专替委托人从国外寻找市场供应来源和向国外推销产品。

3. 制造商及零售商的分店和销售办事处

批发商的第三种形式是由买方或卖方自行经营批发业务，而不通过独立的批发商进行。这种批发业务可以分为两种类型：① 销售分店和销售办事处。生产者设立自己的销售分店和销售办事处，以改进其存货控制、销售和促销业务。② 采购办事处。许多零售商在大城市设立采购办事处，这些办事处的作用与经纪人或代理商相似，但却是买方组织的一个组成部分。

（三）批发商的发展趋势

近年来，批发商面临着大型工业集团、公共机构以及零售商等购买方制造的巨大压力，比如新的竞争、越来越高的客户需求、新的技术以及更多直接采购项目。生产商对批发商的不满主要包括：他们没有积极地促进生产商改进其产品线，更多的时候只是充当处理订单的角色；他们没有管理足够的库存，很多时候不能很快地满足客户的需求；他们也没有向生产商提供最新的市场和竞争状况以及客户信息；此外，他们吸收不到最有才干的管理者，不能有效地降低成本，而且他们对自己提供的服务要价太高。批发商在面对这些挑战时，必须及时地调整自己的战略去迎合其供应商和目标客户不断变化的需求。

（1）专业化。专业化一直是批发业的一个重要特点，继续实行专业化将会增加批发商的成功机会。批发商把眼光集中在一个较狭窄的细分市场上，作为这一领域的专家，可以提高工作效率。

（2）一体化。一些国家，很多批发商收买他们所服务的某些零售商，实行前向一体化；有些批发商则收买供应其货源的生产厂商，实行后向一体化。通过一体化，加强了批发商对最终市场和货源的控制。

（3）创新。由于科学技术的进步，企业经营管理手段也不断更新，批发企业必须不断创新。例如美国通用电气公司在 175 个地方安置了 1000 个以上的计算机终端，能同时检查 175 个仓库，能在一两秒内就处理好订货，所以他们提供的服务比竞争对手既快又好，赢得了用户的好感。

（4）增加服务项目。当前市场的一个竞争焦点是通过增加服务来吸引顾客。如为零售商提供更多的管理上的援助等。必须注意的是，增加服务的支出，不要超过增加的收入。

（5）协调经营。批发商可以努力提高其销售人员的业务素质，以期将本职工作做得更好。协调生产厂商、批发商和零售商的推销力量，最大限度的发挥各自的优势。批发商应把更多的注意力集中在库存管理上，以进一步节约费用。

总之，技术上的进步、产品类别的扩展、零售结构的改变以及社会实际的变革等，都将对批发商提出新的要求。批发市场应采用变革自己的经营方式，努力提高为顾客服务的水平，积极探索降低成本的新途径。只有这样,批发商才能在一个迅速变化的环境中立于不败之地。

二、零售商

零售包括把商品直接销售给最终消费者供其个人或家庭使用的过程中所涉及的一切活动。而零售商是指那些主要从事零售活动的企业。

(一) 零售商的功能

零售商的基本任务,是以商品直接供应最终消费者。零售活动使商品从流通领域最终进入消费领域,是商品流通的最终阶段。

1. 为消费者服务

零售商业最主要的任务是通过销售商品满足消费者的需要。因此,零售商业有责任向消费者供应价廉物美的商品,并在营业地点、时间与服务方式上,尽量方便顾客购买。除此之外,零售商也提供运输与储存的功能,随时供应消费者的需要,有时负责送货上门。零售商还提供分割服务,如大量购进后加以分装,或将大包装改为小包装,以及化整为零,供消费者购买。此外,零售商为消费者承担一定风险责任,如保证所售商品的质量、允许退换,以及提供修理服务等。较大的零售商往往提供分期付款服务,有些大型零售商店还采取记账付款方式。

2. 为生产者与批发商服务

零售商在进货时,相当于消费者的代理,而对于生产者、批发商来说,他如同销售部门。通过零售商推销活动,促进了商品向消费领域的转移,使商品价值得以实现,保证社会再生产顺利进行。除此之外,零售网点与人员,使生产者与批发商接近消费者,为他们传递市场信息,以便根据社会需要安排生产和组织货源。在激发消费者的购买欲望时,零售商引导消费,而在其按市场需要进货时,零售商向生产者提出要求,促进和引导按需生产。零售商将大量商品分割为消费者所需要的分量,以及组织商品运输、储藏活动,都将生产过程在流通领域拓展,从而减轻生产者及批发商的负担。

(二) 选择零售商的标准

选择适合分销渠道策略的零售商,一般应考虑以下因素:

(1) 接近目标市场。不同产品,销售对象各有特点,零售网点如能拥有大量该产品的销售对象,当然可以选择以扩大销售量。

(2) 地理位置适宜。商店的位置往往与期望的市场关系密切,销售对象总是愿意去自己认为方便的地方购买。选购品的销售对象,往往喜欢到竞争品牌集中的地区选购。顾客流量大的地区,选购的顾客也就多。郊区或工矿区,一般应设置一个产品线完备的商店经营选购品。

(3) 产品计划政策。可选择的方案是:将产品交给具有完备的产品线的商店,但应考虑竞争品的品质价格;规定经销商不得经营其他竞争品,但本身应拥有优越的产品条件,足以吸引零售商,并保存大量货源。

(4) 销售力量。网点布局、销售人员的产品知识是否与推销的产品相适应。

(5) 售后服务。某些产品需要零售商设修理服务部,促进有疑虑的顾客采取购买行为。

(6) 财力与储运能力。零售商应能按时并充分付清货款,维持必要的存货量,需要自提商品的,应有必要的运输能力。

(7) 管理能力。包括领导者的才干,管理人员配备,善于计划,有必要的规章制度,能进行会计、统计分析等。

(三) 零售商的类型

零售商的类型如下:

1. 国际通行的门市零售商类型

国际通行的门市零售商类型如下:

(1) 专业商店。专业商店是指以经营某一类商品为主,并由具备丰富专业知识的销售人员提供适当服务,满足消费者对特定商品的选择需求的零售组织。例如时装店、体育用品商店、家具店、书店、花店等。

(2) 百货商店。百货商店是指销售多条产品线的产品,包括服装、鞋帽、首饰、化妆品、家电、家庭用品等的大型零售商店。它在一个大建筑物内,根据不同商品部门分设销售区域,采取柜台和开架销售相结合的方式,注重服务功能,管理信息系统应用程度高。

(3) 超级市场。超级市场是一种相对规模大,追求低成本和高销售量,实行自助服务和集中式一次性付款的销售方式,以销售包装食品、生鲜食品和日常生活用品,满足消费者日常生活必需品需求的零售组织。国外对超级市场的定义比较多,即使同一个国家也存在若干定义,像美国对超级市场的定义都强调需具备一定规模,以营业额为标准划分自选商店和超级市场,且这一标准不断变化。

(4) 便利商店。便利商店相对较小,常常位于居民住宅区附近,营业时间长,每天开门,经营周转较快的方便商品,售价较高,是以满足消费者便利性需要为主要目的零售组织。例如日本的7-11便利店。

(5) 折扣商店。折扣商店采用薄利多销的方式销售标准商品,因此商品价格低廉但质量仍有保证。多采用自助式销售,店内陈设和管理办法基本和超级市场相同,店址选择在租金较低的地区,费用很低。

(6) 折扣零售商。又称为廉价零售商,他们购买低于固定批发商价格的商品,并用比零售更低的价格卖给消费者。折扣零售商又有三种主要形式:一是工厂门市部,由制造商拥有和经营,销售多余的或不规范的商品;二是独立的折扣零售商,由企业自己拥有和经营或从大的零售公司中分离出来;三是仓库俱乐部,销售有限的有品牌的杂货、器具、衣服等商品,参加者每年交会费,便可得到高回扣。仓库俱乐部以大量的、低管理费、类似仓储设施的方式来经营,销售种类少,但价格更低,通常比超级市场和折扣商店低20%~40%。例如山姆会员店、麦德龙俱乐部。

(7) 超级商店。超级商店比传统的超级市场更大,主要满足消费者日常购买食品和非食品类商品方面的全部需要,同时提供诸如洗衣、修鞋、支票兑换和付账等服务。超级商店有两种类型:一是综合商店,组合了食品和药品商店的经营;二是巨型超级市场,它融合了超级市场、折扣商店和仓库售货,特征是大面积陈列商品,用最少的商店人员,向那些愿意把重型器具和家具自行运送出店的顾客给予一定的价格折扣。

(8) 样品目录陈列室。样品目录陈列室主要打折销售大量可供选择的毛利高、周转快的有品牌商品,包括首饰、提包、照相机及照相器材等。在陈列室里发放印刷精美的目录,上面标有产品的定价和折扣价。顾客可以电话订货,支付运费,由店方送货,也可以自行上门提货。

(9) 连锁商店。两个或两个以上的商店同属一个所有者所有和管理,经营同类商品。

它们的规模允许它们以低价大量采购,同时能够聘用优秀的管理人员,在定价、商品宣传、推销、存货控制和销售预测等领域实现科学管理。类似的连锁店形式还包括:① 自愿连锁店,通常由某个批发商发起,若干零售商参加,从事大规模购买和统一买卖;② 零售商合作组织,由若干零售商组成,成立一个中心采购组织,并且联合进行促销活动;③ 消费者合作社,消费者合资兴办,避免中间商的盘剥,保护自身的利益。

(10) 特许经营组织。特许经营是指特许人(一家制造商、批发商或服务组织)和特许经营人(在特许经营系统中,购买拥有或经营其中一个或几个单元的独立的生意人)之间的一种契约性联合。特许经营人按照合同约定在统一经营体系下从事经营活动,并向特许人支付特许经营费。例如麦当劳、肯德基、必胜客、耐克。

2. 无门市零售商类型

无门市零售商类型。

(1) 邮购商店。广泛散发产品目录,招徕生意。购买者通过电话和信件订购产品,业主用邮递办法出售,对分销渠道不能达到的地区,给消费者提供了方便。邮购行业又可分为四种:综合产品目录邮购业;有限产品目录邮购业;门市销售与邮购并举业;电视广告邮购业。存在的麻烦问题主要是产品迟迟不能运交到消费者手中,顾客收到产品后发现目录与广告介绍的不一样等。

(2) 直接销售。有推销员登门拜访销售商品;接顾客电话后,推销员走访顾客,当面介绍产品情况,进行交易;举办家庭销售会等。

(3) 自动售货。利用投币式自动售货机售货,昼夜营业。除出售烟、酒外,还有冷热食品。优点是节省人力、时间,卫生良好。

(4) 网络商店。近年来,随着计算机互联网的迅速发展,大量网络商店出现,其销售的商品面广、量大,涉及生活工作的诸多方面。消费者只需在网络上点击所需商品并办理相应的手续,便可在较短的时间内收到网络商店送来的商品。当然,这种销售方式刚刚起步,还有很多方面需要进一步完善。

(5) 电视购物。电视购物就是通过电视媒体向潜在的顾客传递商品信息,最终达到产品销售的目的。在国际上包括电视购物和网络商店在内的"在家购物"模式是零售业增长最快的部分,近年来得到了长足的发展,被称为"零售业的第三次革命"。

【资料链接】

我国的零售业态分类标准

2004年国家质量监督检验检疫总局、国家标准化管理委员会联合颁布了新的国家标准《零售业态分类》(GB/T18106—2004)。零售业态从总体上分为有店铺零售业态和无店铺零售业态两类。具体分为食杂店、便利店、折扣店、超市、大型超市、仓储会员店、百货店、专业店、专卖店、家居建材商店、购物中心、厂家直销中心、电视购物、邮购、网上商店、自动售货亭、电话购物等17种零售业态。

以下几点应该特别关注:

(1) Hypermarket 定义为"大型综合超市"。大卖场并不是业态界限十分明确的概念,与小超市、生鲜超市、专业大卖场相对应,定名为大型综合超市。

(2) Discount store 以"折扣店"命名。目前在中国出现的"折扣店"一词源于欧洲,合理的翻译应是"平价超市"。但考虑到"折扣店"一词已为大家所接受,而且"折扣"一词也有低价、平价的含义,因此仍以"折扣店"命名。

(3) "购物中心"是一种商业地产的开发和组织模式,其实并不是单一的一种零售业态。但从政府管理的角度看,购物中心又是将来管理的一个重要内容。另外参考了美国的情况,最后仍把"购物中心"作为零售业态来考虑。

(4) 无店铺的零售业态。目前无店铺销售在中国已越来越普遍,电子商务、电视购物等方式已为很多人接受。作为一种重要的销售渠道,本次标准中,加入了"无店铺"的内容。

资料来源:国家标准《零售业态分类》(GB/T18106—2004)。

(四)零售商业的发展趋势

零售商是变化最多的商业组织。目前发达国家,人口和经济增长率相反,资金、能源和劳动力等成本不断提高;消费者的生活方式、购物习惯和态度正在发生变化;电脑记账、电子选货、自动化售货等新技术日益普及;大规模零售商实力强大、各国消费者利益运动日益兴起;各国政府对于零售行业的限制越来越多。所有这些因素,对零售结构必将产生深刻影响。

(1) 管理专业化。零售商除了要以营销观念指导业务经营之外,越来越重视管理专业化。过去零售商店的经理人员,大多数因为具有丰富的营销经验,而成为成功的零售商。今天的经济和竞争环境,要求零售业负责人不但要有销货技巧,还要具有更全面的管理能力,特别需具备制定有效经营措施和财务控制的能力,所以,目前一些国家的零售行业中,会计师和律师进入了领导阶层。

(2) 大零售商经营产品趋向综合化。由于产品多样化,原来传统上经营专业产品的商店,现在也卖各类商品,竞争必然加剧。为了追求利润,很多商店都愿意经营利润高的产品。这样必然导致批发商和生产商调整渠道,零售商调整经营范围。

(3) 零售业呈现联合化趋势。在销售系统中,联合的零售商形成强大实力,这些大零售商不再央求批发商和生产厂的种种恩赐。

(4) 商店规模和经营品种花色两极分化。发展的一极是经营多种产品的超级市场、折扣商店和百货公司,它们的营业面积宽阔,产品种类繁多。另一极是小型特制品的商品,目标市场针对性加强,这类特制品商店越来越重要。

(5) 不设门市商店的零售业务有所发展。不设门市商店的经营方式越来越多样化。例如,邮购与样本陈列室结合起来;电话购货可望增长;边缘区可能用电视、电话推销;消费者可以在家利用电脑上网订购商品等。

(6) "零售转化"现象。纵观零售商店类型的发展史,可以看到,一种创新零售方式出现之初,其成本低、售价廉、服务质量高,逐渐赢得了消费者的信赖。等到这种商店取代了老式商店,达到成熟期之后,其成本增加,管理趋向保守,慢慢失去活力,投资收益减少。于是,零售业的"车轮"又向前滚动,另一种新的成本低的形式出现,就又替代了这种方式。

【资料链接】

西方零售业四次重大变革

西方零售业历史上曾出现过四次重大变革。

第一次重大变革是以具有现代意义的百货商店的诞生为标志的。世界上最早的百货商店出现于19世纪50年代的法国巴黎,学术界称之为"现代商业的第一次革命"。

1930年8月,世界上第一家"金·库伦"超级市场在美国纽约开业,它的出现被称为零售商业的第二次革命。超级市场在二战后得到了迅猛发展,这主要得益于它创新性的经营方式,包括开架自选方式以及低费用、低毛利、低价格的"三低"政策,从而使顾客购买商品时感到更方便、轻松、自如,体现了当时先进的生产方式和生活方式。

零售业第一、二次变革反映的是零售业经营方式的重大变化,而以连锁经营为主要内容的零售业第三次变革,则反映了零售业组织形式和内部管理的变革,它在更大范围内和更高层次上,推动着零售业向现代化产业转变。

网络技术的兴起引发了零售业的第四次变革。信息技术的应用使消费者的地位发生了根本性的变化,消费者正在取得商品生产、流通和消费的主动权。零售业的第四次变革意味着一个真正满足消费者个性化需求的自由消费时代的来临。

资料来源:肖怡.零售学[M].高等教育出版社,2008:25-29.(内容有改动)。

第三节　分销渠道设计与选择

分销渠道类型多样化就要求企业选择适当的分销渠道,这样才能保证企业的产品在适当的时候和适当的地点到达消费者手中。渠道决策是市场营销组合中最为困难和复杂的环节之一。一个生产厂商很难单独做出全部渠道决策。一般来说,渠道决策往往是由多方面共同做出的。生产厂商可以选择批发商,批发商再选择零售商;批发商可选择生产厂商,而零售商也可以越过批发商直接向生产厂商进货。因此,企业必须在充分评价影响渠道的各种因素的基础上,做出最佳决策。

一、影响分销渠道决策的因素

企业在选择分销渠道时,首先遇到的问题是是否利用中间商来为自己销售产品,即选用直接销售方式还是间接销售方式。因此,必须综合考虑以下因素:

(一) 产品因素

产品因素涉及产品的价格、重量和体积、式样和花色、易损性和易腐性、技术性、专用性和通用性、新产品、生命周期等。

(1) 产品的价格。首先,对于单价高的商品来说,销售数量较少,但对销售设施、技术服务、售后服务等方面要求较高,因此,分销渠道的环节要少,宜选用直接销售形式和短渠道销售方式。如高档类产品,宜由生产者直接销售给用户,不宜再经过中间环节。又如高档耐用消费品,生产者可直接批发给大型零售商,而不再经过批发商环节。而单价低的产品,销售量大,市场面广,宜采用多环节间接销售方式,这样才能方便消费者购买。

(2) 产品的重量和体积。由于产品的重量和体积直接影响产品的运输费用和储存费用，因此对重量和体积大的产品，产需之间应组织直达运输，采取直接销售形式，以减少流通费用。对于重量轻、体积小的产品可考虑间接销售形式。

(3) 产品的式样和花色。商品市场上，花色、品种、式样变化快的产品及季节性商品，宜采用直接销售和短渠道销售，以加速产品周转，避免因市场变化而失去销售时机，造成产品积压。

(4) 产品的易损性和易腐性。对极易损坏的产品、鲜活产品、保质期短的产品，因不便运输、不便多次搬运和不便储存，应选择合理的运输工具和运输方式，通过最短的运输途径，以最短的时间送到消费者手中，因此应采取选择直接销售和短渠道销售形式。

(5) 产品的技术性。对于技术复杂，或需要经常技术服务与维修服务的产品，应选择直接销售和短渠道销售，或者设立技术服务和维修服务网点。

(6) 产品的专用性和通用性。通用的标准产品产量大，用户多且分散，一般采用间接销售方式。专用产品和定制产品，由于用户对产品的结构、性能、品质、规格和式样的要求各不相同，由用户直接向厂商订购，或由生产企业直接销售。

(7) 新产品。由于新产品刚进入市场，消费者对其性能、特点了解很少。为了扩大销路，生产者一般投入较多的广告费，并且有必要组织人员推销，以便直接向消费者介绍产品，征求意见。此外，新产品刚上市，促销费用较高，一般中间商不愿接受这种新产品。所以，对新产品一般采用直接销售的形式，或人员推销，或自设门市部。

(8) 产品的生命周期。对市场产销变化比较大（即产品生命周期短）的产品，应尽量缩短分销渠道，以求早日投放，早日实现产品形态向货币形态的转化，以免事过境迁，造成滞销和积压。

(二) 消费者的因素

个人消费者的共同特点是分布广泛，要求就近购买和随时挑选。如果采用短渠道，势必因订货频繁、运输储存的工作量大而加大流通费用。所以生产厂家和零售企业，特别是中小企业，宁愿在批发商的协助下组成长渠道。

但是，另一方面，产业用品企业则希望和生产厂家直接交易，以节约流通费用。出于同样目的，大型零售商也力图绕过批发商，寻找最短的进货渠道。此外，高新技术产品的用户需要的技术复杂，系列化的服务项目是许多商业企业难以承担的。在这个领域，短渠道比较适宜。具体而言：

(1) 消费者每次购买数量的大小。如果消费者每次购买的数量较大，多采用直接销售或短渠道销售的方式；如果购买批量小，除自设门市部外，一般经批发商，再由零售商销售给用户。

(2) 消费者的购买习惯。消费者经常购买，但每次购买数量不多，一般日用商品，消费者只要求购买方便，因此，销售网点应多而且分散，一般采用间接销售形式。对于高档的特殊消费品，一般选择专业性商店、大型百货商店和名牌商品经销。总之，上述渠道要适应消费者的兴趣或爱好。

(3) 消费者的分布。如果需要某产品的消费者集中，应采用直接销售或短渠道销售。如果消费者比较分散，应采用间接销售。

(三) 市场因素

市场因素涉及市场规模、集散程度、潜在顾客数量、产品销售的季节性和时间性、竞争者的销售渠道等。

（1）市场规模。市场规模越大，越应采用直接销售渠道方法。因为市场大，相应的产品售出也大，直接销售的销售成本虽然比间接销售要高，但是很容易得到补偿，所以，直接销售对生产者来说可能得到较好的经济效益。

（2）集散程度。市场越分散，越需要通过中间商进行间接销售。因为市场越分散，销售成本越高，占用的服务费时间越长，所以，生产者利用中间商进行间接销售，可以减少负担有关市场销售的费用，取得更大的经济效益，还可以集中主要精力搞好产品生产。

（3）潜在顾客数量。潜在顾客的多少决定市场范围的大小。潜在顾客多，市场范围就大，就需要中间商提供服务，应采用间接销售；潜在顾客少，市场范围小，生产企业可直接销售或派推销人员上门推销。

（4）产品销售的季节性和时间性。市场上不少产品的销售有淡季旺季之分。在销售旺季，为不失销售时机，应充分利用中间商的作用，宜采用间接销售。在销售淡季，为节省流通费用，降低售价，应采用直接销售。

（5）竞争者的销售渠道。一般采用与同行业竞争对手相同的分销渠道，以便展开竞争，同时，消费者在同类产品中可以有充分选择的机会。

（四）企业自身的状况

企业自身状况涉及许多方面，主要有：企业的资金、经济效益、销售能力和经验、提供服务的程度等。

（1）企业的资金。企业规模大，资金雄厚，产品信誉好，其对分销渠道选择的余地就大，甚至可以建立自己的销售网点，即自己组织力量从事批发零售业务，采用产销合一的经营方式。而对资金薄弱的中小型企业，一般需依赖中间商的力量，通过间接渠道销售产品。

（2）企业经济效益。企业经济效益也是影响分销渠道选择的根本因素之一。从总体看，缩短渠道，减少环节层次，有利于节约社会劳动，提高经济效益。但从某些方面来看，只有增加环节，才能把产品扩展到更广阔的市场，获得更多的销售机会，从而提高经济效益。

（3）企业的销售能力和经验。如果企业在经营设施、经营场地、销售力量、销售经验、储存能力等方面具备良好的条件，而且有自成一体的销售网络，可采用直接销售；反之，需采用间接销售。

（4）企业提供服务的程度。企业为产品销售提供的服务项目越多，如广告、展览、维修、培训等，中间商越乐于销售该产品，企业应采用间接销售；如果企业无意或无力提供各项服务，企业将被迫自销产品。

（五）国家政策法律规定

企业确定分销渠道必须符合国家有关政策、法律的规定，如价格政策、税收政策、进出口贸易法、商品检验法等。又如国家规定对烟草等实行专卖制度，黄金装饰品实行特许经营等。因此，企业在选择分销渠道时必须全面考虑。

二、中间商选择标准

生产企业在综合考虑以上因素决定采用间接销售方式以后，就必须考虑对中间商的选择问题。选择中间商首先要确定判断其能力的标准。对不同类型的中间商以及他们与企业的关系，应确定不同的评价标准，这些标准包括以下四个基本方面：

1. 中间商的销售能力

中间商的销售能力包括以下这些问题:该中间商是否有一支训练有素的销售队伍?它的市场渗透力有多强?销售地区多广?还经营哪些其他产品?能为顾客提供哪些服务?等等。显然,具有较强销售能力的中间商,对于生产商的渠道决策是十分重要的。

2. 中间商的财务实力

中间商的财务实力是指中间商是否有足够的支付能力。如果中间商没有或只有较弱的支付能力,就可能形成"三角债",从而导致生产商的财务风险。

3. 中间商的经营管理能力

中间商的经营管理能力包括该中间商管理人员的才干、知识水平和业务经验等。中间商的管理能力,会直接影响销售渠道的运行质量和厂商的竞争能力。

4. 中间商的信誉

中间商的信誉如:该中间商在社会上是否得到信任和尊敬?是否愿意和生产厂商真诚合作?等等。选择具有较高信誉的中间商,就能吸引更多的消费者购买产品或服务。

选择中间商的标准往往是综合的。要了解和分析中间商的上述情况,企业必须收集大量的有关信息。如果必要,企业还可以派人对被选中的中间商进行直接调查。

三、分销渠道决策的步骤

斯特恩等学者总结出"用户导向渠道系统"设计模型。将渠道战略决策过程分为以下五个阶段,共十四个步骤:

1. 当前环境分析

第一步,审视公司渠道现状。通过对公司过去和现在销售渠道的分析,了解公司以往进入市场的步骤;各步骤之间的逻辑联系;公司与外部组织之间的职能分工;现有渠道系统的经济性等。

第二步,了解目前的渠道系统。即了解外界环境对公司渠道决策的影响。

第三步,搜集渠道信息。对公司及竞争者的渠道环节、重要相关群体和渠道有关人员进行调查分析,获取现行渠道运作情况、存在问题及改进意见等方面的第一手资料。

第四步,分析竞争者渠道。分析主要竞争者如何维持自己的地位,如何运用营销策略刺激需求,如何运用营销手段支持渠道成员等。

2. 制定短期的渠道对策

第五步,评估渠道的近期机会。综合第一到四步获得的资料,进一步分析环境变化,特别是竞争者的渠道策略变化带来的机会。

第六步,制定近期进攻计划。这是一个将焦点放在短期策略上的计划,即"快速反应"计划。这种计划通常是对原渠道策略的适时、局部调整。

3. 渠道系统优化设计

第七步,最终用户需求定性分析。了解在服务输出过程中,最终用户想要什么。一般要考察四个因素,即购买数量、分销网点、运输和等待时间、产品多样化或专业化。

第八步,最终用户需求定量分析。在了解用户需要何种服务产出的基础上,进一步了解这些服务产出对用户的重要程度,并比较分析这些特定要求对不同细分市场的重要性。

第九步,行业模拟分析。分析行业内外的类似渠道,剖析具有高效分销渠道的典型公司,发现并吸纳其经验与精华。

第十步,设计"理想"的渠道系统。这是关键的一步,目的是建立能最好地满足最终用户需求的"理想"分销渠道模型。

4. 限制条件与差距分析

第十一步,设计管理限制条件。通过与渠道方案的执行人员进行深入访谈,了解未来的方案能否被认可和执行。此外,还应当调查了解渠道系统设计的约束条件。

第十二步,差距分析。要对三种不同的分销系统进行比较,分析其差异。这三种系统是:"理想的"(用户导向)系统、现有系统和管理"限制"的系统。

5. 渠道战略方案决策

第十三步,制定战略性选择方案。

第十四步,最佳渠道系统的决策。

第四节　分销渠道管理

企业选定了某个渠道方案之后,就可以着手建立渠道,实施对渠道的管理。渠道管理决策包括对中间商的激励和控制等环节。由于分销渠道所涉及的各个方面都是利益主体,在渠道中经常会发生利益冲突,因此如何解决这些冲突问题常常成为加强对渠道管理的重要内容。

一、激励中间商

生产企业必须不断地激励中间商,促使其做好工作。尽管生产企业和中间商签订的合同里已经规定了中间商的责任和义务,这些义务还必须通过生产企业经常监督和鼓励,才能更好地实施。激励中间商的方法主要有:

(1) 做必要的让步。了解中间商的经营目标和需要,在必要的时候可以做出一些让步来满足中间商的要求,以鼓励中间商。要激励中间商出色完成销售任务,生产企业必须尽力了解各个中间商的不同需要和愿望。

(2) 提供优质的产品。提供市场需要的优质产品,这是对中间商最好的激励。过去,我国实行统购包销,工业部门只管生产,生产出来的产品不管其质量如何,款式是否需要,全部由商业部门收购,结果常常出现工业部门报喜,商业部门报忧的局面。生产企业应该把中间商视为消费者的代表,只有当生产企业提供适销对路的优质产品时,这些产品才能比较顺利地进入最终市场。

(3) 给予各种权利。给予中间商适当的盈利、独家经销权或者其他一些特许权。中间商经销的商品如果利润很少甚至亏损,他们的积极性自然不会高,这一点是显而易见的。在一个市场上授予某个中间商以独家经销权,可以在广告和其他促销活动方面得到该中间商较大的支持,当然也应视具体的市场条件而定。

(4) 共同进行广告宣传。当生产企业进入一个新市场的时候,其商标通常是当地人陌生的,中间商一般不愿意经营这种产品,除非生产企业提供强有力的广告宣传,提高商品的知名度。

(5) 进行人员培训。生产企业也可以向中间商提供培训销售和维修人员,商业咨询服务等帮助。例如美国福特汽车公司在拉丁美洲培训代理商,训练的内容是拖拉机和设备的维修保养和使用。这一培训工作大大促进了福特汽车公司和当地代理商的合作关系,提高了代理商的工作效率。

二、渠道控制

中间商都是一些独立企业,不是生产企业的从属机构,所以生产企业要控制全部渠道是比较困难的。有些企业解决这一问题的办法就是建立自己的分销机构,但是采用这一做法的成本很高。有些则是通过特约代理和独家经营等方式,来控制整个渠道。并不是每个生产企业都能够控制渠道,这取决于生产企业的实力、信誉以及市场条件等多种因素。但是,一般来说,能够成功地控制渠道的企业往往能够在市场上获得成功。

要控制渠道,首先要让各中间商了解企业的营销目标。其次要确定评价中间商工作绩效的各项标准,包括:销售目标、市场份额、平均存货标准、向顾客交货时间、市场成长目标、广告宣传效果等。标准越具体,评价起来越容易。再次,企业应定期按一定的标准衡量中间商的表现,检查中间商的销售额、市场覆盖面、服务、付款以及利润等各方面的情况,然后对那些成绩不佳的中间商进行分析诊断,并采取相应的激励措施。一旦渠道控制失灵,而危及其最高利益时,就应该考虑更换中间商。

三、渠道整合

渠道整合指的是将销售过程中的任务进行分解,并分配给能以较低成本或更多销量较好完成该任务的渠道。渠道整合通常能使企业获得更大范围的客户,帮助企业实现较高的利润率和市场覆盖率。

对渠道进行整合是因为:企业分销渠道所处的外部环境、竞争状况和客户需求始终是处在不断变化之中的,所以分销渠道会经常出现与外部环境和客户需求不相适应的状态;其次,由于各种原因分销渠道成员也会发生变动,有的渠道成员或许破产、或许转向其他渠道等;最后,生产性企业的产品在不同的生命周期也要求有不同的渠道与之相匹配,也需要分销渠道不断调整。

分销渠道整合工作的展开必须以目标客户为中心,以更好地满足目标客户需求为出发点。渠道整合可以分为分销渠道间整合和分销渠道内整合。

(1) 分销渠道间整合。分销渠道间的整合是以企业具体的细分市场为基础进行的。在某一选定的细分市场上,首先要分析目标顾客购买准则,选出所有与目标顾客购买准则相适应的渠道;然后再在这些渠道中进行产品——渠道适应性分析,找出能够满足要求的渠道;最后还要对保留下来的渠道进行经济性评估,只有满足企业经济标准的渠道才最终保留下来。

(2) 分销渠道内整合。分销渠道内整合设计思想十分简单。它以销售任务为基础,分解为五个相互衔接的销售任务:① 寻找潜在顾客;② 顾客确认;③ 销售;④ 售后服务;⑤ 顾客管理,将各销售任务分配给在较低成本下能较好完成该任务的分销渠道。如企业可以应用直邮营销或电话营销、网络营销来寻找潜在顾客和进行顾客确认,然后将潜在顾客转移给面对面推销渠道或间接分销渠道去实现销售,售后服务主要由中间商提供,企业销售人员负责顾客管理。采用这种方式,企业将能明显降低产品销售成本,也能更有效地满足顾客需求。因此,企业分销渠道内整合设计的中心与关键便在于分析出那些在较低成本下能较好完成销售任务的分销渠道。

四、分销渠道的冲突和管理

在各种分销渠道之内和之间,除了合作以外必然会存在着程度不同的冲突和竞争。分销渠道管理的重要内容之一就是分析这些冲突的类型和原因,并加以解决;同时,又要善于在竞争中发展分销渠道。

(一) 引起分销渠道冲突的原因

引起分销渠道冲突的原因如下:

(1) 目标不一致。生产商可能希望通过低价来追求迅速的发展,而经销商则可能希望通过追求高额利润来盈利。

(2) 角色的权利不明确。例如,国际商用机器公司由其自己的销售人员向客户推销个人电脑,而其特许的经销商也力求销售给大客户。还可能因区域界限、赊销等陷于混乱而引发冲突。

(3) 感知不同。经销商可能认为生产商想要取其位而代之,其实际情况并非如此。

(4) 相互依赖的程度。独家经销商如汽车经销商对汽车生产商的依赖性较强。渠道成员之间相互依赖的程度越大,发生冲突的可能性就越大。

(二) 分销渠道冲突的种类

分销渠道冲突的种类如下:

(1) 水平渠道冲突。水平渠道冲突是指发生在渠道内同一层次的成员经销商之间的冲突,例如福特汽车公司在芝加哥的一些经销商抱怨该城市的其他福特经销商在其定价和广告方面进攻太甚,窃取了他们的生意。一些意大利比萨饼店的特许专卖联营店抱怨其他特许专营店在制作馅饼时偷工减料、服务质量低劣,从而损害了整个意大利比萨饼店的形象。在此情况下,渠道领袖必须制定明确的和可行的政策,并迅速采取行动控制此类冲突。

(2) 垂直渠道冲突。垂直渠道冲突是指在渠道内的不同层次之间的利益冲突。例如,通用汽车公司在一些年份由于力求实行在服务、定价和广告方面的政策,而与其经销商发生冲突。又如可口可乐公司因为其装瓶商同意为另一公司装瓶而发生了冲突。某些纵向渠道冲突是不可避免,问题不仅在于要消除冲突而且要更好地处理冲突。

(3) 多渠道冲突。多渠道冲突产生于制造商已经建立了两个或更多的渠道向同一市场销售时。当某个渠道获得更低价格时(基于更大的采购量)或者毛利较低时,多渠道冲突就会变得特别强烈。当固特异把它的畅销轮胎通过西尔斯百货、沃尔玛和折扣轮胎店出售时,激怒了它的独立经销商;最终为了平息它们的不满,固特异提供给它们在其他零售点不销售的某些专营性型号的轮胎。

(三) 分销渠道冲突的解决方法

(1) 提供战略性理由。在某些情况下,一个可信的战略性理由可以减少渠道成员之间的潜在冲突——如渠道成员为不同的细分市场服务,使竞争不像它们想象中那么激烈。同时,为不同的渠道成员提供不同的产品,强调渠道的差异化也是一种有效的办法。

(2) 双重回报。双重回报意味着为新渠道实现的销售向现有渠道付费。例如保险公司开始在线销售保险,它承诺支付给线下的保险代理人2%的佣金,以激励他们为那些在网上订购保险服务的顾客提供线下面对面的服务。虽然这一比例低于代理商典型的线下交易的佣金比例,但确实可以缓解不同渠道间的紧张状态。

(3) 员工交换。即在两个或更多的渠道层级上交换员工,使彼此之间更加了解,更好地从对方角度考虑问题。

（4）确立高级目标。高级目标是指渠道成员共同努力，以达到单个所不能实现的目标，其内容包括渠道生存、市场份额、高品质和顾客满意等。这种情况通常发生在渠道面临外部威胁时，如出现更有效的竞争渠道、法律的不利规定或消费者的需要发生改变。

（5）合作。合作的方法是一个组织为赢得另一个组织的领导者支持所做的努力，包括邀请对方参加咨询会议、董事会等，使他们感到建议受到重视，表示合作诚意及根据对方意见合理修订本方政策，以有效减少冲突。

（6）协商、调解或仲裁。当渠道冲突是长期性的或比较尖锐时，冲突方可以采取协商、调解或仲裁的方法。协商是每方派出个人或小组与对方面对面地解决冲突。调解意味着由中立的第三方根据双方的利益进行调停。仲裁是双方同意把纠纷交给仲裁机构，并接受仲裁决定。

（7）发挥行业组织作用。加强渠道成员之间的沟通，通过商会、行业协会等组织专题研讨，对渠道热点问题广泛交换意见，促进各方达成一致意见，避免冲突升级。

【资料链接】

窜货及其治理方法

窜货，俗称"冲货"，是销售网络中的分销机构受短期利益驱使，违反销售协议，有意识地跨区域低价销售产品，并造成市场混乱和严重影响厂家声誉及渠道关系的恶性销售行为。窜货的根本原因包括：中间商为完成更高销量、追逐更高回报、清理积压库存、控制更多市场份额、恶意扰乱市场、不同区域价格差异过大、销售人员绩效考核压力等。

窜货的治理办法主要包括：

（1）设计严格的级差价格体系。保证分销过程中每一个环节的利润空间，制定强有力的措施保证每个环节按计划规定执行价格。

（2）严格控制促销。控制渠道促销的力度、频度及执行程序，并且考虑区域联动因素。

（3）制定合理的中间商销量目标。

（4）制定公平的销售政策。特别在渠道激励上，避免过分偏向少数中间商。

（5）加强库存管理。积极疏导中间商库存。

（6）对产品进行区域标码识别以实现产品区隔。

（7）建立严格的窜货处罚制度并坚决执行。

（8）制定相应的业务人员考核指标。对业务人员制定综合考核指标，如客户开发、市场维护、价格体系、品牌推广等，而非单一的销量目标。

本 章 小 结

渠道策略是市场营销组合策略之一。它同产品策略、定价策略和促销策略一样，也是企业能否成功将产品打入市场，扩大销售，实现企业经营目标的重要途径。分销渠道的成员将执行一系列重要功能,包括调查、促销、联系、调节、谈判、实体分配、财务、承担风险等。按照不同的标准,分销渠道可以分成不同的类型:直接渠道和间接渠道、长渠道和短渠道、宽渠道和窄渠道等。

作为中间商,批发商主要执行购买、销售、分销、运输、储存、资金融通、风险担负以及为零售商提供宣传、广告、定价、商情等咨询服务的功能。而零售商的基本功能是以商品直接供应最终消费者。国际通行的零售商业类型有百货商店、超级市场、连锁商店、折扣商店、专业商店、网络商店等。

影响分销渠道决策的因素包括了产品因素、消费者因素、市场因素、企业自身状况以及国家政策法规等。分销渠道决策一般分为十四个步骤。

练 习 题

一、名词解释

1. 营销渠道;
2. 独家分销;
3. 批发商;
4. 零售商;
5. 渠道整合。

二、单项选择题

1. 营销渠道成员按照顾客的要求调整供应的产品,包括分等、分类和包装等活动,这属于营销渠道的(　　)功能。
   A. 促销　　　　　　B. 调节　　　　　　C. 实体分配　　　　D. 承担风险
2. 短渠道的优点是(　　)。
   A. 商品生产者可以集中力量搞好生产　　B. 市场覆盖面大
   C. 便于产品延伸　　　　　　　　　　　D. 节省流通费用从而降低价格
3. 耐克公司根据产品和市场需求,在某三线城市选择三家中间商来经销自己的产品,这属于(　　)。
   A. 广泛性分销　　　B. 竞争性分销　　　C. 选择性分销　　　D. 排他性分销
4. 美国大型百货公司西尔斯公司出售的商品中,有50%来自它拥有股权的制造商。这是一种(　　)垂直营销系统。
   A. 公司式　　　　　B. 契约式　　　　　C. 管理式　　　　　D. 直销式
5. 下列不属于无门市零售商类型的是(　　)。
   A. 自动售货机　　　B. 电视购物　　　　C. 直接销售　　　　D. 仓库俱乐部
6. 下列商品宜采用直接销售形式和短渠道销售的是(　　)。
   A. 单价低,销售量比较大的商品　　　　B. 产品生命周期较长的商品
   C. 季节性商品　　　　　　　　　　　　D. 通用的标准产品
7. 消费者经常购买,但每次购买数量不多,消费者只要求购买方便的一般日用商品,宜采用(　　)的分销渠道。
   A. 长而宽　　　　　B. 短而宽　　　　　C. 长而窄　　　　　D. 短而窄

8. 经纪人和代理商属于（　　）。
   A. 批发商　　　　　B. 零售商　　　　　C. 供应商　　　　　D. 公众
9. 属于横向营销渠道冲突的是（　　）。
   A. 连锁店总公司与各分店之间的冲突
   B. 某产品的制造商与零售商之间的冲突
   C. 玩具批发商与零售商之间的冲突
   D. 同一地区麦当劳各连锁分店之间的冲突
10. 选择中间商的标准不包括（　　）。
   A. 中间商的销售能力　　　　　　　B. 中间商的议价能力
   C. 中间商的信誉　　　　　　　　　D. 中间商的经营管理能力

三、多项选择题

1. 营销分销渠道包括（　　）。
   A. 生产商　　　　　B. 批发商　　　　　C. 代理商
   D. 供应商　　　　　E. 辅助商
2. 批发商的功能包括（　　）。
   A. 购买　　　　　　B. 销售　　　　　　C. 分销
   D. 为消费者服务　　E. 储存
3. 影响营销渠道决策的因素包括（　　）。
   A. 产品因素　　　　B. 消费者因素　　　C. 市场因素
   D. 企业自身因素　　E. 国家政策法律规定
4. 下列商品中，适合选择短渠道分销的商品是（　　）。
   A. 鲜活商品　　　　B. 建筑材料　　　　C. 机器设备
   D. 日用百货　　　　E. 通用材料
5. 当企业生产经营的是（　　）产品时，宜采用长渠道分销。
   A. 单价低　　　　　B. 耐久性强　　　　C. 技术性强
   D. 市场集中　　　　E. 潜在顾客多

四、简答题

1. 营销渠道的功能有哪些？
2. 企业选择零售商的标准有哪些？
3. 企业进行渠道决策时要考虑哪些消费者因素？
4. 如何有效激励中间商？
5. 简述营销渠道冲突的解决方法。

五、论述题

1. 试述现代营销渠道系统的主要类型及各自特点。
2. 试述如何根据不同产品的特点来选择合理的分销渠道。

 思考案例

号称只做线上的小米，为何开始大举进军线下实体店？

自小米创办之初，就一直处在中国互联网舆论的风口浪尖之上，小米手机以极高的性价

比,只在网上销售而取消中间代理渠道零售商,把中间利润环节都让利给用户的做法,获得了一众网友的好评。每次新手机的发布,都是以秒来计算售罄速度的。小米从 2012 开始出货,当年实现 719 万台出货量,2013 年 1870 万、2014 年 6112 万和 2015 年 7000 万出货量。不仅创造了一个国产手机的发展神话,小米模式成为众多互联网和传统企业所研究关注的焦点。

但时间进入 2016 年,小米出货量锐减,同比锐降了 36%,出货量仅为 4150 万台,降到了全国第五。当年,名不见经传的 OPPO 和 VIVO 一个名列第一,一个名列第三。OPPO 和 VIVO 的崛起,正是因为它们踩准了中国新零售的节点。OPPO 和 VIVO 在一线城市中线下实体店并不多见,但在中国二三四线城市和乡镇,却是步步开花。而且虽然两个手机品牌属于同一旗下的不同品牌,但都是各自分别开店,且通常两家店紧紧相连。就像在肯德基的对面,肯定能找到一家麦当劳。OPPO 和 VIVO 通过对品牌的不断包装和传播,请当红明星代言,用明星效应吸引大批粉丝,打通线上线下一体化,线上线下同款、同价,无所不在的实体店和快捷的配送方式,厚积薄发,终于拿下中国手机市场出货量第一和第三,同时成就了两个品牌从量变到质变的过程。

2017 年,小米董事长雷军终于认识到新零售的重要性,开始布局线下,并融合线上。原本作为售后服务的小米之家,正式转型为线下零售店。2020 年,小米计划在全国新开 1000 家小米之家门店。为什么小米要转型做新零售开店? 主要有以下三点原因:

(一) 增加体验感

这要先从线上购物的两个劣势说起。

1. 线上购物缺少体验性

电商虽然能让商品信息传递更高效,但无法让消费者体验商品,比如衣服无法试穿,沙发不能试坐感受效果,手机更无法握在手中操作体验。

2. 线上购物缺少即得性

电商可以通过集中式仓库来提高效率,但快递配送也导致消费者不能立刻获得商品,无法获得即时满足。而线下实体店可以解决这两个问题。用户可以在店内随时感受和使用产品,手机屏幕有多大,拍照像素高不高,智能音箱音质好不好等,这些关乎用户体验的关键细节,在实体店里都可以随时感知到。

雷军说过:互联网思维最关键有两个点,一是用户体验,二是效率。因此,小米决定用实体店提升用户体验,体验好了,价格还便宜,用户自然会购买产品。

(二) 打通全渠道

至今,电商其实只占商品零售总额的 10%,90% 的消费者还是在线下买东西,当线上购物趋于饱和,只能转向线下寻找机会。小米通过实体店吸引消费者,线下体验,线上下单,打造立体化零售渠道,包括小米商城、小米之家、全网电商如小米天猫旗舰店等。

用户在小米之家门店浏览商品时,如果喜欢某款商品,可以通过手机直接下单,如果是店内没有的产品,可以扫码在网上购买,而且小米商城提供更全的品类供挑选,也会带动其他商品销售。

(三) 强化品牌认知

小米发现,更广大的线下用户,跟小米线上用户,重叠度很低。于是,小米之家还有个任务,就是让更多过去不知道、不了解小米的消费者认识小米,在消费者心中植入小米的品牌。一旦买过、用过、喜欢上小米,这些用户未来买电子产品或者智能家居商品时,就可能首先想到小米。

开一家火一家,几乎已经成为小米之家的常态。作为小米五大战略之一的新零售取得如此成绩,我们依稀可以看到小米重回王者荣耀,为期已经不远。

资料来源:http://jingzheng. chinabaogao. com/jiudiancanyin/06193434b2018. html,2017-05-09;http://www.sohu.com/a/270890468_161030,2018-10-24。

案例思考题:
小米的新零售思维体现了什么样的营销渠道变化?谈一谈你对这种变化的认识?

1. 训练目标

通过训练,使学生运用所学知识,分析调查不同商品的分销渠道设计与选择方法。

2. 训练内容与要求

组织学生对市场上手机、家用轿车和床上用品三大类产品的分销渠道情况进行调查分析。

3. 训练成果与检测

以小组为单位进行训练,各组提交分销渠道分析报告。

第十一章 促销策略

理解促销的作用;掌握人员促销的基本形式;理解公共关系的活动方式;熟悉推销人员的业务要求和推销策略;了解企业进行营业推广时应考虑的因素。

格力"安徽沸腾"促销活动

2018年11月24日,格力"安徽沸腾"第4季活动在全省17个会场同步上演。早上九点还不到,格力电器合肥生产基地内外的人群已是络绎不绝,迫不及待地挑选自己中意的家电家居。自2015首季举办以来,"安徽沸腾"参展会场由最初的8个扩大到17个,参展品牌从最初的6个增加到50个,销售额更是从第1季的5.05亿涨到第3季的10亿,第4季有望突破12亿。

回顾"安徽沸腾"历程,从初试啼声到茁壮成长,短短三年时间就名动江淮,辐射影响全省16个地市,前三季共创下近22亿元的销售总额。安徽格力总经理汪晓兵说到品牌、保价、便捷是"安徽沸腾"持续火热的根本,算得上线下购物的"双十一"。产品上的多样、价格上的实惠、购物上的便捷,无疑成为消费者源源不断的强大吸引力,也是"安徽沸腾"的强大卖点。

在格力"安徽沸腾"的现场,挤满了前来购买家电家居的消费者,有的询问价格、有的咨询产品、有的则事先选好直接下单。人气的异常爆棚,销售场面的火热程度是格力电器(合肥)有限公司总经理甘威事先就预料到的,在场馆布置上,不仅增加了三个信号基站,更设有专门饮水区和休闲区,为广大消费者选购心仪家电家居提供便利。

讨论:

试讨论关于营销、推销、销售及促销的涵义,它们有什么区别与联系?

第一节 促销与促销组合

一、促销概念及其作用

(一) 促销概念

促销指企业通过人员或非人员的方式把产品和服务的有关信息传递给顾客,以激起顾客的购买欲望,影响和促成顾客购买行为的活动过程。

促销的实质在于企业与顾客之间的信息沟通。促销沟通是企业与潜在客户之间信息交流的过程,企业作为沟通的主体,发出作为信息源的产品及其相关信息,对信息进行组织重构并借助于某种媒介把信息传播给潜在客户,从而引起消费者的注意,使消费者产生兴趣,激发消费者的购买欲望从而促成消费者采取购买行为(图 11.1)。

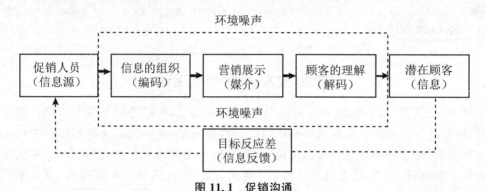

图 11.1 促销沟通

促销的对象是潜在客户及对潜在客户的消费行为具有影响的群体。促销的主要任务是传递企业的行为、理念、形象以及企业提供的产品和服务的信息。促销的目的是引起消费者的注意与兴趣,激发其购买欲望,促成其购买行为。

(二) 促销的作用

促销作为市场营销组合的一个重要组成部分,在整个市场营销活动中发挥着重要作用,其作用主要表现如下:

(1) 提供信息,唤起需求。促销可以激发消费者的潜在需求,促使消费动机向消费行为的转换。

企业的产品进入市场后,要引起消费者的注意,就必须及时向消费者提供有关的产品信息,让消费者了解产品的性能、特征等,引起消费者的注意,诱导需求,并激发其购买欲望。通过促销活动,企业能及时了解消费者的需求动态,并能根据市场需求的变化,生产适销对路的产品。

(2) 提高竞争力,促进销售。通过对消费者需求的唤起,促使其购买行为增加,实现产品的销售。

在激烈的市场竞争中,企业要想站稳脚跟,产品就必须有独到之处。通过促销活动,企业可以宣传自己产品与同类产品之间的差异,强调本企业的产品能给消费者带来独特的利益和价值等,促使顾客加深对本企业产品的了解,增强信任感,从而提高企业产品的竞争力。

(3) 强化企业形象,稳定市场地位。通过传播企业组织理念等信息,可以形成和强化公众对企业的信任,从而建立良好的公众形象。

企业的形象和声誉是企业的无形财富,它直接影响企业产品的销售。通过促销活动,可以达到提高企业声誉、美化企业形象的目的。尤其是通过对名、优、特产品的宣传,更能促使顾客对企业产品及企业本身产生好感,从而培养和提高品牌忠诚度,巩固和扩大市场占有率。

二、促销组合及促销组合策略

促销的基本形式可分为人员推销和非人员推销两大类。人员推销又称直接促销,是企业通过推销人员向消费者推销产品、劳务或服务的一种促销活动。非人员推销又称为间接促销,是企业通过一定的媒体传递产品、劳务或服务的有关信息,以促使消费者产生购买欲望,产生购买行为的一系列促销活动,包括广告、公共关系、销售促进和直复营销等方式。促销方式的选择决定于促销目标、市场的特点、产品的性质等因素。

促销组合是指企业根据促销的需要对人员销售、广告、公共关系、销售促进和直复营销等促销方式的恰当选择和综合编配。现代企业运用各种促销组合来接触中间商、消费者和各种社会公众;中间商也可以运用促销组合接触消费者及各种社会公众;消费者之间、消费者与其他社会公众则进行口碑传播等。根据促销信息流动的方向,可以将促销方式分为推式、拉式和推拉结合式三种组合策略。

(一) 推式策略

推式策略是指企业以促销组合中的人员销售的方式进行促销活动。在推式策略中,促销信息流动由企业流向中间商再流向消费者或者由企业直接流向最终顾客,如图11.2所示。这种方式中,促销信息流向和产品流向是同方向的。

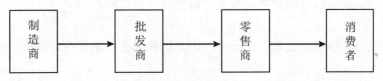

图 11.2 推式促销策略

运用这一策略的企业,通常有完善的促销队伍,或者产品质量可靠、企业声誉较高。这种促销策略的促销对象一般是中间商。由于顾客不同、产品不同、企业实力不同,具体采用什么样的方法要视具体情况而定。常见的推式策略有:举办产品技术讲座与实物展销、走访销售法、示范推销法、网点销售法等。

(二) 拉式策略

拉式策略是指企业利用广告、公共关系、销售促进及直复营销等方式宣传产品,激发消费者的购买兴趣,促使其产生购买欲望并进而采取购买行为的策略。在拉式促销策略中一般促销信息从企业流向最终顾客,被激发的有效需求会拉动整个渠道系统:消费者向零售商购买产品,零售商向批发商购买产品,批发商向制造商订购产品,如图11.3所示。常用的拉式策略有:会议促销法、广告吸引法、展销会或订货会拉引法、代销法、试销法等。

(三) 推拉结合策略

在通常情况下,企业可以把上述两种策略结合起来运用,称为推拉结合策略。推式策略和拉式策略都包含了企业与消费者双方的能动作用。但前者的重心在推动,着重强调了企

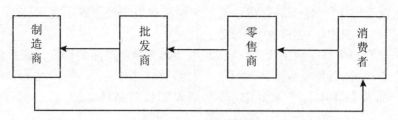

图 11.3 拉式促销策略

业的能动性,表明消费需求是可以通过企业的积极促销而被激发和创造的;而后者的重心在拉引,着重强调了消费者的能动性,表明消费需求是决定生产的基本因素。许多企业在促销实践中,根据产品及市场的特点采取"推""拉"组合的方式,采用先推后拉、先拉后推或推拉同时进行的方式展开促销攻势,既各有侧重,又相互配合。企业的促销活动,必须顺应市场需求才能取得事半功倍的效果。

三、影响促销组合策略的因素

在市场营销实践中,促销组合起着沟通企业内外的作用,有助于企业树立良好的形象,提高企业竞争力,实现产品销售的稳定增长。企业必须对人员推销、广告、公共关系、销售促进、直复营销五种促销方式进行适当选择综合编配,以求达到最好的促销效果。但是在制定促销组合时应考虑如下因素:

1. 促销目标

企业的促销目标,直接影响企业的促销活动。相同的促销方式用于不同的促销目标,其成本效益会有所不同。例如,甲企业的营销目标是增加销量,扩大市场占有率,该企业应更多地使用人员推销、广告、销售促进和直复营销的形式;而乙企业的营销目标是树立企业形象,则应从长远利益出发,运用公共关系宣传等手段树立企业形象。

2. 产品状况

产品的状况也会影响企业的促销活动。产品的状况主要从产品的性质与特征来进行具体分析。

(1) 产品的性质与特征。不同的产品具有不同的性质和特征,其消费者的购买动机和购买行为是不同的,因而需要采用不同的促销组合策略。如生产资料,可采用以人员推销为主,配合以销售促进的组合;日用消费品,通常以广告为主,配合销售促进和直复营销的组合。

(2) 产品生命周期。产品所处的生命周期阶段不同,销售侧重的目标不同,故采用的促销策略也不同。

在产品导入期,企业促销的目的是使消费者了解、认识新产品,再提高产品的知名度,诱导中间商进货和消费者试用,因而采用广告、人员推销和公关宣传方式可能会比其他方式效果要好。

在产品成长期,企业的产品逐渐被消费者所接受,这时促销的重点是增进顾客兴趣,对产品产生偏爱,从而扩大销售量。促销的方式上广告仍然是重要手段,从不同角度介绍产品的特征、效用等,树立产品的特色,为企业争取品牌爱好者。

在产品成熟期,企业的竞争对手日益增多,为了与竞争对手抗衡,保持已有的市场占有率,促销手段还是以广告为主,同时辅之以销售促进和直复营销,强调产品的附加利益或新的用途,设法吸引消费者,以巩固和稳定其在成熟期继续购买本企业产品的信心。

在产品衰退期,由于产品的特色已为消费者所了解和熟悉,并且消费者偏好已经形成。企业应把促销费用降到最低限度,以保证足够的利润收入。这时企业可以做一些提示性的广告,并配合销售促进和直复营销,刺激产品的销售,维持尽可能多的销售量。

3. 市场特征

不同的市场,其规模、类型、顾客数量不同,应采用不同的促销策略。

从市场规模来看,在地理范围狭小、买主比较集中、交易额大的目标市场,如生产资料市场,可采用以人员推销为主,配合以销售促进的组合;在地理范围比较大、买主比较分散、交易额小、购买频率高的目标市场上,如日用消费品市场,宜以广告为主进行促销。

从市场类型来看,生产资料市场具有购买者少、购买数量多、技术性较强、专业性强等特点,以人员推销为主,并结合广告和公共关系的组合策略为宜;生活资料市场购买者人数众多且较分散,产品技术性较简单,标准化程度较高。多以广告促销主,销售促进和直复营销为辅,并结合人员推销和公共关系的组合策略。

4. 促销费用

开展促销活动必须花费一定的费用,这些费用必须事先进行预算。一般来说,人员推销、广告、公共关系、销售促进、直复营销的费用是依次递减的。当然,促销费用与促销效益并不一定成正比关系。促销组合的效益不仅在于各种促销方式的配合,还要考虑产品开发、渠道选择、定价策略、消费行为、消费习惯等因素。比如定价策略,价格策略在营销组合中的作用本身就是一种促销手段。有的厂商采用低价位策略,产品毛利率低,便无力承担较高的推销费用。反之,有些厂商采用高价策略,就可以负担较多的促销费用;就渠道方面而言,如果厂商组建直接营销渠道,实行挨户访问的推销方式,主要由推销人员完成促销任务,辅之以少量的广告即可;如电视购物的销售方式,则以广告为主要信息传播方式。

总之,企业在选择促销方式时,要综合考虑促销目标、各种促销方式的适应性和企业的资金状况进行合理的选择,灵活运用,以求取得最佳的促销效果,如图11.4所示。

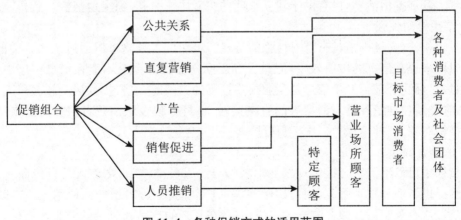

图 11.4　各种促销方式的适用范围

第二节 人员推销策略

一、人员推销的概念及特点

(一)人员推销的概念

人员推销是指企业的营销人员直接向潜在客户介绍和推销产品,说服顾客,使其接受其产品或服务的一种促销方式。人员推销有三个基本要素:推销人员、推销品、推销对象。人员推销是一种古老的销售方式,但由于这种方式有着独特的优点,因此,在现代市场上它仍然起着重要的作用。

(二)人员推销的特点

人员推销的特点如下:

1. 信息双向沟通

人员推销属于信息的双向沟通。销售人员在与目标顾客的直接接触中,一方面能将企业和产品的有关信息及时、准确地传递给目标顾客;另一方面又能及时了解顾客的潜在需求,并及时反馈给企业,以指导企业经营,使产品更符合消费者的需要,有利于企业决策。

2. 推销过程灵活性强

由于推销人员与顾客直接联系,当面洽谈,可以通过交谈与观察了解顾客,进而根据不同顾客的特点与态度,随时调整自己的推销策略与技巧,充分发挥推销者的主观能动性,保证推销效率。而且还能及时发现和解决顾客提出的问题,提高顾客的满意度。

3. 人际关系融洽

人员推销注重人际关系,有利于顾客同销售人员之间建立友谊。销售人员代表企业的利益,同时也代表着顾客利益。因此,销售人员愿意为顾客提供服务。同时,在长期保持友谊的基础上开展推销活动,也有助于建立长期的买卖协作关系,稳定地销售产品。

4. 推销针对性强

与广告相比,人员推销具有针对性强的特点。虽然广告策略可以通过选择合适的媒体、合适的时段来提高信息的传播效率,但是目标受众与非目标受众不能在信息传播中进行分离。而且,目标受众是否接受信息是企业很难控制的。因此,广告投入风险较大。人员推销则不同,它是通过推销人员与消费者的直接接触,将目标顾客从消费者中分离出来,能可靠地发掘推销对象,把推销努力集中于目标顾客身上,避免许多无效劳动。

5. 指导消费

人员推销可以给消费者提供现场的消费指导。人员推销中,销售人员直接面对面地向目标顾客提供咨询和技术服务,向目标顾客展示产品的特点,演示产品使用方法,解答目标顾客异议。这有利于目标顾客放心大胆地购买,在复杂的产品和复杂的购买行为中,人员推销最能发挥这一优势。

二、人员推销的主要任务

人员推销是由营销人员进行的,作为企业和消费者之间相互联系的纽带,企业营销人员肩负着多方面的责任,其主要任务有以下五个方面:

1. 寻找顾客

寻找顾客是推销人员的一个重要任务。推销人员不仅仅要与现有顾客保持密切联系，还应该不断地寻找潜在顾客，发现并培养新顾客，使企业的新顾客能够源源不断地增加，开拓新市场。

2. 传递信息

推销人员通过与现实和潜在的顾客交往，将有关产品的特点、性能、价格等信息及时传递给顾客，以促进产品的销售。同时，推销人员要及时了解市场的变化和顾客对产品的反映，为管理者决策提供有价值的信息，为企业生产适销对路的产品打下基础。

3. 销售产品

这是推销人员的最基本职责。推销人员通过与顾客直接联系，运用灵活的推销技巧，接近顾客，介绍产品，解答顾客的问题，以促成购买行为的实现。

4. 提供服务

（1）为顾客提供服务。它要求推销人员不仅要把产品销售给顾客，而且还要在销售产品的同时，为顾客提供咨询、技术、信息、维修等多种售前、售中、售后服务，帮助顾客解决困难，满足顾客需求。

（2）为企业提供服务。推销人员不仅要为顾客提供服务，还要为自己的公司提供服务。包括：推销产品，协助企业收回货款，提供必要的业务报告，积极参加各种销售会议，建立企业的良好声誉或扩大企业的影响等。

5. 协调分配

推销人员要协调好供需关系，特别是在货源不足的情况下，要尽可能合理安排有限的货源，并向用户做好解释工作，以巩固和顾客的业务往来和友好关系。

三、人员推销的程序

推销过程大致分为七个步骤。这七个过程也是对每次推销活动全过程的描述。

1. 寻找并分析顾客

寻找顾客是推销工作的第一步。推销人员首先要善于寻找产品的购买者，发现潜在顾客后，推销人员还要进行初步的顾客分析。分析的主要目的就是，进一步确认潜在顾客成为现实顾客、实施购买行为的可能性有多大，以减少推销的盲目性，提高成交率。

2. 接近准备

推销人员在确定推销对象，着手进行推销工作之前，应进行充分的准备。推销人员必须了解关于本企业的情况、产品的特点、用途、功能等；了解潜在顾客的个人情况，所在企业的情况，具体用户的生产、技术、资金情况等。同时，还要准备好样品、说明材料，选定接近顾客的方式、访问时间、应变语言等。充分的准备是推销成功的必要前提和基础。

3. 接近顾客

接近顾客是推销人员征求顾客同意接见洽谈的过程。接近顾客能否成功是推销成功的先决条件。推销接近要达到三个目标：① 给潜在顾客一个良好的印象；② 验证在准备阶段所得到的信息；③ 为推销洽谈打下基础。

4. 洽谈沟通

洽谈沟通是推销人员与潜在顾客正式接触、引导与指导购物的阶段。这是推销过程中的重要一步。在这一过程中，推销人员在描述产品性质和特点时，必须使自己的表述充分吸引顾客的注意力,要注意通过顾客的视、听、触摸等感官向顾客传递信息,其中视觉是最重要的。然后,再针对产品本身的特点以及能给顾客带来的利益进行说服与解释。还要特别注意了解对方的反应,以判断买主的真实意图。

5. 处理异议

推销人员应随时准备应付不同意见。顾客异议表现在多方面,如价格异议、功能异议、服务异议、购买时机异议等。有效地排除顾客异议是达成交易的必要条件。

6. 促成交易

人员推销工作的重要环节是促使顾客采取购买行动,这也是推销工作最困难的阶段。推销人员在认为时机成熟时,应抓住有利时机,或者提出购买建议,或者提供价格优惠,或者提供便利的服务,或者归纳销售的重点,以促进顾客做出购买决策。

7. 跟踪服务

现代推销理论认为,成交是推销过程的开始。成交并不意味着整个推销过程的终止,推销人员必须做好售后的跟踪服务工作,搜集顾客对于产品或服务的改进意见,及时向有关部门反映,以调整营销措施。

【资料链接】

推销的"3H1F"

推销是由三个H和一个F组成的。第一个"H"是"头"(head)。推销人员需要有学者的头脑,必须深入了解顾客的生活形态、顾客的价值观以及购买动机等,否则不能成为推销高手;第二个"H"代表"心"(heart)。推销员要有艺术家的心,对事物具有敏锐的洞察力,能经常地对事物感到一种惊奇和感动;第三个"H"代表"手"(hand)。推销员要有技术员的手。推销员是业务工程师,对于自己推销产品的构造、品质、性能、制造工艺等,必须具有充分的知识;"F"代表"脚"(foot)。推销员要有劳动者的脚。不管何时何地,只要有顾客、有购买力,推销员就要不辞劳苦。

因此,具有"学者的头脑""艺术家的心""技术员的手"和"劳动者的脚"是一个的推销员的基本条件。

四、人员推销的组织结构

人员推销的组织结构有四种基本形式:

1. 区域结构式

区域结构式即将企业的目标市场分为若干个区域,每个(组)推销人员负责一个特定区域内各种产品的推销业务。其主要优点是:① 推销人员责任明确,便于考核;② 推销人员活动地域稳定,便于与当地建立密切联系,制定有针对性的推销策略;③ 推销人员活动范围小,节约旅差费用;④ 售后服务能做得比较到位。这种结构适用于产品和市场都比较单纯的企业。

2. 产品结构式

产品结构式即每个(组)推销人员负责某种或某类产品的推销业务。其最大优点是能为顾客提供相对比较专业的服务。这种结构比较适用于产品技术性比较强、工艺复杂、营销技术要求比较高的企业。

3. 顾客结构式

顾客结构式即根据不同类型的顾客配备不同的推销人员，每个推销人员负责一个或几个顾客群体的推销工作。其主要优点是能更深入地了解顾客的需求，从而为顾客提供差异化的服务。

4. 综合式结构

当企业在一个较大的区域内存在许多不同类型的顾客，同时要推销多种产品时，要将上述方法结合起来使用，称为综合式结构。如按照"区域—产品""产品—顾客""区域—顾客"，甚至"区域—产品—顾客"的形式进行组合，配备推销人员。其优点是能吸纳上述三种形式的优点，从企业整体营销效益出发开展营销活动。这种形式比较适合那些顾客种类复杂、区域分散、产品也比较多样化的企业。

五、人员推销的形式、对象及策略

（一）人员推销的基本形式

一般说来，人员推销有以下三种基本形式：

1. 上门推销

上门推销是最常见的人员推销形式。它是由推销人员携带产品的样品、说明书和订单等走访顾客，推销产品。这种推销形式，可以针对顾客的需要提供有效的服务，方便顾客，故为顾客所广泛认可和接受。此种形式是一种积极主动的推销形式。

2. 柜台推销

柜台推销又称门市推销，是指企业在适当地点设置固定的门市，由营业员接待进入门市的顾客，推销产品。由于门市里的产品种类齐全，能满足顾客多方面的购买要求，并且可以保证商品安全无损，因此，顾客比较乐于接受这种方式。零星小商品、贵重商品和容易损坏的商品适合用柜台推销的形式。

3. 会议推销

会议推销指的是利用各种会议向与会人员宣传和介绍产品，开展推销活动。例如，在订货会、交易会、展览会、物资交流会等会议上推销产品均属会议推销。这种推销形式接触面广，推销集中，可以同时向多个推销对象推销产品，成交额较大，推销效果较好。

（二）人员推销的推销对象

推销对象是人员推销活动中说服的对象，推销对象有消费者、生产者和中间商三类。

1. 向消费者推销

推销人员向消费者推销产品，必须对消费者有所了解。为此，要掌握消费者的年龄、性别、民族、职业、宗教信仰等基本情况，进而了解消费者的购买欲望、购买能力、购买特点和习惯等。并且要注意消费者的心理反应。对不同的消费者，施以不同的推销技巧。

2. 向生产者推销

将产品推向生产用户的必备条件是熟悉生产用户的有关情况，包括生产用户的生产规模、人员构成、经营管理水平、产品设计与制作过程以及资金情况等。在此前提下，推销人员还要善于准确且恰当地说明自己产品的优点；并能对生产用户使用该产品后所得到的效益作简要分析，以满足其需要；同时，推销人员还应帮助生产用户解决疑难问题，以取得用户信任。

3. 向中间商推销

与生产者一样,中间商也对所购商品具有丰富的专门知识,其购买行为也属于理智型。这就需要推销人员具备相当的业务知识和较高的推销技巧。在向中间商推销产品时,首先要了解中间商的类型、业务特点、经营规模、经济实力以及他们在整个分销渠道中的地位;其次,应向中间商提供有关信息,给中间商提供帮助,建立友谊,扩大销售。

(三) 人员推销的基本策略

在人员推销活动中,一般采用以下三种基本策略:

1. 试探性策略

试探性策略也称为"刺激-反应"策略。这种策略是在不了解顾客的情况下,推销人员运用刺激性手段引发顾客产生购买行为的策略。推销人员事先设计好能引起顾客兴趣、能刺激顾客购买欲望的推销语言,通过渗透性交谈进行刺激,在交谈中观察顾客的反应;然后根据其反应采取相应的对策,并选用得体的语言,再对顾客进行刺激,进一步观察顾客的反应,以了解顾客的真实需要,诱发购买动机,引导产生购买行为。

2. 针对性策略

针对性策略是指推销人员在基本了解顾客某些情况的前提下,有针对性地对顾客进行宣传、介绍,以引起顾客的兴趣和好感,从而达到成交的目的。因推销人员常常在事前已根据顾客的有关情况设计好推销语言,这与医生对患者诊断后开处方类似,故又称针对性策略,即"配方-成交"策略。

3. 诱导性策略

诱导性策略是指推销人员运用能激起顾客某种需求的说服方法,诱发引导顾客产生购买行为。这种策略是一种创造性推销策略,它对推销人员要求较高,要求推销人员能因势利导,诱发、唤起顾客的需求;并能不失时机地宣传介绍和推荐所推销的产品,以满足顾客对产品的需求。因此,从这个意义上说,诱导性策略也可称需要满足策略。

六、推销人员的管理

(一) 推销人员的素质

人员推销是一个综合过程。它既是信息沟通过程,也是产品交换过程,又是技术服务过程。推销人员的素质,决定了人员推销质量的好坏乃至推销活动的成败。合格的推销人员一般应具备以下素质:

1. 热爱推销,勇于进取

推销人员是企业的代表,有为企业推销产品的职责;同时又是顾客的顾问,有为顾客的购买活动当好参谋的义务。企业促销和顾客购买都离不开推销人员。因此,推销人员要具有高度的责任心和使命感,这样才能使推销工作获得成功。

2. 求知欲强,知识广博

广博的知识是推销人员做好推销工作的前提条件。高素质的推销员必须有较强的上进心和求知欲。一般说来,推销员应具备的知识有以下几个方面:

(1) 企业知识。要熟悉企业的历史及现状,包括本企业的规模及在同行业中的地位,企业的经营特点、经营方针、服务项目、定价方法、交货方式、付款条件、企业发展方向等。

(2) 产品知识。要熟悉产品的性能、用途、价格、使用知识、保养方法及竞争者的产品情况等。

(3) 市场知识。要了解目标市场的供求状况及竞争者的有关情况,竞争者的能力、地位和他们的产品特点等,熟悉目标市场的环境,包括国家的有关政策、条例等。

(4) 心理学知识。了解并适时适地运用心理学知识,来研究顾客的心理变化,以便采取相应的方法和技巧。

(5) 其他基础知识。由于推销人员面对的是形形色色不同类型的客户人群。为了与客户有共同语言,适应各类人群的共同话题,推销人员还必须具备天文、地理、旅游、时事新闻、文学等方面的一般基础知识。

3. 文明礼貌,善于表达

在人员推销活动中,推销人员在推销产品的同时也是在推销自己。这就要求推销人员要注意推销礼仪,讲究文明礼貌,仪表端庄,着装干净得体,热情待人,举止适度,谦恭有礼,谈吐文雅。给顾客留下良好的印象,为推销获得成功创造条件。

4. 富于应变,技巧娴熟

市场环境因素多种多样,市场状况很不平稳。为实现促销目标,推销人员必须对各种变化反应灵敏,并有娴熟的推销技巧,能对变化万千的市场环境采用恰当的推销技巧。能恰当地选定推销对象,要善于说服顾客(对不同的顾客采取不同的技巧),善于选择适当的洽谈时机,尽可能地解答顾客异议,掌握良好的成交机会。

5. 自信健康,吃苦耐劳

自信对于推销人员的成功来说是极其重要和关键的。推销人员的自信心来自三个方面:对自己的信心,对企业的信心,对产品及品牌的信心。同时,推销的工作充满酸甜苦涩,非常辛苦,只有拥有健康的体魄和吃苦耐劳的精神,才能适应紧张激烈的竞争环境。

(二) 推销人员的甄选与培训

1. 推销人员的甄选

甄选推销人员,不仅要对未从事推销工作的人员进行甄选,使其中品德端正、作风正派、工作责任心强的胜任推销工作的人员走入推销人员的行列,还要对在岗的推销人员进行甄选,淘汰那些不适合推销工作的推销人员。

推销人员的来源有两个方面:一是来自企业内部,即把本企业内德才兼备、热爱并适合推销工作的人选拔到推销部门工作;二是从企业外部招聘,即企业从大专院校的应届毕业生、其他企业或单位等群体中物色合格人选。无论哪种来源,都应经过严格的考核,择优录用。

甄选推销人员有多种方法,为准确地选出优秀的推销人才,应根据推销人员素质的要求,采用申报、笔试和面试相结合的方法。

2. 推销人员的培训

对当选的推销人员,还需经过培训才能上岗,使他们学习和掌握有关知识与技能。同时,还要对在岗推销人员,每隔一段时间进行培训,使其了解企业的新产品、新的经营计划和新的市场营销策略,进一步提高素质。培训内容通常包括企业知识、产品知识、市场知识、心理学知识和政策法规知识等内容。

培训推销人员的方法很多,常被采用的方法有三种:一是讲授培训。这是一种课堂教学培训方法。一般是通过举办短期培训班或进修等形式,由专家、教授和有丰富推销经验的优秀推销员来讲授基础理论和专业知识,介绍推销方法和技巧。二是模拟培训。它是受训人员亲自参与的有一定真实感的培训方法。具体做法是,由受训人员扮演推销人员向由专家教授或有经验的优秀推销员扮演的顾客进行推销,或由受训人员分析推销实例等。三是实践培训。这是一种岗位练兵。当选的推销人员直接上岗,与有经验的推销人员建立师徒关系,通过传、帮、带,使受训人员逐渐熟悉业务,成为合格的推销人员。

(三) 推销人员激励与考核

为了加强对推销人员的管理,企业必须对推销人员的工作业绩进行科学而合理的考核与评价。推销人员业绩考评结果,既可以作为分配报酬的依据,又可以作为企业人事决策的重要参考指标。

1. 推销人员的激励

用于激励推销人员的方法可分为物质激励和精神激励两类。企业对于推销人员的激励,应当将物质激励和精神激励有机结合起来。

企业对推销人员的激励,通常是通过推销系列指标和竞赛等激励工具来进行的。推销系列指标主要包括:产品销量(额)、一年内访问顾客的次数、每月访问新顾客的次数、订货单平均比重的增加额等。

2. 推销人员的业绩评估

对推销人员业绩的科学评估,首先需要阅读和分析有关情报资料;其次需要建立有效的评估标准;最后实施正式考核。具体如下:

(1) 考核资料的收集。收集推销人员的资料是考评推销人员的基础工作。全面、准确地收集考评所需资料是做好考评工作的客观要求。考评资料主要从推销人员销售工作报告、企业销售记录、顾客及社会公众的评价以及企业内部员工的意见等四个来源途径获得。

(2) 评估标准的建立。评估销售人员的绩效,科学而合理的标准是不可缺少的。制定公平而富有激励作用的绩效考评标准,客观需要企业管理人员根据过去的经验,结合推销人员的个人行为来综合制定,并在实践中不断加以修整与完善。常用的推销人员绩效考核指标主要有:销售量、毛利、访问率(每天的访问次数)、访问成功率、平均订单数目、销售费用及费用率、增加新客户数目等。

(3) 实施正式考核。正式考核有两种方法:一种是将各个推销人员的绩效进行比较和排序;另一种方式是把推销人员目前的绩效同过去的绩效相比较。

第三节 广 告 策 略

一、广告的概念和特点

(一) 广告的概念

广告是广告主以促进销售为目的,付出一定的费用,通过特定的媒体传播产品、劳务或服务等有关经济信息的大众传播活动。它既是一种重要的促销手段,又是一种重要的文化现象。以传播产品、劳务或服务等有关信息为内容;通过特定的媒体来实现的。对企业来说,广告的目的是促进产品销售,实现企业的经济效益。广告对企业、对消费者和社会都具有重要作用。确定广告目标、设计广告信息、选择广告媒体、制定广告预算和评估广告效果是企业的主要广告决策。

(二) 广告的特点

广告不同于一般大众传播和宣传活动,主要表现在:第一,广告是一种传播工具,是将某一项商品的信息,由这项商品的生产或经营机构(广告主)传送给一群用户或消费者;第二,商业广告需要付费;第三,广告进行的传播活动是带有说服性的;第四,广告是有目的、有计划,是连续的;第五,广告不仅对广告主有利,而且对目标对象也有好处,它可使用户和消费者得到有用的信息。

二、广告的功能

(一) 广告对于企业的功能

广告对于企业的功能如下:

(1) 传播信息,沟通产销。企业可以通过广告,将企业和产品的相关信息向消费者传播,使消费者及时方便地找到自己所需要购买的产品或服务的相关信息。

(2) 降低成本,促进销售。从绝对成本的角度看,广告的成本是最高的。但如果从相对成本的角度看,因为广告的大众化程度高,广告的成本又是比较低的。

(3) 塑造企业形象,赢得市场。广告不仅能传递产品信息,而且也能扩大企业影响。企业在广告宣传中有意识地突出企业的形象标识,就有可能通过大量的广告宣传树立起企业的整体形象。以巩固和发展市场,赢得更多的消费者。

(二) 广告对于消费者的功能

广告对于消费者的功能如下:

(1) 指导消费。在现代社会,广告是消费者最重要的商业来源,面对琳琅满目的商品,如果离开了广告,消费者将无所适从。

(2) 刺激需求。广告的一个重要功能就是刺激消费者的购买欲望,促使消费者对商品产生购买冲动。

(3) 培养消费观念。广告引导着消费潮流,促使消费者树立科学的消费观念。

(三) 广告对于社会的功能

广告对于社会的功能如下:

(1) 美化环境,丰富生活。路牌广告、POP广告、霓虹灯广告、优美的广告歌曲、绚丽的广告画、精彩的广告词等美化了城市形象。

(2) 影响意识形态,改变道德观念。广告对社会的价值观念、文化传承都具有非常重要的影响。

三、广告的类型

根据不同的划分标准,广告有不同的类型。

(一) 根据广告的内容划分

(1) 产品广告。它是针对产品销售开展的大众传播活动。

(2) 企业广告。它着重宣传、介绍企业名称、企业文化、企业概况(包括生产能力、服务项目等情况)等有关企业的信息,其目的在于提高企业的声望、树立企业形象。

(3) 公益广告。公益广告是用来宣传公益事业或公共道德的广告。对企业来说,公益广告能够实现企业自身目标与社会目标的融合,有利于树立并强化企业形象。

（二）根据广告的目标划分

（1）开拓性广告。这是一种以介绍、说服为主的广告,向消费者宣传新产品的质量、性能、花色品种、用途、价格以及服务等情况,以加深消费者对产品的认识,促使消费者产生购买行为,使产品迅速占领市场。

（2）劝导性广告。这是一种竞争性广告,其目的是促使消费者建立起特定的需求,对本企业的产品产生偏好,以稳定产品的销售。

（3）提醒性广告。这是一种加强消费者对商品的认识和理解的强化性广告。提醒性广告着重宣传产品的市场定位,使企业某一品牌产品在衰退期即将退出市场之前,仍能满足一部分老顾客的需求。

（三）根据广告传播的区域划分

（1）全国性广告。指采用信息传播能覆盖全国的媒体所做的广告。这种广告要求广告产品是适合全国通用的产品,因其费用较高,适合生产规模较大、服务范围较广的大企业。

（2）地区性广告。指采用信息传播只能覆盖一定区域的媒体所作的广告,借以刺激某些特定地区消费者对产品的需求。此类广告传播范围较小,多适合于生产规模较小的企业和通用性较差的产品。

此外,还有其他一些分类标准。例如,按广告的形式划分,可分为文字广告和图画广告;按广告的媒体不同,可分为报纸广告、杂志广告、广播广告、电视广告、网络广告等。

四、广告媒体的类型和特点

广告媒体即传递广告信息的载体。广告媒体可分为大众传播媒体和企业自办媒体两大类。大众传播媒体包括报纸、杂志、广播、电视、网络五种,是广告信息传递的主要工具,被称为"五大广告媒体"。企业自办媒体,是企业自己制作的广告媒体,主要有户外广告、交通流动广告、招贴广告、邮递广告、包装广告、车体广告等。

1. 报纸广告媒体

报纸广告是指刊登在报纸上的广告,报纸广告以文字和图画为主要视觉刺激。报纸的优点是传播及时,传播范围广,覆盖率高,读者面宽而且稳定,便于剪贴存查,版面伸缩余地大,报纸可以反复阅读,便于保存。其缺点是时效短,注目率较低,重复性差,鉴于报纸纸质及印制工艺上的原因,报纸广告中的商品外观形象和款式、色彩不能理想地反映出来,表现能力有限。

2. 杂志广告媒体

杂志广告是指刊登在杂志上的广告。杂志可分为专业性杂志、行业性杂志、消费者杂志等。杂志的优点是读者群稳定,针对性较强,一般有相当固定的读者群,时效较长,制作精美,具有欣赏性。其缺点是一般发行量不如报纸,因此,广告覆盖面小,由于多为月刊,广告截稿时间早,信息传递速度不如报纸、广播、电视及时专注率较低,传播范围较小,适时性差,灵活性较差。

3. 电视广告媒体

电视广告是一种经由电视传播的广告形式,它将视觉形象和听觉综合在一起,充分运用各种艺术手法,能最直观、最形象地传递产品信息。具有丰富的表现力和感染力,因此是近年增长最快的广告媒体之一。电视广告的优点是覆盖面广,收视率高,宣传手法灵活多样,艺术性强,能综合利用各种艺术形式,表现力丰富,形象生动,感染力强。其缺点是费用较高,时效较短,不易存查,制作复杂,因播放节目繁多,易分散对广告的注意力。

4. 广播广告媒体

广播是通过无线电波或金属导线,用电波向大众传播信息、提供服务和娱乐的大众传播媒体。在电视没有发展普及之前,广播是备受人们欢迎的。广播广告是指通过在广播平台来投放广告,达到宣传产品或企业的目的。电视的兴起,将大批广播广告客户拉走,曾经有人担忧地说:"广播广告注定要消失。"然而,从多年的发展趋势上看,广播广告的影响力仍然很大,它的独特魅力有其他媒体无可比拟之处。广播媒体的优点是迅速及时,听众广泛,收听率高,制作简便,费用较低廉。其缺点是时效短,传递的信息量有限,遗忘率高。

5. 网络广告媒体

网络广告是指利用网站上的广告横幅、文本链接、多媒体的方法,在互联网刊登或发布广告,通过网络传递到互联网用户的一种高科技广告运作方式。与传统的四大传播媒体广告以及户外广告相比,网络广告具有得天独厚的优势,是实施现代营销媒体战略的重要一部分。网络广告的优点是空间无限、即时互动、效果衡量。网络广告在不久的将来会成为最重要的广告媒体。其缺点是受一定的客户群体的限制,传播的对象仅为经常使用互联网的大众。

五、广告促销方案设计

企业在促销活动中要进行科学的广告决策。能够运用有效的广告策略,来策划设计广告促销方案。广告促销方案的设计一般包括五个重要的步骤,简称"4M1R"。

1. 确定广告目标

广告目标是指企业通过广告宣传要达到的目的。其实质是要在特定的时间对特定的受众完成特定的信息沟通任务。对于某一企业来说,在不同时间、不同情况下可以确定不同的广告目标。企业可以为了不同的具体目标进行广告设计。企业做广告的最终目标是增加销售量和实现企业利润。

2. 制定广告预算

为了实现企业的销售目标,企业必须花费必要的广告费用,广告费用的开支是一个关键问题。如果开支过少,达不到广告效果;反之,会造成浪费。广告预算总额确定以后,必须在不同广告媒体之间、广告管理的各个程序之间,不同目标市场和不同地区之间,并依据不同媒体的传播时间和传播次数进行合理分配,才能收到预期的效果。

3. 确定广告信息

广告的效果并不主要取决于企业投入的广告经费,关键在于广告的主题和创意。只有广告内容迎合目标受众的需求,广告表现具有独特性,广告才能引人注意。广告的信息决策一般包括三个步骤:

(1) 确定广告的主题。广告主题是广告所要表达的中心思想。广告主题应当显示产品的主要优点和用途以吸引消费者。对于同一类商品,可以从不同角度提炼不同的广告主题,以满足不同消费者的需要和同一消费者的不同需要。

(2) 广告信息的评估与选择。一个好的广告总是集中于一个中心的促销主题,而不必涉及太多的产品信息。"农夫山泉有点甜",就以异常简洁的信息在受众中留下深刻的印象。如果广告信息过多过杂,消费者往往不知所云。

(3) 信息的表达。广告信息的效果不仅取决于"说什么",更在于"怎么说",即广告信息的表达。如铁达时手表的"不在乎天长地久,只在乎曾经拥有";统一润滑油的"多一份润滑,少一份摩擦";中国移动通信公司的"我的地盘听我的"等。既简明扼要,又朗朗上口,都取得了意想不到的效果。

【资料链接】

世界经典广告语

戴比尔斯钻石:钻石恒久远,一颗永流传

经典的广告语总是丰富的内涵和优美的语句的结合体,戴比尔斯钻石的这句广告语,不仅道出了钻石的真正价值,而且也从另一个层面把爱情的价值提升到足够的高度,使人们很容易把钻石与爱情联系起来,这的确是最美妙的感觉。

M&M巧克力:只溶在口,不溶在手

这是著名广告大师伯恩巴克的灵感之作,堪称经典,流传至今。它既反映了M&M巧克力糖衣包装的独特USP,又暗示M&M巧克力口味好,以至于我们不愿意使巧克力在手上停留片刻。

山叶钢琴:学琴的孩子不会变坏

这是中国台湾地区最有名的广告语,它抓住父母的心态,采用攻心策略,不讲钢琴的优点,而是从学钢琴有利于孩子身心成长的角度,吸引孩子父母。这一点的确很有效,父母十分认同山叶的观点,于是购买山叶钢琴就是下一步的事情了。山叶高明于此。

麦氏咖啡:滴滴香浓,意犹未尽

作为全球第二大咖啡品牌,麦氏的广告语堪称语言的经典。与雀巢不同,麦氏的感觉体验更胜一筹,虽然不如雀巢那么直白,但却符合品咖啡时的那种意境,同时又把麦氏咖啡的那种醇香与内心的感受紧紧结合起来,同样经得起考验。

耐克:just do it

耐克通过以 just do it 为主题的系列广告,和篮球明星乔丹的明星效应,迅速成为体育用品的第一品牌。

(四) 选择广告媒体

由于不同的广告媒体有不同的特点,因此企业在选择广告媒体时需要考虑以下因素:

(1)产品特点。不同性质的产品,有不同的使用价值、适用范围和宣传要求。广告媒体只有适应产品的性质,才能取得较好的广告效果。生产资料和生活资料、高技术产品和一般生活用品、价值较低的产品和高档产品、耐用品和非耐用品等都应采用不同的广告媒体。通常,对高技术产品,面向专业人员,多选用专业性杂志;而对一般生活用品,则适合选用能直接传播到大众的广告媒体,如广播、电视等。

(2)媒体习惯。在选择媒体时要考虑广告信息传播的目标受众的媒体消费习惯。一般认为,能使广告信息传到目标市场的媒体是最有效的媒体。如对儿童用品的广告宣传,宜选电视作其媒体;对妇女用品进行广告宣传,选用妇女喜欢阅读的妇女杂志或电视,其效果较好,也可以在妇女商店布置橱窗等。

(3)媒体的传播范围。媒体传播范围的大小直接影响广告信息传播区域的宽窄。适合全国各地使用的产品,应以全国性发放的报纸、杂志、广播、电视等做广告媒体;地方性销售的产品,可通过地方性报刊、电台、电视台、霓虹灯等传播信息。

(4) 广告费用。各广告媒体的收费标准不同,即使同一种媒体,也因传播范围和影响力的大小而有价格差别。考虑媒体费用,不能只看广告的绝对费用,应该注意其相对费用,即广告促销效果。

总之,不同媒体的广告成本是不同的,企业应根据产品特点、目标受众的特点,结合各广告媒体的优缺点,综合考虑各种影响因素,尽可能选择效果好、费用低的广告媒体。

5. 广告效果的测定

广告的效果主要体现在三方面,即广告的传播效果、促销效果和社会效果。

(1) 广告传播效果的评估。广告的传播效果是前提和基础,主要评估广告是否将信息有效地传递给目标受众。这种评估传播前和传播后都应进行。

(2) 广告促销效果的评估。广告的促销效果是广告效果的核心,主要是测定广告所引起的产品销售额及利润的变化状况。测定广告的促销效果,一般可以采用比较的方法。在其他影响销售的因素一定的情况下,比较广告后和广告前销售额的变化;或者其他条件基本相同的甲和乙两个地区,在甲地做广告而在乙地不做广告,然后比较销售额的差别,以此判断广告的促销效果等。

(3) 广告的社会效果的评估。企业的广告活动也不能忽视对社会的影响。广告的社会效果的评估主要是评定广告的合法性以及广告对社会文化价值观念的影响。一般可以通过专家意见法和消费者评判法进行。

六、广告管理系统

(一) 广告管理的含义

广告管理指国家各级相关部门,依据广告法及其他有关的法律、法规,对从事广告活动的广告经营者和广告发布者的广告宣传和广告经营活动的管理过程。

(二) 广告管理的方法

对于广告活动实施管理,主要有法律管理、行业自律管理、社会监督管理与道德教育管理等方法。

(1) 广告法律管理。广告的法律管理是指国家各级相关部门依据《广告法》及相关政策、法规,对广告活动的参与者进行监督、检查、控制和指导的过程。在我国,1994年10月第八届全国人大常委会通过了《中华人民共和国广告法》,这部法律是广告管理最重要和权威的文件,是进行广告活动必须遵守和执行的,是有关部门进行广告管理和进一步制定管理细则的依据。2015年4月24日第十二届全国人民代表大会常务委员会第十四次会议修订《广告法》,自2015年9月1日起施行。

(2) 广告行业自律管理。简称广告自律管理,就是指广告经营者和广告发布者自己制订广告内部条例或行业团体机构共同制定广告公约,以此作为本企业或行业执行国家有关广告法规的具体行为规则,进行自我约束,承担责任,保证自己所发布的广告能奉公守法、真实可信。广告行业自律管理是广告业健康发展的标志;是国家广告管理的重要补充;是保证广告健康发展的重要手段。

(3) 广告的社会监督管理。促进广告健康发展的社会监督管理主要包括两个方面:消费者组织的监督管理和新闻舆论的监督管理。1983年5月我国第一个消费者协会在河北省新乐县宣告成立。1984年12月中国消费者协会成立,标志着我国消费者运动的开始,此后便进入了全面发展的时期。目前已经形成了一个全国性的消费者组织网络。

第四节　营业推广策略

一、销售促进

(一) 销售促进的含义

销售促进又称营业推广,是指企业运用各种短期诱因鼓励消费者或中间商购买、经销(或代理)企业产品或服务的促销活动。美国市场营销协会认为,销售促进是指"除了人员推销、广告、宣传以外的,刺激消费者购买或经销商销售的各种市场营销活动。如陈列、演出、展览会、示范表演以及其他推销努力"。在美国零售业,销售促进被理解为零售企业"刺激顾客的一切方法,包括人员推销、广告等"。因此,它被视为促销的同义语。

(二) 销售促进的方式

一般来讲,销售促进的方式可以分为对消费者的销售促进、对中间商的销售促进以及对推销人员的销售促进。

1. 针对消费者的销售促进

针对消费者的销售促进形式如下:

(1) 赠送样品。在企业推出新产品时,向消费者赠送免费样品或试用样品,可以吸引消费者率先使用产品。这些样品可以上门赠送,可以在商店里散发,也可以在其他商品中附送。

(2) 有奖销售。企业在销售产品时,对在一定时间内购买数量达到一定标准的消费者给予一定的奖券或商品加以奖励,从而刺激消费者的购买欲望。

(3) 现场表演。在销售现场把产品的性能、特点及使用方法表演给消费者观看,来增加消费者对产品的了解,刺激其购买欲望。

(4) 特价包。企业向消费者提供低于正常价格的商品的一种销售方法。特价包形式常用于食品和日用品销售,对刺激短期销售十分有效。

(5) 商业展销。企业将一些能显示企业优势和特征的产品集中陈列,边展边销。

2. 针对中间商的销售促进

针对中间商的销售促进形式如下:

(1) 价格折扣。企业可以对中间商按购买产品的一定数量给予一定的折扣。

(2) 推广津贴。企业为促使中间商购买本企业产品,并帮助企业推销产品,可支付给中间商一定的推广津贴,以鼓励和酬谢中间商在推销本企业产品方面所做的努力。

(3) 业务会议。每年在销售旺季来临之前,举行由多方参加的购销业务会议,在短期内集中订货、补货,促成大批量交易。

3. 针对推销员的销售促进

针对推销员的销售促进形式如下:

(1) 销售红利。事先规定推销员的销售指标,对超额完成销售指标的推销员按照超额指标的多少提取一定比例的红利,以此激励其努力推销产品。

(2) 销售竞赛。在推销员中开展销售竞赛,对销售业绩领先的推销员给予奖励,以此调动其积极性。

(3) 推销回扣。从销售额中提取一定比例作为推销员推销产品的奖励或酬劳,通过回扣方式把销售额与推销报酬结合起来,有利于激励推销员积极工作。

(三) 销售促进策略的实施程序

企业实施销售促进活动的程序一般包括确定销售促进目标、制订销售促进方案、测试销售促进方案、实施和控制销售促进方案以及对销售促进效果的评估。

1. 确定销售促进目标

企业在进行销售促进活动之前,必须确定明确的目标。目标因不同的促销对象而不同。对消费者的销售促进是为了鼓励其产生购买欲望,提高重复购买率,促进产品销售,扩大市场占有率;对中间商的销售促进是为了鼓励中间商大量进货,加快货款回笼率;对推销员的销售促进则是为了鼓励推销人员努力开拓市场,增加销售量。

2. 制订销售促进方案

在确定了销售促进目标后,接下来就要制订具体的销售促进方案。在制订具体方案时一般要做出如下六个方面的决策:

(1) 确定销售促进的规模。企业制订销售促进方案时应首先决定激励的规模,进行成本-效益分析。

(2) 选择销售促进的对象。企业在确定激励对象时,应决定激励那些现实的或潜在的长期顾客。

(3) 选择销售促进方式。为了实现销售促进目标,企业可以在多种销售促进方式中进行选择。各种销售促进方式有其不同的特点与适用范围。企业应根据市场类型、销售促进目标、竞争情况以及各种销售促进方式的成本及效果等因素,做出适当的选择。

(4) 确定活动期限。企业在实施销售促进活动时都必须规定其持续时间的长短。如果持续时间太短,许多顾客可能由于恰好在这一期限内没有得到相关信息,从而影响销售促进的效果;相反,如果持续时间过长,则可能失去刺激购买的某些作用。并可能会给顾客造成不良的印象,影响企业声誉。

(5) 选择销售促进时机。并非任何时候都能采用销售促进策略。时机选择得好,能起到事半功倍的效果;时机选择不当,则效果适得其反。因此,企业应综合考虑产品生命周期、顾客购买心理、收入状况、市场竞争状况等因素选择时机。

(6) 进行销售促进总预算。销售促进活动往往需要较大的支出,所以事先必须筹划预算。

3. 测试销售促进方案

为了保证销售促进的效果,企业在正式实施推广方案之前,必须对推广方案进行测试。测试的内容主要是促销诱因对消费者的效果,所选用的销售促进的方式是否恰当,顾客反应是否强烈等。

4. 销售促进的实施和控制

销售促进是一种促销效果比较显著的促销方式,但倘若使用不当,不仅达不到促销的目的,反而会影响产品销售,甚至损害企业的形象。因此,企业在实施销售促进方案时,必须予以控制。

(1) 选择适当的方式。各种方式都有其各自的适应性。选择好销售促进方式是促销获得成功的关键。一般说来,应结合产品的性质、不同促销方式的特点以及消费者的接受习惯等因素选择合适的销售促进方式。

(2) 确定合理的期限。控制好销售促进的时间长短也是取得预期促销效果的重要一环。推广的期限,既不能过长,也不宜过短。一般应以消费者的平均购买周期为依据来确定合理的销售促进期限。

(3) 禁止弄虚作假。销售促进的主要对象是企业的潜在顾客,因此,企业在销售促进过程中,一定要坚决杜绝弄虚作假的行为发生。

(4) 注重中后期宣传。开展销售促进活动的企业不能只注重促销前期的宣传,一定要注重销售促进活动的中后期宣传。中后期宣传一方面有利于唤起消费者的购买欲望,另一个更重要的方面是可以换来社会公众对企业良好的口碑,树立良好的企业形象。

5. 销售促进效果评估

销售促进活动结束后,应立即进行销售促进效果评估,总结经验与教训,为今后的销售促进决策提供依据。常用的评估方法有两种:

(1) 阶段比较法。即把活动前、中、后期的销售情况进行比较,从中分析销售促进产生的效果。

(2) 事后跟踪调查法。即在活动结束后,对顾客进行调查,了解有多少顾客能记住此次活动,其看法如何,多少顾客从中受益以及此次活动对顾客今后购买的影响程度等。

二、直复营销

(一) 直复营销的含义

直复营销即"直接回应的营销"。直复营销是以赢利为目的,通过个性化与大众沟通媒介向目标市场成员传播信息,以寻求对方直接回应(问询或订购)的活动过程。

直复营销的指导思想是一种新型的市场营销观念,坚持以消费者需求为导向,强调以比竞争者更有效的方式传递目标市场所期待的产品与服务。具有如下特性:

(1) 互动性。直复营销活动是互动的,营销者和顾客之间可以进行双向的沟通,营销者通过某些或特定的媒介向潜在顾客传递产品或者服务信息,顾客通过邮件、电话、在线等方式对企业的发盘进行回应。

(2) 可衡量性。直复营销的效果更易于衡量。目标市场成员对企业直复营销活动项目的回应与否,都与每一个目录邮件、每次广播或每个直邮直接相关。效果是立竿见影的。

(3) 空间上广泛性。直复营销活动可以发生在任何地点。只要是直复营销者所选择的沟通媒介可以到达的地方都可以展开直复营销。

(二) 直复营销的主要特点

直复营销与其他促销方式相比,主要特点如下:

(1) 目标顾客选择精确。直复营销的人员可以从顾客名单和数据库中的有关信息中挑选出有可能成为目标顾客的人,然后与单个目标顾客或特定的商业用户进行直接的信息交流。从而使目标顾客更准确,沟通更有针对性。

(2) 注重与顾客的关系。直复营销活动中,直复营销人员可根据每一个顾客的不同需求和消费习惯进行有针对性的营销活动。这将形成与顾客一对一的双向沟通,将与顾客形成并保持良好的关系。

(3) 激励顾客敏捷反应。通过激励潜在顾客立即采取某种行动,并为潜在顾客立即反应提供了尽可能多的方便,使人性化的直接沟通即刻实现。

(4) 营销战略隐蔽。直复营销战略不是大张旗鼓地进行的,因此不易被竞争对手察觉,即使竞争对手察觉自己的营销战略也为时已晚,因为直复营销广告和销售是可以同时进行的。

(5) 关注顾客长期价值。直复营销将企业的顾客(包括最终客户、分销商和合作伙伴)作为最重要的企业资源,通过完善的客户服务和深入的客户分析来满足顾客的需求,关注和帮助顾客实现最终价值。

(三) 直复营销主要类型

典型的直复营销包括:直接邮购营销、目录营销、电话营销、电视营销、网络营销等。

(1) 直接邮购营销。直接邮购营销是指经营者自身或委托广告公司制作宣传信函,分发给目标顾客,引起顾客对产品的兴趣,再通过信函或其他媒体进行订货和发货,最终完成销售行为的营销过程。这是最古老的直复营销形式,也是当今应用最广泛的形式。

(2) 目录营销。目录营销是指经营者编制商品目录,并通过一定的途径分发到顾客手中,由此接受订货并发货的销售行为。目录营销的优点是内容含量大,信息丰富完整;图文并茂,易于吸引顾客;便于顾客作为资料长期保存,反复使用。目录营销的缺点是设计与制作的成本费用高昂;只能具有平面效果,视觉刺激较为平淡。

(3) 电话营销。电话营销是指营销者通过电话向顾客提供商品与服务信息,顾客再借助电话提出交易要求的营销行为。电话营销的优点是能与顾客直接沟通,可及时收集反馈意见并回答提问;可随时掌握顾客态度,使更多的潜在顾客转化为现实顾客。电话营销的缺点是营销范围受到限制,在电话普及率低的地区难以开展;因干扰顾客的工作和休息所导致的负效应较大;由于顾客既看不到实物,也读不到说明文字,易使顾客产生不信任感等。

(4) 电视营销。电视营销是指营销者购买一定时段的电视时间,播放某些产品的录像,介绍功能,告示价格,从而使顾客产生购买意向并最终达成交易的行为。电视营销的优点是通过画面与声音的结合,使商品由静态转为动态,直观效果强烈;通过商品演示,使顾客注意力集中;接受信息的人数相对较多。电视营销的缺点是制作成本高,播放费用昂贵。

(5) 网络营销。网络营销是指企业借助网络、通信和数字交互式媒体而进行的营销活动。它主要是随着信息技术、通讯技术、电子交易与支付手段的发展而产生的,特别是国际互联网的出现更是为它的发展提供了广阔的空间。网络营销是直复营销的各种方式中出现最晚的一种,但也是发展最为迅猛、生命力最强的一种。

(四) 直复营销模式的实施步骤

(1) 第一步:建立直复营销系统。建立客户关系管理系统(CRM),搭建了一个先进的平台。

(2) 第二步:获取数据。获取数据可以采取的方法有以下三种:① 直反式广告;② 购买别人现成的符合目标人群的数据;③ 和相关企业单位合作获取数据。

(3) 第三步:建立一对一的沟通关系。通过呼叫中心和客户直接沟通,形成购买意愿。

(4) 第四步:促成购买行为。通过和消费者的良好沟通,促成购买行为。

(5) 第五步:信息反馈。通过呼叫中心和已购买产品的客户沟通,跟踪服务,了解产品使用情况,进行信息反馈,形成再次购买。

三、中国市场的促销

促销作为营销组合中的重要一环,随着中国市场经济的发展而日益发展和成熟,成为衔接沟通厂家、商家与顾客之间的一个重要桥梁。伴随着改革开放的深入、商品经济的迅猛发展,企业市场营销活动开始呈现出"百花齐放、积极探索"的局面。其大致经历了促销启蒙时代、企业品牌推广时代、产品品牌推广时代、品牌促销时代、整合促销时代。

1. 促销启蒙时代

改革开放前期,中国的经济处在全面建设、百废待兴的时期,社会主义商品经济体系尚未构建。从促销方式的角度来看,当时还不存在完全意义上的促销。因为在这一时期,缺的是产品,只要有产品,就不怕卖不出去,因此,中国促销方式的演进是从20世纪80年代末开始的。1979年广告引入中国,也是中国企业促销的开端,当年,中国的广告世界里出现了几个第一。上海延安路的第一块户外广告,广告牌对面就是外宾云集的锦江饭店。1月4日,《天津日报》通栏刊登了"天津牙膏厂"广告,成为第一个刊登广告的新闻媒体。3月,中央电视台播出了上海汽水厂的幸福可乐,广告语是:清爽可口,芬芳提神。这是中央电视台的第一个电视商业广告。

2. 企业品牌推广时代

从1979年至2000年是中国广告引入阶段,这一阶段可以称为中国市场营销的初级阶段。在这一阶段,企业市场营销的诉求标志以企业的品牌推广为主,这种特征的出现与中国经济的发展阶段以及媒体特征是紧密联系在一起的。

在中国改革开放的前十几年中,中国是属于计划经济向市场经济转变的前期,整个市场处于商品的不发达期。在这一时期中国消费者对商品的信赖更多是延续了中国传统的信任建立模式,即首先看商品的"出身",如果是"系出名门",则非常容易建立对商品本身的信任,因而这一阶段"企业品牌"的广告形式为促销的主流形式。

"名人广告"和"活动营销"是这时期主要的促销方式,山东孔府家酒首次在中央电视台做白酒广告;而为容升冰箱做广告的汪明荃,则是第一位在内地拍广告的香港明星;1994开始的"飘柔之星"活动培养了一大批飘柔的品牌忠诚者。

3. 产品品牌推广时代

进入20世纪90年代以后,随着中国产品的不断丰富以及市场竞争的加剧,同时在经过了大规模低成本假冒和仿造产品的高峰后,企业的市场营销已经开始从企业品牌向产品品牌转变,以及通过产品品牌的建立来获取其核心竞争优势。

这一产品"品牌推广"营销时代的需求也就决定了当时的媒体特征,或者说这一时代最发达的媒体就是因为其满足了企业产品"品牌推广"的需求,包括电视媒体、杂志媒体、都市报媒体以及各大门户网站,都有一个共同的特征,能够覆盖的面很广,进而影响的消费群体很多。

4. 品牌促销时代

2008年后,我国的市场营销开始进入了"品牌促销型"营销时代,出现了品牌加销售促进的营销方式。这也与现有中国经济发展水平和市场竞争现状有巨大的关系,单纯的品牌广告效果不明显,需要与品牌有很强关联的促销信息辅助,在实现对消费者最大限度覆盖的同时,也要有对深度需求的准确定位,这样才能最大限度地发挥促销效果,直接刺激消费者购买行为的产生。

5. 整合促销时代

整合促销传播是以消费者为核心重组企业行为和市场行为,综合协调地使用各种形式的传播方式,传递产品信息,实现与消费者的双向沟通,建立产品品牌与消费者长期密切的关系,更有效地达到广告传播和产品销售的目的。企业以市场需求为导向,把一切促销和传播活动,如广告、人员推销、公共关系、销售促进、直复营销、包装、产品开发等进行整合重组让消费者从不同的信息渠道获得对某一产品或服务的信息,以增强品牌诉求的一致性和完整性。这使得促销活动和传播活动有了更加广阔的空间。伴随着这个时代的进步,我们看到垂直网站、搜索引擎、电子商务网站等的迅速发展,并成为现代营销的主流。

第五节 公共关系策略

一、公共关系的概念和特征

(一) 公共关系的含义

公共关系是指企业在一定理论指导下,运用各种传播手段,沟通内外部关系,塑造企业良好形象,为企业的生存和发展创造良好环境的经营管理活动。公共关系作为促销组合的一部分,应以公众利益为前提,以社会服务为方针,以交流宣传为手段,以谅解、信任和事业发展为目的。公共关系的主体可以是组织也可以是个人。当前公共关系发展的一个显著特点就是社会组织、工商业组织、非营利组织和政府已构成了当代公共关系的三大主体。

(二) 公共关系的特征

(1) 信息沟通的双向性。公共关系是企业与其相关的社会公众之间的一种信息交流活动。企业从事公关活动,能沟通企业上下、内外的信息,建立相互间的理解、信任与支持,协调和改善企业的社会关系环境。同时也要把公众的信息向企业进行传播,使企业和公众在信息的双向传播中形成和谐的关系。

(2) 促销作用的间接性。与其他促销方式不同,公共关系具有促销间接性的特点,其直接目的不是推销某种具体的产品或服务,而是要树立企业的整体形象,提高企业的社会声誉。公共关系旨在扩大企业的知名度,提高企业的美誉度,以取得社会公众的了解和信赖。

(3) 服务社会的长效性。公共关系是一种长期活动。它着手于平时努力,着眼于长远打算。公共关系的效果不是急功近利的短期行为所能达到的,需要连续的、有计划的努力,追求长期的稳定的战略性关系。

二、公共关系的作用

公共关系在促销中的作用主要表现在如下四个方面:

(1) 有助于树立良好的企业形象。良好的企业形象对企业的生存和发展具有重要意义。开展公共关系有助于树立良好的企业形象。如通过新颖别致的对外宣传和广泛的交往可以联络公众的感情,通过支持赞助公益事业可以体现企业的社会责任感等。

(2) 有助于增进企业之间的交往与合作。企业的生存与发展,需要与其他企业进行交流与合作。开展公共关系活动,可以增进企业之间的相互了解,使企业在相互信任、相互支持的基础上携手合作,共同发展。

(3) 有助于提高企业的经济效益。企业通过有计划的长期的公共关系活动,增进企业和外部公众的了解和沟通,使企业在社会上享有较高的声誉,从而促进产品的销售,提高经济效益。

(4) 有助于处理企业的危机事件。企业环境监测是公共关系部门的重要职能之一。信息监测工作的一个重要任务,就是通过合理的工作机制进行危机预警管理。此外,当企业遇到风险或危机事件并足以使企业形象受损时,公关人员应及时应变,妥善处理危机事件,尽可能将企业损失降到最低。

三、公共关系的实施

公共关系活动需要以下五个步骤:

(一)确定公关目标

进行公共关系活动首先要有明确的目标。目标的确定是公共关系活动取得良好效果的前提条件。企业的公关目标因企业面临的环境和任务的不同而不同。如新产品、新技术开发过程中,要让公众有足够的了解;开辟新市场之前,要在新市场所在地的公众中宣传企业的声誉;转产其他产品时,要树立企业新形象,使之与新产品相适应;参加社会公益活动,增加公众对企业的了解和好感;企业的产品或服务在社会上造成不良影响时,进行公共关系活动以挽回影响等等。

(二)确定公关对象

公关对象的选择就是公众的选择。公关的对象决定于公关目标,不同的公关目标决定了公关传播对象的侧重点不同。选择公关对象时要注意两点:一是侧重点是相对的。企业在针对某类对象进行公关活动时不能忽视了与其他公众沟通;二是在某些时候(如企业出现重大危机等),企业必须加强与各类公关对象的沟通,以赢得各方面的理解和支持。

(三)选择公关方式

在不同的公关目标下,企业必须选择不同的公关模式,以便有效地实现公共关系目标。一般来说,供企业选择的公关方式主要有战略性公关方式、策略性公关方式两类。

1. 战略性公关方式

战略性公关方式主要针对企业面临不同环境和任务,从整体上塑造和影响企业形象。它包括建设性公关、维系性公关、矫正性公关。

(1)建设性公关。主要适用于企业初创时期或新产品、新服务首次推出之时,主要功能是扩大知名度,树立良好的第一印象。

(2)维系性公关。适用于企业稳定发展之际,用以巩固良好企业形象的公关模式。

(3)矫正性公关。企业遇到风险时采用的一种公关模式,适用于企业公共关系严重失调,从而企业形象严重受损的时候。

2. 策略性公关方式

策略性公关方式主要是公共关系的策略技巧,它包括:

(1)宣传性公关。运用大众传播媒介和内部沟通方式开展宣传工作,树立良好企业形象的公共关系模式,分为内部宣传和外部宣传。

(2)交际性公关。通过人际交往开展公共关系的模式,目的是通过人与人的直接接触,进行感情上的联络。其方式是开展团体交际和个人交往。

(3)服务性公关。以提供优质服务为主要手段的公共关系活动模式,目的是以实际行动获得社会公众的了解和好评。

(4)社会性公关。利用举办各种社会性、公益性、赞助性活动开展公关,带有战略性特点,着眼于整体形象和长远利益。

(四)实施公关方案

实施公共关系方案的过程,就是把公关方案确定的内容变为现实的过程,是企业利用各种方式与各类公众进行沟通的过程。实施公关方案是企业公关活动的关键环节。需要做好以下工作:

(1)做好实施前的准备。公共关系活动实施之前做好充分的准备,这是保证公共关系实施成功的关键。公关准备工作主要包括公关实施人员的培训、公关实施的资源配备等。

(2)消除沟通障碍,提高沟通的有效性。公关传播中存在着各种障碍,如语言、风俗习惯、观念和信仰的差异等多方面形成的沟通障碍和突发事件的干扰等影响因素。消除不良影响因素,是提高沟通效果的重要条件。

(3)加强公关实施的控制。公关实施中的控制主要包括对人力、物力、财力、时机、进程、质量、阶段性目标以及突发事件等方面的控制。

(五)评估公关效果

公共关系评估就是根据特定的标准,对公共关系计划、实施及效果进行衡量、检查、评估。公共关系评估并不是在公关实施后才评估公关效果,而是贯穿于整个公关活动之中。公共关系评估的内容包括:

(1)公共关系程序的评估。即对公共关系的调查过程、公关计划的制订过程和公关实施过程的合理性和效益做出客观的评价。

(2)专项公共关系活动的评估。主要包括对企业日常公共关系活动效果的评估、企业单项公共关系活动(如联谊活动、庆典活动等)效果的评估、企业年度公共关系活动效果的评估等方面。

(3)公共关系状态的评估。企业的公共关系状态包括舆论状态和关系状态两个方面。企业需要从企业内部和企业外部两个角度对企业的舆论状态和关系状态进行评估。

本 章 小 结

本章概括了促销及促销组合策略,人员推销、广告、公共关系、销售促进和直复营销等促销方式的选择决定于促销目标、市场的特点、产品的性质等因素。

1. 促销是企业通过人员和非人员的方式把产品和服务的有关信息传递给顾客,以激起顾客的购买欲望,影响和促成顾客购买行为的全部活动。促销的实质是信息的传播和沟通。人员推销、广告、公关关系、销售促进和直复营销是促销的基本方式,确定目标受众、确定沟通目标、设计促销方案、选择信息沟通渠道、制定促销预算和确定促销组合是促销的基本步骤。

2. 人员推销是指企业的营销人员直接向潜在客户介绍和推销产品,说服顾客,使其接受其产品或服务的一种促销方式。企业进行人员推销,必须确定合理的推销目标、选择恰当的推销方式、建立有效的推销队伍并加强对推销队伍的管理。

3. 广告是广告主以促进销售为目的,付出一定的费用,通过特定的媒体传播产品或劳务等有关经济信息的大众传播活动。它既是一种重要的促销手段,又是一种重要的文化现象。广告对企业、对消费者和社会都具有重要作用。确定广告目标、设计广告信息、选择广告媒体、制定广告预算和评估广告效果是企业的主要广告决策。

4. 销售促进又称营业推广,是指企业运用各种短期诱因鼓励消费者或中间商购买、经销(或代理)企业产品或服务的促销活动。进行销售促进,企业必须确定明确的促进目标、塑造适宜的商业氛围和选择恰当的工具、制订科学的推广方案并保证方案的实施。

5. 公共关系是指企业在一定理论指导下,运用各种传播手段,沟通内外部关系,塑造企业良好形象,为企业的生存和发展创造良好环境的经营管理活动。企业在公关活动中,必须明确公关目标、选择合适的公关对象和公关方式、有效地实施公关方案并重视对公关效果的评估。

6. 随着媒体细分化和信息技术的发展所出现的直复营销、整合营销传播,以消费者为核心,以各种传播媒介的整合运用为手段,以"一种声音"为内在支持点,以建立消费者和品牌之间的关系为目的,体现了促销的新趋势。

总之,促销是企业与消费者购买意愿的直接碰撞,是激发消费者购买决策的决定因素,它既是市场攻坚的矛,也是市场防御的盾,是企业实施和转变销售策略的必经之路。企业通过一系列的促销活动,把产品推向消费者,短期内迅速增加消费者的购买量和购买频率,增加新的消费群体,并巩固现有顾客的忠诚度,从而有效控制了竞争对手,实现预期目标。

练 习 题

一、名词解释

1. 人员推销;
2. 广告;
3. 销售促进;
4. 公共关系;
5. 直复营销。

二、单项选择题

1. 促销的目的是刺激消费者产生(　　)。
   A. 购买行为　　　B. 购买兴趣　　　C. 购买决定　　　D. 购买倾向
2. 对于单位价值高、性能复杂、需要做示范的产品,通常采用(　　)策略。
   A. 广告　　　　　B. 公共关系　　　C. 推式　　　　　D. 拉式
3. 营业推广是一种(　　)的促销方式。
   A. 常规性　　　　B. 辅助性　　　　C. 经常性　　　　D. 连续性
4. 人员推销的缺点主要表现为(　　)。
   A. 成本低,顾客量大　　　　　　　B. 成本高,顾客量大
   C. 成本低,顾客有限　　　　　　　D. 成本高,顾客有限
5. 在产品生命周期的投入期,消费品的促销目标主要是宣传介绍产品,刺激购买欲望的产生,因而主要应采用(　　)促销方式。
   A. 广告　　　　　B. 人员推销　　　C. 价格折扣　　　D. 营业推广
6. 收集推销人员的资料是考评推销人员的(　　)。
   A. 核心工作　　　B. 中心工作　　　C. 最重要工作　　D. 基础性工作
7. 一般日常生活用品,适合于选择(　　)媒介做广告。

A. 人员　　　　B. 专业杂志　　　　C. 电视　　　　D. 公共关系

8. 开展公共关系工作的基础和起点是（　　）。

A. 公共关系调查　　　　　　　　B. 公共关系计划

C. 公共关系实施　　　　　　　　D. 公共关系策略选择

9. 下列因素中，不属于人员推销基本要素的是（　　）。

A. 推销员　　　B. 推销对象　　　C. 推销品　　　D. 推销条件

10. 下面促销方式中，生产者市场营销的主要促销工具是（　　）。

A. 广告　　　　B. 公共关系　　　C. 人员推销　　　D. 营业推广

三、多项选择题

1. 推销人员一般应具备的素质有（　　）。

A. 态度热忱，勇于进取　　　　　B. 求知欲强，知识广博

C. 文明礼貌，善于表达　　　　　D. 富于应变，技巧娴熟

E. 自信健康，吃苦耐劳

2. 商业性广告的特点是（　　）。

A. 有较高的艺术性　　　　　　　B. 有明确的广告主

C. 使顾客产生信任　　　　　　　D. 必须支付费用

E. 必须通过一定传播媒体

3. 四大广告媒体指的是（　　）。

A. 报纸　　　　B. 杂志　　　　　C. 广播

D. 电影　　　　E. 电视　　　　　F. 网络

4. 以下属于公共关系的活动有（　　）。

A. 展销　　　　　　　　　　　　B. 赞助相关事件

C. 降价销售　　　　　　　　　　D. 公益活动

E. 在电视台播放企业宣传片

5. 制定促销组合策略要考虑的因素主要有（　　）。

A. 促销目标　　　　　　　　　　B. 产品因素

C. 市场范围　　　　　　　　　　D. 促销预算

E. 市场条件

四、简答题

1. 人员推销的程序是什么？
2. 按照不同的标准，广告有哪些类型？
3. 简述广告促销方案设计的步骤。
4. 简述销售促进的具体方式。
5. 公共关系活动有哪些作用？

五、论述题

1. 试说明我们在实际促销工作中应如何选择推式策略、拉式策略和推拉结合策略这三种促销组合策略。

2. 请谈谈我们可以从哪些方面对广告的效果进行评价。

"双十一"购物狂欢节的促销策略

"双十一"购物狂欢节,是指每年11月11日的网络促销日,源于淘宝商城(天猫)2009年11月11日举办的网络促销活动,当时参与的商家数量和促销力度有限,但营业额远超预想的效果,于是11月11日成为天猫举办大规模促销活动的固定日期。目前,"双十一"已成为中国电子商务行业的年度盛事,并且逐渐影响到国际电子商务行业。2014年,阿里巴巴"双十一"全天交易额为571亿元。2015年,天猫"双十一"全天交易额为912.17亿元。2016年,天猫"双十一"全天交易额超1207亿。2017年"双十一"天猫、淘宝总成交额为1682亿元。2018年天猫"双十一"全天交易额2135亿。在"双十一"购物狂欢节到来的前夕,各电商平台以及不同商家都采取了一系列的大幅度促销策略,例如会员、积分促销、折扣促销、预售模式、赠送样品促销、抽奖促销、红包促销、拍卖和积极参与电商平台主办的各种促销活动,还会提供相关产品的一站式服务、30天保价等活动。同时,各大电商平台和商家有效利用店铺网页,制作大量的促销活动的页面,营造一种火爆的氛围。广告促销作为电商最基本的促销竞争策略,不仅仅局限在传统的媒体上进行宣传,更是加大了网络媒体宣传的力度。如:京东每年在活动之前都会进行媒体的促销。随着近几年电商的快速发展,淘宝、当当、苏宁等电商平台在大众媒体的平台上投放越来越大。社交网络促销也起了很重要的作用,在互联网时代下,消费者几乎是离不开社交媒体,电商平台通过QQ、微信、微博营销的方式,将活动达到预期的效果。淘宝天猫举办的"双十一晚会",被称为是"双十一春晚",通过大型活动晚会达到与广大消费者互动的效果,提高消费者的购买热情。促销结束之后,对促销的结果做一个分析,包括流量、销售量、点击率,这一次针对的消费人群是对制定的产品感兴趣还是对网站上其他的商品更感兴趣。同时,也要对竞争对手的促销活动进行分析和比较,找到可以学习的地方,竞争对手比自己销量好,肯定就说明自己的促销计划没有别人的吸引人,分析的过程也是一个学习的过程。对促销活动进行总结可以有效地提高自己的促销水平,在这一次的总结中找到本次促销活动哪里比较不足,在下一次的活动中进行调整。促销虽然是一种增加销售量的好方法,但是也需要不断地摸索和总结才能够取得预想的效果。

案例思考题

(1) 试简要分析"双十一"购物狂欢节,各大电商平台运用了哪些促销策略。
(2) "双十一"购物狂欢节的促销策略对各品牌产生了哪些积极效应?
(3) 你认为"双十一"购物狂欢节的促销策略存在哪些问题?如何改善?

1. 训练目标

通过模拟训练,提高学生实际推销谈判的能力。

2. 背景材料

李刚从朋友那里了解到一家公司准备新增几台电脑,就通过朋友来认识这家公司负责采购的张经理,希望能够达成这几台电脑的销售。在朋友的牵线下,李刚终于有机会登门拜访。

李刚：我是××公司的小李，王哥告诉我说你们需要购买计算机，我们是很好的朋友，同时我们公司也正好是××电脑的代理商。

张经理：哦，小王和我是老朋友了，那既然是他介绍的，没说的。是这样的，我们公司新增加了几个员工，因此，需要新购买几台计算机用于办公。我已经报上去了，基本上已经批下来了，你们的机器价格有些高，我的经费不够啊。

李刚：哦，是这样啊，您对市场还真的很了解啊，对这个牌子我也就不用多说了，不知道你们办公到底需要怎样用电脑？我这里倒是有一些型号在你的预算之内，这些产品做日常办公是没有问题的，如果要搞图形设计之类或者多媒体制作，可能要差些。

张经理：主要是文字处理、财务处理这样的工作，所以对电脑的要求并不是很高，要不你来参观一下。

（简单地参观之后，李刚发现，这家公司有几台电脑，但却没有联网，打印文件都用软盘存储后再连接到有打印机的电脑上打印。）

李刚：看来你们对电脑的依赖还是很重的啊。

张经理：是啊，现在客户都要我们给他们发电子邮件，合同之类的文件也都需要正式的印刷体文件，为了效果好，我们专门买了激光打印机，确实不错，现代科技确实不得了啊。

李刚：我有一个建议，或许能帮你，软盘经常用会坏也经常丢，属于消耗品，如果你把这些电脑连接起来，就不用再买软盘了，可以节省好多费用呢。

张经理：是吗，怎么做？复杂吗？

李刚：其实很简单，每台机器买一个局域网卡，一个集线器，就可以大家共享打印机了，随时都可以在自己的电脑上打印文件。

张经理：哦，你给我详细说说……

最后，李刚不但销售了几台电脑，同时还搭配了一些诸如杀毒软件、集线器、Modem之类的产品，远远超过了客户原有的预算，并且获得了客户极高的满意度。

3. 操作方式

选出两个同学分别扮演李刚和张经理，可以不拘于对话中的内容。要求设置相应的情景。

4. 训练成果及检测

其余同学认真观摩两个同学的表演，然后对人员推销成败进行评论，再分析原因。

第十二章 市场营销计划、组织与控制

掌握市场营销计划的主要内容；了解企业市场营销实施的过程；掌握企业市场营销控制的主要步骤。

蓬勃发展的华为

华为技术有限公司是一家生产销售通信设备的民营通信科技公司，于1987年正式注册成立，总部位于中国广东省深圳市。华为是全球领先的信息与通信技术（ICT）解决方案供应商，专注于ICT领域，坚持稳健经营、持续创新、开放合作，在电信运营商、企业、终端和云计算等领域构筑了端到端的解决方案优势，为运营商客户、企业客户和消费者提供有竞争力的ICT解决方案、产品和服务，并致力于实现未来信息社会、构建更美好的全连接世界。华为实现了全球运营，产品在全球销售。2018年，世界知识产权组织发布的年度报告显示，2018年在通过该组织提交的国际专利申请中，中国华为公司的专利申请量在企业中位居全球第一。在全球化运营的发展时期，华为真正的企业文化在于其核心价值观，华为总结"以客户为中心，以奋斗者为本"的企业文化。在现代市场营销环境下，企业要想在市场上取得成功就必须制订并实施战略计划，加强市场营销管理，提高企业对内外不断变化的环境的适应能力，对外部不可控的宏观环境进行观察和了解，对内部可控的微观环境进行不断的调整。制订与环境相适应的营销计划、构建营销组织，加强营销计划执行中各个环节的控制，通过对营销过程和营销结果的分析、审计和评估发现营销中存在的问题，便于企业进行整改，制定新的营销战略。

讨论：

一份完整的市场营销计划书应该包括哪些方面？怎么评价市场营销计划书的效果？

第一节 市场营销计划

一、市场营销计划的概念

企业要在激烈的市场竞争中求得生存和发展,必须不断地明确自己前进的目标以及制定为实现目标而采取的相应的策略。市场营销计划是指在对企业目前营销环境进行深入调查研究,对市场需求进行科学预测的基础上,结合自身的条件和实力制定的关于一定时期内企业营销活动的任务、目标及实现目标的策略、方法和步骤。市场营销计划是企业战略计划在营销领域里的具体化。因此,正确制订和实施市场营销计划,是实现企业总体任务和目标的重要保证。

二、市场营销计划的地位和作用

(一) 市场营销计划的地位

首先,市场营销计划是营销管理的首要职能和中心内容。市场营销管理是营销管理人员所从事的一种有目的、有意识的社会实践活动,在从事市场营销管理活动以前,必须要明确市场营销活动的目标及实现目标的方式,这正是市场营销计划要解决的问题,没有市场营销计划,市场营销管理就是一种盲目的活动。因此,市场营销计划是市场营销管理的首要职能,也是市场营销管理的中心内容。

其次,市场营销计划是市场营销管理的起点和基础。这是因为市场营销管理是以市场营销计划为依据的,在确定采用什么样的组织结构、选用什么样的人员、如何对市场营销人员加以引导和激励、采取什么样的控制手段以前,首先要考虑市场营销计划所确定的市场营销目标是什么。因此,市场营销计划是市场营销管理的起点和基础。

(二) 市场营销计划的作用

市场营销计划的作用如下:

1. 协调实现预期目标的各项活动

市场营销计划规定了预期的营销目标和需要解决的主要问题。制订市场营销计划,可以使企业明确前进的方向,从而减少盲目性,提高预见性,增强应变能力,使企业各部门之间协调一致,促使市场营销目标的实现。

2. 增强开发市场的能力

市场营销计划是在市场调查、分析和预测的基础上制订的,可使企业明确市场营销环境的影响,识别不利的市场趋势和有利的营销机会,提高开发市场的能力。

3. 提高企业的营销管理能力

市场营销计划是市场营销组织实施、控制、监督的依据,使市场营销管理者能有效地控制、监督、评价各种营销活动的进行和效果,保证企业市场营销任务和目标的实现。

4. 使企业合理利用资源

市场营销计划是有明确目标的,可以使企业预测各种资源的需要情况,并进行合理的分配,使营销费用降低到最低限度,提高营销活动的效率。

三、市场营销计划的类型及特点

(一) 市场营销计划的类型

按照不同的标准,市场营销计划可以分为不同的类型。

1. 按计划时间的长短分类

按计划时间的长短,可分为长期计划、中期计划和短期计划三大类。

(1) 长期计划。这种计划一般是5年以上的计划,长期计划是企业对未来较长时期内的营销活动进行战略部署和安排的计划,它是企业编制中期计划的依据。

(2) 中期计划。介于长期计划和短期计划之间,期限通常为3~5年。它根据长期计划的任务要求,确定分年度的实施步骤及具体目标。

(3) 短期计划。它以年度计划为主,期限通常为1年。短期计划是企业营销的具体行动计划,其主要内容是分析当前的营销形势、机会和威胁、年度的营销目标、营销策略、行动方案和预算等,即把中长期计划规定的任务详细进行分解,予以落实。

2. 按计划涉及的范围分类

按计划涉及的范围,可分为总体营销计划和专项营销计划。

(1) 总体营销计划。这种计划是企业营销活动的全面、综合性计划,它反映企业的总体营销目标,以及实现总体目标所必须采取的策略和主要的行动方案,是制订各种专项营销计划的依据。

(2) 专项营销计划。是为解决某一具体问题或销售某一产品而制订的计划,如市场调查和预测计划、产品计划、渠道计划、定价计划、促销计划、储运计划等等。专项计划通常比较单一,涉及的面较窄,较容易制订,但在制订时,要特别注意与总体营销计划相衔接,否则,会出现各单项计划彼此之间发生冲撞并与总体计划相抵触的现象。

3. 按计划的性质分类

按计划的性质,可分为战略计划、策略计划和作业计划。

(1) 战略计划。是有关企业市场营销活动全局和长远的谋划,其期限一般较长、影响面较广,是企业其他各种市场营销计划的总纲。

(2) 策略计划。是就企业营销活动某一方面所做的谋划,带有局部和战术性的性质。

(3) 作业计划。是企业各项市场营销活动的执行性计划,非常细致和具体。如某一次具体的促销活动计划,对活动的内容、时间、地点、方式、参加人员等做详细的规定和说明。

4. 按计划的作用分类

按计划的作用,可分为进入计划、撤退计划和应急计划。

(1) 进入计划。是企业准备开拓一个新的市场营销项目的计划。

(2) 撤退计划。是企业根据市场营销环境的变化,准备从原来营销项目中撤出的计划。

(3) 应急计划。是企业针对市场可能发生的重大变化而适时地作出应急反应的计划。

(二) 市场营销计划的特点

市场营销计划的特点如下:

(1) 整体性。企业是一个由生产、营销、财务、人事等众多部门构成的,各部门之间相互联系、相互影响。因此,企业在制订营销计划时必须统筹营销活动的各个方面,整体安排,使营销计划与其他各部门的计划协调一致。

(2) 可行性。营销计划所规定的任务、目标以及做出的各项决策必须是可行的。

(3) 经济性。企业制订的营销计划必须遵循经济效益原则。

(4) 灵活性。营销计划是关于未来营销活动的行动方案,而未来充满着众多事先难以预料的不确定因素,因此,在编制营销计划时一定要灵活。例如,有的企业根据对未来的预测和判断,针对可能出现的几种主要情况制订几套计划和方案,以保持计划的灵活性。

(5) 连续性。营销计划要前后衔接,成龙配套。为此,中期计划的制订必须以长期计划为指导,与长期计划相衔接,短期计划的制订必须以中、长期计划为指导,与中、长期计划相衔接。

四、市场营销计划的内容和步骤

市场营销计划一般由九个部分构成(表12.1),企业的市场营销计划制订并经审核批准后就成为企业营销部门一定时期内的行动纲领和各项营销活动的主要依据。

表12.1 市场营销计划的内容

组成部分	内　　容
内容提要	简述市场营销计划的目标及建议
当前营销状况	提供与市场、产品、竞争、分销以及现实环境有关的背景资料
机会与威胁	概述主要的机会和威胁、优势和劣势,以及产品面临的问题
市场预测	市场需求预测、市场供给预测、商品价格预测、竞争形势预测等
营销目标	确定总目标、财务目标、市场目标等
营销策略	描述为实现计划目标而采用的主要营销方法
行动方案	说明每个营销环节做什么?谁来做?什么时候做?需要多少成本?即将营销战略具体化
营销预算	描述计划所预期的财务收益情况
营销控制	说明如何对计划进行监控

1. 制定内容提要

内容提要即对市场营销计划的主要目标及执行方法和措施作概括的说明,目的是让高层管理者了解掌握市场营销计划的要点,并以此检查和初步评定市场营销计划。

2. 分析当前营销状况

(1) 市场状况。市场范围的大小,包括哪些细分市场,市场及细分市场近几年的营业额有多少,市场增长率、利润率,市场竞争的激烈程度,消费者的需求状况及影响消费者行为的各种环境因素等。

(2) 产品状况。产品的质量、档次、知名度,产品组合中每个品种的价格、销售额、市场占有率、利润率,产品的生命周期、需求弹性等。

(3) 竞争状况。主要竞争者有哪些,各个竞争对手产品的销量和市场占有率,他们的产品质量、定价、分销、促销等方面都采取哪些策略等。

(4) 分销渠道状况。各分销渠道近期销售额及发展趋势等。

3. 分析机会与威胁

在营销状况分析的基础上,营销管理人员需要进一步对市场营销中所面临的主要机会和威胁进行分析评估。要求企业管理者应设法找出企业面临的主要机会和威胁,并对机会和威胁的程度加以分析，使企业能充分利用机会，同时回避风险，以便采取相应的市场营销手段，保证企业目标的顺利实现。

4. 进行市场预测

在市场营销状况和机会与威胁分析的基础上，运用科学的方法对市场的规模和发展前景、供需变化规律和发展趋势进行预测。市场预测的内容包括市场供需预测、产品价格预测、竞争形势预测等。市场预测是制定企业市场营销目标和市场营销计划的前提和依据，只有对市场需求状况和发展前景有了正确的认识，才能对各种市场机会做出合理的选择。

5. 确定营销目标

营销目标是营销计划的核心部分，是在营销现状、机会与威胁分析以及市场预测的基础上结合自身的条件和实力制定的。企业制订或调整营销计划时，应阐明企业的总目标和一些具体目标。

（1）总目标。是指企业打算经营何种产品，进入何种市场。计划中的其他各项内容都得围绕这一总目标。编制计划还应扼要说明选择该产品和该市场的理由、市场潜力、竞争形势、消费者情况及产品类型等。

（2）财务目标。包括利润额、投资收益率、销售利润率等。

（3）市场目标。包括市场占有率、销售额、消费者认知度、分销覆盖面、广告覆盖率等。

6. 制定营销策略

营销策略是实现营销目标的途径或手段，包括目标市场的选择和市场定位策略、竞争策略以及产品、定价、渠道、促销等营销组合策略。

7. 筹划行动方案

依据预期目标和营销策略，制订具体行动方案。包括营销活动的具体分工，营销人员的组成，营销行动的时间、地点以及行动的路线等。

8. 编制营销预算

在营销行动方案的基础上进行营销费用的预算，确定达到预期目标所需的费用。营销预算表明营销计划在经济上是否可行，如果预算过高，超过了企业财务承受能力，则应考虑对计划加以修改和调整。

9. 进行营销控制

营销计划的最后一部分，是对营销计划执行过程的控制。一般是将计划规定的目标和预算按月份或按季度分解。如开展目标管理、推行经济责任制等，以便于企业上层管理部门进行有效的监督与检查，确保市场营销计划的顺利完成。

五、与市场营销相关的企业计划

与市场营销有关的企业计划包括：企业计划、业务部计划、产品线计划、产品计划、品牌计划、市场计划、产品（市场）计划、职能计划等。

（1）企业计划。企业计划是企业全部业务的整体计划，有年度计划、中期计划、长期计划等。包括任务、目标、成长的战略方法、业务组合决策和投资决策。

（2）业务部计划。业务部计划是一种类似于企业计划并主要描述业务增长和利润增长的计划，包括营销战略、财务战略、生产战略和人事战略等。

（3）产品线计划。产品线计划是描述某一条特定产品线的目标、战略及战术的计划。产品线计划主要由各产品线经理负责制订。

(4) 产品计划。产品计划是关于某一条特定产品的目标、战略及战术的计划。产品计划主要由各产品经理负责制订。

(5) 品牌计划。品牌计划是关于某个特定品牌的目标、战略和战术的计划。品牌计划主要由各品牌经理负责制订。

(6) 市场计划。市场计划是关于开发一个特定的行业市场或地区市场并为该市场服务的计划。市场计划主要由各市场经理负责制订。

(7) 产品(市场)计划。产品(市场)计划是关于在一个特定行业或地区市场,企业营销某种特定产品或产品线的计划。

(8) 职能计划。职能计划是一种关于某项主要管理职能的计划,如市场营销计划、生产计划、财务计划、人力资源计划、产品开发计划等。

第二节 市场营销组织

一、市场营销组织的内涵

企业的市场营销计划和其他营销活动必须通过相应的、高效率的市场营销组织或机构来执行与实施。所谓市场营销组织,就是企业内部涉及营销活动的各个职位及其结构。营销组织的设计,要根据市场营销计划所确定的目标与要求,将营销工作进行分工,确定企业不同营销部门和营销人员的职责与权限,设立相应的协调机构,以寻求高效率实现企业的营销目标。理解这一概念必须注意以下两个问题:

1. 市场营销活动跨越组织岗位

并非所有的市场营销活动都发生在同一岗位。在拥有很多产品大类的大公司中,每个产品经理下面都有一支销售队伍,而运输则由一位生产经理集中管辖。不仅如此,有些活动还发生在不同的国家或地区。但它们都属于市场营销组织,因为它们从事的都是市场营销活动。

2. 市场营销组织范围难以明确

不同企业对其经营管理活动的划分也是不同的。例如,信贷对某个企业来说是市场营销活动,对另一个企业来说可能是会计活动。同时,即使企业在组织结构中正式设有市场营销部门,企业的所有市场营销活动也并不全部由该部门来完成。因此,市场营销组织范围是难以明确界定的。

有时市场营销组织也被理解为各个市场营销职位中人的集合,由于企业中的各项活动总是由人来承担,所以,对企业而言,人的管理比组织结构设计更重要。有的组织看起来完美无缺,运作起来却不尽如人意,这主要是因为有人的因素。所以,判断市场营销组织的好坏同时要兼顾人的素质,而不仅是组织结构的设计。这就要求营销经理既能有效地制订市场营销计划和战略,又能使下级正确地贯彻执行这些计划和战略。

二、市场营销组织的演变

企业市场营销组织机构是随着外部和内部的情况变化而改变的,是随着市场形势和营销观念的演变而发展变化的。市场营销组织机构的演变大致经历了五个阶段,每个阶段都有不同的组织形态。

1. 简单的销售部门

20世纪30年代以前,西方企业以生产观念作为指导,大多采用这种形式。大多数企业都是从财务、生产、销售、人事和会计这五个基本职能部门开始发展的。企业的组织机构往往是以生产部门和财务部门为核心,销售部门处于次要地位,生产什么、生产多少,完全由生产部门决定,销售部门对产品的种类、规格、数量等问题,几乎没有任何发言权。通常在总经理之下设有销售部,管理按地区分派的销售人员(图12.1)。

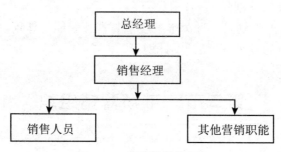

图12.1 简单的销售部门

2. 兼有附属功能的销售部门

20世纪30年代世界性的经济大萧条之后,市场竞争日趋激烈,大多数企业以推销观念为指导思想。此时,企业经营的重心也由产品的生产转向产品的推销,需要进行经常性的营销调查、广告宣传以及其他促销活动,销售职能日益专业化,以往那种盲目的销售日益被有组织、有目的的推销所代替。这时,销售经理可聘用一位市场主管来负责这方面工作(图12.2)。

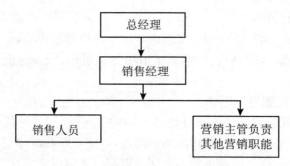

图12.2 兼有附属功能的销售部门

3. 独立的市场营销部门

20世纪50年代初开始形成的以市场为中心的市场营销观念,是企业经营思想上一次深刻的变革,它对营销组织机构的设立提出了新的要求。除了销售部门外,还设立了与此平行的营销部门,营销部门从销售部门中独立出来,成为一个相对独立的职能部门,执行着营销调查、新产品开发、广告促销和为顾客服务等专项职能,以确保产品更适合于市场(图12.3)。

4. 现代市场营销部门

这种组织形式形成于20世纪60年代。随着企业规模和业务的不断扩大,销售部门和营销部门因为各自的职能、目标不同,结果往往互相扯皮,矛盾日益突出。为了进一步协调销售部门与营销部门的关系,企业以营销观念为指导,把力量统一起来,采取了将销售合并于营销部门并从属于它的组织形式(图12.4)。

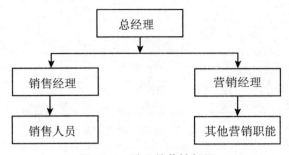

图12.3 独立的营销部门

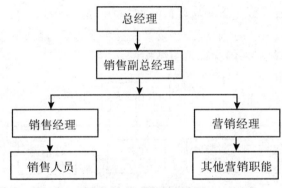

图12.4 现代营销部门

5. 现代市场营销企业

20世纪70年代以来,形成了按市场分工的现代营销公司。它对企业贯彻市场营销观念起了很大的作用,使企业营销活动形成一个系统,并给予其足够的协调控制权力。设置独立的营销调查部门和专职的营销调查人员,以便确定消费者的需求。同时营销部门参与新产品的研发,在开发新产品时营销部门起着指导作用。从现阶段企业发展的实际情况看,这种组织形式有利于适应市场经济的发展和企业不断拓展市场的要求。

三、市场营销组织机构的类型

为了实现企业目标,市场营销经理必须选择合适的市场营销组织形式类型,现代企业市场营销组织形式是多种多样的。主要有以下几种基本的营销组织形式:

1. 职能型营销组织

职能型营销组织(图12.5)是一种最常见的营销组织形式,即按照需要完成的市场营销职能来设立不同的部门,各部门由市场营销专家担任经理,执行某一方面的营销职能,这些部门经理向营销副总经理负责,营销副总经理负责协调各职能部门的关系及各项营销活动。

职能型营销组织适宜于产品种类不多,对于有关产品的专门知识要求不高或企业经营地区情况差别不大的营销组织。

职能型营销组织的优点是:机构简单、分工明确、管理方便,便于发挥不同部门的专业知识与专门技能,有利于在人力使用上提高效率。同时各专业职能部门的数量比较容易随营销活动的需要而增减。

其缺点是:分立门户过多,易使各单位只顾自身工作。若是产品种类增加、市场扩大,这种组织很难发挥集体效应,协同开拓市场。

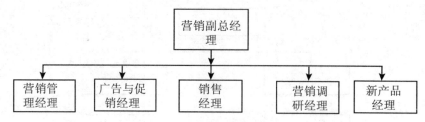

图 12.5　职能型营销组织

2. 产品型营销组织

产品型营销组织形式(图 12.6)是根据产品的类别来组织企业的营销活动。其基本做法是由一名产品经理负责,下设几个产品项目经理,产品项目经理下再设几个具体的产品项目经理负责各具体的产品。这在企业生产经营产品的种类多、产品之间差别大时较为适用,如宝洁公司和通用食品公司都采用这种组织结构形式。

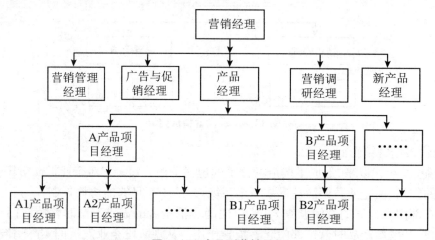

图 12.6　产品型营销组织

产品型营销组织形式的优点是:能够为产品设计富有成效的营销组合策略;对所有产品在市场上出现的问题能及时做出反应;一些名气较小的产品因有专人负责而不会被忽视;同时由于产品管理涉及企业经营的方方面面,所以为培训年轻管理人员提供了最佳机会。

其缺点是:由于产品经理权力有限,不得不与其他部门合作,容易造成产品经理与其他职能部门之间的矛盾冲突。另外,产品经理较易于成为他所负责的产品方面的专家,而对其他方面的业务比较生疏。再有,由于产品管理人员的增加会导致人工成本的增加,结果使企业承担了巨额的管理费用,导致产品管理成本增加。

3. 地区型营销组织

地区型营销组织形式(图 12.7)是根据地理区域的划分来组织企业的营销活动。这种组织形式适用于地理位置分散、销售区域大的企业。具体做法是,企业按地区设立管理部门,负责每个地区的推销、产品计划与产品服务。

地区型营销组织形式的优点是:能充分发挥每个地区部门熟悉该地区情况的优势,使各地区经理能结合本地区消费者需求的实际情况制定切实可行的推销策略,有利于满足本地区消费者的需要,提高企业产品的竞争能力;另外,由于各地区具有相对独立性,各地区经理有权控制企业在本地区的有关产品和服务的全部或大部分生产经营活动,便于调动地区销售经理的积极性。

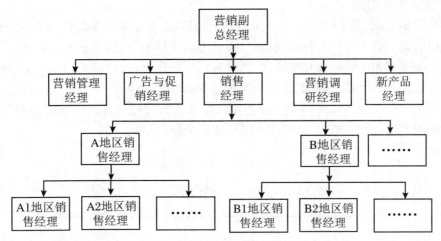

图 12.7 地区型营销组织

其缺点是:由于各地区都需要相同的专业人员,因而企业专业人员有时会出现重复。其次,每一个地区组织是相对独立的,都是一个独立的利润中心,容易使各地区经理从本地区利益出发,使各地区的活动协调比较困难。再次,对跨国经营的企业来说,实行这种组织形式需要大量具有国际经验工作的经理人员,无疑将会增加销售成本。

4. 市场管理型营销组织

市场管理型营销组织(图 12.8)又称顾客型营销组织形式,是根据不同的细分市场来组织企业的营销活动。其具体做法是,企业通过开展市场研究、用户研究,根据消费者需求和消费特性的不同,将消费者划分为不同的细分市场,并相应设置市场经理进行管理。通常由一个市场经理管辖若干细分市场经理,从而建立相应的市场管理型营销组织。

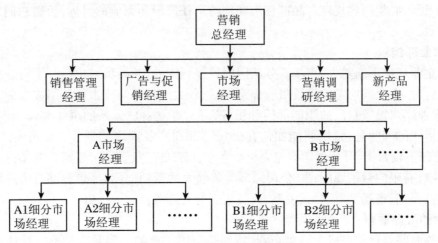

图 12.8 市场管理型营销组织

市场管理型营销组织的优点是:各个细分市场经理易于分析各自的市场趋势,针对不同的细分市场及不同顾客群体的需要来开展营销活动并可以灵活进行调整。另外,可以有效地吸引潜在顾客,扩大企业的服务面。

其缺点是：服务面的扩大和市场的细分，容易造成各个部门对人力、物力、财力资源的争夺，引起部门之间的矛盾和资源的浪费。同时，也会给营销控制带来一定的困难。

5. 矩阵型营销组织

矩阵型营销组织（图12.9）即产品-市场型营销组织，是根据产品类别和市场类别来组织企业的营销活动。对于生产多种不同产品，面向不同市场的企业，可采取该形式。这种组织形式要求产品经理和市场经理互相协调，共同进行市场预测，以适销对路的产品适应市场竞争及市场规模扩大的需要。例如，某电风扇制造公司的产品分为三类：立式、台式、吊式，所供应的主要用户也可分为三类：餐厅、商场、家庭，其销售可遍及各地。面对这种情况，可将产品和市场因素组合起来形成一个如图12.9所示的矩阵结构。

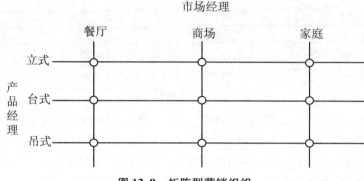

图12.9 矩阵型营销组织

图12.9共有9个交叉点，每个点都对应某种产品和某个市场，这样营销组织就可以适应这种特点相应进行设置，使每个产品、市场组合都有一个既了解产品，又了解市场的人员组合负责经营。

矩阵型营销组织的优点是：使营销活动按目标要求进行，一组人员熟悉各种产品，另一组人员熟悉各个市场，两组互相配合，取长补短。

其缺点是：必须明确规定产品部和市场部的责任范围和完成的目标，否则它们之间也容易发生矛盾。

6. 事业部组织

随着企业规模不断扩大，市场业务从国内扩展到国外，产品项目也由一个行业跨越到不同行业。这时，企业就应考虑设置事业部组织，把各大产品部门或市场部门成立为独立的事业部，各事业部再设置自己的职能部门和服务部门，建立自成体系的事业部营销组织结构。这一组织形式的问题是：营销职能如何在公司总部和事业部之间划分。一般有三种选择：① 公司总部不设营销部门，营销职能完全由各事业部自己负责；② 公司总部保持适度的营销组织，执行有限的营销职能；③ 公司总部保留强大的营销部门，为事业部提供各种营销服务，如广告、促销、市场调查、公共关系、人员培训与管理等。

7. 营销战略联盟

营销战略联盟目前已成为许多企业，特别是跨国企业的一种基本战略。具体的营销战略联盟可能是纵向的伙伴关系（如制造商与分销商间的伙伴关系），也可能是横向的伙伴关系（如制造商之间在新产品开发、分销上的合作），还可能是混合的伙伴关系（如跨行业的营销合作）。

四、市场营销组织机构的影响因素

企业无论怎样设计其营销组织形式，其根本目标都是要保证企业各项营销计划的顺利实施，所以在设置市场营销组织结构时，必须要根据主客观条件，选择适当的组织形式。具体来说企业在选择设计其营销组织形式时，应重点考虑下列因素的影响：

1. 企业规模

企业规模的大小影响着企业设置市场营销组织机构时究竟采用哪种组织形式。一般地说，企业规模越大，需要的专职部门、层次和营销专业人员就越多，因而往往采用比较复杂的组织形式。如产品型、地区型、市场管理型、矩阵型组织形式等。若企业规模较小，市场营销组织就相对简单，可考虑采用职能型组织形式。

2. 产品因素

如果企业经营的产品种类、数量很多，且产品之间的差异性较大，可以考虑采用产品型组织形式为主的营销组织形式。从产品的生命周期来看，在产品生命周期的不同阶段，企业的市场营销战略和市场营销组织也应相应改变。

3. 市场因素

若企业实行市场多元化方针，营销市场的地理分布区域广泛，它们的营销环境彼此有较大差别，则可以考虑以地区型组织形式为主的营销组织形式。

4. 企业营销高层管理者的风格

如果企业营销高层管理者倾向于加强对营销活动的"集权"控制，则可能赞成产品型的营销组织形式。反之，若他赞成"分散"经营的做法，企业可能认为采用地区型的组织形式更加合适。

5. 企业类型

企业类型也是企业选择营销组织形式的重要依据，不同的企业类型（如服务行业和原材料行业），其市场营销组织的类型也不同。

总之，没有一种十全十美的营销组织形式。一些营销专家认为，以主要目标市场为中心建立相应的营销组织形式，是确保企业实现营销目标的最好方法。因此，对于企业来说，要根据特定的发展阶段，结合企业的产品、技术、资源等条件，寻求一种有利于企业发展的营销组织形式。

第三节　市场营销实施

一、市场营销实施的含义

市场营销实施是指企业为确保营销目标的实现，而致力于将营销战略和营销计划变为具体营销活动的过程。营销战略和计划是解决企业营销部门"做什么"和"为什么"的问题，而市场营销实施则是要解决"由谁做""在何处做""何时做"和"怎样做"的问题。

二、市场营销实施中的问题及其原因

企业在进行市场营销实施的过程中，有时正确的战略和计划得不到应有的业绩，主要是

以下几个方面的原因导致的:

1. 营销计划脱离实际

企业的营销战略和营销计划通常是由上层的专业计划人员制订的,而营销实施则要依靠营销管理人员。这两类人员之间如果缺少必要的沟通和协调,往往导致下列问题出现:

(1) 专业计划人员只考虑总体战略而忽视实施中的细节,使计划过于笼统和流于形式。

(2) 专业计划人员往往不了解营销实施过程中的具体问题,所订计划脱离实际。

(3) 专业计划人员和市场营销管理人员之间没有充分的交流与沟通,致使营销管理人员在实施过程中经常遇到困难,因为他们并不完全理解需要他们去实施的战略。

(4) 脱离实际的计划工作导致计划人员和营销人员之间相互对立和不信任。

因此,不能单靠专业计划人员制订营销计划,而应该让计划人员和营销人员共同制订计划。因为市场营销人员比计划人员更了解消费者需求,让他们参与企业营销计划的制订过程,更有利于营销战略的实施。

2. 长期目标和短期目标相矛盾

营销战略通常着眼于企业的长期目标,涉及今后三至五年的经营活动。但具体实施这些战略的营销人员通常是根据他们的短期工作绩效,如销售量、市场占有率或利润率等指标来评估和奖励的。因此,市场营销人员常选择短期行为。例如,某公司的长期产品开发战略中途夭折,原因就是营销人员追求眼前效益和个人奖金而置新产品开发战略于不顾,将公司的主要资源都投入到现有的成熟产品中去了。因此,许多企业正在采取适当措施,克服这种长期目标和短期目标之间的矛盾,设法使两者协调起来。

3. 因循守旧的惰性

企业的经营活动往往习惯于实现既定的战略目标,新的战略如果不符合企业的传统和习惯就会遭到抵制。新战略同旧战略之间的差异越大,实施中可能遇到的阻力也就越大。要想实施与旧战略完全不同的新战略,常常需要打破企业传统的组织结构和供销关系。譬如,为了实施给老产品开辟新销路的市场开拓战略,就必须创建一个新的推销机构。

4. 缺乏具体明确的实施方案

有些战略和计划之所以失败,是因为计划人员没有制订明确而具体的实施方案。实践证明,许多企业面临的困境,就是因为缺乏一个能够使企业内部各有关部门协调一致的具体实施方案。因此,企业的高层决策者必须制订具体的实施方案,规划和协调各部门的活动,编制详细周密的项目时间表,明确各部门经理应担负的责任。

针对以上几方面的问题,企业必须妥善处理,才能实现营销战略和计划目标。

三、市场营销的实施过程

企业市场营销的实施过程,包括相互制约的六个方面,见表12.2。

表12.2 市场营销计划实施过程

营销实施过程	内涵
制订行动方案	明确实施的关键性决策和任务,落实到人,并做出明确行动时间表
建立组织机构	明确机构,明确职责,责任到人

续表

营销实施过程	内　涵
设计决策和报酬制度	根据营销目标和实施方案,制定科学的政策和设计合理的制度,引导职工积极性
开发人力资源	合理配备人员,开发每个人的潜力
建设企业文化	加强企业文化建设,加强职工凝聚力
确定管理风格	企业的任务、组织结构、人员素质和营销环境不同,应具有不同的领导风格

1. 制订行动方案

为了有效地实施营销战略,必须拟定详细的行动方案。这个方案应该明确市场营销实施的关键性决策和任务,将实施这些决策和任务的责任落实到人,并做出明确的行动时间表。

2. 建立组织结构

企业的正式组织在营销战略的实施过程中起着决定性的作用,组织将战略实施的任务分配给具体的部门和人员,明确规定职权界限和信息沟通渠道,使企业内部的各项决策和行动协调一致。企业的战略不同,需要建立不同的组织结构。也就是说,组织结构必须同企业战略相配合,必须同企业本身的特点和营销环境相适应。

3. 设计决策和报酬制度

为实施市场营销战略,还必须设计相应的决策和报酬制度。这些制度直接关系到战略实施的成败。例如,企业对管理人员工作的评估和报酬制度,如果以短期的经营利润为标准,管理人员的行为必定趋于短期化,对实现长期战略目标就不会有积极性。

4. 开发人力资源

市场营销战略最终是由企业内部员工来实施的,所以人力资源的开发至关重要。这涉及人员的考核、选拔、安置、培训和激励等问题。在考核、选拔管理人员时,要考虑从企业内部选拔还是从外部招聘更有利;在安置人员时要注意将适当的工作分配给适当的人,做到人尽其才;为了激励员工的积极性,必须建立完善的工资、福利和奖惩制度。此外,企业还必须决定行政管理人员、业务管理人员和一线工人之间的比例。

5. 建设企业文化

企业文化是指一个企业内部全体人员共同持有和遵循的价值标准、基本信念和行为准则。企业文化是企业的精神支柱,对企业经营思想和领导风格,对职工的工作态度和作风,均起着决定性的作用。企业文化包括企业环境、价值观念、模范人物、仪式、文化网五个要素。企业环境是形成企业文化的外界条件,它包括一个国家、民族的传统文化,也包括政府的方针政策以及资源、运输、市场、竞争等环境因素。价值观念指企业职工共同的行为准则和基本信念,是企业文化的核心和灵魂。模范人物是共同价值观的人格化,是员工行为的楷模。仪式指企业为树立和强化共同价值观,有计划进行的各种例行活动,如升旗仪式、迎宾仪式、各种纪念庆祝活动等。文化网则是传播共同价值观和宣传介绍模范人物形象的各种正式和非正式的信息沟通渠道。

总之,企业文化主要是指企业在其所处的一定环境中,逐渐形成的共同价值标准和基本信念,这些标准和信念通过模范人物塑造和体现,通过正式和非正式组织予以树立、强化和传播。企业文化体现了集体责任感和集体荣誉感,它甚至关系到职工人生观和他们所追求的最高目标,能够起到把全体职工团结在一起的"黏合剂"作用。因此,塑造和强化企业文化是营销实施过程中不可忽视的一环。

6. 确定管理风格

与企业文化相关联的,是企业的管理风格。有些管理者的管理风格属于集权型,他们发号施令,独揽大权,严格控制,坚持采用正式的沟通渠道,不容许非正式的组织和活动。另一种管理风格属于分权型,他们主张授权给下属,协调各部门的工作,鼓励下属的主动精神和非正式的交流与沟通。这两种对立的管理风格各有利弊,不同的战略需要不同的管理风格。具体需要什么样的管理风格,取决于企业的战略任务、组织结构、人员素质和营销环境。

总之,为有效地实施营销战略,行动方案、组织结构、决策和报酬制度、人力资源、企业文化和管理风格各因素必须协调一致,形成合力,才能使营销战略成功实施。

第四节 市场营销控制

市场营销控制是指市场营销经理经常检查市场营销计划的执行情况,看看计划与实绩是否一致,如果不一致或没有完成计划,就要找出原因所在,并采取适当措施和正确行动,以保证市场营销计划的完成。市场营销控制有四种主要类型,即年度计划控制、赢利能力控制、营销效率控制和营销战略控制。年度计划控制主要是检查市场营销活动的结果是否达到年度计划的要求,并在必要时采取调整和修正措施;赢利能力控制是为了确定在各种产品、地区、最终顾客群和分销渠道等方面的实际赢利能力;营销效率控制是检查是否高效率地进行销售人员、广告、促销等方面的管理;营销战略控制则是审查企业的营销战略是否有效地抓住了市场机会,以及是否同变化多端的营销环境相适应。

一、年度计划控制

(一) 年度计划控制的程序

年度计划控制的目的是确保年度计划中所确定的销售、利润和其他目标的实现。控制过程分为四个步骤:

(1) 制定标准。即确定年度计划中的月份目标或季度目标,如销售目标、利润目标等。

(2) 绩效测量。即检查营销计划的实施情况,将实际成果与预期成果相比较。

(3) 原因分析。如果营销计划在实施中有较大的偏差,则需要找出发生偏差的原因。

(4) 改正行动。即采取必要的修正措施,或是调整计划,努力使成果与计划相一致。

(二) 年度计划控制的主要方法

年度计划控制的主要方法是企业管理人员运用各种绩效工具对年度计划目标的实现程度,即销售分析、市场占有率分析、市场营销费用率分析等进行控制。

1. 销售分析

销售分析主要是衡量和评估实际销售额与计划销售额之间的差距。有两种具体方法:

(1) 销售差距分析。这种方法是用来衡量不同因素对出现销售差距的影响程度。例如,某公司年度计划规定:某种产品第一季度出售 350 件,单价 1000 元,总销售额 350000

元。季度末实际售出 300 件,且售价降为 900 元,总销售额为 270000 元,比计划销售额少 80000 元。原因是售价下降和销售量减少,但二者对总销售额的影响程度是不同的,计算如下:

$$售价下降的差距 = (S_P - A_P) \times A_P$$
$$= (1000 - 900) \times 300 = 30000(元)$$

由于售价下降造成的损失在差距损失中所占比重为

$$\frac{3000}{80000} \times 100\% = 37.5\%$$

$$销售量减少的差距 = (S_Q - A_Q) \times S_P$$
$$= (350 - 300) \times 1000 = 50000(元)$$

由于销售量减少造成的损失在差距损失中所占比重为

$$\frac{5000}{80000} \times 100\% = 62.5\%$$

以上式中:S_P 表示计划售价;A_P 表示实际售价;S_Q 表示计划销售量;A_Q 表示实际销售量。

由此可见,将近三分之二的差距是由于没有完成销售量造成的。因此,该公司应该进一步深入分析销售量减少的原因。

(2) 地区销售差距分析。这种方法是用来审核导致销售差距的具体产品和地区。例如,某公司在 A、B、C 三个地区的计划销售量分别为 2000 件、800 件和 2200 件,共 5000 件。但实际销售量分别为 1800 件、850 件和 1850 件,共 4500 件,差距 500 件。与计划的差距分别为 -200 件、50 件和 -350 件。可见,引起销售差距的原因主要是 C 地区销售量的大幅度减少。因此,应进一步查明 C 地区销售量减少的原因。造成 C 地区销售量的大幅度减少的原因有如下可能:该地区销售代理不够努力;有主要竞争者进入该地区;该地区居民购买力下降等,从而加强对该地区市场营销工作的管理。

2. 市场占有率分析

销售分析只能说明企业本身的销售业绩,但不能反映企业在市场上的竞争地位,只有市场占有率分析才能显示出企业竞争地位的变化。例如,某公司销售额的增长,可能是由于公司营销绩效较其竞争者有所提高,也可能是由于整个宏观经济环境的改善使市场上所有的公司都受益,而某公司和竞争对手之间的实力对比关系并无变化,甚至还可能出现销售额虽增长而市场占有率却下降的情况。营销管理者要密切注视企业市场占有率的变化情况,如果企业的市场占有率上升,表示企业比竞争对手情况好,在市场竞争中处于优势;反之,则表明企业在竞争中失利。通常主要的市场占有率度量方法有以下三种:

(1) 整体市场占有率。即以企业的销售额占整个行业销售额的百分比,它反映企业在本行业中的实力地位。使用这种测量方法必须做两项决策:一是要以单位销售额来表示市场占有率;二是正确认识行业的范围,即明确本行业所应包括的产品、市场等。

(2) 目标市场占有率。即企业的销售额在其目标市场上所占的比重,它大于整体市场占有率,是企业首先要达到的目标,在此基础上再增加新品牌,扩大市场范围。

(3) 相对市场占有率。指企业销售额占市场主导者(或相对于三个最大竞争者)销售额的百分比,可反映企业与主要竞争者之间的力量对比关系。

使用市场占有率分析时还要考虑下列几种情况的影响:

(1) 营销环境因素对同行业所有企业的影响方向和程度往往不一样;

(2) 新的竞争者进入本行业市场,致使所有企业的销售额均下降;
(3) 企业为提高利润而采取的某项措施,导致市场占有率下降等。

3. 市场营销费用率分析

年度计划控制不但要保证销售额和市场占有率达到计划指标,而且还要确保营销费用不超支。例如,某公司营销费用占销售额的比率为 30%,即每销售 100 元产品,支出营销费用为 30 元,其中所包含的五项费用分别为:人员推销费 12 元,广告费 8 元,其他促销费 6 元,营销调查费 1 元,营销管理费 3 元;它们占销售额的比率分别为:12%、8%、6%、1%、3%。

管理者应该对各项费用率加以分析,并将其控制在一定限度内。如果某项费用率变化不大,处于安全范围内,则不必要采取任何措施。如果变化幅度过大,或上升速度过快,以至接近或超出控制上限,则必须及时采取有效措施。用于跟踪波动情况的控制图(图 12.10)。图中显示的广告费用/销售额比的正常波动范围在 8%~12%之间,图中有两点要引起注意。从第 15 期起的费用率已超出控制上限,应该立即采取控制措施。有时即使费用率仍在安全范围之内也应加以注意,如图 12.10 中从第 9 期起费用率就逐步上升,如果及时采取有效措施则不会上升或超出控制上限的地步。

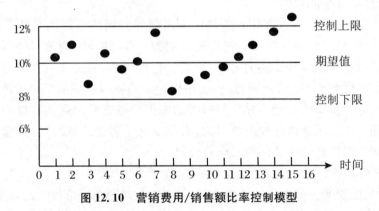

图 12.10 营销费用/销售额比率控制模型

还有一种费用/销售额偏差图可以用来评价不同地区或不同产品达到的销售额目标与费用目标的比较(图 12.11),横轴是销售目标实现情况(百分比);纵轴是费用目标实施情况(百分比),图中斜线是一等比例线。按图中所示:地区 D 达到的销售目标与费用目标几乎等比;地区 B 超额完成了销售目标,费用目标也同等比例增加;最糟糕的是 J 地区,销售目标只完成 80%,而费用却不成比例地增加到定额的 120%。下一步就要为偏差较大的地区准备一张表,调查找出造成偏差的原因并进行控制。

通过上述各项分析,如果发现营销实际与年度计划指标差距太大,则必须采取调整措施:一是调整营销计划指标,使之更切合实际;二是调整营销策略,以利于实现计划指标。如果营销计划指标和策略都没有问题,则应在实施过程中查找原因,并加以纠正。

此外,还要进行财务分析和顾客态度跟踪分析等活动。

二、赢利能力控制

除年度计划控制外,企业还需要衡量各种产品、地区、顾客群、分销渠道和订货规模等方面的赢利能力,即赢利能力控制。赢利能力控制能帮助营销管理人员决策哪些产品或市场应予以扩大,哪些应收缩或放弃。

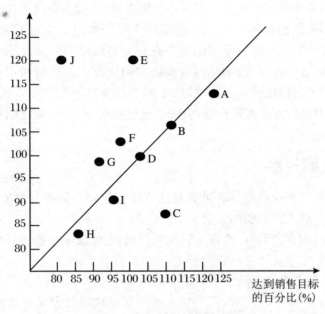

图 12.11 费用/销售额偏差图

(一)赢利能力分析

赢利能力分析就是通过对财务报表和数据的一系列处理,把所获利润分摊到产品、地区、渠道、顾客等方面,从而衡量出每一因素对企业最终获利贡献大小,赢利能力如何。

营销管理者必须依据产品、地区、顾客、渠道等方面的特点和类别,利用财务部门提供的报表和数据,重新编制出各类营销损益表,并对各表进行分析。例如,某公司的渠道损益表(表12.3)表明,尽管专业商店不如百货商店的销售额高,但其净利却远远高于百货商店。而杂货商店则亏损 150 万元。上述渠道损益分析,可作为选择销售渠道决策的依据。

表 12.3 某公司的渠道损益平衡表(单位:万元)

项目		百货商店	杂货商店	专业商店	总额
销售收入		3000	2500	2000	7500
销售成本		2000	1700	1400	5100
毛利		1000	800	600	2400
费用	推销	200	250	200	650
	广告	600	400	100	1100
	包装运输	150	300	100	550
	总费用	950	950	400	2300
净利		50	−150	200	100

(二)选择调整措施

赢利能力分析的目的在于找出妨碍赢利的因素,以便采取相应措施排除或削弱这些不利因素的影响。可供采用的调整措施很多,企业必须在全面考虑之后作出最佳选择。仍以上述某公司为例,如果仅仅根据渠道赢利能力分析的结果,就决定把杂货商店和百货商店从销售渠道中剔除,而集中全力于专业商店一条销售渠道,那就未免过于简单化。营销管理者应当进一步深入研究,依据具体情况作出适当的决定。他们面临若干选择:不采取任何措施,任其自然发展,以观后效;取消亏损渠道中赢利能力最差的中间商,增加新的中间商;采取特殊策略以鼓励顾客大量订货;缩减百货商店和杂货商店的推销和广告等费用等。由此可见,赢利能力分析能提供企业在不同地区、不同产品及分销渠道等方面的资料,但它并不能说明最好的办法就是放弃那些不赚钱的产品、地区或渠道,也不能证明放弃它们企业利润就能改善。

三、营销效率控制

营销效率控制是指企业不断寻求更有效的方法来管理营销各方面的工作,如营销队伍建设、广告、促销和渠道等营销实体活动。

营销效率控制的内容主要有:销售人员效率控制、广告效率控制、促销效率控制、分销效率控制。

(一) 销售人员效率控制

企业进行销售人员效率控制时,各个地区的销售经理需要记录本地区内销售人员效率的如下几项主要指标:

(1) 销售人员日均拜访客户的次数;
(2) 每次销售访问平均所需时间;
(3) 每次销售访问的平均收益;
(4) 每次销售访问的平均成本;
(5) 每百次销售访问所定购的百分比;
(6) 每月新增客户数目;
(7) 每月流失客户数目;
(8) 销售成本对销售额的百分比。

企业可以通过从以上的分析中发现一些重要问题,可用这些指标考核和管理销售队伍,提高销售人员的工作效率。例如,销售人员每天访问的次数是否太少;每次访问花的时间是否太多;成本是否太高;访问的成功率是多少;是否增加了足够的新顾客并留住了老顾客等。

(二) 广告效率控制

为提高广告宣传的效率,营销经理应掌握一些统计资料。测量广告效率的主要指标有:

(1) 每种媒体接触每千名顾客所花费的广告成本;
(2) 注意、阅读广告的人在其受众中所占的比率;
(3) 目标顾客对广告内容和效果的评价;
(4) 广告前后目标顾客态度的变化;
(5) 目标顾客由广告激发的询问次数。

(三) 促销效率控制

评价促销效率的指标主要有:

(1) 优惠销售所占总销量的百分比;
(2) 每单位销售额中所包含的陈列成本;
(3) 赠券回收率;

（4）因示范引起的顾客询问次数。

（四）分销效率控制

评价分销效率的指标主要是对分销渠道的业绩、企业存货水平、仓库位置和运输方式的效率进行分析和改进，以提高分销的效率。

四、营销战略控制

营销战略控制是营销管理中最高层级的控制，它是市场营销管理者采取一系列行动对企业环境、战略、经营目标以及整体营销水平的控制、评价和检验的过程。战略控制的目的主要是使营销工作与原计划尽可能一致，确保企业目标、政策、战略和措施与市场营销环境相适应。

营销战略控制的内容主要包括以下几个方面：营销环境控制、具体营销战略控制、营销组织分析与控制、营销系统分析与控制、营销效率控制、营销组合要素分析与控制。

五、中国营销管理概况

（一）中国营销管理概况

我国企业营销管理模式经历了从集中到分散再到集中的螺旋上升发展过程。营销管理模式完成了从集中—分散—虚拟化集中的循环。

1. 集中管理

20世纪30年代世界性的经济危机之后，市场竞争日益激烈。此时，企业的重心也由产品的生产转向产品的推销，需要进行经常性的营销调查、广告宣传以及其他促销活动，销售职能日益专业化。企业营销决策权集中于企业总部，企业高层管理者采用人对人、点对点的方式直接管理营销团队的日常业务，企业营销资源集中，对市场变化反应迅速，营销团队执行力较强。当企业规模较小，市场区域比较集中时，企业采用这种高度集权的集中式营销管理模式具有一定的优势。

2. 分散管理模式

20世纪80年代末以来，经济全球化和信息技术的发展促使企业的规模逐步扩大，跨行业、跨区域市场运作逐步成为企业运营的常态。随着市场区域的扩张、管理层级的增加，管理幅度的加宽使企业高层离一线市场时空距离越来越大，信息传递严重受阻，严重影响营销高层管理人员分析决策能力；再加上管理技术的限制，传统的集中式营销管理模式已经不适应企业发展的需要了。企业对日渐扩散到全国各区域的营销团队实行分权、授权，采用在企业总部的领导下各区域营销团队自主经营、各自为政的远程分散化营销管理模式。

分散式管理、分权、授权的管理方式有利于营销团队成员创造性和积极性的发挥，但是也产生很多问题。

（1）管理分散导致管理不细致，致使营销团队管理执行力下降。营销总部对全国各地的营销人员监控十分困难，各地分支机构和业务人员执行力下降，总部无法及时获得反馈信息，也难以及时检查和纠正。

（2）组织机构分散不利于组织运作效率的提高，随着企业的不断增大，企业的机构变得越来越臃肿，在这些机构都设置了专业的市场营销人员、策划人员甚至财务人员等，造成人员过多，实际执行力不强。

（3）人员分散限制了营销团队专业能力的提升，不利于群体智慧的发挥。企业区域办事处或分公司接过区域市场的经营管理权后,会直接面对渠道冲突、价格体系混乱、窜货和经销商日益增加的管理服务要求等问题。

这些问题显而易见是分布式管理造成的决策者和执行者之间的中间环节过多,不能形成有效的团队专业化运作、垂直化管理所引起的,问题解决的关键在于分散的治理上,分散不等于分权,分散的资源和人员更需要集中的强有力的管理。

3. 虚拟化集中管理模式

互联网的出现,实现了虚拟集中管理。采用虚拟集中管理,既可以整合整个企业的营销资源,加强对下属机构的监控指导,又可以降低整个企业的营销成本,提高管理效率,克服分散式营销管理的不足。虚拟集中管理真正实现扁平化管理,借助信息化工具,企业实现营销数据集中管理、集中使用。总部的管理人员可以随时了解到销售现场的每个细节。通过ERP、CRM等信息平台,结合一些常用的移动设备来强化远程管理,使信息平台的价值获得更大的发挥。虚拟集中管理是未来营销管理模式的必然趋势。

(二) 中国市场营销管理模式新趋势

目前我国企业正面临新的战略转型期,企业的市场营销管理正处于营销模式创新与变革的阶段。主要呈现以下七大趋势:

1. 从营销的业务管理向营销的战略管理转变

企业从过去的短期营销行为提升到长期营销行为,建立具有战略意义的营销组织,科学的营销战略决策机制与决策程序。企业从追求短期市场扩张转向注重市场培育、市场生态关系、市场的整体规划与运作,致力于建立企业整体的营销核心竞争力。

2. 从营销局部创新向营销系统创新转变

在全球一体化的市场竞争环境中,企业需要从营销战略、营销机制到整个营销模式都要进行一系列的规划。只有营销系统的变革与创新,才能提高整个企业的营销竞争力。所谓从营销局部创新到营销系统创新,主要包括以下三个方面:

(1) 进行营销理念的系统创新。

(2) 进行营销体系的系统创新。

(3) 进行整个营销运行要素的创新,包括营销模式、营销组织与流程、营销运行机制等方面的创新。

3. 从价值链各个利益相关者的非均衡性向价值链动态平衡转变

未来市场竞争的关键要求价值链各个利益相关者的非均衡性发展向价值链动态平衡转变,只有均衡才能提高企业营销整体的素质,才能提高整体的效率与整体的竞争实力。价值链动态平衡要求:

(1) 价值链参与者角色要明晰。

(2) 从整个价值链资源的配置,产业链价值参与者的理念、行为也要形成一致性,形成动态的匹配。

(3) 从企业内部来看,其行业市场的发展与管理能力要均衡,市场的扩张与营销人员的素质与能力的提升要均衡,企业的研发、产品、营销各个环节、各个流程之间要形成有效的均衡与协同。

(4) 对终端资源管理要做到精细化、标准化、动态化管理,实现终端各种资源有效整合与结构优化。

4. 从劳动密集型和资源消耗型向精兵简政与资源集约型转变

新的竞争环境要求企业"精兵简政",要致力于提高员工的素质,加强员工的能力建设,提高员工的效率。同时要基于市场与客户进行管理,简化组织与流程,使营销人员致力于提高营销团队的整体作战能力与整体业绩。

5. 从供应链的抢位向供应链的整合转变

未来的企业竞争关键在于速度的竞争,而企业的速度决定于供应链的整体运行速度,这就需要企业从供应链的抢位转向供应链的整合。首先要建立企业的供应链系统,其次要通过机制创新,调整供应链各相关者的利益关系,建立目标责任系统,实现供应链的有效协同。

6. 从营销组织的单一扁平化向营销组织的整体一体化运作转变

扁平化组织的核心是提高组织速度与组织效应。企业要通过组织运行机制的创新,减少企业损耗;通过培育高端职业管理能力,强化组织对市场的有效规划与控制,使各层管理者与企业员工一起承担起营销责任,提高营销执行力。

7. 从单一营销人才培养向营销团队建设转变

企业营销管理的核心在于营销人才队伍建设,这就需要企业从单一的使用营销人才过渡到系统的营销团队建设。它主要包括以下几个方面:

(1) 加强营销人力资源的机制创新。

(2) 建立营销人员的能力模型。根据营销人员的素质特点,规划营销人员的职业生涯,同时开放多种职业通道,建立营销人员任职资格标准,使营销人员具有更广阔的职业前景。

(3) 强化营销人员对组织文化的认同,加大对营销人员的培训投入。

(4) 建立科学的价值评价、价值分配体系,提高营销人员的内部与外部公平感。

本 章 小 结

本章概括了市场营销计划、市场营销组织、市场营销实施、市场营销控制的综合管理过程,制订与环境相适应的营销计划、构建营销组织,加强营销计划执行中各个环节的控制,通过对营销过程和营销结果的分析和评价,发现营销中存在的问题,便于企业进行整改,制定新的营销战略。提高企业对内外不断变化环境的适应能力。

1. 市场营销计划是指在对企业目前营销环境进行深入调查研究,对市场需求进行科学预测的基础上,结合自身的条件和实力制定的关于一定时期内企业营销活动的任务、目标及实现目标的策略、方法和步骤,是企业战略计划在营销领域里的具体化。

2. 市场营销组织是指企业内部涉及营销活动的各个职位及其结构,市场营销组织的设计要根据市场营销计划所确定的目标,将营销活动进行分工,确定企业不同营销部门和营销人员的职责与权限,设立相应的协调机构,以求高效率实现企业的营销目标。

3. 市场营销实施是指企业为确保营销目标的实现,而致力于将营销战略和计划变为具体营销活动的过程。为有效地实施营销战略,行动方案、组织结构、决策和报酬制度、人力资源、企业文化和管理风格各因素必须协调一致,形成合力,才能使营销战略成功实施。

4. 市场营销控制是指对营销计划的执行情况进行衡量与评估,并采取适当的纠偏措施以确保营销目标的实现。企业的日常业务活动离不开控制,因为在实施过程中,经常会出现一些意料之外的情况。市场营销控制有六个基本程序:确定市场营销活动控制对象;设置控制目标;建立测定营销效果的衡量尺度和标准;比较实绩与标准;分析产生偏差的原因;采取改进措施。

练 习 题

一、名词解释

1. 市场营销计划;
2. 战略计划;
3. 市场营销组织;
4. 市场营销实施;
5. 市场营销控制;
6. 营销战略控制。

二、单项选择题

1. 企业的市场营销组织随着经营思想的发展和企业自身的成长,大体经历了( )典型形式。
   A. 六种　　　　　B. 四种　　　　　C. 五种　　　　　D. 七种
2. 市场营销管理必须依托于一定的( )进行。
   A. 财务部门　　　B. 人事部门　　　C. 主管部门　　　D. 营销组织
3. 制订实施市场营销计划,评估和控制市场营销活动,是( )的重要任务。
   A. 市场主管部门　B. 市场营销组织　C. 广告部门　　　D. 销售部门
4. "组织"就人而言,是指按一定的宗旨和系统建立的( )。
   A. 集体　　　　　B. 计划　　　　　C. 任务　　　　　D. 部门
5. 设置( ),能够对企业与外部环境,尤其是与市场、顾客之间关系的协调,发挥积极作用。
   A. 市场营销机构　B. 市场营销职能　C. 市场营销企业　D. 市场营销控制
6. 设置市场营销机构需要遵循的第一个原则是整体协调和( )原则。
   A. 主导性　　　　B. 整体性　　　　C. 完整性　　　　D. 可靠性
7. ( )是最常见的市场营销组织形式。
   A. 职能型组织　　B. 产品型组织　　C. 地区型组织　　D. 管理型组织
8. 市场营销组织管理跨度及管理层次的设置,不是一成不变的,机构本身应当具有一定的( )。
   A. 弹性　　　　　B. 灵活性　　　　C. 随机性　　　　D. 选择性
9. ( )是指一个组织在一定时间内可以完成的工作量。
   A. 效果　　　　　B. 效率　　　　　C. 能力　　　　　D. 百分率
10. 下面关于职能型营销组织的叙述,正确的是( )。
    A. 机构复杂　　　B. 分工明确　　　C. 管理不便　　　D. 效率低下
11. 年度计划控制要确保企业在达到( )指标时,市场营销费用没有超支。
    A. 分配计划　　　B. 生产计划　　　C. 长期计划　　　D. 销售计划
12. 战略控制的目的,是确保企业的目标、政策、战略和措施与( )相适应。

A. 市场营销环境　　B. 市场营销计划　　C. 推销计划　　D. 管理人员任期

三、多项选择题

1. 市场营销战略主要由（　　）这几部分构成。
   A. 目标市场战略　　　　　　　　B. 市场营销组合战略
   C. 市场营销控制　　　　　　　　D. 市场营销行为
   E. 市场营销预算

2. 市场营销计划的实施过程中，涉及相互联系的几项内容是（　　）。
   A. 明确战略目标　　　　　　　　B. 制订行动方案
   C. 协调各种关系　　　　　　　　D. 形成规章制度
   E. 调整组织结构

3. 推销和市场营销两个职能及其机构之间，需要（　　）。
   A. 互相协调　　　　　　　　　　B. 默契配合
   C. 互不干涉　　　　　　　　　　D. 各自为战
   E. 前者在后者的指导下行动

4. 市场营销部门还负担着市场和潜在顾客（　　）的任务。
   A. 推荐产品　　　　　　　　　　B. 引导购买
   C. 分销产品　　　　　　　　　　D. 建立销售渠道
   E. 组织产品运输与仓储

5. 要发挥市场营销机构自身的整体效应，必须做到（　　）的协调一致。
   A. 机构内部　　　　　　　　　　B. 企业内部
   C. 企业外部　　　　　　　　　　D. 营销机构
   E. 企业目标

6. 市场营销计划中的背景或现状部分应提供（　　）以及现实环境有关的背景资料。
   A. 市场　　B. 产品　　C. 竞争　　D. 分销　　E. 价格

7. 市场营销部门的组织形式有（　　）。
   A. 职能型组织　　　　　　　　　B. 产品（品牌）管理型组织
   C. 产品/市场管理型组织　　　　　D. 地区型组织
   E. 市场管理型组织

8. 企业所设置的市场营销部门应当作到（　　）时，能够代表企业；面对企业内部时，又能代表市场、代表顾客；同时具有相互适应的运转机制。
   A. 面对员工　　　　　　　　　　B. 面对市场
   C. 面对部门　　　　　　　　　　D. 面对顾客
   E. 面对领导

四、简答题

1. 简述市场营销计划的类型。
2. 简述市场营销计划的主要内容。
3. 市场营销组织机构的类型有哪些？
4. 市场营销实施中的产生问题的原因有哪些？
5. 企业市场营销控制的主要内容有哪些？

五、论述题

1. 介绍企业市场营销实施的过程。
2. 选取某一企业,针对其发展现状,试列出一份市场营销计划。

光明莫斯利安的营销管理

光明莫斯利安是光明乳业推出高端酸奶,2009年初正式推向市场,2012年开始在全国铺货上市。莫斯利安的高端不仅在于其具有异国风情的时尚品牌形象,还在于它是国内第一款无须冷藏、保质期长达4个月的常温酸奶。光明莫斯利安酸奶的问世,颠覆了传统酸奶的存储模式,可以说是酸奶品类的一次巨大创新。

2009年,"莫斯利安"应运而生,光明乳业并未从一开始就大张旗鼓地推广。直到2010年3月,新的发酵乳国家标准GB19302—2010实行,将杀菌热处理酸乳纳入其中,光明乳业才对"莫斯利安"进行营销包装,并作为高端产品向全国销售。光明乳业的这个决定让竞争对手摸不着头脑,在食品领域,消费者更容易受到声势浩大的广告攻势的影响。同样,一个品牌策划给莫斯利安又带来的亿元溢价。在"莫斯利安"酸牛奶的外包装上,标示着"长寿村莫斯利安原产益生菌种发酵"金色字样。这个精心制作的广告策划案在2009年中国最佳品牌建设案例评选中,获得了第五届"中国最佳品牌建设案例"贡献奖。不仅在荣誉上,在实际的销量上,这个方案也给光明乳业带来了实际的效果,30%的产品前期调查发现,消费者并不愿为一款常温酸奶支付比新鲜酸奶高30%的价格,为了打动消费者,光明乳业需要为"这一款承载着重要战略任务的产品"构建"更有力的产品价值来支撑高价"。莫斯利安平均售价2.5元/100克,比普通酸奶价格超过100%,其销售额仍持续增长,据2013年年报,仅"莫斯利安"一个单品,销售收入就实现了32.2亿元,同比增长106.5%,营收占比达到20%。

2019年春节期间,莫斯利安与春节送礼强势捆绑,占据春节档消费市场,莫斯利安依靠营销策略实现了销售额的增长。今年莫斯利安在包装上玩起了新花样,它重磅推出新年限量礼盒,线上线下整合营销,像是给消费者的一个惊喜。包装设计融入了中国新年的各种元素,在原有的视觉基础上再次创作,增添了不少新鲜感。在线下的商超渠道,莫斯利安也加大了传播力度,配合一个非常具有温情的主题——"一盒家欢聚"向消费者送上春节祝福。这个主题与设计效果不仅拉近了莫斯利安与年轻消费者的距离,同时新年限量礼盒与非常符合中国新年送礼的场景需求。营销创意、产品与消费场景三者相互结合,莫斯利安的春节营销在一开始便把握住了先发优势。让产品先在销售渠道占领市场,围绕春节送礼的消费场景,抢先吸引消费者注意并且转发为购买行为,在春节销售旺季提前抢占消费市场。莫斯利安携手社交媒体吸引年轻圈层做潜意识营销安利。莫斯利安整合优质渠道资源,通过不同形式的创意与呈现方式与消费者沟通,强化莫斯利安与春节送礼场景的关联,同时通过优质传播内容与消费者互动,增强品牌盛誉,吸引年轻圈层。在社交网络时代,单向传播已经被视为无效传播。品牌需要引入消费者互动,与他们在一个主题内进行深度沟通,才能够实现最终的传播目的。莫斯利安还在上海地铁和各大视频网站、地方卫视与电影院等渠道,投放相关物料,更为立体的打造属于莫斯利安的春节氛围。线上线下的互动,让整个莫斯利安春节营销推广得到完好的生态式传播效果。莫斯利安全方位地把品牌与春节主题联合,再以各种互动方式,让消费者感受到这个品牌所带来的温暖与欢庆氛围,清晰的传播策略,立体的投放方式以及恰到好处的创意内容,是这次莫斯利安春节营销传播稳赢的关键。

光明乳业的常温奶基本以莫斯利安为主导,在渠道建设上,2014年底达到60万个,公司通过终端下沉到县乡市场实现产品的渠道基础构建,实现产品力和渠道服务的结合。公司在重点市场山东、河南、湖北以及西南地区实现了有效突破,在江浙沪以外地区的增速达到110%以上,在以上重点地区的增速在130%~150%,有效终端达到60万个,表明公司在全国2/3以上的省市都实现了有效覆盖,公司的渠道具备乡镇市场的下沉能力。电子商务时代改变着传统购物模式,随着电商平台在中国消费者购物渠道中所占比重越来越大,光明乳业正在逐步扩大莫斯利安渠道,2015年"双十一",莫斯利安首次登陆电商平台,在电商平台总销售额超过5000万,荣登天猫超市全品类销量第一名,成为天猫电商平台乳制品的冠军。据悉,光明乳业积极布局线上平台的同时,拓宽原有渠道,线上线下全面融合,凭借优质产品,使销售渠道更具延展性和完整性。光明乳业根据市场环境报告,准确地预测了乳制品的发展趋势。如今,在各大商超都可看见莫斯利安的身影,莫斯利安酸奶热销,受到很多年轻人的追捧,上市后以高品质成为家喻户晓的常温酸奶品牌。在品牌竞争激烈的情况下,光明以高品质产品、积极布局电子商务平台。光明乳业通过加强掌控渠道和区域,保障销售网络的广泛、畅通,在占领常温酸奶,致力于让更多消费者享受莫斯利安的味道。

以品牌故事为传播核心,以常温保存的酸奶为辅助价值,以品牌故事显像化创意为体验道具,通过"全国上市发布""路演""网络公关""夏季消费引导""终端主题促销""节庆礼品战役"等整合品牌传播推广运动,深度沟通,给予消费者全新的品牌体验,将产品利益转化积累成消费者认知和信任的品牌价值,有效支撑高价,创造动销。

案例思考题:
(1)莫斯利安酸奶这一产品是如何运作并成功推向市场的?
(2)光明企业在莫斯利安的分销中采取了什么样的策略?它的渠道优势是什么?
(3)莫斯利安营销管理的趋势是什么?

1. **训练目标**

   通过训练,掌握各种营销产品的陈列、摆放技巧与方法,并能够分析商品摆放对销售效果的影响因素。

2. **训练内容**

   选择一家大型超市或商场进行商品摆放调查,并了解销售货品摆放时应考虑哪些因素?

3. **操作方式**

   (1)每班分5人一小组,并指定组长与老师联系。
   (2)各小组根据调查情况讨论商品摆放策略与技巧,并形成文字材料。

4. **训练成果与检测**

   在班级组织一场交流与讨论,各小组推选一位代表在班上做专题发言。

第十三章 服务营销

掌握服务与服务营销的基本概念;了解服务营销的发展演变过程;掌握服务质量的涵义、构成要素和评定标准;熟悉服务质量管理方法;理解服务有形展示的意义和作用;了解服务有形展示的要素;掌握服务营销组合策略。

海底捞的"逆天"服务,突破你的想象力

海底捞,一家以"变态服务"著称的火锅店,在包括北、上、广在内的诸多一、二线城市,乃至韩国、日本、新加坡、美国等国家,开设有百余家直营连锁餐厅。一直以来,网络上流传着许多关于海底捞的段子,让人感觉其服务好的"令人发指",海底捞究竟有着怎样神奇的服务呢?

去过海底捞的顾客就会发现,等待区等待就餐的顾客可自取免费水果、饮料和零食;如果是几个朋友一起,服务员会主动送上棋牌等;点餐时,皮筋、手机袋、围裙都已经全部送到手边,饭后还会送上口香糖。这些是每个去海底捞就餐的顾客都会享受到的服务。除此之外,那些更贴心的服务就有点超乎你的想象了。

最惊喜服务:有一次一位顾客在海底捞吃完饭,要赶火车却打不到的士。门口的小弟看到他带着行李箱,问了情况转身就走。结果紧接着海底捞的店长把自己的SUV开出来,将他送到了火车站。

最诚挚服务:一个服务员上错了汤,居然送上了个玉米饼,上面写着3个大字"对不起"表达歉意,令顾客不仅不会指责他服务的小失误,反而感动于他的诚挚。

最温馨服务:客户一个人来吃饭,海底捞的服务员看到客户是一个人,竟然拿来了一只娃娃,说陪着客户一起吃饭,不孤单。

最感动服务:海底捞的服务因人而异,如果顾客中有孕妇,会为你送上柔软的靠枕;有小孩的时候会送上小礼物。有网友夸道:"海底捞居然搬了张婴儿床给儿子睡觉"。为顾客解决每一个问题,结果就是创新!

《哈佛商业评论》对海底捞的评价是:对人性最深刻的理解。它的成功,正是服务营销的成功。

讨论:

海底捞火锅店的服务体现出什么样的服务理念?

第一节 服务营销概述

一、服务及其分类

(一) 服务的概念

服务是在企业为客户提供的活动过程中产生的,如搭乘飞机与火车、在酒店入住、在餐厅吃饭、去医院就诊、去银行办理存取款业务、送修手机等,都是顾客经常接受的服务。事实上,服务是我们身边每天存在着的活动,或者接受他人的服务,或者为他人提供服务。服务是一个无时、无刻、无处不在的概念。

服务作为服务营销的核心概念,至今未能形成一个明确的、被各方一致认可的定义,比较有代表性的包括如下几种:

"用于出售或者是同产品连在一起进行出售的活动、利益或满足感。"(美国市场营销协会,1960)

"直接提供满足(交通、房租)或者与有形商品或其他服务(信用卡)一起提供满足的不可感知活动。"(雷根,1963)

"服务是可以被独立识别的不可感知的活动,为顾客提供满足感。但并非一定要与产品一起出售。"(斯坦顿,1974)

"服务是指或多或少具有无形特征的一种或一系列活动,通常(但并非一定)发生在顾客同服务的提供者及其有形的资源、商品或系统相互作用的过程中,以便解决消费者的有关问题。"(格隆鲁斯,1990)

"一方提供给另一方的不可感知且不导致任何所有权转移的活动或利益,它在本质上是无形的,它的生产可能与实际产品有关,也可能无关。"(科特勒,2005)

综合以上各种定义,本书将服务定义为:服务是具有无形特征,但可以利用服务工具与设施,通过互动为顾客带来某种利益或满足感的价值创造活动。

服务和产品由彼此分离到相互交融,呈现如下的五种形态:

(1) 纯粹有形商品。如打火机、牙膏、盐等,产品本身不附带任何服务。

(2) 伴随服务的有形商品。如手机、计算机、家电产品等,通过提供附有的下载、维护和保养服务来提高对顾客的吸引力。

(3) 有形商品与服务的结合。如餐馆既提供食品又提供服务。

(4) 主要服务伴随小物品。如一次空中旅行,航空公司除提供运输服务外,还提供食品、饮料、航空杂志和视频娱乐节目等。

(5) 纯粹服务。包括家政服务、心理咨询、针灸按摩等等,由服务者直接为顾客提供相关服务。

服务在现代经济活动中的重要性体现在,服务既是企业间竞争的焦点,又能为企业发展提供新的机遇。不论是以产品营销为主体的企业还是服务业,服务都将成为企业价值和利益的核心。

(二) 服务的特征

学术界通过对大多数服务的探索和研究,形成了关于服务基本特征的共识,即服务的无形性、不可分离性、异质性、不可储存性和所有权的不可转让性。

1. 无形性

这是服务区别于普通有形产品最显著的一个特征。服务的无形性又被称为服务的抽象性和不可感知性。它包含两层含义：

（1）与实体商品相比，服务在许多情况下是无形无质的，不能像有形产品那样，在购买之前就能触摸、尝试、聆听、嗅闻，因而很难对服务的结果和过程做出判断；

（2）顾客消费服务后所获得的利益很难被察觉，或是要经过一段时间后，消费服务的享用者才能感觉利益的存在。

正因为服务的这种不可感知性，许多服务企业经常通过服务人员、服务过程及服务的有形展示，或借助服务工具和设施，或综合运用服务环境、服务方式和手段等，变服务的无形为有形，从而吸引更多的顾客。

【资料链接】

化无形为有形

服务与有形产品不同，在购买之前看不见、尝不到、摸不着、听不到、闻不出。因此，服务提供者的任务就是"管理相关证据"，以便"化无形为有形"。

假定一家银行要把自己定位成"快速"服务银行，那么该银行可以通过几种营销工具使定位战略有形化：

1. 场所——银行外部和内部的设计应该简洁明快。办公桌和人行通道应该进行认真的设计和安排，等候的队伍不宜过长。

2. 人员——银行的工作人员应该是忙碌的，但在柜台处理业务的员工应该有足够的数量。

3. 设备——计算机、复印机、ATM 机应该看上去很现代化。

4. 标志——名字和标志应该体现银行的快速服务。

5. 价格——银行可以用广告来发布信息：如果顾客排除等候时间超过 10 分钟，银行就会自动在其账户中存入 10 元。

服务营销者必须能够把无形的服务转化为具体和利益和完美体验。

资料来源：科特勒,凯勒.营销管理(全球版)[M].王永贵,等译.北京：中国人民大学出版社,2014:388.

2. 不可分割性

服务的不可分割性是指服务的生产过程与消费过程同时进行，服务人员向顾客提供服务之时，也就是顾客消费、享用服务的过程，生产与消费在时间上不可分离。

服务的这一特征意味着：

（1）顾客和服务提供者（不管是人还是机器设备）必须在时间和空间上同步。

（2）顾客通常必须参与到服务生产的过程中。服务消费者必须以积极的、合作的态度参与服务生产过程。服务质量和服务效率除受到服务工具和设施、服务人员的服务能力和服务态度的影响，也受到顾客本身的影响。如医疗服务中，病人接受治疗时，只有主动地诉说病情，医生才能做出诊断，并对症下药。

3. 异质性

服务的异质性也被称为服务的可变性,是指服务的构成成分和质量水平具有易变与不稳定的特性。服务的异质性通常是由人与人之间的互动(顾客和服务提供者包括在场参与者之间),以及伴随这一过程的所有时间和地点因素的变化而引起的。也就是说,即使是同一家服务企业提供的同一种服务,不同的服务人员或者同一位服务人员在不同的时间和地点,提供给顾客的服务质量也可能会有差异。

具体来说,造成服务的异质性的因素主要体现在三个方面:

(1) 服务提供者自身的因素。包括服务人员的服务技能、服务热情和投入程度,甚至于提供服务过程中的心理状态变化等,都会导致服务质量的差异。比如大学里同一门课程,不同教师的教学效果就会受到教师的学术水平、讲授技巧、教学敬业程度的影响。

(2) 顾客自身的因素。包括顾客的知识修养水平、兴趣爱好、沟通交流能力的差异,会导致其需求的差异及在准确表达需求方面的差异。例如,旅游服务的质量就不仅取决于旅游景色的优美和旅游设施的完善,也取决于顾客的审美情趣和对旅游活动的参与程度。

(3) 服务时间和地点的变化因素。顾客入住同一品牌连锁酒店所享用的服务,可能这一次和下一次之间就会出现差异,这种差异可能是时间因素引起的(比如旅游旺季时酒店服务质量下降),也可能是地点因素引起的(连锁酒店在不同城市的服务水平不一致)。

服务企业为了降低服务的差异性,常采用一些方法来控制服务的品质。第一步,投资于挑选优秀的服务人员和培训;第二步,在企业内部将服务实施过程标准化;第三步,通过顾客建议和投诉系统、顾客调查和对比购买,追踪顾客的满意程度。

4. 不可储存性

服务的不可储存性也被称为服务的易消失性,是指服务既不能在时间上储存下来,以备未来使用,也不能在空间上将服务转移,服务如果不能被及时购买和消费就会造成服务的损失。例如,一家有100个座位的影院,在一场电影放映时,只卖出50张票,则另外的50个座位就只能空置。同样的,航空公司某航班上的空位、某会计师的一段空闲工作时间,都无法收回并在以后出售。

服务的不可储存性,为服务企业提出了有效平衡服务供给和服务需求之间的难题。否则,很可能会出现服务需求高峰期无法满足顾客的需要,或者服务质量不可避免地下降;而在服务需求的淡季则出现服务能力不能有效利用,从而导致浪费的情况。

【资料链接】

航空公司的超额售票术

在航空公司的实际运营中,时常有买了票的乘客起飞前临时退票或改签而并未登机(称之为No-show)。虽说航空公司要对此收取一些费用作为补偿,但票没卖出去毕竟是很大的浪费和损失。因此,为了解决这个问题,超售的方法便应运而生。

所谓机票超售,是说航空公司根据航班频率、飞机载量、当前订座情况以及销售和离港数据等,对旅客的No-show率进行市场预测后,再确定超售率,安排某航班机票的销售数量超过飞机的原本商载座位数。简单来说就是,卖出比航班总座位数多的机票。这样不但可以充分利用航班座位,减少空位损失,提高航空公司的收益,同时也使得其他想乘机出行的旅客能够成行。

> 不过一旦出现所有旅客都没改变行程,也就是没人退票或者改签的局面,登机人数大于座位数,必然有旅客坐不上飞机,就是所谓的超载问题。美国经济学家 Julian Simon 提出一个关于超售的补偿方案,方法很简单,超售需要改进的地方就是航空公司在售票的同时,交给客户一个信封和一份投标书,让顾客们填写他们可以接受的延期飞行的最低赔偿金额并装进信封密封。一旦飞机出现超载,公司可选择其中要求赔偿金额数目最低的人给予现金补偿,并优先售给他们下一班飞机的机票。如此一来各方受益,就不会有任何人受到损害。
>
> (根据网络资料改编)

5. 所有权的不可转让性

服务的不可转让性是指服务的生产和消费过程中不涉及任何实体的所有权的转移。服务在交易完成后便消失了,消费者所拥有的对服务消费的权利并未因服务交易的结束而产生像有形产品交易那样获得实有的东西。例如,列车客运服务,只是解决乘客由此地到彼地之需,并未产生任何所有权的转移。

(三) 服务的分类

服务本身概念的宽泛性,以及它具有的层次性和动态性,使服务可以根据不同的标准进行分类。美国服务营销学家勒夫劳克(Christopher H. Lovelock),将服务分类同管理过程结合起来,目的是通过分类概括出不同行业中服务的共同特征,他从营销的角度对服务提出了以下分类标准:

1. 根据服务的性质和对象分类

根据服务对象的不同,服务可以分为以人为对象的服务和以物为对象的服务,如表 13.1 所示。

表 13.1 服务的性质和对象

服务的性质	服务的对象	
	人	物
有形行动	针对顾客人身 健康护理、客运、美容/美发、健身、餐厅	针对顾客的物品或其他有形财产 货运、工业设备的修理和维护、洗衣、园艺、兽医服务
无形行动	针对顾客的思想 旅游服务、教育、广播、信息服务、博物馆	针对顾客的无形资产 银行、法律服务、会计事务所、保险公司、证券公司

资料来源:Lovelock C H. Classifying Service to Gain Strategic Insights [J]. Journal of Marketing,1983(47):9-20.

根据服务对象不同进行分类,有利于服务企业针对服务对象的不同制定有针对性的营销策略。服务于人的企业应侧重于服务人员的素质和形象,而服务于物的企业则应侧重于服务技术或服务设备的功能与改进。

2. 根据服务连续性及顾客关系分类

根据服务连续性及顾客关系分类,结果如表 13.2 所示。

表 13.2 服务的连续性及顾客关系

服务连续性	服务组织与顾客之间的关系	
	"会员"关系	非正式关系
持续性服务	保险、固定电话、学校、协会	广播电台、警察维护治安、灯塔、公共交通
间隔性服务	旅行服务、月票、收费电视、手机通讯服务	车辆租赁、快递服务、收费高速公路、电影院/餐厅

资料来源：Lovelock C H. Classifying Service to Gain Strategic Insights [J]. Journal of Marketing, 1983 (47):9-20.

根据服务连续性对服务进行分类,有助于于服务企业在营销中掌握时机。提供连续服务的保持形象的稳定性、可靠性;而提供间断服务的企业则要抓住每一次服务的机会,提升顾客的服务体验,增加顾客的回头率。利用服务企业同顾客的关系同样要考虑有利于企业的营销手段,对于会员顾客,要尽量让这些顾客感受到"会员关系"的优越性以保持住会员关系。对于非正式关系的顾客,则要通过提高服务质量来提升再次购买率。

3. 根据服务定制化程度及服务对顾客需求满足程度分类

根据服务定制化程度及服务对顾客需求满足程度分类,结果如表 13.3 所示。

表 13.3 服务定制化程度及服务对顾客需求满足程度

服务对顾客需求满足程度	服务定制化程序	
	高	低
高	旅游服务、教育（个别辅导）、美容师、咨询服务	健康计划、学校教育（大规模教育）、学校食堂服务
低	宾馆服务、家庭餐馆、零售银行、电话服务	公共交通、快餐店/电影院、运动会、设备维护

资料来源：Lovelock C H. Classifying Service to Gain Strategic Insights [J]. Journal of Marketing, 1983 (47):9-20.

根据服务定制化程度的高低进行分类,有助于服务企业满足顾客个性化的需求。比如,家庭教师、室内装潢设计等行业的服务就应该高度重视顾客的各种特殊需求。服务提供者只有尊重每个顾客的个性化需求,才能提供令顾客满意的服务。

4. 根据服务供需关系分类

根据服务供需关系分类,结果如表 13.4 所示。

表 13.4 服务的供需关系

服务供给受限制程度	服务需求波动程序	
	大	小
高	电力,天然气,110/119 紧急事件,医院专家门诊和手术	保险、法律服务,银行服务,干洗衣服
低	旅客运输,饭店、宾馆、剧院,会计和税收	生产能力不足,无法适应;需求的服务

资料来源：Lovelock C H. Classifying Service to Gain Strategic Insights [J]. Journal of Marketing, 1983 (47):9-20.

对服务的供给和需求进行分类,有助于服务企业在营销中建立调节供应和减少生产波动的策略。许多服务需求具有很大的波动性,如旅游景点随季节变化而波动等。有波动的行业应尽量充分地满足高峰时的服务需求,像铁路部门在春节等节假日期间增开临时列车等。此外,在服务需求的低谷,要注意新客户的开发,尽量避免服务过剩造成的损失。

5. 根据服务的传递和服务网点设置分类

根据服务的传递和服务网点设置分类,结果如表 13.5 所示。

表 13.5 服务的传递和服务网点设置

服务与企业交互方式	服务网点	
	单一网点	多网点
顾客在网点接受服务	医院、美容美发、家政服务	公共汽车站、连锁店、快递服务
企业上门服务	出租车、草坪养护服务	汽车紧急修理、教育(家庭辅导)
企业为服务网点之外的顾客服务	信用卡公司、电视台	电信公司、广播

资料来源:Lovelock C H. Classifying Service to Gain Strategic Insights [J]. Journal of Marketing,1983(47):9-20.

根据服务网点多少进行分类,有助于服务企业在营销中考虑网点的发展建设策略。多网点分布的服务企业需要注意各个网点的管理和调整;单一网点的服务企业则要考虑增加吸引力和辐射力。

二、服务营销的概念及特点

(一) 服务营销的概念

服务营销的概念开始出现于 20 世纪 60 年代,以美国学者拉斯摩(John Rathmall)1974 年出版的第一本论述服务市场营销的专著为标志。简单地说,服务营销是传统市场营销的一种,或者更进一步说,是从传统市场营销中衍生出来的,是对传统市场营销的拓展。随着服务活动在现代经济活动中的地位日益提升,传统的营销理念和手段已经不能完全适应服务业的发展。因此,拉斯摩首次提出必须建立面向服务的营销理论架构,并认为必须区分服务营销和产品市场营销间的本质区别。

服务营销就是指有效地开展无形服务的营销活动,其研究的内容不仅包括纯粹无形服务的营销过程,也包括与有形产品组合起来向消费者提供的无形服务部分的营销。服务营销的核心理念是顾客满意和顾客忠诚,通过取得顾客满意和忠诚来促进相互有利的交换,最终实现营销绩效的改进和企业的长期发展。

(二) 服务营销的特点

服务营销和传统的市场营销相比,有其自身的特点,主要表现为:

1. 营销对象的多变性

服务市场的购买者往往是多元的、广泛的、复杂的。某一服务产品的购买者可能涉及社会各行业各种不同类型的家庭和不同身份的个人,且不同消费者的购买动机和目的各异,即使购买同一服务产品,其用途也不一样。营销对象的多变性表现为不同的购买者对服务产品需求和种类、内容、方式经常变化。影响人们对服务产品需求变化的因素也很多,如产业结构的升级、消费结构的变化、科技水平的提高等。

2. 营销方式的直接性

有形产品的营销方式有批发、零售、代理和直销等多种,往往要经过若干个环节才能到达顾客手中。而服务营销由于生产和消费的统一性,决定其只能采取直销方式,中间商的介入是不可能的,储存待售也是不可能的。服务营销的直接性,在一定程度上限制了服务市场规模的扩大,也限制了服务业在许多市场上出售自己的服务产品,这给服务产品的推销带来了难度。

3. 服务产品供求的分散性

服务营销活动中,服务产品的供求具有分散性。这不仅因为需求方是涉及各种各类企业、社会团体和个人不同类型的消费者,还因为企业提供的服务也广泛分散,它们覆盖了第三产业各个部门和行业,服务产品供求的分散性,要求服务网点要广泛而分散,尽可能地接近消费者。

4. 消费者较大的需求弹性

根据马斯洛的需求层次理论,物质需求是一种原生性需求,这类需求易产生共性,而精神需求属于继发性需求,需求者会因为各自所处的社会环境和各自具备的条件不同而形成较大的需求弹性。

5. 服务质量衡量的变数性

服务者的技术、技能、技艺直接关系着服务质量。顾客对各种服务产品的质量要求也就是对服务人员的技术、技能和技艺的要求。而技术、技能、技艺又因人、因时、因地而异,服务质量的衡量存在较大的变数,不可能有唯一的、统一的衡量标准,而只能有相对的标准和凭购买者的感觉体会。

(三)服务营销与传统营销的差别

从本质上看,产品和服务都是提供满足和利益,服务也是"产品",但它是一种特殊产品。因此,服务营销和产品营销没有本质上的差异,它也是企业在充分认识消费者需求的前提下,为充分满足消费者需要而在营销过程中所采取的一系列活动。它和产品营销只存在着营销领域、程度和重心上的不同。

1. 营销理念的差别

同传统的营销方式相比较,服务营销是一种更新的营销理念,企业营销的是服务,而传统的营销方式只是一种销售手段,企业营销的是具体的产品。在传统的营销方式下,消费者购买了产品意味着一桩买卖的完成,虽然它也有产品的售后服务,但那只是一种解决产品售后维修的职能。而从服务营销观念理解,消费者购买了产品仅仅意味着销售工作的开始而不是结束,企业关心的不仅是产品的成功售出,更注重的是消费者在享受企业通过产品所提供的服务的全过程的感受。这一点也可以从马斯洛的需求层次理论上理解:人最高的需求是尊重需求和自我实现需求,服务营销正是为消费者(或者人)提供了这种需求,而传统的营销方式只是提供了简单的满足消费者在生理或安全方面的需求。随着社会的进步,人民收入的提高,消费者需要的不仅仅是一个产品,更需要的是这种产品带来的特定或个性化的服务,从而有一种被尊重和自我价值实现的感觉,而这种感觉所带来的就是顾客的忠诚度。服务营销不仅仅是某个行业发展的一种新趋势,更是社会进步的一种必然产物。

2. 营销组合的差别

由于服务本身的特征,服务营销也有其新的营销组合。在服务营销中,传统的4P营销组合依然重要。但是,由于服务的生产与消费同步,服务提供者在服务过程中进行着实时的促销活动,而且,由于服务是无形的,顾客经常会寻找并借助某些有形的展示来帮助他们理解服务体验。为此,需要在4P的基础上增加一些新的、反映上述服务特征的因素,组成服务营销新的营销组合。服务营销组合在4P的基础上增加了3个P:

(1) 人(people)。指包含在服务流程中的所有人。包括服务人员、消费服务的顾客以及在服务环境中的其他顾客的活动。

(2) 有形展示(physical evidence)。指服务环境、服务生产者与顾客互动的场所以及促使服务实现或服务沟通的任何有形的物品。

(3) 过程(process)。指实际服务过程、服务手段和服务流程——服务生产和提供关系。

【资料链接】

现代服务业与服务经济

一、现代服务业

现代服务业是相对于传统服务业而言,适应现代人和现代城市发展的需求,而产生和发展起来的具有高技术含量和高文化含量的服务业。主要包括以下四大类:

1. 基础服务(包括通信服务和信息服务);
2. 生产和市场服务(包括金融、物流、批发、电子商务、农业支撑服务以及中介和咨询等专业服务);
3. 个人消费服务(包括教育、医疗保健、住宿、餐饮、文化娱乐、旅游、房地产、商品零售等);
4. 公共服务(包括政府的公共管理服务、基础教育、公共卫生、医疗以及公益性信息服务等)。

二、服务经济

服务经济是指服务经济产值在GDP中的相对比重超过60%的一种经济状态,或者说,服务经济是指服务经济中的就业人数在整个国民经济就业人数中的相对比重超过60%的一种经济态势。以服务经济为主的产业结构包含服务产出、服务业就业、服务消费、服务贸易、服务业投资五大主要经济活动。

资料来源:http://wiki.mbalib.com/wiki/(改编)。

第二节 服务质量管理

一、服务质量的涵义

(一) 服务质量的概念

服务质量是产品生产的服务或服务业满足规定或潜在要求(或需要)的特征和特性的总和。特性是用以区分不同类别的产品或服务的概念,如旅游有陶冶人的性情给人愉悦的特性,旅馆有给人提供休息、睡觉的特性。特征则是用以区分同类服务中不同规格、档次、品味的概念。服务质量最表层的内涵应包括服务的安全性、适用性、有效性和经济性等一般要求。

此外,服务质量还有预期服务质量与感知服务质量之别。

预期服务质量即顾客对服务企业所提供服务预期的满意度。感知服务质量则是顾客对服务企业提供的服务实际感知的水平。如果顾客对服务的感知水平符合或高于其预期水平,则顾客获得较高的满意度,从而认为企业具有较高的服务质量,反之,则会认为企业的服务质量较低。从这个角度看,服务质量是顾客的预期服务质量同其感知服务质量的比较。

预期服务质量是影响顾客对整体服务质量的感知的重要前提。如果预期质量过高,不切实际,则即使从某种客观意义上说他们所接受的服务水平是很高的,他们仍然会认为企业的服务质量较低。预期质量受四个因素的影响,即:市场沟通、企业形象、顾客口碑和顾客需求。

市场沟通包括广告、直接邮寄、公共关系以及促销活动等,直接为企业所控制。这些方面对预期服务质量的影响是显而易见的。例如,在广告活动中,一些企业过分夸大自己的产品及所提供的服务,导致顾客心存很高的预期质量,然而,当顾客一旦接触企业则发现其服务质量并不像宣传的那样,这样使顾客对其感知服务质量大打折扣。

企业形象和顾客口碑只能间接地被企业控制,这些因素虽受许多外部条件的影响,但基本表现为与企业绩效的函数关系。

顾客需求则是企业的不可控因素。顾客需求的千变万化及消费习惯、消费偏好的不同,决定了这一因素对预期服务质量的巨大影响。

(二) 服务质量构成要素

服务质量既是服务本身的特性与特征的总和,也是消费者感知的反应,因而服务质量既由服务的技术质量、职能质量、形象质量和真实瞬间构成,也由感知质量与预期质量的差距所体现。

(1) 技术质量。是指服务过程的产出,即顾客从服务过程中所得到的东西。例如宾馆为旅客休息提供的房间和床位,饭店为顾客提供的菜肴和饮料,航空公司为旅客提供的飞机、舱位等。对于技术质量,顾客容易感知,也便于评价。

(2) 职能质量。是指服务推广的过程中顾客所感受到的服务人员在履行职责时的行为、态度、穿着、仪表等给顾客带来的利益和享受。职能质量完全取决于顾客的主观感受,难以进行客观的评价。技术质量与职能质量构成了感知服务质量的基本内容。

(3) 形象质量。是指消费者企业在社会公众心目中形成的总体印象。它包括企业的整体形象和企业所在地区的形象两个层次。企业形象通过视觉识别、理念识别、行为识别等系统多层次地体现。顾客可从企业的资源、组织结构、市场运作、企业行为方式等多个侧面认识企业形象。企业形象质量是顾客感知服务质量的过滤器。如果企业拥有良好的形象质量,些许的失误会赢得顾客的谅解;如果失误频繁发生,则必然会破坏企业形象;倘若企业形象不佳,则企业任何细微的失误都会给顾客造成很坏的印象。

(4) 真实瞬间。是服务过程中顾客与企业进行服务接触的过程。这个过程是一个特定的时间和地点,这是企业向顾客展示自己服务质量的时机。真实瞬间是服务质量展示的有限时机。一旦时机过去,服务交易结束,企业也就无法改变顾客对服务质量的感知;如果在这一瞬间服务质量出了问题也无法补救。真实瞬间是服务质量构成的特殊因素,这是有形产品质量所不包含的因素。服务生产和传送过程应计划周密,执行有序,防止棘手的"真实的瞬间"出现。如果出现失控状况并任其发展,出现质量问题的危险性就会大大增加。一旦真实的瞬间失控,服务质量就会退回到一种原始状态。服务过程的职能质量更是深受其害,进一步恶化质量。

【资料链接】

餐厅里的"真实瞬间"

真实瞬间(The Moment of Truth),这一概念最早由瑞典学者理查德·诺曼(Richard Norman)引入服务质量管理理论之中。餐厅服务中的"真实瞬间"是服务人员在餐厅服务环境中为顾客提供所需服务的服务传递过程,是顾客与餐厅及服务人员之间的动态交互过程,是服务人员展示服务产品质量优劣的关键时刻。

从顾客来到餐厅迎宾员的问候、领位员的引领到用餐服务的每一环节,直至顾客离开餐厅,这些"真实瞬间"都会影响顾客对餐厅服务质量的感知。一般而言,餐厅服务过程中的每个"真实瞬间"通常不超过20秒。可能是一次及时的帮助、一句真诚的问候、一个看似简单的服务程序,但却会长久地影响顾客对餐厅服务质量的评价。例如,顾客用餐时不小心将筷子碰落到地,服务员及时递上一双干净的筷子,这时服务员递上的就不仅是一双筷子,更是对顾客时刻的关注。但如果当筷子落地之后,顾客再转身招呼服务员要求换上一双筷子,这时服务员递上的就仅仅是一双筷子。二者之间的差别似乎只在于时间过了几秒钟,但这就是一个"真实瞬间",这里的"真实瞬间"是于无声处的细节效应,是先于顾客需求的行为艺术创造的精彩的瞬间。

资料来源:张丽娟.如何做好餐厅"真实瞬间"服务[J].中国商贸,2010(2):12-13。

(三)服务质量的评定标准

服务质量的测定是服务企业对顾客感知服务质量的调查、测算和认定。从管理角度出发,优质服务必须符合以下标准:

(1)规范化和技能化。顾客相信服务供应方,职员营销体系和资源有必要的知识和技能,规范作业,解决顾客疑难问题(有关产出标准)。

(2)态度和行为。顾客感到服务人员(一线员工)用友好的方式主动关心照顾他们,并以实际行动为顾客排忧解难(有关过程标准)。

(3)可亲近性和灵活性。顾客认为服务供应者的地理位置、营业时间、职员和营运系统的设计和操作便于服务,并能灵活地根据顾客要求随时加以调整(有关过程标准)。

(4)可靠性和忠诚感。顾客确信,无论发生什么情况,他们都能够依赖服务供应者。服务供应者能够遵守承诺,尽心竭力满足顾客的最大利益(有关过程标准)。

(5)自我修复。顾客知道,无论何时出现意外,服务供应者都将迅速有效地采取行动,控制局势,寻找新的可行的补救措施(有关过程标准)。

(6)名誉和可信性。顾客相信,服务供应者经营活动可以依赖,物有所值。相信服务供应者的优良业绩和超凡价值,可以与顾客共同分享(有关形象标准)。

在六个标准中,规范化和技能化与技术质量有关,名誉和可信性与形象有关,它可充当过滤器的作用。而其余四项标准:态度和行为,可接近性和灵活性,可靠性和忠诚感,自我修复,都显然与过程有关,代表了职能质量。

二、服务质量管理

(一) 服务质量差距管理

经过长期营销实践,美国服务营销专家帕拉舒拉曼、泽思曼尔和贝里等提出了服务质量差距分析模型(SERVQUAL),专门用来分析质量问题的根源。后人称这一模型为5GAP模型。该模型强调了交付较高服务质量的主要要求,也识别出导致服务交付失败的五个差距。

(1) 消费者期望和管理层感知之间的差距。管理层无法始终正确地感知顾客的需求。比如餐饮店管理人员可能认为顾客依据餐饮质量来评价酒店的服务,但实际上客人可能更加关注餐饮服务人员是否对顾客要求迅速做出反应。

(2) 管理层感知和服务质量规范之间的差距。管理层可能正确地感知到了顾客的需要,但可能并没有设立特定的绩效标准。比如快餐店告诉顾客要提供快捷的服务,但却没有给出具体的数量标准(如几分钟)。

(3) 服务质量规范和服务交付之间的差距。工作人员可能缺乏训练,或没有能力或不愿意满足所制定的标准,或者标准本身可能就是相互抵触的,如既要求耐心听取顾客意见,又要求提供快捷的服务。

(4) 服务交付和外部传播之间的差距。消费者的期望会受到企业代表和广告宣传中所做允诺的影响。如果旅馆的小册子所展示的房间十分漂亮,但客人到达后却发现房间很寒酸和破旧,那么问题就在于外部资料扭曲了顾客的期望。

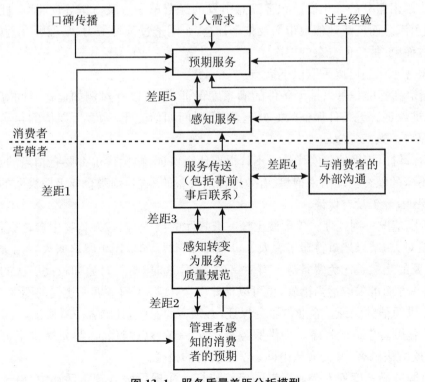

图 13.1　服务质量差距分析模型

(5) 感知服务和期望服务之间的差距。这种差距是因为顾客不当时地感知了服务质量。比如,医生可能会持续访问病人以表示对他的关心,但病人可能误认为这是自己得了大病的一种信号。

基于上述的服务质量模型,学者们还识别出如下所示的五种因素,它们会对服务质量产生决定性的影响。这五项因素分别是:

(1) 可靠性。可以值得信赖、精确地提供已允诺服务的能力。
(2) 反应性。帮助顾客和提供快速服务的意愿程度。
(3) 保证性。员工的知识和礼貌以及他们传递信任和信心的能力。
(4) 移情性。对顾客进行照顾、对顾客给予个性化关注的能力。
(5) 有形性。有实体设施、设备、人员和传播材料等。

(二)服务质量提升途径

1. 服务承诺

服务承诺亦称服务保证,是一种以顾客为尊、以顾客满意为导向,在服务产品销售前对顾客许诺若干服务项目以引起顾客的好感和兴趣,招徕顾客积极购买服务产品,并在服务活动中忠实履行承诺的制度和营销行为。

服务承诺通常对服务的下述内容进行承诺:服务质量的保证;服务时限的保证;服务附加值的保证;服务满意度的保证等。企业常常进行的服务承诺表述如:顾客只要不满意,无论何种原因,都可以全额退款;误点绝不超过5分钟,否则退钱(交通企业);存取款只用一分钟,保证不延误时间。

服务承诺制的实行有利于企业提高服务质量,满足消费者需求并令其满意,改善企业自身的形象。承诺服务的优化设计顾客满意引发的经营革命触及行销导向、社会性导向两个层次,将触角深入而广泛地伸入市场及整个社会,企图透过种种努力,掌握顾客爱好、市场需求这种由微而巨、抽象而复杂的层次。

实行服务承诺制可以采取以下措施:

(1) 制定高标准。可以是无条件的满意度保证,也可以针对例如运送时间等的单项服务,提供标准保证。无条件保证的好处是,不论时间如何变化,顾客所期待的与实际得到的服务都能保持一致。

(2) 不惜付出相当的赔偿代价。不管提出什么保证,赔偿代价都要有相当的意义,才能吸引心存不满的顾客主动前来抱怨、有效地挽回失望的顾客,刺激企业汲取失败的教训。不痛不痒的保证,等于没有保证。

(3) 特别情况特别处理。美国波士顿一家餐厅的员工,在客人食物中毒之后,拿着免费餐券要补偿对方,结果严重得罪了客人。可想而知,餐厅如果还想跟这些火冒三丈的客人重修旧好,需要的当然是比免费餐券更有意义的东西,这时,应随时通知较高层次的主管出面处理,他们一方面可采取适当措施,更可以借此机会,实际了解顾客所遭受的不幸。

(4) 提供简洁的保证。企业的服务保证,必须言简意赅,让顾客一看便知。

(5) 简化顾客申诉的程序。提供服务要多花一些心思与代价,尽量减少申诉过程的不便,才不致既流失顾客,又失去从申诉中学习改善的机会。

(6) 将服务满意度列入企业发展的经济指标。在现代服务营销活动中,由于人们的价值观、时间观念的进步,企业推行服务承诺的必要性更强烈,顾客对企业推行服务承诺的期待也更强烈,服务承诺成为企业提高服务质量不可分割的组成部分。

【资料链接】

一个人的航班

英国航空公司准备从伦敦飞往日本东京的航班因故障推迟20小时起飞。为了不使在东京等候此班机回伦敦的乘客耽误行程,共190名乘客欣然接受了事实并接受了妥善的安排,但有一名日本老太太坚持原来的航班。

实在无奈,一个罕见的情景出现了。伦敦—东京的航班飞机上,有353个坐席,6位机组人员和15位服务人员只为一个乘客服务,只载了一名旅客,就是那位日本老太太,她一人独享了机组人员的周到服务。

(根据网络资料改编)

2. 服务补救

所谓服务补救,是指服务性企业在对顾客提供服务出现失败和错误的情况下,对顾客的不满和抱怨当即做出的补救性反应。其目的是通过这种反应,重新建立顾客满意和忠诚。

在提供服务的过程中,即使最优秀的企业也不可避免出现服务的失败和错误。

消费者对企业提供的服务具有较高期望值,服务的失误会使顾客产生不满和抱怨;虽然他们可将不满归咎于不同对象,如企业或他们自己,但企业必须抱有"顾客始终正确"的观念,对顾客的不满和抱怨当即做出反应——服务补救。"当即"是指服务补救具有现场性和快速性。现场性是指企业必须在服务失误出现的现场,就地进行服务补救。快速性是指企业要尽可能快地进行服务补救,避免由服务失误造成的不良影响扩散和升级。服务企业针对服务失误应该采用如下策略:

(1) 重视客户问题并尽快解决。顾客认为,最有效的补救就是企业一线服务员工能主动地出现在现场,承认问题的存在,向顾客道歉(在恰当的时候可加以解释),并将问题当面解决。解决的方法很多,可以退款,也可以服务升级。如零售业的无条件退货,如某顾客在租用已预订的别克车时发现该车已被租出,租车公司将本公司的奔驰车以别克车的租价租给该顾客。

其次,一旦发现服务失误,服务人员必须在失误发生的同时迅速解决失误。否则,没有得到妥善解决的服务失误会很快扩大并升级。在某些情形下,还需要员工能在问题出现之前预见到问题即将发生而予以杜绝。例如,某航班因天气恶劣而推迟降落时,服务人员应预见到乘客们会感到饥饿,特别是儿童。服务人员会向机上饥饿的乘客们说:"非常感激您的合作与耐心,我们正努力安全降落。机上有充足的晚餐和饮料。如果您同意,我们将先给机上的儿童准备晚餐。"乘客们点头赞同服务人员的建议,因为他们知道,饥饿、哭喊的儿童会使境况变得更糟。服务人员预见到了问题的发生。在它扩大之前,员工就杜绝了问题的发生。

(2) 鼓励并跟踪顾客的抱怨。服务企业应当利用多种途径来鼓励和追踪抱怨,可以通过满意调查、重大事件研究、完全免费的呼叫中心系统、投诉热线、电子邮件等。只有让顾客有抱怨的机会,服务提供者才能及时发现服务失误,从而才有可能采取合理、有效的补救措施,企业的服务质量才能不断地提高。

(3) 培训并赋予一线员工适当的补救权力。一线员工需要培训服务补救的技巧和随机应变的能力。有效的服务补救技巧包括认真倾听顾客抱怨、确定解决办法、灵活变通的能力。同时,员工必须被授予使用补救技巧的权力。当然这种权力的使用是受限制的。在一定的允许范围内,用于解决各种意外情况。一线员工不应因采取补救行动而受到处罚。相反,企业应鼓舞激励员工们大胆使用服务补救的权力。

(4) 公平真诚地对待每一位顾客。顾客们希望在以下方面得到公平对待:他们得到的结果、服务补救的发生过程以及相互间的对待。同时,在处理服务失误的过程中,顾客希望被诚实、细心和有礼貌地对待。服务人员应该对顾客表示同情和关心,对顾客的失望和愤怒表示理解,这会使顾客感到企业对他的处境十分在意和关心,有助于顾客获得良好的互动性、公平性感知。

(5) 从补救中吸取教训。服务补救不只是弥补服务裂缝、增强与顾客联系的良机,它还是一种极有价值但常被忽略或未被充分利用的具有诊断性的能够帮助企业提高服务质量的信息资源。通过对服务补救整个过程的跟踪,管理者可发现服务系统中一系列亟待解决的问题,并及时修正服务系统中的某些环节,进而使"服务补救"现象不再发生。

3. 服务质量认证

质量认证是产品或服务在进入市场前,依据国际通行标准或国家规定的标准和质量管理条例,由第三方认证机构进行质量检查合格后发给合格证书,以提高企业及其产品、服务的信誉和市场竞争力的行为。质量认证包含以下要点:

(1) 质量认证的对象是产品或服务;
(2) 标准化机构正式发布的标准是认证的基础;
(3) 证明批准认证的方式是合格证书或合格标志;
(4) 质量认证是第三方从事的活动;
(5) 质量认证与安全认证统称为合格认证或综合认证、全性能认证。通常对安全认证实行强制性认证制度,对综合性认证实行自愿认证原则。

实行服务质量认证制度具有不可忽视的重要作用,这些作用表现为:

(1) 指导消费者选购自己满意的服务;
(2) 帮助服务企业建立健全高效的质量体系;
(3) 给服务企业带来信誉和更多的利润;
(4) 节约大量的社会检验费用;
(5) 提高服务企业及其产品的国际竞争力;
(6) 国家通过质量认证有效地促进服务企业提高服务质量,保护使用者的安全、健康和利益。

服务合格认证与商品合格认证一样,在国际上是由政府或非政府的国际团体进行组织和管理的国际通行的认证制度。各国为进行认证工作都制定了一整套程序和管理制度,国际合格认证是消除国际营销活动中贸易壁垒的重要手段。

第三节 服务有形展示

一、服务有形展示的概念

所谓有形展示是指在服务营销的范畴内,一切可传达服务特色及优点的有形组成部分。在产品营销中,有形展示基本上就是产品本身,而在服务营销中,有形展示的范围就较广泛。事实上,服务营销学者不仅将环境视为支持及反映服务产品质量的有力实证,而且将有形展示的内容由环境扩展至包含所有用以帮助生产服务和包装服务的一切实体产品和设施。这些有形展示,若善于管理和利用,则可帮助顾客感觉服务产品的特点以及提高享用服务时所获得的利益,有助于建立服务产品和服务企业的形象,支持有关营销策略的推行;反之,若不善于管理和运用,则它们可能会传达错误的信息给顾客,影响顾客对产品的期望和判断,进而破坏服务产品及企业的形象。

根据环境心理学理论,顾客利用感官对有形物体的感知及由此所获得的印象,将直接影响到顾客对服务产品质量及服务企业形象的认识和评价。消费者在购买和享用服务之前,会根据那些可以感知到的有形物体所提供的信息而对服务产品做出判断。比如,一位初次光顾某家餐馆的顾客,在走进餐馆之前,餐馆的外表、门口的招牌等已经使他对之有了一个初步的印象。如果印象尚好的话,他会径直走进去,而这时餐馆内部的装修、桌面的干净程度以及服务员的礼仪形象等将直接决定他是否会真的在此用餐。对于服务企业来说,借助服务过程的各种有形要素必定有助于其有效地推销服务产品的目的的实现。因此,学者们提出了采用"有形展示"策略,以帮助服务企业开展营销活动。

二、有形展示的要素

有形展示的各种构成要素可以分为三种类型,即环境、信息沟通和价格。

(一) 环境要素

有形展示的环境要素又包含了周围因素、设计因素和社会因素三种因素。

1. 周围因素

这类要素通常被顾客认为是构成服务产品内涵的必要组成部分,是指消费者不大会立即意识到的环境因素,例如气温、温度、通风、气味、声音、整洁等因素。它们的存在并不会使顾客感到格外的兴奋和惊喜。但是,如果服务环境中缺乏消费者需要的这些周围因素,或某种因素使消费者觉得不舒服,他们才会意识到服务环境中的问题。消费者通常假定服务场所的背景环境应该完美无缺。因此,一般说来,良好的背景环境并不能促使消费者购买;然而,较差的背景环境却会使消费者退却。例如,餐厅一般应该具备清洁卫生的环境,达到此环境并不必然使顾客就此得到满足。然而,不洁的环境显然会令顾客大为反感,转而光顾另一家餐厅。

2. 设计因素

设计因素指刺激消费者视觉的环境因素。与周围因素相比,设计因素对消费者感觉的影响就比较明显。设计精美的服务环境更能促使消费者购买。设计因素又可分为艺术设计(例如建筑物式样、风格、颜色、规模、材料、格局等)因素和功能设计(布局、舒适程度等)因素两类。服务设施内外设计状况都可能会对消费者的感觉产生重大影响。

3. 社会因素

社会因素指服务环境中的顾客和服务人员。服务环境中的顾客和服务人员的人数、外表和行为都会影响消费者的购买决策。服务人员代表服务企业。服务人员的仪态仪表是服务企业极为重要的实体环境。服务人员衣着整洁、训练有素、令人愉快,消费者才会相信他们能够提供优质服务。

(二) 信息沟通要素

信息沟通是另一种服务展示形式,这些沟通信息来自企业本身以及其他引人注意的地方。从赞扬性的评论到广告,从顾客口头传播到企业标记,这些不同形式的信息沟通都传诵了有关服务的线索,使服务和信息更具有有形性。有效的信息沟通有助于强化企业的市场营销战略。

1. 服务有形化

让服务更加实实在在而不那么抽象的方法之一,就是在信息交流过程中强调和服务相联系的有形物,这样就可把与服务相联系的有形物推到信息沟通策略的前沿。麦当劳公司针对儿童的"快乐餐"计划十分成功,正是运用了创造有形物这一技巧。麦当劳把汉堡包和法国炸制品放进一种被特别设计的盒子里,里面有游戏、迷宫等图案,也有麦当劳的图像,这样麦当劳就把目标顾客的娱乐和饮食联系到了一起。这个例子证明使用有形因素能使服务更容易被感受,因而更真实。

2. 信息有形化

信息有形化的一种方法就是鼓励对企业有利的口头传播。如果顾客经常选错服务提供者,那么他特别容易接受其他顾客提供的可靠的口头信息,并据此做出购买决定。因此,顾客在选择保健医生、律师、汽车修理师或者大学教授的选修课之前,总要先询问他人的看法。信息有形化的另一种方法是在广告中创造性地应用容易被感知的展示。

(三) 价格要素

价格可以为消费者提供产品质量和服务质量的信息,增强或降低消费者对产品或服务质量的信任感,提高或降低消费者对产品和服务质量的期望。消费者往往会根据服务的价格,判断服务档次和服务质量。因此,对服务企业来说,制订合理的价格尤其重要。价格过低,会使消费者怀疑服务企业的专业知识和技能,降低消费者感觉中的服务价值。价格过高,会使消费者怀疑服务的价值,认为企业有意敲诈顾客。

三、有形展示的作用

服务有形展示的首要作用是支持公司的市场营销战略。在建立市场营销战略时,应特别考虑对有形因素的操作,以及希望顾客和员工产生什么样的感觉,做出什么样的反映。有形展示作为服务企业实现其产品有形化、具体化的一种手段,在服务营销过程中占有重要地位。但是,有形展示能被升华为服务市场营销组合的要素之一,它所起到的作用及其战略功能当然不局限于评估品质,具体来说主要包括以下几个方面:

1. 通过感官刺激,让顾客感受到服务给自己带来的利益

服务展示的一个潜在作用是给市场营销策略带来乐趣优势。努力在顾客的消费经历中注入新颖的,令人激动的,娱乐性的因素,从而改善顾客的厌倦情绪,例如,顾客期望五星级酒店的外形设计能独具特色、期望高格调的餐厅能真正提供祥和愉悦的气氛。因此,企业采用有形展示的实质是通过有形物体对顾客感官方面的刺激,让顾客感受到无形的服务所能给自己带来的利益,进而影响其对无形产品的需求。

2. 引导顾客对服务产品产生合理的期望

顾客对服务是否满意,取决于服务产品所带来的利益是否符合顾客对之的期望。但是,服务的不可感知性使顾客在使用有关服务之前,很难对该服务做出正确的理解或描述,他们对该服务的功能及利益的期望也是很模糊的,甚至是过高的。不合乎实际的期望又往往使他们错误地评价服务,以及做出不利的评语,而运用有形展示则可让顾客在使用服务前能够具体地把握服务的特征和功能,较容易地对服务产品产生合理的期望,以避免因顾客期望过高而难以满足所造成的负面影响。

3. 影响顾客对服务产品的第一印象

对于新顾客而言,在购买和享用某项服务之前,他们往往会据第一印象对服务产品做出判断。既然服务是抽象的、不可感知的,有形展示作为部分服务内涵的载体无疑是顾客获得第一印象的基础,有形展示的好坏直接影响到顾客对企业服务的第一印象。例如,参加被宣传为豪华旅行团出去旅游的旅客,当抵达它国时,若接旅客去酒店的专车竟是残年旧物,便马上产生"货不对路"的感觉,甚至有一种可能受骗、忐忑不安的感觉。反之,若接送的专车及导游的服务能让人喜出望外,则顾客会觉得在未来随团的日子里将过得舒适愉快,进而也增强了对旅游公司服务质量的信心。

4. 促使顾客对服务质量产生"优质"的感觉

服务质量的高低并非由单一因素所决定。根据对多重服务的研究,大部分顾客根据十种服务特质判断服务质量的高低,"可感知"是其中的一个重要特质,而有形展示则正是可感知的服务组成部分。与服务过程有关的每一个有形展示,例如,服务设施、服务设备、服务人员的仪态仪表,都会影响顾客感觉中的服务质量。有形展示及对有形因素的管理也会影响顾客对服务质量的感觉。优良的有形展示及管理就能使顾客对服务质量产生"优质"的感觉。

5. 帮助顾客识别和改变对服务企业及其产品的形象

有形展示是服务产品的组成部分,也是最能有形地、具体地传达企业形象的工具。企业形象或服务产品形象的优劣直接影响着消费者对服务产品及公司的选择,影响着企业的市场形象。形象的改变不仅是原来形象的基础上加入一些新东西,而要打破现有的观念,所以它具有挑战性。要让顾客识别和改变服务企业的市场形象,更需提供各种有形展示,使消费者相信本企业的各种变化。

6. 协助培训服务员工

从内部营销的理论来分析,服务员工也是企业的顾客。由于服务产品是"无形无质"的,从而顾客难以了解服务产品的特征与优点,那么,服务员工作为企业的内部顾客也会遇到同样的难题。如果服务员工不能完全了解企业所提供的服务,企业的营销管理人员就不能保证他们所提供的服务符合企业所规定的标准。所以,营销管理人员利用有形展示突出服务产品的特征及优点时,也可利用相同的方法作为培训服务员工的手段,使员工掌握服务知识和技能,指导员工的服务行为,为顾客提供优质的服务。

四、服务环境设计与服务形象

(一)理想服务环境的设计

所谓服务环境是指企业向顾客提供服务的场所,它不仅包括影响服务过程的各种设施,也包括许多无形的因素。对大多数服务业公司而言，设计理想的服务环境并非一件容易的事情，除了需要大量的资金花费外，一些不可控制的因素也会影响环境设计。一方面，我们现有的关于环境因素及其影响的知识及理解程度还很不够。究竟空间的大小、各种设施和用品的颜色与形状等因素的重要性如何？地毯、窗帘、灯光、温度等因素之间存在怎样的相互关系？诸如此类的问题具有较强的主观性，很难找到一个正确的答案。另一方面，每个人都有不同的爱好和需求，他们对同一环境条件的认识和反应也各不相同。因此，设计满足各种各样类型人的服务环境，如旅馆、大饭店、车站或机场等存在一定的难度。

以一家餐厅为例，理想环境的创造应该考虑如下几个方面：

（1）适当的地点。适当的地理位置容易吸引更多的顾客。不过，适当的地点主要是指使餐厅接近于目标顾客集中的地区，并非单纯是指餐厅应处于客流量较多的繁华商业区或交通便利的地方。了解各种地段的特点和了解顾客的消费需要是有效推广服务产品的前提。

（2）餐厅的环境卫生情况。环境卫生是餐厅经营的最基本条件。顾客选择餐厅前首先要看的就是餐厅是否清洁卫生。从外部看，它要求招牌整齐清洁、宣传文字字迹清楚、盆景修剪整齐；从内部看，要求顾客座席、餐厅摆设、陈列台、厨房、备餐间以及洗手间等整齐清洁。

（3）餐厅的气氛。餐厅的气氛是影响餐厅服务质量的重要因素，因而无论餐厅外部还是内部的设计与装饰都要烘托出某种气氛，以便突出餐厅的宗旨和强有力地吸引现有的和潜在的顾客。餐厅的设计、装饰、布局、照明、色调、音响等都会影响餐厅的气氛。比如，餐厅中通常都要播放音乐，音量适中的音乐能使顾客赏心悦目，增加食欲；反之，音量过大则可能影响顾客的交谈，使人感到厌烦。不同的餐厅还要选择不同风格的音乐，在快餐厅可能适合于播放节奏性较强的流行音乐，而格调高雅的餐厅则更适合旋律优美、速度节奏缓慢的音乐。

（二）服务环境设计影响服务形象形成的关键因素

一家服务业公司所要塑造的形象，受很多因素的影响。营销组合的所有构成要素，如价格、服务本身、广告、促销活动和公开活动，既影响顾客与当事人的观感，也成为服务的实物要素。影响服务环境形成的关键性因素主要有两点：

1. 实物属性

实物属性就是服务企业的外在有形表现，它形成了顾客对服务的直观感知。服务业公司的建筑构造设计，有若干层面对其形象塑造产生影响。服务业公司的外在有形表现会影响其服务形象。一栋建筑物的具体结构，包括其规模、造型、建筑使用的材料、其所在地点位置以及与邻近建筑物的比较，都是塑造顾客观感的因素。至于其相关因素，诸如停车的便利性、可及性、橱窗门面、门窗设计、招牌标示等也很重要。因为外在的观瞻往往会与牢靠、永固、保守、进步或其他各种印象相联系。而服务业公司内部的陈设布局、装饰、桌子、家具、装修、座椅、照明、色调配合、材料使用、空气调节、标记，视觉呈现如图像和照片之素质等，所有这一切合并在一起往往就会创造出"印象"和"形象"。从更精细的层面而言，内部属性还包括：记事纸、文具、说明小册子、展示空间和货架等项目。

能将所有这些构成要素合并成为一家服务公司"有特色的整体个性"，需要相当的技术性和创造性。有形展示可以使一家公司或机构显示其"个性"，而"个性"在高度竞争和无差异化的服务产品市场中是一个关键特色。

2. 气氛

服务设施的气氛也会影响其形象。"氛围"原本就是指一种借以影响买主的"有意的空间设计"。此外,气氛对于员工以及前来公司接洽的其他人员也都有重要的影响。所谓的"工作条件",是指它会影响到员工对待顾客的态度。就零售店而言,每家商店都有各自的实物布局、陈设方式,有些显得局促,有些宽敞。每家店都有其"感觉",有的很有魅力、有的豪华壮丽、有的朴素。商店必须保有一种规划性气氛,适合于目标市场,并能诱导购买。

许多服务业公司似乎都开始了解气氛的重要。餐馆的气氛和食物同样重要是众所皆知的,大饭店、旅馆应该被视为温暖与亲切;零售商店也应注意尊重顾客,而增添一些魅力到"气氛"里头;有些广告公司细心地花工夫做气氛上的设计;此外银行、律师事务所和牙医诊所的等候室,往往由于是否注意气氛的缘故,而有"宾至如归"或"望而却步"的差别。影响"气氛"一些因素包括:

(1) 视觉。零售商店使用"视觉商品化"一词来说明视觉因素会影响顾客对商店观感的重要性。视觉商品化与形象的建立和推销有关,顾客进门之后,可以达到前述两项目的。零售业的视觉商品化,旨在确保无论顾客在搭电梯,或在等待付账时,服务的推销和形象的建立仍持续在进行。照明、陈设布局、颜色,显然都是"视觉商品化"的一部分,此外,服务人员的外观和着装也是。总之,视觉呈现是顾客对服务产品惠顾的一个重大原因。

(2) 气味。气味会影响形象。零售商店,如咖啡店、面包店、花店和香水店,都可使用芳香和香味来推销其产品。面包店可巧妙地使用风扇将刚出炉的面包香味吹散到街道上;餐馆、牛排吧、鱼店或烤洋芋店,也都可以利用香味达到良好的效果;至于那些事业服务业的办公室、皮件的气味和皮件亮光蜡或木制地板打蜡后的气味,往往可以发散一种特殊的豪华气派。

(3) 声音。声音往往是气氛营造的背景。电影制造厂商很早就觉察其重要性,即使在默片时代,配乐便被视为一项不可少的气氛上的成分。青少年流行服装店的背景音乐,所营造出的气氛当然与大型百货店升降梯中听到的莫扎特笛音气氛大不相同,也和航空公司在起飞之前播放给乘客们听的令人舒畅的旋律的气氛全然迥异。若想营造一种"安静"气氛,可以使用细心的隔间、低天花板、厚地毯以及销售人员轻声细语的方式。这种气氛在图书馆、书廊或皮毛货专卖店往往是必要的。最近对于零售店播放音乐的一项研究指出,店里的人潮往来流量,会受到播放什么样的音乐而有所改变。播放缓慢的音乐时,营业额度往往会比较高。

(4) 触觉。厚重质料铺盖的座位的厚实感、地毯的厚度、壁纸的感度、咖啡店桌子的木材感和大理石地板的冰凉感,都会带来不同的感觉,并发散出独特的气氛。某些零售店是以样品展示的方式激发顾客们的感度的,但有些商店,如精切玻璃、精制陶瓷店、古董店、书廊或博物馆,就禁止利用触感。但不论任何情况,产品使用的材料和陈设展示的技巧都是重要的因素。

第四节 服务营销组合策略

传统的营销组合理论是以制造业为基础提出来的。由于无形的服务产品具有不同于有形产品的特点,传统的4P组合理论在服务市场营销中具有其局限性,因此营销学者在传统的 4P，即产品、价格、分销、促销的基础上又增加了 3 个 P：人员（people）、有形展示（physical evidence）和过程（process），构成了服务市场营销的 7P 组合。在前面的章节中，我们学习了有形展示这个 P，本节重点研究服务产品、服务定价、服务渠道、服务促销、服务人员和服务过程的服务营销组合策略。

一、服务产品策略

在服务营销中，产品（product）、服务（services）与有形商品（goods）是具有一定区别的概念。严格地说，产品是一个大概念，它是指能够为顾客提供某种利益的客体或过程，而服务和有形产品则是产品概念下的两个小概念。现实中，纯粹的产品和纯粹的服务都不多，大多数情况下是"你中有我，我中有你"，两者相互依存，服务产品需要依附于有形的产品，而有形产品里面也常包含有服务的成分。

在有形产品的营销过程中，产品的概念比较容易把握，因为产品是实实在在的有形实体，其大小、款式、功能等都由企业事先设计好了，顾客所购买到的也正是企业所提供的。而服务产品的情形则有着很大不同。由于服务产品大都是无形的、不可感知的和易变的，并且是消费于正在生产的过程之中，被服务的顾客往往还参与在生产过程之中，并也提供一部分自我服务。因此，顾客购买服务的过程实质上是感知服务价值的过程，其伸缩性很强。因此，在理解服务产品时，需要完整地考虑企业希望顾客体验到的服务全过程。服务产品就是由一系列有形和无形要素构成的服务提供过程，包括服务结果，也包括服务过程。服务结果是以服务被市场接受的根本价值而呈现出来的，即服务满足了顾客的何种需求，顾客从中获得了何种利益；服务过程则以服务的传递呈现出来，即顾客以什么方式、什么渠道获得服务，满足需求。从管理的角度来理解"服务产品"的概念，有四个层次：即顾客利益概念、服务概念、基本服务组合和服务递送体系。

1. 服务产品中的顾客利益

顾客利益是指在购买过程中，顾客追求的并非服务本身，而是这种服务能给自己带来的利益和好处。在服务市场营销中，服务产品的概念在某种意义上可以做出如下区分：一是服务企业所提供的出售物；二是顾客感知到的产品。而对顾客来说，只有能给他们带来利益的后者才是真正意义上的服务产品。

2. 服务产品中的服务观念

服务观念是服务业公司基于顾客追求而提供的普遍化利益。在一般情况下，服务观念至少可以协助营销管理者回答下列两个问题：

（1）我们从事的是什么样的业务？

（2）我们所要提供满足的需要和欲求是什么？

服务观念是服务产品的核心。服务观念可以分成两个层次：即一般性服务观念，它指提供的基础性服务产品，如汽车租赁公司提供的是暂时性交通问题的解决。此外是特定性服务观念，是特殊性服务业的核心，如餐厅中提供的烛光晚宴或东方佳肴便属于特殊性服务。

3. 基本服务组合

基本服务组合又称为服务出售物，是指能够满足顾客或目标市场需求的一系列服务，它由一系列无形和有形的服务要素组成。基本服务组合是服务概念的具体体现，它决定了顾客究竟能够从企业那里得到什么东西。

4. 服务递送体系

基本服务组合只是揭示出服务产品的技术层面,而服务的生产和传递过程以及顾客对这些过程的感知也是服务产品的重要组成部分。"服务递送体系"的概念包含了服务产品生产和消费的全过程。从服务的基本特征来分析,服务过程包含三个要素:服务的易接近性、顾客与企业的交换过程和顾客参与,这些要素构成了服务的递送系统。

二、服务定价策略

在服务营销市场上,各种有形产品定价的概念和方法均适用于服务产品定价,但是,由于服务受产品特征的影响,企业与顾客之间的关系通常比较复杂,企业定价不单单是给产品一个价格标签,服务定价战略也有其不同的特点。因此,我们必须重视定价在服务营销中的作用,研究服务产品定价的特殊性,同时,也要对传统定价方法在服务市场营销中的应用给予一定的重视。

(一)影响服务定价的因素

影响服务定价的因素如下:

1. 成本因素

服务营销人员必须理解服务产品的成本随时间和需求的变化而变化。服务产品的成本可以分为三种,即固定成本、变动成本和准变动成本。

2. 需求因素

服务业公司在制定价格策略目标,并考虑需求因素的影响时,通常使用价格需求弹性法来分析。在现实生活中,不同服务产品的需求是不尽相同的,如果对服务的需求是有弹性的,那么其定价水平就特别重要。例如,在某些市场上,需求受到价格变动的影响很大(如市区公共交通服务、旅游娱乐等),而有些市场则影响较小(医疗、中小学教育等)。当然,对于大多数服务产品而言它们更多的是拥有经验特征和信任特征,不过,价格本身就是一种可寻找特征。所以,在缺乏服务产品信息的情况下,顾客往往把价格高低作为衡量产品质量的一个指标,从而,他们对价格的敏感性也就比较高。

3. 竞争因素

市场竞争状况直接影响着企业定价策略的制定。在产品差异性较小、市场竞争激烈的情况下,企业制定价格也相应缩小。市场竞争所包含的内容很广,比如,在交通运输行业,企业之间的竞争不仅有不同品种之间的竞争,而且在不同运输工具之间、对顾客时间和金钱的利用方式之间都存在着竞争。总而言之,凡是服务产品之间区别很小而且竞争较强的市场,都可以制定相当一致的价格。此外,在某些市场背景之下,传统和惯例可能影响到定价,如广告代理的佣金制度。

(二)服务的定价策略

服务的定价策略有如下九个:

1. 差别定价或弹性定价策略

差别定价或弹性定价可依据以下几种方式进行差异划分:

(1) 价格/时间的差异,如公用事业及电话服务在假期使用的价格。

(2) 顾客支付能力差异,如管理顾问咨询、专业服务业、银行贷放利率。

(3) 服务产品的品种差异,如使用不同机种电话租用收费。

(4) 地理位置差异,如旅馆房间的定价以及剧院的座位定价。

2. 个别定价策略

个别定价策略是指所制定的价格水准是买方决策单位能力范围内所能遇到的价位,当然这是以该决策单位对该项服务或公司感到满意为前提的。采用这种定价方式的服务市场,如承包伙食和厂房维修业。采取个别定价法必须要清楚地了解:卖方的决策者有权决定的价格底限是多少。

3. 折扣定价策略

在大多数的服务市场上都可以采用折扣定价法,服务业营销通过折扣方式可达到两个目的:折扣是对服务承揽支付的报酬,以此来促进服务的生产和消费(金融市场付给中间者的酬金)的产生。例如,付给保险经纪人的佣金或对单位委托顾问服务的支付。折扣也是一种促销手段,可以鼓励提早付款、大量购买或高峰期以外的消费。

4. 招徕定价策略

当一种服务原本就有偏低的基本价,或某种服务的局部形成低价格结构形象时,就会产生招徕价格现象。比如,餐厅为了增加惠顾而提供价廉物美的实惠简餐(如商业午餐、套餐或10元吃饱等),但大多数的客人一旦进入餐厅,最后还是会点其他比较高价的菜色;汽车修理厂对一般性服务可能收费偏低,借以招徕更多的高价的修理工作。

5. 保证定价策略

"保证必有某种结果产生后再付款"就是典型的保证定价法。比如职业介绍所的服务,必须等到当事人获得了适当的工作职位后,才能收取费用。

6. 高价位维持定价策略

这是当消费者把价格视为质量的体现时使用的一种定价技巧。在某些情况下,某些服务业公司往往有意地造成高质量高价位姿态。凡是已经培养出一种特殊的细分市场,或已建立起特殊专属高知名度的服务业公司,不妨使用此种以价格作为质量指标的定价方法。

7. 牺牲定价策略

这种定价方法是指第一次订货或第一个合同的要价很低,希望借此能获得更多的生意,而后来生意的价格却比较高。此种定价方法通常用在营销顾问业和管理教育训练服务业。

8. 阶段定价策略

此种定价方法与前一种类似,即基本报价很低,但各种额外事项则要价较高。例如,某管理咨询顾问的报价只是其执行服务花费的时间费而已,但未包括执行服务时有关的差旅费。

9. 系列价格定价策略

价格本身维持不变,但服务质量、服务数量和服务水平则充分反映成本的变动。这种定价方式往往被视为一种并不适于用来处理成本变动的定价方式。只有在固定一套收费方式的一系列的标准服务的情况下才适于使用。租赁公司往往使用此定价方式。

三、服务渠道策略

服务渠道策略就是以服务企业为目标向顾客提供服务时对所使用的位置和渠道所做的决策,它包括如何把服务交付给顾客和应该在什么地方进行。在服务营销中,企业为了获得竞争优势,应该寻找并制定适宜的交付服务方法和地点的渠道策略,方便顾客对服务产品的购买、享用和受益。

(一)服务的分销渠道

服务的分销渠道有如下两个:

1. 直销

直销是最适合服务产品的配送形式。直销可能是服务生产者经过选择而选定使用的销售方式,也可能是由于服务和服务提供者不可分割的原因。

2. 经由中介机构的分销渠道

服务业公司最常使用的渠道是通过中介机构,它们的结构各不相同,而且有些还相当复杂,常见的有下列五种:

(1) 代理。一般是在观光、旅游、旅馆、运输、保险、信用、雇佣和工商业服务业市场出现。

(2) 代销。专门执行或提供一项服务,然后以特许权的方式销售该服务。

(3) 经纪。在某些市场,服务因传统惯例的要求必须经由中介机构提供才行,如股票市场和广告服务。

(4) 批发商。在批发市场的中间商有"商人银行"等。

(5) 零售商。包括照相馆和提供干洗服务的商店等。

中介机构可能的形式还有很多,在进行某些服务交易时,可能会牵涉到好几家服务业公司。例如,某个人长期租用一栋房屋,可能牵涉到的服务业包括房地产代理、公证人、银行、建筑商等。另外在许多服务业市场,中介机构可能同时代表买主和卖主(如拍卖)。

(二)服务渠道的拓展和创新

1. 服务渠道的拓展

服务产品的分销渠道大都可以以独立渠道和结合渠道两种方式来实施渠道的发展。

(1) 独立服务渠道。独立渠道的兴起是为了满足特定需要而无需与另外的产品或服务相关联。因此,一家顾问公司或一家旅行社,不与其他公司联合,且与其他公司分开经营,即属独立服务公司的例子。不过,独立服务公司当然也可以利用其他的中介机构。

(2) 结合型服务渠道。结合型服务渠道是服务结合在一个销售某一产品的渠道之中。结合型服务渠道一般是由下述形式发展而来的:

① 收购。服务是整体产品组合的一部分(如对耐用消费品采购的融资)。

② 租用。服务在另一家公司的设施中提供和营运,特许权使用人必须给付租金或者营业额抽成给出租的公司。

③ 合同。这是两家或两家以上的独立公司,以某种契约方式合作营销一项服务。因此,财务融资公司和汽车经销商可以基于"搭配协议"而共同经营。

2. 服务渠道的创新

(1) 租赁服务。服务业经济的一个有趣现象是租赁服务业的增长,也就是说许多个人和公司都已经而且正在从拥有产品转向产品的租用或租赁。采购也正从制造业部门转移至服务业部门,这也意味着许多销售产品的公司增添了租赁和租用业务。此外,新兴的服务机构也纷纷投入租赁市场的服务供应。在产业市场,目前可以租用或租赁的品种包括汽车、货车、厂房和设备、飞机、货柜、办公室装备、制服、工作服等。在消费品市场,则有公寓、房屋、家具、电视、运动用品、帐篷、工具、绘画、影片、录像等。还有些过去是生产制品的公司开发了新的服务业务,提供其设备作为租用和租赁之用。在租用及租赁合同中,银行和融资公司以第三者身份扮演了重要的中介角色。

（2）特许经营。在可能标准化的服务业中，特许经营是一种持续增长的现象。在一般情形下，特许经营是指一个人（特许人）授权给另一个人（受许人），使其有权利利用授权者的知识产权，包括商号、产品、商标、设备分销等。

（3）综合服务。综合服务是服务业增长的另一个现象，即综合公司体系与综合性合同体系的持续发展，并已经开始主宰某些服务业领域。例如，在大饭店和汽车旅馆方面，综合体系如假日饭店、希尔顿和Best Western都愈显其举足轻重的地位。在观光旅游方面，许多服务系统正在结合两种或两种以上的服务业，譬如航空公司、大饭店、汽车旅馆、汽车租赁、餐厅、订票及订位代理业、休闲娱乐区、滑雪游览区、轮船公司等。

（4）准零售化。服务业最重要的中介机构之一便是零售业者。最近几年来，服务业经济发展上的一大特色就是"准零售出口"的崛起，这些"准零售出口"主要是销售服务而不是销售产品，它们包括：美发店、包工或承揽业、旅行社、票务代理业、银行、房地产代理、建筑公司、就业介绍所、驾驶训练班、娱乐中心、小洗熨店、大饭店或旅馆、餐厅等。

四、服务促销策略

服务促销策略是指为了提高销售，加快新服务的导入，加速消费者接受新服务的过程。促销对象不仅限于顾客，也可以被用来激励员工和刺激中间商。

（一）服务促销的目标

服务促销的目标如下：

（1）形象认知。即建立对该服务产品及服务企业和服务品牌的认识和兴趣。

（2）竞争差异。即使服务内容和服务企业本身与竞争者产生区别。

（3）利益展示。即沟通并描述服务带来的各种利益、好处和满足感。

（4）信誉维持。即建立并维持服务企业的整体形象和信誉。

（5）说服购买。即说服顾客购买或使用该项服务，帮助顾客做出购买决策。

（二）服务促销组合策略

服务促销组合策略，服务企业促销最常用的手段是广告宣传和人员推销。

1. 广告

对无形的服务产品做广告与对有形商品做广告有很大的不同。基于服务的一些特征，可以提出服务广告的如下原则：

（1）使用明确的信息。服务广告最大的难题在于如何以简单的文字和图形，传达所提供服务的领域、深度、质量和水平。

（2）强调服务利益。能引起注意的与有影响力的广告应该强调服务的利益而不是强调一些技术性细节。强调利益才符合市场营销观念，也与满足顾客需要有关。

（3）慎重对待承诺。只承诺能提供给顾客的服务项目，而不应提出让顾客产生过度期望而企业又无力达到的承诺。

（4）对员工做广告。服务业雇用的员工很重要，尤其是在劳动密集型服务企业，以及必须由员工与顾客相互配合才能满足顾客需要的服务企业更是如此。因此，服务企业的员工也是服务广告的潜在对象。

（5）在服务生产过程中争取并维持顾客的合作。

（6）建立口碑。

（7）提供有形线索。服务广告者应该尽可能使用有形线索作为提示，以便增强促销效果。这种具体的沟通展示可以变成非实体的化身或隐喻。知名的人物或物体,如建筑、飞机,经常充当服务本身无法提供的"有形展示"。

(8) 发布连续广告。服务企业可以在广告活动中持续连贯地使用象征、主题、造型或形象,以克服服务企业的两大不利之处,即非实体性和服务产品的差异化。有些主题对于改善服务促销效果最为明显,如效率、进步、身份、威望、重要性和友谊等。

(9) 解除购后疑虑。产品和服务的消费者经常会对购买行动的合理性产生事后疑虑。因此,在服务促销中,必须保证买主购买选择的合理性,并且鼓励顾客将服务购买和使用后的利益转告他人。

2. 人员推销

与广告一样,人员推销的原则、程序和方法,在服务业和制造业的运用大致类似。但在服务市场上,这些工作和活动的执行则与制造业市场有所不同。在服务市场营销中,人际接触的重要性和影响力已被普遍认同,因此人员推销与人际接触已成为服务市场营销中最受重视的因素。一般来说,服务采购所获得的满足往往低于对有形产品采购的满足,而且购买某些服务往往有较大的风险,因而服务的人员推销与有形产品的人员推销相比,应采取一些更能降低风险的战略,尤其要坚持以下原则:

(1) 发展与顾客的个人关系。服务企业员工与顾客之间良好的人际接触可以使双方相互满足。

(2) 采取专业化导向。大多数的服务营销中,顾客都相信卖主有提供预期服务结果的能力。在顾客心目中,销售人员的行为举止必须像一个真正的专家。因此,服务提供者的外表、动作、言谈举止和态度都必须符合顾客心目中一名专业人士应有的标准。

(3) 重视间接销售。可以采用以下三种间接销售形式:一是在销售有关产品和服务时,注意引导顾客有效地利用现有服务来创造引申需求;二是利用公证人、见证人和舆论领袖来影响顾客的服务选择过程;三是自我推荐。

(4) 建立并维持有利的形象。有效的市场销售依赖于良好形象的创造和维持。顾客对企业及其员工的印象将直接影响他们的购买决策。

(5) 销售多种服务而不是单项服务。在推销核心服务时,服务企业可从包围着核心服务的一系列辅助性服务中获得利益,同时这也可使顾客采购更加便利和简易。

(6) 采购过程力求简化。顾客对服务产品在概念上可能不太了解,这可能是由于顾客不经常购买,也可能是因为顾客正处于某种特殊的境况,针对这种情况,服务销售人员应力求使顾客的采购简易化,也就是说以专业方式照顾好并做好相应的处理,并尽量减少对顾客的要求。

五、服务人员策略

服务人员是实施服务营销的一个基本工具。根据服务利润链理论,顾客满意和顾客忠诚来自服务企业创造的顾客价值,顾客价值的高低则与服务质量和效率不可分,而后者则取决于员工的满意和忠诚。只有满意和忠诚的员工才能提高服务质量和效率,为顾客提高超值服务。服务的不可分离性强化服务人员对服务水平的影响。服务的生产与消费紧密交织,服务人员与顾客在服务生产和消费过程中不断互动,直接影响着服务水平以及顾客对服务质量的感知。

服务人员策略包括员工选择、培训和激励三方面。

1. 服务人员选择

服务企业应招聘能胜任服务岗位的合格员工，通常可以从个性特征、知识与技能、经验三个方面考察应聘者胜任力的高低。鉴于服务过程中服务人员与顾客互动性强，应聘者的个性特征，如执行态度、责任心、主动性、诚实可靠的品质以及口齿伶俐、反应敏捷等影响与客户接触能力的因素上升为最重要的一线员工聘用标准。

2. 服务人员培训

服务企业员工培训涉及知识技能培训、客户服务技能培训等方面。这是因为顾客会根据技术质量与职能质量评价服务质量。知识技能培训是为了提高员工服务于顾客的技术能力，比如医生必须具备高超的医术才能给患者提供优势服务。客户服务技能培训是为了提高员工服务于顾客的职能能力，这些能力有助于把无形服务转化为有形展示。

3. 服务人员激励

如果一位服务人员缺乏为顾客的动力，即使他具备高超的技术能力与服务技能，也很难在服务过程中把这两种能力充分展示出来。而且他对待顾客的责任心和积极性还会随着为顾客服务动力的缺乏而逐渐消失。比如，某服务企业制度不完善，努力的员工与懒惰的员工待遇没有任何区别，员工工作动力自然会慢慢消失。又比如，企业忽视员工需要，员工工资低、经常加班、职业生涯发展没有指望或者企业内同事之间恶性竞争等因素都可能消磨员工工作热情，导致服务水平低下。因此，企业开展内部营销，适时激励员工，提高员工对工作满意度是服务人员策略的重要内容。

六、服务过程策略

服务过程是指产品或服务生产或交付给顾客的过程，顾客常常参与服务生产的全过程。服务过程包括生产和交付两方面，服务业的顾客所获得的利益或满足，不仅来自服务本身，同时也来自服务的产生和交付过程，并且该过程经常被顾客感知成服务的一部分。因此，服务过程成为服务营销组合工具，服务体系运行管理决策成为影响服务营销成功的重要因素。

服务过程策略包括服务过程管理与控制两方面，即完善服务系统与服务作业流程以及建立服务监督机制。服务市场营销中主要研究服务作业系统中顾客能接触到并对顾客产生影响的那些作业及作业流程。高接触服务业管理必须考虑两种人的因素：员工与顾客。员工问题在前面进行过讨论，这里顾客才是关注的重点。即实施服务质量控制除坚持一些适合于制造业的质量控制标准外，还必须坚持顾客导向原则。例如很多企业的电话服务系统除了采用机器应答顾客要求外，还常常设有人工服务为拒绝使用机器服务的顾客提供帮助。

坚持顾客导向的作业管理应该根据顾客类型开展控制与管理。作业管理人员对资源转化过程进行规划、组织与控制时必须考虑顾客作为旁观者（正在观看电影的观众就是旁观者，即使中途离开，也不影响电影的正常放映）、生产者（家装过程中顾客自己选择购买装潢材料，家装公司只提供装修服务形式，这时顾客实际上就成为服务的生产者，没有顾客的采购就无法进行家装服务）、参与者（当顾客购买了旅行社提供的某条旅游线路服务并跟团旅游时，顾客就是活动参与者，缺乏顾客的参与，旅行社服务就无法完成）的不同需要，把满足顾客需要甚至把顾客纳入作业管理的范畴，否则很难实现服务质量控制。

顾客作为旁观者时对服务作业管理比较容易，只需要强化顾客重视的环节，合并或删除顾客不会投以关注的作业环节即可达到管理目的。当顾客作为服务生产者时服务作业管理难度较大，需要考虑更多的内容，包括让顾客明了服务生产流程，作业实施的详细规划、要求、时间以及顾客应该如何配合才能使整个作业正常进行等。当顾客作为活动参与者时,作业管理应该考虑顾客对信息的需求以及顾客体验,较为灵活地安排作业过程。

本 章 小 结

　　服务是具有无形特征,但可以利用服务工具与设施,通过互动为顾客带来某种利益或满足感的价值创造活动,它具有无形性、不可分离性、异质性、不可储存性和所有权的不可转让性。而服务营销则是企业在充分认识消费者需求的前提下,为充分满足消费者需要而在营销过程中所采取的一系列活动。它和产品营销存在着营销领域、程度和重心上的不同。

　　服务质量是产品生产的服务或服务业满足规定或潜在要求(或需要)的特征和特性的总和。服务质量既是服务本身的特性与特征的总和,也是消费者感知的反应,因而服务质量既由服务的技术质量、职能质量、形象质量和真实瞬间构成,也由感知质量与预期质量的差距所体现。服务质量提升途径包括服务承诺、服务补救和服务质量认证等。

　　有形展示是指在服务营销的范畴内,一切可传达服务特色及优点的有形组成部分。有形展示的各种构成要素可以分为三种类型,即环境、信息沟通和价格。无形的服务产品具有不同于有形产品的特点,因此营销学者在传统的 4P,即产品、价格、分销、促销的基础上又增加了 3 个 P:人员(people)、有形展示(physical evidence)和过程(process),构成了服务市场营销的 7P 组合。

练 习 题

一、名词解释

1. 服务;
2. 服务质量;
3. 服务承诺;
4. 服务补救;
5. 基本服务组合。

二、单项选择题

1. 服务的特征包括无形性、不可分离性、异质性和不可储存性,其中(　　)被认为是服务最基本的特征。

　　A. 无形性　　　　B. 不可分离性　　　　C. 异质性　　　　D. 不可储存性

2. 在服务营销中,服务产品质量难以实施标准化的主要原因源于服务特性中的(　　)。

　　A. 无形性　　　　B. 不可分离性　　　　C. 异质性　　　　D. 不可储存性

3. 一家有 100 个座位的影院,在一场电影放映时,只卖出 50 张票,则另外的 50 个座位就只能空置,这体现了服务的(　　)。

　　A. 无形性　　　　B. 不可分离性　　　　C. 异质性　　　　D. 不可储存性

4. (　　)是指在服务推广过程中顾客所感受到的服务人员在履行职责时的态度、行为、穿着、仪表等给顾客带来的利益和享受。

A. 技术质量　　　B. 职能质量　　　C. 形象质量　　　D. 真实瞬间

5. 服务有形展示的要素中,不包括(　　)。

A. 环境　　　B. 价格　　　C. 信息沟通　　　D. 质量

6. 汽车修理厂对一般性服务可能收费偏低,借以招徕更多高价的修理工作。这种服务定价方法被称为(　　)。

A. 个别定价法　　　B. 折扣定价法　　　C. 偏向定价法　　　D. 牺牲定价法

7. 服务机构和网点周边的建筑物、周边环境、内部修饰等属于(　　)。

A. 服务有形展示　　　B. 服务过程　　　C. 服务分销渠道　　　D. 服务沟通

8. 顾客认为服务提供者的地理位置、营业时间、营运系统的设计与操作便于服务,这属于服务质量评定标准中的(　　)。

A. 规范性　　　B. 灵活性　　　C. 可靠性　　　D. 可信性

9. 照相馆和提供干洗服务的商店属于(　　)。

A. 代理商　　　B. 批发商　　　C. 经纪商　　　D. 零售商

10. 服务产品的核心是(　　)。

A. 服务观念　　　　　　　　　　B. 服务组合

C. 服务递送体系　　　　　　　　D. 服务产品开发

三、多项选择题

1. 服务质量的构成要素包括(　　)。

A. 技术质量　　　B. 职能质量　　　C. 形象质量

D. 产品质量　　　E. 真实瞬间

2. 服务企业针对服务失误应该采用的策略有(　　)。

A. 重视客户问题并及时解决　　　　B. 尽量减少顾客的抱怨

C. 公平对待每位顾客　　　　　　　D. 授予一线员工适当的补救权力

E. 从补救中吸取教训

3. 服务有形展示的环境要素主要包括(　　)。

A. 周围因素　　　B. 质量因素　　　C. 设计因素

D. 社会因素　　　E. 市场因素

4. 服务营销的7P组合策略,是在传统的4P营销组合策略基础上,加入了(　　)。

A. 调查(probe)　　　B. 人员(people)　　　C. 过程(process)

D. 公关关系(public relationship)　　　E. 有形展示(physical evidence)

5. 服务促销的目标一般应包括(　　)。

A. 形象认知　　　B. 竞争差异　　　C. 利益展示

D. 信誉维持　　　E. 说服购买

四、简答题

1. 服务的特征有哪些?
2. 服务营销组合7P比传统营销4P多出哪三个要素?含义是什么?
3. 优质服务必须符合哪些标准?
4. 服务有形展示的效应有哪些?
5. 服务产品概念有哪四个层次?

五、论述题

1. 试述服务营销和传统营销的差别。
2. 试述如何做好一家餐厅的服务有形展示。

思考案例

迪士尼乐园的有形展示，是一种怎样的体验？

迪士斯尼乐园堪称全世界最欢乐的主题乐园之一，外界对它总是充满了无限的幻想，能够在迪士尼乐园工作是件很幸福的事。但其实迪士尼的每一位员工都经过专业的严格训练，因为他们是乐园里娱乐服务有形展示最重要的组成部分。迪斯尼世界工作的人们不是所谓的员工，在这里他们叫作"演员"，他们在工作中时时刻刻扮演着自己的角色。

一、你必须就是这个角色

迪士尼扮成角色的演员必须随时处于"角色状态"。每个角色都有自己的性格，乐观开朗的米奇、甜美可爱的米妮、脾气暴躁却积极的唐老鸭……演员们只要穿上这身装扮，就必须保持和角色完全一致的性格，一言一行都不能偏离人物。如果扮演高菲的演员热中暑了，都不能摘下头罩，即便倒下，也是其他动画人物抬着担架过来，以可爱的方式抬走演员。跟米妮合影时，米妮如果要离开了，旁边的陪伴人员会对游客说，米妮要去看看厨房里的蛋糕烤好了没有，而不是生硬的离开。问蜘蛛侠在哪里，工作人员会回答，蜘蛛侠拯救世界去了，暂时没有回来。所有的工作人员都在努力打造一个真实的童话世界，这种较真的态度给游客带来了无与伦比的"代入感"。

二、只出现在该出现的地方

迪士尼乐园每一个区都有不同的主题，所有的角色扮演者都出现在该出现的地方，为了保证游客们不跳戏，迪士尼乐园设置了地下层。这是一个系列走廊，是一个巨大地下隧道系统让工作人员可以在幕后进行工作而不穿帮。此外同一个角色也绝对不会一起出现。整个乐园很大，如果只有一个米奇、米妮，游客们可能找了一天也没发现自己喜欢的角色。所以每天都有好几个演员扮演一个角色，但是他们绝对不会"撞"到一起。

三、你必须永远保持微笑

在迪士尼乐园中的员工绝对不可以露出疲态，员工随时要保持最完美状态，游客进迪士尼乐园就是来寻找欢乐的，员工绝对不被允许皱着眉头扫兴。就算是正午的太阳直射眼睛，白雪公主和小矮人们也必须迎着阳光微笑。除此之外，迪士尼还禁止员工在上班时用手机、嚼口香糖、做奇怪的动作，更不要提抽烟了。

四、签名笔迹要一模一样

迪士尼的表演演员在开始工作之前，都要经过一项特殊培训，练习签名。每一个角色，无论在哪个迪士尼乐园，无论是哪个演员扮演的，他们的签名都是一模一样!!仿佛这些卡通形象就是真实存在的。迪士尼将细节做到极致，只为保护每一个人心中最单纯的童话梦。

五、演员要保持自己的身材

每个需要扮演的角色服装尺寸是设定好的，同时要贴合卡通的原始形象，比如高大一些人的会被安排扮演高菲狗、中等身材则扮演米老鼠，矮小的扮演花栗鼠，而公主的身高不能低于162厘米，且要在172厘米以下。所以扮演某个角色的员工必须有相近的身高和尺寸，迪士尼对所有角色扮演的演员的身材都有严格的要求。

六、特殊的捡垃圾技巧

下到普通员工,上到CEO,迪士尼乐园每个雇员都有职责捡垃圾。但是,被要求永远兴高采烈的员工,怎么能苦着脸,弯腰捡垃圾。他们必须做一个特殊的动作,类似把自己的身体晃过去,迅速弹起间,把目标物捡起,当中不能有明显的停顿、蹲下动作。去乐园又多了一个理由!

迪士尼乐园对员工的要求,其实正体现了服务营销中最重要的三个要素:人员(people)、过程(process)和有形展示(physical evidence)。

(根据网络资料改编)

案例思考题:

迪士尼乐园对员工的特殊要求体现了怎样的服务有形展示技巧?谈一谈你的看法和认识。

应用训练

1. 训练目标

通过训练,充分了解服务营销内涵和服务设计过程。

2. 训练内容与要求

分析本校师生对图书馆的需求,结合相关理论知识点,为学校图书馆设计出结构清晰、内容丰富的服务管理方案。

3. 训练成果与检测

训练以小组为单位进行,各组提交服务管理方案报告。

第十四章　国际市场营销

了解国际市场营销的特点；了解企业进行国际营销的动因和经历的不同阶段过程；掌握国际市场营销的政治法律环境、社会文化环境、经济自然环境和科技发展环境；了解企业进入国际市场可以采取的不同方式以及各种方式的优缺点，能够根据实际情况，周全考虑，为企业选择恰当的国际市场进入途径和营销策略。

奢侈品国际营销：LV

一、LV品牌简介

LV全称LOUISVUITTON，中文名称路易·威登，创立于1854年，现隶属于法国专产高级奢华用品的Moet Hennessy Louis Vuitton集团。创始人路易·威登的第一份职业是为名流贵族出游时收拾行李。由于他深深体会到当时收叠起圆顶皮箱的困难，便革命性地创制了平顶皮箱，并在巴黎开了第一间店铺。在LV发展早期的19世纪50年代，LV代表的是品质，并以此赢得了第一批消费者——皇宫贵族。这些人的口碑传播在增加可信度的同时也增加了LV的品牌质感和消费者群体认同感。

在路易·威登逐步树立起精致、典雅、尊贵的品牌形象的时候，遭到了贪婪的仿制者的窃取。而这非但没有影响到路易·威登的发展，还激发了其创造力，1896年路易·威登的儿子乔治设计了脍炙人口的Monogram图案组合：在四片花瓣外画上圆圈、内有反白星形的菱形、星形及LV字样，借此表达对父亲的敬意。"LV"商标的诞生对路易·威登具有划时代的意义：它令路易·威登开始作为品牌象征注入人们的观念，开启了路易·威登的品牌时代。"LV"就是人们心目中的尊贵象征，拥有"LV"和渴望拥有"LV"的人在心理上形成了共同的价值取向和情感体验。

到路易·威登的孙子加斯腾时代，产品已被推至豪华的巅峰，创制出一款款具有特别用途的箱子。100年来，尽管人们的追求和审美观念发生了很大变化，但路易·威登仍然保持着无与伦比的魅力，声誉卓然。而且除了皮箱、皮件外，LV也跨入包括时装在内的其他时尚领域，为LV品牌注入了新的活力，并在2003年大胆创新，将西方的时尚与东方的艺术完美结合在一起，获得了空前的成功。

二、LV 的营销策略

1. 将奢侈做成艺术和经典

对于奢侈品品牌来说,之所以奢侈,一个很重要的原因就是其具有稀缺性——少,生产的少,买得起的人少,能经常买的人更少。既要让大家知道尊贵和奢侈,又不能用太大众的方式,于是路易·威登建立了一个奢侈、精致而又有创意的旗舰店,在这里不仅展出有LV历史上28件珍贵的古董行李箱,而且位于旗舰店七层的LV美术馆,也首次选用了一群尖端艺术家的作品,在店内做永久性的陈列。LV的许多竞争对手主要是为了满足购买者的虚荣心而设置旗舰店,而LV旗舰店本身就像是当代的艺术馆。LV的这个店面每天有三五千人前来膜拜,据称在巴黎是排在埃菲尔铁塔和巴黎圣母院之后最有人气的旅游胜地。顾客在这样的一间旗舰店里徜徉,用参观艺术馆般的态度来参观LV的精致皮具,其中甚至有了某种朝拜的意味,试想,人们不能把罗浮宫里的《蒙娜丽莎的微笑》买下来,天天背在身上在繁华的都市中漫步,但LV的包却可以满足人们的这个奢侈体验。

2. 重视消费者的心理研究

从LV官方网站的几次细微变化能看出其在中国市场的上升态势。1997年,LV首次开设正式官方网站时,就设置了最初的中文网页,这时是LV进入国内地的第五个年头。四年后,LV又设立了一个有英语、法语、日语和繁体中文四种不同的语言版本的新网站。同年7月,LV中文版的网页中增添了"大中华焦点"栏目,主要涵盖LV在香港、台湾地区和中国内地的动向。

LV中国董事总经理施安德先生承认,这的确是因为中国消费者,尤其是中国内地消费者数量增长而设立的。进一步对中国消费者的研究发现:全新的奢侈品文化已登陆中国;中国奢侈品消费者的平均年龄在40岁以下;奢侈品不仅仅属于上流社会,新新人类主张人人有权拥有奢侈品;年轻的中国消费者喜欢将奢侈品与街头时尚品牌混搭。于是,LV向中国客户提供了独特的创新服务:①鉴于LV在华奢侈品推出时尚商品的频率越来越高,数量也越来越多,相应缩短了每一季奢侈品的货架期;②LV在中国提供较小(因此不太昂贵)商品,通过"可得到的奢侈品"或"价值导向奢侈品"策略来达到吸引年轻新会员的目的。

LV在中国取得令人瞩目的成功证明,只有理解推动奢侈品购买行为的"原因",奢侈品公司才能获得建设品牌方面的新想法,触摸到目标市场的情感需求,卖出更多产品。

三、跨国的 CRM 管理

LV用一个完整有效的客户关系管理数据系统(CRM)充分地理解市场,与客户建立紧密联系,其跨国的CRM管理能够跨越时空,整合不同市场的客户信息,从而实现对特定客户群的深度了解。通过深入挖掘过去的销售数据,LV能够掌握客户的偏好并评估其潜在需求。LV认为:那些今天购买了小件商品的客户,明天就可能购买其他更高价值的商品;在巴黎的商店购买单件商品的中国游客可能在上海的其他商店购买多件同样牌子的商品。无论消费者在全世界的哪家商店购物,数据的深入挖掘都能使LV了解他们的偏好。通过对在海外购物的中国人的密切观察,即使尚未在某个城市开设门店,路易·威登也能较好地把握该市场的运作。

跨国的CRM管理方式在中国市场上可能会遭遇客户详细的数据资料搜集困难的瓶颈,但在东方国家其他市场的推广经验可以被移植过来,化解在中国市场上推广的相关问题。如关于品牌大众化带来的困扰,可以参考LV在日本市场的做法。LV的手袋在日本十分畅销,几乎每位女士都有一只,高端消费者对此产生了不满,日本的LV及时发行了精致的

VIP会员卡,提供VIP独有的特色服务、创新服务和增值服务,LV的VIP会员又一次成为时尚先锋,VIP会员俱乐部的成功运作使LV的高端消费者品牌忠诚度大大提高,同时又再一次地刺激了原本的消费人群继续购买以获取尊贵的VIP会员的资格。

资料来源:http://wenku.baidu.com/view/46568703de80d4d8d15a4f02.html(改编)。

讨论:

(1) 以LV品牌营销的成功为例讨论奢侈品营销的一般规律。

(2) LV作为奢侈品品牌能够长盛不衰的关键因素有哪些?

第一节 国际市场营销概述

随着全球经济一体化趋势不断增强,各国对外开放程度的不断提高,越来越多的企业开始走出国门,瞄准世界市场,从国内营销,走向国际营销,进而走向全球营销。相较于国内市场营销,国际市场营销的环境更加复杂、过程更具风险、竞争也更为激烈;企业基于自身成长的动因和国内政府的鼓励,在国际化的进程中通常要经历从间接被动的出口阶段到成熟的全球营销阶段等四个阶段,从而更广泛更深入地参与到国际市场的竞争中。

一、国际市场营销的涵义

所谓国际市场营销是指既定国家[①]的企业跨越国界,将其经营活动向其他国家或地区延伸而形成的超越国家界限的营销行为和过程。这些企业以国际市场为目标市场,通过计划、定价、促销和引导,创造产品和价值并在国际市场进行交换,以满足多国消费者的需要和获取利润。美国著名的营销学家迈克尔·津科特指出:"国际营销是指个人和组织为满足交换的目的而有计划地进行跨国界交换的过程"。

跨越国界的性质和特点决定了国际市场营销的概念包含以下三个方面:① 国际市场营销的主体是各种类型的国际营销企业,包括跨国公司、国际性服务公司、进出口商等,其中跨国公司在现代国际营销中发挥着最积极最重要的作用;② 国际市场营销的对象是全球范围内不同国家的消费者需求,由于国际市场营销环境的巨大差异,各国消费者的需求也表现得更为复杂多样;③ 国际市场营销活动的范围是国际乃至全球市场,应对的是国际竞争关系。

二、国际市场营销和国内市场营销

国际市场营销在本质上与国内市场营销完全一致,市场营销的基本概念、原理对二者均适用。具体而言,国际市场营销和国内营销都要进行市场调查、市场细分、目标市场选择和营销策略决策等一系列活动,从而完成市场交易。但从环境背景分析,二者毕竟属于不同营销地域,国际市场营销毕竟是跨国界、异国性和多国性的营销,这种地域范围的扩大使得国际市场营销具有许多新的特点。

1. 营销环境更加复杂

由于不同国家、地区间的政治经济制度、生产力发展水平以及文化背景等存在着差别,有时甚至是大相径庭,使得国际市场营销面临比国内市场营销要复杂得多的市场环境。例

---

① 根据《国际货币基金协定》,本书所述及的国家为广义的概念,包含通常意义上的独立经济体。

如国际或国内的市场营销活动都是在法制的环境中运作,但不同国家法制的构成成分却是不同的,有的国家会有特别的规定;还有进出口商品配额、汇率控制一类的贸易限制措施各国也不一样,不同国家的关税也会有很大差异。至于来自语言、习俗、传统及其他文化方面的差异,更是会造成市场调查困难、交易双方沟通障碍等问题。因此,国际市场营销人员必须对国际营销环境的复杂性有足够的认识。

2. 营销过程更具风险

由于国际市场营销是跨国界的交易活动,很多环境因素不易适应和把握,不确定因素更多,因而形成风险的可能性也更高,如汇兑风险、信用风险、运输风险、政治风险、商业风险等。

3. 营销竞争更为激烈

进入国际市场的企业大都是各国实力强大的企业,竞争的激烈程度会比国内市场更高;从营销系统的参与者来看,国际市场营销的参与者不仅包括国内营销渠道的企业、国内的竞争者和公众,而且包括国外营销渠道的企业、国外的竞争者和公众;从系统涉及的市场来看,与国际营销相关的市场,不仅包括国内的市场体系,而且包括国外的市场体系。两种市场犬牙交错交织在一起。从影响系统的力量来看,国际上各种势力都会对国际市场营销产生巨大影响,如政治力量的介入可能左右竞争格局或是产生微妙影响,这无疑会使国际市场竞争更为残酷和激烈。

三、国际市场营销与国际贸易

国际市场营销与国际贸易有着天然联系,二者涉及的都是跨越国界的商品交易活动。从根本上看,指导国际市场营销活动的理论与指导国际贸易的理论是一脉相承的。现代的国际贸易理论不仅考察了商品交换活动,而且考察了生产要素的全球性配置和国际生产,以及汇率、国际收支、资本移动的货币价格等问题。这些理论对国际市场营销,即如何直接地为国际市场提供满意的产品和服务,具有指导性意义。但二者之间的差异在形式上还是有所体现的,具体可归结为如下几点:

1. 主体视角不同

国际市场营销的行为主体是企业,而国际贸易的行为主体是国家。由于行为主体不同,国际营销和国际贸易的行为方式也有很大差别。企业的市场营销活动主要是微观层次的具体的市场活动,如国际市场营销环境分析、拟订营销策略等;而国家的贸易活动更多地涉及宏观层次的活动,重点着眼于外贸理论与政策,国贸惯例与法规及外贸实务等问题。

2. 商品流向不同

国际贸易涉及的范围包括本国产品向国外销售和本国购买外国产品两个方面,即商品在不同国家间的双向流动;而国际市场营销一般只涉及商品如何销售到他国市场,即商品单向输出或者是在境外直接投资生产的产品如何打开国际市场的问题。

3. 指向对象不同

国际贸易的对象是他国政府或企业,一般不直接联系最终用户,而国际市场营销的对象则主要指向国外市场的最终消费者。

有关国际营销与国际贸易的区别和联系。美国经济学家弗恩·特普斯卡(Vern Terpstra)曾从五个方面进行较为详细的比较,见表14.1。

表 14.1　国际贸易和国际营销比较

比较项目	国际贸易	国际营销
1. 行为者	国家或地区	公司
2. 商品是否越过国家	是	不一定
3. 动机	比较利益	利润动机
4. 信息来源	国际收支表	公司账户
5. 市场活动：		
① 买与卖	是	是
② 物质分配	是	是
③ 定价	是	是
④ 市场研究	一般没有	是
⑤ 产品开发	一般没有	是
⑥ 推销	一般没有	是
⑦ 分配渠道管理	否	是

四、国际市场营销与国际经济组织

国际经济组织是跨国界的多国联合机构，是国际政治经济关系发展到一定历史阶段才出现的，其基本功能和最高目标就是协调有关国家和组织之间的经济利益，处理好竞争和合作关系，促进各国经济乃至整个世界经济的发展。作为这些组织的成员国，或者目标市场国是这些组织的成员国，都可以从这些组织的职能和提供的援助中受益，因此这些国际经济组织的了解有助于企业在国际市场上开展营销活动。

1. 世界贸易组织

世界贸易组织(World Trade Organization，WTO)是多边贸易体制的法律基础和组织基础，它通过规定各国政府所应承担的主要契约义务，来规范各国国内贸易立法与规章的制定与实施，同时，它也为各国提供了一个通过集体辩论、谈判和裁决来发展贸易关系的场所。

世界贸易组织于 1995 年 1 月 1 日正式运转，其前身是关税与贸易总协定(GATT)。总部设在瑞士的日内瓦，基本职能有：① 管理并执行世界贸易组织的多边贸易协定及简单多边贸易协定。② 作为多边贸易谈判的场所。③ 设法解决贸易争端。④ 监督各国贸易政策。⑤ 与其他参与全球经济决策的国际组织进行合作。《国际贸易组织协定》包含了 29 个独立的法律文件，其范围涵盖了农业、纺织品及服装、服务、政府采购、原产地规则及知识产权等，长期以来，该组织对降低关税、调节贸易关系、促进经济发展起着极为重要的作用。

作为国际市场营销者，除了了解世界贸易组织的一般原则，还必须了解世界贸易组织的运作机制、解决贸易争端的机制以及协定对农产品、纺织品、服务贸易和知识产权等条款内容，这样才能充分理解世界贸易组织对市场营销的重要性，如果目标市场是世界贸易组织成员国，而母国也是世界贸易组织成员国，他们涉及的国际市场营销就不得违反协定的有关内容。

2. 国际货币基金组织

国际货币基金组织成立于 1946 年 3 月，是目前参与国最多的全球性国际经济组织之一，其主要宗旨是：为会员国在国际货币问题上进行磋商与协作提供所需要的机构；促进国际贸易的均衡发展；促进汇率的稳定和有条不紊的汇率安排，借此避免竞争性的货币贬值；为经常性交易建立一个多边支付和汇兑制度，并尽量消除外汇管制；在临时性的基础上和具有保障的条件下，还会为会员国融通资金，争取缩短和减轻国际收支不平衡的持续时间和程度。国际货币基金组织在稳定世界货币体系以及促进全球经济健康稳定地发展上起到了其他组织不可替代的作用。

3. 世界银行

世界银行的总称是"国际复兴开发银行"，于1945年12月27日成立，其宗旨是：鼓励国际投资，并提供生产性的投资，鼓励不发达国家的生产与资源的开发；通过保证或参与私人贷款和私人投资的方式，促进私人对外投资；同时强调，在提供贷款保证时，应同其他方面的国际贷款相配合。

世界银行的资金来源主要是世界的资本市场，通常以发行债券方式从资本市场筹措资金，然后分别通过直接或间接长期贷款的方式来满足会员国对长期资本的需求。世界银行目前主要贷款对象是中等收入国家，资金主要投向是各种基础设施和能源开发。世界银行的贷款改善了落后国家的基础设施，促进了这些国家的发展，从而改善了国际经济环境，推动了市场营销在国际间的发展。

4. 区域性国际经济组织

区域性国际经济组织就是同一区域的一些国家为了维护共同的经济利益和加强经济联系与合作，通过契约和协定，在区域内逐步消除成员国间的贸易和非贸易壁垒，进而协调成员国间的社会和经济政策，形成一个跨越国界的商品、资本和劳务等自由流通的统一的区域经济组织形式。

20世纪20年代以来世界经济一直朝着一体化方向发展，世界经济一体化的表现有两个方面：一是经济全球化；二是区域经济一体化。区域经济一体化是在经济全球化的基础上形成的，是全球化在区域发展中必然表现和组成部分，与全球化共存并相互促进。区域经济组织的出现与发展，有利于促进本地区经济增长、提高参与国家的福利水平。目前全世界区域一体化组织已经超过100个，有的是就某些行业或项目的松散合作，有的则是包括自由贸易区、关税同盟、共同市场、货币联盟甚至政治联盟的紧密组织形式。其中最具代表性的是欧洲联盟、北美自由贸易区、亚太经济合作组织和东南亚国家联盟等。

五、企业走向国际市场的动因

第二次世界大战结束以来，世界经济中最显著的变化，就是企业经营活动的国际化，各国企业纷纷把目标转向国际市场，在国际市场上直接开展营销活动。尽管发展中国家和发达国家企业进行国际营销的动因不尽相同，但仅仅从企业本身来看，从事国际营销的根本动因可以归结为经济利益的驱使，具体说主要有以下五个方面：

1. 追求更高的收益

企业的国际市场营销活动是为追求比国内更高的经济利益而进行的市场扩张，其根本动因是利益的最大化。通过国际市场营销中的很多途径，可以达到这一目标：① 向国外出口商品和服务扩大市场份额；② 输出技术、资本甚至人力资源，实现生产要素的国际化；③ 对于那些在一定范围内成本与生产规模高度相关的产品，企业进入国际市场既可以增加销售量，又可以降低单位产品成本，从而实现规模经济效益；④ 通过扩大销售规模，在国际范围分摊高科技产品巨大的研究与开发费用，降低管理成本；⑤ 利用各国的具体税法、国与国之间签订的双边或多边税收协定等的差别,进行合理避税,从而逃避国内高额税收,增加企业的税后利润。

2. 充分利用资源

不同国家和地区由于所处的地理位置不同、经济发展的不均衡往往各具独特的资源优势,这种资源优势可能来自自然资源,也可能是技术、资本或是管理经验。当企业单纯面向国内市场时,可用的资源会受到国内市场条件的限制,而面向广阔的国际市场,企业所需的资源可以在更大范围乃至全球得到有效配置。例如通过许可证贸易、对外直接投资等方式进入国际市场,可以从合作伙伴或东道国获得廉价的劳动力,也能获取国外先进的技术和管理知识。

3. 延长产品生命周期

由于各国政治、经济、文化、技术等环境的差异,同一种产品在不同国家市场的生命周期有很大的差异。有的产品在国内虽然已进入了衰退期,但在国外一些市场可能仍处于成长期或投入期。在这种情况下,进入国际市场,就可能延长产品的生命周期,增加更多的利润,而这实际上也进一步提高了资源的利用水平。例如在国内市场彩电等家电产品竞争十分激烈、市场容量日益缩小的情况下,我国一些企业进军非洲市场,延长了产品的生命周期,取得了较好的效益。

4. 规避经营风险

企业生产经营过程中,充满着各种风险。企业进入国际市场,一方面需要承担的国际风险增加了,而另一方面由于规模的扩大,可使企业的地理分布更加广泛,这样就可以避免因各国市场(包括本国在内)随机需求变量和当地政府干预带给企业的危害,这种经营的多元化也有利于分散风险。例如当本国经济不景气而导致市场萎缩时,企业可以积极寻求海外的市场机会,从而在一定程度上避开国内市场饱和与竞争过度给企业带来的损失;当一个国家的政府实行企业国有化,企业可以通过扩展其他市场予以部分抵消。

5. 提高企业形象

参与激烈的国际市场竞争,可以磨炼企业的生存发展能力,刺激企业不断进取,加快创新步伐,提高管理水平,使企业更快地走向成熟。企业因此获得了辐射范围更广的形象价值,与之相应的品牌声誉、管理技术、企业文化等无形资产的收益也会随之提高。

6. 政府政策驱动

一个国家的经济发展来源于三大动力:投资、消费和进出口。因此各国政府总是通过各种政策措施鼓励企业走出去,如出口退税政策、价格补贴政策、担保贷款政策等,这些政策的实施有利于促进企业走向国际市场,提高在国际市场的竞争力,平衡进出口贸易,更深地参与国际分工,促进本国经济发展。

六、企业开展国际市场营销的阶段

从纯粹的国内企业到成熟的国际企业,是一个跨度很大的企业国际化过程。这个过程是渐进发展的,且不同企业在其中的成长状况差别很大,根据国际活动对企业管理决策的重要程度,企业开展国际市场营销进程一般可以分为以下四个阶段:

1. 间接出口阶段

企业迈向国际市场的第一阶段是间接的或被动的出口阶段,这也可以称为是前国际营销阶段。这时企业的目标市场主要在国内,其内部没有专门的出口机构,没有直接与外商建立联系,只是利用国内其他公司的中介服务与国外建立间接的商务关系。企业秉承本国中心论理念,不主动面向国际市场,进入国际市场只是一种偶然的行为。

2. 直接出口阶段

直接出口是企业国际化的第二阶段,也是国际营销的初级阶段。虽然同第一阶段一样,企业仍然需要依靠一些国际贸易专家进行国际商务的咨询,但是处于这一阶段的企业不再需要通过国内其他的专业进出口商作为中介,而是可以直接从事进出口活动,企业更积极、主动、直接地到国际市场寻找供货者或客户,并与他们建立长期的合作和联系。随着出口业务量的增加,企业内部设置了专门的进出口机构来处理进出口业务。虽然进出口贸易在这类企业的全部业务中的比重逐步上升,国际利益关系也在日益增长,但企业仍持有本国中心论理念,认为国际市场只是国内市场的延伸。

3. 营销国际化阶段

营销国际化阶段是企业国际市场迅速成长的时期。企业直接向海外市场进出口商品和劳务,开始时一般都利用了境外的代理商或代理机构;但以后逐渐会开始对外直接投资,在海外设立分支机构,投资兴办海外企业,专门开发和生产东道国消费者需要的产品,并针对国际市场营销环境,制定国际市场营销组合策略。这时的企业持有的是国际市场中心论理念,把国际市场的开拓作为企业持续的目标取向。

4. 全球营销阶段

全球导向的营销阶段是企业国际市场营销发展的高级阶段。企业国内业务部分已不再具有支配地位,国际贸易和投资的业务比重已远远超过国内业务的比重。这时的企业将全球市场作为一个统一的市场,在全球一体化的视野中实现企业资源全球整合和配置,以求全球市场收益的最大化。企业依然秉持国际市场中心论理念,但其全球中心的色彩特别明显。

企业国际市场营销四个阶段的比较见表14.2。

表 14.2 企业国际市场营销四个阶段的比较

比较项目	第一阶段	第二阶段	第三阶段	第四阶段
与国外市场联系	间接、被动	直接、积极	直接、积极	直接、积极
企业经营地点	国内	国内	国内和国外	全球范围
公司理念	本国中心论	本国中心论	国际市场中心论	全球中心论
组织结构	传统国内结构	进出口部	国际部	全球结构
国际活动类型	凭借中介出口	自主出口	出口、合约、直接投资	出口、合约、直接投资、战略联盟

实际上,各个企业的国际市场营销进程是有差异的,有的企业可能会跳过某个阶段,而直接进入较高一级的阶段。此外,一个阶段和另一个阶段之间的分界面,有时也并不十分清楚。但从一个相对比较长的时间段来看,某个企业国际化成长的各个阶段,还是清晰的。在不同的阶段,企业介入国际化经营的程度不一样,决策的目标和组织也有明显的阶段性特征。

【资料链接】

中国企业走出去的十大模式

一、海尔安营扎寨模式

海尔是国内企业较早走出去的企业,早在中国加入WTO之前。这种模式是在中国企业在海外建立自己生产基地,直接建立和推广自己的品牌,树立当地企业形象,以便更好地更多地销售自己在当地和中国所生产的产品,避免更多的关税壁垒等,如海尔在美国、巴基斯坦等国所建立的生产基地。这种模式的优点是容易获得所在国消费者的信任和欢迎,提高销售,可以回避关税,但挑战是成本较高。

二、TCL品牌共享模式

TCL的模式是一种品牌共享模式,即将自己在国际上不知名的品牌和国际上知名的品牌结合,带动国内产品走出去,如TCL和德国斯耐德,特别是和法国汤姆逊及阿尔卡特等品牌的结合,大大带动了TCL产品的出口,也带动了TCL品牌的提升。这种模式的优点是品牌长期的共享,但从长远来看,还是需要最终推出自己的品牌。

三、联想借船出海模式

联想的模式是一个以小博大的一个赌注,其核心是借船出海。收购IBM个人电脑部使联想一跃跨入世界500强行列,虽然借IBM的品牌只有五年的使用期,但联想获得了IBM在国际上成熟的团队和销售渠道。不过,借船出海能否成功最大的关键还在于双方企业文化的融合和联想国际化团队的整合能力。联想国际化的进程准备已有一段时间,从联想英文更名到成为奥运的顶级赞助商,联想为出海作了大量的铺垫。这种蛇吞象的模式最大的挑战是两个公司文化的融合和国际人才的使用。

四、华为技术领先,农村包围城市模式

华为的摸索是一个中国企业注重建立和开发自己的技术体系,有明确的国际市场目标,先占领发展中国家市场,后大力出击发达国家市场,形成了自己的品牌的拳头产品和优势,国际销售已占到公司的销售的50%,是中国企业走出去较为成功的一种技术导向的模式。其模式的挑战性是如何更进一步的技术创新而又避免知识产权纠纷。

五、长虹产品代理模式

长虹的产品代理模式从形式上来看,是中国在现阶段企业走出去一种主要的模式。国内许多企业产品的出口主要依靠海外的代理。这种模式的优点是产品出口有现成的指引或渠道,可以获得一定的利润,缺陷是企业自有的品牌不突出,有时过于依赖海外代理,有时甚至有回收货款的风险。

六、中石油、中海油资源互补模式

中国目前还有不少国有大中型国有企业在石油、天然气、矿石和林业等资源方面需要走出去寻找新的资源来支撑国内经济更大的发展。这种模式一般是政府主导的国有企业为主,是中国为自身需要企业在海外发展所必不可少的一种模式。这种模式一般投资额较大,其挑战是如何加强可行性研究,加强监管,如何避免决策失误和损失。

七、中国企业海外上市,借鸡生蛋模式

中国企业这些年来,还有一种也可称为走出去的模式就是到海外上市。中国目前已有上百家的企业在海外上市,包括中国电信、中国网通、中国移动、中国联通、中国石化等一大批国有企业,也包括亚信、搜狐、UT斯达康等一大批新经济的企业。这是中国在新的形势下利用外资的一种更有效的新方式,不仅靠走出去借助国外市场带回了新的资金,也带回了更加规范化的经营管理模式。

八、温州星火燎原模式

中国企业走出去这些年也出现一种方兴未艾的星星之火,可以燎原的温州模式。这种模式主要是一些中小企业。他们利用在海外的亲戚朋友或其他网络,把中国的一些有竞争力的产品推销到世界各地,如温州鞋、义乌小五金、温州打火机,分水中国制笔之乡等,产品燎原到全世界。这种自发的,经常是家族型的企业往往有着非常强大的灵活性和活力,是中国中小企业大面积走出去的开始,具有中国特色,是一种值得鼓励的模式。但是这种模式的挑战是如何加强行业协调,对当地文化的理解和在海外有序的管理,避免出现像西班牙烧鞋事件的发生。

九、广阔天地对外承包工程模式

这种模式是一种相对传统的模式,主要是到海外更大的市场去承揽工程。这方面可以充分利用中国的比较优势,中国政府对此也比较重视,也培养出了一批在国际上能排上名中国跨国承包公司,如中建、中土、路桥、港湾公司等。随着伊拉克重建工作的展开,中东局势的逐步稳定,国际承包市场还会给中国企业带来更多的机会。

十、大有作为劳务合作模式

劳务合作模式是中国企业可以组织劳务出口的一个有巨大潜力的事业。中国是一个劳动力的资源大国,中国在向海外派劳务人员、海员、护士、研修生、厨师、甚至家政服务人员方面都有巨大的潜力可挖。现在农民工都可以进城务工了,中国也可以鼓励素质高的劳务人员大踏步地走出去。中国在过去20多年中在这方面也积累了丰富的经验,可以进一步的总结和提高。

资料来源:王辉耀. 中国企业走出去十大模式剖析[EB/OL]. http://tech.sina.com.cn/roll/2005-04-10/1613576996.shtml.

第二节 国际市场营销环境

国际市场营销与国内市场营销最大的差别在于营销的外部环境发生了显著的变化,与国内市场营销环境相比,国际市场环境更复杂、多变和不可控。这包括国际的政治法律环境、经济自然环境、社会文化环境和科学技术环境。对于复杂多变的国际营销环境,我们首先必须要了解它,也就是说我们要充分了解国际政治、经济和法律环境,充分理解营销目标地区的文化背景,充分认识本国的经济政策等环境;其次就是在了解的基础上要尽力适应国际营销环境,制定能适应国际营销环境的营销目标,确定能适应国际营销环境的营销策略,只有这样才能保证国际市场营销的成功。

一、国际政治法律环境

东道国的政治环境不稳定,给企业的市场和营销活动会带来很大的风险;反之,国泰民安,稳定的政局则有利于企业的国际生产和营销活动。国际企业必须在所在国既定的法律架构下,才能从事各种生产与营销活动,并通过法律途径解决各种商业纠纷。但各国的法律环境又不尽相同,因而对国际企业的行为规范会产生很大影响。

(一)国际政治环境

国际政治环境主要包括一国的政治体制、政策的稳定性、政府在国际营销中的地位以及国际关系等内容。

1. 政治体制

政治体制指一国国体和政权组织形式以及相关的制度体系。发达国家和发展中国家,资本主义国家和社会主义国家的政治体制都存在很大的差异。这种差异决定了国家的政治主张和经济政策的差异,进而影响和制约着国际市场营销活动。

2. 政策的稳定性

一国政策的稳定意味着该国的法规或行为准则有连续性,有利于企业的生产和经营;反之,政权频繁更替、人事频繁变动、暴力事件频出、宗教势力的斗争等,都意味着国家内外方针政策的调整和变化,这必然会给国际市场营销企业带来严重的不确定性,导致国际企业的生产和营销活动困难。

3. 民族主义

有关研究显示,当前影响国际市场营销最关键的政治因素是强烈的民族主义。民族主义是一种意识形态,这种信念是建立在国家、种族的划分和民族同一性基础上的。也就是说,无论哪一个民族国家,都不会容忍外国企业对其市场和经济的无限渗透,特别是当东道国认为外商的经营决策没有顾及甚至威胁本国的社会或经济利益时。民族主义对国际营销的影响,无论是在发达国家还是在发展中国家都是一样的,主要表现在限制进口、限制投资规模以及其他贸易壁垒上,只是程度不同而已。

4. 政府干预

要考虑所进入国家或地区政府在营销中扮演的角色。如果一个国家市场化程度较高,政府对经济的干预就要小得多,而且干预的方式也比较倾向于市场化的手段。反之,如果该国市场化程度较低,则政府对国际经营活动干预的方式就会倾向于非市场化的手段,如外汇管制、进出口许可证等。有些产品会由于其特殊性收到当地政府的特别关注,如果政府支持,就会因此给予政治保护,如减免税收、取消或减少限额、控制竞争以及其他特权;当对产品存在警惕,政府的干预往往导致劳资关系紧张、价格限制、征用甚至没收财产等。因此企业在有关目标东道国从事市场营销时,必须评估政府在经济生活中的干预程度,正确处理与目标国政府的关系,根据不同情况,实施营销计划。

4. 国际关系

国际营销企业在东道国经营过程中,必然会与其他国家发生业务往来,特别是东道国与企业所在母国的关系,会直接影响到企业的经营活动。此外,东道国是否属于某个区域型政治或经济组织、是否参加某些国际组织,也影响东道国的政治和经济政策、对外贸易与外来投资的政策等。

（二）国际营销中常见的政治风险

国际营销中常见的政治风险有如下四个：

1. 没收和征用

没收是指东道国政府无偿接管外国人投资的企业，征用是东道国政府以某种补偿形式接管外国企业，这种补偿与被征用企业财产的价值并不相等，甚至有的只是象征性的。这两种都是东道国政府常用的手段，也是国际企业遇到的最严重的政治风险。

2. 蚕食

蚕食就是逐渐侵吞，指东道国政府以各种手段迫使外商逐渐失去对所属公司的控制（包括所有权的控制）的整个过程。它不是完全没收和征用，而是更巧妙地逐渐剥夺外国企业的经营自主权。其手段包括：将部分或全部所有权转移到其国民手中；派大批国民参与高层管理，使之拥有更大的决策权；规定更多的产品要由当地生产，不得进口零配件；制订专门的、符合政府目标的出口规定等。

3. 关税和非关税壁垒

关税壁垒是东道国政府用提高关税的办法阻止、限制外国商品进口、削弱其产品竞争力，用高税收来迅速获取资金和保护国内同行企业。非关税壁垒亦即进口限制，被越来越多的国家采用。如进口许可证，进口配额，复杂的海关手续，过严的卫生、安全、技术质量标准，特定的包装装潢条例等，名目繁多，不胜枚举。与关税相比，它的保护作用更稳定，针对性更强，隐蔽性好且灵活性更大。

4. 外汇管制

一些国家由于国际收支逆差严重，外汇黄金储备短缺，本国货币对外比价不能维护，政府就对外汇买卖、国际结算和外汇汇率实行管制。

【资料链接】

可乐巨头在印度

两大可乐巨头与印度的恩怨由来已久，可以追溯到半个世纪之前。最近，印度曝出的"毒可乐"风波，为三者间"剪不断、理还乱"的关系又增添了新的例证。在"毒可乐"风波中，印度最高法院2006年8月4日下令，要求两家可乐公司在4周内公布产品秘方。对于两大可乐巨头来说，公布100多年的核心机密无异于自杀，绝对不可能接受。

20世纪50年代早期，可口可乐公司和百事可乐公司先后来到独立不久的印度，那时可口可乐虽在印度市场占据了主导地位，但远没有形成垄断。一些印度本土饮料企业展开激烈的竞争与抵抗，其中最有名的是在印度北部和西部占有很大份额的"parle"公司。1974年1月，印度在《外汇管理法案》(FERA)开始实施。印度政府表示，可口可乐公司印度分公司要想继续经营，就必须转变为一家印度公司，且必须在2年内完成。可口可乐公司苦思冥想制定了一份计划，但印度政府拒绝了该计划，认为它不符合"FERA"法案的有关规定。无奈之下，可口可乐公司只得黯然神伤地撤出印度市场。

> 斗转星移，世事变迁。1988年，百事公司通过合资的方式重返印度。1993年，阔别印度16年的可口可乐公司抛弃前嫌再来淘金，可见印度的冷饮市场多么诱人。凭借强大的资金实力，两个可乐巨头在印度攻城略地，势如破竹，印度本土企业纷纷关门。但在生意上突飞猛进的同时，两家公司在印度也屡屡陷入到各种纠纷当中。20世纪90年代中期，印度的经济改革在社会上遇到较大阻力，一些印度人对外商的大举进入忧心忡忡。在这样的氛围下，两个可乐巨头常常成为保守势力攻击的目标，"把可乐赶出去"的口号并不罕见。可乐似乎与印度民族工业成为对立面，对可乐的态度成为一个政治因素。进入21世纪后，印度经济改革的方向已不可逆转，各政党对此基本形成共识。两家可乐身上的象征意义大大减退。然而，它们总与一些社会问题缠绕到一块，隔一段时间就会爆发一次。
>
> 资料来源：李威，王大超. 国际市场营销[M]. 北京：机械工业工业出版社，2009.

（三）国际法律环境

迄今为止，世界上还没有一部统一的国际商法，每个国家的法律制度都与其他国家有些不同，因此企业在从事国际营销时，熟悉和了解国际法律环境是国际营销人员的一项重要任务。涉及国际营销的法律内容包括国际公约和国际惯例、国际营销争端的司法管辖与纠纷解决以及东道国的相关法律。

1. 国际公约和国际惯例

国际公约是两国或多国之间缔结的有关确定、变更或终止其权利与义务的协议。一国只有按照法律程序参加并接受某一国际公约，该条约才对该国具有法律约束力。国际惯例是指在长期的国际贸易实践中形成的一些通用的习惯做法与先例。国际惯例虽然不是法律，但在国际商贸活动中，各国法律都允许各方当事人选择所使用的惯例。一旦某项惯例在合同中被采用，该惯例便对各方当事人产生了法律约束力。

2. 国际营销争端的司法管辖权

发生商业争端时，人们往往寄希望于某一超国家的法律体系如海牙法庭或是联合国主要司法机构——国际法庭来解决所有的争端问题，但实际上并不存在一个司法机构能够处理不同国家国民之间的商业争端。

国际商业争端必须根据所涉国家中某一国的法律解决，因而最重要的问题是应采用哪一国的法律。通常由以下方法中的一种来决定司法管辖权：① 根据合同中所包含的司法管辖权条款。② 根据签订合同的地点。③ 根据合同条款的执行地。海外营销者必须注意有关各国的法律体系——母国的法律以及目标东道国的法律。运用哪一国的法律，最好事先在合同的规定中注明。一旦争端无法通过协商得到解决，还可以通过仲裁机构进行裁决。

3. 东道国的相关法律

东道国的相关法规是每个进入东道国的企业必须遵守的。这一方面包括约束所有境内企业的基本法律，如商标法、专利法、环保法、反垄断法、保护消费者权益法等；另一方面是调控出口、进口和外资的法令法规，如各种关税政策和非关税政策。在进行国际市场营销活动时，企业必须了解东道国法律法规的性质和具体内容，才能有效营销。

二、经济自然环境

当企业离开所在国进行国际市场营销时,必然面临新的经济环境。国际经济环境是影响国际市场营销最重要也是最为复杂的因素之一,所涉及的范围很广,既包括全球范围内的环境因素,东道国所特有的的经济自然环境也将直接影响跨国企业营销战略和策略的选择。

(一) 国际金融环境

与国际市场营销密切联系的国际金融环境离不开价格、支付方式等,往往与汇率有关。这些环境包括汇率制度、外汇市场以及欧洲市场等。

1. 汇率制度

汇率是各国货币间的换算比率,汇率对国际贸易以及国际市场营销的影响相当大。1944年7月,有44个国家参加的"联合与联盟国家货币金融会议",通过了《布雷顿森林协定》,确定了以美元为中心的固定汇率制度,国际储备能随着国际贸易的增长而不断增长;汇率相对稳定,有利于国际贸易的发展和国际资本的流通,从而有力地促进了二战后国际贸易和世界经济的稳定和增长。后由于一些国家出现严重的国际收支逆差,导致国际货币危机,到1973年,布雷顿森林体系解体,固定汇率制度崩溃,各主要资本主义国家货币都相继实行浮动。目前,世界上绝大多数国家都实行浮动汇率制度。

汇率变动对企业的国际营销影响很大,汇率首先会直接影响产品的进出口,如果一国货币升值,会减少国际市场的需求,进而减少出口规模;同时会扩大国内市场对进口产品的需求,进而增加产品进口。反之,如果一国货币贬值,会增加国际市场的需求,进而增加产品的出口;同时会抑制对国际市场的需求,进而减少产品进口。其次,汇率变动会影响国际投资的流向。如果一国货币升值,会促进本国企业向海外投资,同时抑制本国企业向海外投资。还有,汇率变动会影响国际营销企业的财务经营状况。

2. 外汇市场

外汇市场是国际货币体系的一个重要组成部分,由于它的存在,资金在国际间的调拨划转才能得以进行,所以,外汇市场对国际市场营销的影响是巨大的。外汇市场既可以是固定的交易场所,如法国的巴黎、德国的法兰克福,但更主要的是由各种通信网络所形成的抽象市场,这种外汇市场没有固定的交易场所,也没有固定的开盘、收盘时间,世界上最大的外汇市场——伦敦外汇市场和纽约外汇市场、东京外汇市场等都是用这种方式组织运行的。因为外汇交易本身具有国际性,外汇的供给和需求,是在全世界范围内而不是在一国范围内取得平衡的。而这也正是外汇市场以无形化为主的原因,只有这样才可以通过先进的通信手段将全球的外汇市场连接在一起,形成一个24小时运作的市场。

3. 欧洲市场

欧洲市场是在一种货币的发行国以外进行该货币储备和贷放、不受政府管制的市场。欧洲市场主要包括欧洲债券市场和欧洲货币市场。

欧洲债券市场是不在任何国家登记的国际债券市场。与传统的债券市场的区别是它是境外债券市场,不在面值货币国家的债券市场上发行。欧洲债券一般不记名,债券持有人不需登记,只要凭息票取得利息,一般不用担保,具有很高的信用地位。

欧洲货币市场的业务活动是基于欧洲美元展开的,而所谓欧洲美元,是指非居民存放在美国境外各国商业银行(包括美国银行在国外开设的分行)的美元,或者是向这些银行借到的美元。目前欧洲货币市场的规模巨大,上万亿美元的资金在国际间游来游去,导致了国际金融市场更密切的联系;促进国际贸易的发展;帮助一些国家解决了国际收支逆差问题;但同时也使外汇投机增加,国际金融市场变得更加脆弱。

(二)贸易政策环境

一般来说,各国的国际贸易政策都包括以下三方面内容:① 对外贸易的基本方针政策,其中包括对外贸易战略、出口总政策和进口总政策;② 进出口商品政策;③ 对外贸易的地区和国别政策。一国制定自己的对外贸易政策的目的主要是在保护本国国内市场的同时,扩大本国产品的国外市场。

各国的贸易政策基本上可以分为自由贸易政策和保护贸易政策两种类型。自由贸易政策强调产品在国内外市场上自由贸易,政府对进口产品不加干预和限制,对出口产品也不给予特权和优惠。保护贸易政策强调国家对产品进出口贸易的调节和干预,制定措施限制进口以保护本国市场,同时制定补贴和优惠措施以鼓励出口。过去的贸易保护主要是对进口产品征收较高的关税,随着全球经济一体化发展和参与世界贸易谈判的限制,以技术贸易壁垒为特征的非关税壁垒已经成为贸易保护的主要形式。

(三)东道国经济环境

一个国家和社会经济运行状况及其发展变化趋势将直接或间接地对企业市场营销活动产生影响。经济环境是指企业进行营销活动时所面临的外部社会经济条件,主要包括经济体制、经济发展阶段、市场规模、消费结构、基础设施等。

1. 经济体制

经济体制是一国宏观经济的最基本的特征。目前世界上有三种不同类型的经济体制,即市场经济体制、计划经济体制和两种体制混合生成的体制。在不同经济体制的国家中,具体组织形式和经济调控程度也不尽相同,有些产业允许自由发展,另外一些产业则部分或全部受到控制。企业在制定国际市场营销战略时,首先必须把握目标国市场的经济体制特征,以保证营销战略的可行性。

2. 经济发展阶段

企业的市场营销活动受到一国或地区的整个经济发展阶段的影响。关于经济发展阶段的划分,比较流行的是美国学者罗斯顿的"经济成长阶段理论"。他将世界各国的经济发展归纳为五个阶段:一是传统经济社会阶段;二是经济起飞前的准备阶段;三是经济起飞阶段;四是经济迈向成熟阶段;五是大量消费阶段。在这五个阶段中,凡属前三个阶段的国家称为发展中国家,而处于后两个阶段的国家称为发达国家。不同发展阶段代表着不同的经济发展水平,也意味着不同的市场潜力和消费特征差异。例如在消费市场上,经济发展阶段高的国家比较强调产品款式、性能及特色,非价格竞争是企业竞争的主要手段;在经济发展阶段低的国家,则比较偏重于产品的功能及实用价格,价格竞争占一定优势。

3. 市场规模

市场规模由多种因素决定,不同产品的市场规模的决定因素也不尽相同。但多数情况下衡量市场规模的主要指标是人口与收入。首先,人口总量是影响一国消费品市场需求的主要因素,人口越多,市场越大;但除此之外,人口增长率、人口的地理分布、人口的年龄结构、人口的性别结构以及人口的家庭结构,都会对市场产生不同程度的影响;其次,收入水平通常决定着目标国市场的质量,对收入的分析,需重点考虑国民总收入、人均国民收入、收入分配状况等指标。一般而言,工业品的购买力与国民总收入有关,消费品的购买力与人均国民收入关系更为密切。

4. 消费结构

消费结构是指各类消费支出在总支出中所占的比重,能够反映一国的文化、经济发展水平和社会的习俗。目前,大多数发达国家消费结构的特征是:基本生活必需品的支出在家庭总费用支出中所占比重很小,而服装、交通、娱乐、卫生保健、旅游、教育等的支出在家庭总费用支出中占比较大。发展中国家消费结构的特征是:基本生活必需品的支出在家庭总费用支出中占有很大比重,但这种情况会随着经济的发展、家庭收入水平的提高不断变化。消费结构的特征决定目标市场产品需求的构成,从而影响国际营销企业在目标市场国的产品经营决策。

(四) 自然资源环境

东道国的自然资源环境包括地理位置、气候特征、地形地貌、动植物状况及资源分布等,这是企业营销不能控制,又容易忽视的环境因素,但也会影响到国际营销。例如销往寒冷地区的汽车就应该有良好的防寒功能;销往韩国、日本等这些人均住房面积较小的国家或地区的家用电器,应该考虑节省空间。

自然资源是有限的,而且很多不能再生,如何高效地利用自然资源,保护自然环境做到可持续发展是全世界各国越来越关注的问题,因此"绿色营销"已经成为市场营销研究领域中的热点,消费者对此态度的变化是国际营销者在制定营销策略时应该加以关注的。

【资料链接】

金光纸业在印度尼西亚的投资

印度尼西亚快速发展的纸浆和造纸行业是其森林退化的主要原因,而黄奕聪及其家族(The Widjaja Family)拥有的金光集团(Sinar Mas Group)旗下的金光纸业(Asia Pulp and Paper,APP)对印度尼西亚森林破坏扮演着重要角色。金光集团由黄奕聪于1962年创办,1976年涉足造纸业,1985年涉足制浆业。公司在1994年迁至新加坡,此后金光纸业在印度尼西亚的投资被视为对外直接投资。2001年,金光纸业的纸张产量已占到全印度尼西亚的4成,2008年,金光纸业升至世界浆纸业界的前5名,是亚洲除日本公司外最大的纸张纸浆产品生产商,其中拉旺公司(Indah Kiat Perawant)作为金光纸业在印度尼西亚最大的子公司,总产量超过每年700万吨。

企业的快速发展带来了严重的环境与社会的负面影响,据"森林之眼"(Eyes on the Forest)统计,1984年以来,金光纸业仅在苏门答腊岛上就累计砍伐了超过200万公顷的热带森林用于制造纸浆,致使森林里原有的老虎和大象被迫与人类争夺生存空间,物种数量降低。由于非持续的利用土地建设种植园和生产纸质产品,印度尼西亚已经成为世界第三大温室气体排放国,其中75%的排放来自森林破坏(Greenpeace International,2013)。森林覆盖率的降低和洪水发生频率的增加加上浆纸公司缺乏应对气候变化的努力造成了重大的经济损失并且加剧了社会的不平等。

2012年12月6日,60个国际和印度尼西亚NGOs联合向各大金融机构发出公开信,恳请它们不要向金光纸业在印度尼西亚的投资项目提供融资。根据金光纸业的历史作为,这些NGOs认为金光纸业不可信任——金光纸业在印度尼西亚的项目没有环境保护措施、不遵守法律法规,并具有高风险。

> 金光纸业一系列无视环保的经营行为对其声誉造成了无法挽回的消极影响。许多国际组织对金光纸业糟糕的环境保护措施和社会影响表示抗议,导致许多大客户推迟了与该公司的业务合作。绿色和平组织的NGOs联合抵制使得迪斯尼、孩之宝、美泰、沃尔玛、施乐和百盛(肯德基)等公司都拒绝与金光纸业进行合作,给金光纸业造成了数千万美元的损失。金光纸业不仅失去了它在西方市场的主要客户——这些客户都是木材产品的基础客户——而且还让它的竞争对手抢了这些生意。
>
> (根据网络资料改编)

三、国际社会文化环境

世界各国社会文化的差异决定了各国消费者在购买方式、消费偏好及需求指向上都具有很大差别。企业在一定的社会文化环境中从事营销活动,其经营行为也要适合当地的社会文化的要求。

(一)语言文字

语言文字是文化的交流沟通工具,语言文字的差异对市场营销中的许多沟通决策都很重要,如品牌名称的选择、标签的内容、服务手册、广告和人员推销中的促销信息等。据语言学家讲,世界上至少有3000种语言,语言差异是国际市场营销的一大障碍。另外还要注意语言中肢体语言,即不同的文化通过各种手势、耸肩、面部表情和眼睛活动所表达的不同意思。不同国家,有时甚至同一个国家的不同地区的肢体语言都不一样。如果不了解东道国的语言习惯,就会弄巧成拙,影响双方的商务关系。

(二)宗教信仰

宗教信仰是一种重要的意识形态,是宗教信徒消费行为的重要原因和大部分价值观的基础,宗教与社会的关系微妙、复杂而深远。当今世界的各种宗教及其教派中,存在不同的教义、宗教节日以及各种各样的禁忌,不了解的掌握这些知识,在那些宗教色彩浓重的地区,任何营销活动都将寸步难行。

(三)社会组织

社会组织是指一个社会中个人和团体所发挥的作用以及这些个人和组织之间的相互关系。一般来说,市场营销人员感兴趣的社会组织结构包括家庭模式、社会阶层、群体形式等,它们都能通过影响人的行为、价值观念和全部生活方式等来对营销产生影响。比如,在家庭关系亲密的文化中,针对家庭的促销比针对家庭成员的促销更为有效。通过对东道国的家庭结构和家庭生命周期的研究,探求以家庭为购买单位的市场营销问题,对开展国际市场营销有很大帮助。

社会阶层中不同阶层的人有不同的市场需求,从而形成特定的市场。虽然所有社会在一定程度上都分为阶层,但至少在两个方面各个社会不尽相同:一是社会各阶层之间流动的难易程度;二是在商业场合如何看待个人所属社会阶层的重要性。这些不同对国际营销均会产生深刻影响。

【资料链接】

星巴克的咖啡采购

星巴克自1998年就开始与国际保护基金会(Conservation International,CI)进行合作,在采购咖啡的过程中实现可持续发展。他们的合作主要通过咖啡和农民权益项目(Coffee and Farmer Equity,CAFE)。CAFE衡量农场的环境、社会和经济影响,对每一项可持续发展指标进行打分,获得高分的农场将成为星巴克的优先供应商。该项目不仅为星巴克在拉丁美洲的供应商带来环境与社会效益,也提高了星巴克的品牌、降低了风险。星巴克与CI初步合作时,就开始关注农场及周边地区生物多样性的保护。

CAFE项目将多种环境因素被纳入评分系统中,包括生物多样性、水和土壤等;同时,项目还通过各项评分指标来确保农场员工的权益得到适当的保证,这些评分指标包括:员工工资不低于国家或当地的最低工资;不雇佣童工(14岁及以下);农场管理符合国际劳工组织第111号非歧视准则等。此外,中、大型农场(0.25平方千米以上)需要对员工提供医疗补偿或服务。若农场的评分较低,星巴克将减小或取消采购额度。经过十几年的发展,CAFE项目已经彻底改变了星巴克的商业模式。作为首家将可持续发展整合入采购的大型咖啡公司,星巴克已经成为了咖啡行业在该方面的标杆。如今,多家跨国公司,包括雀巢和麦当劳在内,开始寻求咖啡的可持续供给。

资料来源:① http://www.conservation.org/campaigns/starbucks/Pages/CAFE_Practices_Results.aspx.;② Bambi Semroc, et al. Assessment of the Starbucks Coffee and Farmer Equity (C.A.F.E.) Practices Program FY08-FY10(有改编)。

(四)审美观念

美学包括艺术、民俗、音乐、戏剧和舞蹈等,是把人和外界相互影响紧密交织起来的一种文化。审美观念对理解某一特定文化中美的标准、色彩及其艺术的不同表现方式极为重要。如果对一个社会的美的标准缺乏文化上的正确理解,产品的式样、包装和广告的设计就不会受欢迎,甚至可能冒犯顾客或造成不好的印象。如在伊斯兰教国家禁止用猪的图案;日本人禁用荷花图;在法国,禁用墨绿色,因为这种颜色容易让法国人联想到纳粹德国的军服。

研究美学要素,目的就是为了考察某一文化的象征意义。然而,文化的象征意义与民风民俗又有着十分密切的联系,一个社会、一个民族传统的风俗习惯对消费偏好、消费方式都起着决定性作用。比如,日本人把仙鹤作为吉祥的象征,中国也把仙鹤喻为"长寿",而在法国,仙鹤却是蠢汉和淫妇的代名词;斯里兰卡视大象为庄严的象征,美国共和党把大象作为党徽,但在欧洲人的词汇里,大象是笨拙的同义词,英国甚至忌用大象作图案。

(五)教育状况

各国的教育制度和教育方式都不尽相同,教育水平更是相差甚远。教育既与一国的文化割舍不开,更与一国的经济发展水平密切相关。由于不同国家的消费者所受教育不同,他们的消费观念和消费模式往往会有很大差异。例如中国传统教育中有许多崇尚节俭的教育思想,从小接受这种教育的人在消费模式上就会比较节俭;受过现代科技教育的人,会较快接受新技术和新产品。国际营销者不仅应了解和适应东道国的教育特征开展营销,还应当充当"教育者"的角色,即通过营销活动,特别是新产品、新技术的推广,来促进目标市场国教育水平、技术水平、审美观念和现代化意识的提高。

【资料链接】

芭比娃娃的兄弟

为了提高玩具公司的销售额,Mattle Toys 围绕芭比娃娃,千方百计地设计了很多周边产品,比如:衣服、鞋帽、皮包、太阳镜、比基尼,甚至还给芭比找了一个男朋友 Ken。但是在印度,将芭比连同其男友一起出售却遭到了印度消费者的抵制。原因很简单,在印度传统文化中,只要女孩儿有了男朋友,她的社会性将受到很大限制。也就是说,芭比既然已经有了男朋友,就不能与小朋友在一起玩儿了。但是,玩具公司并没有气馁,进一步研究发现,印度人对兄弟姐妹感情非常深。因此,玩具国内公司创造了名叫"马克"的玩具作为芭比的兄弟在印度市场上出售,取得了很好的效果。

资料来源:李威,王大超.国际市场营销[M].北京:机械工业出版社,2009.

(六)各国的商务习惯

一个国家的商务习惯是文化环境的组成部分。由于地方文化的支配作用,使得各国的商务惯例在接触级别、交谈的语言和手势特点、礼貌和效率以及谈判重点等方面都存在着极大的差异。因此,作为国际营销人员,最重要的就是要学会调整自己,适应东道国的文化。这里,我们介绍几个主要贸易伙伴国家在商业习俗上的一些特点,以供参考。

1. 美国

美国人的商业文化特点是:坦率、自信、热情、真挚,性格外露,讲究效率,喜欢直截了当地进入谈话主题,并且喜欢不断地发表自己的见解,力图说服对方,注重实际,追求物质上的实际利益。此外,还有较强的创新意识、竞争意识和进取精神。美国人的法律意识很强,在商务谈判中非常注重法律、合同,发生纠纷,诉讼于法律对美国人来说是很正常和司空见惯的。美国人的时间观念很强,工作节奏快,希望在最短的时间里达成交易,有时甚至直接拿一份早已拟好的合同让你签约成交。美国人很注重商品的包装和装潢。因为,包装和装潢直接关系到商品的销路,只有新奇、美观、符合国际潮流的包装与装潢,才能激起美国人的购买欲望,打开市场。

2. 英国

英国人比较保守,对新事物总是裹足不前,在遇到必须有所主张的情况的时候,他们还是会不客气的当面提出。英国人的绅士风度使得英国人善于交往、讲究礼仪、对人比较友善;一般不喜欢介入他人的生活,对商业对手的修养与风度也很注重。英国人从事商务活动时多穿有背心的三件头式西装,结传统保守领带,不系条纹的领带,因此赴英办事,仪容、态度尤须注意。英国人的时间观念很强,拜会或洽谈生意一定要先预约,并要准时到达,如果提前几分钟更好,这样会得到英国人的信任和敬重,因为严守时间,遵守诺言,是他们的相处之道。

3. 德国

关于德国商人的性格,长期驻在德国的人会这样说:"在从事商业活动的时候,印象最深刻的,要算他们对本国产品的信心了。因此,他们在商谈中,常常会用本国产品作为衡量的标准。"德国人的自信心很强,在谈判中会坚持己见。他们对权利和义务很明确,缺乏融通性,表现在商业活动中,即在交易中很少让步,讨价还价的余地不大。德国人的思维很有系统性和逻辑性,因此在交易过程中往往准备得很充分、很周到、很具体。德国人比较注重形式,在德国要以职衔相称。德国人在商业活动中,极度珍惜商权。在法律的条文里,关于保护商权也规定得很严格而明确。

4. 日本

日本人的文化受中国文化影响根深,儒家思想文化、道德观念已深深印在日本人的内心深处。日本人慎重、规矩、礼貌、自信、刻苦,富有耐心、进取心、事业心,具体表现在办事计划性强,事前的准备工作充分,对任何一次会谈的时间、内容,都会列出详尽的计划表,一丝不苟地执行,且团体责任感很强。但他们有时在谈判中不明确表态,报价中水分很大,常使对手产生含糊不清、模棱两可的印象甚至误会。在签订合同之前,日本人一般很谨慎,习惯于对合同作详细审查并且在内部做好协调工作,往往需要一个较长的过程,一旦做出决定,就会重视合同的履约,履约率很高。

5. 韩国

韩国人崇尚尊老敬老的礼仪传统习惯,所以尊重别人的长辈可以获得好感。另外韩国人重视对交易对象的印象,从事商业谈判的时候,宜穿着保守式样的西装,守时履诺,若能遵守他们的生活方式,他们对你的好感更会倍增。

四、国际科学技术环境

科技革命给市场营销带来的影响越来越大,分析国际科技环境既要有全球化视角,跟踪掌握科技环境变化的新趋势,看到其给消费需求带来的变化,又要正确认识和分析东道国的生产力发展水平,工业化程度,以增强市场营销决策的针对性和适应性。

(一) 知识经济

知识经济,是以知识和智力的应用为基础、以企业技术创新为动力、以高科技产业化为实质内容的新经济。知识经济的重要影响体现在知识成为生产的支柱和主要产品,服务业将在国民经济中占主要地位;同时它也意味着高新技术产业飞速发展,世界范围的技术竞争将更为激烈。知识经济最具有代表性的是互联网经济,互联网经济正在迅速改变企业的营销环境,对市场营销形成前所未有的挑战,因此企业的国际市场营销也要做出相应的策略改变和营销方式调整。

在经济领域,我们把互联网带来的冲击可以概括为两个方面:价值的创造和价值链的重组。

1. 价值创造

互联网创造了巨大的价值,这种价值来自更大的市场、更好的服务和成本的节约。互联网几乎是无限地扩大了商业活动的领域,使商业活动不再仅仅借助于物理设施,从而超出了国家、地域、时间等的限制,大大扩展了客户和市场。此外,由于信息技术的充分运用,生产者能够精准了解消费者的需求,面对更加细分的市场,并对客户提供技术支持和售后服务,用户足不出户就可以得到想要的服务。互联网还大大节约了成本。一方面,由于基于互联网的电子商务不再借助于传统的分销网络,并使企业能够按照市场需求精确地管理库存和供应链,因此企业的营销、储运的成本大大降低,节约了企业的内部成本;另一方面,越来越多的企业利用 B2B、O2O 等进行销售和整合供货链,企业之间利用市场机制的成本也大大降低了。

2. 价值链重组

互联网以及电子商务的发展将导致价值链的解体和重组——传统的商业模式将被新的

模式所取代,从而形成新的竞争格局。由于销售和售后服务可以不必依靠有形的网络,生产者、批发商都可以通过互联网直接面对消费者,企业的价值链在销售环节、供货环节、售后服务等环节发生重大改变,降低了成本,提高了服务质量。在旧价值链解体的同时,基于互联网的新价值链迅速在各行各业中推广,并使企业获得更多的竞争优势。互联网已经成为国际市场营销不可缺少的工具。

(二)技术革命对消费者需求的影响

技术革命的发展改变着人类的生存环境和生活方式,影响着消费者的消费理念和行为。首先是技术的日新月异大大缩短了产品的生命周期,层出不穷的新产品,为消费者提供了更多的选择,加之消费者受教育程度和文化水平的普遍提高,消费需求更加多样化和个性化;其次,在知识经济时代,消费者可以借助发达的信息网络,全面迅速地收集到包括价格在内的各种与购买决策相关的信息,并在购后及时向生产商反馈,因此,消费者对商品价格更加敏感,消费更加理性;最后,同样是在知识经济时代,原有的以物质和能源为主的消费结构,正在向以知识消费为主的消费结构转变,知识消费成为最重要和最核心的消费内容。市场营销者必须关注到这一变化。

(三)知识产权保护

知识产权的专有性决定了企业只有拥有自主知识产权,才能在市场上立于不败之地。保护知识产权,不仅能够为企业带来巨大经济效益,增强经济竞争力,而且从宏观范围看也有利于促进对外贸易。

目前保护知识产权已成为国际经济秩序的战略制高点,具体表现为:首先知识产权的保护范围在不断扩大,权利内容不断深化,已从传统的专利、商标、版权扩展到包括计算机软件、集成电路、植物品种、商业秘密、生物技术等在内的多元对象。其次,知识产权已纳入世界贸易组织管辖的范围。知识产权与货物贸易、服务贸易并重,成为世界贸易组织的三大支柱,并将货物贸易的规则、争端解决机制引入知识产权领域。知识产权已成为国际贸易中的前沿阵地,随着关税的逐步减让和消除,知识产权保护在国际贸易中的地位和重要性将更加突出;另外,以美国、日本为代表的发达国家,纷纷调整和制定其面向新世纪的知识产权战略,并将其纳入国家经济、科技发展的总体战略之中。

(四)东道国科技水平

企业开展国际营销时,必须对以下情况心中有数:① 当前本行业的生产技术、工艺发展水平及其变化趋势;② 本企业的生产技术和工艺水平,与当前国内、国外先进水平的差距;③ 东道国企业的生产技术和工艺水平以及新产品;④ 东道国与企业相关的新产品开发及发展的趋势。只有准确认识和分析与企业相联系的东道国的科技发展水平,才能进行更有效的国际营销。

第三节 国际市场的进入方式

从事国际市场营销的企业一旦决定开辟一国市场,就必须为企业和产品选择适当的进入方式,这一方面涉及企业及其产品能否有效进入市场,另一方面更影响到企业在该市场的营销决策效果。

美国麻省理工学院教授法默和理茨根据是否涉及海外所有权的情况,将进入国际市场的方式分为两大类。第一类是不享有国外管理权和控制权的经营方式,如进出口贸易、合约安排等;第二类是享有国外直接管理权或控制权的经营方式,如对外直接投资工业、合作等。从市场营销的角度看最常见的进入方式有产品出口、合约安排和直接投资。每一种选择都有各自的优缺点,企业应该根据拟进入的国家的各种政治经济情况及自身的各种资源选择某种适当的进入方式,也可交替或同时利用多种方式,使其相互补充,融为一体。

一、出口方式进入

出口是指企业生产在母国进行,而将产品通过适当渠道销往其他国家借以进入外国市场的方式。这是一种传统的企业进入国际市场的方式,采用这种方式,企业的生产仍完全在国内开展,各种资源需求也全部依托本国市场供应,产品内外销同步展开,对企业既有的产品结构、生产要素组合等均无太大影响,因此经营风险相对较小,最容易实施,目前应用范围也最广。大多数生产性企业都是从产品出口开始他们的国际化进程,然后再转向其他的进入方式。出口又可分为间接出口和直接出口两种形式。

(一) 间接出口

间接出口是指通过本国的或外国设在本国的出口中间商进行的出口,是开始进入国际市场的最常用的方式,其特点是经营国际化与企业国际化的分离。企业的产品走出了国界,而企业的营销活动却完全是在国内进行的,企业本身并不直接参与该产品的国际市场营销活动,实践中企业通常采用的具体方式主要差异在于选择的中间商功能和形态不同,具体有以下几种途径:

1. 委托出口管理公司(EMC)代理出口

出口管理公司是一种专为生产企业从事出口贸易的公司,适用于规模较小,尤其是缺乏外销经验的生产企业。生产企业将自己的产品交给出口管理公司,由其代表生产企业办理各种出口业务。通常出口管理公司专门为客户在特定领域和世界上的特定地区提供服务。如一家出口管理公司可能专门从事亚洲市场上的农产品销售,而另一家公司可能擅长于向欧洲出口电子产品。因此,企业可以根据目前自己的需要委托不同的出口管理公司。

2. 通过国外公司驻本国的采购机构、分公司或其他分支机构出口

国外一些大型百货公司在国内拥有数百家甚至上千家连锁店,他们在世界各国的一些主要城市都设有采购机构。企业可通过这些采购机构将商品销售到国外,或者通过向一些跨国公司在中国的分部出售商品以将商品推销到国外去。

3. "挂拖车出口"

所谓挂拖车出口是指一个企业利用另一个出口企业已经建立的国外销售渠道和经营能力出口。其中承担全部海外营销活动的企业,称为"车头企业",另一企业为"拖车企业"。一般来说车头企业与拖车企业的产品之间往往具有互补性,对双方扩大销售、降低流通费用均有好处;对车头企业来说,加挂拖车可以填补其产品缺口、丰富产品品种和花色,方便海外用户,利用所加挂的拖车产品来增强其整体竞争能力,或交叉填补"淡旺季"的时间差。

4. 联营出口

联营出口又称为合作出口,是指生产相同或者互补产品的企业联合起来,共同进行对外谈判,统一定价,统一运输。这种出口方式可以有效地降低销售费用,提高定价能力。

间接出口有许多优点,主要表现在三个方面:① 投资少。企业不需要在国外设立出口机构和派遣驻外销售人员,减少了同国际市场直接接触的费用;② 风险较小。借用了专业出口商的出口经验和业务技术,从而减少和避免了企业失误;③ 有利于企业集中人力、物力、财力提供优良产品。但是间接出口的缺点也是很明显的:① 企业对国际市场信息反应不灵,难以直接了解国外市场的动态;② 过分依赖中间商,容易造成外销失控,还有可能承担被中间商抛弃的风险。

因此,间接出口作为走向世界的跳板,作为一种摸索学习、逐步发展的方式,适用于刚刚起步走向世界的企业,或者把它作为在扩大市场范围时占领一些次要市场、或者作为推销企业次要产品的手段。

(二) 直接出口

与间接出口相对,直接出口是指生产企业不通过中间商,而是将在本国生产的产品直接销往国外市场的出口方式。当有国外客户直接求购,或企业有能力、有需求时,往往利用此方式进入国际市场。直接出口主要采用以下几种方式:

(1) 直接向国外的最终用户提供商品,这是直接出口中最直接的一种形式,包括直接的销售、按外商要求定做的产品输出,还有参与国际招投标活动,中标后按合同生产并销往国外的产品。

(2) 利用国外的代理商,代理商是指对产品没有所有权,只是受委托人的委托从事商品销售的中间商。代理商的任务就是促使卖方与买方达成交易。国外代理商按照其职能不同可分为以下三种形式:佣金代理商、存货代理商与提供零部件和服务设施的代理商。

(3) 在国外建立自己的销售机构,这些机构一般负责管理销售和配送,可能也管理当地的库存和促销活动,还可作为展示和客服中心。国外的销售机构由于可以直接接触国外市场,所以能够更准确地掌握需求动态,分析竞争趋势,同时提高服务水平。

直接出口与间接出口的根本区别是产品的生产厂商在不同程度上直接参与了国际营销活动,生产厂商对其出口商品的经营保留了部分或全部的控制权。其主要优点是:① 经济性。可节约中间环节的费用;② 自主性。企业对营销活动拥有主动权,可以加强对营销活动的控制,更有效地实施企业的出口战略,积累国际营销经验,培养营销人才;③ 针对性与灵活性。企业可根据掌握的信息及时调整营销策略。直接出口的不足之处主要有两点:① 投入高。一般因需建立专门的出口机构甚至在国外设立机构,并需要聘用专业人员,因而费用会增加。② 风险大。原本可由中间商承担的风险均由企业独立承担。

二、合约进入方式

合约进入方式指企业通过与国外合作对象签订合约并以其为依据转让技术、服务等无形产品从而进入国际市场的方式。与出口不同,合约进入不是通过有形或无形产品的跨国转移,而是通过将"无形资产的权利"授予被许可人;或通过工程承包、经营管理、技术咨询等形式,进入东道国市场。

20世纪70年代以来,资本主义国家出现了新的贸易保护主义,被保护商品数量增加,贸易保护措施种类繁多,利用出口进入国际市场的方式受阻,迫使一些企业以技术转让合约的方式向国际目标市场输出技术和服务,并以此带动产品出口。采用这种方式可以降低生产成本,规避经营风险,突破贸易壁垒,加强经济技术交流,对贸易双方均有利,日益受到各国青睐。

合约进入常见方式有许可贸易、特许经营、管理合约、生产合约等。

(一) 许可贸易

1. 许可贸易概念

许可贸易是指通过签订许可合约的方式,由出口企业(许可方)将其所有的工业产权(主要指专利权、商标权、专有技术)在一定时间和区域内的使用权有偿转让给进口方(被许可方)的贸易,许可方可获得技术转让费或其他形式的报酬,并在事实上将自有的无形产品打入了国外市场。可口可乐公司通过在全世界授予装瓶生产商特许专营权,并向他们提供生产可口可乐的原浆,将可口可乐销往世界各地。

2. 许可贸易形式

许可贸易包括专利许可、商标许可和专有技术(技术秘密)许可三种,在权利范围上主要有三种形式:① 独占性许可。授权人在向被授权人授予技术使用权后,在协议规定的地区和期限内,授权人和其他第三方都不能再使用该技术。② 排他性许可。授权人将技术使用权转让给被授权人后,自己仍保留技术使用权,但不允许第三方面使用该技术。③ 普通许可。授权人将技术使用权转让给被授权人后,不仅自己仍保留技术使用权,还允许将该技术再转让他人。

3. 许可贸易特点

作为一种操作较为简便的进入国际市场的方式,许可贸易方式对于授权者来说具有以下优点:第一,不必投入大量资金,无需支付高昂的运输费用,节约成本;第二,可以避开进口国针对有形物质产品设立的贸易壁垒,快速进入国外市场,同时也颇受进口国欢迎;第三,可以避免东道国汇率变动、市场竞争和政治风险,减少经营风险;第四,一定程度上可以用来测试新产品或新技术在国际目标市场的需求状况,减少企业市场开发的成本和风险。

对授权人的不利之处表现在:首先授权人可能为自己培养一个国际竞争对手,对自己的经营造成威胁;其次,许可贸易使产品的生产销售分散化,并对被授权企业控制能力较弱,可能会对企业未来的全球战略产生不利影响。

(二) 特许经营

1. 特许经营的概念

特许经营是许可贸易的一种特殊方式,由出口企业(特许方)将其拥有所有权的工业产权及整个经营体系(专利、专有技术、工艺、商号、商标、企业标志、经营理念、管理方法等)的使用权一并转让给国外企业(被许可方),后者按许可方的条件从事经营活动。与许可贸易一样,在特许经营协议下,特许人通常按照被特许人经营收入的一定比例取得特许权费。不同的是,许可协议一般主要为生产型企业所采用,而特许经营则主要为服务型企业所采用。特许经营双方关系密切,许可方授予被许可方的使用权涉及内容广泛,许可方对被许可方的控制也更严格,往往将被许可方作为自己的分支机构,统一经营政策、统一风格、统一管理,向客户提供标准化的服务。如麦当劳就是通过特许经营这种形式进入到世界各个角落的。

2. 特许经营的特点

特许经营的优点主要有三点:① 可最大限度地扩充特许企业的影响力,增加无形资产;② 可使潜在的竞争对手转变为现实性的合作伙伴,以较低成本在国际市场扩张;③ 经营风险较小,可以避免独立开发国外市场的风险。总之,服务性企业可以迅速地以低成本和低风险进入全球市场,正如麦当劳所做的那样。

特许经营的缺点不像许可贸易的缺点那样明显。一个比较明显的缺点就是质量控制上较为困难。一方面,被特许人有可能不像特许人所期望的那样去关心质量问题,而且由于许可人与外国被许可人之间相距遥远,质量问题不易发现。另一方面,被许可人的庞大数目(如麦当劳在全球有数万家被特许人)也使得质量控制变得困难。而特许专营的基础在于企业的品牌向消费者传达的关于这种产品质量的信息。如果特许人不能保证其服务质量达到特许人的标准的话,不仅外国被特许人的销售额会受到影响,从而减少特许人的特许权费(如果是按照被特许人经营收入的一定比例收取特许权费的话),而且特许人的声誉也会受到影响。

(三) 管理合约

管理合约是通过签订合同的方式,由企业向国外企业提供管理知识和专门技术,并提供管理人员,参与对方企业的管理,即通过单纯转让管理技术与服务获利。美国的环球航空公司曾为埃塞俄比亚航空公司从事日常的经营管理。目前,国际旅馆业大量采用合约管理方式。上海的华亭宾馆就曾委托著名的美国喜来登酒店集团进行管理。

管理合约是一种风险较小的可以快速进入国际市场方式,对于企业来说无须投资便可取得对国外企业的管理控制,并可使企业的管理资源为企业带来收益。但这种方式不仅要占用企业的管理人才,而且不能在国外目标市场上为自己确定长期性的市场位置,而且在合约期满后还可能会面对自己培植的竞争对手。

(四) 生产合约

生产合约又称制造合约,是指企业与国外目标市场上的某个企业签订供货合同,委托国外企业按合同规定的技术要求、质量标准、数量和时间生产本企业所需要的产品或零部件。在生产合约中,委托方往往具有资本、技术及营销优势,产品由委托方销售,既可实现当地生产、当地销售,也可以当地生产、全球销售。

这种方式的好处是企业可以利用当地企业的生产能力和资源优势,既可节约关税、运输费等成本,又可迅速进入目标市场。特别是一些设有进口限制,且市场容量有限而发展前途不大,不宜以直接投资方式进入的市场,采用这种方式较为合适。这种方式的缺点是理想的制造企业难以寻找;同时还需向对方提供生产技术、工艺改进等方面的服务,可能会培养出自己的竞争对手。

【资料链接】

为什么耐克公司不生产耐克鞋

有关数据表明,在一双耐克鞋的成本结构中,劳动力成本所占的比例非常低,在不少型号的鞋子中,劳动力成本的比例还不到10%,有的甚至不到5%。以耐克在青岛的加工厂为例,一双耐克鞋的全部成本,包括原材料(但不含核心技术不见)、劳动力、运输费等总计不到80元人民币,但其在我国市场的售价均在700~1000元。由此可以看出,对于耐克鞋来说,生产环节创造的价值是相当有限的,其价值创造主要集中在设计和营销者两个环节,而这是由高档运动鞋的战略定位决定的。耐克公司的高明之处在于,它在生产环节上采取了一种向外部借力的OEM方式,把生产外包给中国和东南亚等发展中国家,通过这种国际外包的方式极大地降低了成本,达到了利润提高的目的。

资料来源:孙忠群.国际营销精要[M].北京:中国经济出版社,2007:165.

三、投资进入方式

投资进入指企业通过在国外进行直接投资,直接参与被投资企业管理的活动,在国外进行生产、销售,从而进入国际目标市场,是企业进入国际市场的高级形态,投资者对国外企业不仅拥有所有权,而且对国外企业的经营活动拥有实际的控制权,是一种"股权投资"。

从市场进入战略的角度来看,直接投资通过用股权控制的办法直接参与目标国市场的生产,将产品在目标市场国销售,既可以节省出口方式时所需的产品运输费、关税等成本,也有利于打破东道国对产品进口的限制,而且缩短了产品生产与市场之间时间和空间的跨度,能够使产品更好地满足市场的需要,为顾客提供更好的服务。但同时也会带来所需投资的增加和这种投资的风险,而且由于跨国直接投资不仅仅涉及产品的销售环节,而是全面介入,因此在原材料的供应、产品的生产、销售,企业内部的经营管理上都要受到目标市场国各种因素的影响,控制的难度加大。投资进入的主要形式有独资经营和合资经营两种。

(一) 合资经营

合资经营是国外企业与东道国企业按一定比例共同出资兴建企业,共同经营管理,并按出资比例共担风险,分享权益,并根据双方签订的协议和章程建立企业的决策和管理机构,共同经营和管理企业。合资经营企业必须依法成立,并有一定的合资期限,合资期满后双方按股权比例清算,并分担一定的债权债务。

因为以合资企业方式进入市场有许多优势,故与外国公司建立合资企业长久以来一直是进入外国市场的颇为流行的方法。其优点主要表现在:① 与东道国合资经营,可享受一定的优惠待遇,政治风险相对也较小。② 可以利用当地合作伙伴具有的本土优势条件,快速抢占当地市场。如借助于当地合作伙伴对东道国竞争状态、文化、语言、政治体制和商业体制的了解和对当地市场竞争中所需的营销经验和对当地情况的了解。③ 当打开外国市场的成本和风险很高时,企业可以与当地合作伙伴分摊这些成本和风险。

合资经营的不足之处表现在:① 有可能使对技术的控制权落到合作伙伴手中;② 经营管理不易协调,存在许多文化障碍;③ 当合资双方的经营目标随时间的推移而发生变化时,或者当双方对企业的战略有不同看法时,那么对所有权的共享会导致投资方因争夺控制权而产生冲突。这也是导致许多合资企业最终解体的一个很重要的因素。

(二) 独资经营

独资经营就是企业拥有被投资企业100%的股权,经营独管,利益独享,风险独担。

独资经营的优点在于:① 独资子公司可以独享经营成果,独立支配经营利润,从而可以避免合资进入所必须解决的利益分配问题。② 可以充分利用当地资源谋求成本优势。实行全球战略一个很重要的出发点就是要充分利用全球各地区不同的区位优势,通过企业资源在全球范围内的合理配置和协调,实现产品的最优化和成本的最低化。③ 对企业控制程度高,由于独资经营不存在与合资伙伴共享技术成果的问题,从而可以避免工业产权流失,避免扶助对手成长。

但同时我们也必须看到,独资经营是所有进入国际市场方式中成本最高、风险最大的。企业必须独立承担建立海外公司以及开展生产营销活动所需的所有成本,要在一个陌生的环境中探索、开辟新的供应渠道和销售网络,而一旦当地环境条件变化,尤其是政治动荡、经济格局变化等就有可能使其遭受灭顶之灾。

无论是合资或独资,企业都可以采取购并或创建两种形式进行。购并方式能更快地进入国际市场,迅速实现业务扩张;但购并后与企业原定目标之间可能会存在一定差距,并会受到原有企业以前的契约或传统关系的束缚。创建的优点是易于实现设计目标,但耗资大,周期长。

四、其他进入方式

除了以上几种常见的国际市场进入方式外,还有一些途径,它们要么是在外汇短缺、行政约束等特殊情况下采用的,要么是伴随世界经济一体化的趋势和信息技术的发展而逐步出现的,如网络营销。这里我们重点介绍对等进入方式和国际战略联盟方式。

(一) 对等进入方式

对等进入方式,是指企业出口商品时必须购入国外一定数量的商品才能进入目标国市场的方式,这种贸易的双方都可以达到进入对方市场的目的。具体可分为补偿贸易和易货贸易两种形式。

1. 补偿贸易

补偿贸易方式是一种与信贷相结合的方式。进口方以贷款形式购进国外的设备、技术和专利,进行项目的新建、改建或扩建,在项目竣工投产后以该项目的产品或其他产品来偿还贷款。补偿贸易的优点是:① 可以避免外汇短缺带来的影响,扩大设备、技术的出口;② 可以绕过某些国家的贸易壁垒。其缺点主要表现在:① 这种交易带有信贷性质,交换的对等性和互利性优势难以真正实现;② 补偿贸易中的项目往往履约时间长、资金周转慢,因此企业需要承担较大风险。

2. 易货贸易

易货贸易是一种以价值相等的商品直接交换的贸易方式,交易过程不需要货币媒介,并且尝试一次性交易,履约时间短,对企业的发展影响有限。易货贸易的优点很明显——不动用现汇而实现交易,但是方式交易真正能实现的商品极其有限,更别说大宗的商品交易了。

(二) 国际战略联盟

国际战略联盟,是指两个或两个以上不同国籍的企业,为了实现共同的战略目标,在保持各自独立性的基础上,通过组建合资企业或者达成长期合作协定而建立的一种合作关系。通过建立国际战略联盟,企业可以弥补劣势、增强竞争优势,迅速开拓国际市场,并降低营销成本。不足是联盟各方合作的难度较大,而且利益平衡也很难达到。

由于产品特点、行业性质、竞争程度、企业目标和拥有的资源等因素各不相同,国际企业间所形成的战略联盟形式也呈现出多样性,既可以是正式的合资经营,也可以是为了一个特定的问题而合作形成的短期协议,后者一般有如下几种类型:

(1) 研发联盟。出于创新的需求,具有充分独立性的两个或多个国际企业共同开发新技术或共同研制某种新产品,共享研发资源,共担风险,同时共同占有研发成果,但不组成经营实体,研发联盟在形成规模经济的同时也加速了研发的进程。

(2) 制造联盟。国际间企业通过相互提供用作生产投入品的零部件及相关技术而进行合作。常见的形式是产品品牌的联盟。它与贴牌生产的不同之处在于贴牌生产仅仅是销售无品牌的部件给另一个制造商,而制造联盟包括已有生产零件能力的制造商双方的品牌。合作双方充分利用了从未使用过的能力,且由于不需要投资新的工厂和设备,节约了资金和时间。

(3) 分销联盟。分销联盟指国际企业间达成相互销售对方产品的协议。这种联盟的资产是互补的,合作双方能够集中自己最擅长的业务,如日产同意在日本销售德国大众的汽车;克莱斯勒和三菱也组建了类似的联盟。

本 章 小 结

1. 国际市场营销是指企业跨越国界,以国际市场为目标市场的营销行为和过程。国际市场营销与国内营销、国际贸易既有联系又有区别。各种国际经济组织都可能会对国际营销企业的业务活动产生影响。企业开展国际营销活动的动因包括追求利益、利用资源、延长产品生命周期、规避风险、提高形象和政府支持等,在国际化的过程中通常经历从间接被动的出口到全球营销等四个阶段。

2. 国际市场营销与国内营销最大的差别在于营销的外部环境发生了显著的变化,国际市场营销环境包括国际政治法律环境、国际经济自然环境、国际社会文化环境和国际科技环境等。

3. 开展国际市场影响活动还必须为企业选择合适的国际市场进入方式。这些方式主要包括出口、合约安排、直接投资、对等交易和国际战略联盟,每种方式都有自己的优缺点,注意取长补短,融合使用。

练 习 题

一、名词解释

1. 区域性经济组织;
2. 欧洲市场;
3. 许可贸易;
4. 特许经营;
5. 补偿贸易。

二、单项选择题

1. (　　)是立足于国内生产的国际营销方式。

　　A. 许可证贸易　　　　　　B. 国际合资经营
　　C. 特许经营　　　　　　　D. 间接出口

2. 收购和创建是跨国公司对外投资的两种方式,与收购相比,创建这种方式的优点是(　　)。

　　A. 有利于迅速进入市场　　B. 有利于扩大经营范围
　　C. 易于管理,实现设计目标　D. 失败率低

3. 许可贸易是国际技术产品营销的重要形式,可以分为独占许可协议、排他许可协议等,下列不是划分依据的是(　　)。

　　A. 使用技术的地域范围　　B. 使用权的大小
　　C. 使用费的高低　　　　　D. 使用时间的长短

4. 一般来说,国际分销渠道的设计直接影响和决定企业对国际市场营销的(　　)。

A. 依赖程度 B. 控制程度
C. 预测准确程度 D. 熟悉程度
5. 下列哪个不属于政府对市场的干预行为( )。
A. 外汇管制 B. 市场价格调整
C. 限制竞争 D. 进出口许可制度
6. 各国不同的商务习俗是( )的重要组成部分。
A. 文化环境 B. 社会环境
C. 经济环境 D. 自然环境
7. 通过工程承包、经营管理、技术咨询等形式进入东道国市场的通常是( )的进入方式。
A. 间接出口 B. 直接投资 C. 对等进入 D. 合约进入
8. 特许经营的缺点是( )。
A. 培养自己的国际竞争对手,造成威胁
B. 质量控制困难
C. 产品销售分散化,渠道控制难
D. 经营风险大
9. 一个企业利用另一个出口企业已经建立的国外销售渠道和经营能力出口自己的产品,这种方式叫作( )。
A. 联营出口 B. 委托出口 C. 拖挂车出口 D. 合约出口
10. 下列不属于国际营销中的经济环境因素的是( )。
A. 贸易政策环境 B. 欧洲市场 C. 绿色环保 D. 消费结构

三、多项选择题

1. 国际营销的特殊性主要表现在( )。
A. 竞争激烈 B. 经营环境复杂 C. 周期长
D. 风险大 E. 利润高
2. 国际营销的法律环境包括( )。
A. 企业所在国的法律 B. 东道国的法律 C. 企业内部规章制度
D. 国际协议和国际惯例 E. 合同
3. 分析营销环境的根本目的是( )。
A. 扩大销售 B. 对抗竞争 C. 寻求营销机会
D. 避免环境威胁 E. 树立企业形象
4. 国际市场营销的形成与发展,大体上经历了( )。
A. 出口营销阶段 B. 进口营销阶段 C. 国际化营销阶段
D. 跨国营销阶段 E. 全球营销阶段
5. 间接出口方式的主要优点是( )。
A. 风险大 B. 风险小 C. 成本低
D. 简单易行 E. 成本高

四、简答题

1. 国际市场营销与国内营销相比有哪些不同?
2. 开展国际市场营销的动因有哪些?

3. 企业参与国际营销通常会经历哪几个阶段？
4. 从事海外经营活动时，常见的政治风险有哪些？
5. 出口中介有哪几种具体形式？

五、论述题

1. 在目标市场国中，对企业的国际市场营销产生影响的经济环境有哪些？
2. 比较企业进入国际市场的途径。

吉利收购沃尔沃，开启海外战略

2010年8月2日，中国浙江吉利控股集团有限公司在伦敦宣布，已经完成对美国福特汽车公司旗下沃尔沃轿车公司的全部股权收购。吉利控股集团董事长李书福和福特首席财务官刘易斯·布思共同出席了在伦敦举行的交割仪式，这标志着吉利控股集团和福特公司在长达数年的接触与谈判后终于完成了收购交易，为第一宗中国汽车企业收购国外豪华汽车企业和品牌案画上了圆满的句号。吉利控股集团在今年3月签署股权收购协议时宣布，同意以18亿美元的价格收购沃尔沃轿车公司，其中2亿美元以票据方式支付，其余以现金方式支付。吉利控股集团为完成收购沃尔沃轿车公司开出了票据并支付了13亿美元现金，收购资金来自吉利控股集团、中资机构以及国际资本市场。这一最终交易价格是根据收购协议针对养老金义务和运营资本等因素做出调整的结果。在新的所有权下，沃尔沃轿车将会保留其瑞典总部以及在瑞典和比利时的生产基地，在董事会授权下，管理层将拥有执行商业计划的自主权。作为交易的组成部分，沃尔沃轿车与福特将继续保持密切的零部件相互供应关系，确保彼此之间继续提供对方需要的零部件。

资料来源：中国吉利集团正式完成对沃尔沃收购（http://news.sohu.com/20100802/n273939415.shtml）。

案例思考题：
吉利汽车为什么要收购沃尔沃？收购后的吉利汽车将会面临哪些风险和机遇？

1. 训练目标

掌握进入国际市场应该考虑的因素和培养选择何种方式进入国际市场的能力。

2. 训练内容与要求

中国玻璃器皿产业发展迅速，一般产品过剩，价格低廉，而部分企业开发的手工玻璃制品精美绝伦，在国外高端市场颇受欢迎，请选择一家玻璃器皿企业，为其进入某具体的国际市场选择恰当的进入方式并作出相应的营销组合策略。

3. 训练成果与检测

组织一场小组讨论会，同学们相互学习。完成一份企业的国际市场开拓计划。

第十五章 市场营销新发展

随着时代的进步,市场营销理论也在不断地丰富。通过本章的学习,了解当今世界市场营销理论界的最新研究动态及最新的市场营销理论。掌握绿色营销、整合营销、关系营销、网络营销、体验营销以及碎片化营销的含义及特点。

第一节　绿　色　营　销

蒙牛全面启用经 FSC 森林认证的新包装

日前,蒙牛集团宣布将全面启用经过 FSC 森林认证包安装,这也带动了国内牛奶包装一场"森林包装风"。

据了解,牛奶包装盒的回收已成为社会关注的一个问题。由于包装盒采用的大部分材料具有极高的再利用价值,将这些包装盒回收再利用已逐渐成风。可是,另一个尚未被重视的问题现在已被业界认同——在生产这些包装盒时,谁能保证它们不是在滥砍滥伐森林过程中产生?由此,我国的诸多企业纷纷开始效行 FSC 森林认证,掀起"森林包装"的绿色风潮。

据悉,这种森林认证由独立的第三方机构公认的原则和标准,对森林经营者进行监督、审核,确保其生产出的木材从原木的运输、加工到流通,整个链条都满足可持续发展要求,有利于保护森林资源不遭受"一次性破坏"的局面。而被保护下来的森林资源则继续为环境提供"固碳""蓄水"等功能,杜绝长期的滥砍滥伐造成的森林资源流失、水土流失、气候异常等结果。而采用 FSC 森林认证新包装材料也对供应商有较高要求,从供应商选材到生产,都将经由第三方机构监督。

其实早在我国举办奥运会前一年,蒙牛集团就曾经实行了铝塑包装盒的回收。环保人士坦言废弃包装的回收系统是最让人头疼的。建有聚乙烯铝塑复合包装材料回收利用技术公司的大中城市回收率不到 20%,普遍困扰这些企业的问题,就是利乐包回收数量的不足;没有建有回收公司的中小城市回收率更低;城乡、农村中的三、四级市场白送给收废品的都不要,马路边、水渠旁随处可见,又不易降解,问题连连。蒙牛的"包装盒换奶回收计划"实行十个或二十个空盒换一盒奶,建立回收系统让经销商一级一级往上交,定期送到邻近有回收设备的城市。蒙牛的这些做法适宜时代环保需求,更能笼络现代人对都市环保的心,从而赢得企业品牌形象,巩固消费者对企业的价值认定。

讨论:

在这个案例中运用了现代营销的哪种理论及做法?这种营销理论和社会责任有关吗?

绿色营销是在绿色消费的驱动下产生的。所谓绿色消费,是指消费者意识到环境恶化已经影响其生活质量及生活方式,要求企业生产、销售对环境影响最小的绿色产品,以减少危害环境的消费。目前,西方发达国家对于绿色产品的需求非常广泛,而发展中国家由于资金和消费导向、消费质量等原因,还无法真正实现对所有消费需求的绿化。绿色需求就是在人类社会更加注重消费质量、环境保护、安全健康及社会可持续发展的情况下应运而生的。企业在制定绿色营销方案时必须认真分析和考证绿色需求,才能为进一步的绿色营销工作的开展打下基础。

一、绿色营销的涵义

广义的绿色营销是指企业在生产经营过程中,将企业自身利益、消费者利益和环境保护利益三者统一起来,以此为中心,对产品和服务进行构思、设计、销售和制造。因此,广义的绿色营销也称为伦理营销。

英国威尔斯大学肯·毕提教授在其所著的《绿色营销:化危机为商机的经营趋势》一书中指出:"绿色营销是一种能辨识、预期及符合消费的社会需求,并且可带来利润及永续经营的管理过程。"绿色营销观念认为,企业在营销活动中,要顺应时代可持续发展战略的要求,注重地球生态环境保护,促进经济与生态环境协调发展,以实现企业利益、消费者利益、社会利益及生态环境利益的协调统一。从这些界定中可知,绿色营销是以满足消费者和经营者的共同利益为目的的社会绿色需求管理,以保护生态环境为宗旨的绿色市场营销模式。

二、绿色营销的特点

(一)综合性特点

绿色营销综合了市场营销、生态营销、社会营销和大市场营销观念的内容。市场营销观念的重点是满足消费的需求,"一切为了顾客"需求是企业制定一切工作的最高准则;生态营销观念要求企业把市场要求和自身资源条件有机结合,发展也要与周围自然的、社会的、经济的环境相协调;社会营销要求企业不仅要根据自身资源条件满足消费者需求,还要符合消费者及整个社会目前需求及长远需要,倡导符合社会长远利益,促进人类社会自身发展。绿色营销观念是多种营销观念的综合,它要求企业在满足顾客需要和保护生态环境的前提下取得利润,把三方利益协调起来,实现可持续发展。

(二)统一性特点

绿色营销强调社会效益与企业经济效益统一在一起。企业在制定产品策略的实施战略决策时,既要考虑到产品的经济效益,同时又必须考虑社会公众的长远利益与身心健康,这样,产品才能在大市场中站住脚。人类要寻求可持续发展,就必须约束自己,尊重自然规律,实现经济、自然环境和生活质量三者之间的相互促进与协调。社会公众绿色意识的觉醒,使他们在购买产品时不仅考虑对自己身心健康的影响,也考虑对地球生态环境的影响,谴责破坏生态环境的企业,拒绝接受有害于环境的产品、服务和消费方式,只有国家、企业和消费者三者同时牢牢树立绿色意识并付诸实施,绿色营销才能蓬勃发展。

(三) 无差别性特点

绿色标准及标志呈现世界无差别性。绿色产品的标准尽管世界各国不尽相同,但都是要求产品质量、产品生产及使用消费及处置等方面符合环境保护要求,对生态环境和人体健康无损害。

(四) 双向性特点

绿色营销不仅要求企业树立绿色观念,生产绿色产品,开发绿色产业,同时也要求广大消费者购买绿色产品,对有害产品进行自觉抵制,树立绿色观念。绿色营销也是降低资源消费,提高经济效益的重要途径。日本推出节省25%燃油,少排80%废气的绿色汽车;美国研制出燃烧效率比现有汽车高3倍的小型汽车,推出装有计算机闲置部件"安眠"的电流控制芯片,推行低辐射的节能电视机……越来越多的事实证明,只有发展清洁技术,生产绿色产品,推进生产全过程控制和预防,才能建立节能、降耗、节水、节地的资源节约型经济,实现生产方式的变革,加速工业、交通及通信业发展模式的全面转换,实现以尽可能小的代价和最少的能源、资源消耗,获得最大的经济发展效益。

国际商会和联合国环境规划署联合在巴黎召开的可持续发展商务宪章委员会提出的第一条基本原则就明确指出,要把可持续发展和保护环境作为企业发展的首要目标,只有"绿色企业"才有竞争力。绿色营销的兴起与发展,进一步培育消费者的环保观念。大量绿色食品的出现,已掀起热爱绿色食品的浪潮,促进了绿色消费意识的形成;可降解餐饮用具的使用,不仅减少了"白色污染",也增强了人们保护环境、防止污染的意识;可回收电池的应用也大大促进了人们节约资源、回收废物的观念……消费者环保观念的进一步培育与加强又直接作用于可持续发展的进程。

三、绿色营销组合策略

(一) 绿色营销计划

实施绿色营销战略是与企业的长期发展规划和战略分不开的。企业对于绿色营销的实施和开展必须要有充足的准备,以便为绿色营销提供必要的条件。这些都要求企业在深入地进行目标市场调查的基础上,将企业产品和品牌进行合理的市场定位,分析潜在市场容量和潜在顾客购买能力,对绿色营销资源有效整合,发挥绿色营销独特的作用,扬长避短,实现绿色营销综合效益最大化。

针对绿色营销的战略意义,要求企业有一个明确的绿色发展计划,作为绿色营销计划的实施基础。其中应该详细表述产品绿色发展周期、绿色品牌实施计划、绿色产品研发计划、绿色营销推广计划、绿色营销服务通道计划、绿色商流物流价值流计划、绿色营销管理方案等。

另外,企业在实施绿色营销前,要对企业实行绿色营销的过程管理、人力资源管理、资金流和价值流的管理。进行系统地计划,确保营销过程中各种资源适时有效地整合,推动整个绿色营销进程的实施,为最终实现各种利益体的共赢打下坚实基础。

(二) 绿色产品和品牌策略

营销理论的发展已经给大家一个共识:营销从采购开始。绿色营销的开端更是要从源头抓起。只有这样,才能保证绿色产品供应链的有效运转,最终实现绿色消费,达到对生态环境保护并减少污染的目的。

首先,绿色产品设计成为重中之重。要求采取绿色营销的企业从材料的选购、产品结构、功能性能、设计理念、制造过程开始层层把关,加强生态、环保、节能、资源利用等方面的控制与遴选,确保绿色消费的达成。除此之外,在产品的包装、运输、储存及使用、废弃物的处理等都要考虑各种有可能受到影响的绿色因素。

其次,绿色产品讲究综合成果。即绿色产品要能够体现健康、安全、环保,体现对社会的一种责任意识,将原本属于社会职能的内容考虑进企业的经营管理当中,并认真负责地承担起解决这些社会问题的义务。

另外,企业只有对外树立起良好而健康的企业形象,才能够真正实现打造绿色品牌的任务。企业在进行品牌战略时,要切实抓紧绿色产品这一载体,赋予绿色品牌更多的内涵,体现绿色经营管理文化,灌输绿色经营管理观念,丰富品牌承载量,扩展品牌深度,从而实现品牌价值最优化、最大化。绿色品牌策略包括如下内容:一是具有高度责任意识的绿色品牌定位;二是精细而健康的绿色品牌维护;三是科学系统的绿色品牌经营管理;四是长期不懈地进行绿色品牌修正。

(三) 绿色产品的价格策略及市场定位

首先,绿色产品具有较高附加值,拥有优良的品质,无论从健康、安全、环保等诸多方面都具有普通产品无法比拟的优势。因此,在其市场定位上应该着眼于较高的消费需求。企业可以根据市场环境因素,对不同市场进行不同的产品定位。研究表明,在欧美发达国家,即使是普通的消费,也都倾向于绿色消费,所以绿色产品已经非常普通,其市场定位当然也较为普通;但在发展中国家,绿色产品的消耗量还很小,对于普通消费者来说还是奢侈品,因此必须要在一个较高基点上进行市场定位。

其次,在价格策略上,绿色产品由于支付了相当昂贵的环保成本,在产品选材及设计上的独特性和高要求,使其具有普通产品无法比拟的高附加值,因此其价格比一般普通产品高是极其正常的,消费者也很愿意接受这样的一种价格。因此,企业在为绿色产品进行定价时,要充分地将环保成本、研发设计成本、其他诸如绿色包装、绿色材料、绿色渠道、绿色服务等成本考虑在内,从而制定出对于企业和消费大众都是比较合理的市场价格。逐步在消费者心目中灌输一种"污染者付费""环境有偿使用"的现代观念。

另外,企业在对绿色产品进行定价时,应该遵循一般产品定价策略。根据市场需求、竞争情况、市场潜力、生产能力和成本、仿制的难易程度等因素综合考虑,切不可盲目完全采取撇脂定价策略,亦不宜完全应用渗透定价策略。注重市场信息收集和分析,分析消费者的绿色消费心理,制定合理可行的绿色价格方案是完全必要的。

(四) 绿色渠道策略

绿色渠道是指生产者通过一定的流通渠道将绿色产品传送到消费者手中的通道。它与非绿色渠道一样,也有长渠道和短渠道、利用中间商和不利用中间商渠道等策略。但与非绿色渠道又不一样,它不仅要求渠道的中间商树立绿色营销观念,同时还要求中间商具备经营绿色产品的条件和能力,包括设备条件、技术条件、商业信誉、资金能力、经营能力等。选择绿色营销渠道的关键有以下几方面:

(1) 选择绿色营销渠道,要注意选择在消费者心中具有良好绿色信誉的代理商、批发商和零售商,以便维护绿色产品的形象。

(2) 选择绿色营销渠道要以回归自然的装饰为标志来设立绿色产品专营机构或专柜，便于消费者识别和购买。

(3) 选择绿色营销渠道要合理设置供应配送中心和简化供应配送系统及环节。

(4) 选择绿色营销渠道要建立全面覆盖的销售网络，不断提高绿色产品的市场占有率。

(5) 在选择经销商时注意该经销商所经营的非绿色商品与绿色商品的相互补充性和非排斥、非竞争性，谋求中间商对绿色产品的忠诚度，进而大力推销绿色商品。

（五）绿色促销策略

绿色促销就是围绕绿色产品而开展的各项促销活动的总称，其核心是通过相关活动，达到树立企业绿色健康形象，丰富企业绿色营销内涵，促进绿色产品推广和消费。这样，企业可以巩固其绿色产品市场地位，开拓绿色市场容量。

企业开展绿色促销要严格与传统促销活动区分开来。绿色促销要重点开展具体的营销和推广活动，将企业的绿色行动付诸实施。企业可以通过一些媒体宣传自己在绿色领域的所作所为，并积极参与各种公益及环保活动，大力提倡绿色环保产品的推广和使用，并带头推动一些有意义的环保事业。

另外，绿色营销本身就是一项具有高度责任感的事业。企业必须时刻以对自然、对他人、对未来、对竞争对手负责的态度，来奉献自己的绿色爱心，提高公众的绿色意识，引导绿色消费需求。

因此，制定绿色促销策略，不但要突出爱心、责任、奉献等人文因素，而且也要具有长期的战略眼光，将企业的长期利益与企业的短期目标结合起来，要有重点、有秩序地层层推进，切不可虚张声势、不讲实际。

（六）绿色服务

随着经济的不断发展，服务已经由原来的营销辅助功能转为创造营销价值的主要营销功能。而针对绿色营销而开展的绿色服务更是必不可少，它将为绿色营销最终价值的实现发挥极其重要的作用。随着近些年企业服务意识和加强，普通产品营销企业在服务上已经开通了具有划时代意义的绿色服务通道，极大地方便了消费者与产品供应者之间的沟通，不但解决了顾客的后顾之忧，也为企业信息的收集和传输建立了渠道。而绿色营销更应该建立绿色服务通道。这一通道的建立将执行如下几项功能：一是传播绿色消费观念，减少绿色消费误区；二是真正从专业化的角度解决消费者在绿色消费中出现的问题，指导消费者进行纯绿色消费；三是实现绿色产品价值再造。通过绿色服务，减少资源浪费、节约物质消耗、减少环保成本、实施资源综合利用，实现绿色产品在绿色服务中价值最大化。

【资料链接】

京东的绿色物流

数据显示，中国电商行业一年消耗掉的快递纸箱超过100亿个，相当于每年要消耗掉数千万棵树，造成大量的废水废气，碳排放量更是高达几百万吨，怎样才能将这份资源充分利用呢？为坚定的贯彻绿色物流理念，京东纸箱回收计划再次升级。京东配送小哥上门送货时，北京、上海、广州、深圳的用户可将自己闲置的纸箱交给配送员，根据纸箱的数量可获得相应的京豆，后续还将覆盖全国更多城市（回收流程见图15.1）。

2015年，京东就已经对胶带进行优化，在不影响快件包装效果和美观度的前提下，将胶带的宽度缩短了15%，这项改进，让京东在2016年少用了1亿米胶带。

以京东的规模和在电商物流方面的影响力而言，其每一次细节上的进步，都意味着成本的大幅度降低和效率的大幅度提升。在未来，随着技术的进步和绿色物流方面的建设，京东将引领行业创新，为电商和物流行业提供新的借鉴。

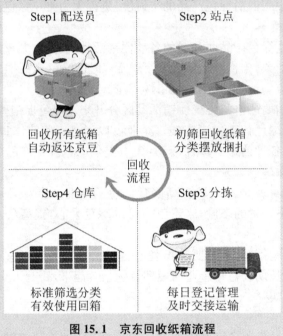

图15.1　京东回收纸箱流程

四、绿色营销管理

企业在对外推行绿色观念的过程中，也要将绿色观念融入企业的生产经营管理活动中。目前，国际比较通行的做法是"5R"原则：

（1）研究（research）。就是把环保纳入企业的管理决策中来，重视对于环保的研究及相关的环境对策。

（2）减消（reduce）。通过采用新技术、新工艺、新材料，减少或消除有害废异物的排放。

（3）再开发（rediscover）。积极进行科研活动，变普通产品为绿色产品，积极创造绿色品牌。

（4）循环（recycle）。对废旧产品进行回收处理，循环利用。

（5）保护（reserver）。积极参与环境整治活动，培养员工环保意识，树立企业绿色形象。

企业通过绿色管理原则，建立绿色发展战略，实施绿色经营管理策略，制订绿色营销方案，才能加快绿色企业文化的形成，推动企业绿色技术、绿色生产，生产出满足公众绿色需求的产品，实现社会和企业经济的可持续发展。

绿色营销观要求企业家要有全局、长远的发展意识。企业在制定企业发展规划和进行生产、营销的决策和管理时，必须时刻注意绿色意识的渗透，从"末端治理"这种被动的、高代价的对付环境问题的途径转向积极的、主动的、精细的环境治理。在可持续发展目标下，调整自身行为，从单纯追求短期最优化目标转向追求长期持续最优化目标，将可持续性目标作为企业的基本目标。

五、发达国家实施绿色营销的经验

(一) 美国实施绿色营销的经验

美国是世界上最早进行绿色营销的国家之一。美国环保工作由环保署主管,各州各社区都设有专门的机构监督管理有关工作,尤其是企业活动。目前,美国国会已经颁布了12项主要的环境法规,其他的环境标准和制度更是多如牛毛,并日益严格。例如大气中的二氧化硫的排放标准已修改过多次,且一次比一次严格,致使一些企业无法在本国生存,只能转产、关闭或转移到其他环境政策宽松的国家。

作为世界上最大的耗能国,美国非常重视节能和新能源的开发。1992年美国通过了新的能源法案,规定禁止近海开采,严格节能措施。同时,投入巨资开发再生能源,预计到2020年,美国所需电力的15%～20%将由再生能源替代,美国计划在建筑屋顶上安装强大的光电池发电系统,以减少建筑物对传统能源的依赖。

美国企业十分重视绿色产品的设计开发,努力实现产品的"绿化",即可回收、易拆卸、部件或整件可翻新或循环利用。目前,美国汽车可回收的部件占车重的75%,大约有1.2万家汽车零部件回收商能把这些零部件加以翻新,重新出售。著名的柯达公司销售前景最好的产品是一种绿色相机,它的机芯和电子部分的回收循环使用的次数多达10次。

美国企业注重将环保与生产过程相结合,从事后治理转变为事先预防和过程治理。改良生产工艺,如钢铁联合会研制的绿色炼钢术,既节能又从根本上减少了污染;化工、轻工、纺织等15个行业企业实行新防治技术,比原来的末端治理技术,每万元环境投资削减污染物的效率提高了三倍。

(二) 日本实施绿色营销的经验

第二次世界大战后,日本经济得到飞速的发展,同时也成了"污染最严重的先进国家"。20世纪60年代后期到70年代前期,日本爆发了产业公害,引发深刻的社会问题。消费者反对公害的运动高涨,包括告发、追究引起污染的企业、修复被破坏了的环境、要求救济受害者等。日本政府开始关注环境问题,1970年召开了"公害国会",制定了《公害对策基本法》修正案等。1971年设立了环境厅,提议管理环境问题,绿色浪潮在日本涌动起来。

日本是世界上资源最匮乏的国家之一,但却是耗能大户,国内所需的能源98%以上依赖进口。因此,日本很早就重视绿色能源的研究和开发。日本的环保科技发展很快,现已成为亚洲规模最大的环保市场。推动市场发展的是现实的和潜在的绿色需求,各种环境法规如污水处理的规定等创造出许多商业机会。同时日本企业纷纷注重自己在消费者心目中的绿色形象,以国际标准如ISO14000严格要求自己。

在绿色营销方面,日本政府实行的环境政策是直接法律限制和经济制约相结合。在直接限制方面,政府通过制约排放量的上限、禁止利用某些物质等,直接监督管理企业的活动。在经济手段方面或根据排放量征收相应的费用,或采取辅助性措施,即对改善环境的设备投资给予低利息贷款、减轻征税和补助资金等。实践证明,过度使用直接限制的措施将束缚企业的经济活动,而且造成更大的成本,唯有将直接限制和经济制约两种手段配合起来使用,才是高效的环境政策。对企业而言,最初的环境代价是重大的,1975年,日本大企业的公害对策费用占了整个设备投资中的18%,金额达1万亿日元之巨。但现在看来这些投入是值得的,日本环境改善成绩显著,企业进入了新的环保产业领域,环境技术有了很大的发展,加强了国际竞争力。

第二节 整合营销

"整合营销"理论产生和流行于20世纪90年代,是由美国西北大学市场营销学教授唐·舒尔茨(Don Schultz)提出的。传媒整合营销作为"整合营销"的分支应用理论,是近年兴起的。简言之,就是从"以传者为中心"到"以受众为中心"的传播模式的战略转移。整合营销倡导更加明确的消费者导向理念。

整合就是把各个独立的营销综合成一个整体,以产生协同效应。这些独立的营销工作包括广告、直接营销、销售促进、人员推销、包装、事件、赞助和客户服务等。整合营销是以消费者为核心重组企业行为和市场行为,综合协调地使用各种形式的传播方式,以统一的目标和统一的传播形象,传递一致的产品信息,实现与消费者的双向沟通,迅速树立产品品牌在消费者心目中的地位,建立产品品牌与消费者长期密切的关系,更有效地达到广告传播和产品行销的目的。

菲利普·科特勒认为,整合营销发生在两个层次:一是不同的营销功能——销售力量、广告、产品管理、市场研究等必须共同工作;二是营销部门必须和企业的其他部门相协调。

营销组合概念强调将市场营销中各种要素组合起来的重要性,营销整合与之一脉相承,但更为强调各种要素之间的关联性,要求它们成为统一的有机体。在此基础上,整合营销更要求各种营销要素的作用力统一方向,以形成合力,共同为企业的营销目标服务。

一、整合营销传播

整合营销传播指将促销和其他营销努力协调起来,以确保顾客获取最大量信息并对顾客施加有力影响。从操作层面看,将广告、公共关系、大型活动、促销、包装设计、企业形象识别系统和直效营销等营销手段进行整合运用,即形成整合营销传播。从观念层面看,整合营销传播的创新在于导入传播概念。整合营销传播的核心是面对市场的"立体传播"和"整合传播"。

整合营销传播的主要目标是给消费者传递一致的信息。由于大多数公司的各种内外部门都策划和执行促销活动,因此消费者很难收到一致的信息。随着信息技术的发展以及顾客兴趣的多样化,具体传播手段的选择和这些传播手段使用的精确度正在发生变化。利用整合营销传播,一家公司能对其促销活动进行管理以传递一致的信息。整合营销传播能促进活动的协调性,并减少在回报较小的促销活动上的投资。因此,整合营销传播不仅能帮助企业与顾客建立长期关系,还促进了促销资源的高效运用。

【资料链接】

唐·舒尔茨与整合营销传播

唐·舒尔茨博士(Don E. Schultz)1934年1月20日出生在美国俄克拉荷马州,世界级营销大师,世界整合营销之父,美国西北大学整合营销传播教授,整合营销传播理论的开创者。Agora咨询集团总裁,TAGETBASE营销公司和TARGETBASE营销协会的高级合伙人,《直效营销》杂志的前任编辑,美国国家广告研究基金会整合营销传播委员会的联合主席,还被直效营销教育基金会推选为第一个"年度直效营销教育家"。唐·舒尔茨具有丰富的世界财富500强企业咨询经历,同时为清华大学EMBA、长江商学院以及英国和澳大利亚多所大学的客座教授。他的著作《整合营销传播》是第一本整合营销传播方面的著述,也是该领域最具权威性的经典著作。书中提出的战略性整合营销传播理论,成为20世纪后半世纪最主要的营销理论之一。为此,舒尔茨博士被全球权威的《销售和营销管理》(Sales and Marketing Management)杂志推举为"20世纪全球80位对销售和营销最有影响力的人物之一",与现代营销学之父菲利普·科特勒、爱德华·戴明、戴尔·卡耐基、亨利·福特、比尔·盖茨和迈克尔·戴尔等著名营销大师和营销天才并列在一起。

二、营销策略组合理论的发展

4P、4C、4R理论,是营销学发展史上的三大经典营销策略组合理论。

(一)4P理论

4P理论是营销学名词美国营销学学者麦卡锡教授在20世纪的60年代提出"产品(product)、价格(price)、渠道(place)、促销(promotion)"四大营销组合策略,是营销策略的基础。

(1)产品的组合(product)。主要包括产品的实体、服务、品牌、包装。它是指企业提供给目标市场的货物、服务的集合,包括产品的效用、质量、外观、式样、品牌、包装和规格,还包括服务和保证等因素。

(2)价格的组合(price)。主要包括基本价格、折扣价格、付款时间、借贷条件等。它是指企业出售产品所追求的经济回报。

(3)渠道组合(place)。地点通常称为分销的组合,它主要包括分销渠道、储存设施、运输设施、存货控制,它代表企业为使其产品进入和达到目标市场所组织、实施的各种活动,包括途径、环节、场所、仓储和运输等。

(4)促销组合(promotion)。促销组合是指企业利用各种信息载体与目标市场进行沟通的传播活动,包括广告、人员推销、营业推广与公共关系等。

以上4P是市场营销过程中可以控制的因素,也是企业进行市场营销活动的主要手段,对它们的具体运用,形成了企业的市场营销战略。

(二)4C理论

虽然4P理论横扫近半个世纪,但到了20世纪90年代,随着消费者个性化日益突出,加之媒体分化,信息过载,传统4P理论渐被4C理论所挑战。

4C理论是由美国营销专家劳特朋教授在1990年提出的,它以消费者需求为导向,重新设定了市场营销组合的四个基本要素:即顾客(consumer)、成本(cost)、便利(convenience)和沟通(communication)。它强调企业首先应该把追求顾客满意放在第一位,其次是努力降低顾客的购买成本,然后要充分注意到顾客购买过程中的便利性,而不是从企业的角度来决定销售渠道策略,最后还应以消费者为中心实施有效的营销沟通。

(1) 顾客。零售企业直接面向顾客,因而更应该考虑顾客的需要和欲望,建立以顾客为中心的零售观念,将"以顾客为中心"作为一条红线,贯穿于市场营销活动的整个过程。零售企业应站在顾客的立场上,帮助顾客组织挑选商品货源;按照顾客的需要及购买行为的要求,组织商品销售;研究顾客的购买行为,更好地满足顾客的需要;更注重对顾客提供优质的服务等。

(2) 成本。顾客在购买某一商品时,除耗费一定的资金外,还要耗费一定的时间、精力和体力,这些构成了顾客总成本。所以,顾客总成本包括货币成本、时间成本、精神成本和体力成本等。由于顾客在购买商品时,总希望把有关成本包括货币、时间、精神和体力等降到最低限度,以使自己得到最大限度满足,因此,零售企业必须考虑顾客为满足需求而愿意支付的"顾客总成本"。努力降低顾客购买的总成本,如降低商品进价成本和市场营销费用从而降低商品价格,以减少顾客的货币成本;努力提高工作效率,尽可能减少顾客的时间支出,节约顾客的购买时间;通过多种渠道向顾客提供详尽的信息、为顾客提供良好的售后服务,减少顾客精神和体力的耗费。

(3) 方便。最大限度地便利消费者,是目前处于过度竞争状况的零售企业应该认真思考的问题。零售企业在选择地理位置时,应考虑地区抉择、区域抉择、地点抉择等因素,尤其应考虑"消费者的易接近性"这一因素,使消费者容易达到商店。即使是远程的消费者,也能通过便利的交通接近商店。同时,在商店的设计和布局上要考虑方便消费者进出、上下,方便消费者参观、浏览、挑选,方便消费者付款结算等。

(4) 沟通。零售企业为了创立竞争优势,必须不断地与消费者沟通。与消费者沟通包括向消费者提供有关商店地点、商品、服务、价格等方面的信息;影响消费者的态度与偏好,说服消费者光顾商店、购买商品;在消费者的心目中树立良好的企业形象。在当今竞争激烈的零售市场环境中,零售企业的管理者应该认识到:与消费者沟通比选择适当的商品、价格、地点、促销更为重要,更有利于企业的长期发展。

(三) 4R 理论

顾客战略为核心的 4C 说,随着时代的发展,也显现了其局限性。当顾客需求与社会原则相冲突时,顾客战略也是不适应的。例如,在倡导节约型社会的背景下,部分顾客的奢侈需求是否要被满足。这不仅是企业营销问题,更成为社会道德范畴问题。同样,建别墅与国家节能省地的战略要求也相背离。于是 2001 年,美国的唐·舒尔茨又提出了关系、反应、关联和报酬的 4R 新说,"侧重于用更有效的方式在企业和客户之间建立起有别于传统的新型关系"。4R 营销理论以关系营销为核心,注重企业和客户关系的长期互动,重在建立顾客忠诚。它既从厂商的利益出发又兼顾消费者的需求,是一个更为实际、有效的营销制胜术。

4R 理论的营销四要素:

(1) 关联。认为企业与顾客是一个命运共同体,建立并发展与顾客之间的长期关系是企业经营的核心理念和最重要的内容。

(2) 反应。在相互影响的市场中,对经营者来说最现实的问题不在于如何控制、制订和实施计划,而在于如何站在顾客的角度及时地倾听商业模式转移成为高度回应需求的商业模式。

(3) 关系。在企业与客户的关系发生了本质性变化的市场环境中，抢占市场的关键已转变为与顾客建立长期而稳固的关系。与此相适应产生了五个转向：从一次性交易转向强调建立长期友好合作关系；从着眼于短期利益转向重视长期利益；从顾客被动适应企业单一销售转向顾客主动参与到生产过程中来；从相互的利益冲突转向共同的和谐发展；从管理营销组合转向管理企业与顾客的互动关系。

(4) 报酬。任何交易与合作关系的巩固和发展，都是经济利益问题。因此，一定的合理回报既是正确处理营销活动中各种矛盾的出发点，也是营销的落脚点。

4R 营销理论的最大特点是以竞争为导向，在新的层次上概括了营销的新框架，根据市场不断成熟和竞争日趋激烈的形势，着眼于企业与顾客的互动与双赢，不仅积极地适应顾客的需求，而且主动地创造需求，运用优化和系统的思想去整合营销，通过关联、关系、反应等形式与客户形成独特的关系，把企业与客户联系在一起，形成竞争优势。其反应机制为互动与双赢，建立关联提供了基础和保证，同时也延伸和升华了便利性。"回报"兼容了成本和双赢两方面的内容，追求回报，企业必然实施低成本战略，充分考虑顾客愿意付出的成本，实现成本的最小化，并在此基础上获得更多的市场份额，形成规模效益。这样，企业为顾客提供价值和追求回报相辅相成，相互促进，客观上达到的是一种双赢的效果。

4P、4C、4R 理论之间是取代的关系吗？

第三节 关系营销

越来越多的企业意识到，寻求与客户建立和维系一种长期的战略伙伴关系是使双方企业获得"双赢"的最大保障，在此基础上，关系营销应运而生。关系营销的概念最早由学者 Berry 于 1983 年提出，他将其界定为"吸引、保持以及加强客户关系"，这一概念的提出促使企业纷纷从简单的交易性营销转向关系营销，即在企业与客户和其他利益相关者之间建立、保持并稳固一种长远的关系，进而实现信息及其他价值的相互交换。1996 年他又进一步把关系营销定义为"通过满足客户的想法和需求进而赢得客户的偏爱和忠诚"。

【资料链接】

冰桶挑战赛

2014 年由美国波士顿学院前棒球选手发起的 ALS 冰桶挑战风靡全球，各界大佬纷纷湿身挑战。

ALS 冰桶挑战赛(ALS Ice Bucket Challenge)简称冰桶挑战赛或冰桶挑战，要求参与者在网络上发布自己被冰水浇遍全身的视频内容，然后该参与者便可以要求其他人来参与这一活动。活动规定，被邀请者要么在 24 小时内接受挑战，要么就选择为对抗"肌肉萎缩性侧索硬化症"捐出 100 美元。

> 该活动旨在是让更多人知道被称为渐冻人的罕见疾病，同时也达到募款帮助治疗的目的。目前"ALS冰桶挑战赛"在全美科技界大佬、职业运动员中风靡。目前已扩散至中国，科技界大佬纷纷响应。
>
> 仅在美国就有170万人参与挑战，250万人捐款，总金额达1.15亿美元，这可能是为某种疾病或紧急情况捐助最多的款项。
>
> 资料来源：https://baike.baidu.com/tashuo/browse/content?id=7225f0f4a76c283da29a7347&fr=qingtian&lemmaId=15389320。

一、关系营销的内涵

关系营销是以系统论为基本思想，将企业置于社会经济大环境中来考察企业的市场营销活动，把营销活动看成是一个企业与消费者、供应商、分销商、竞争者、政府机构及其他公众发生互动作用的过程，其核心是建立和发展与这些公众的良好关系。

关系营销是作为交易营销的对称提出的，提出的原因是单靠交易营销建立的品牌忠诚度不稳，回头客太少；而现实营销中企业的生意不断，有些企业则是一次性交易。究其根源是企业与顾客的关系不同。为了扩大回头客的比例，提出关系营销。关系营销的概念发展到至，已经成为一个营销体系。

二、关系营销的特征

关系营销的实质是在市场营销中与各关系方建立长期稳定的、相互依存的营销关系，以求彼此协调发展，关系营销具有以下几方面的特征：

1. 双向的信息沟通和交流

在营销活动中强调交易双方的信息沟通和交流过程，是关系营销的一个显著特征。在信息的双向沟通和交流中，关系双方能够最大限度地减少信息不完全或信息不对称带给自身及对方的不安全感，利用信息共享增进彼此之间的关系，从而保证关系的长期性和稳定性。现代企业经常借助信息技术和网络技术等高科技手段来实现这种双向的信息沟通和交流。

2. 互助合作的战略协同过程

由于资源具有稀缺性，关系双方可以通过合作来实现优势互补，弥补自身的不足。为了实现共同的目标，关系双方相互配合、联合行动，协同完成某项工作，以达到资源的最优配置。合作是协调关系的最高形态，企业开展关系营销的宗旨从追求每笔交易的利润最大化转向追求各方利益关系的最优化。企业在与关系方交往过程中必须做到相互满足关系方的经济利益，并通过在公平、公正、公开的条件下进行成熟、高质量的产品或价值交换，使关系各方都能得到实惠。

3. 及时的信息反馈

交易各方关系的建立，需要一个反应灵敏的管理信息系统，用以追踪顾客、经销商以及营销系统中其他参与者的态度，由此了解关系的动态变化，及时采取措施消除关系中的不稳定因素和不利于关系各方利益的因素。此外，通过有效的信息反馈，也有利于企业及时改进产品和服务，更好地满足市场的需求。

三、关系营销的实施

1. 组织设计

为了对内协调部门之间、员工之间的关系,对外向公众发布消息、处理意见等,通过有效的关系营销活动,使企业目标能顺利实现,企业必须根据正规性原则、适应性原则、针对性原则、整体性原则、协调性原则和效益性原则建立企业关系管理机构。企业关系管理机构是企业营销部门与其他职能部门之间、企业与外部环境之间联系沟通和协调行动的专门机构,其作用是:收集信息资料,充当企业的耳目;综合评价各职能部门的决策活动,充当企业的决策参谋;协调内部关系,增强企业的凝聚力;向公众输送信息,沟通企业与公众之间的理解和信任。

2. 资源配置

人力资源配置主要是通过部门间的人员转化,以多种方式促进企业内部关系的建立;另一方面,从内部提升经理,可以加强企业观念并使其具有长远眼光。

信息资源共享方式主要是:利用电脑网络、制定政策或提供帮助削减信息超载、建立"知识库"或"回复网络"以及组建"虚拟小组"等,以多种方式分享信息资源。

3. 效率提升

关系各方环境的差异会影响关系的建立以及双方的交流。跨文化间的人们在交流时,必须克服文化所带来的障碍。对于具有不同企业文化的企业来说,文化的整合,对于双方能否真正协调运作有重要的影响。关系营销是在传统营销的基础上,融合多个社会学科的思想而发展起来的。吸收了系统论、协同学、传播学等思想。关系营销学认为,对于一个现代企业来说,除了要处理好企业内部关系,还要有可能与其他企业结成联盟,企业营销过程的核心是建立并发展与消费者、供应商、分销商、竞争者、政府机构以及其他公众的良好关系。无论在哪一个市场上,关系都具有很重要作用,甚至成为企业市场营销活动成败的关键。所以,关系营销日益受到企业的关注和重视。

四、关系营销与交易营销

交易营销是建立在交易基础上的营销活动。交易营销以产品作为中心,采用 4P 营销组合为手段,着眼于单次交易活动收益的最大化。而关系营销则突破了 4P 的框架,把企业的营销活动扩展到一个更广、更深的领域。交易营销的核心是交易,企业通过促使对方发生交易活动从中获利,其视野局限于目标市场上,即着眼于各种顾客群。而关系营销的核心是关系,企业通过建立双方良好的合作关系从中获利。关系营销涉及的范围很广,包括顾客、供应商、分销商、竞争对手、银行、政府及内部员工等。表 15.1 是交易营销与关系营销的区别。

表 15.1 交易营销与关系营销的区别

交易营销	关系营销
强调市场占有率	强调顾客回头率、忠诚度和满意度
着眼于单次交易	着眼于顾客利益
产品特色导向	产品利益导向
追求短期利益	追求长期利益

续表

交易营销	关系营销
较少重视顾客服务	高度重视顾客服务
有限的顾客承诺	高度的顾客承诺
中等的顾客接触	高度的顾客接触
主要关注产品的质量	质量意味着一切
认为没必要了解顾客的文化背景	认为非常有必要了解顾客的文化背景

资料来源：郭国庆.服务营销管理[M].北京：中国人民大学出版社，2005.

第四节 网络营销

20世纪90年代以来，计算机信息产业在全球以前所未有的速度迅猛发展，互联网得到广泛应用，"网络""网络经济""新经济"等词语的使用频率越来越高，网络营销活动已成为社会经济发展中势头最强劲的潮流之一。在网络、科技和全球化迅猛发展的今天，企业要成功实现自己的目标，就必须重视开展网络营销，研究和掌握网络营销的原理、方法、工具和手段。

【资料链接】

互联网+农业：6大政策

从2014年开始，国家就鼓励发展农村电商，颁布多项政策条例扶持农业互联网+政策。互联网进入农村之后，新业态、新参与者都得到长足的发展。尤其是农村电商。数据统计，截止2017年底，电子商务进农村综合示范已累计支持了756个县，目前的农村网络零售额去年底达到了1.25万亿元，农产品电商正迈向3千亿元大关，带动就业人数超过2800万人。以下简单梳理近几年来国家有关互联网+农业的系列政策。

一、国务院出台《关于积极推进"互联网+"行动的指导意见》

2015年提出了关于创业创新和现代农业等在内11项重点行动。《意见》推进"互联网+"电子商务。开展电子商务进农村综合示范，支持新型农业经营主体和农产品、农资批发市场对接电商平台，积极发展以销定产模式。完善农村电子商务配送及综合服务网络，着力解决农副产品标准化、物流标准化、冷链仓储建设等关键问题，发展农产品个性化定制服务。开展生鲜农产品和农业生产资料电子商务试点，促进农业大宗商品电子商务发展。

二、国务院办公厅发布《关于促进农村电子商务加快发展的指导意见》

2015年，该意见提出，到2020年，初步建成统一开放、竞争有序、诚信守法、安全可靠、绿色环保的农村电子商务市场体系，农村电子商务与农村一、二、三产业深度融合，在推动农民创业就业、开拓农村消费市场、带动农村扶贫开发等方面取得明显成效。

三、农业部等八部门联合印发《"互联网+"现代农业三年行动实施方案》

2016年,该《方案》在经营方面,重点推进农业电子商务;在管理方面,重点推进以大数据为核心的数据资源共享开放、支撑决策,着力点在互联网技术运用,全面提升政务信息能力和水平;在服务方面,重点强调以互联网运用推进涉农信息综合服务,加快推进信息进村入户;在农业农村方面,加强新型职业农民培育、新农村建设,大力推动网络、物流等基础设施建设。

四、国务院印发《关于进一步促进农产品加工业发展的意见》

2016年,该《意见》支持农民合作社、种养大户、家庭农场发展加工流通。鼓励企业打造全产业链,让农民分享加工流通增值收益。创新模式和业态,利用信息技术培育现代加工新模式。

五、国务院办公厅印发《关于推进农村一、二、三产业融合发展的指导意见》

2016年,该《意见》指出发展农业新型业态,从三个方面:①"互联网+现代农业":推进现代信息技术应用于农业生产、经营、管理和服务,鼓励对大田种植、畜禽养殖、渔业生产等进行物联网改造。② 大数据、电商:国家要采用大数据、云计算等技术,改进监测统计、分析预警、信息发布等手段,健全农业信息监测预警体系。③ 创意农业:发展农田艺术景观、阳台农艺。

六、《农业农村大数据试点方案》

2016年,开展的大数据试点,建设生猪、柑橘等八类农产品单品种大数据。鼓励基础较好的地方结合自身实际,积极探索发展农业农村大数据的机制和模式,带动不同地区、不同领域大数据发展和应用。

资料来源:戴鑫.新媒体营销:网络营销新视角[M].北京:机械工业出版社,2017.

一、网络营销的概念

网络营销亦称作线上营销或者电子营销,指的是一种利用互联网的营销形式,建立在互联网的基础上,以线上营销为导向,网络为工具,由营销人员利用专业的网络营销工具,面向广大网民开展一系列营销活动的新型营销方式。其主要特点是成本低、效率高、传播广、效果好、及时。

【资料链接】

2018天猫"双十一"成交额2135亿元,再创纪录新高

2018天猫"双十一"全天成交额2135亿元,再创纪录新高,与去年"双十一"的交易额1682亿元相比,增长了26.93%。

物流订单量也首次超过单日10亿大关。10亿物流订单大致相当于全美国20天、英国四个月的包裹量。

订单量提升的同时,物流效率亦随之提高。今年"双十一"开场仅8分钟,第一个包裹即已送达。开场8小时全国263个城市的签收,"分钟级配送"成为今年"双十一"物流的一大亮点。

> 本次天猫"双十一"共有18万个品牌参与。截至24时,共有237个品牌成交额过亿元,远超去年"双十一"全天167家品牌进入"亿元俱乐部"的水平。
> 数据来源:新浪财经(http://finance.sina.com.cn/stock/hkstock/ggscyd/2018-11-12/doc-ihnstwwq8031640.shtml)。

网络营销的理论基础主要是直复营销理论、网络关系营销论、软营销理论和网络整合营销理论。

二、网络营销的主要内容

在Internet上开展营销活动,其基本的营销目的和营销工具与传统的营销活动是大体一致的,但其实施和操作的过程与传统方式有着很大的区别。作为依托网络的新型营销方式,网络营销包含的内容较丰富,主要表现在以下几个方面:

1. 网上市场调查

网上市场调查是指企业利用Internet的交互式信息沟通渠道来实施市场调查活动,调查的内容包括消费者、竞争对手和整个市场情况。可以直接在网上通过发布问卷进行调查,也可以在网上搜集市场调查中需要的各种资料。由于网上市场调查成本低、信息量大,因此可以深入调查了解网上用户群体的需求特征,购买动机和购买行为模式,并且对传统细分目标市场做更加深入的重新细分。网上市场调查的重点是利用网上调查工具,提高调查的效率和调查效果,同时利用有效的工具和手段收集整理资料,在互联网浩瀚的信息库中获取有价值的信息。

2. 网络消费者行为分析

网络消费者是网络社会的一个特殊群体,与传统市场上消费群体的特性是截然不同的。因此要开展有效的网络营销活动必须深入了解网上用户群体的需求特征、购买动机和购买行为模式。互联网作为信息沟通的工具,已渐渐成为许多有相同兴趣和爱好的消费群体聚集、交流的地方,进而形成一个个特征鲜明的虚拟社区,网上消费者行为分析的关键就是了解这些虚拟社区里的消费群体的特征和喜好。

3. 网络营销策略的制定

企业在采取网络营销实现企业的营销目标时,必须制定与企业相适应的营销策略,因为不同的企业在市场中所处的地位是不同的。企业实施网络营销需要进行投入,并且也会有一定的风险,因此企业在制定本企业的网络营销策略时,应该考虑各种因素的影响,例如产品的生命周期对网络营销策略的影响。

4. 网络产品和服务策略

网络作为有效的信息沟通渠道,改变了传统产品的营销策略,特别是营销渠道的选择。在网上进行产品和服务营销时,必须考虑网络特点,重新研究产品的设计、开发、包装和品牌的产品策略,因为有不少传统的优势品牌在网络市场上并不一定是优势品牌。

5. 网络营销的价格策略

作为一种新的信息交流和传播工具,互联网从诞生开始就实行自由、平等和信息基本免费的策略,在网络市场上推出的产品和服务大多也采取免费或者低价的策略。因此,企业在制定网络产品和服务的价格时,必须考虑到互联网的这一特性,选择恰当的定价方法。

6. 网络渠道选择与直销

互联网对企业营销活动影响最大的莫过于企业营销渠道的改变。通过网络营销获得巨大成功的戴尔公司，借助互联网强大的交互性功能开创了网上直销的销售模式，改变了传统营销渠道中的多层次选择、管理与控制的问题，最大限度地降低了营销渠道中的各种费用。但是企业在建设自己的网上直销渠道时必须进行一定的前期投入，同时还要结合网络直销的特点对本企业传统的经营管理模式进行适当的调整。

7. 网络促销与网络广告

互联网具有的双向信息沟通的特点，使交易的双方突破时空限制进行直接交流，操作简单、高效，并且费用低廉。互联网的这一特点使得在网上开展促销活动十分有效。同时，在网上开展的这些促销活动必须遵循一定的网络礼仪，如恰当运用网络的技术性和开放性特点，在保障消费者利益的前提下，发布正确的促销信息，同时积极遵守网络文明公约的各项规定。

网络广告作为在第四类媒体上发布的广告，其交互性和直接性的特点使它具有报纸、杂志、广播、电视等传统媒体发布广告无法比拟的优势。网络广告是进行网络营销最重要的促销工具，是网络营销的最主要内容。

【资料链接】

网络短视频营销

短视频营销生态日趋成熟，短视频不仅成为了移动互联网新一代的影像，竖屏广告也为营销打开了新的一扇门，品牌短视频营销不仅要顺应"竖屏优先"的趋势，还需要通过精巧的创意，不断进行内容创意的延展，谁先抢占了竖屏广告的阵地和短视频的流量入口，谁就能在未来的营销中领先对手。

例如，宝马全新车X3、法国娇韵诗、凯迪拉克ATS-L、OPPO R15等品牌在新产品上市之初，将抖音作为曝光和引流的一个重要平台，展示新产品的独特卖点，迅速占领用户心智；京东618、美团吃货节、天猫购物节、苏宁易购新年活动等电商大促活动，纷纷把抖音短视频作为促销、造势的重要营销平台，为平台实现引流；溜溜梅、必胜客等品牌纷纷通过明星和抖音达人，帮助品牌高效提升内容曝光度，加速完成前期冷启动；Adidas Neo、小米、长隆等纷纷在抖音建立企业号，搭建品牌与用户长效沟通阵地，加深用户对品牌的信赖和好感。每个行业都可以结合自身的产品和品牌特性，在短视频找到与移动互联网用户的对话方式。

资料来源：http://www.360doc.com/content/18/0926/06/256040_789716048.shtml。

8. 网络营销管理与控制

开展网络营销活动，将面临许多传统营销活动无法碰到的新问题，如网络产品的质量保证问题、信息安全问题以及消费者的隐私保护问题等，这些都是网络营销必须重视和进行有效控制的问题，否则企业开展网络营销就会适得其反。

三、网络营销的主要特点

网络营销的主要特点如下：

(1) 时域性。营销的最终目的是占有市场份额，由于互联网能够超越时间约束和空间限制进行信息交换，使得营销脱离时空限制进行交易变成可能，企业有了更多时间和更大的空间进行营销，可每周7天，每天24小时随时随地地提供全球性营销服务。

(2) 富媒体。互联网被设计成可以传输多种媒体的信息，如文字、声音、图像等信息，使得为达成交易进行的信息交换能以多种形式存在和交换，可以充分发挥营销人员的创造性和能动性。

(3) 交互式。互联网通过展示商品图像，商品信息资料库提供有关的查询，来实现供需互动与双向沟通，还可以进行产品测试与消费者满意调查等活动。互联网为产品联合设计、商品信息发布以及各项技术服务提供最佳工具。

(4) 个性化。互联网上的促销是一对一的、理性的、消费者主导的、非强迫性的、针对性的、循序渐进式的，而且是一种低成本与人性化的促销，避免推销员强势推销的干扰，并通过信息提供与交互式交谈，与消费者建立长期良好的关系。

(5) 成长性。互联网使用者数量快速成长并遍及全球，使用者多属年轻、中产阶级、高教育水准，由于这部分群体购买力强而且具有很强市场影响力，因此是一项极具开发潜力的市场渠道。

(6) 整合性。互联网上的营销可由商品信息至收款、售后服务一气呵成，因此也是一种全程的营销渠道。以统一的传播资讯向消费者传达信息，避免不同传播中不一致性产生的消极影响。

(7) 超前性。互联网是一种功能最强大的营销工具，它同时兼具渠道、促销、电子交易、互动顾客服务以及市场信息分析与提供的多种功能。它所具备的一对一营销能力，正是符合定制营销与直复营销的未来趋势。

(8) 高效性。计算机可储存大量的信息供消费者查询，可传送的信息数量与精确度，远超过其他媒体，并能应市场需求，及时更新产品或调整价格，因此能及时有效了解并满足顾客的需求。

(9) 经济性。通过互联网进行信息交换，代替以前的实物交换，一方面可以减少印刷与邮递成本，可以无店面销售，免交租金，节约水电与人工成本，另一方面可以减少由于迂回多次交换带来的损耗。

(10) 技术性。网络营销大部分是通过网上工作者，通过他们的一系列宣传、推广，这其中的技术含量相对较低，对于客户来说是小成本大产出的经营活动。

四、网络营销的优势

由于网络营销擅长从长远的观点来考虑如何有效地战胜竞争对手，且注重市场调查，收集并分析大量的信息，积极推行革新，因此网络营销具备下列优势：

(1) 网络媒介具有传播范围广、速度快、无时间地域限制、无时间约束、内容详尽、多媒体传送、形象生动、双向交流、反馈迅速等特点，可以有效降低企业营销信息传播的成本。

(2) 网络销售无店面租金成本，且实现产品直销功能，能帮助企业减轻库存压力，降低运营成本。

（3）国际互联网覆盖全球市场。企业可方便快捷地进入任何一国市场。尤其是世贸组织第二次部长会议决定在下次部长会议之前不对网络贸易征收关税,网络营销更为企业架起了一座通向国际市场的绿色通道。

（4）网络营销具有交互性和纵深性。它不同于传统媒体的信息单向传播,而是信息互动传播。通过链接,用户只需简单地点击鼠标,就可以从厂商的相关站点中得到更多、更详尽的信息。另外,用户可以通过广告位直接填写并提交在线表单信息,厂商可以随时得到宝贵的用户反馈信息,进一步减少了用户和企业、品牌之间的距离。同时,网络营销可以提供进一步的产品查询需求。

（5）成本低、速度快、更改灵活。网络营销制作周期短,即使在较短的周期进行投放,也可以根据客户的需求很快完成制作,而传统广告制作成本高,投放周期固定。

（6）多维营销。纸质媒体是二维的,而网络营销则是多维的,它能将文字、图像和声音有机地组合在一起,传递多感官的信息,让顾客如身临其境般感受商品或服务。网络营销的载体基本上是多媒体、超文本格式文件,广告受众可以对其感兴趣的产品信息进行更详细的了解,使消费者能亲身体验产品、服务与品牌。

（7）更具有针对性。通过提供众多的免费服务,网站一般都能建立完整的用户数据库,包括用户的地域分布、年龄、性别、收入、职业、婚姻状况、爱好等。

（8）有可重复性和可检索性。网络营销可以将文字、声音、画面完美地结合之后供用户主动检索,重复观看。而与之相比电视广告却是让广告受众被动地接受广告内容。

（9）受众关注度高。据资料显示,电视并不能集中人的注意力,电视观众40%的人同时在阅读,21%的人同时在做家务,13%的人在吃喝,12%的人在玩赏它物,10%在烹饪,9%在写作,8%在打电话。而网上用户55%在使用计算机时不做任何其他事情,只有6%同时在打电话,5%同时在吃喝,4%同时在写作等。

五、网络营销与电子商务的区别

首先,网络营销与电子商务研究的范围不同。电子商务的内涵很广,核心是电子化交易,而网络营销注重的是以互联网为主要手段的营销活动。网络营销和电子商务的这种关系也表明,发生在电子交易过程中的网上支付和交易之后的商品配送等问题并不是网络营销所能包含的内容,同样,电子商务体系中涉及的安全、法律等问题也不适合全部包括在网络营销中。

其次,网络营销与电子商务的关注重点不同。网络营销的重点在交易前阶段的宣传和推广,电子商务的标志之一则是实现了电子化交易。网络营销作为电子商务中的一个重要环节,尤其在交易发生之前,发挥着主要的信息传递作用。从这种意义上说,电子商务可以被看作是网络营销的高级阶段,一个企业在没有完全开展电子商务之前,同样可以开展不同层次的网络营销活动。所以说,电子商务与网络营销实际上又是密切联系的,网络营销是电子商务的组成部分,实现电子商务一定是以开展网络营销为前提的。

第五节 体 验 营 销

1998年美国人派恩和吉尔摩在《哈佛商业评论》上发表的《欢迎体验经济到来》一文中,首次提出了体验营销的概念。此后体验营销开始引起人们的关注并迅速传播开来。现如今越来越多的企业开始使用体验营销来吸引消费者。首当其冲的当然是乔布斯和它的苹果帝国。全球240余家体验店的规模,不断增长的营业额,以及最明显的——每每推出新产品时苹果体验店前彻夜排起的长龙,足以彰显其体验营销界先驱及第一的身份;此外宝马的全球总部,30年前就已经将品牌博物馆及全球营销中心合二为一;香奈儿巴黎芳登广场,将品牌文化展示和品牌会所、品牌管理总部融汇一处;路易威登巴黎香榭丽舍大道总店,将品牌文化馆、品牌营销、品牌管理总部集中一体。还有戴尔、索尼、耐克等各自行业内的龙头老大,不约而同地选择了体验营销来开疆扩土。

一、体验营销的概念

体验营销是指企业根据消费者情感需求的特点,结合产品和服务的属性(卖点),策划有特定氛围的营销活动,让消费者参与并获得美好而深刻的体验,满足其情感需求,从而扩大产品和服务的一种新型营销活动。

企业通过采用让目标顾客观摩、聆听、尝试、试用等方式,使其亲身体验企业提供的产品或服务,让顾客实际感知产品或服务的品质或性能,从而促使顾客认知、喜好并购买的体验营销方式。体验营销以满足消费者的体验需求为目标,以服务产品为平台,以有形产品为载体,生产、经营高质量产品,拉近企业和消费者之间的距离。

二、体验营销的性质

体验营销的实质是文化营销。体验营销是人们由物质及生理需求向精神文化需求发展的产物。随着社会经济的发展和消费水平的提高,消费者在物质及生理需求得到满足的基础上,越来越追求精神文化的满足。他们在作出购买决策时,不仅要考虑产品和服务带来的功能上的利益,更加重视购买和消费过程中获得的符合自己的情感需求和情趣偏好的特别感受,即体验。因此消费者在选择商品时,看重的是商品的文化内涵和风格属性,以表现自己的个性风格和文化品位。

【资料链接】

"小米体验店"与"小米之家"

小米的"掌门人"雷军曾多次说,新零售就是指通过线上线下互动融合的运营方式,将电商的经验和优势发挥到实体零售中。让消费者既能得到线下看得见摸得着的体验优势,又能享受电商一样的价格。

小米之家是小米公司成立的直营客户服务中心,为广大米粉提供小米手机及其配件自提、小米手机的技术支持等服务,是小米粉丝的交流场所。小米之家已与2011年11月底完成开放,目前遍布全国多个城市。

小米首家 4S 授权体验店于 2018 年 5 月在南京市江北新区美利广场一楼开业。这种新零售模式的体验店不仅提供产品销售，还提供了智能配件、优质服务、信息分享，更是一家集展示体验、销售、服务、送货、安装、仓储于一体的新零售门店。4S 授权体验店和之前已经有的多家小米之家具体有哪些不同呢？以南京俱群店为例，它不仅有销售功能，还提供售前售后一站式服务，还支持线上购物的大家电送货上门、安装一站式服务，解决最后一公里的痛点。另外，还提供多项增值服务如免费开机调试、免费检测水质、免费检测空气质量等服务，和用户交朋友，提升品牌形象。此外，4S 授权体验店还支持小米分期以及闪回收服务，可以说这种销售模式的出现，是小米新零售布局的再升级，是为了满足用户购物时对服务的需求而升级的一种新模式。这种新模式即方便了客人，也避免资源多次流转造成的效率损失。紧贴成本定价，把实惠留给用户。而薄利多销和多元化增值业务，也为合作伙伴带来可观的收益。

资料来源：http://baijiahao.baidu.com/s?id=15996209712178659684&wfr=spider&for=pc。

三、体验营销的特点

体验营销的特点如下：

(1) 参与性。在传统营销中，消费者是企业营销活动的"观众"。而在体验营销中，消费者则"反客为主"，成为尽情表演的"演员"。体验是消费者直接参与企业营销活动而产生的切身感受，因此参与是体验的前提。在体验营销中，消费者是价值的创造主体。只有消费者主动参与企业的营销活动，才能获得美好的体验而向企业让渡价值。让渡价值等于顾客总价值与顾客总成本之差，在顾客总成本不变的条件下，让渡价值的大小决定于顾客的总价值。消费者获得的体验价值高，就愿意为企业多付费，让渡价值就大。

(2) 互动性。在传统营销条件下，企业总是处于主导地位，通过诱导、调控等手段来操纵消费者，使其纳入预先设定的"轨道"，以实现盈利的目标，消费者处于被动、受支配的地位。这是一种单向的使动关系。而在体验营销中，企业与消费者之间，通过信息和情感交流，达到行为的相互配合、相互促进，形成良性的双向互动关系。体验是看不见、摸不着的东西，消费者对企业提供的体验的评价、意见和建议，企业很难了解和掌握，所以加强企业与消费者的沟通就显得十分重要。在当今买方市场条件下消费者处于市场的主导地位，不再受企业的支配，因此企业必须建立与消费者的互动关系，促进两者的相互理解、相互支持，共同发展。

(3) 情感性。在传统营销过程中，企业与消费者之间是一种商品买卖关系，"一手交钱，一手交货""人一走，茶就凉"根本谈不上什么情感性。而体验营销十分重视对消费者的情感投入，通过情感交流，增进彼此情谊，满足消费者的情感需求，这是体验营销的显著特点。随着消费者收入水平的提高，他们在注重产品质量的同时，更加注重情感的愉悦和满足。体验营销正是适应消费者的这种需求趋势而诞生的。因此体验营销的直接目的是满足消费者的情感需求。情感体验是消费者体验的核心，体验营销不应只是浅层次的感官体验，而应深入到情感体验的层面，使消费者由情感认同达到对产品和服务的认同，从而扩大销售。

(4) 个性化。在传统营销中，企业要满足的是广大消费者的标准化需求（即基本生活需求），于是向消费者提供大批量的标准化产品，没有什么个性化可言。而体验营销特别强调个性化,以各具特色的产品来满足消费者的个性化需求。体验是顾客对某些刺激(如市场营销措施)产生的内在反应。这种内在反应是顾客的个别化感受,任何两个人对同一刺激所产生的体验不尽相同。社会经济的发展和买方市场的出现,使消费者处于市场的主导地位。消费者拥有选择商品和服务的主动权,愿意选择能展现自己个性风格的产品和服务。

【资料链接】

别克——体验营销

别克,作为车企中营销玩得最溜的,尝鲜各种新鲜的营销方式早已经成为它的习惯。如今,它更是将上市新车与沉浸体验式营销相结合,直接跨界建起了房子。

2017年5月,别克为消费者建造了一个别克VELITE 5"美好屋托邦"的时尚快闪品牌概念屋,目的则是更好地向消费者诠释"从好到美好"的生活理念。它采用了轻量化、可回收的环保绿色建材搭建房屋,加上太阳能光伏板供电和房屋雨水收集系统循环生活用水,实现能源的科学管理和可循环利用。同时,它还有着高度的智能化,住客可以体验语音控制屋内的灯具、窗帘和音响等,并通过APP手机远程控制和调整房屋的状态。以坐落在杭州西山龙坞茶村的别克VELITE 5"美好屋托邦"为例,整栋房屋以竹和茶为设计灵感,外立面采用木色格栅设计,使其与周围的自然美景融为一体,同时这样的设计还有着调节空气流向、增强散热、降低能耗的作用,让整个屋子更加和谐与环保。另外,屋子的功能做了明确的区分,一层是冥想空间区,二层设客厅、卧室、厨房、餐厅和车库,采用自然采光,视野开阔,拉开窗帘即可欣赏绵延苍翠的远山和清新怡人的大片茶园。并且在房屋周围,还有许多菜园,可以实现真正的绿色自给自足的生活。

设想一下,身为住客的你远远观看自己的房屋,都是一种美的享受。它与周围环境融为一天,没有任何的突兀。环保材料的应用,也让它对绿色环境几乎没有污染。住进其中,感受着充满现代感的淡雅。早起的你,只需发布一个声音指令"VELITE,打开窗帘","VELITE,播放音乐",屋内的智能管家就会听从你的指令进行这一些动作。听着音乐,欣赏着满眼的绿色,这难道不是人们曾幻想的生活吗?

当然,你更可以驾驶早已停在车库中的别克VELITE 5增程型混合动力车型穿梭于房屋、茶园和城市之间,116公里的纯电动行驶,足以保证它对周围环境的零污染,而安静行驶的它,更不会打破这里的宁静。

别克通过对人们未来美好生活的展望,吸引更多人的关注和参与。并且通过对美好生活的高品质呈现,让每一个住客都感觉到别克VELITE 5"美好屋托邦"的美好。从自给自足的绿色食品,到环保节能的居住环境,再到高度智能化的家居设施,以及零污染、零排放的出行工具别克VELITE 5,这一切似乎都是他们最好的选择。

沉浸体验式营销的精髓,那就是营造消费者所需要的环境,让他们沉浸其中,感受到产品的价值。这就如同,别克VELITE 5"美好屋托邦"一般,将车辆完美的融入到生活当中,通过刺激消费者对美好的生活的向往,让他们自己来发现别克VELITE 5。

资料来源:https://www.sohu.com/a/199433889_298418。

四、体验营销的策略

体验营销是适应消费者由物质及生理需求向精神文化需求转变的产物,因而具有与传统营销明显不同的特点。这些特点既是体验营销的特色,又是体验营销的优势。根据体验营销的特点来制定营销策略,不仅可以突出体验营销的特色,更能充分发挥其优势,取得良好的营销效果。体验营销的主要策略有参与式策略、互动式策略和情感式策略等。

(1) 参与式策略。这是企业精心设计与产品、服务"卖点"密切相关的营销氛围与活动,让消费者积极参与并获得美好而深刻的体验,从而促进产品和服务销售的营销策略。实施参与式策略,首先要做到使消费者能来参与。企业策划的体验营销活动要具有新、奇、特、美等特点,能吸引消费者的眼球,或是采用某些激励措施,激发消费者参与活动的积极性。其次是主动参与。在体验营销活动中,企业的角色是"编剧"和"搭舞台",消费者的角色是"演员",而联系企业与消费者的利益纽带是体验。因此,要设法让消费者主动参与,尽情表演。再次是全程参与,要让消费者在消费前、消费中和消费后的全过程参与,以获得消费过程各环节的不同体验。

(2) 互动式策略。互动式策略指通过加强企业与消费者之间的信息和情感交流,增进相互理解和信任,形成相互配合、相互促进、共同发展的良性互动,使消费者获得越来越完美的体验而扩大销售的营销策略。采用互动式策略,要注意以下几点:一是信息的互动。企业与消费者之间要进行信息交流,一方面企业要把体验营销活动的有关信息及时准确地传输给消费者,另一方面消费者也要把对体验营销活动的评价、意见、建议等信息及时反馈给企业,促进相互了解。二是情感互动。企业与消费者之间要加强情感交流,使互动由信息层次深入到情感层次,增进彼此情谊,满足消费者的情感需求,促进相互理解和信任。三是行为互动。企业与消费者之间由情感互动深化为行为互动。企业和消费者都根据所反馈的信息,调整各自的行动计划,采用相互合作、相互支持的行为,促进双方共同发展。

(3) 情感式策略。情感式策略指企业根据消费者情感需求的特点和变化趋势,策划充满浓浓人情味的体验营销氛围与活动,激发消费者产生积极的情感,推动产品、服务销售的营销策略。采用情感式策略,一要有热情。企业的营销人员要满腔热情地接待消费者,为他们提供热情礼貌和周到的服务,吸引他们积极主动地参与活动。二要有真情。企业营销人员要真心诚意地对待消费者,讲求经营信誉,作出的许诺一定要兑现,传播真实信息,绝不能弄虚作假。三要有深情。企业营销人员对消费者的情感表达,要发自肺腑和心灵深处,才能与消费者产生心灵上的共鸣。

第六节 碎片化营销

在传统媒体时代,人们获取信息的渠道比较单一,即便是看电视,全国的观众也经常在同一时间关注同一档节目,因此零售商更多注重广告的投入,获得良好的广告传播效应,提升品牌的知名度与影响力,引导消费者购买商品。而现在,随着互联网、移动互联网的发展以及新一代信息技术的推广应用,人类社会发生了巨大变革,人们获取信息的渠道多元化,搜索、处理信息的能力不断提升,传统广告的作用逐渐弱化。同时,产能过剩、产品同质化现象严重,企业不要不断对产品进行创新,才能提升产品的竞争力。传统的市场结构、消费理念、营销逻辑被颠覆,内容、受众、媒体呈现出显著的碎片化特征。自媒体相继崛起,人人都能发布内容,分享自己的生活,大众拥有了信息传播权,开始对消费者的购买决策产生影响。同时,随着众多新媒体的崛起,用户获取信息的渠道逐渐增多,人们个性化、多样化的信息需求得以满足,注意力被分散,单一媒体、单一营销内容、单一营销策略对消费者的影响力逐渐下降,企业营销活动的开展遇到了障碍。

为了适应碎片化时代给企业营销活动带来的种种影响,更好地经营消费者的注意力,企业必须转变自己的品牌营销策略。

一、碎片化及碎片化营销

著名的未来学家阿尔温·托夫勒(Alvin Toffler)及夫人在共同创作的《第三次浪潮》一书中,对碎片化时代进行了详细分析。书中指出:我们如今正处于一个碎片化的时代,信息、媒体、时间、传播手段及受众群体都在变得碎片化,而且智能手机及移动互联网的快速推广、普及,使得碎片化程度日益加深。碎片化作为移动互联网时代的一大主要特征,将对人们生活及工作的方方面面产生深远影响。碎片化时代也是一个去中心化的时代,传统的市场结构、营销逻辑、消费理念、消费价值观等被彻底颠覆,人们根据自身的兴趣爱好、职业、价值诉求等聚集在线上社群中。微信、微博、陌陌等社交媒体的出现,使这种趋势进一步凸显。

从营销角度来看,碎片化使消费者的购物习惯、需求心理、信息获取方式等都产生了变化,传统的营销方式不仅成本越来越高,而且很难将营销内容高效精准地推送至目标群体。与此同时,由于各行业的精细化发展,再加上人们的精力有限,导致人们仅关注少数几个领域,企业想要通过单一的营销内容及营销策略网罗海量消费者变得愈发困难。营销中硬性广告的效果越来越差,软性广告更容易被消费者接受。消费者的行为和喜好也趋于碎片化,信息传播方式及媒介的变革,使人们在互联网中找到了符合自己的兴趣爱好、价值追求、生活理念等特征的各种垂直社群。在社群文化的影响下,不同社群的人们培养出了差异化的消费习惯,从而使市场愈发碎片化。从企业角度上看,生产单一的产品或者采用同一种营销模式,已经很难有效满足消费者的个性化需求。移动互联网的推广和普及,使得消费者从PC端向移动端转移,有限的屏幕展示空间对企业营销提出了极大的挑战,再加上人们对广告内容的抵触心理,如何在碎片化时代实现高效低成本的企业营销,成为广大营销从业者亟须解决的重点问题。

碎片化营销是尽可能地充分展示产品在各个维度上的优势,实现系统的碎片化传播,在价格、渠道、营销场景等诸多维度上进行的营销活动。

【资料链接】

碎片化时代,大咖告诉你如何玩转营销

AI、AR、VR、H5、直播、区块链、新零售……新概念、新名词层出不穷,如何利用智慧"赢"销之道,发现传播新机会、创造营销新价值已经成为品牌们必须思考的问题。2018年5月24日,由《广告主》杂志主办的主题为"智赢2018"的第十届中国广告主峰会暨金远奖颁奖盛典在北京圆满落幕。御芝林药业董事长助理、品牌媒介总监李冬玲在会议中谈到:御芝林药业在医药行业中是一个新兴的企业,但也刚刚度过了12周岁生日。前十

年主要把精力放在产品打造上,自主研发的产品有58个,其中有18个获得国家专利。在营销上更关注的是消费者。通过数据挖掘消费者的需求,把产品做好。值得一提的是御芝林药业现在拥有30多万级别的重度消费的人群数据。从消费者到产品,再到消费者,由此形成一个完善的闭环。御芝林药业前十年一直在埋头做产品、做研发,而这几年则在做品牌上发力,但在做品牌的同时,不能浮到天上而是要脚踏实地,做扎实,向消费者传递"诚信"二字,并以实际行动践行"御芝林,志百年,所出精品,皆可试用,绝不欺瞒"的品牌理念。在当下的碎片化时代,作为营销人我们更多的还要聚焦,找准一个引爆点后并深挖,和消费者去做及时互动,做深,做彻底。

资料来源:http://www.sohu.com/a/233544990_117712。

二、碎片化营销的主要特征

碎片化营销的主要特征如下:

(1) 营销的本质没有改变。营销的本质是为客户创造价值,满足客户需求,在为客户创造价值的基础上,同时企业创造利润。在碎片化时代,营销的本质没有发生变化,仍属于认知战。但是,在互联网与其他新技术的共同作用下,那些可控的、单向的信息沟通方式发生了很大的变化。在营销活动中,企业的控制力正在逐渐减弱,消费者的主导权正在不断增强,企业与消费者之间的沟通模式应从"消费者请注意"转向"请消费者注意",应从资讯影响转向人的营销。

(2) 聚众需求仍隐藏在细分市场与碎片化的背后。如果传播者能精确把握碎片化时代的特征,就一定能看到碎片化时代所隐藏的真正社会内涵,即"分众"背后所隐藏的"聚众"需求。其中,"分"指的是从规模庞大的社会群体中划分出具有鲜明个性特征的小族群;"聚"指的是借用某种手段将价值追求、文化特征、生活模式相近的个体聚合到一起。企业只要在破碎的背后找到隐藏的集中,截住变革营销方式的方法构建长尾效应,积少成多,就能在避免与大企业发生冲突的情况下冲出红海,开辟蓝海市场。

(3) 以"微创新"推动营销变革。一方面,企业必须打破"唯技术至上"的竞争思维,从小处着眼,重视每一个消费者微笑的需求;另一方面,在碎片化时代,消费者的行为与产品的口碑非常透明,市场参与者能更加准确地对用户行为进行定位,能更精准地开展市场营销活动,创新用户体验。

三、碎片化营销策略

碎片化营销策略如下:

(1) 精准营销:瞄准并直达目标客户。精准营销强调让营销方式与目标消费者更精准地接触,从而产生价值。在不断进步的信息技术的作用下,潜在的目标受众群与定向传播手段实现了统一。企业在运营的过程中,要想解决融资难和成本上升两大困难,关键要找准市场与客户。企业要学会利用各种创新工具与平台,然后以精准的市场细分与消费者需求定位为基础,找到自己的目标受众群,与目标用户进行有效接触,将针对细分客户群的营销价值重新聚合在一起。

(2) 互动营销:强调消费者的深度参与。在新兴数字媒介兴起的背景下,社会大众也能较容易地参与社会传播,自由表达自己的诉求。因此,营销过程必须是一个交互的过程,在新型营销工具的支持下与目标消费者进行沟通,让他们对无形产品的需求得到极大满足,共同创造出能给双方带来利益的产品,引导消费者融入企业的价值链。互动营销不只是一种传播活动,还是品牌传播、销售渠道、市场活动的结合体,强调消费者参与产品的设计。因此,企业在开展营销活动过程中要及时发现传播规律的变化,摆脱传统的静态营销方式,掌握互动工具平台的使用方法,借此形成消费者与产品的一体化关系。

(3) 口碑营销:产生裂变式传播效应。口碑营销与注意力营销正日渐成为营销重点。消费者口碑是在消费者人际关系的基础上形成的一种传播,相较于企业与消费者直接沟通来说,这种沟通方式更可信,也更容易成功,消费者口碑甚至能对品牌命运产生直接的影响。所以,企业必须学会如何形成良好的消费者口碑,利用合适的社会化媒体制造话题、参与话题、引导话题,利用消费者为企业和品牌进行免费宣传,在降低成本、提高效率的同时让口碑营销的效果达到最佳。口碑营销的前提是企业产品必须优质、话题必须具有吸引力,只有这样才能吸引更多消费者对其进行宣传,才能形成裂变式传播效应。

【资料链接】

小米Max:创新直播玩法,吸引用户关注

随着移动互联网的高速发展以及形成了庞大的移动用户规模,网络直播作为新兴的社交方式已引发新一轮媒介革命,迅速成为新媒体营销的新阵地。许多品牌商家也在重构营销策略,"无直播不营销"成为了时下最新的品牌营销口号。

"小米Max超耐久直播"是小米Max系列专属原创的直播体验活动。小米Max的新品直播选择了在B站宣传,这是一场针对二次元用户的直播营销,期间将以"小米Max超长持久"的续航能力为主题,24小时连续不间断直播。直播间不断邀请到各路二次元达人做客聊天,并设置了抽奖活动。直播共有超过1800万人围观,送出将近700台小米Max手机,每天吸引200多万UV参与,在日常流量较高的时段,同时在线人数通常都在10万以上,即使在深夜一两点,也有1万多人在线。

在随后的小米Max 2产品发布之际,小米借助直播展示其产品31天耐久续航的奇迹,8500万人次围观直播,尬聊弹幕超4亿条,再创新纪录!

直播的过程中,小米Max 2始终在镜头前,全程接受用户围观检验。最终,小米Max 2超大电量、超强续航力把这场直播带到了出乎所有人意料的31天。不仅仅是插卡待机续航,直播过程中,小米Max 2还接受了一系列最常见的应用场景下的严苛挑战:在开弹幕、满亮度、全音量外放声音的情况下,在线观看B站视频可超过10小时;全程不插电亮屏开语音的情况下,京沪纵贯1300公里导航19小时还剩余14%电量;全程高亮度全音量外放的情况下,不间断冲段《王者荣耀》可超过10小时。

资料来源:http://bbs.xiaomi.cn/t-13581517。

本章小结

进入21世纪以后,全球的营销学者对新经济时代市场营销的新领域与新概念进行了努

力的探索与研究。本章选择了绿色营销、整合营销、关系营销、网络营销、体验营销、碎片化营销几种新营销理论,分别从内涵、特点、作用、内容、策略等不同方面做了简要介绍。

绿色营销是以满足消费者和经营者的共同利益为目的的社会绿色需求管理,以保护生态环境为宗旨的绿色市场营销模式。

整合营销是以消费者为核心重组企业行为和市场行为,综合协调地使用各种形式的传播方式,以统一的目标和统一的传播形象,传递一致的产品信息,实现与消费者的双向沟通,迅速树立产品品牌在消费者心目中的地位,建立产品品牌与消费者长期密切的关系,更有效地达到广告传播和产品行销的目的。

关系营销是指从系统、整体的观点出发,对企业生产经营活动中涉及的各关系加以整合、利用,来构建一个和谐的关系网,并以此为基础展开的营销活动。

体验营销是指企业根据消费者情感需求的特点,结合产品和服务的属性(卖点),策划有特定氛围的营销活动,让消费者参与并获得美好而深刻的体验,满足其情感需求,从而扩大产品和服务的一种新型营销活动。

碎片化营销是尽可能地充分展示产品在各个维度上的优势,实现系统的碎片化传播,在价格、渠道、营销场景等诸多维度上进行的营销活动。

练 习 题

一、名词解释

1. 整合营销传播;
2. 绿色营销观念;
3. 4P理论;
4. 关系营销;
5. 网上市场调查;
6. 碎片化营销。

二、单项选择题

1. 从关系营销的角度,市场应定义为( )。
   A. 市场是利益攸关者的集合　　　B. 市场是卖方、买方、竞争者的集合
   C. 市场是某种商品的购买者集合　D. 市场是商品交换的场所
2. 不同于碎片化营销的观念,传统的推销观念的是( )。
   A. 我能生产什么,就卖什么　　　B. 我生产什么,就买什么
   C. 我卖什么,就设法让人买什么　D. 顾客需要什么,我就生产什么
3. 为了适应社会对于环境保护的要求,许多企业主动采取绿色包装以降低白色污染。这种做法反映了企业的( )。
   A. 绿色营销观念　　　　　　　　B. 销售观念
   C. 市场观念　　　　　　　　　　D. 生产观念
4. 关系营销的核心概念是建立( )的长期关系。
   A. 企业与顾客　　　　　　　　　B. 企业与供应商
   C. 企业与分销商　　　　　　　　D. 企业与经销商

5. 碎片化营销必须要考虑的人的购买动机是（　　）。
   A. 欲望　　　　　B. 需要　　　　　C. 需求　　　　　D. 企图
6. 许多冰箱生产厂家近年来高举"环保""健康"旗帜,纷纷推出无氟冰箱。它们所奉行的市场营销管理哲学是（　　）。
   A. 推销观念　　　B. 生产观念　　　C. 市场营销观念　　　D. 绿色市场营销观念
7. 下列关于关系营销的说法错误的是（　　）。
   A. 关系营销的中心是保持顾客忠诚度
   B. 传统营销主要使用大众传播,而关系营销的着重点是人际传播
   C. 对重复购买提供折扣属于一级关系营销
   D. 建立顾客联络组织是三级关系营销的主要形式
8. 网络营销概念的提出是在（　　）。
   A. 20世纪60年代　　　　　B. 20世纪70年代
   C. 20世纪80年代　　　　　D. 20世纪90年代
9. 下列选项中不属于网络社会消费者心理特点的是（　　）。
   A. 个性化消费的回归　　　　B. 消费主动性降低
   C. 购物的方便性和趣味性的追求　　D. 价格是影响消费心理的重要因素
10. 下列选项中对网络营销的发展趋势表述错误的是（　　）。
    A. 网络媒体和网络技术将更有利于产品的销售
    B. 营销决策趋于非理性化
    C. 网上的电子商场和网店将兴旺发达
    D. 网络广告将大有作为
11. 关系营销的核心是（　　）。
    A. 保持与供应商的关系　　　　B. 保持与竞争者的关系
    C. 保持顾客　　　　　　　　　D. 保持与媒体的关系
12. 能产生裂变式传播效应的是（　　）。
    A. 碎片化营销　　B. 绿色营销　　C. 口碑营销　　D. 整合营销
13. 下列描述网络广告特点错误的是（　　）。
    A. 交互性强　　　B. 感官性强　　C. 信息容量大　　D. 受众没有针对性
14. 网上商店能每天24小时,每周7天随时随地地提供全球性营销服务,这是由于网络营销具有（　　）特点。
    A. 超前性　　　　B. 拟人性　　　C. 跨时空性　　　D. 整合性
15. 关于网络营销和传统营销的说法准确的是（　　）。
    A. 网络营销暂时还是一种不可实现的营销方式
    B. 网络营销不可能冲击传统营销方式
    C. 网络营销最终将和传统营销相结合
    D. 网络营销将完全取代传统营销的一切方式

三、简答题

1. 关系营销的特征有哪些?
2. 关系营销与交易营销有什么不同?
3. 碎片化营销的主要特征有哪些?

4. 简述体验营销的策略。
5. 网络营销与电子商务有何区别?

四、论述题
1. 试论述整合营销传播对传统营销传播的影响。
2. 试论述选择绿色营销渠道的关键方面有哪些。
3. 试论述碎片化营销策略。

思考案例

山鹰纸业公司走出一条"生态纸业"之路

前不久,山鹰纸业股份公司被正式列为安徽省第一批循环经济试点企业,这主要得益于多年来该企业坚持发展生态纸业,走循环经济之路所取得的成绩。

造纸业与环境的关系十分密切,山鹰纸业公司多年来一直非常重视处理造纸与环保的关系,始终把造纸放在环保大环境中寻求可持续发展之路。

早在20世纪80年代末,该公司就淘汰了污染严重且难以处理的自制化学浆,建立以废纸为主商品木浆为辅的原料结构,是我国首批的废纸生产包装纸板的造纸企业之一。目前,山鹰公司废纸用量占其造纸原料的92%以上。2005年公司生产包装纸板48.66万吨,消化使用废纸56万余吨,相当于节约木材200万立方米。

在积极利用废纸资源的同时,山鹰公司不断探索和研究废纸处理及利用新技术,生产中高档包装纸板,发展"绿色"包装产品。包装纸板符合"绿色包装"材料的所有特点,即经济便宜、重量轻、便于贮存、易加工、废弃物可自行降解且易回收利用等。这一"再生纸板"工程的实施,促使企业走上了"总体、协调、循环、再生"之路。

多年来,山鹰公司十分重视"三废"的防治及其综合利用,不断进行环保创新,在达标排放、增产增效减污的基础上,促进了资源利用效应的最大化,实现了经济与环保双赢发展。首先是重视废水治理,不断提高循环利用水平。随着环保要求的日益严格,为保证企业可持续健康发展,同时达到减少排污和节约用水目标,该公司先后实施了污水处理及水封闭循环使用系统改造工程,并被列入国家重点技术改造项目计划。2005年4月该工程建成投产,总投资6908万元,日处理造纸废水4万吨。该项目使废水循环回用率提高到60%以上,吨纸排水降至18~20立方米,居国内领先水平。其次是废浆渣回收再用,实现增产减污。对废水处理后产生的废浆渣,该企业通过压滤机浓缩后回用生产纸板,目前每年仅用回收浆渣生产的纱管纸就达3万吨以上,变废为宝增加经济效益近千万元。再次是经济有效处理废纸中的固体垃圾。对废纸中夹带的大量的如塑料、胶带等轻质可燃类固体垃圾,该公司将其掺入燃煤中进行垃圾燃烧发电,这就是该公司于2004年9月投产的"垃圾发电"项目的功绩,仅这一国家环保热电联产项目的实施,每年焚烧垃圾15万吨以上,可满足企业近40%的年用电和68%的供热,每年直接产生经济效益5000万元以上,真正实现了能源使用效应最大化。

循环经济的实施,使得山鹰公司目前吨纸浆耗废纸、耗电、耗气及万元产值综合能耗指标均跃居国内同行业领先水平,促进了企业经济效益连年提高,综合经济效益位居国内行业前列。

资料来源:《马鞍山日报》,2006年7月31日。

案例思考题:
1. 山鹰纸业的发展之路是什么市场营销理论的典型实践?
2. 山鹰纸业的成功给我国广大市场营销者们什么样的启迪?

1. 训练目标

通过训练,使学生进一步理解各种营销新理论。

2. 训练背景材料

(1) 日本一家旅馆

日本一家旅馆的情节服务,设计得十分新颖:顾客要经过一段风景优美的林荫小路,路边的告示牌写着:草地与树上的野果请随便采摘,但请注意安全。还会经过一座藤木吊桥,并遇到一位当地的"指路人",这些经历让城市中的人感到新奇而又兴奋,将不便的交通环境变为了有趣的体验。到了旅馆会有侍者把芳香的花瓣与花露洒在顾客身上,并奏起当地独特而又优美的音乐,让人心旷神怡。这些有趣而又独特的情节与体验,让到过此处的顾客终生难忘;体验识别包含的更广,可能是光线、声音、情节或它们的组合。

(2) 联合利华

清晨,你的手机铃声响起,接收到一条视频,然后打开,画面上一位性感美女用甜美的声音对你说:"亲爱的,起床了。多么美好的一天,别忘了喷上你那诱人的香水哦。"对大部分年轻男性来说,这个视频拥有一切吸引人的因素:美女、甜美的声音、贴心的提示。如此展开一天,何不美哉?! 更美的是,它在适当时候提醒你了相关产品信息——香水。这是联合利华旗下的男士日用洗护品牌 AXE 在日本推出的 "Morning Call(叫早)" 营销活动。消费者登录活动网站,选择自己喜欢的女生,设定唤醒你起床的时间,接下来,你就会收到开始的那段视频了。活动启动两周内,超过20000人注册叫早服务,网站获得100万次访问。它的成功源于几个重要因素:吸引眼球、信息相关、个性化体验。

(3) 安利公司

安利是蜚声海内外的大型日用消费品生产及销售商,业务遍布80多个国家和地区,公司产品发展为五大系列450多种,涵盖了纽崔莱营养保健食品、雅姿美容化妆品、个人护理用品、家居护理用品和家居耐用品等系列,全方位满足消费者日常生活的需要。1992年9月,美国安利公司进军中国内地市场,在广州投资设厂,成立了安利(中国)公司。

20世纪80年代末,传销(含直销业)进入中国,于90年代中期风靡全国,严重扰乱社会治安和社会经济秩序;1998年4月21日,国务院发布紧急通知,全面禁止传销(包括直销)经营活动。以直销为营销渠道的安利(中国)不可避免地受到政策的全面打压和封杀,安利(中国)的业务不得不陷入停顿,损失(经济和品牌形象)惨重。同一时期,中国正处于加入世贸组织的关键时期,而美国国会许多议员及财团的"防华"倾向严重,对中国加入"世贸组织"设置了许多障碍和限制性条件。在此关键时期,安利董事长史迪夫·温安洛果断出击,极力游说国会及其他财团,为中国加入世贸组织创造机会和条件,曾先后两次在美国国会发表演说,支持中国加入世贸组织,并要求给予中国"永久性最惠国待遇地位"。"投桃报李",如果有妥善解决安利(中国)的问题的办法,中国政府岂能置身度外? 1998年,美国总统克林顿就中国加入世贸组织访华,安利借此机会,进一步向中国政府说明安利的实际情况及解决有关直销问题的变通新思路,以求得"合理合法"的生存空间,即"直销加店铺"的经营模式。就在中国政府"斩立决"令下达后的三个月之际,安利(中国)成为第一家获得国务院有关部门正式批准的以"店铺销售加雇佣推销员销售"模式经营的公司。安利(中国)通过变通的方式,终于取得了市场"准入证",使安利直销大大方方地走到前台,走进老百姓的生活。

安利(中国)懂得更多地通过公关策略来树立企业形象,提升品牌知名度和美誉度。除了更多地与政府打交道、与政府主动而且不遗余力地沟通外,安利(中国)还倾情公益事业,紧紧围绕"儿童、环保、健康"三大公益主题,通过赞助、捐赠来回馈社会,树立了一个有社会责任感的企业好公民形象。安利(中国)还积极和新闻部门打交道,全国各大媒体几乎都有对安利的新闻报道或专访:如专题片《探访营养的奥秘》,由安利(中国)公司与中央电视台《科学历程》栏目合作制作。除此之外,安利(中国)还开展对社区、员工、消费者、国际社会等为对象的公共关系活动。以公共关系为主导的品牌战略被安利(中国)成功的发挥到极致,强力提升了安利(中国)的知名度和影响力。

安利倡导"营养、运动、健康",有健康才有将来的品牌理念;坚持"回馈社会、关怀民生"的企业理念,开展各类公益活动,以实际行动反哺社会。2002年,安利(中国)公司面对公众郑重承诺:在未来的五年内,安利(中国)公司要植树100万株,让有安利店铺的地方就有一片安利人培植的树林或认养的绿地。围绕"儿童、环保、健康"三大公益主题,实施"关怀民生"的社会公益活动。这些年,安利(中国)累计助残捐赠金额达1.2亿元人民币,参与实施或独自实施的1100多项公益活动,都从不同侧面、不同角度培育并塑造了其对社会负责的良好公众企业形象、良好的公民形象,并受到了国家、社团及市民的高度认可。安利(中国)这种"新闻式""热点式"的无形软性公益活动广告被发挥得淋漓尽致,不仅仅是抢了市民的眼球,塑造了形象,更带来了销量的快速增长。安利利用一对一的直销方式,将客户与安利人捆在一起,直销人员要将产品推销出去,并形成忠诚客户,除了安利(中国)的公众形象、广告宣传外,还必须取得"客户"对直销人员的信任,因此,"诚信"是其服务营销的基础。安利公司高举社会责任的大旗,热情地参与到社会各项社会公益活动中,这些活动无疑提升了人们对安利人(包括直销人员)的信任感,对安利(中国)的忠诚度。

多年来,安利(中国)公司一直实行售出商品的"保退"政策,在中国市场上是"30天保退"。安利产品在全球的平均退货率约为5%,而在中国市场,因部分消费者的不规范行为,曾一度达到32%;但安利(中国)坚持实行这一政策不动摇。即使是消费者自身的行为不符合退的政策,但是安利(中国)都无条件退赔。这种聪明的"无形广告"、口碑传播不仅提升和巩固了顾客的忠诚度,更为安利(中国)带来了大批的新客户,提升了其销售业绩。

3. 操作方式

(1)每班分5人一小组,并指定组长与老师联系。

(2)各小组根据上述材料讨论每个案例涉及的营销新理论要点,并形成文字材料。

4. 训练成果与检测

在班级组织一场交流与讨论,各小组推选一位代表在班上做专题发言。

参 考 文 献

[1] 李红霞,雷思友. 市场营销学[M]. 徐州:中国矿业大学出版社,2012.
[2] 梅建军. 市场营销[M]. 北京:化学工业出版社,2011.
[3] 程云行,李毅彩,石功雨. 市场营销学[M]. 北京:化学工业出版社,2010.
[4] 科特勒. 市场营销原理[M]. 何志毅,译. 北京:机械工业出版社,2010.
[5] 庄贵军. 营销管理[M]. 北京:中国人民大学出版社,2011.
[6] 吴飞美. 市场营销学[M]. 北京:对外经济贸易大学出版社,2010.
[7] 曹宗平. 市场营销学[M]. 广州:广东经济出版社,2010.
[8] 王冬梅. 市场营销学[M]. 大连:大连海事大学出版社,2010.
[9] 周立华. 市场营销学[M]. 北京:北京交通大学出版社,2010.
[10] 海尔,布什,奥蒂诺. 营销调查:信息化条件下的选择[M]. 4版. 刘新智,刘娜,译. 北京:清华大学出版社,2012.
[11] 科特勒,阿姆斯特朗. 市场营销:原理与实践[M]. 16版. 楼尊,译. 北京:中国人民大学出版社,2015.
[12] 吴言忠,张芳. 市场营销学[M]. 徐州:中国矿业大学出版社,2010.
[13] 郭国庆,杨学成. 市场营销学概论[M]. 北京:高等教育出版社,2011.
[14] 唐嘉庚,范新河,贺艳春. 服务营销学[M]. 北京:高等教育出版社,2012.
[15] 王彦长. 市场营销理论与实务[M]. 合肥:安徽大学出版社,2012.
[16] 吴健安. 市场营销学[M]. 4版. 北京:高等教育出版社,2011.
[17] 科特勒. 市场营销学[M]. 10版. 赵占波,何志毅,译. 北京:机械工业出版社,2011.
[18] 谢晓燕,赵伟韬. 服务营销学[M]. 6版. 北京:中国人民大学出版社,2010.
[19] 李克芳,聂元昆. 服务营销学[M]. 北京:机械工业出版社,2012.
[20] 吴健安. 市场营销学[M]. 4版. 北京:高等教育出版社,2011.
[21] 陈莹. 市场营销学[M]. 成都:四川大学出版社,2012.
[22] 冯志强. 市场营销策划[M]. 北京:北京大学出版社,2013.
[23] 李雪欣. 市场营销学[M]. 北京:经济管理出版社,2017.
[24] 张黎明. 市场营销学[M]. 5版. 成都:四川大学出版社,2017.
[25] 李海波. 市场营销理论与实务[M]. 上海:同济大学出版社,2018.
[26] 科特勒,凯勒. 营销管理(全球版)[M]. 14版. 王永贵,等译. 北京:中国人民大学出版社,2014.
[27] 郭国庆,杨学成. 市场营销学概论[M]. 北京:高等教育出版社,2011.
[28] 凯特奥拉,吉利,格雷厄姆. 国际市场营销学[M]. 赵银德,译. 北京:机械工业出版社,2013.
[29] 刘宝成. 国际市场营销[M]. 北京:机械工业出版社,2013.
[30] 付峥嵘. 触心:DT时代的大数据精准营销[M]. 北京:人民邮电出版社,2015.
[31] 布朗. 预见:创业型小团队的制胜之道[M]. 李晟,译. 北京:北京大学出版社,2017.
[32] 向世康. 场景式营销:移动互联网时代的营销方法论[M]. 北京:北京时代华文书局,2017.

[33] 姚成伟.碎片化营销[M].北京:人民邮电出版社,2017.

[34] 塔腾,所罗门,北京大学新媒体研究院社会化媒体研究中心.社交媒体营销[M].上海:上海人民出版社,2017.

[35] 戴鑫.新媒体营销:网络营销新视角[M].北京:机械工业出版社,2017.

[36] 余世仁.体验营销的特点与策略[J].重庆广播电视大学学报,2005,17(3):26-27.

[37] http://www.ce.cn/macro/more/201210/28/t20121028_23794748.shtml.

[38] http://www.stats.gov.cn/.

[39] http://www.ce.cn/macro/more/201210/28/t20121028_23794748.shtml.

[40] http://www.795.com.cn/wz/94624_11.html.

[41] http://doc.mbalib.com/view/2e2918f0fab98a8ffdb112b753759a74.html.

[42] http://www.cccnews.com.cn/2013/0108/20886.shtml.

[43] http://news.sohu.com/20060731/n244545204.shtml.

[44] http://www.ebrun.com/20130801/78940.shtml.

[45] http://abc.wm23.com/xiejie769823/193016.html.